Stephan Maykus · Reinhold Schone (Hrsg.)

Handbuch Jugendhilfeplanung

Stephan Maykus
Reinhold Schone (Hrsg.)

Handbuch Jugendhilfeplanung

Grundlagen, Anforderungen und Perspektiven

3., vollständig überarbeitete und aktualisierte Auflage

VS VERLAG

Bibliografische Information der Deutschen Nationalbibliothek
Die Deutsche Nationalbibliothek verzeichnet diese Publikation in der
Deutschen Nationalbibliografie; detaillierte bibliografische Daten sind im Internet über
<http://dnb.d-nb.de> abrufbar.

1. Auflage 1998, erschienen im Votum Verlag
2. Auflage 2000, erschienen im Juventa Verlag
3., vollständig überarbeitete und aktualisierte Auflage 2010

Lektorat: Stefanie Laux

VS Verlag für Sozialwissenschaften ist eine Marke von Springer Fachmedien.
Springer Fachmedien ist Teil der Fachverlagsgruppe Springer Science+Business Media.
www.vs-verlag.de

Umschlaggestaltung: KünkelLopka Medienentwicklung, Heidelberg
Satz: format absatz zeichen, Susanne Koch, Niedernhausen
Druck und buchbinderische Verarbeitung: Ten Brink, Meppel
Gedruckt auf säurefreiem und chlorfrei gebleichtem Papier
Printed in the Netherlands

ISBN 978-3-531-17039-8

Inhalt

Geleitwort

Als 1989 entschieden war, dass das neue Kinder- und Jugendhilfegesetz (KJHG – SGB VIII) nach jahrzehntelangen Reformbemühungen das alte Jugendwohlfahrtsgesetz (JWG) ablösen sollte und als feststand, dass dieses neue Gesetz eine Verpflichtung der öffentlichen Träger der Jugendhilfe zur Jugendhilfeplanung enthalten sollte, war uns – Reinhold Schone und mir – von Beginn an klar, dass dies ein bedeutsames Arbeitsfeld für uns und für das Institut für soziale Arbeit e.V. (ISA) in Münster (und natürlich auch für andere Institute) in den nächsten Jahren sein würde.

Es gab im ISA Erfahrungen in der Begleitung von Jugendhilfeplanungen (u.a. Düsseldorf, Kerpen, Grevenbroich), obwohl diese Aufgabe zuvor nicht so explizit im JWG gestanden hatte und sie noch nicht als Pflichtaufgabe begriffen wurde. Auf diese Erfahrungen konnte aufgebaut werden. Nun wurden allerdings durch das SGB VIII neue und zentrale Impulse für die Jugendhilfeplanung gesetzt: Neben ihrem gesetzlich verpflichtenden Charakter (Jugendhilfeplanung als Pflichtaufgabe) waren es die neuen gesetzlichen Aufgaben und Leistungen der Kinder- und Jugendhilfe selbst, an deren Anforderungen es galt, die Praxis anzupassen – und wie das, ohne Jugendhilfeplanung? Zu alledem kam auch noch das Ende der DDR und der Beitritt der neuen Bundesländer hinzu, die aus einer völlig anderen Tradition heraus die neue „leistungs- und beteiligungsorientierte“ Philosophie des SGB VIII (zudem noch drei Monate früher als im Westen) in die Praxis implementieren sollten.

All dies zusammen genommen ergab eine gute Ausgangssituation für planungsinteressierte Menschen – nicht nur im ISA. Besonders schnell war Dieter Kreft (seinerzeit noch im ISKA, Nürnberg). Er vereinbarte schon vor Inkrafttreten des SGB VIII mit der Stadt Celle eine Planungsberatung nach den neuen Maximen und Anforderungen des Kinder- und Jugendhilfegesetzes. Das ISKA (Kreft/Lukas) und das ISA (Jordan/Schone) nahmen diese Aufgabe mit Neugier und mit Spannung an und entwickelten hieraus eine spezifische Planungsphilosophie. Das war die erste Jugendhilfeplanung auf der Grundlage des SGB VIII.

Die praktischen Erfahrungen fanden schnell einen ersten Niederschlag in der Arbeitshilfe: „Jugendhilfeplanung – aber wie? (Jordan/Schone 1992), einem Werkbuch, welches die ersten Erfahrungen (der Kreis Warendorf war noch dazugekommen) systematisch beschrieb und das Planungsverständnis ausarbeitete.

Es folgten in den Jahren bis 1998 eine Reihe von Beratungen von Planungsprozessen in Städten und Landkreisen, in Ost und West (weniger im Süden Deutschlands), wobei die Stadt Neubrandenburg insofern eine besondere Erwähnung verdient, weil sie mit unserer Unterstützung nicht nur die erste umfassende Jugendhilfeplanung eines ostdeutschen Jugendamtes vorlegte, sondern bis heute über sechs Fortschreibungen der damals implementierten Planungsphilosophie verbunden geblieben ist.

Auf der Basis der bis dahin vorliegenden konzeptionellen Ausarbeitungen und ihrer praktischen Erprobungen konnten Reinhold Schone und ich 1998 ein erstes umfassend angelegtes „Handbuch Jugendhilfeplanung“ herausgegeben. In dieses Handbuch gingen allerdings nicht nur unsere Erfahrungen, sondern auch die weiterer Akteure im Feld der Jugendhilfeplanung ein. Das Handbuch erfuhr schon bald (2000) eine zweite Auflage und entwickelte sich für viele (neue) Planungsfachkräfte in den Jugendämtern und bei freien Trägern der Kinder- und Jugendhilfe zu einer wertvollen Praxishilfe (so jedenfalls der Tenor der Rückmeldungen, die uns erreichten) – sei es, dass unsere Anregungen übernommen wurden, sei es, dass darüber hinausgehende eigene Konzepte entwickelt wurden.

Jetzt über zehn Jahre später ist auch die zweite Auflage des Handbuches endgültig vergriffen. Gleichzeitig kamen wir (als Herausgeber) zu der Einschätzung, dass dieses Werk – basierend auf den Erfahrungen der 1990er Jahre – einer grundlegender Überarbeitung, wenn nicht gar Neukonzipierung bedarf. Die Entwicklungen in der Praxis der Jugendhilfe und der Jugendhilfeplanung in den letzten Jahren waren viel zu rasant, als dass eine Überarbeitung bzw. Modernisierung des alten Werkes hier ausgereicht hätte. Daher wurde das jetzt vorliegende Handbuch Jugendhilfeplanung – auch wenn es sich bewusst in die „Traditionslinie" der Vorgängerausgaben stellt – gänzlich neu gestaltet.

Ich selbst habe mich jedoch entschieden, mich an dieser Neuausgabe nicht mehr als Herausgeber zu beteiligen – zumal mit Stephan Maykus ein überaus kompetenter (und deutlich jüngerer) Nachfolger in der Herausgeberrolle gefunden werden konnte, der mit Reinhold Schone ein gutes Herausgeberteam bildet. In den Händen dieser beiden Herausgeber ist meiner Überzeugung nach in hervorragender Weise sichergestellt, dass die von Reinhold Schone und mir vertretene „Planungsphilosophie" der aktuellen Zeit angemessen fortgeführt wird, aber auch die neuen Themen und Herausforderungen der Jugendhilfe die notwendige Berücksichtigung finden.

Ich wünsche diesem Band die Aufmerksamkeit, die er verdient. Und ich wünsche mir auch, dass das hier zusammengetragene Wissen den Akteuren in der Planungspraxis eine Hilfe dabei sein kann, sich für eine gute fördernde, helfende und schützende Infrastruktur für Kinder, Jugendliche und Familien einzusetzen und überall, wo es geboten ist, in guter Einmischungstradition auch über den Rand der Jugendhilfe hinaus Impulse für ein gutes Aufwachsen junger Menschen zu setzen.

Erwin Jordan
am 31.12.2009

Vorwort

Die moderne Kinder- und Jugendhilfe steht gegenwärtig vor einer Reihe von Herausforderungen. Fragen der Kooperation mit anderen Institutionen und Diensten (z.B. mit der Schule oder dem Gesundheitswesen), der Umsetzung sozialräumlicher Angebotsstrukturen, der kontinuierlichen Qualitätsentwicklung, des demografischen Wandels, der veränderten kommunalen Sozialpolitik sowie der Steuerung knapper Ressourcen sind Beispiele für zentrale Rahmenbedingungen und Anforderungen, mit denen die Kinder- und Jugendhilfe konfrontiert ist. Um vor diesem Hintergrund bedarfsgerechte Jugendhilfeleistungen für junge Menschen und ihre Familien vorhalten zu können, sind Informationen über die Lebenssituation junger Menschen und ihrer Familien, deren Folgen für die Ableitung von Jugendhilfebedarfen sowie Vorstellungen über die Entwicklung und Gestaltung von Jugendhilfeangeboten wichtig. Die Herausforderungen der Kinder- und Jugendhilfe sind daher immer auch Herausforderungen für kommunale Jugendhilfeplanung als zentrales Instrument zur Planung, Strukturentwicklung und Ressourcensteuerung. Sie muss sich entsprechend positionieren und weiterentwickeln.

Vor über 10 Jahren ist das „Handbuch Jugendhilfeplanung" in der ersten Auflage erschienen. Die Herausgeber Erwin Jordan und Reinhold Schone haben mit diesem Werk zentrale fachliche Standards begründet, die die Planungspraxis bis heute prägen. Die in der Zwischenzeit erkennbaren Entwicklungen in der Kinder- und Jugendhilfe haben sich jedoch auch auf die Planungspraxis ausgewirkt, die vor neuen Anforderungen steht und ihre Position im Rahmen einer kommunalen Sozialplanung bestimmen und behaupten muss. Wie lassen sich die aktuellen Entwicklungen in der Kinder- und Jugendhilfe in ihrer Relevanz für Planung charakterisieren? Was sind aktuelle, veränderte Anforderungen an die Organisation von Planungsprozessen? Wie wirken sich Veränderungen im Kinder- und Jugendhilferecht auf Jugendhilfeplanung aus? Was sind die neuen und erkennbar nachhaltigen Anforderungen an die Praxis der kommunalen Jugendhilfeplanung? Was macht die Qualität einer Jugendhilfeplanung der Zukunft aus?

Diesen und anderen Fragen soll im Rahmen einer völlig überarbeiteten Neuauflage des Handbuches Jugendhilfeplanung nachgegangen werden, die nunmehr von uns, Reinhold Schone und Stephan Maykus herausgegeben wird. Das Handbuch soll in den Darstellungen sowohl Grundlagen als auch aktuelle Anforderungen und Perspektiven der Jugendhilfeplanung vermitteln. Dabei ermöglicht das Handbuch eine aktuelle empirische Standortbestimmung zur Planungspraxis in Deutschland, indem eigens für diese Publikation eine Totalerhebung bei allen Jugendämtern durchgeführt wurde. Diese Standortbestimmung bildet den Ausgangspunkt für die Darstellung von Grundlagen, Aufgaben, Konzepten und Organisationsformen von Planungsprozessen in der Kinder- und Jugendhilfe. Ausführlich werden dann in dieser Neuauflage die zentralen aktuellen Anforderungen an Jugendhilfeplanung behandelt, wobei in den Beiträgen sowohl fachliche Einordnungen als auch planungspraktische Konsequenzen beschrieben werden. Schließlich wird ein Blick auf Qualitätskriterien einer Jugendhilfeplanung der Zukunft geworfen und ihr Stellenwert für die Gestaltung von Kinder- und Jugendhilfe bestimmt, die nicht nur vor neuen Anforderungen steht, sondern auch die Chance hat, Planung hierfür in einer neuen Intensität einzubeziehen bzw. als Gestaltungsinstrument aktiv zu nutzen. Das Handbuch verfolgt vor diesem Hintergrund das Ziel, den aktuellen Planungsanforderungen in der Kinder- und Jugendhilfe aus unterschiedlichen Blickwinkeln nachzugehen, deren Entstehung und Bedingungen zu klären, dazu Thesen und Positionen zu entwickeln, Kontroversen zu vergegenwärtigen und Perspektiven für die Praxis sowie Profilbestimmung von Jugendhilfeplanung zu eröffnen. Der Aufbau des Handbuches im Einzelnen:

Der erste Abschnitt thematisiert Grundlagen von Jugendhilfeplanung, indem zunächst Ergebnisse einer bundesweiten Befragung von Jugendämtern zum Stand und zu den Bedingungen der Planung vor Ort präsentiert werden. Thomas Adam, Stefanie Kemmerling und Reinhold Schone vergegenwärtigen in ihrem Beitrag die aktuellen Planungsthemen (dabei erkennbare Prioritäten genauso wie an den Rand gedrängte Planungsbereiche), zeigen Vernetzungen von Jugendhilfeplanung mit anderen Planungsbereichen auf und zeichnen ein Bild der Bedingungen von Planungspraxis aus der Sicht der befragten Jugendhilfeplaner/innen: zwischen fachlicher Aufwertung der Jugendhilfeplanung und ihrer zum Teil ressourcenbezogenen und positionalen Marginalisierung. Dass dieses Spannungsfeld angesichts der aktuellen Herausforderungen problematisch ist, erörtert Christian Schrapper in seinem Beitrag. Um gute Arbeitsprozesse in der Kinder- und Jugendhilfe zu unterstützen und die Infrastrukturperspektive in diesem Feld zu betonen, ist eine etablierte Jugendhilfeplanung wichtig, die den Charakter eines Fachcontrollings einnimmt und Instrumente zur Förderung des fachpolitischen Diskurses, der Entwicklung von Standards sowie zur Prüfung und Darstellung von Wirkungen sozialpädagogischen Handelns bietet. Dabei soll Jugendhilfeplanung vor allem die Rolle des Transporteurs einer zentralen fachlichen, zusammenführenden Idee einnehmen: Kinder- und Jugendhilfe muss in ihrer Einheit bewahrt und gefördert werden. Sie wirkt nur im Ganzen – im Sinne einer Leistungspyramide mit einem ausgebauten präventiven und lebenslagengestaltenden Angebotssegment genauso wie mit einem effektiven Kinderschutz und Hilfen zur Bewältigung von Krisen- und Defizitsituationen – gut und kann letztlich nur so ihr Potenzial in der Bildung, Betreuung und Erziehung junger Menschen voll entfalten. Dieses Potenzial setzt Kinder- und Jugendhilfe in Form personenbezogener sozialer Dienstleistungen um, die hierauf spezifisch abgestimmte Formen der Steuerung und Planung (zur Analyse der Leistungen, der Inanspruchnahme und Wirkungen) benötigen, wie Heiner Brülle und Beate Hock in ihrem Beitrag beschreiben. Sozialplanung im Allgemeinen organisiert ihrer Meinung nach offene Planungsprozesse, ist Katalysator für lokale Entwicklungen und soll das Verhältnis von Lebenswelt und Systemwelt beleuchten, mithin eine Rückkoppelung zwischen Adressaten und Anbietern sozialer Dienstleistungen ermöglichen. Jugendhilfeplanung im Speziellen wird vor diesem Hintergrund von Heiner Brülle und Beate Hock in ihrer Einmischungsfunktion als Mittel zur Bedarfsklärung, der sozialen Stadtentwicklung sowie zur Verdeutlichung sozialer Benachteiligungsstrukturen unterstrichen. Jugendhilfeplanung soll demnach einen Beitrag zur Analyse sozialökologischer Strukturen leisten und darin eine Monitoringaufgabe erfüllen.

Im zweiten Abschnitt stehen die Aufgaben, Konzepte und die Organisation von Planungsprozessen im Mittelpunkt. Zunächst definieren Johannes Schnurr, Erwin Jordan und Reinhold Schone in ihrem Beitrag Begriff, Aufgaben und zentrale Funktionen von Jugendhilfeplanung. Dabei betonen sie vor allem Kommunikation als charakteristisches Kernmerkmal von Jugendhilfeplanung, was einerseits dem offenen, kaum standardisierbaren Gegenstand der Kinder- und Jugendhilfe gerecht wird, andererseits aber auch eine gewisse Diversität von Planung, gegebenenfalls ein Defizit an greifbaren, fachlichen Standards forciert. Der Etablierung fachlicher Standards steht die Betonung des Kommunikativen jedoch nicht entgegen, wenn sie in eine klare Organisation von Planung sowie in entsprechende Planungsstrukturen eingebunden wird. Erwin Jordan und Reinhold Schone entwerfen in ihrem Beitrag daher ein Rahmenmodell von Planungsprozessen und deren Organisation (Meilensteine, Beteiligungsformen und Strukturprinzipien als Verfahrensvorschlag für Planung gebündelt), welches einerseits der Planungspraxis ein Gerüst für den Aufbau und die Gestaltung der Planungsprozesse geben und andererseits dem Erhalt einer kontinuierlich angelegten Jugendhilfeplanung dienlich sein kann. Dabei sind die fachlichen Maximen nicht nur der Ziele, sondern auch der Organisation von Jugendhilfeplanung aus dem SGB VIII grundsätzlich ableitbar. Das Recht stellt also einen normativen Rahmen für die Kinder- und Jugendhilfe dar – inwiefern leitet es aber auch konkrete Planung in den Jugendämtern? Angela Smessaert und Johannes Münder erörtern in ihrem Beitrag die rechtlichen Aspekte von Jugendhilfeplanung und Jugendhilfeplänen und geben Antworten auf diese Frage. Dabei wird nach einem Überblick über das allgemeine Planungsrecht unter Einbeziehung etwaiger Besonderheiten des Sozialrechts zunächst geklärt, wie weitreichend die rechtliche Verpflichtung eigentlich ist und inwiefern zwischen Jugendhilfeplanung und Jugendhilfeplänen differenziert werden muss. Anschließend bestimmen beide die Rechtsnatur eines Jugendhilfeplanes. Des Weiteren wird in diesem Beitrag u. a. analysiert, ob und auf welche Art und Weise die Pflicht zur Jugendhilfeplanung durchgesetzt werden kann und welche Vorgaben zur Durchführung des Planungsverfahrens existieren. Joachim Merchel liefert anschließend in seinem Beitrag einen umfassenden und nach den einzelnen Leistungsfeldern der Kinder- und Jugendhilfe differenzierten Überblick über aktuelle Planungsanforderungen und stellt diese in Verbindung mit den jeweiligen fachpolitischen und fachlichen Entwicklungsdynamiken. Trotz vieler Entwicklungen und neuer Anforderungen ist eine Thematik in der Jugendhilfeplanung ein (zumeist konfliktreicher) Dauerbrenner: die Beteiligung von Adressaten in Planungsprozessen. Sie ist grundsätzlich akzeptiert, als fachlicher Standard von Planung angesehen, so Stork in seinem Beitrag, keineswegs aber Standard in der konkreten Planungspraxis – zwischen Anspruch und planerischer Wirklichkeit klafft eine große Lücke. Stork zeigt in seinem Beitrag die Notwendigkeit von beteiligungsorientierter Planung auf und skizziert zugleich Dilemmata des Beteiligungsanspruches in der Praxis von Jugendhilfeplanung. Die neuen Planungsanforderungen machen Beteiligungsverfahren angesichts der bekannten Schwierigkeit ihrer Umsetzung aber nicht überflüssig; im Gegenteil zeigen sich Beteiligungsprozesse als wichtiger denn je. Sie müssen in die veränderten und erweiterten Planungskontexte der Kinder- und Jugendhilfe, so das Resümee dieses Beitrages, dringend eingebracht werden.

Im dritten Abschnitt werden in den einzelnen Abhandlungen diese neuen Anforderungen der Jugendhilfeplanung exemplarisch beschrieben. Berücksichtigung finden der demografische Wandel (erörtert von Ulrich Bürger und Reinhold Schone), die aktuell vermehrt debattierte Wirkungsorientierung (Dirk Nüsken), die Frage, inwiefern Bildung als kommunale Gestaltungsaufgabe, und damit als Gegenstand und Aufgabe von Jugendhilfeplanung angesehen werden kann (Stephan Maykus), Familienberichterstattung als Instrument kommunaler Familienpolitik (Holger Wunderlich und Gregor Hensen), das Verhältnis von Controlling, Planung und Steuerung (Andreas Hopmann), die Umsetzung der Konzepte einer Integrierten Berichterstattung (Ulrich Bürger), Kinderschutz und frühe Hilfen für Familien (Gregor Hensen und Reinhold Schone), in diesem Zuge auch die frühe Förderung und Bildung als Planungsaufgabe (Sabine Wagenblass), die Bedeutung der Jugendhilfeplanung im Kontext von Migration und Integration (Heinz Müller, Eva Stauf und Ursula Teupe), schließlich die Rolle der Jugendhilfeplanung bei der Einführung von Sozialraumbudgets im Jugendamt (Birgit Stephan) und abschließend die Möglichkeiten von Evaluation in Planungsprozessen (Margarete Finkel).

Perspektivische Fragen und Positionen zur Jugendhilfeplanung werden im vierten Abschnitt entworfen, in dem zuerst Joachim Merchel in seinem Beitrag Qualitätskriterien einer Jugendhilfeplanung der Zukunft entwickelt und erläutert. Dabei wirft er nicht nur einen Blick auf die Struktur-, Prozess- und Ergebnisqualität von Planung in der Kinder- und Jugendhilfe; vielmehr stellt er auch ein zentrales Entwicklungserfordernis heraus: Jugendhilfeplanung benötigt förderliche Organisationsbedingungen in der Jugendhilfeadministration, damit sie als „produktiver Störfaktor“ wirken kann. Nur wenn sie ihre zumeist labile Position in der Kommunalverwaltung, die Tendenz der Überforderung des Planungsalltages durch eine unbedachte Integration zu vieler neuer Anforderungen überwinden sowie starre Organisationskulturen eindämmen kann, wird sie ihr Profil schärfen und ihre Aufgaben effektiv erfüllen können, so das Plädoyer von Joachim Merchel. Danach nehmen Stephan Maykus und Reinhold Schone in ihrem abschließenden Beitrag eine Einordnung der zentralen Themen dieses Handbuches vor. Die Tendenzen der Organisationsformen und -bedingungen der Kinder- und Jugendhilfe werden systematisiert, Planung als Beitrag zur Wahrung der Einheit von Kinder- und Jugendhilfe beschrieben und schließlich daraus Aspekte abgeleitet, die nach Meinung der Autoren eine neue Qualität von Anforderungen an die Kinder- und Jugendhilfe bedeuten (werden) und im unmittelbaren Zusammenhang mit Jugendhilfeplanung als Instrument der fachlichen, fach- und kommunalpolitischen Willensbildung stehen. Reflexionen zur Identität von Jugendhilfeplanung – zwischen Profil-Erosion und Funktionsverschiebung – runden den Beitrag ab, indem vor dem Hintergrund des in diesem Handbuch gezeichneten Szenarios aktueller Planungsanforderungen die Funktion von Jugendhilfeplanung in ihrer Reichweite kritisch analysiert wird: (Inwiefern) Lässt sich eine grundlegende, sozialplanerisch verankerte Funktionsbestimmung aufrechterhalten? Legitimieren die neuen Anforderungen genau diese Funktion oder lösen sie eine Verschiebung innerhalb der Planungsfunktion aus? Unter welchen Bedingungen und Voraussetzungen ist Planung als Instrument zur Willensbildung und Steuerung der Kinder- und Jugendhilfe (noch) möglich? Führt eine mögliche Profil-Erosion von Planung aufgrund wachsender Aufgaben und Vernetzungen auch zu einem Funktionswandel? Stephan Maykus und Reinhold Schone werfen zum Abschluss sieben Fragen auf, die die grundlegenden Positionen der Abhandlungen dieses Handbuches auf die Funktions- und Profilfrage hin pointieren und die den Leser(inne)n als analytische Kategorien zur Reflexion der ggf. eigenen Planungspraxis und -bedingungen vor Ort dienen können und sollen.

Stephan Maykus und *Reinhold Schone*
Osnabrück/Münster im Januar 2010

I Grundlagen

Thomas Adam | Stefanie Kemmerling | Reinhold Schone

Stand der Planungspraxis in Deutschland – Ergebnisse einer Erhebung bei den öffentlichen Trägern der Jugendhilfe

Vorbemerkung

Die letzten Erhebungen zum Stand der Jugendhilfeplanung in Deutschland liegen schon einige Jahre zurück. Nachdem Kreft/Lukas1990 noch erhoben hatten, dass nur 65,0 % aller Jugendämter im Jahr 1988 (also vor dem KJHG) Jugendhilfeplanung betrieben haben, ergab eine Untersuchung von Simon 1997, dass im Jahr 1996 bereits 78,0 % aller Jugendämter und sogar 95,5 % der Großstadtjugendämter sich als planende Jugendämter bezeichneten. Neben diesen bundesweiten Erhebungen gibt es noch eine Reihe meist länderspezifischer Erhebungen. Deren Ergebnisse zeigten, dass Jugendhilfeplanung als wichtiges Steuerungsinstrument von kommunaler Politik und Verwaltung zunehmend anerkannt wurde und auch die freien Träger hier ein wertvolles Forum zur Mitgestaltung der Jugendhilfe sahen. Zum Ende der 1990er Jahre gab es demzufolge auch eine Hochphase der Jugendhilfeplanung mit der Erstellung vieler Planungsberichte in den einzelnen Kommunen. Ein weiteres Merkmal dieser Phase ist die Entstehung spezifischer Weiterbildungen von Jugendhilfeplanungsfachkräften in Zertifikats- und Qualifizierungskursen von Landesjugendämtern und Instituten (z. B. Zertifikatskurs Jugendhilfeplanung von ISA/ISS), die bis heute regelmäßig angeboten und durchgeführt werden. Sie sind ein Zeugnis dafür, dass sich mit der Jugendhilfeplanung seither ein spezifisches Arbeitsfeld entwickelt hat, das ein ebenso spezifisches Handwerkszeug und Know-how erfordert.

Nach der Jahrhundertwende ist die Diskussion um das Thema Jugendhilfeplanung allerdings wieder etwas ruhiger geworden. Dies kann ein Zeichen für zurückgehende Bemühungen zur Durchführung anstrengender Prozesse der Jugendhilfeplanung sein, kann aber auch ein Indiz dafür sein, dass sich Jugendhilfeplanung nunmehr etabliert hat und dass die Notwendigkeit einer breiten Diskussion dieses Aufgabenfeldes nicht mehr existiert, da deren Aktivitätspotenzial zentral auf die Gestaltungsaufgaben nach innen gerichtet ist.

Das Institut für soziale Arbeit Münster hat zur Klärung dieser Frage beschlossen, knapp 20 Jahre nach der Einführung des KJHG und der dort erstmals explizit formulierten Verpflichtung zur Jugendhilfeplanung, eine weitere bundesweite Erhebung durchzuführen. In Kooperation mit der FH Münster wurde daher im Jahr 2009 eine umfassende Bestandsaufnahme vorgenommen. Hierzu wurden zum einen im Rahmen einer quantitativen Befragung alle Jugendämter in Deutschland mit einem Online-Fragebogen angeschrieben und zum Stand ihrer Jugendhilfeplanung befragt. Zum anderen wurden im Rahmen einer qualitativen Erhebung zehn Jugendhilfeplanungsfachkräfte (aus NRW) anhand eines Leitfadeninterviews zu ihren Erfahrungen und Einschätzungen zum Stand der Jugendhilfeplanung befragt.

Die quantitative Online-Befragung fand in der Zeit von Juni bis September 2009 statt, wobei die länderspezifischen Ferienzeiten die Dauer der Befragung stark mit beeinflusst haben. Insgesamt konnten 604 Jugendämter, deren E-Mail-Adressen verfügbar waren[1], erreicht werden. Der Rücklauf von 282 Fragebögen entspricht einem Rücklauf von 46,7 %. Es liegen Rückläufe aus allen Bundesländern vor. Über die länderspezifische Verteilung der Rücklaufquoten gibt die Tabelle 1 Auskunft.

Tab. 1: Länderspezifische Rücklaufquote der Jugendamtsbefragung zur Jugendhilfeplanung

	Angeschriebene Jugendämter	Rücklauf	Rücklaufquote
Baden-Württemberg	48	27	56,3
Bayern	104	40	38,5
Berlin	11	5	45,5
Brandenburg	18	5	27,8
Bremen	2	1	50,0
Hamburg	7	3	42,9
Hessen	38	11	28,9
Mecklenburg-Vorpommern	18	6	33,3
Niedersachsen	61	21	34,4
Nordrhein-Westfalen	180	110	61,1
Rheinland-Pfalz	43	15	34,9
Saarland	6	1	16,7
Sachsen	13	9	69,2
Sachsen-Anhalt	14	5	35,7
Schleswig-Holstein	18	6	33,3
Thüringen	23	15	65,2
keine Angabe	–	2	–
Gesamt	604	282	46,7

Nach Jugendamtstypen betrachtet liegen vor:
- 80 (28,4 %) Fragebögen aus kreisfreien Städten;
- 116 (41,1 %) Fragebögen aus Landkreisen;
- 80 (28,4 %) Fragebögen aus kreisangehörigen Städten;
- 6 (2,1 %) waren ohne Angaben zum Jugendamtstyp.

Bezogen auf die Größenklassen verteilte sich der Rücklauf wie folgt:
- 48 (17,0 %) aus Kommunen unter 50.000 EinwohnerInnen;
- 83 (29,4 %) aus Kommunen von 50.000 – 100.000 EinwohnerInnen;

1 Z.T. lagen den Landesjugendämtern, von denen die E-Mail-Adressen bezogen wurden, nicht alle aktuellen Adressen vor, z.T. waren Jugendämter aber auch über ihre selbst im Internet veröffentlichten Mailadressen nicht erreichbar.

- 93 (33,0 %) aus Kommunen von 100.000 – 200.000 EinwohnerInnen;
- 56 (19,9 %) aus Kommunen über 200.000 EinwohnerInnen, davon 9 (3,2 %) aus Kommunen über 500.000 EinwohnerInnen.
- Bei 2 Jugendämtern (0,7 %) lagen keine Angaben zur Größenklasse vor.

Insgesamt ist bezüglich dieses Rücklaufergebnisses festzuhalten, dass es offensichtlich auf Seiten der Jugendämter ein hohes Interesse an einer solchen Bestandsaufnahme gab. Dieses Interesse wurde auch gegenüber den Untersuchern mehrfach geäußert. Daher wurde auch direkt nach Schließung der Befragung allen Jugendämtern per E-Mail eine Grundauszählung der Ergebnisse zur Verfügung gestellt.

Die qualitativen Interviews fanden in der Zeit von August bis Oktober 2009 statt. Es wurden je fünf Interviews im Rheinland und in Westfalen-Lippe durchgeführt. Die Auswahl der befragten Jugendämter geschah im Rahmen eines gewichteten Zufallsverfahrens. Es wurden Planungsfachkräfte aus vier Kreisen, vier kreisangehörigen und zwei kreisfreien Städten befragt. Die Interviews wurden transkribiert und mit einem Textauswertungsprogramm ausgewertet.

Aufgrund der Rückläufe aus der Online-Erhebung und der Bereitschaft zur Beteiligung an Interviews kann man nach Zusammenführung der Ergebnisse davon ausgehen, dass sie ein realistisches Bild vom Stand der Jugendhilfeplanung in Deutschland 20 Jahre nach der Einführung der Planungspflicht durch das SGB VIII wiedergeben.

1 Personelle und materielle Ausstattung

Insgesamt sind in den befragten 282 Jugendämtern 402 Planungspersonen beschäftigt. Dabei ist in der Mehrheit der Jugendämter (n = 187) nur eine einzige Planungsperson mit der Aufgabe der Jugendhilfeplanung betraut. 43 Jugendämter beschäftigen zwei und 31 Jugendämter drei oder mehr Planungspersonen. Fünf Jugendämter machten keine Angaben zum Planungspersonal (vgl. Tabelle 2).

Immerhin 16 Jugendämter geben an, kein spezielles Planungspersonal für Jugendhilfeplanung zu beschäftigen. Nach Größenklassen handelt es sich hier zwar eher um kleinere Jugendämter, aber auch zwei der 56 Kommunen über 200.000 EinwohnerInnen geben an, kein gesondertes Planungspersonal für Jugendhilfeplanung zu beschäftigen. Es wäre aber voreilig, diese Jugendämter als nicht planende Jugendämter zu klassifizieren, da auch diese Jugendämter im Weiteren Planungsaktivitäten dokumentieren. Offen bleibt allerdings, ob diese Planung durch übergreifendes Planungspersonal (Sozialplanung) erfolgt oder ob die Aufgabe von anderen Fachkräften des Jugendamtes (z. B. ASD-Leitung, Jugendpflege) als Teil ihrer Aufgabe wahrgenommen wird.

Tab. 2: Wie viele Personen sind für die Jugendhilfeplanung im Jugendamt beschäftigt?

	Jugendamt in einer kreisfreien Stadt		Kreisjugendamt		Kreisangehöriges Jugendamt		Keine Angabe zum JA-Typ		Gesamt	
	abs	%	abs	%	abs	%	abs	%	abs	%
Keine	5	6,3	5	4,3	5	6,3	1	16,7	16	5,7
1	38	47,5	86	74,1	60	75,0	3	50	187	66,3
2	18	22,5	17	14,7	8	10,0	0	-	43	15,2
3	8	10,0	5	4,3	5	6,3	0	-	18	6,4
4	2	2,5	0	-	0	-	0	-	2	0,7
5	3	3,8	1	0,9	1	1,3	0	-	5	1,8
6	1	1,3	1	0,9	1	1,3	0	-	3	1,1
7	2	2,5	0	-	0	-	0	-	2	0,7
10	1	1,3	0	-	0	-	0	-	1	0,4
Keine Angabe	2	2,5	1	0,9	0	-	2	33,3	5	1,8
Gesamt	**80**	**100**	**116**	**100**	**80**	**100**	**6**	**100**	**282**	**100**

Differenziert nach den drei Jugendamtstypen (Stadtjugendamt (kreisfrei), Kreisjugendamt, kreisangehöriges Jugendamt) lässt sich in Bezug auf das Verteilungsverhältnis der Planungspersonen erkennen, dass es nur wenig Unterschiede zwischen Kreisen und kreisangehörigen Städten gibt. Beide haben in der Regel nur wenig Planungspersonal zur Verfügung, in drei Vierteln der Fälle nur eine Person. Anders stellt sich die Situation in den kreisfreien Städten dar. Hier verfügt zwar auch die Hälfte über nur eine Planungsfachkraft, aber eine hohe Anzahl auch über mehrere Personen in diesem Arbeitsfeld.

In Bezug auf die Geschlechterverteilung der 402 Planungspersonen in den befragten Jugendämtern ist festzustellen, dass es sich bei 188 Planungspersonen (46,8 %) um Frauen und bei 214 Planungspersonen (53,2 %) um Männer handelt.

Tabelle 2 macht zunächst jedoch nur die Anzahl der Planungsfachkräfte deutlich, die in den einzelnen Jugendämtern mit Jugendhilfeplanung beschäftigt sind. Unbeachtet bleiben dabei die Wochenstunden, welche für Jugendhilfeplanung tatsächlich aufgebracht werden. Diese Information ist jedoch zu berücksichtigen, da eine große Anzahl von Planungsfachkräften nicht ausschließlich mit der Aufgabe Jugendhilfeplanung befasst ist, sondern darüber hinaus weitere Aufgaben wahrnimmt. Außerdem gibt es einen – in der Befragung nicht abgefragten – Anteil von teilzeitbeschäftigten Personen in diesem Arbeitsbereich (vgl. Tabelle 3).

Tab. 3: Mit wie vielen Wochenstunden sind die Planungsfachkräfte insgesamt beschäftigt?

	Jugendamt in einer kreisfreien Stadt		Kreisjugendamt		Kreisangehöriges Jugendamt		Keine Angabe zum JA-Typ		Gesamt	
	abs	%	abs	%	abs	%	abs	%	abs	%
Keine	4	5,0	3	2,6	1	1,3	0	–	8	2,8
1-20	9	11,3	37	31,9	30	37,5	1	16,7	77	27,3
21-40	33	41,3	57	49,1	35	43,8	2	33,3	127	45,0
41-80	14	17,5	13	11,2	8	10,0	0	–	35	12,4
81-120	10	12,5	1	0,9	1	1,3	0	–	12	4,3
>120	4	5,0	0	–	0	–	0	–	4	1,4
Keine Angabe	6	7,5	5	4,3	5	6,3	3	50,0	19	6,7
Gesamt	**80**	**100**	**116**	**100**	**80**	**100**	**6**	**100**	**282**	**100**

In 30,1 % der Jugendämter stehen max. 20 Wochenstunden für Planungsaufgaben durch Planungsfachkräfte zur Verfügung. In acht Jugendämtern (2,8 %) wird angegeben, dass keine Arbeitszeit zur Verfügung steht (hierbei handelt es sich vorwiegend – aber nicht nur – um Jugendämter mit unter 100.000 EinwohnerInnen); in 33 Jugendämtern (11,7 %) liegt die Stundenzahl unter 19 Stunden pro Woche. In diesen Fällen wäre genauer zu untersuchen, mit welchen Aufgaben das Planungspersonal befasst ist, da auch in kleinen Jugendämtern für eine fachlich fundierte Jugendhilfeplanung mindestens eine halbe Personalstelle erforderlich scheint.

Ob und ggf. welche Aufgaben über die eigentliche Jugendhilfeplanung hinaus von den Planungsfachkräften wahrgenommen werden, hängt zumeist mit der organisatorischen Anbindung der Jugendhilfeplanung in der Verwaltung zusammen, die sich zwischen den Jugendämtern zum Teil erheblich voneinander unterscheidet. So ergaben die geführten Interviews ein breites Spektrum von verschiedenen Aufgaben, die von den Planungsfachkräften mit zu bearbeiten sind. So gibt es Fachkräfte, die in größere Amtsstrukturen eingebunden sind und Aufgaben der Sozialplanung und Schulentwicklungsplanung mit bearbeiten, aber auch solche, die neben der Aufgabe als Planungsfachkraft eine weitere halbe Stelle im Jugendamt besetzen (z. B. Jugendpflege, Jugendgerichtshilfe, ASD).

Außerdem ergeben sich Unterschiede in Bezug auf die Anbindung der Planung innerhalb des Jugendamtes: In sechs der durch Interviews befragten Jugendämter ist die Jugendhilfeplanung eine Stabstelle auf Ebene der Amtsleitung, in den vier weiteren Jugendämtern ist die Stelle in der Hierarchie unterhalb der Amtsleitung angesiedelt.

Die Qualifikation des Planungspersonals ist sehr unterschiedlich. So verfügt mit 61,9 % die Mehrheit des Planungspersonals über einen Fachhochschulabschluss, zum Beispiel im Bereich Sozialarbeit/Sozialpädagogik. 31,8 % des Planungspersonals verfügen über einen allgemeinen Hochschulabschluss. Bei diesen Fachkräften handelt es sich u. a. um Diplom-Soziologen und Diplom-Pädagogen. Mit 6,3 % verfügen nur wenige Planungskräfte über andere Abschlüsse, die sich zum Teil erheblich voneinander unterscheiden. So findet man unter diesen anderen Abschlüssen beispielsweise Verwaltungsfachkräfte, ErzieherInnen oder auch Industriekaufleute.

In Bezug auf die Vorerfahrungen des Planungspersonals lässt sich feststellen, dass viele Fachkräfte bereits in der Verwaltung der Kommune tätig waren, bevor sie zum Tätigkeitsfeld der Jugendhilfeplanung gekommen sind. So waren neun der persönlich interviewten Jugendhilfeplanungsfachkräfte bereits vor ihrer jetzigen Tätigkeit im Jugendamt, beispielsweise in den Arbeitsbereichen Allgemeiner Sozialdienst, Jugendgerichtshilfe oder Jugendpflege, tätig. Einige wenige Planungsfachkräfte sind zudem vor ihrer Tätigkeit im Jugendamt bereits bei freien Trägern tätig gewesen.

Der Wechsel in das Tätigkeitsfeld Jugendhilfeplanung war bei sechs persönlich interviewten JugendhilfeplanerInnen mit der Teilnahme an einer Fortbildung bzw. Zusatzausbildung im Bereich der Jugendhilfeplanung verbunden. In allen Fällen wurde die weitere Qualifikation im Bereich Jugendhilfeplanung als Bereicherung empfunden. So sagte ein Planer: *„Also im Zuge dessen, dass ich dann diese Aufgabe [Jugendhilfeplanung] mehr und mehr übernommen habe, im Prinzip aus der Jugendförderung heraus da reingewachsen bin, habe ich parallel die Qualifikation über die Fortbildungen zum Jugendhilfeplaner (...) gemacht. Und ich fand das schon sehr hilfreich, gerade auch noch mal, weil diese Fortbildung so einen Praxisbezug hatte und man ein praktisches Ergebnis liefern musste.“* (H 9-9).

In der Online-Befragung wurde eine allgemeine Einschätzungsfrage zu den organisatorischen Rahmenbedingungen für die Planung in den Kommunen gestellt. Diese wurden von den befragten Personen sehr unterschiedlich bewertet (vgl. Tabelle 4). Dabei gibt es allerdings bei den meisten Jugendämtern eine Tendenz zu einer eher positiven Bewertung.

Tab. 4: Bewertung der Rahmenbedingungen der Planung durch die Fachkräfte

	Jugendamt in einer kreisfreien Stadt		Kreisjugendamt		Kreisangehöriges Jugendamt		Keine Angabe zum JA-Typ		Gesamt	
	abs	%	abs	%	abs	%	abs	%	abs	%
1 sehr gut	10	12,5	7	6,1	6	7,6	0	-	23	8,3
2	22	27,5	36	31,3	30	38,0	2	50,0	90	32,4
3	23	28,8	38	33,0	19	24,1	0	-	80	28,8
4	15	18,8	19	16,5	17	21,5	0	-	51	18,3
5	5	6,3	12	10,4	3	3,8	1	25,0	21	7,5
6 sehr schlecht	5	6,3	3	2,6	4	5,1	1	25,0	13	4,7
Gesamt	**80**	**100**	**115**	**100**	**79**	**100**	**4**	**100**	**278**	**100**

Etwa 40 % der in der Online-Befragung befragten Personen halten die Rahmenbedingungen in ihrem Jugendamt für gut oder sehr gut. Hier gibt es kaum Unterschiede zwischen den Jugendamtstypen, sieht man einmal davon ab, dass die Kreisjugendämter hier etwas zurückhaltender und die kreisangehörigen Jugendämter hier tendenziell positiver bewertet werden. Eindeutig negative Urteile (schlecht und sehr schlecht) gab es nur in etwa 12,2 % der Fälle. Die befragten Fachkräfte äußerten hier in einer offenen Antwortvorgabe im Fragebogen verschiedene Kritikpunkte. Ein häufig genannter Punkt sind die nach Ansicht der befragten Fachkräfte zu knapp bemessenen personellen und zeitlichen Ressourcen. Darüber hinaus kritisierten die befragten Fachkräfte beispielsweise noch den fehlenden übergeordneten Planungsauftrag und das zum Teil ungenügende Datenmaterial.

2 Zum Stand der Planung in den einzelnen Handlungsfeldern

In einem nächsten Schritt wurden die Jugendämter befragt, wie lange die letzten Planungsbeschlüsse des Jugendhilfeausschusses zu den einzelnen Handlungsfeldern zurückliegen. Tabelle 5 macht deutlich, dass die Aktualität in der Beschlusslage sowohl zwischen den einzelnen Jugendämtern als auch bezogen auf die verschiedenen Handlungsfelder deutlich variiert.

Mag es für die nicht so sehr im Blickfeld der Öffentlichkeit stehenden Bereiche der Jugendsozialarbeit, des erzieherischen Kinder- und Jugendschutzes noch verständlich sein, dass hier in ca. einem Dritteln der Jugendämter keine Beschlüsse vorliegen oder dass bei der Mitwirkung des öffentlichen Trägers in familien- oder jugendgerichtlichen Verfahren solche Beschlüsse in mehr als zwei Drittel der Jugendämter fehlen, so erstaunt dies in den Bereichen der Familienförderung und der Erziehungshilfe (39,7 % bzw. 28,0 % ohne Planungsbeschluss) doch sehr. Insbesondere für den – aufgrund des steten Kostenanstiegs oft im Fokus der Diskussion stehenden – Bereich der Hilfen zur Erziehung ist diese Planungszurückhaltung nur wenig verständlich. In dieser Hinsicht scheint sich aber auch die Planungslandschaft der öffentlichen Träger stark zu unterscheiden. Immerhin haben 35,8 % der Jugendämter auch im Bereich der Hilfen zur Erziehung aktuelle Planungsbeschlüsse aufzuweisen. Eine besondere Verteilung nach Jugendamtstypen oder Größenklassen der Jugendämter lässt sich in dieser Frage nicht feststellen.

Tab. 5: Zeitpunkt der letzten Planungsbeschlüsse des Jugendhilfeausschusses in den Handlungsfeldern (n=282)

	Wann erfolgte der letzte Planungsbeschluss des Jugendhilfeausschusses im Handlungsfeld?									
Planungsbereiche	**2008-2009**		**2004-2007**		**Vor 2004**		**Keine Planungsbeschlüsse**		**Keine Angaben**	
	abs	%	abs	%	abs	%	abs	%	abs	%
Jugendarbeit	111	39,4	89	31,6	49	17,4	28	9,9	5	1,8
Jugendsozialarbeit	91	32,3	64	22,7	36	12,8	83	29,4	8	2,8
Erz. Jugendschutz	88	31,2	52	18,4	35	12,4	95	33,7	12	4,3
Familienförderung	90	31,9	33	11,7	32	11,3	112	39,7	15	5,3
Tageseinrichtungen	217	77,0	29	10,3	16	5,7	12	4,3	8	2,8
Hilfen z. Erz.	101	35,8	45	16,0	48	17,0	79	28,0	9	3,2
Mitwirkung in Gerichtsverfahren	29	10,3	23	8,2	25	8,9	192	68,1	13	4,6
Jugendhilfe und Schule	106	37,6	44	15,6	13	4,6	108	38,3	11	3,9
Jugendhilfe und Gesundheitswesen	51	18,1	11	3,9	8	2,8	202	71,6	10	3,5

Deutliche Planungsschwerpunkte in allen Jugendämtern liegen im Bereich der Tageseinrichtungen für Kinder. Hier liegen in über drei Vierteln der Jugendämter aktuelle Planungsbeschlüsse vor. Dabei scheint sich sowohl erstens die öffentliche Aufmerksamkeit, die dieser Bereich genießt, als auch zweitens die Tatsache, dass es hier um die Einlösung von Rechtsansprüchen geht, als auch drittens der aktuelle Ausbau (bzw. mancherorts Umbau) der Tagesbetreuung für unter 3-jährige Kinder planungsmotivierend auszuwirken. Hierzu ein Zitat von einer Planungsfachkraft: *„Also je konkreter das Planungsgebiet umrissen ist, desto größer ist eigentlich auch das Interesse. Also wenn es ganz konkret darum geht, zu überlegen, wie viele U3-Plätze können wir einrichten, dann ist das Interesse groß. Wenn es darum geht, wie können wir eigentlich konzeptionell Jugendarbeit verändern oder wie können wir Hilfen zur Erziehung anders ausgestalten, dann ist das Interesse eher geringer oder – weiß ich auch nicht, vielleicht ist dann die Sachkompetenz auch nur bei wenigen da." (D 77-77).*

Auch für den Bereich der Jugendarbeit liegen in knapp 40 % der Kommunen aktuelle Planungsbeschlüsse vor. Dies ist bemerkenswert, handelt es sich hier doch um einen Bereich mit nur geringer Rechtsanspruchsqualität und mit nur wenigen im Gesetz normierten Ansprüchen an die konkrete Ausgestaltung der Infrastruktur. Die im Gesetz (§ 79 Abs. 2 SGB VIII) normierte Aufforderung, dass „ein angemessener Anteil" der Jugendhilfeausgaben für die Jugendarbeit aufzuwenden ist, wirkt hier scheinbar ebenfalls motivierend, im Rahmen des fachlichen, fachpolitischen und kommunalpolitischen Diskurses zur Jugendhilfeplanung den Themenbereich der Jugendarbeit im Blick zu behalten (und sei es mancherorts – wie in den Interviews angedeutet wurde – auch nur, um einen Mindeststandard der Jugendarbeit nicht zu unterschreiten).

Eine Frage, die sich mit der Aktualität von Jugendhilfeplanung verbindet ist die, inwieweit die Kooperation mit anderen Institutionen Gegenstand von Planungsbeschlüssen ist. Bezogen auf die seit Jahren vorangetriebene Zusammenarbeit von Jugendhilfe und Schule in fast allen Bundesländern verwundert es nicht, dass auch diesbezüglich mehr als ein Drittel der Jugendämter über aktuelle Planungsbeschlüsse zu diesem Thema verfügen. Allerdings ist im gleichen Zusammenhang zu konstatieren, dass ebenfalls über ein Drittel der öffentlichen Jugendhilfeträger hier noch keine Beschlusslage im Sinne der Jugendhilfeplanung vorzuweisen haben. Auch hier wird ein erhebliches Ausmaß ungleichzeitiger Entwicklungen zwischen den öffentlichen Jugendhilfeträgern deutlich.

Planungsbeschlüsse zur Kooperation Jugendhilfe und Gesundheitswesen sind am seltensten zu finden, obwohl auch hier schon knapp ein Fünftel der Jugendämter über solche Planungsbeschlüsse verfügen. Angesichts der besonderen Bedeutung, die der Bereich der „frühen Hilfen" (der eine enge Verzahnung von Gesundheitswesen und Jugendhilfe erfordert) in der aktuellen Diskussion spielt und der Bedeutung, die auch die Jugendämter diesem Bereich unter Planungsgesichtspunkten zumessen (s.u. Pkt. 5) wird sich die Beschlusslage hier aber in vielen Jugendämtern sicher in kurzer Zeit ändern.

Die großen Unterschiede in der Aktualität der Beschlusslagen der Jugendämter mögen vielfältige Ursachen haben. Eine liegt sicher auch im Verhältnis von Verwaltung und Jugendhilfeausschuss. So unterschiedlich sich hier die Beschlusslagen darstellen so unterschiedlich wird der Jugendhilfeausschuss in dieser Hinsicht auch durch die befragten Planungskräfte skizziert. Eher eine passive Haltung des Jugendhilfeausschusses wird durch die folgenden beiden Zitate deutlich:

„Bei dem alten JHA, fand ich, war das Interesse der einzelnen Mitglieder wirklich nur mäßig vorhanden. Die Themen wurden halt relativ schnell abgearbeitet, abgehandelt und, ja, die Jugendhilfeplanung wurde auch nicht wirklich so als Instrument genutzt. (...) Ich weiß auch gar nicht woran es lag, ob kein Interesse da war oder ob die Mitglieder auch gar nicht wussten

wie sie Jugendhilfeplanung auch nutzen können (...) Es wurde nicht als Planungsinstrument in dem Sinne genutzt (...) Also einzelne Themen, die sind dann schon mal aufgegriffen worden von einzelnen Politikern oder vom Träger, aber mein subjektiver Eindruck war immer, die waren froh, wenn der Ausschuss durch war und wenn die möglichst ihr Programm durchgezogen hatten." (I 71-73).

„Die Impulse kamen in der Regel aus der Verwaltung, und nicht aus der Politik. Es wurden zwar Themengebiete angerissen, ‚das könnte doch mal untersucht werden', aber was da jetzt planerisch vonstatten ging und daraus entwickelte Aufträge, die kamen in der Regel aus der Verwaltung." (A 61-61).

Demgegenüber stehen aber auch sehr positive Urteile anderer Planungsfachkräfte zu ihrem Jugendhilfeausschuss:

„Der Jugendhilfeausschuss trägt die politische Verantwortung für die Entwicklung der Jugendhilfe und ist bemüht, die Angebote, Leistungen und Einrichtungen für Kinder und Jugendliche in der Stadt zu verbessern. (...) Die gute Zusammenarbeit zwischen Verwaltung und Jugendhilfeausschuss haben in unserer Stadt Tradition und da sind wir auch ein wenig stolz drauf. Der JHA lässt sich über aktuelle Entwicklungen und beschlossene Projekte informieren." (B 48-50).

„Da habe ich wenige Vergleiche zu anderen Städten, aber ich würde sagen, der JHA ist eher aktiv. Der ist sehr an den Prozessen interessiert, gibt auch Ideen wenn es um die frühen Hilfen geht. Also da ist schon Input, da ist auch eine Beratung, ich würde sagen, die sind relativ aktiv" (D 67-67).

Insgesamt wird auch aus diesen Zitaten schon deutlich, dass es unterschiedliche Diskussionskulturen in den Jugendämtern (Verwaltungen und Jugendhilfeausschüssen) gibt, was natürlich auch die Vermutung nahe legt, dass solche Diskussionskulturen einen Zusammenhang zur Aktualität der Beschlusslage aufweisen. Dieser direkte Zusammenhang lässt sich allerdings aus den erhobenen Daten nicht belegen und muss eine Vermutung bleiben.

3 Zur Planungsorganisation

Die Interviews mit den Planungsfachkräften machen zunächst deutlich: Nicht alle Planungsfachkräfte arbeiten auf Grundlage einer Planungskonzeption. Diejenigen, denen eine Planungskonzeption vorliegt, haben diese zum Teil selbst erarbeitet, um sie dann durch den Jugendhilfeausschuss beschließen zu lassen und als Basis für ihre Arbeit zu nutzen. Die Planungsfachkräfte, die über keine Planungskonzeption verfügen, erhalten ihre Aufträge auf unterschiedlichen Wegen: über die Dezernatsebene, über die Amtsleitung oder durch den Jugendhilfeausschuss, wobei anzumerken ist, dass die Auftragserteilung durch den Jugendhilfeausschuss eher selten ist.

Tab. 6: Mit wem wird die Planung abgestimmt?

	Jugendamt in einer kreisfreien Stadt (n=80)		Kreisjugendamt (n=116)		Kreisangehöriges Jugendamt (n=80)		Keine Angabe zum JA-Typ (n=6)		Gesamt (n=282)	
	abs	%	abs	%	abs	%	abs	%	abs	%
Keine Abstimmung	9	11,3	53	45,7	15	18,8	1	16,7	78	27,7
Schulentwicklungsplanung	53	66,3	41	35,3	50	62,5	3	50,0	147	52,1
Planungen im Gesundheitswesen	30	37,5	27	23,3	15	18,8	2	33,3	74	26,2
Psychiatrieplanung	8	10,0	17	14,7	2	2,5	1	16,7	28	9,9
Bauleitplanung	45	56,3	16	13,8	35	43,8	1	16,7	97	34,4
Stadtentwicklung	61	76,3	11	9,5	53	66,3	3	50,0	128	45,4
Andere Planungen	29	36,3	31	26,7	16	20,0	2	33,3	78	27,7

In Bezug auf die kommunale Einbettung der Jugendhilfeplanung lässt sich feststellen, dass die Jugendhilfeplanung in vielen Fällen in Abstimmung mit anderen kommunalen Planungsbereichen geschieht (vgl. Tabelle 6). So findet beispielsweise in 147 Jugendämtern (52,1%) Jugendhilfeplanung in Abstimmung mit der Schulentwicklungsplanung statt. Der Anspruch der engen Kooperation von Schule und Jugendhilfe scheint hier auch planungstechnisch besondere Anstrengungen erforderlich zu machen oder erfordert diese Abstimmung sogar per Landesausführungsgesetz (NRW).

Weitere Planungsbereiche, mit denen Jugendhilfeplanung abgestimmt wird, sind neben der Stadtentwicklungsplanung die Planungen im Gesundheitswesen und Psychiatriebereich sowie die Bauleitplanung, allerdings hier schon deutlich seltener. Unter der Rubrik „Andere Planungen" wurden zudem beispielhaft genannt: die Kreisentwicklungsplanung, die Sozialplanung und die Planung der Behindertenhilfe.

Differenziert nach Jugendamtstyp fällt auf, dass annähernd die Hälfte der Kreisjugendämter keine Abstimmung mit anderen Planungsbereichen vornimmt, während dies nur bei einem geringfügigen Teil bei den kreisfreien und kreisangehörigen Städten der Fall ist. Insgesamt kann man aber festhalten, dass Jugendhilfeplanung in der Regel ein sehr stark mit anderen kommunalen und regionalen Planungen verbundenes Instrument darstellt.

In der Mehrheit der Jugendämter sind unterschiedliche Gremien an der Jugendhilfeplanung beteiligt. In den geführten Interviews wurden die Arbeitsgemeinschaften gemäß § 78 SGB VIII häufig als Beispiel für ein solches Gremium genannt, wobei hier die thematischen Schwerpunkte und die TeilnehmerInnen der Arbeitsgemeinschaften zwischen den einzelnen Jugendämtern variierten und von der Arbeitsgruppe „Kooperation Jugendhilfe/Schule" über arbeitsfeldspezifische Arbeitskreise des öffentlichen Trägers und der freien Träger bis hin zum örtlichen Arbeitskreis der freien Träger reichten. Weitere Gremien, welche über die Arbeitskreise hinaus genannt wurden, waren beispielsweise Runde Tische oder politische Unterausschüsse.

Tab. 7: Kooperationspartner

	Jugendamt in einer kreisfreien Stadt (n=80)		Kreisjugendamt (n=116)		Kreisangehöriges Jugendamt (n=80)		Keine Angabe zum JA-Typ (n=6)		Gesamt (n=282)	
	abs	%	abs	%	abs	%	abs	%	abs	%
Keine	1	1,3	7	6,0	4	5,0	0	-	12	4,3
Schule	71	88,8	94	81,0	70	87,5	3	50,0	238	84,4
Agentur für Arbeit	41	51,3	64	55,2	25	31,3	2	33,3	132	46,8
ARGE	46	57,5	60	51,7	35	43,8	2	33,3	143	50,7
Polizei	45	56,3	66	56,9	43	53,8	1	16,7	155	55,0
Andere Institutionen	50	62,5	70	60,3	46	57,5	4	66,7	170	60,3

Nach Kooperationspartnern für die Jugendhilfeplanung gefragt lässt sich feststellen, dass die Jugendhilfeplanung mit anderen Institutionen unterschiedlich stark kooperiert (vgl. Tabelle 7). Als bedeutsamster Kooperationspartner kann dabei die Schule angesehen werden, mit deren Schulentwicklungsplanung die eigene Planung – wie gesehen – häufig abgestimmt wird. Neben der Schule sind die ARGEn und die Agentur für Arbeit für knapp die Hälfte und die Polizei für 55,0 % der Jugendämter weitere Kooperationspartner bei der Jugendhilfeplanung. Zu den anderen Institutionen, die von den 170 befragten Jugendämtern zusätzlich genannt wurden, gehören freie Träger der Jugendhilfe, Vereine und Verbände, andere Ämter etc.

Bei Betrachtung der verschiedenen Jugendamtstypen lässt sich erkennen, dass es in Bezug auf Kooperationspartner nur wenige Unterschiede zwischen den kreisfreien Städten, kreisangehörigen Städten und Kreisen gibt, sieht man mal von der etwas geringeren Kooperationsdichte (außer bei Schulen) bei den kreisangehörigen Jugendämtern ab.

In Bezug auf die Adressatenbeteiligung wird in den geführten Interviews darauf hingewiesen, dass Eltern, Kinder und Jugendliche bei vielen Fragestellungen zwar beteiligt werden, dass diese Beteiligung aber häufig nicht systematisch geschieht. So sagte eine Planerin: *„Also wir haben die [Adressatenbeteiligung] wenn, dann nur punktuell. (...) Aber ich könnte nicht sagen, dass das wirklich systematisch ist, das ist dann auf den bestimmten Aspekt bezogen, man schaut dann halt in dem Moment, wie erreicht man die Zielgruppe da vielleicht am besten und wen kann man da mit einbeziehen"* (I 59-59). Als Beteiligungsmethoden wurden beispielsweise das Jugendparlament oder die Elternbefragung genannt.

Die Online-Befragung ergibt hier ein etwas breiteres Bild. Tabelle 8 gibt eine Übersicht, welche Beteiligungsformen in den 282 befragten Jugendämtern praktiziert werden. Jugend- und Elternbefragungen und Gesprächsrunden (Runde Tische) sind hier die am häufigsten genannten Formen. Als andere Formen werden beispielsweise das Kinder- und Jugendbüro, Workshops und Jugendforen genannt. Obwohl die Adressatenbeteiligung gesetzlich vorgeschrieben ist, geben aber auch 12 Jugendämter (4,3 %) an, dass eine solche Beteiligung bei ihnen nicht stattfindet.

Tab. 8: Beteiligungsformen

	Jugendamt in einer kreisfreien Stadt (n=80)		Kreisjugendamt (n=116)		Kreis-angehöriges Jugendamt (n=80)		Keine Angabe zum JA-Typ (n=6)		Gesamt (n=282)	
	abs	%	abs	%	abs	%	abs	%	abs	%
Keine	3	3,7	6	5,2	2	2,5	1	16,7	12	4,3
Einzelne Aktionen	51	63,8	42	36,2	35	43,8	2	33,3	130	46,1
Kinder-/ Jugend-parlament	33	41,3	19	16,4	31	38,8	1	16,7	84	29,8
Jugend-befra-gungen	53	66,3	65	56,0	50	62,5	2	33,3	170	60,3
Eltern-befra-gungen	51	63,8	50	43,1	56	70,0	2	33,3	159	56,4
Runde Tische	53	66,3	71	61,2	60	75,0	2	33,3	186	66,0
Stadtteil-konferenzen	63	78,8	32	27,6	38	47,5	2	33,3	135	47,9
Andere Formen	35	43,8	56	48,3	32	40,0	3	50,0	126	44,7

Differenziert nach den Jugendamtstypen lässt sich feststellen, dass es in Kreisen erwartungsgemäß Kinder- und Jugendparlamente (die es auf Kreisebene wohl kaum gibt, so dass auf Kinder- und Jugendparlamente in den Gemeinden zurückgegriffen werden müsste) und Stadtteilkonferenzen (die hier wohl eher Stadt- und Gemeindekonferenzen sein müssten) deutlich seltener gibt als in den Städten.

Tabelle 9 gibt eine Übersicht darüber, welche Akteursgruppen bezogen auf die einzelnen Handlungsfelder der Jugendhilfe in die Jugendhilfeplanung einbezogen werden. Hier ergibt sich ein sehr vielfältiges Bild. Es ist deutlich erkennbar, dass die beteiligten Akteursgruppen zwischen den Handlungsformen ganz erheblich schwanken. Der Einbezug anderer Ämter in die Planung ist insgesamt sehr hoch, am stärksten aber noch im Bereich von Tageseinrichtungen und im Bereich der Kooperation Jugendhilfe und Schule. Auch freie Träger sind erwartungsgemäß stark einbezogen, wobei die Jugendarbeit und die Tageseinrichtungen hier an der Spitze und die hoheitlichen Aufgaben naturgemäß am Ende stehen. Ehrenamtliche haben genau wie Jugendliche die häufigste Beteiligung in der Planung der Jugendarbeit. In allen anderen Bereichen ist deren Beteiligung aber eher schwach ausgeprägt. Die Eltern schließlich werden am stärksten im Kontext der Tageseinrichtungen von Kindern beteiligt, und nennenswert auch noch im Kontext der Planung der Kooperation von Jugendhilfe und Schule. Erstaunlich hoch ist insgesamt der Anteil der Jugendämter, der bei den einzelnen Handlungsbereichen angibt, dass hier keine Beteiligung stattfindet. Allerdings wurde in dieser Rubrik der Teil der Jugendämter, die keine Planung betreiben und deshalb niemanden beteiligen und denen, die zwar planen, aber nicht beteiligen, zusammengelegt.

Tabelle 9: Welche Akteursgruppen waren an der Jugendhilfeplanung beteiligt? (n=282)

Planungsbereiche	Keine Planung/keine Beteiligung		Andere Ämter		Freie Träger		Ehrenamtliche		Jugendliche		Eltern	
	abs	%	abs	%	abs	%	abs	%	abs	%	abs	%
Jugendarbeit	15	5,3	158	56,0	249	88,3	111	39,4	146	51,8	31	11,0
Jugendsozialarbeit	63	22,3	159	56,4	192	68,1	50	17,7	46	16,3	12	4,3
Erz. Jugendschutz	71	25,2	146	51,8	166	58,9	45	16,0	34	12,1	13	4,6
Familienförderung	80	28,4	112	39,7	169	59,9	44	15,6	12	4,3	26	9,2
Tageseinrichtungen	7	2,5	183	64,9	250	88,7	43	15,2	11	3,9	111	39,4
Hilfen z. Erz.	53	18,8	105	37,2	192	68,1	28	9,9	17	6,0	20	7,1
Mitwirkung in Gerichtsverfahren	159	56,4	64	22,7	63	22,3	11	3,9	8	2,8	3	1,1
Jugendhilfe und Schule	71	25,2	183	64,9	161	57,1	36	12,8	20	7,1	36	12,8
Jugendhilfe und Gesundheitswesen	146	51,8	107	37,9	84	29,8	21	7,4	5	1,8	5	1,8

Die Frage, ob die Planungsfachkräfte externe Beratung in Anspruch nehmen, beantworteten zunächst die interviewten Fachkräfte sehr unterschiedlich. So gab die Mehrheit an, externe Beratung bei Bedarf nutzen zu können. Einige der befragten Fachkräfte gaben an, schon einmal auf externe Beratung zurückgegriffen zu haben, wobei die Intensität der Beratung zwischen den Jugendämtern sehr stark variiert und von telefonischer Beratung bis hin zu einer Fach- und Prozessberatung im Amt reichte. Deutlich wurde allerdings schon aus den Interviews, dass die umfassenden Planungsberatungen, wie es sie noch in den 1990er Jahren gab, heute nur noch selten stattfinden. Wenn Beratung in Anspruch genommen wird, geht es heute meist um Teilaspekte der Jugendhilfeplanung, wobei diese in fachlichen Fragen, z. B. zu den aktuellen fachlichen Standards in einem Handlungsfeld (z. B. frühe Hilfen, Schutzauftrag), liegen kann oder – was heute seltener vorkommt – in einer gezielten Prozessberatung zur Gestaltung des Planungsprozesses.

Vor diesem Hintergrund ist auch die Gesamtbefragung vorsichtig zu interpretieren (vgl. Tabelle 10). Sie besagt zunächst, dass von den 282 Jugendämtern 83 (29,4 %) externe Beratung im Rahmen der Jugendhilfeplanung in Anspruch nehmen (Kreise und kreisfreie Städte mehr als kreisangehörige Städte). Allerdings ist hieraus das Niveau der externen Beratung nicht zu entnehmen. Es ist nach den geführten Interviews aber anzunehmen, dass es sich hier auch weniger um umfassende Planungsberatungsprozesse handelt, sondern dass Jugendhilfeplanung externen Sachverstand eher im Einzelfall (inhaltlich oder zum Verfahren) hinzuzieht.

Tab. 10: Externe Beratung/Begleitung?

	Jugendamt in einer kreisfreien Stadt		Kreisjugendamt		Kreis-angehöriges Jugendamt		Keine Angabe zum JA-Typ		Gesamt	
	abs	%	abs	%	abs	%	abs	%	abs	%
Ja	26	32,5	38	32,8	19	23,8	0	-	83	29,4
Nein	54	67,5	77	66,4	60	75,0	4	66,7	195	69,1
Keine Angaben	-	-	1	0,9	1	1,3	2	33,3	4	1,4
Gesamt	80	100	116	100	80	100	6	100	282	100

Ihre eigene Rolle in der Planung beschreiben die Planungsfachkräfte als sehr vielfältig. So sieht sich ein Planer als Datenbeschaffer, der die Daten so aufzubereiten hat, dass sie für den weiteren Planungsprozess nutzbar gemacht werden können, und darüber hinaus als Vermittler zwischen unterschiedlichen Interessenlagen und als Moderator. Eine zweite Planungsfachkraft sieht sich als Koordinator, der auch eine zusammenführende und vernetzende Funktion inne hat, und eine dritte Planerin sieht sich als Ideengeberin, Fachexpertin, Moderatorin und Datenbeschafferin.

Die unterschiedlichen Rollenverständnisse, welche durch diese drei Beispiele deutlich werden, sind dabei mit den unterschiedlichen Arbeitsinhalten im Zusammenhang zu sehen, welche die Fachkräfte in Ihrer Planungsfunktion erfüllen müssen. Denn während in einem Jugendamt die Datenbeschaffung und Datenauswertung zum Aufgabenbereich der Planungskraft gehört, beschreibt eine andere Fachkraft ihre Aufgabe folgendermaßen: *„Genauso sehe ich mich auch eher: als Koordinator, als ja, Manager. Ich kann schon mal weiterhelfen wenn einer nicht weiß, wo es was gibt oder wer was macht. Also irgendwie diese koordinierende, zusammenführende, vernetzende Rolle. Also ich bin jetzt nicht derjenige, der jetzt tatsächlich anhand von bestimmten Datengrundlagen eine Auswertung fährt oder so was, sondern ich bin eher derjenige, der versucht, die Zusammenhänge einzelner Auswertungen dann auch darzustellen. Und dann bin ich auch eher derjenige, der versucht, das zu visualisieren"* (H 85-85).

Nach der Rolle des Jugendhilfeausschusses für die Jugendhilfeplanung gefragt, schreiben die interviewten Planungskräfte dem Jugendhilfeausschuss mehrheitlich eine eher passive Rolle zu, da Aufträge an die Jugendhilfeplanung meistens durch die Verwaltung erfolgen würden und weniger durch den Jugendhilfeausschuss. Infolgedessen werde der Jugendhilfeausschuss weniger als Ideengeber, sondern viel mehr als Entscheidungsträger wahrgenommen. In Bezug auf das politische Interesse, welches der Jugendhilfeausschuss der Jugendhilfeplanung entgegenbringt, geben manche PlanerInnen an, dass der Jugendhilfeausschuss sich in ihrer Kommune regelmäßig über den aktuellen Stand informieren lasse, Jugendhilfeplanung als aktives Instrument aber weniger nutze.

4 Datengrundlage der Planung

Jugendhilfeplanung braucht Daten und Informationen. Sie stellen die empirische Basis für eine angemessene Bestandsaufnahme und für die sich anschließende Bedarfsdiskussion dar. Eine der zentralen Aufgaben der Jugendhilfeplanung ist es daher auch, relevante Datenbestände möglichst zeitnah fortzuschreiben, um einerseits die Verwaltung, den Jugendhilfeausschuss, die Planungsgremien und die Planungspartner auf einem aktuellen Informationsstand zu halten und andererseits frühzeitig besondere Entwicklungen im Handlungsfeld mitzubekommen. Zu den relevanten Datenbeständen gehören Daten zur Bevölkerungs- und Sozialstruktur, Daten aus dem Tätigkeitsbereich der Jugendhilfe, Daten aus dem schulischen Bereich und schließlich – gerade im Kontext der Diskussion um frühe Hilfen – auch Daten aus dem Bereich des Gesundheitswesens. Im Rahmen der Online-Befragung wurden die Jugendämter daher auch nach der Aktualität von Daten in diesen verschiedenen planungsrelevanten Bereichen gefragt. Sie wurden gebeten anzugeben, auf dem Stand welchen Jahres sich die von ihnen verwendeten Daten befinden. Im Fragebogen konnte der Stand der Daten mit einer Jahreszahl (2008, 2004-2007, vor 2004) angegeben werden. Außerdem gab es noch die Kategorie „Daten liegen nicht vor".

In Tabelle 11 werden hier nur die Antworten dargestellt, die Angaben, dass der Stand der Daten dem Jahr 2008 (Stichtag 31.12.) entspricht, wo also zum Zeitpunkt der Befragung von einer aktuellen Datenlage zu sprechen ist. Diese Ergebnisse sind noch einmal nach Jugendamtstypen differenziert.

Deutlich wird hier, dass die Datenbestände für die einzelnen Bereiche sehr unterschiedlich ausfallen. Im Bereich der Bevölkerungs- und Sozialstrukturdaten verfügt die Jugendhilfeplanung nur zu 78 % über aktuelle Daten zur Bevölkerungsstruktur. Von den in der Befragung abgefragten Indikatoren ist der Informationsstand über Alleinerziehende im Jugendamtsbereich am schlechtesten ausgeprägt, aber auch Informationen zum Sozialgeldbezug und zur Arbeitslosigkeit lagen nur in etwas mehr als zwei Dritteln den Jugendämtern auf aktuellem Stand vor.

Der Anteil der Jugendämter, bei dem zu den befragten Bereichen nach Auskunft der befragten Planungsfachkräfte für die Jugendhilfeplanung überhaupt keine Daten vorlagen, betrug bezüglich der

- Bevölkerungsstruktur 7 (2,5 %)
- Arbeitslosigkeit 19 (6,7 %)
- ALG II/Sozialgeldbezug 29 (10,3 %)
- Jugendarbeitslosigkeit 25 (8,9 %)
- Alleinerziehende 71 (25,2 %)
- Migration 59 (20,9 %)

Bezogen auf diese Jugendämter muss festgestellt werden, dass die Jugendhilfeplanung nicht einmal über ältere oder veraltete Daten hierzu verfügt, sondern dass es ihr an zentralen Informationen zur Bevölkerungs- und Sozialstruktur gänzlich fehlt.

Tab. 11: Datenlage auf dem Stand von 31.12.2008

	Jugendamt in einer kreisfreien Stadt (n=80)		Kreisjugendamt (n=116)		Kreisangehöriges Jugendamt (n=80)		Keine Angabe zum JA-Typ (n=6)		Gesamt (n=282)	
	abs	%	abs	%	abs	%	abs	%	abs	%
Sozialstruktur										
Bevölkerungsstruktur	69	86,3	83	71,6	64	80,0	4	66,7	220	78,0
Arbeitslosigkeit	67	83,8	78	67,2	59	73,8	4	66,7	208	73,8
ALG II/Sozialgeldbezug	64	80,0	73	62,9	50	62,5	4	66,7	191	67,7
Jugendarbeitslosigkeit	63	78,8	74	63,8	54	67,5	4	66,7	195	69,1
Alleinerziehende	47	58,8	53	45,7	35	43,8	3	50,0	138	48,9
Migration	57	71,3	60	51,7	42	52,5	3	50,0	162	57,4
Andere Bereiche	24	30,0	31	26,7	16	20,0	2	33,3	73	25,9
Jugendhilfedaten										
Jugendarbeit	59	73,8	72	62,1	59	73,8	4	66,7	194	68,8
Jugendsozialarbeit	56	70,0	74	63,8	35	43,8	3	50,0	168	59,6
Erz. Jugendschutz	44	55,0	58	50,0	41	51,3	2	33,3	145	51,4
Förderung der Erziehung i.d.Fam.	58	72,5	68	58,6	42	52,5	2	33,3	170	60,3
Kindertageseinrichtungen	75	93,8	103	88,8	72	90,0	3	50,0	253	89,7
Hilfen zur Erziehung	74	92,5	95	81,9	61	76,3	4	66,7	234	83,0
Mitwirkung in gerichtl. Verfahren	60	75,0	83	71,6	56	70,0	2	33,3	201	71,3
Andere Jugendhilfebereiche	14	17,5	17	14,7	8	10,0	1	16,7	40	14,2
Daten aus dem Gesundheitsbereich										
Einschulungsuntersuchungen	35	43,8	33	28,4	24	30,0	2	33,3	94	33,3
Teiln. U-Untersuchungen	27	33,8	30	25,9	15	18,8	0	-	72	25,5
Frühfördermaßnahmen	36	45,0	44	37,9	19	23,8	1	16,7	100	35,5
Andere Gesundheitsdaten	10	12,5	11	9,5	5	6,3	0	-	26	9,2
Schulische Daten										
Übergangsquoten nach Grundschule	41	51,3	31	26,7	37	46,3	2	33,3	111	39,4
Schulabschlüsse	37	46,3	43	37,1	39	48,8	2	33,3	121	42,9
Berufseinmündung	19	23,8	20	17,2	14	17,5	2	33,3	55	19,5
Sonstige schulische Daten	15	18,8	15	12,9	6	7,5	1	16,7	37	13,1
Andere Datenbereiche										
Weitere Daten	8	10,0	6	5,2	2	2,5	0	-	16	5,7

Selbst bezogen auf die Daten und Informationen aus der Jugendhilfe selbst ist der Datenbestand eher ernüchternd. Die aktuellsten Informationen liegen noch zum Bereich der Tageseinrichtungen und der Hilfen zur Erziehung vor. Außerdem ist auch die Mitwirkung in gerichtlichen Verfahren noch bei über zwei Dritteln der Planungsfachkräfte durch aktuelle Daten unterlegt. Aber selbst hier beklagen einige befragte Fachkräfte das Fehlen von Daten. Der Anteil der Jugendämter, die angaben, hierzu keine Daten zu haben, betrug bezüglich der

- Jugendarbeit 26 (9,2 %)
- Jugendsozialarbeit 62 (22,0 %)
- Erz. Jugendschutz 75 (26,6 %)
- Förderung der Erz. i. d. Fam. 64 (22,7 %)
- Kindertageseinrichtungen 3 (1,1 %)
- Hilfen zur Erziehung 8 (2,8 %)
- Mitwirkung in gerichtl. Verfahren 39 (13,8 %)

Noch etwas ernüchterndere Bilder ergeben sich bei der Betrachtung der Datenlage aus dem Schulbereich und aus dem Gesundheitsbereich. Auch hier sind die Daten nicht sehr aktuell und in allen genannten Bereichen, außer im Bereich der Übergangsquoten nach der Grundschule (fehlende Daten bei n=116 Jugendämtern → 41,1%) und den Schulabschlüssen (fehlende Daten bei n=99 Jugendämtern → 35,1%), verfügen über 50 % der Planungsfachkräfte über gar keine Daten.

Bei einer Betrachtung der verschiedenen Jugendamtstypen zeigt sich für fast alle Datenbereiche, dass die Kreise hier jeweils noch etwas schlechter abschneiden als die kreisfreien Städte und die kreisangehörigen Städte. Hier scheint sich auszuwirken, dass der Kreis nicht immer unmittelbaren Zugriff auf alle Daten hat, sondern diese oftmals über die kreisangehörigen Städte und Gemeinden beziehen muss. Dies scheint nicht immer ganz reibungslos zu funktionieren.

Eine weitere Frage in der Online-Befragung bestand darin, ob die Daten für Sozialräume kleinräumig zur Verfügung stehen. Dies scheint in den meisten Jugendämtern heute eher ein Standard zu sein, auch wenn sich hier, wie schon bei der Aktualität der Daten, große Unterschiede zwischen den Jugendämtern zeigen (vgl. Tabelle 12). Die z.T. höheren Angaben in der Tabelle 12 gegenüber Tabelle 11 sind darin begründet, dass hier auch Auskunft zur Kleinräumigkeit jener Datenbestände gegeben wurde, die aus den Jahren 2004-2007 stammen.

Tabelle 12: Welche Daten sind kleinräumig verfügbar?

	Jugendamt in einer kreisfreien Stadt (n=80)		Kreisjugendamt (n=116)		Kreisangehöriges Jugendamt (n=80)		Keine Angabe zum JA-Typ (n=6)		Gesamt (n=282)	
	abs	%	abs	%	abs	%	abs	%	abs	%
Sozialstruktur										
Bevölkerungsstruktur	78	97,5	91	78,4	65	81,3	4	66,7	238	84,4
Arbeitslosigkeit	53	66,3	67	57,8	20	25,0	4	66,7	144	51,1
ALG II/Sozialgeldbezug	55	68,8	66	56,9	28	35,0	4	66,7	153	54,3
Jugendarbeitslosigkeit	41	51,3	60	51,7	16	20,0	4	66,7	121	42,9
Alleinerziehende	38	47,5	50	43,1	28	35,0	2	33,3	118	41,8
Migration	52	65,0	48	41,4	33	41,3	3	50,0	136	48,2
Jugendhilfedaten										
Jugendarbeit	52	65,0	80	69,0	44	55,0	3	50,0	179	63,5
Jugendsozialarbeit	37	46,3	64	55,2	16	20,0	1	16,7	118	41,8
Erz. Jugendschutz	26	32,5	52	44,8	21	26,3	0	-	99	35,1
Förderung der Erz. i.d.Fam.	40	50,0	68	58,6	29	36,3	0	-	137	48,6
Kindertageseinrichtungen	74	92,5	105	90,5	68	85,0	3	50,0	250	88,7
Hilfen zur Erziehung	68	85,0	101	87,1	57	71,3	3	50,0	229	81,2
Mitwirkung in gerichtl. Verfahren	44	55,0	73	62,9	38	47,5	2	33,3	157	55,7
Daten aus dem Gesundheitsbereich										
Einschulungsuntersuchungen	24	30,0	22	19,0	16	20,0	2	33,3	64	22,7
Teiln. U-Untersuchungen	13	16,3	19	16,4	6	7,5	1	16,7	39	13,8
Frühfördermaßnahmen	14	17,5	22	19,0	8	10,0	0	-	44	15,6
Schulische Daten										
Übergangsquoten nach Grundschule	27	33,8	24	20,7	25	31,3	1	16,7	77	27,3
Schulabschlüsse	17	21,3	24	20,7	11	13,8	0	-	52	18,4
Berufseinmündung	9	11,3	12	10,3	4	5,0	0	-	25	8,9

Die interviewten Planungsfachkräfte gaben an, dass sie eine kleinräumige Ausdifferenzierung der Daten und Informationen für sehr wichtig ansehen. In Bezug auf die Verfügbarkeit kleinräumiger Daten gaben die interviewten Fachkräfte an, dass es manchmal schwierig sei, Daten mit einem kleinräumigen Bezug zu erhalten. So äußerte eine Planungsfachkraft diesbezüglich: *„Alle Daten, die wir haben, kriegen wir noch nicht kleinräumig hin, da sind wir aber auf einem guten Wege bzw. teilweise. Probleme haben wir (…) in der Schulstatistik. Die kriegen wir auch* *noch nicht kleinräumig. Was auch noch nicht vorliegt (…) das Thema Schuleignungsprüfungen, also Gesundheitsdaten"* (G 45-45).

5 Planungsthemen

Sowohl in der Online-Befragung als auch in den durchgeführten Interviews wurden die Jugendämter/Planungsfachkräfte nach der Bedeutung spezifischer Planungsthemen für die Jugendhilfeplanung befragt. In den Befragungen wurde darum gebeten eine Einschätzung bzw. Beurteilung dazu vorzunehmen, wie wichtig diese Themen im Kontext der Jugendhilfeplanung sind und mit welcher Priorität sie behandelt werden. Die Skalierung reichte hierbei von „sehr wichtig" bis „unwichtig" für die Frage nach der Bedeutung, und bei der Frage nach der Priorität von „sehr hohe Priorität" bis „wird nicht bearbeitet". Die nachstehende Abbildung 1 gibt einen ersten Überblick zu den Ergebnissen der schriftlichen Befragung zu den unterschiedlichen Themenbereichen.

Bei der Betrachtung der Profillinie fällt zunächst ins Auge, dass es zwischen den Jugendamtstypen kaum wesentliche Unterschiede in der Einschätzung der Wichtigkeit und Priorität für die einzelnen Themenfelder in der Jugendhilfeplanung gibt. Die Abweichung der Profillinien beim Thema Migration stellt schon die am weitesten herausragende Differenzierung von kreisfreien Städten, Kreisen und kreisangehörigen Städten dar.

Im Rahmen der schriftlichen Befragungen sowie den geführten Interviews wurde deutlich, dass derzeit durch die Jugendhilfeplanung eine Vielzahl von unterschiedlichen Themen zu bearbeiten ist. Aktuelle Themenschwerpunkte die sich dabei herauskristallisierten waren vor allem die Fortschreibung der Kinder-/Jugend-Förderpläne, die Umsetzung der Konzepte zur sozialraumorientierten Jugendhilfeplanung, der Auf- und Ausbau des Kontraktmanagements zwischen öffentlichen und freien Trägern der Jugendhilfe, die Kindergartenbedarfsplanung – insbesondere der Ausbau der Kitaplätze für unter 3-Jährige, der Ausbau des Angebotes von „Frühen Hilfen" und die Planung von ambulanten Angeboten (Maßnahmen und Leistungen, von denen man sich verspricht, dass sie dazu beitragen und geeignet sind, die häufig hohe Anzahl der stationären Hilfen in den Kommunen zu reduzieren und dadurch zu einer Kostensenkung innerhalb dieses Leistungsbereiches beitragen können) sowie die Entwicklung von integrativen Handlungskonzepten im Rahmen der Projekte zur „sozialen Stadt" und die Umsetzung von Rats- bzw. Kreisbeschlüssen hierzu. Noch immer sind die Einführung, Fortschreibung und Umsetzung von Meldeverfahren und Maßnahmenplanungen im Kontext des § 8a SGB VIII – „Schutzauftrag bei Kindeswohlgefährdung" – ein aktuelles und *„durchlaufendes Thema"* (J 60-60), wie es ein Interviewpartner benannte.

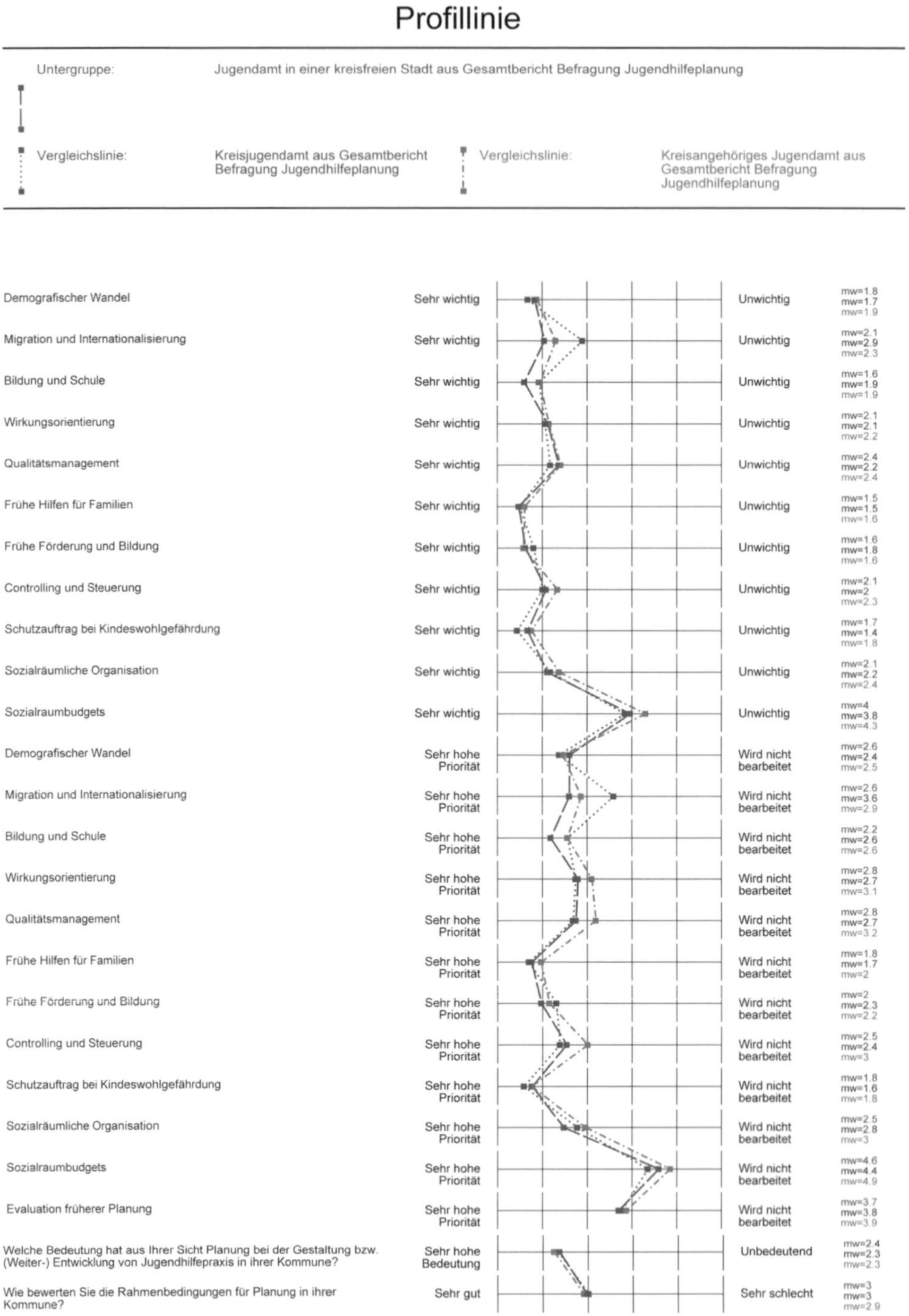

Abb. 1: Wichtigkeit und Priorität von Planungsthemen nach Jugendamtstyp

Zu den einzelnen Themenfeldern

Im Zusammenhang mit der Frage nach den aktuellen Anforderungen, die derzeit an die Jugendhilfeplanung gestellt werden, beurteilte knapp die Hälfte aller Befragten den **„demographischen Wandel"** in der Gesellschaft als einen sehr wichtigen Aspekt für das Aufgabengebiet der Jugendhilfeplanung. Über 80 % der Befragten bezeichneten den Faktor des demographischen Wandels als „sehr wichtig" oder „wichtig". Über 50 % der Befragten bearbeiten dieses Thema mit einer „sehr hohen bis hohen Priorität". Ein Jugendhilfeplaner merkte hierzu in einem Interview an: *„Der demographische Wandel hat eine besondere Relevanz in der Planung der Betreuungsplätze, also in der Kindergartenbedarfsplanung und Tagesbetreuung, im Bereich der Schulentwicklungsplanung, die wir jetzt gemeinsam mit der Jugendhilfeplanung vornehmen, und dort schwerpunktmäßig im Rahmen der Betreuung in den Offenen Ganztagsschulen bzw. bei der geregelten Halbtagesbetreuung in der Grundschule"* (D 80-81).

Für das Thema **„Migration und Internationalisierung"** besteht – wie schon gesagt – eine etwas unterschiedliche Gewichtung seitens der befragten Jugendämter darüber, welche Wichtigkeit diesem Arbeitsfeld innerhalb der Jugendhilfeplanung zukommt. Die Jugendämter der kreisfreien Städte votierten zu 74 %, die kreisangehörigen Jugendämter zu 60 % und die Kreisjugendämter zu 45 % für die Einschätzung „sehr wichtig" oder „wichtig". Befragt nach dem Stellenwert, den dieses Thema in der Bearbeitung einnimmt, wiesen 55 % der Jugendämter der kreisfreien Städte, 40 % der kreisangehörigen Jugendämter, aber nur 29 % der Kreisjugendämter diesem Bereich eine „sehr hohe" oder „hohe Priorität" zu. Ein planungsbeauftragter Jugendamtsmitarbeiter eines Jugendamtes einer kreisangehörigen Stadt äußerte sich beispielsweise wie folgt dazu: *„Gegenwärtig hat Priorität Nr. 1 unser Projekt Migration und Internationalisierung. Das liegt hauptsächlich daran, weil wir gerade den ersten Integrationsbericht fertiggestellt haben und zurzeit an der Planung und Umsetzung eines Maßnahmenpaketes arbeiten, um bei diesem Thema weiterzukommen"* (A 71-71). Eine andere interviewte Planungsfachkraft, gleichfalls aus einem kreisangehörigen Jugendamt, merkte hierzu an: *„Migration und Internationalisierung ist bei uns kein Thema und das liegt einfach daran, dass der Anteil an Migranten bei uns unter 6 % liegt"* (D 86-87). Auch wenn im zweiten Zitat vermutlich der Ausländeranteil und nicht der Anteil der MigrantInnen insgesamt gemeint ist, verdeutlichen die Zitate, dass selbst gleiche Jugendamtstypen zu dem Thema „Migration und Internationalisierung" eine sehr unterschiedliche Gewichtung dieses Themas vornehmen.

Erwartungsgemäß nimmt inzwischen die Gestaltung von Bildungsbedingungen im Rahmen der Jugendhilfeplanung eine große Bedeutung ein, wobei dies für den überwiegenden Teil der befragten Jugendämter zutrifft. Sowohl die kreisfreien Jugendämtern (90 %) als auch die Kreisjugendämter (77 %) als auch die kreisangehörigen Jugendämter (74 %) geben an, dass sie den Aufgabenbereich **„Bildung und Schule"** als „sehr wichtig" bzw. „wichtig" erachten und diesem Aufgabenfeld eine große Bedeutung innerhalb der Jugendhilfe zuerkennen. Die Anstrengungen, die seitens der Jugendhilfeplanung unternommen werden, zielen unter anderem darauf ab, die notwendigen Rahmenbedingungen zu eruieren, damit die frühen Bildungschancen für Kinder verbessert werden können und die Übergänge zwischen Kita und Grundschule, Grundschule und weiterführenden Schulen sowie zwischen Schule und Beruf positiv gestaltet werden können. Ein Jugendhilfeplaner äußerte sich in einer mündlichen Befragung dahingehend, dass in seinem Arbeitsbereich zurzeit die Aufgabenfelder von besonderer Bedeutung sind, die in der öffentlichen bzw. in der jugendpolitischen Debatte derzeit erörtert werden. *„Da sind zuerst die bildungspolitischen Angebote zu nennen, angefangen mit den Angeboten in den Kindertages-*

einrichtungen über die Zusammenarbeit von Schule und Jugendhilfe, aber auch das gesamte Spektrum der außerschulischen Bildung bis zur beruflichen Ausbildung" (B 54-54).

Innerhalb ihres Arbeitsfeldes beurteilten durchschnittlich ca. 40 % der befragten Fachkräfte in den Jugendämtern den Bereich der **„Wirkungsorientierung"** im Rahmen ihres Arbeitsauftrages zur Maßnahmenplanung von Angeboten und Leistungen in der Jugendhilfe als wichtig. Lediglich die Priorität, mit welcher der Teilaspekt „Wirkungsorientierung" in den unterschiedlich klassifizierten Jugendämtern – Jugendämter der kreisfreien Städte, den Kreisjugendämtern und den kreisangehörigen Jugendämtern – bearbeitet wird, weicht geringfügig voneinander ab. Tendenziell wird in den kreisangehörigen Jugendämtern der Bearbeitung des Themenbereiches ein geringerer Stellenwert zugewiesen als dies in den Jugendämtern der kreisfreien Städte und in den Kreisjugendämtern der Fall ist. Innerhalb der schriftlichen Befragung wurde mehrfach zum Ausdruck gebracht, dass die Vernetzung und die Bildung von Netzwerken zu Angebotsstrukturen einen wesentlichen Teilaspekt im Rahmen der Wirkungsorientierung von Jugendhilfeleistungen darstellen. Innerhalb der Interviews wurde durch einen Befragten zum Beispiel zum Ausdruck gebracht, dass die Wirkungsorientierung von Leistungen im Rahmen der Zusammenarbeit mit den freien Trägern der Jugendhilfe für den Bereich der Erziehungshilfe inzwischen eine wesentliche Rolle spiele.

Den Bereich **„Qualitätsmanagement"** stufen durchschnittlich zwei Drittel der befragten Planungsfachkräfte im Rahmen ihrer Tätigkeit als „sehr wichtig oder wichtig" ein, wobei nur ca. 40 % aller Befragten diesem Teilaspekt in ihren kontinuierlichen Arbeitszusammenhängen eine „sehr hohe oder hohe" Priorität zuweisen. Eine verantwortliche Planungsfachkraft berichtete davon, dass das Qualitätsmanagement situativ für sie von Bedeutung ist: *„Wir arbeiten im Moment zusammen mit den angrenzenden Kommunen und deren Jugendämtern an dem Projekt ‚Qualitätsmanagement für frühe Hilfen – aus Fehlern lernen', also dies ist noch mal ein ganz wichtiges Thema für uns"* (D 83-83). Es lässt sich festhalten, dass zumindest punktuell das „Qualitätsmanagement" eine hervorgehobene Bedeutung und Stellung in den Arbeitsbezügen der Jugendhilfeplaner einnehmen kann.

Für den Bereich der **„Frühen Hilfen für Familien"** ist zu konstatieren, dass die befragten Jugendämter dieses Thema zu 91 % als „sehr wichtig" bis „wichtig" einschätzen (62 % als „sehr wichtig"). Zwischen den Jugendamtstypen ergeben sich dabei nur minimale Abweichungen. Entsprechend hoch ist die Priorität mit der dieses Thema in den Arbeitsvollzügen der Jugendhilfeplaner bearbeitet wird. Deutlich über drei Viertel der Jugendämter gaben an, dass sie dem Thema eine „sehr hohe" bis „hohe Priorität" im Kontext der Jugendhilfeplanung einräumen. Durch einen Jugendhilfeplaner eines kreisfreien Jugendamtes wurde innerhalb der mündlichen Befragung deutlich zum Ausdruck gebracht, warum ein fachlicher Schwerpunkt in den Angeboten der frühen Hilfen für Familien besteht: *„(...) und frühe Hilfen heißt in diesem Zusammenhang, Hilfen anzubieten die einen präventiven Charakter haben. Ziel muss es sein, das Leistungsspektrum der Hilfen zur Erziehung, insbesondere die stationären Hilfen, zu vermeiden"* (B 56-56). Das Thema „frühe Hilfen" stellt damit aktuell (Herbst 2009) neben dem Thema Kindeswohlgefährdung die zentrale Herausforderung für die Hilfeplanung in den Kommunen dar.

Den weiteren zentralen Arbeitsschwerpunkt innerhalb des Jugendhilfeplanungsprozesses stellt der **„Schutzauftrag bei Kindeswohlgefährdung"** dar. Wie den „frühen Hilfen" wird diesem Bereich eine herausragende Wichtigkeit bescheinigt. 86 % der Jugendämter sehen ihn als „sehr wichtig oder wichtig" an. In der Priorisierung der Aufgaben fällt er allerdings ein wenig hinter die frühen Hilfen zurück. „Nur" 67 % ordnen ihm eine „sehr hohe oder hohe" Priorität zu. Auch hier zeigen sich kaum Unterschiede zwischen den Jugendamtstypen. In den mündlichen Befragungen wurde mehrfach durch die Befragten bestätigt, dass der „Schutzauftrag bei Kindeswohlgefährdung“ eine ständig präsente Aufgabe mit einer hohen Aktualität und Priorität darstellt. Mehrfach wurde darauf verwiesen, dass verbindliche Verfahrensstandards im Kontext des Schutzauftrages nach § 8a SGB VIII entwickelt und angewendet würden und dass die Jugendhilfeplanung hier einbezogen sei. Sowohl der „Schutzauftrag bei Kindeswohlgefährdung“ – verstanden als intervenierender Kinderschutz im Rahmen der Jugendhilfe – als auch die Angebote und Leistungen im Bereich der „Frühen Hilfen“ – verstanden als präventive Angebote und Leistungen der Jugendhilfe – stellen somit insgesamt betrachtet ein hoch bewertetes Dauerthema im Rahmen des Jugendhilfeplanungsprozesses dar.

Ein weiteres Thema, das in der Wichtigkeit an die gerade genannten fast heranreicht, ist der Bereich der **„Frühen Förderung und Bildung“**. 86 % bewerteten diesen Bereich als „sehr wichtig oder wichtig“ (allein 51 % als wichtig). In der Priorisierung fällt er allerdings gegenüber den Frühen Hilfen und dem Schutzauftrag ein wenig ab. Hier scheinen sich die öffentliche Aufmerksamkeit und der öffentliche Druck, der auf den aktuell diskutierten ersten beiden Themen lastet, mit auszuwirken. Frühe Förderung und Bildung scheint dagegen ein „längerfristiges“ Thema zu sein. Mehrfach wurde durch Jugendhilfeplaner im Rahmen der schriftlichen Befragung erwähnt, dass insbesondere die Planung des Ausbaus der Betreuungsangebote für unter 3-Jährige derzeit eine wesentliche Aufgabe der Jugendhilfeplanung darstellt. Bestätigung fanden diese Aussagen im Rahmen der geführten Interviews. Ein Jugendhilfeplaner einer Großstadt betont, dass *„(…) der Schwerpunkt der planerischen Aktivitäten gegenwärtig der gesetzlich geforderte Ausbau im U-3-Bereich ist, denn dieser Bereich ist bis zum Jahr 2013 bedarfsgerecht auszubauen“* (B 55-55).

Der Bereich **„Controlling und Steuerung“** wird von 70 % der befragten Jugendämter als „sehr wichtig“ oder „wichtig“ für das Arbeitsfeld der Jugendhilfeplanung eingestuft. Hier unterscheiden sich allerdings durchaus die Jugendamtstypen hinsichtlich der Zuschreibung von Wichtigkeit und Priorität bezüglich dieses Themas. Während die Stadtjugendämter (kreisfrei und kreisangehörig) nahezu identische Einschätzungen vornehmen, wird das Thema sowohl von der Wichtigkeit her als noch mehr von der Priorität her von den Kreisjugendämtern geringer eingestuft. In den Befragungen wurde allerdings von allen Jugendamtstypen mehrfach benannt, dass Controlling- und Steuerungsinstrumente entweder derzeit im Aufbau sind oder dass das Thema eine besondere Relevanz im Rahmen des Kontraktmanagements zwischen den öffentlichen und freien Trägern der Jugendhilfe aufweist. Überdies wurde angemerkt, dass unter dem Eindruck neu auflebender Konsolidierungswellen innerhalb der kommunalen Haushalte das Thema Planung und Controlling für die Jugendhilfe zunehmend wichtiger werde. Controlling könne dazu beitragen, dass in Zeiten knapper werdender finanzieller Ressourcen – durch Umsteuerungsprozesse im Rahmen der Jugendhilfeplanung – zumindest noch eine gewisse Flexibilität für das Angebots- und Leistungsspektrum der Jugendhilfe erhalten bleiben könne.

Die **„Sozialräumliche Organisation“** wird von der überwiegenden Zahl der befragten Jugendämter als wichtiger Aspekt im Rahmen der Jugendhilfeplanung bezeichnet (34 % „sehr wichtig“; 30 % „wichtig“), wobei diesem Thema keine herausgehobene Priorität zugemessen wird. Erstaunlich ist allerdings, dass für 10 % der kreisangehörigen Jugendämter die „Sozialräumliche Organisation“ kein Thema darstellt und daher auch nicht bearbeitet wird, wäre doch gerade in Kreisen durch die verschiedenen Gemeinden im Planungsgebiet eine besondere Affinität zum Thema gegeben. Anders positioniert sich dazu allerdings eine Planungsfachkraft aus einer kreisfreien Stadt: *„Die sozialräumliche Organisation ist sicherlich einer der Haupt-*

schwerpunkte innerhalb der Jugendhilfeplanung, da die ganze Jugendhilfeplanung sehr stark sozialräumlich ausgerichtet ist" (G 75-75).

Der Aspekt **„Sozialraumbudgets"** ist nach den Ergebnissen der vorliegenden schriftlichen Befragung für knapp drei Fünftel der Befragten von nachrangiger Bedeutung im Rahmen der Jugendhilfeplanung. Allerdings erfährt dieses Thema in der Bewertung der Fachkräfte die breiteste Streuung. So geben auch 9 % der Befragten an, dass dieses Thema von sehr hoher Wichtigkeit für sie sei. Insgesamt betrachtet scheint es so, dass die Jugendämter der kreisfreien Städte und die Kreisjugendämter den Sozialraumbudgets eine noch vergleichsweise höhere Wichtigkeit einräumen als dies die zumeist kleinen kreisangehörigen Jugendämter tun. Diese Auffassungen spiegeln sich in der Priorität wider, mit der dieses Arbeitsfeld bearbeitet wird. Mutmaßlich wird das Thema „Sozialraumbudget" in den meisten Jugendämtern deshalb mit einer so geringen Wichtigkeit für das Aufgabengebiet der Jugendhilfeplanung betrachtet, weil noch keine Sozialraumbudgetierung für die bestehenden Sozialräume eingeführt wurden und daher diese Thematik noch eine nachrangige Bedeutung für die Jugendhilfeplanung einnimmt. Zumindest weisen einige Kommentierungen der Befragten in der schriftlichen und mündlichen Befragung darauf hin, dass Sozialraumbudgets derzeit noch kein Thema innerhalb der Jugendhilfeplanung darstellen.

Am Ende dieser Befragung zur Bedeutung verschiedener Themen für die örtliche Planung stand noch die Frage nach der Priorität, mit der frühere Planungsergebnisse und -umsetzungen evaluiert werden. Hier ist das Ergebnis eher ernüchternd. Nur 22 % bearbeiten diese Frage mit hoher oder sehr hoher Priorität, bei 20 % wird das Thema **„Evaluation"** gar nicht bearbeitet. Hier tut sich insofern eine Lücke auf, als die Jugendhilfeplanung Controlling und Qualitätsmanagement zwar als sehr wichtige Aufgaben einschätzen, die Jugendhilfeplanung selbst aber offensichtlich außerhalb solcher Betrachtungen bleibt. Hier wäre in Zukunft ein wesentlich höheres Maß an empirisch fundierter Selbstbeobachtung und an kritischer Selbstreflexion anzumahnen.

6 Zur Bedeutung der Planung in der Kommune – Wünsche und Perspektiven

Innerhalb der aktuell vorliegenden Bestanderhebung zum Stand der Jugendhilfeplanung in Deutschland wurde auch die Frage danach gestellt, welche Bedeutung der Jugendhilfeplanung aus Sicht der Jugendämter bzw. der Planungsfachkräfte bei der Gestaltung bzw. (Weiter-) Entwicklung der Jugendhilfepraxis in den Kommunen zukommt. Hierzu äußerten sich zwei Drittel der Befragten dahingehend, dass die Jugendhilfeplanung eine „sehr hohe" oder „hohe Bedeutung" für die Planungsprozesse der Jugendhilfepraxis einnimmt. Mehrfach wurde in der schriftlichen als auch in der mündlichen Befragungen dazu angemerkt, dass der Jugendhilfeplanung für die Entwicklung und Gestaltung der Jugendhilfe eine zentrale Rolle zugedacht wird, weil hier alle zur Verfügung stehenden wesentlichen Datensätze zusammengeführt werden, die für eine strategische Planung notwendig sind. Ein Interviewter merkte hierzu an, dass *„… die Weiterentwicklung der Jugendhilfe in ihren jeweiligen Bereichen nur in begründeter Weise und mit empirischen Daten erfolgen kann. Diese Fakten bekommen aktuell eine besondere Bedeutung, wenn die Auseinandersetzung zwischen finanziell Machbarem und fachlichen Erfordernissen geführt wird"* (B 61-61).

Demzufolge kann davon ausgegangen werden, dass der Jugendhilfeplanung im Kontext von knapper werdenden finanziellen Ressourcen in vielen Kommunen – in einigen Kommunen vor dem Hintergrund bereits bestehender Haushaltssicherungskonzepte – eine steigende Bedeutung zugesprochen wird.

Allerdings sollte auch konstatiert werden, dass aus Sicht einiger Jugendämter bzw. deren planungsverantwortlichen MitarbeiterInnen die Jugendhilfeplanung einige Nachholbedarfe aufzuweisen hat. Vereinzelt wurden in diesem Zusammenhang der Bereich der Jugendförderung und die innerhalb der allgemeinen Planungsprozesse manchmal vielleicht nicht ausreichend berücksichtigte Lebenssituation von Kindern und Jugendlichen mit Behinderung (integrative Erziehung in Tageseinrichtungen und Schulen) genannt, die mehr Berücksichtigung finden sollte. Darüber hinaus wurde mehrfach erwähnt, dass es zukünftig gilt, die Planungsprozesse – z. B. mit der Schulentwicklungsplanung –, die teilweise derzeit zwischen Schulsystem und Jugendhilfesystem noch parallel und nicht aufeinander abgestimmt stattfinden, durch eine engere Kooperation zwischen den Institutionen Schule und Jugendamt besser aufeinander abzustimmen und dadurch zu Synergieeffekten zu gelangen. Angemerkt wurde in einem Interview dazu, dass *„... die strukturellen Rahmenbedingungen für Kooperationen fehlen und es einer engeren Verknüpfung mit den Gemeinden und anderer Institutionen bedarf“* (J 24-24).

Letztlich wurde auch mehrfach genannt, dass (teilweise ein erheblicher) Nachholbedarf im Bereich der Evaluation früherer Planungen zu durchgeführten Projekten und Leistungen bestehe.

Kritisch wurde zusätzlich durch einen Interviewpartner angemerkt, dass es *„... ein Manko und eine Schwierigkeit ist, die kommunale Entwicklungsplanung, sei es die Baulandplanung oder auch die Schulentwicklungsplanung mit der Jugendhilfeplanung überein zu bekommen“* (H 49-49).

Die zentralen Entwicklungswünsche für die Jugendhilfe sowie die zentralen Wünsche für die Jugendhilfeplanung, die innerhalb der schriftlichen Befragung genannt wurden unterschieden sich in ihren Hauptanliegen und Wünschen nicht von denen, die in den mündlichen Interviews geäußert wurden. Die Wünsche fokussierten sich vornehmlich auf ein Mehr an personellen Ressourcen und einer besseren Anbindung an die Stabsebene des Jugendamtes, damit adäquater und/oder zeitnäher seitens der Jugendhilfeplanung auf angestrebte oder stattfindende Anforderungen und Veränderungsprozesse in der Jugendhilfe reagiert werden kann. Mehrfach wurde eine bessere Einbindung der Jugendhilfeplanung in ein – falls vorhanden – gesamtkommunales Planungsverständnis gewünscht, um zu einer kooperativeren Planungsstruktur zu gelangen. Darüber hinaus wurde die interkulturelle Öffnung der Jugendhilfe angemahnt, damit den gesamtgesellschaftlichen Veränderungsprozessen einer sich entwickelten größeren kulturellen Vielfalt angemessen Rechnung getragen werden kann. Weiterhin wurde benannt, dass es wünschenswert und notwendig erscheint, die Kooperation zwischen Schule, Gesundheitswesen und Jugendhilfe auf- bzw. auszubauen, um zu einer Vernetzung von Leistungsangeboten und ggf. Synergieeffekten innerhalb der Leistungsangebote zu gelangen. Ein Befragter verlieh seinen Wünschen für die Jugendhilfe und Jugendhilfeplanung dadurch Nachdruck, indem er forderte, dass *„... es eines besseren Organisationsverständnisses zwischen fachlichen Planungsprozessen, sozialräumlicher Orientierung und jugendpolitischer Verantwortung bedarf“* (B 63-63).

Hiermit fokussieren sich die Wünsche und Forderung an die Jugendhilfe und Jugendhilfeplanung dahingehend, dass

- sie sich in ihrer Fachlichkeit nicht nur reaktiv, sondern aktiv weiterzuentwickeln und auszurichten versucht,

- sie sich gegenüber den dynamischen Veränderungsprozessen in den Aufgabengebieten der Jugendhilfe fortwährend zu öffnen und mit ihrem Leistungsspektrum anzupassen versucht,
- sie sich ihrer Gestaltungsmöglichkeiten und -verantwortung im Binnenverhältnis mit und zu anderen Institutionen durch die Gestaltung von Kooperationsinitiativen und Netzwerken bewusster wird und
- sie stärker von den politisch Verantwortlichen bei deren Wahrnehmung ihrer jugendpolitischen Verantwortung gehört wird.

7 Zusammenfassung

Die in diesem Beitrag dargestellten Ausschnitte aus der bundesweiten Online-Erhebung bei den Jugendämtern und aus den geführten Leitfadeninterviews zeigen, dass die Jugendhilfeplanung in den letzten zwanzig Jahren einem deutlichen Wandel unterzogen war. Die Rahmenbedingungen für Jugendhilfeplanungen scheinen – wenn auch nicht überall – etwas besser geworden zu sein. Das Spektrum der zu bearbeitenden Aufgaben hat eher eine Ausweitung erfahren. Die Anforderungen und Erwartungen an Jugendhilfeplanung sind eindeutig gestiegen. Zusammenfassend lassen sich folgende Punkte als Ergebnis der Befragungen festhalten:

1. **Jugendhilfeplanung hat sich in Deutschland als eigenständiger Arbeitsbereich mit in der Regel hauptamtlichem Planungspersonal etabliert. Die Personalausstattung der Jugendämter im Bereich der Jugendhilfeplanung schwankt allerdings erheblich. Allgemeine Standards zur Personalausstattung haben sich in der Praxis noch nicht herausgebildet. Oft scheint aufgrund von Teilzeitbeschäftigung in diesem Bereich eine umfassende Jugendhilfeplanung nicht gewährleistet.**
   Weit über 90 % der Jugendämter verfügt über eigenständiges Personal für Jugendhilfeplanung. Es gibt nur eine geringe Anzahl von Jugendämtern (5,7 %), die angeben, über kein eigenständiges Planungspersonal im Bereich Jugendhilfeplanung zu verfügen. Insgesamt liegt der Stundenumfang, mit dem Planungspersonal für diese Aufgabe beschäftigt ist, bei knapp einem Drittel der Jugendämter bei max. 20 Wochenstunden (bei 11,7 % sogar unter 19 Stunden, also unter einer halben Stelle). Insgesamt muss bei einem Stundenumfang von unter 20 Stunden hinterfragt werden, ob und wie hier von der Planungsfachkraft umfassende Aufgaben der Jugendhilfeplanung überhaupt wahrgenommen werden (können). Nur knapp 20 % der Jugendämter haben Planungspersonal für Jugendhilfeplanung von mehr als 40 Stunden beschäftigt. Hier handelt es sich in der Regel um kreisfreie Städte.

2. **Ungeachtet der zum Teil dünnen Personaldecke im Bereich der Planung werden die Rahmenbedingungen für die Planung im Kern als zufriedenstellend angesehen.**
   Es lässt sich feststellen, dass abgesehen von der Ausstattung mit Planungspersonal (die am häufigsten geäußerte Kritik in allen Erhebungen) die Rahmenbedingungen der Jugendhilfeplanung eher als gut bis zufriedenstellend bewertet werden. Dort wo über die Personalfrage hinaus Unzufriedenheit geäußert wird, richtet sich diese insbesondere auf die fehlende Aufmerksamkeit durch die Politik, speziell dem Jugendhilfeausschuss (fehlende Planungsaufträge durch die Politik) oder darauf, dass die Datenlage in den Kommunen als nicht hinreichend für eine qualifizierte Jugendhilfeplanung angesehen wird.

3. **Die Beschlusslage in den verschiedenen Feldern der Jugendhilfeplanung ist unterschiedlich aktuell. In einigen Jugendämtern fehlt es bezüglich mehrerer Handlungsfelder überhaupt an aktuellen Beschlüssen des Jugendhilfeausschusses zur Jugendhilfeplanung.**
   Auf die Frage nach den aktuellsten Beschlüssen des Jugendhilfeausschusses zu den einzelnen Handlungsfeldern der Jugendhilfe ergibt sich ein sehr heterogenes Bild. Einzig der Bereich der Tageseinrichtungen für Kinder ragt heraus. Hier haben Mitte 2009 knapp vier Fünftel der Jugendämter eine aktuelle Beschlusslage aus den Jahren 2008/09. Auch die Entwicklung der Jugendarbeit scheint in den Jugendhilfeausschüssen mit hoher Aufmerksamkeit verfolgt zu werden. Im Mittelfeld bewegt sich die Aufmerksamkeit für die Bereiche Jugendsozialarbeit, erzieherischer Kinder- und Jugendschutz, Familienförderung und Hilfen zur Erziehung. Nur ein Drittel der Jugendämter hatte hier Mitte 2009 eine aktuelle Beschlusslage des Jugendhilfeausschusses aufzuweisen; in fast genauso vielen Jugendämtern gab es in diesen Feldern überhaupt keine Planungsbeschlüsse. Bezogen auf die Kooperation Jugendhilfe und Schule sowie Jugendhilfe und Gesundheitswesen ist ebenfalls festzustellen, dass die Beschlusslage der verschiedenen Jugendämter sehr unterschiedlich ausfallen. Ein einheitlicher Standard zur regelmäßigen Beschäftigung mit diesen Themen scheint bisher nicht zu existieren.

4. **Jugendhilfeplanung ist zumeist eine Jugendhilfe-Teilplanung. Die Handlungsfelder werden eher getrennt in den Blick genommen und genießen unterschiedliche öffentliche Aufmerksamkeit und Prioritätensetzung.**
   Die Antworten auf die Frage nach den letzten Planungsbeschlüssen machten deutlich, dass sich Jugendhilfeausschüsse nur noch selten mit „Gesamtplänen" auseinandersetzen. Unterschiedlichen Bereichen wird hier unterschiedliche Bedeutung zugemessen. Dies lässt sich an der Aktualität von Planungsbeschlüssen in den verschiedenen Bereichen ablesen. Mit besonderer Aufmerksamkeit wird hier der Bereich der Tageseinrichtungen für Kinder betrachtet, was sich sowohl an den Planungsbeschlüssen als auch an der Aktualität und kleinräumigen Verfügbarkeit der Daten ablesen lässt. Wie sehr allerdings die Planungsaktivitäten und -diskurse in diesem Bereich über eine reine Kapazitätsplanung hinausgehen, lässt sich aus den durchgeführten Erhebungen nicht ablesen.

5. **Der Anspruch an die Jugendhilfeplanung, sich in fachübergreifenden institutionellen Netzwerken zu engagieren hat zugenommen. Im Rahmen von jugendhilfespezifischen interdisziplinären Kooperationsbezügen wird die Jugendhilfeplanung zunehmend ein Teil umfassender Sozialplanung.**
   Die Befragung der Fachkräfte im Rahmen der Interviews und auch die Bestandserhebung in den Jugendämtern machten deutlich, dass Jugendhilfeplanung sich in ein umfassenderes Verständnis von Sozialplanung einbinden (lassen) muss. Die verschiedenen gesellschaftlichen Bereiche (Schule, Gesundheitswesen, Arbeitsmarktintegration etc.) durchdringen sich mit ihren Ansprüchen und Auswirkungen immer stärker, so dass Jugendhilfeplanung sich auch auf andere Teilsysteme sozialer Versorgung hin definieren und beziehen muss. Hierzu bedarf es auch einer im Vergleich zu früheren Jahren verstärkten Kooperation mit diesen Systemen (z. B. ARGEn), da diese ebenfalls eine erhebliche Bedeutung für die Lebenswirklichkeit von jungen Menschen haben. Der Einmischungsauftrag ist wichtiger denn je und gehört in das Selbstverständnis von Jugendhilfeplanung.

6. **Jugendhilfeplanung hat sich als kommunikativer Prozess etabliert. Sie kooperiert mit vielen institutionellen Partnern und realisiert vielfältige Beteiligungsformen von Trägern und BürgerInnen (Ehrenamtliche, Eltern, Kinder und Jugendliche).**
Jugendhilfeplanung hat mit einer Fülle institutioneller Partner in der eigenen Verwaltung, in anderen Behörden, bei freien Trägern etc. zu tun. Gleichzeitig gibt es einen so umfassenden Auftrag zur Adressatenbeteiligung wie in keinem anderen Feld der Sozialplanung. Die Erhebungen und die Interviews zeigen, dass sich die Planungsfachkräfte dieser Herausforderung stellen und eine Fülle kommunikativer Prozesse (auch Beteiligung gehört dazu) auslösen und gestalten. Das dies angesichts der oft geringen personellen Kapazitäten nur begrenzt und auf einzelne z.T. segmentierte Planungsaufträge konzentriert möglich ist, ist evident. Umso bemerkenswerter ist die Fülle an Beteiligungspartnern, die in die einzelnen Planungsprozesse eingebunden werden.

7. **Externe Begleitung und Beratung der Jugendhilfeplanung nimmt nicht mehr den Stellenwert der 1990er Jahre ein, wird aber noch von knapp einem Drittel der Jugendämter wahrgenommen. Dabei bezieht sich diese Beratung weniger auf umfassende Gesamtprozesse als auf Teilfragen der Planung.**
Die Zeiten umfassender Prozesse der Planungsberatung scheinen vorbei zu sein. Nur wenige der Interviewpartner konnten aktuell von solchen Begleitprozessen berichten. Andererseits ist die Tatsache, dass knapp 30 % der Jugendämter angeben, Planungsberatung in Anspruch zu nehmen, ein Zeichen dafür, dass Jugendhilfeplanung in speziellen Fragen oder Phasen externen Sachverstand oder externe Anstöße benötigt, sei es, um bei komplexen inhaltlichen Fragestellungen zu unterstützen, sei es, um (festgefahrene) Planungsprozesse (wieder) in Gang zu bringen oder sei es auch nur, um die Praxis in ihren Routinen zu irritieren und sie damit zu öffnen für neue innovative Lösungen.
8. **Die Datenlage der Jugendhilfeplanung ist nach wie vor unzureichend. Häufig muss mit älterem oder veraltetem Datenmaterial gearbeitet werden. Jugendhilfeplanung verfügt nicht in allen Bereichen über die notwendigen Informationen und Daten, um die erforderlichen Planungsdiskussionen bzw. Planungen auf der Grundlage einer verlässlichen empirischen Datenbasis anzuregen bzw. durchzuführen.**
Die Datenlage, auf deren Grundlage viele Planungsprozesse zu gestalten sind, ist insgesamt gesehen eher unzureichend. Zwar verfügt ein größerer Teil der Jugendämter über umfassende und aktuelle Daten und Informationen zu vielen Bereichen. Auch liegen in vielen Jugendämtern diese Daten kleinräumig vor. Allerdings ist dies nicht für die Gesamtheit der Jugendämter zu behaupten. Ein nicht unerheblicher Teil der Jugendämter arbeitet „im Nebel“, weil ihnen die notwendige empirische Basis für zukunftsgerichtete Entscheidungen fehlt. Dies behindert nicht selten eine zielgerichtete Planung und Ressourcensteuerung.

9. **Jugendhilfeplanung ist mit der gesamten Themenpalette jugendhilfespezifischer sozialer und rechtlicher Entwicklungen, die eine gesellschaftliche Relevanz aufweisen, befasst. Dies stellt tendenziell eine Ausweitung und ggf. eine Überforderung der Jugendhilfeplanung dar.**
Die Themenpalette, die in der Jugendamtsbefragung hinsichtlich der Wichtigkeit und der Priorität in der Jugendhilfeplanung beurteilt werden sollte zeigt deutlich, dass fast alle der dort genannten Themen im Alltag der Jugendhilfeplanung bearbeitet werden müssen. Fast jedem Thema wird eine hohe Wichtigkeit und eine hohe Priorität zugeordnet. Das ist eine

Gefahr für gute Planungsprozesse, denn Planung kann nicht auf allen „Baustellen" gleichzeitig arbeiten, sondern es ist ihre Aufgabe, zukunftsgerichtete Entscheidungen auf einer sorgfältigen und zuverlässigen empirischen Basis vorzubereiten. Diese Zeit scheint angesichts der mancherorts begrenzten Personalausstattung und der immer weiter wachsenden Anforderungen immer weniger zur Verfügung zu stehen.

10. **Die befragten Fachkräfte haben ein optimistisches Bild bezogen auf die Jugendhilfeplanung. Sie messen ihr eine große Bedeutung für die weitere Entwicklung der Jugendhilfepraxis zu.**
Ungeachtet vieler Schwachstellen und Kritikpunkte messen die allermeisten befragten Fachkräfte der Jugendhilfeplanung eine große Bedeutung für die Entwicklung der Jugendhilfe vor Ort bei. Hierin zeigt sich ein optimistisches Bild, das in der Regel – so ist zu hoffen – aus Erfolgen in der Vergangenheit gespeist ist. Dieser Optimismus zur Gestaltung der Jugendhilfe und zur Gewährleistung einer tragfähigen und bedarfsgerechten Infrastruktur zeichnet die Jugendhilfeplanung auch 20 Jahre nach dem Inkrafttreten des KJHG noch aus.

Christian Schrapper

Zwischen Nothilfe und notwendiger gesellschaftlicher Mehrleistung?

Gesellschaftliche Kontroversen um das „Aufwachsen in öffentlicher Verantwortung" und ihre Relevanz für die Planung der Kinder- und Jugendhilfe

1 Aktuelle Herausforderungen für die Kinder- und Jugendhilfe: eine Skizze

Welche Ideen darüber, was Kinder- und Jugendhilfe grundsätzlich „leisten" soll, bestimmen die Vorstellungen der für dieses Feld verantwortlichen Menschen und Institutionen? Geht es darum, mit Steuermitteln das Überleben in Not geratener junger Menschen zu sichern oder muss für jedes Kind ein gesellschaftlicher Erziehungs- und Bildungsauftrag erfüllt werden? So eindeutig heute die Antwort auf diese Frage zugunsten eines weit über die Nothilfe hinausgehenden Auftrags der Kinder- und Jugendhilfe ausfallen mag, so sehr sind nach wie vor Reichweite und Konsequenz einer solchen „öffentlichen Verantwortung für private Lebensschicksale" umstritten, insbesondere dann, wenn es „ums Geld geht" – Erfahrungen, die jeder macht, der verantwortlich ist für die Planung und Entwicklung eines „möglichst wirksamen, vielfältigen und aufeinander abgestimmten Angebotes von Jugendhilfeleistungen", das „zur Befriedigung des Bedarfs (die) notwendigen Vorhaben rechtzeitig und ausreichend" gewährleisten kann, so anspruchsvoll heiß es im zuständigen § 80 des SGB VIII. Bevor in den folgenden Kapiteln dieses Handbuches ausführlich konzeptionelle und methodische Aspekte einer qualifizierten Jugendhilfeplanung erörtert werden erscheint es daher angebracht, den gesellschaftlichen Horizont und die politischen Streitthemen einer öffentlichen Verantwortung für das Aufwachsen von Kindern und Jugendlichen in Deutschland zu untersuchen.

Strittige gesellschaftspolitische Themen, die Kinder, Jugendliche und Familien betreffen, gibt es viele; eine kurze Stichwortliste zeigt bereits die Breite und Brisanz der darin bewegten Fragestellungen und Herausforderungen für das Arbeitsfeld „Kinder- und Jugendhilfe". Nach der Ernüchterung der Wiedervereinigungs-Euphorie in beiden Teilen Deutschlands waren es etwa zeitgleich in der zweiten Hälfte der 1990er Jahre der PISA-Schock, die Demographie-Angst und das Thema „Jugend-Gewalt" als Dauerbrenner. Hierzu jeweils nur kurze Skizzen:

Zu viele deutsche Kinder werden von den deutschen Schulen nicht so „ausgerüstet", dass sie ihr Leben erfolgreich meistern können (der PISA-Schock): Das „Programme for International Student Assessment" bearbeitet und veröffentlicht seit 1999 internationale Vergleichstudien zu „Prozess- und Ertragsindikatoren" der nationalen schulischen Bildungssysteme. Dabei soll nicht von Schülerinnen und Schülern reproduzierbarer Stoff der Schulfächer abgefragt werden, sondern die erfolgreiche Entwicklung zentraler Kompetenzen, vor allem der Lesekompetenz, mathematischer und naturwissenschaftlicher Grundbildung sowie fächerübergreifender Kompetenzen wie selbstreguliertes Lernen oder Vertrautheit mit Computern. Befragt wurden jeweils 15-jährige Schülerinnen und Schüler in den unterschiedlichen Schulformen. Beurteilt werden soll also nicht mehr, was junge Menschen in der Schule lernen, sondern ob sie damit Aufgaben für eine erfolgreiche und selbstbestimmte Lebensführung bewältigen können – so zumindest die Idee. Der große „Schock" für das deutsche Bildungswesen war neben dem im internationalen Vergleich eher mittelmäßigen Abschneiden deutscher Schülerinnen und Schüler vor allem die übergroße Abhängigkeit des Schulerfolgs von der sozialen Herkunft. In keinem anderen Industrieland sind Bildungsbeteiligung und Kompetenzerwerb in so hohem Maße von familiären Lebensverhältnissen und Sozialschichtzugehörigkeit abhängig wie in Deutschland. Kein Schulsystem selektiert so stark nach sozialen Kriterien bzw. fördert so wenig kompensatorisch (vgl. z. B. BMFSFJ 2002). In der Folge hat dieser „PISA-Schock" eine weit über das Schulsystem hinausreichende, auch für die Kinder- und Jugendhilfe folgenreiche Debatte um das bundesdeutsche Bildungssystem ausgelöst mit Themen wie: Frühe Bildung vor der Schule, Ganztagsschulmodelle in „Kooperation" mit außerschulischen Trägern und Verbänden oder die Bedeutung sogenannter informeller Bildung neben und außerhalb der Schule. Immer noch aktuelles Dokument dieser Auswirkungen von PISA auf die Jugendhilfe ist der 12. Kinder- und Jugendbericht der Bundesregierung mit dem Titel: „Bildung, Betreuung und Erziehung vor und neben der Schule" (BMFSFJ 2005). Für die Jugendhilfe hat diese „Bildungsorientierung" durchaus ambivalente Effekte:

- Einerseits bedeutet sie eine Aufwertung vor allem der Arbeitsfelder der Kindertagesbetreuung als „frühe Bildung" mit der Folge zahlreicher Initiativen zu Bildungs- und Erziehungsplänen in den Ländern sowie umfangreicher Fortbildungsanstrengungen für Erzieherinnen – allerdings teilweise um den Preis, die Zugehörigkeit der Kindertagesbetreuung zur Jugendhilfe sowohl grundsätzlich zu bestreiten als auch vor allem in großen Städten der Zuständigkeit des Schulbereichs zuzuschlagen (z. B. in Frankfurt oder München). Warum der Schulbereich, der schon sein Kerngeschäft Schule kaum mit akzeptablem Erfolg „geregelt" bekommt, nun auch Kindertagsbetreuung besser organisieren soll als die Jugendhilfe, bleibt schwer verständlich.
- Andererseits beklagen gerade die Jugendbildungsträger und Jugendverbände eine wachsende Indienstnahme für die Organisation von Ganztagsschulangeboten außerhalb der unterrichtlichen Kernzeiten. So wie schon traditionell den Familien die Aufgabe zufällt, die Kinder für den Schulbesuch herzurichten, so werden jetzt Jugendhilfeleistungen gebraucht, um vor allem nach den Unterrichtsstunden am Vormittag Versorgung über Mittag, Nachsorge und Nachhilfe am Nachmittag und „Entspannung und Bespaßung" der Mädchen und Jungen in den Randzeiten zu organisieren (vgl. exemplarisch: Untersuchung zu offenen Ganztagsschule in NRW; Beher u. a. 2007).

Wie tragfähig die mit viel Aufwand beschworene neue Kooperations-Achse „Schule und Jugendhilfe" tatsächlich für eine Kinder- und Jugendhilfe werden kann, die sich umfassend für ein „Aufwachsen in öffentlicher Verantwortung" zuständig macht, muss sich wohl vielerorts erst noch erweisen. (vgl. dazu auch die klar positionierenden Stellungnahmen des Bundesjugendkuratoriums seit 2002: „Auf dem Weg zu einer neuen Schule. Jugendhilfe und Schule in gemeinsamer Verantwortung" (2003) und „Neue Bildungsorte für Kinder und Jugendliche" (2004), die verfügbar sind unter www.bundesjugendkuratorium.de).

Deutsche Frauen gebären zu wenige Kinder, um die gesellschaftliche Reproduktion erfolgreich zu sichern (die Demographie-Angst): Seit gut 35 Jahren werden in Deutschland weniger Kinder geboren als Menschen sterben (vgl. Tab. 1). Der daher prognostizierte Bevölkerungsrückgang wird vor allem für die auf dem Generationenvertrag basierenden Sozialsysteme problematisch, möglicherweise auch für den Arbeitsmarkt. Durch verbesserte öffentliche Leistungen für Familien mehr Menschen in ihrer Entscheidung für Kinder positiv zu unterstützen, wird damit zu einem starken Motiv der Familienpolitik und in der Umsetzung auch für die Kinder- und Jugendhilfe (vgl. zuletzt: BMFSFJ: Familienreport 2009; grundsätzlich und informativ zu Problemen der Demographie aus sozialwissenschaftlicher Perspektive vgl. Winkler 2009).

Tab. 1: Geburtenziffer in Deutschland*

Zusammengefasste Geburtenziffer			
Jahr	Deutschland	Früheres Bundesgebiet	Neue Bundesländer
1990	1,45	1,45	1,52
1995	1,25	1,34	0,84
2000	1,38	1,41	1,21
2001	1,35	1,38	1,23
2002	1,34	1,37	1,24
2003	1,34	1,36	1,26
2004	1,36	1,37	1,31
2005	1,34	1,36	1,30
2006	1,33	1,34	1,30
2007	1,37	1,37	1,37
2008	1,38	1,37	1,40

* Quelle: Statistisches Bundesamt, Pressemitteilung Nr. 327 vom 04.09.2009

Für die Jugendhilfe haben solche schlichten Zahlenkolonnen mindestens doppelte „Sprengkraft“:

- Zum einen verweisen die zurückgehenden Geburtenziffern auf eine unzureichende Leistung der Kinder- und Jugendhilfe, positiv gesellschaftliche Reproduktion zu unterstützen. Gerade die eben erst als Bildungsinstitut neu entdeckte Kindertagesbetreuung wird jetzt wieder mit einer ursprünglichen Funktion konfrontiert: in einer modernen Industriegesellschaft durch zuverlässige Kinderbetreuung beizutragen zur Vereinbarkeit von Familie und Beruf. Schon der Anspruch für einen Kindergartenplatz ab dem 3. Geburtstag konnte erst über ein „Gesetz zur Hilfe für Frauen bei Schwangerschaftsabbrüchen in besonderen Fällen“ 1995 rechtsverbindlich gemacht werden, jetzt ermöglicht die Angst vor einem aussterbenden Deutschland den Ausbau der Kindertagesbetreuung für unter dreijährige Kinder bis zum Jahr 2013. Wie die dazu erforderlichen erheblichen Finanzmittel aufgebracht werden sollen, war schon vor der aktuellen Wirtschaftskrise schleierhaft. Zu welchen Umverteilungen in den Sozialsystemen und kommunalen Haushalten zu Lasten anderer Felder der Kinder- und Jugendhilfe dieser zweifellos notwendige Ausbau qualifizierter Kindertagesbe-

treuung zwischen Geburt und Schuleintritt führen wird, bleibt abzuwarten; die Jugendhilfeplanung wird sich vielerorts noch konfliktreich damit beschäftigen müssen.
- Zum anderen wird erst vereinzelt, aber zunehmend auch für die Jugendhilfe diskutiert, welche ihrer Leistungen zukünftig erheblich reduziert werden können, wenn es deutlich weniger Kinder gibt. Für die Planung ist diese Perspektive von großer Brisanz, nährt sie doch bei festgestellten Bedarfslücken die „Hoffnung", nichts zu tun könne auch eine Lösung sein, wenn es bald weniger Kinder gibt.

Hinzu kommt, dass Bevölkerungsentwicklungen regional sehr unterschiedlich ausfallen werden. Neben der Geburtenziffer sind vor allem Wanderungsgewinne und -verluste maßgeblich; und hierbei wird es Gewinner und Verlierer geben (vgl. dazu ausführlich die regional differenzierten Studien des Berlin-Institutes für Bevölkerung und Entwicklung[1]). Standortvorteile, die junge Familien mit Kindern veranlassen können, in eine Gemeinde zu ziehen oder dort zu bleiben, werden neben dem Arbeitsmarkt durch die Bildungsangebote und wesentlich auch durch die Angebotslandschaft der Kinder- und Jugendhilfe geprägt. Welche Optionen und welche Bedrohungen sich also für eine örtliche Angebotslandschaft der Kinder- und Jugendhilfe aus den erheblichen Veränderungen der Anzahl und Zusammensetzung der Bevölkerung in den kommenden 30 Jahren ergeben werden, ist heute erst in Ansätzen erkennbar – es scheint aber wie bei den Klimaveränderungen: Erst wenn die Folgen unzweifelhaft dramatisch spürbar werden, wächst die Bereitschaft, sich damit ernsthaft auseinanderzusetzen. Wer aber heute schon Lesestoff und Material für die örtliche Jugendhilfeplanung sucht, findet dies reichlich.[2]

Der Jugend-Gewalt-Dauerbrenner: Zu den historisch nahezu unveränderbar erscheinenden Eigenarten gesellschaftlicher Debatten über Kindheit und Jugend gehört die negative Konnotation der Jugendthemen im Gegensatz zu den Kindheitsfragen. Kindheit wird zur positiv besetzten Folie gesellschaftlicher Zukunftserwartungen, Jugend hingegen zur Negativfolie, auf die vor allem die Zukunftsängste einer immer größer werdenden älteren Generation projiziert werden. Nur so sind die in kaum geändertem Gewande seit über 100 Jahren immer „neuen" Debatten um eine vermeintlich beängstigende Zunahme von Devianz und Gewalt bei jungen Menschen zu verstehen. Nicht zuletzt verdankt die Jugendhilfe ihre gesetzliche Gestalt solchen Debatten in der Zeit kurz vor, während und vor allem nach dem 1. Weltkrieg. Gleichwohl bescheren diese Debatten – immer wieder angeheizt durch dramatische Ereignisse wie zuletzt der U-Bahn-Mord in München – der Jugendhilfe im Kontext der Forderungen nach einer Verschärfung der Jugendstrafen eine Dauerdiskussion um die sogenannte Geschlossene Unterbringung. Dabei geht es nur zum geringeren Teil um die tatsächlich drängenden konzeptionellen und methodischen Fragen, wie mit tief verletzten und verstörten jungen Menschen umgegangen werden kann, sondern vor allem darum, ob und wie die Jugendhilfe immer noch und immer wieder als Abschreckungspotenzial in Stellung gebracht werden kann (vgl. Müller/Schwabe 2009). Anders sind die immer wieder aktualisierten Polarisierungen einerseits und die wenig produktiven Versuche andererseits, ernsthaft an tragfähigen Angeboten für schwer beschädigte Kin-

1 www.berlin-institut.org/studien/die_demografische_lage_der_nation.html

2 Hier sei nur auf eine kleine, auch im Internet kostenlos verfügbare Auswahl verwiesen: Verein für Kommunalwissenschaften e.V. (Hrsg): Steuerungsmöglichkeiten der Jugendhilfe im Kontext der demographischen Entwicklung in Deutschland, Berlin 2002; www.fachtagungen-jugendhilfe.de/download/; Landschaftsverband Rheinland (Hrsg.): Demografischer Wandel. Umgang mit der Herausforderung in der Jugendhilfe, Köln 2007, verfügbar unter www.lvr.de/jugend/jugendaemter/jugendhilfeplanung/doku_herausforderung_demografie2.pdf; und für die kommunale Jugendhilfeplanung besonders interessant das Planungsportal der Bertelmann-Stiftung: www.wegweiser-kommune.de/wegweiserinteraktiv/kartenmodul/Kartenmodul.action).

der und Jugendliche zu arbeiten, kaum zu erklären. Für die örtliche Jugendhilfeplanung ist das Thema Jugendgewalt sowohl eine Herausforderung für konkrete Planungsaufgaben, z. B. für offene Jugendarbeit oder für Fußball-Fan-Projekte, als auch eine mehr oder minder laut anschwellende Hintergrundmelodie, die das immer latente Misstrauen der Erwachsenengesellschaft gegenüber einer „unberechenbaren" Jugend zum Ausdruck bringt.

Nach der Jahrtausendwende kamen einige nicht grundsätzliche neue, aber neu akzentuierte Themen hinzu, vor allem: die Kinderschutz-Katastrophen, das Migration-Integrations-Dilemma, und der Kinder-Armuts-Dauerbrenner.

Erst getötete Kinder erzeugen Aufmerksamkeit (die Kinderschutz-Katastrophen): Erstmals Mitte der 1990er Jahren hat es einen größeren Medienrummel verursacht, dass kleine Kinder in der Obhut der Jugendhilfe gestorben sind (z. B. Osnabrücker-Fall 1994, Stuttgart 1995, Leipzig 1996). In der Fachwelt der Jugendhilfe haben diese Ereignisse folgenreiche Debatten ausgelöst, um die sogenannten Garantenpflichten einerseits und um die Unfähigkeit der Sozialpädagogik, nach anerkannten „Regeln der Kunst" zu handeln andererseits (vgl. zusammenfassend z. B. SOS-Kinderdorf 2001). Aber erst die Todesfälle kleiner Kinder in Hamburg, Bremen und Schwerin haben seit 2005 eine regelrechte Kinderschutzhysterie ausgelöst. Von den frühen Hilfen über die Kontrollen der sogenannten U-Untersuchungen bis zu den Projekten zum Fehler- und Risikomanagement im Kinderschutz bleibt kaum etwas unversucht, die Jugendhilfe für ihre Kinderschutzaufgaben zu „qualifizieren". So unbestreitbar bedeutsam ein zuverlässiger Kinderschutz ist, so problematisch wirkt die einseitige Konzentration auf die Schutz-Funktion der Kinder- und Jugendhilfe. Nicht unerwähnt bleiben darf aber auch, dass es erst toter Kinder und entlassener Amtsleiter und Dezernenten (Bremen und Schwerin) bedurfte, lange überfällige Forderungen nach Personalverstärkungen insbesondere im ASD zu erfüllen. Die Angst vor der nächsten Kinderschutzkatastrophe macht Politik und Verwaltungsführung gefügig, für wie lange noch?

Das Migration-Integrations-Dilemma – oder besser: das Inklusions-Exklusions-Paradox? Eher im Windschatten der anderen großen Themen (s.o.), aber vor allem in den urbanen Ballungszentren unterschwellig schon zu JWG-Zeiten akut, gewinnt die dramatisch schlechte Situation der dritten und vierten Generation der Kinder sogenannter Arbeitsmigranten sowie der schwer zu integrierenden jungen Männer aus deutsch-russischen Familien zunehmend an Bedeutung. Vom Kindergarten über die Hilfen zur Erziehung bis hin zur Ausbildung- und Berufseinmündung ist die Jugendhilfe mit einem Problempotenzial konfrontiert, für das sie, wie andere gesellschaftliche Bereiche auch (Schule, Kultur), kaum schnelle Lösungen anbieten kann. Deutschland ist endgültig zu einem Einwanderungsland geworden und hat erhebliche Aufgaben der Integration oder besser der Inklusion und Ermöglichung von gleichberechtigter Teilhabe für Menschen unterschiedlichster kultureller und sozialer Herkünfte zu leisten. Diese beziehen sich in besonderer Weise auf Kinder, Jugendliche und ihre Familien, und alle vorher genannten Aspekte gewinnen dabei in spezifischer Weise Bedeutung, sei es die Verunsicherung traditioneller Lebensentwürfe und Rollenbilder oder der große Stellenwert der Bildung. Der Anteil junger Menschen mit „Migrationshintergrund" wird aufgrund der (noch) deutlich höheren Geburtenzahlen in den kommenden Jahren in allen Regionen, insbesondere aber in schon heute „sozial belasteten" Wohnquartieren und Stadtteilen erheblich zunehmen. Gleichzeitig werden in der Einwanderungsgesellschaft nationalistische und rassistische Strömungen und Kräfte sichtbar, die die Inklusion heftig bekämpfen. Auch werden im Alltag viele ethnozentrische Praktiken der Diskriminierung ausgeübt, die die Potenziale von Kindern und Jugendlichen „mit Migrationsgeschichte" beschränken. Diese explosive Mischung sozialer Konfliktlagen stellt auch die Jugendhilfeplanung vor große Herausforderungen, vor allem für ihre Strukturen und Verfahren der Partizipation junger Menschen sowie der spezifischen Träger und Verbände aus der Migrantenszene und ihren Communities.

Der Kinder-Armuts-Dauerbrenner: Kaum ein Faktor der aktuellen Lebenssituation bestimmt so sehr die Zukunftschancen eines jungen Menschen wie die materielle Lage seiner Familien. Armut prägt den Bildungserfolg, die Gesundheit und die soziale Integration entscheidend – so durchgehend die Befunde sozialwissenschaftlicher Forschung und Berichterstattung (siehe z. B. Mielck 1998, Pfeiffer/Wetzels 2006). Und Armut scheint „erblich"! Keine ganz neue Erkenntnis, aber aufregend für eine Gesellschaft, die sich viel darauf zugutehält, durch ihre staatlichen Institutionen das in der Verfassung verankerte Gleichheitsversprechen einzulösen. Noch einmal: Für jedes zehnte Kind in Deutschland ist das Risiko ernorm groß, gar nicht erst die Chance zu bekommen, durch eigene Anstrengung aus seinem Leben etwas zu machen und dem Teufelskreis der Armut zu entkommen. Die Jugendhilfe hingegen war in der Hauptsache immer schon für die „Kinder armer Leute" zuständig. Diese Spannung prägt die Kinder- und Jugendhilfe auch heute ganz wesentlich. Nahezu alle Arbeitsfelder sind in spezifischer Weise konfrontiert mit Auswirkungen und Folgen familiärer Armut und konfrontiert mit der Erwartung, diese zu kompensieren: Ob die Frühen Hilfen rund um die Geburt oder die Sprachförderung im Kindergarten, ob die Jugendarbeit in sozialen Bennpunkten oder die Stadtranderholung, ob Jugendsozialarbeit, Sozialpädagogische Familienhilfe oder Heimerziehung – in fast jedem Feld der Kinder- und Jugendhilfe sind „Armutsfolgen" unmittelbar für jedes betroffene Kind und mittelbar in der Verteilung eigener knapper Ressourcen das zentrale Thema. Die Befunde sind dramatisch und eindeutig: Deutschland ist in den letzten Jahren noch deutlicher als in den Dekaden davor ein Land, arm an Kindern (s.o.) aber vor allen ein Land mit deutlich mehr Kindern in Armut. Als Fakten zur Kinderarmut führt z. B. der Kinder-Report 2007 des Deutschen Kinderhilfswerks an:

- „14 % aller Kinder gelten offiziell als arm.
- Das ALG II wurde am 01.01.2005 eingeführt. Es resultiert aus der Zusammenlegung von Arbeitslosenhilfe und Sozialhilfe und wird an bedürftige erwerbsfähige Menschen gezahlt, die keinen Anspruch auf Arbeitslosengeld I haben.
- Seit der Einführung dieses ALG II hat sich die Zahl der auf Sozialhilfe oder Sozialgeld angewiesenen Kinder auf mehr als 2,5 Millionen verdoppelt.
- Heute ist jedes 6. Kind unter 7 Jahren auf Sozialhilfe angewiesen. Besonders betroffen sind Kinder aus Einwandererfamilien.
- Die Folgen sind nicht nur finanzieller, sondern auch gesundheitlicher Art. So ist jedes 3. Kind schon bei seiner Einschulung therapiebedürftig.
- Es wird geschätzt, dass 5,9 Millionen Kinder in Haushalten mit einem Jahreseinkommen der Eltern von bis zu 15.300 Euro leben. Das sind ca. ein Drittel aller kindergeldberechtigten Kinder" (Deutsches Kinderhilfswerk 2007).

Auch zu diesem Problemthema hat das Bundesjugendkuratorium erst im August 2009 mit einer ebenso klaren Problemanalyse wie deutlichen Handlungsaufforderung an die Politik auf allen Verantwortungsebenen Stellung bezogen: „Kinderarmut in Deutschland. Eine drängende Handlungsaufforderung an die Politik" (verfügbar unter www.bundesjugendkuratorium.de).

Fazit: Wie weit eine öffentliche Verantwortung für das Aufwachsen von Kindern reicht, ist immer noch und immer wieder strittig – welche Herausforderungen ergeben sich daraus für die Jugendhilfeplanung? Ernsthafte Probleme und gewichtige Herausforderungen für die Kinder- und Jugendhilfe oder nur viel „neuer Wein in alten Schläuchen"? Nicht umsonst kursiert angesichts solcher Themenvielfalt und Debattenkultur gerne das Wort von der „nächsten Sau, die durchs Dorf getrieben wird". Für die Kinder- und Jugendhilfe in Deutschland ist zudem typisch, dass sich solche gesellschaftlichen Kontroversen zu grundlegenden Reproduktionsfragen auf der örtlichen Ebene, also in den Kreisen und Städten, die zuständig sind für die entsprechenden Aufgaben, in spezifischer Weise spiegeln und brechen. Bundesweit geführte Debatten werden „vor Ort" überlagert durch regionale Konflikte und Traditionen, sind geprägt durch die örtlichen Akteure in Politik, Verbänden und Behörden und ihre ganz persönlichen Bündnisse und Konfliktlinien. Was lässt sich angesichts einer so unübersichtlichen, von vielerlei kurzfristigem politischem Kalkül ebenso wie von einer durch grundlegende und kaum lösbar erscheinende Konflikte geprägten Debattenkultur zur Relevanz all dieser Themen und Entwicklungen *für die Planung* der Kinder- und Jugendhilfe sagen? Drei Antworten sollen hier angeboten werden:

1. Unverzichtbar ist eine zusammenführende Konzeption – ein „Gesamtbild" – davon, wie Kinder- und Jugendhilfe insgesamt „wirksam" gestaltet und geplant werden kann.
2. Hilfreich ist weiter ein fundiertes historisches Bewusstsein über die großen Linien und prägenden Dynamiken der gesellschaftspolitischen Kontroversen um das immer prekäre Verhältnis von privatem Lebensschicksal und öffentlicher Verantwortung in einem demokratischen und sozialen Rechtsstaat.
3. Notwendig sind nicht zuletzt ein ausgeprägtes Bewusstsein und Gespür für die Bewegungsgesetze und Antriebe der Organisationen, in und mittels derer Kinder- und Jugendhilfe „gemacht" wird: den Vertretungskörperschaften in den Kommunen, also Kreistagen und Stadträten und ihren Ausschüssen, den kommunalen Behörden und nicht zuletzt den Vereinen und Verbänden der Träger der Jugendhilfe, von den Wohlfahrts- und Jugendverbänden über die Vielzahl von Initiativen bis zu den immer wichtiger werdenden gewerblichen Trägern.

Im Folgenden soll versucht werden, diese drei für relevant erklärten Kenntnisse und Kompetenzen für eine qualifizierte Planung der Kinder- und Jugendhilfe einführend zu erläutern und zu konkretisieren.

2 Anforderungen an die Planung der Kinder- und Jugendhilfe

2.1 Das Gesamtbild: Jugendhilfe wirkt nur als Ganzes gut

Aufgabe der Kinder- und Jugendhilfe ist es, die Entwicklung junger Menschen zu fördern und die Eltern in ihrer Erziehungsaufgabe zu unterstützen oder zu ergänzen. Es sollen Benachteiligungen vermieden oder abgebaut werden, gleichzeitig ist aber auch auf das Wohl der Kinder und Jugendlichen zu achten: Ist dieses in Gefahr, so steht die Jugendhilfe in der Pflicht, Abhilfe zu schaffen. Es handelt sich daher um einen komplexen Auftrag, der im Einzelfall der Lebenssituation von Eltern und Kindern Rechnung tragen muss und der sich in vier Zielrichtungen beschreiben lässt. Zum einen sollen Kinder und Jugendliche in ihrer individuellen Entwicklung gefördert werden und vor Benachteiligungen bewahrt werden. Zum anderen sollen Eltern oder andere Erziehungsberechtigte bei der Erziehung unterstützt bzw. beraten werden. Der dritte Aspekt ist der Schutz des Kindes oder des Jugendlichen vor Gefahren für ihr Wohl. Die vierte Aufgabe der Jugendhilfe ist es, eine kinder- und familienfreundliche Umwelt mit positiven Lebensbedingungen für junge Menschen und Familien zu fördern. Über die gesetzlichen Verankerungen hinaus geht es in der Kinder- und Jugendhilfe also vor allem um konzeptionelle Gestaltungsfragen, also darum, wie und womit der gesetzliche Auftrag auch „gut“ umgesetzt werden kann. In fünf Leitsätzen zusammengefasst soll die Konzeption einer „guten“ Kinder- und Jugendhilfe vorgestellt werden, die wirksam das Aufwachsen von jungen Menschen sichert, insbesondere für Kinder in Belastungs-, Krisen- und Notsituationen:

1. Basis einer wirksamen Jugendhilfe ist eine in der Lebenswelt von Kindern und Familien möglichst selbstverständlich verankerte Infrastruktur der Unterstützung und Entlastung von Versorgungs- und Betreuungsaufgaben für Eltern, insbesondere in den Arbeitsbereichen Kindertagesbetreuung, Beratung und Familienbildung. Darüber hinaus gehören sozialraumbezogene und zielgruppenspezifische Angebote der Jugendarbeit, Jugendbildung und Jugendsozialarbeit zur erforderlichen Basis einer guten Jugendhilfeinfrastruktur in einer Kommune.
2. Diese Infrastruktureinrichtungen und -angebote fördern und unterstützen „positive Lebensbedingungen für junge Menschen und ihre Familien“ (§ 1 Abs. 3 Nr. 4 SGB VIII) und bauen auf oder gleichen aus, was sie grundsätzlich in einem Stadt- oder Ortsteil mit seinen differenzierten Lebensräumen Familien und Kinder an förderlichen oder schädlichen Lebensbedingungen vorfinden.
3. Die grundsätzlich einzelfallorientierten Hilfen zur Erziehung sind zugleich Ausgleich und konkrete Hilfeleistung, wenn Kinder und Familien aufgrund zu großer individueller Belastung und zu geringer infrastruktureller Entlastung in akute Not und Krisen geraten.
4. Trotz vielfältiger Jugendhilfeleistungen der Entlastung, Unterstützung und Kompensation wird es immer zu unvorhergesehenen Not- und Krisensituationen von Kindern und Familien kommen, die dann schnelle und ausreichende Kriseninterventionen erforderlich machen. Gefährdungen für das Wohl von Kindern müssen erkannt, richtig eingeschätzt und zuverlässig abgewendet werden, so verlangt es nicht nur das Grundgesetz (Wächteramt), sondern auch eine als Ganzes positiv wirksame Jugendhilfe. Aufmerksamer Kinderschutz und zuverlässige Krisenintervention sind integraler Baustein und wesentliche Funktion einer „gut wirksamen“ Kinder- und Jugendhilfe.
5. Die Abhängigkeit der konkreten Lebensumstände von Kindern und Familien von Arbeitsmarkt, Wohnraumsituation, Gesundheitsversorgung, schulischen Angeboten, aber auch von individuellen Entscheidungen und biografischen Schicksalsschlägen lässt es nicht zu, einen „objektiven“ Bedarf für Not- und Krisenhilfen zu prognostizieren. Wie bei allen Kriseninterventionen (z. B. der Feuerwehr) kommt es vielmehr darauf an, solche Leistungen schnell, ausreichend und qualifiziert verfügbar zu halten, um weitere Eskalationen und vor allem Dauerschädigungen zu verhindern.

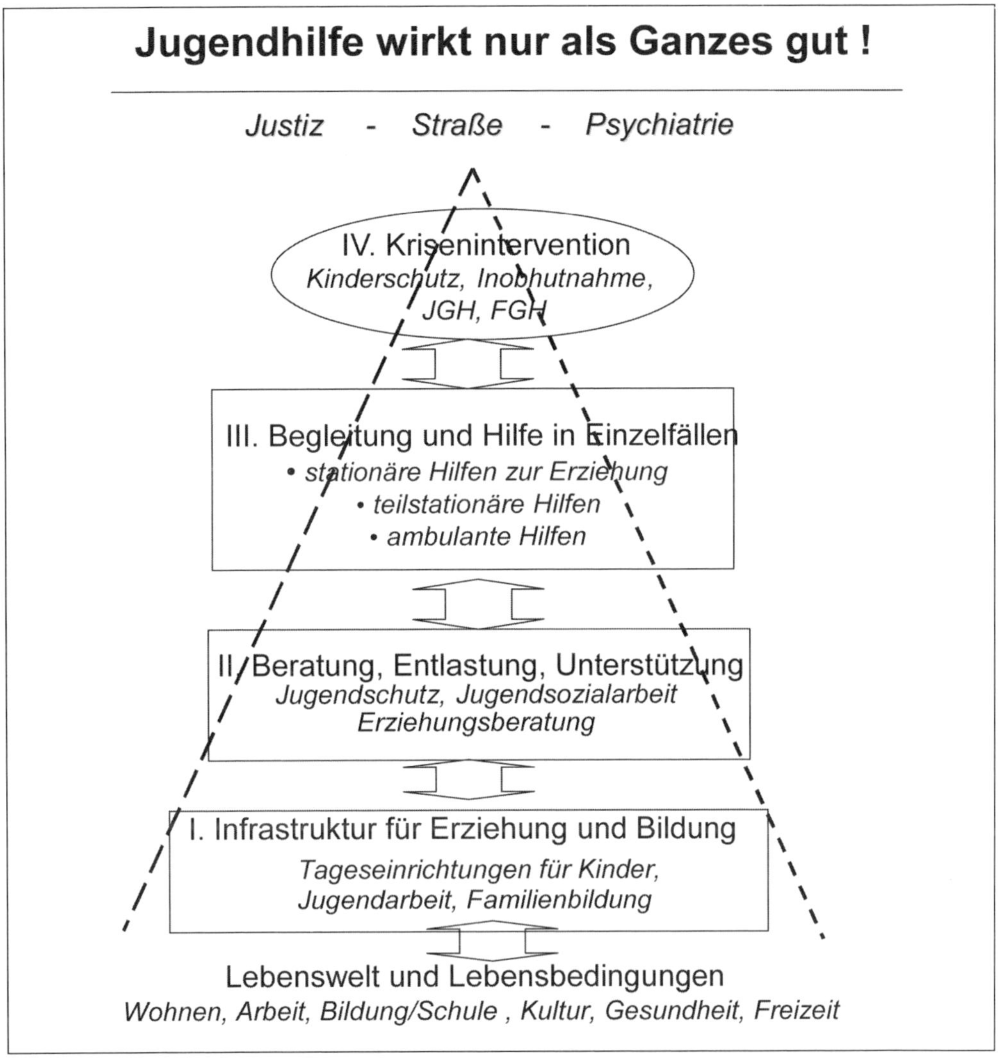

Abb. 1: „Angebotsstrukturpyramide" einer wirksamen Kinder- und Jugendhilfe

In der Abbildung 1 wird der oben skizzierte Zusammenhang zwischen einer breiten Basis förderlicher und unterstützender Infrastruktur durch Kindertagesbetreuung, Jugendarbeit, Familienbildung und Beratung und einer in der Spitze immer erforderlichen Krisenintervention dargestellt. Wirksam und kostengünstig ist die Gestaltung der örtlichen Jugendhilfe dann, wenn auf einem breiten Sockel bedarfsgerechter Infrastruktur eine schmaler werdende Pyramide spezieller Entlastungen und Hilfen bis hin zu schneller und zuverlässiger Krisenintervention steht. Unausgewogen und teuer ist eine Jugendhilfe immer dann, wenn der Sockel, schmal und wenig belastbar, eine „auf den Kopf gestellte" Pyramide tragen soll, die nach oben hin zwangsläufig immer breiter wird. Die verschiedenen Ebenen zeigen die unterschiedlichen Funktionen und Aufgaben der Jugendhilfe sowie ihre Verbindungen zu einem Ganzen:

- In der untersten Ebene ist zur Kenntnis zu nehmen, dass die Lebensbedingungen von Kindern und Familien durch viele Bereiche geprägt sind, auf die Jugendhilfe keinen oder nur sehr geringen Einfluss hat: Wohnen, Arbeit, Bildung, Kultur, Gesundheit und Freizeit, hier prägen andere Bedingungen und Strukturen die konkreten Lebensumstände. Professionelle Fachkräfte müssen sich einmischen, Unterstützung organisieren, Belange vertreten, auf Bedarf hinweisen, sie werden dabei jedoch immer wieder mit ihrem begrenzten Einfluss auf die realen Lebensverhältnisse konfrontiert.
- In der darüber gezeigten Ebene (I.) liegen die Jugendhilfe-Leistungen der Versorgung, der Erziehung und Bildung, die unmittelbar in dieser Infrastruktur verankert sind. Hierzu zählen vor allem Tageseinrichtungen für Kinder, alle Formen der offenen und verbandlichen Jugendarbeit und die Familienbildung und -erholung. Niemand wird heute mehr auf die Idee kommen, dass Tageseinrichtungen für Kinder und Familienbildung nur dort hingehören, wo es ganz besonders viele Probleme gibt, sie sind vielmehr in den vergangenen Jahrzehnten durch den Rechtsanspruch auf einen Platz in einer solchen Einrichtung ein selbstverständlicher Teil der Infrastruktur geworden.
- Die nächste Ebene (II.), eng mit der vorherigen verbunden, zeigt Angebote und Leistungen, die „dazwischen liegen“: Die Erziehungsberatung kann auch Teil der Infrastruktur sein, niedrigschwellig mit präventiven Angeboten, mit Unterstützung in der Tageseinrichtung für Kinder oder in der Schule. Der Jugendschutz und die Jugendsozialarbeit sind aber schon eher Jugendhilfeangebote, die eine spezifische Entlastung und Unterstützung anbieten. Gerade in der Jugendsozialarbeit kann man aber auch noch zeigen, dass ihre Angebote nicht nur für besonders problembeladene Jugendliche gelten, sondern dass keine ausreichende Ausbildung und Arbeit zu finden in zahlreichen Regionen der Republik ein allgemeines Problem ist, das viele junge Menschen betrifft.
- Die nächste Ebene (III.) zeigt vor allem die Hilfen zur Erziehung mit ihren Angeboten von der Begleitung und Betreuung über kompensatorische Hilfen bis zum Ersatz familiärer Versorgung und Erziehung in der Heimerziehung oder ähnlichen Formen. Hier ist es so, dass ein Einzelfall bereits als solcher ausgemacht sein muss, dass besondere Situationen und Probleme festgestellt werden müssen, um Ansprüche zu begründen (Hilfeplanung § 36 SGB VIII).
- Und schließlich gehört zu einer als Ganzes wirksamen Jugendhilfe auch, dass sie in besonderen Belastungs- und Krisensituationen zugänglich, zuverlässig und schnell Unterstützung und Hilfe anbieten kann (Ebene IV): hier können Kinderschutz, Inobhutnahme, Jugendgerichtshilfe und Familiengerichtshilfe genannt werden. Den gesamten Aufbau kann man sich – wie in der Abbildung 1 dargestellt – als eine Pyramide vorstellen, deren Spitze unverzichtbarer Krisenintervention um so flacher sein kann, je breiter die Basis infrastruktureller Leistungen ausgebaut ist. Unrealistisch ist allerdings die Idee, dass diese Infrastrukturleistungen wie Tageseinrichtungen für Kinder, Familienbildung und Jugendarbeit im Sozialraum so „präventiv“ wirken könnten, dass auf intensive und dadurch teure Einzelhilfen weitgehend verzichtet werden kann.

Deutlich wird an dem vorgestellten Modell vielmehr, wie Jugendhilfe als Ganzes funktionieren kann: Eine zuverlässige Krisenintervention und eine schnelle und kompetente Unterstützung in bedrohlichen Situationen sind notwendige Bausteine einer Gesamtjugendhilfe. Diese „Spitze“ wird allerdings dann problematisch, wenn keine breite Basis infrastrukturell verankerter, selbstverständlicher Leistungen und Angebote der Kindertagesbetreuung und Jugendarbeit zur Verfügung steht. Dann werden die teuren stationären Leistungen zur *ultima ratio*, dann ist die Jugendhilfe auf den Kopf gestellt. Eine Jugendhilfe, die als Ganzes gut wirken will, muss vielmehr eine breite Basis und Verankerung in der Infrastruktur, sprich in den Regionen und Situationen haben, in denen Menschen leben. Aber sie muss sich auch ihrer Verantwortung bewusst bleiben, zuverlässig und schnell in Krisen unterstützen zu können und diesen Aufgabenbereich konzeptionell und methodisch ebenso kompetent entwickeln wie ihre Arbeit im Sozialraum. Auch wenn die Lebensbedingungen und Lebenswelten junger Menschen und ihrer Familien grundsätzlich durch die Leistungen und Träger der Jugendhilfe nur wenig beeinflussbar sind, so hat die Jugendhilfe doch den gesetzlichen Auftrag, sich als Querschnittfunktion in alle Bereiche kommunaler Politik und Daseinsvorsorge einzumischen und die Interessen und Notwendigkeiten einer kinder- und familienfreundlichen Gestaltung zu vertreten.

2.2 Die historische „Gretchenfrage": Sollen die Angebote und Leistungen der Kinder- und Jugendhilfe nur „Nothilfe" sein oder müssen sie notwendige „gesellschaftliche Mehrleistung" für das Aufwachsen von Kindern und Jugendlichen zur Verfügung stellen?

Für Prozesse der Jugendhilfeplanung wird zur zentralen Frage: Wie viel öffentliche Verantwortung für private Lebensschicksale soll und darf es in Deutschland geben, wie wird diese Verantwortung gestaltet und kontrolliert? Die kontroversen Positionen sind früh geprägt: *Jugendhilfe ist Nothilfe* auf der einen und *Jugendhilfe als notwendige gesellschaftliche Mehrleistung* auf der anderen Seite (vgl. dazu ausführlich Schrapper 1987). Seit inzwischen gut 80 Jahren wird darum gestritten, ob öffentliche Verantwortung für das Aufwachsen von Kindern und Jugendlichen nur als eine Kompensation versagender familiärer Sorge und Erziehung gerechtfertigt werden kann, oder ob junge Menschen nicht nur einen Anspruch, sondern auch ein Recht auf ein „Aufwachsen in öffentlicher Verantwortung" haben – so das programmatische Motto der Berichtskommission des 11. Kinder- und Jugendberichtes von 2002 (vgl. BMFSFJ 2002). Wofür öffentlich Verantwortung übernommen werden muss und wie diese Verantwortung für das Aufwachsen der nachwachsenden Generation konkret gestaltet werden kann, das wird zur zentralen Herausforderung. Der Streit darum, ob öffentlich überhaupt so weit reichend Verantwortung übernommen werden soll, ist lange nicht entschieden, wie die großen und kleinen Finanzierungsdebatten um Leistungen wie Kindertagesbetreuung oder Jugendarbeit immer wieder deutlich machen. Eine der zentralen Herausforderungen an die Kinder- und Jugendhilfe wird es daher bleiben, mit einem sachkundigen und sorgfältigen Blick auf die Lebensverhältnisse von Kindern und Familien immer wieder im Großen und im Kleinen die „Gerechtigkeitsfrage" zu stellen, also danach zu fragen, ob tatsächlich jedes Kind in Deutschland sein Recht auf „Förderung seiner Entwicklung" und auf eine „Erziehung zu einer eigenverantwortlichen und gemeinschaftsfähigen Persönlichkeit" realisieren kann. Eine gerechte Teilhabe an den Ressourcen und Potenzialen dieser Gesellschaft ebenso wie eine gerechte Verteilung der Lasten und Pflichten gesellschaftlichen Zusammenlebens sind dabei die Maßstäbe – aber was ist gerecht? Fragen, denen auch in Prozessen der Jugendhilfeplanung nicht ausgewichen werden kann.

Staatliche Nothilfe oder Öffentliche Erziehungsleistung? Dies ist eine bis heute prägende Kontroverse um den Charakter öffentlicher Jugendwohlfahrt. Mit einem Blick zurück in die Geschichte der Jugendwohlfahrt im Nachkriegsdeutschland soll nachvollziehbar werden, wie sehr der Streit um die gesellschaftliche Funktion dieses Arbeitsfeldes unsere heutige Sicht auf die Kinder- und Jugendhilfe geprägt hat (vgl. ausführlich in Schrapper 2005, S. 423–467).

Das Reichsjugendwohlfahrtsgesetz (RJWG) wurde 1922 ebenfalls in einem Nachkriegsdeutland großer sozialer Umbrüche und Krisen entworfen, um öffentlicher Verantwortung für das Aufwachsen von Kindern und Jugendlichen einen verbindlichen gesetzlichen Rahmen zu geben. 1924 nur noch als Torso in Kraft getreten, wie könnte es anders sein, aus finanzpolitischen Gründen vor allem um die sogenannten Freiwilligen Aufgaben einer offenen und ohne nachgewiesene Not zugänglichen Beratung und Unterstützung beschnitten. Diese frühe „Wunde" verschärfte sich noch in den unzweifelhaften Notlagen der öffentlichen Hände in Jahren der großen Wirtschaftskrise nach 1929 und dem Niedergang der Weimarer Republik bis zum Januar 1933. Interessant ist, dass gerade unter den Nationalsozialisten Ansätze einer modernen Jugendhilfe wieder erblühen konnten, allerdings immer mit den schrecklichen Vorzeichen einer menschenverachtenden Selektion rassisch Wertvoller und sogenannter „Erbminderwertiger". Für die „Guten" gab es dann zumindest in Ansätzen Jugendarbeit und Erziehungsberatung, familienunterstützende Hilfen und freundliche Heimerziehung. Für die anderen gab es vor allem Selektion, Ausbeutung, Unterdrückung und Vernichtung (vgl. Kuhlmann/Schrapper 2001, S. 295-298). Nach 1945 waren auch die Menschen und Organisationen der Jugendwohlfahrt konfrontiert mit ungeheueren äußeren und inneren Zerstörungen. Aber schon sehr früh regten sich Initiativen, die Jugendwohlfahrt auch strukturell und konzeptionell zu renovieren oder zu restaurieren – je nach Perspektive. Die erste Nachkriegs-Novelle des RJWG von 1953 „reparierte" die nötigsten „Schäden", die durch Weimarer Notverordnungen und Gesetzesänderungen der NS-Zeit dem RJWG zugefügt worden sind. Das Gesetz sollte so „wiederhergestellt" werden wie es 1922 „gedacht" war – aber wie war es gedacht?

Eine heftige Kontroverse um die Interpretationen einer groß angelegten empirischen Untersuchung zum Stand der öffentlichen Jugendhilfe in der damaligen Bundesrepublik, die zwischen 1957 und 1960 vom Deutschen Verein für öffentliche und private Fürsorge realisiert wurde, macht deutlich, wie unterschiedlich die Antworten auf die Frage, wie und vor allem wofür das RJWG gedacht war, ausfallen konnten. Martin Rudolf Vogel, damals zuständiger Referent des Deutschen Vereins hatte Ende 1960 die Ergebnisse der sogenannten Jugendamtsuntersuchung vorlegen können (siehe ausführlich: Schrapper 1987, S. 28–30). Er leitete seinen Bericht mit einer knappen Analyse der historischen Entstehungs- und Entwicklungsbedingungen des Jugendamtes ein, die zu dem Ergebnis führt: „Das Jugendamt ist aus dem Erziehungsgedanken entstanden" (Vogel 1960, S. 10 f.). Diese These war zugleich die Leitfrage der empirischen Untersuchung: Inwieweit entsprach das Jugendamt 1957/58 noch dem Erziehungsgedanken? Der innere Gehalt des Jugendamtes könne, so Vogel (ebd.), weder in bestimmten politischen Verhältnissen begründet sein, da an der Einrichtung und der Erhaltung des Jugendamtes „doch offenbar extrem gegensätzliche politische Systeme gleichermaßen interessiert (waren)", noch könnten ausschließlich gesellschaftliche und wirtschaftliche Veränderungen im Gefolge einer fortschreitenden Industrialisierung allein ausschlaggebend für die Gründung und den Ausbau der Jugendämter sein, da ebenfalls hochindustrialisierte Staaten ohne eine solche Institution auskämen (z. B. USA, England). „So augenscheinlich das Jugendamt aus der Industriegesellschaft hervorgegangen ist, so offensichtlich bedurfte es dazu eines spezifischen kulturellen Bewusstseins, das als geistige Antwort auf eine gesellschaftlich-geschichtliche Situation jene Institution erst hervorzurufen vermochte." Dieses spezifische kulturelle Bewusstsein fand Vogel in den kulturkritischen Gedanken und Ideen einer reformpädagogisch beeinflussten Fachöffentlichkeit, der es gelungen sei, ihre Vorstellungen einer Pädagogik „vom Kinde aus" in der zunehmend weiter reichenden Gestaltung öffentlicher Fürsorgeaufgaben für Kinder und Jugendliche durchzusetzen. Grundthese dieser Pädagogik ist die Feststellung, „Kinder und Jugendliche (sind) eine vom Erwachsenen prinzipiell unterschiedene Spezies, deren definiertes Kriterium die Erziehungsbedürftigkeit ist." Damit war auch die besondere Beschaffenheit aller öffentlichen Hilfen für Kinder und Jugendliche bestimmt: „Alle öffentliche Hilfe (...) ruht demnach nicht in beliebig wandelbaren Zweckmäßigkeiten, sondern in einem natürlichen Recht auf Erziehung. Diesen Naturgegebenheiten müssen die Rechtsgrundlagen der Jugendhilfe entsprechen, und zwar vor allem in der Anerkennung eines Anspruchs auf Erziehung sowie in der zusammenfassenden Vereinheitlichung ihrer Materien aus dem Erziehungsgedanken heraus. Andererseits muss auch die institutionelle Organisation der Jugendhilfe aus dem Erziehungsgedanken eine Vereinheitlichung durch einen zentralen Ausfallbürgen – das Jugendamt – erfahren."

In der Fachdiskussion um 1960 war diese Position, Jugendhilfe auf einen eigenständigen Erziehungsanspruch des Kindes zu gründen und damit eine strenge Abgrenzung zur allgemeinen Fürsorge zu behaupten, von Heinrich Webler (vgl. Kuhlmann 1998, S. 612-614), einem Vertreter einer umfassenden Fürsorge(-theorie), kritisiert und zurückgewiesen worden. Webler war Direktor des Deutschen Instituts für Vormundschaftswesen, der Nachfolgeorganisation des Archivs deutscher Berufsvormünder (1907-1933). Er wendete sich vor allem gegen die Hauptthese Vogels von der Entstehung des Jugendamtes aus dem Erziehungsgedanken und der damit belegten vorrangigen Charakterisierung des Jugendamtes als „Erziehungsamt". Dies hielt er für eine ideologische Position: „Hier erscheint nun eine Korrektur unerlässlich, die es gestattet, eine Ideologie auf den Boden der Wirklichkeit zurückzuführen" (Webler 1961, S. 34-36). Dagegen stand für Webler: „Die Jugendhilfe ist Teil der Sozialhilfe. Bezogen auf das „Sonderwesen" Kind in seiner speziellen Hilflosigkeit erhalten alle diese Maßnahmen der Sozialhilfe in der Jugendhilfe zumeist einen erzieherischen Akzent von geringerem oder größerem Gewicht."

In einer seines Erachtens nach unzulässigen Missachtung dieses Zusammenhangs zwischen allgemeiner Fürsorge und spezieller Jugend-Fürsorge sah er die „Gefahr einer Fehlentwicklung und -beurteilung der Jugendämter infolge einer Abwertung der Fürsorge". Webler bezweifelte nicht, „dass das Jugendamt aus dem Erziehungsgedanken mitentstanden sei, aber ebenso wirkten mit die akute Jugendnot der Jahrhundertwende und des ersten Weltkrieges, die Schau vom Kinde her, die Forderung kindgemäßer Maßnahmen angesichts seiner naturgegebenen Hilflosigkeit (nicht nur Erziehungsbedürftigkeit), das Streben nach Institutionalisierung und Rationalisierung gesellschaftlicher Aufgaben, der allgemeine Trend zu sozialreformerischen Maßnahmen usw." Im Weiteren trug er die von konservativer Seite gern übersteigerte Fiktion eines staatsmonopolistischen Erziehungsamtes vor und konfrontierte diese mit seiner Vorstellung einer Jugend-Fürsorge-Behörde, deren vorderster und einziger Auftrag die „Notstandsaufgabe" der Hilfe und Erziehung nur in solchen Fällen sei, in denen diese „von anderer normaler" Seite versagt werde. Die traditionell fürsorgerischen Aufgaben auch des Jugendamtes könnten nicht verdrängt werden durch den „modernistischen Erziehungssektor", das Jugendamt habe nirgends ein totales Erziehungsmonopol. Vogel hielt daraufhin Webler in einer Replik nochmals entgegen, dass seine Aussagen mit kontrollierten und kontrollierbaren wissenschaftlichen Methoden gewonnen seien und so zu dem Ergebnis geführt hätten, nicht der Fürsorgegedanke, sondern der Erziehungsgedanke habe sowohl für die Entstehung als auch die gegenwärtige gesellschaftliche Bewertung des Jugendamtes das größere soziale Gewicht. Man könne daraus keinen Vorwurf einer „Abwertung der Fürsorge" oder ähnliches erheben (Vogel 1961, S. 148). Er versteckte sich damit hinter seinen Quellen und wies die Kritik unter Hinweis auf die in diesen nachgewiesene Priorität des Erziehungsgedankens zurück. Weblers Antwort auf diese Replik machte dann nochmals drastisch deutlich, wo die grundlegenden Meinungsverschiedenheiten lagen: „Vogel hat sich als Pädagoge offensichtlich von einigen pädagogisch orientierten Quellenschriften und Tendenzunterlagen leiten lassen (...). Schon in der Literaturauswahl liegt somit eine Tendenz, auch wenn er sie bestreiten möchte (...). Was soll eine Arbeit für das Jugendamt von heute und morgen bedeuten, die zu der Feststellung glaubt gezwungen zu sein, dass von den beiden möglichen Ansätzen der Entwicklung der Jugendämter seiner Zeit – angeblich – die Erziehung geherrscht habe; die weiter ausdrücklich darauf verzichtet, selbst festzustellen, welcher Ansatz nun wirklich angemessen ist und stattdessen von der irrigen Interpretation der Vergangenheit her massive Kritik übt?" (Webler 1961, S. 150).

Interessant an dieser Auseinandersetzung ist nicht so sehr die Frage nach dem Wert oder Unwert einer wissenschaftlichen Untersuchung. Viel spannender ist die Deutlichkeit, mit der grundlegende – und bis heute bedeutsame – Meinungsverschiedenheiten in der Beurteilung von Auftrag und Funktion öffentlicher Jugendhilfe benannt werden:

- Einerseits wurde das Konzept einer aus dem Erziehungsgedanken entstandenen Jugend- und Erziehungshilfe-Fachbehörde entworfen, die in ihren Arbeitsformen und Methoden sozialpädagogisch orientiert sei, aber darüber hinaus auch sozial- und gesellschaftspolitisch für gute Entwicklungs- und Erziehungsbedingungen von Kindern und Jugendlichen einzutreten habe.
- Andererseits wurde ein (klassisches) Konzept notlagenorientierter Fürsorge dagegen gesetzt und die wesentliche Bestimmung der Hilfebehörde darin gesehen, Ausfallbürge für den in Not geratenen Einzelnen zu sein. Kinder und Jugendliche könnten dabei zwar in eine spezielle Hilflosigkeit geraten; dies rechtfertige es aber nicht, im umfassenden Sinn von Erziehungsarbeit als Hauptaufgabe der Jugendfürsorge zu sprechen. Zu befürchten sei vielmehr, dass eine solche Auffassung auch in der Kinderfürsorge zu einem scharf abzulehnenden staatlichen Versorgungs- und Erziehungsmonopol führen müsse. Vor dem Hintergrund der Erfahrungen in der NS-Zeit wog dieser Vorwurf auch 1960 noch besonders schwer.

2.3 Jugendhilfeplanung wird von Organisationen für Organisationen gemacht – Was aber prägt das Bild von Organisation und warum „tun" Organisationen nicht (nur), was vernünftig ist?

Notwendig für die Jugendhilfeplanung sei nicht zuletzt ein ausgeprägtes Bewusstsein und Gespür für die Bewegungsgesetze und Antriebe der Organisationen, in und mittels derer Kinder- und Jugendhilfe „gemacht" wird, so lautete die dritte Konsequenz aus dem eingangs entfalteten Überblick über strittige und wichtige gesellschaftspolitische Themen, die junge Menschen und ihre Familien aktuell betreffen. Warum aber soll die Auseinandersetzung mit der Logik und Dynamik von Behörden und Vereinen, die für Kinder und Familien das „Aufwachsen in öffentlicher Verantwortung" organisieren, für die Jugendhilfeplanung so wichtig sein? Drei Antworten seien hier formuliert:

- *Jugendhilfeplanung ist eine Angelegenheit von Organisationen für Organisationen*: der öffentliche Träger der Jugendhilfe wird seiner Gewährleistungsverpflichtung nach § 79 SGB VIII gerecht, indem er nach den Regeln des § 80 SGB VIII die Träger der freien Jugendhilfe und andere relevante Träger, Institutionen und Organisationen in einen verbindlichen Prozess der Planung, Vereinbarung und Kontrolle einbezieht und einbindet.
- *Adressat der „Ergebnisse" der Jugendhilfeplanung sind Organisationen*: Zielvereinbarungen, Umsetzungsbeschlüsse und Konzepte für die Weiterentwicklung einer bedarfsgerechten örtlichen Kinder- und Jugendhilfe, aber auch Kriterien und Regeln für die Über-

prüfung und Kontrolle solcher Planungsbefunde richten sich ausschließlich an Träger, Einrichtungen und Dienste. Diese haben in ihrer Organisation zu entscheiden und umzusetzen, was in Planungsprozessen entwickelt und beschlossen wurde.
- *Jugendhilfeplanung ist selbst vor allem eine Organisation*, also einerseits eine komplexe Struktur von Regeln für Zuständigkeiten und Arbeitsweisen, die es ermöglichen sollen, dass zahlreiche Menschen so bezogen und abgestimmt arbeiten können, dass sie vielfältige Aufgaben mit angestrebten Ergebnissen erledigen. Andererseits sind alle Organisationen geprägt durch „Klima" und „Kultur", die vor allem dafür entscheidend sind, ob die organisierten Regularien auch produktiv wirksam werden, Menschen in Organisationen also dass tun, was sie für „vernünftig", d. h. rational und zielführend halten.

Wie viele Pädagoginnen und Pädagogen, so scheinen auch Sozialpädagoginnen und Sozialarbeiter allerdings ein eher gespaltenes Verhältnis zu Organisationen zu haben:
- Einerseits ist „die" Organisation zuständig dafür, solche Rahmenbedingungen zu schaffen, mit denen der (sozial-) pädagogische Schonraum der Schulklasse, der Jugend-Gruppe oder der persönlichen Beratung und Begleitung abgesichert ist und funktioniert. Die Organisation fungiert hier als eine Art Hausmeister und ist die Servicestelle, die nur dafür zu sorgen hat, dass alles für die pädagogische Arbeit Notwendige zur rechten Zeit an der richtigen Stelle ist, dabei möglichst keinen „bürokratischen" Aufwand verursacht, und keine Zeit für die wertvoll pädagogische Arbeit raubt.
- Auf der anderen Seite wird Organisation häufig mit Gefühlen von Ohnmacht und Empörung oder Widerstand und Resignation verbunden: „Die Rahmenbedingungen verhindern, dass das Richtige getan werden kann." Dieser Satz skizziert einen Topos, der offensichtlich so tief in den pädagogischen Genen verankert ist, dass solche Argumentationen schon bei Studierenden zu hören sind, wenn sie für ihre Fälle, Prozesse und Projekte nach Erklärungen für das eigene Scheitern suchen. Wenn etwas nicht so gut abgelaufen ist wie geplant, wird schnell auf die gesellschaftlichen Rahmenbedingungen (zu wenig Geld bereitgestellt) oder bürokratische Hindernisse (erst müssen Formulare ausgefüllt oder Statistiken für die Jugendhilfeplanung angefertigt werden) verwiesen. Die Vorstellung darüber, dass Organisation etwas ist, mit dem man sich abfinden oder die frau bekämpfen muss, die Pädagoginnen und Pädagogen schmerzlich mit Grenzen konfrontiert und in der Regel die „fachliche Arbeit" tendenziell gängelt und mit zu geringen Ressourcen ausstattet, scheint fest und tief verankert zu sein.

Erfahrungen mit und in Organisationen werden damit für die Jugendhilfeplanung so bedeutungsvoll, da sie vor allem und zuerst auf die Gestaltung, Entwicklung und ggf. auch Veränderung von Organisationen zielen muss, um Vereinbarungen über bedarfsgerechte Angebote und Leistungen für Kinder und Familien wirklich werden zulassen. Es lohnt sich daher, grundlegende Bilder und Konstrukte, die diesen Erfahrungen von Menschen in und mit Organisationen Ausdruck geben, nachzuspüren. Solche grundlegenden Bilder sollen hier „große Erzählungen" genannt werden, da es vor allem um Selbstvergewisserung geht, also darum, die eigenen Erfahrungen in eine erklärende Tradition und Theorie einordnen zu können. Unterscheidbar prägend erscheinen bis heute fünf solche „großen Erzählungen" (vgl. auch Schrapper 1996; vgl. grundsätzlich Morgan 1997).

(1) Auf jedem Schiff, das dampft und segelt, gibt's einen, der die Sache regelt.
Die erste „Erzählung" prägt die Vorstellung von Organisation als etwas notwendig Hierarchisches. Auch wenn der Jugendamtsleiter nicht sicher sein kann, dass das, was er am Vormittag in die Welt gesetzt hat, am Abend schon gewirkt hat, ist diese Grundidee in vielen Organisations-Organigrammen unübersehbar: Es gibt eine hierarchische Konzentration von Verantwortung nach oben und von Delegation und Anweisungen nach unten.

(2) Vertrauen ist gut, Kontrolle ist besser.
Diese Erzählung ist die prozessuale, beziehungsorientierte Variante der vorherigen. In hierarchischen Organisationen muss vor allem kontrolliert werden, ab die erteilten Aufträge auch erledigt wurden und ob das unvermeidliche Vertrauen in den Gehorsam auch nicht enttäuscht worden ist. Beziehungen zwischen Menschen mit all ihren „subjektiven" Faktoren sind zwar auch in hierarchischen Organisationen unvermeidbar, aber erträglich wird ihre Unberechenbarkeit nur durch rationale Kontrolle. Das Gegenstück dieser Kontrollidee von oben ist die Vorstellung der quasi natürlichen Frontstellung zwischen MitarbeiterInnen und Vorgesetzten. In diese Kategorie gehört auch die in sozialen Organisationen zwar nicht mehr so häufig, aber immer wie zu findende Idee von der „Leitungslosen Arbeitsgruppe" als produktivste Variante der Arbeitsorganisation.

(3) Logische Baumuster und rationale Fahrpläne.
Zu den großen Erzählungen der neuzeitlichen Organisationsgestalter gehört die Vorstellung, für Organisationen braucht man logische Baumuster und rationale Fahrpläne. Organisationen sind in dieser Vorstellung komplizierte Maschinen, die, wenn sie richtig zusammengebaut sind und an den richtigen Stellen richtig angestoßen und verbunden werden, auch richtig gut funktionieren. Also sucht man nach den Stellschrauben, danach, wo es in einer Organisation „klemmt", was in Ordnung gebracht werden muss, damit „der Laden wieder läuft". Erfahrungen mit dem „Modellbaukasten" der Neuen Steuerung und seinen vielfältigen „Bausteinen" zur Verwaltungsmodernisierung, von Produktplänen und Kennziffern über das Berichtwesen bis zu interkommunalen Vergleichen, illustrieren anschaulich diese Organisationsidee in ihren Stärken und Schwächen. Dass auch Organisationen rational und überprüfbar gestaltet und damit auch zielgerichtet gesteuert werden können, ist die starke Seite dieses Konzeptes. Dass sich Organisationsgestaltung und -steuerung nicht in technischen Details erschöpft, dass Kommunikation und Kultur in Organisationen eine eigene Rationalität gewinnen, gehört wohl zu den zu wenig in diesen Konzepten berücksichtigen Eigenarten von Organisationen, auch und gerade in der kommunalen Verwaltung.

(4) Alle müssen mitgenommen werden.
Eine ebenfalls viel gehörte Idee lautet: Organisationen funktionieren am besten, wenn alle mitgenommen werden. Wenn alle über alles reden können, wenn alle an allem beteiligt sind, ist eine Organisation zwar nicht an der Spitze, aber in der Breite gut aufgestellt. Gerade in der Jugendhilfeplanung ist Beteiligung sowohl ein gesetzlich verbrieftes Recht der Träger als auch Partizipation eine tragende Gestaltungsidee. Jugendhilfeplanungsprozesse ohne aktive Mitwirkung möglichst vieler Akteure, gerade auch junger Menschen und Familien selber, sind kaum noch vorstellbar. Allerdings wird auch immer mühevoll erfahren, welche verzweifelten Versuchen unternommen werden, auch die letzten Kolleginnen und Kollegen mitzunehmen, selbst wenn diese einfach nicht mitgenommen werden wollen.

(5) Systeme steuern sich selbst.
Eine letzte „große Erzählung“ stammt aus der Systemtheorie; Organisationen sind nach dieser Vorstellung als Soziale Systeme, die vor allem durch Eigensinn, Selbstreferenz und Autopoesie geprägt werden. Organisationen sind eben keine trivialen Maschinen, sondern sie tun letztlich das, was sie wollen, folgen ihren Eigeninteressen und streben nach Eigennutz. Von außen könne relativ wenig in Organisationen hinein „regiert“ werden, bestenfalls können Bewegungen angestoßen werden und es muss darauf vertraut werden, dass sich das System Organisation – wenigstens teilweise – in die gewünschte Richtung bewegt (vgl. dazu allgemein Willke 1995).

Keines der in diesen Erzählungen über die Wirkungslogik von Organisationen angebotenen Bilder ist in der Organisationsrealität in „Reinkultur“ anzutreffen und erklärt lebendige Organisationserfahrung ausreichend. Gerade in schwierigen Phasen der Jugendhilfeplanung kann es hilfreich und entlastend sein, die grundlegenden Ideen über die Gesetzmäßigkeiten und Wirkungsweisen von Organisationen jenseits der zu verhandelnden Sachfragen zu reflektieren. Strittige Auffassungen zur Bewertung von Bedarfslagen der Kinder- und Jugendhilfe oder zu den Erfolgsaussichten von Umsetzungsprogrammen haben möglicherweise nicht so sehr mit Differenzen in der Sache, sondern vielmehr mit davor und darunter liegenden Unterschieden in den Ideen über ihre Organisation zu tun. Auch diese Aspekte unter den Akteuren besprechbar zu machen, kann für den Erfolg eines Jugendhilfeplanungsprozesses hilfreich sein. Damit gerät der zweite Teil aus der Überschrift für dieses Unterkapitel in den Blick, die Frage, warum Menschen in Organisationen – gemeint sind hier die Fachkräfte der Kinder- und Jugendhilfe – nicht unbedingt das tun, was in rationalen Prozessen der Jugendhilfeplanung für vernünftig, bedarfsgerecht und zielführend erkannt wurde. Eine Erfahrung, die jeder für die Planung eines so komplexen Arbeitsfeldes wie die Kinder- und Jugendhilfe verantwortliche Mensch wahrscheinlich schon machen musste, spätestens, wenn er einige Zeit nach Vereinbarung der Planungsergebnisse, nachprüfen möchte, was tatsächlich davon umgesetzt wurde. Also, warum wurde nicht befolgt und umgesetzt, was als so vernünftig erarbeitet wurde? Die Antwort auf diese Frage schließt an die vorgestellten „großen Erzählungen über Organisationen“ an und ist auf den ersten Blick ebenso klar wie einfach: Weil Menschen und ihre Organisationen keine trivialen Maschinen sind, sondern komplexe soziale Systeme mit Selbsterhaltungsinteressen und Selbststeuerungskräften, mit Lernbedürftigkeit und Lernfähigkeit. Diese Erkenntnis ist nicht aufregend neu, wird aber aufregend für jene, die mit der Praxis in den Organisationen der Kinder- und Jugendhilfe konfrontiert sind. Am Beispiel eines Schlüsselprozesses aus dem Feld der Hilfen zu Erziehung – der Hilfeplanung gem. § 36 SGB VIII – sollen die Brisanz, aber auch mögliche Strategien, mit dem Eigensinn von Organisationen konstruktiv umzugehen, verdeutlicht werden.

Abläufe und Verfahren, Zuständigkeit und Beteiligungen der Hilfeplanung waren und sind in vielen Jugendämtern Gegenstand oft umfangreicher und anstrengender Entwicklungen und Vereinbarungen. Dabei stellt sich immer wieder die Frage, warum man nicht nach bekannten Empfehlungen, zum Beispiel denen des Deutschen Vereins zum § 36 SGB VIII, arbeitet. Warum muss in jedem Jugendamt „die“ Hilfeplanung immer wieder neu erfunden werden? Antwort: So komplexe Prozesse wie Hilfeplanung „funktionieren“ eben nicht durch Verordnungen oder Anweisungen, so durchdacht und vernünftig diese auch sein mögen. Menschen wie auch Organisationen folgen zuerst und vor allem ihren eigenen Interessen, fühlen sich in ihren Selbststeuerungsideen angesprochen und wägen auf diesem Hintergrund ab, ob Mitmachen oder Stillhalten, Widerstand oder Einmischen eine erfolgversprechende Strategie sein kann, den formulierten Erwartungen zu begegnen. Organisationen sind dabei ebenso wie Menschen als sowohl lernbedürftig als auch lernfähig zu begreifen. Das Reden von der „Lernenden Organisation" hat vielerorts Eingang gefunden, und greift zurück auf eine alte Denk-Figur der Pädagogik, den Menschen als lernfähig, aber auch als lernbedürftig zu begreifen. Menschen und nun wohl auch Organisationen *müssen* lernen, um zu (über-) leben, aber sie *können* auch lernen müssen, nicht so bleiben, wie sie sind – Hoffnung und Fluch zugleich, wie jeder von sich selbst weiß. Verschärft wir diese Eigenart von Organisationen, nicht wie triviale Maschinen vorgestanzten Regularien zu folgen, sondern eigensinnig zu entscheiden, was dem Selbsterhalt nützt, durch spezifische Widersprüche und Gegensätze vor allem verwaltungsförmiger Organisationen (vgl. Schrapper 2001). Für das Beispiel „Hilfeplanung", einem hoch komplexen und mit vielfältigen Aufgaben und Erwartungen befrachteten „Schlüsselprozess" in jeder kommunalen Jugendhilfeorganisation, soll dies gezeigt werden. Zwei gegensätzliche Grundmuster von Arbeitsbezügen und -beziehungen sind immer noch *nebeneinander gleichzeitig und parallel* erkennbar (vgl. die Abbildung 2).

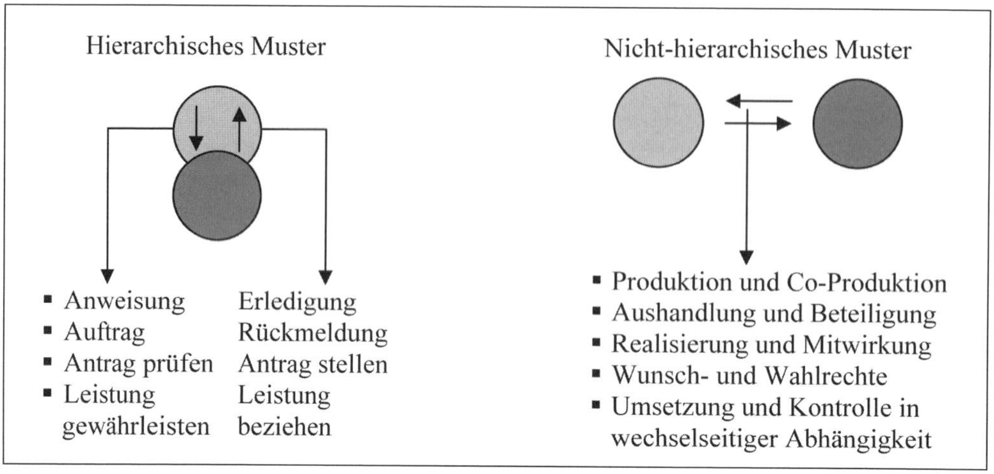

Abb. 2: Zwei Grundmuster von Arbeitsbeziehungen prägen Hilfeplanungen (Quelle: Eigene Darstellung)

In hierarchischen Bezügen werden Anweisungen erteilt und erledigt, werden Aufträge formuliert und entsprechende Rückmeldungen gegeben, Anträge gestellt und überprüft, Leistungen gewährt und bezogen. Das sind die klassischen Muster, die gesetzlich geregelt sind. Einer gibt etwas vor – das muss nicht zwangsläufig autoritär sein, aber mit Autorität –, der andere erledigt das und meldet die Erfüllung. In denselben Arbeitsprozessen findet man zeitgleich nicht-hierarchische Muster der Produktion und Co-Produktion sozialer Leistungsprozesse. An dieser Stelle wird gerne gestritten, wer als Produzent und wer als Co-Produzent zu begreifen sei: Sind die Fachkräfte, die Sozialarbeiterinnen und Sozialarbeiter die Produzenten oder sind es die Kinder oder Jugendlichen bzw. sind die Eltern und sind die Profis „nur" die Co-Produzenten? Die Erfahrung in den Leistungsprozessen zeigt, dass ohne die aktive Mitwirkung – ob das nun die Vermittlung und Förderung in der Arbeitsagentur ist oder das aktivierende Fallmanagement in den Hartz-IV-Gesetzen, oder ob es Erziehungsprozesse im Bereich der Hilfen zur Erziehung sind – die Erfolgsaussichten der Hilfeleistungen sind ohne die Aktivität der „Leistungsempfänger" ausgesprochen gering. Was heißt es aber, wenn Menschen in ihren Organisationen und in ihren sozialen Beziehungen zwei solche gegensätzlichen Muster der Beziehungsgestaltung gleichzeitig erleben und gestalten müssen?

Es ist unerlässlich, sich zu vergewissern und zu verständigen, was konkret und grundsätzlich gilt. In Hilfeplangesprächen gibt es Sequenzen, die eindeutig nicht-hierarchisch sind, wenn es darum geht, wie Arbeits- und Hilfebeziehungen geknüpft werden, welche Vorstellungen Eltern und Kinder dazu haben. Das kann nicht hierarchisch hergestellt werden. In den gleichen Gesprächen gibt es eindeutig hierarchische Sequenzen, wenn es um die Prüfung von Leistungsansprüchen geht und darum, ob eine Hilfe geeignet und notwendig ist und ob sie tatsächlich der Förderung und Entwicklung des Kindes dient (§ 27 Abs. 1 SGB VIII). Das kann nicht ausgehandelt werden. Die Verpflichtung zu einer verbindlichen Entscheidung verbleibt dem jeweils Zuständigen im Einzelfall, aber auch der Behörde grundsätzlich. Gegen die kann man dann wieder auf den üblichen Wegen vorgehen. Daran wird deutlich, wie notwendig es ist, sich jeweils zu vergewissern, in welchem Muster wir uns gerade bewegen, um nicht den Eindruck zu erwecken, dass wir im Moment auf gleicher Augenhöhe sprechen, wenn es gerade um solche grundsätzlichen Entscheidungen geht.

Solche Vergewisserung wird im klassischen Organisationsverständnis als ein Anzeiger für schlechte Organisation gewertet (denn hier machen klare Anweisungen das Reden darüber überflüssig). Wenn klassischen Organisationsgestaltern erzählt wird, dass man viele Teamsitzungen braucht, dass die Mitarbeiter sich lange über Vorgehensweisen verständigen müssen, dann ist dies für sie ein Zeichen dafür, dass eine Organisation nicht „ordentlich" funktioniert, da es offenbar mangelnde Klarheit darüber gibt, was der Einzelne zu tun hat. Auch unter Fachkollegen in der Sozialarbeit wird, wenn von Teamsitzungen und kollegialen Beratungen die Rede ist, nicht selten die Frage gestellt: „(…) und wann machen wir unsere eigentliche Arbeit?" Es wird ein Unterschied zwischen „eigentlicher" und „uneigentlicher" Arbeit gemacht und die notwendige Vergewisserung als „uneigentlich" betrachtet.

Aber: Wenn Vergewisserung und Verständigung nicht ermöglicht und zielgerichtet gestaltet werden, drohen der Organisation entweder die Erstarrung in Regeln oder die Selbstauflösung durch Beliebigkeit. Nur solche Vereinbarungen, die ausreichend durch Vergewisserung und Verständigung „getragen" sind, die mit Autorität durchgesetzt und kontrolliert werden und deren Beachtung sich für alle Beteiligten lohnt, haben also die Chance, wirkungsvoll zu werden. Was hier am Beispiel der Hilfeplanung gezeigt werden sollte, kann entsprechend auch für die Vielzahl von Vereinbarungen gelten, die im Rahmen von Jugendhilfeplanungsprozessen getroffen werden. Was benötigen also Menschen in Organisationen, um gute Arbeitsprozesse zu vereinbaren? Folgende Punkte fallen immer wieder auf:

(1) Klarheit der Rahmungen und Vorgaben, insbesondere darüber, was gemeinsam und was eigenständig bearbeitet wird,
(2) Transparenz der Absichten und Abläufe in Gestaltungs- und Veränderungsprozessen,
(3) Anschlussfähigkeit der Veränderungen an bisherige Regelungen und Praxis mit deutlich erkennbarer Wertschätzung bisheriger Kompetenzen,
(4) eine Balance zwischen zeitlicher Befristung von Veränderungsprozeduren und dauerhafter Notwendigkeit von Weiterentwicklung sowie ebenfalls eine Balance zwischen „mutigem" Handeln und reflexiver Vergewisserung, und nicht zuletzt
(5) „auskömmliche" Ressourcen für die anstehenden Aufgaben.

Am Beispiel von Vereinbarungen zum § 8a SGB VIII, wie sie aktuell in allen Jugendamtsbereichen verhandelt wurden und vielfach noch werden, sollen die genannten Aspekte kurz erläutert werden.

Zu (1): Fragen wie die folgenden bewegen die Vereinbarungsparteien: Was ist Vorgabe des Gesetzgebers? Was ist Rahmung, über die nicht mehr zu verhandeln ist? Was ist der Gestaltungsspielraum, der von den Beteiligten ausgefüllt werden kann? Was ist dabei Aufgabe jedes Einzelnen und was ist nur gemeinsam zu regeln? Vor dem Eintritt in Vereinbarungsverhandlungen, sich über das jeweilige Verständnis und mögliche Interpretationen gesetzlicher oder politischer Vorgaben zu verständigen, ist um so bedeutungsvoller, da Gesetze und politische Beschlüsse in der Regel durchaus vielfältig gelesen werden können.

Zu (2): Wenn eine Seite den „Verdacht" hat, die Vereinbarung solle nur dazu dienen, z. B. „vorgelagerte Kinderschutz-Kontrollposten" in jedem Kindergarten oder Jugendhaus einzurichten, der dem ASD frühzeitig meldet, wenn in einer Familie Probleme auftauchen, dann haben die Vereinbarungen einen ganz anderen Charakter als wenn man die Idee hat, hier wird die Eigenverantwortung jedes Mitarbeiters und jeder Mitarbeiterin betont, Kinder zuverlässig vor Gefahren für ihr Wohl zu schützen, ohne jeder Familie mit Misstrauen zu begegnen oder einen falsch verstandenen Sicherheitskordon aufbauen zu wollen. Dazu ist die Transparenz der Absichten und Abläufe unbedingt erforderlich.

Zu (3): Wenn Mitarbeiterinnen der Kindertagesbetreuung annehmen müssen, dass mit dem Kinderschutzauftrag etwas völlig Neues auf sie zukommt, das sie zu überrollen und zu überfordern droht, werden Vereinbarungen kaum funktionieren können. Wenn die Ansage zum Start solcher Prozesse heißt: „Wir müssen uns *neuen* Anforderungen stellen, *alles* muss anders werden …", entsteht leicht der Unmut weckende Verdacht, dass alles, was bisher gemacht wurde, unzureichend oder falsch war, z. B. vorher überhaupt nicht auf Kinderschutz geachtet wurde. In den Vereinbarungsprozessen wird man dann mindestens die Hälfte der Zeit mit solchen Widerständen beschäftigt sein. Erkennbare Wertschätzung der bisherigen Arbeit einerseits und andererseits deutliche Ansagen über die neuen Anforderungen sind nötig, das in Veränderungsprozessen immer prekäre Verhältnis von Wertschätzung und Kritik zu balancieren.

Zu (4): Wie viel Zeit nach Inkrafttreten des § 8a SGB VIII muss man der Praxis lassen, bis die gewollten Veränderungen greifen? Es gibt sicher noch eine ganze Reihe von Jugendämtern und freien Trägern, die bis heute noch keine Vereinbarungen dazu haben. Man muss auch hier eine Balance finden von zeitlicher Befristung – auch für die notwendige Erarbeitung solcher Veränderungsprozeduren und Umsetzung – und klaren Vorgabe, bis wann etwas zu passieren hat. Damit ist es aber nicht erledigt. Das, was Organisationen in solchen Vereinbarungsprozessen erleben, ist nicht die Ausnahme, sondern die Regel: Wenn eine Vereinbarung fertig gestellt ist, muss man schon weiter daran arbeiten, sie anzupassen oder es werden neue Vereinbarungen fällig. Vor allem die Leitung braucht ein Gespür dafür, wann „mutiges" Vorangehen trotz aller absehbarer Erschwernisse und Widerstände erforderlich ist und wann der Prozess verlangsamt werden muss und es einer reflexiven Vergewisserung bedarf, ob man noch auf dem richtigen Weg ist oder ob sich Verhandlungs- und Vereinbarungsprozesse inzwischen verselbstständigt haben.

Zu (5): Solche Prozesse brauchen selbstverständlich Ressourcen an Personal, Finanzen und Kompetenz, die für diese schwierigen Aufgaben ausreichend sind. An dieser Stelle soll auch darauf hingewiesen werden, dass zu diesen Ressourcen auch gehört, das richtige Maß an „externer" Unterstützung und Beratung und „interner" Eigenleistung und Selbsthilfe zu balancieren.

3 Fazit: Aufwachsen in öffentlicher Verantwortung muss (rational) geplant werden – aber vor allem immer wieder (politisch) erstritten!

Rationale und methodisch strukturierte Planung ist unverzichtbar, um die zielgerichtete Wirksamkeit öffentlicher Pflichtaufgaben entwickeln, gestalten und kontrollieren zu können; dies gilt auch für ein so vielgestaltiges und für das Aufwachsen von Kindern und Jugendlichen bedeutsames Aufgabengebiet wie die Kinder- und Jugendhilfe. Aber solche Planungsprozesse ersetzen in keinem Fall den notwendigen politischen Streit um Richtung und Umfang einer „öffentlichen Verantwortung für private Lebensschicksale“, soviel sollte der Blick zurück auf bis heute wirkmächtige Traditionen dieser öffentlichen Verantwortung deutlich machen. Politischer Streit um gesellschaftliche Verantwortung, und das heißt immer auch um die Verteilung öffentlicher Ressourcen, kann und darf nicht durch Planung entschärft oder gar vermieden werden. Auch noch so rational und methodisch gestaltete Planungsprozesse können politischen Streit nicht ersetzen. Und nach wie vor ausgesprochen strittig ist die Frage: Wofür will oder soll die „staatliche Gemeinschaft“ (siehe Art 6. Abs. 2 GG) im Bereich der Bildung, Betreuung und Erziehung aktiv Verantwortung übernehmen? Die Antworten sind auch deshalb so strittig, da sie an die Grundfesten unseres gesellschaftlichen Selbstverständnisses rühren, zentral unsere Vorstellungen über das Verhältnis von Staat und Gesellschaft betreffen. Dabei geht es einerseits um die Verfügbarkeit öffentlicher Leistungen und andererseits um den Schutz vor Einmischung des Staates in private Angelegenheiten und bürgerliche Freiheitsrechte. Wie sehr sich „Familie und Erziehung“ zum Kampfplatz grundlegender gesellschaftspolitischer Kontroversen eignen, zeigt der Streit um die sog. Betreuungspauschale, böse „Herdprämie“ genannt, als Kompensation für nicht genutzte öffentliche Betreuungsangebote kleiner Kinder. Bis zu welchem Alter soll ein Kind vor allem von der Mutter versorgt und erzogen werden oder was versäumt ein Kind, das nicht schon frühzeitig öffentlich organisierte Bildungseinrichtungen besuchen kann – solche Fragen werden nicht zuerst nach verfügbaren Forschungsbefunden oder rationalen Planungsprozessen entschieden, sondern werden immer noch und immer wieder in hohem Maße ideologisch aufgeladen streitbar ausgetragen.

Prozesse der Jugendhilfeplanung berühren immer diese gesellschaftspolitischen Streitfragen; eine verhängnisvolle Täuschung der Planungsverantwortlichen wäre, sie könnten durch Planungskonzepte und -methoden solche Streitfragen rational lösen. Jugendhilfeplanung hat vielmehr die Funktion, sachbezogene Argumente und „Munition“ für unverzichtbare Auseinandersetzung und Positionierung um Art und Ausmaß einer „Öffentlichen Verantwortung für das Aufwachsen von Kindern und Jugendlichen“ zu liefern. Denn die Kinder- und Jugendhilfe in Deutschland ist seit ihren Gründungsphasen als eine gesellschaftliche Aufgabe in öffentlicher Verantwortung von der Kontroverse geprägt: „Nothilfe oder notwendige gesellschaftliche Mehrleistung“ – diese Kontroverse kann auch Planung nicht lösen, aber sie kann – gut gemacht – wesentlich dazu beitragen, den Streit nicht ideologisch verblendet, sondern fachlich informiert zu führen – und dies wäre ein großer Gewinn für die betroffenen Kinder und Familien.

Literatur

Baumert, J./Artelt, C./Klieme, E./Neubrand, M./Prenzel, M./Schiefele, U./Schneider, W./Tillmann, K. J./Weiß, M. (Hrsg.) (2002): PISA 2000 – Die Länder der Bundesrepublik Deutschland im Vergleich. Opladen

Beher, K./Haenisch, H./Hermes, C./Nordt, G./Prein, G./Schulz, U. (2007): Die offene Ganztagsschule in der Entwicklung. Empirische Befunde zum Primarbereich in Nordrhein-Westfalen. Weinheim und München

BMFSFJ (Hrsg.) (2002): 11. Kinder- und Jugendbericht. Berlin

BMFSFJ (Hrsg.) (2005): 12. Kinder- und Jugendbericht. Berlin

BMFSFJ (2009): Familienreport 2009. Berlin

Deutsches Kinderhilfswerk (2007): Kinder-Report 2007 des Deutschen Kinderhilfswerks.

Kuhlmann, C./Schrapper, C. (2001): Zur Geschichte der Erziehungshilfe von der Armenpflege bis zu den Hilfen zur Erziehung. In: Birtsch, V./Münstermann, K./Trede, W. (Hrsg.): Handbuch Erziehungshilfen. Münster, S. 282-328

Kuhlmann, C. (1998): Heinrich Webler. In: Mair, H. (Hrsg.): Who is who der sozialen Arbeit. Freiburg, S. 612-614

Landschaftsverband Rheinland (Hrsg.) (2007): Demografischer Wandel. Umgang mit der Herausforderung in der Jugendhilfe. Köln (verfügbar unter www.lvr.de/jugend/jugendaemter/jugendhilfeplanung/doku_herausforderung_demografie2.pdf)

Mielck, A./Helmert, U. (1998): Soziale Ungleichheit und Gesundheit. In: Handbuch Gesundheitswissenschaften (Hrsg.: K. Hurrelmann, U. Laaser). Weinheim, S. 519-535

Morgan, G. (1997): Bilder der Organisation. Stuttgart

Müller, B./Schwabe, M (2009): Pädagogik mit schwierigen Jugendlichen. Weinheim und München

Pfeiffer, C./Wetzels, P. (2006): Empirisch-kriminologische Forschung und Kriminalpolitik: Das Beispiel Jugendgewalt, In: Feltes, T./Pfeiffer, C./Steinhilper, G. (Hrsg.): Kriminalpolitik und ihre wissenschaftlichen Grundlagen. Festschrift für Hans-Dieter Schwind, Heidelberg, S. 1095-1127

Schrapper, C. (1987): Konzepte und Zuständigkeiten sozialpädagogischer Entscheidungen im Jugendamt – eine historische Skizze. In: Schrapper, C./Sengling, D./Wickenbrock, W.: Welche Hilfe ist die richtige? Historische und empirische Studien zur Gestaltung sozialpädagogischer Entscheidungen im Jugendamt. Frankfurt/M., S. 5-56

Schrapper, C. (1996): Organisation und Legitimation einer öffentlichen Verantwortung für private Lebensschicksale. Zur Bedeutung der Organisationsfrage in den Debatten über den fachlichen und sozialpolitischen Stellenwert des Jugendamtes. In: Merchel, J./Schrapper, C. (Hrsg.): Neue Steuerung. Tendenzen der Organisationsentwicklung in der Sozialverwaltung. Münster, S. 61-88

Schrapper, C. (2001): „... und sie bewegt sich doch!?“ Die öffentliche Verwaltung als Feld für Beratung, Organisationsentwicklung und Supervision. In: supervision. Mensch Arbeit Organisation 2001 (H. 2), S. 3-7

Schrapper, C. (2005): Das Recht der Jugendwohlfahrt und der Jugendhilfe seit 1945. In: Deutscher Verein für öffentliche und private Fürsorge (Hrsg.): Forum für Sozialreformen. 125 Jahre Deutscher Verein für öffentliche und private Fürsorge. Berlin, S. 423-467

SOS-Kinderdorf (Hrsg.) (2001): Jugendämter zwischen Hilfe und Kontrolle. München

Verein für Kommunalwissenschaften e.V. (Hrsg) (2002): Steuerungsmöglichkeiten der Jugendhilfe im Kontext der demographischen Entwicklung in Deutschland. Berlin (verfügbar unter www.fachtagungen-jugendhilfe.de/download)

Türk, K./Lemke, T./Bruch M. (2006): Organisation in der modernen Gesellschaft. Eine historische Einführung (2. Auflage). Wiesbaden

Vogel, M. R. (1960): Das Jugendamt im gesellschaftlichen Wirkungszusammenhang. Schriften des Deutschen Vereins für öffentliche und private Fürsorge. Heft 215. Frankfurt/M.

Vogel, M.-R.(1961): Noch einmal: Das Jugendamt – Idee und Wirklichkeit. In: Zentralblatt für Jugendrecht und Jugendwohlfahrt (H. 48), S. 148-149

Webler, H. (1961): Das Jugendamt – Idee und Wirklichkeit: In: Zentralblatt für Jugendrecht und Jugendwohlfahrt 1961, S. 33-37 und S. 150

Willke, H. (1995): Systemtheorie III. Grundzüge einer Theorie der Steuerung komplexer Sozialsysteme. Stuttgart/Jena

Winkler, M. (2009): Demographische Entwicklung. In: Andresen, S. u. a. (Hrsg): Handwörterbuch Erziehungswissenschaft. Weinheim und Basel, S. 163-177

Heiner Brülle | Beate Hock

Dimensionen von Sozialplanung in den Kommunen und der Stellenwert von Jugendhilfeplanung

Um die Funktion sowie die Dimensionen der Jugendhilfeplanung als Teil der Sozialplanung erfassen und beschreiben zu können, ist es zentral, sich zunächst den Produktionsprozess sozialer Dienstleistungen zu vergegenwärtigen. Aus diesem Grund beginnt der erste Teil dieses Beitrages, den wir mit „Dimensionen der Sozialplanung" überschrieben haben, mit einer Analyse des Produktionsprozesses sozialer Dienstleistungen (vgl. 1.1). Darauf aufbauend kann dann das Leistungsspektrum und die Anlage der Sozialplanung beschrieben werden (vgl. 1.2), deren Produkte und Verfahren dann in Abschnitt 1.3 näher ausgeführt werden. Die verschiedenen „Ressorts" der Sozialplanung, wovon die Jugendhilfeplanung eines ist, werden dann in Abschnitt 1.4 – auch von der quantitativen Bedeutung her – dargestellt. Der erste Teil schließt dann mit einem Zwischenfazit (vgl. 1.5) zur Funktion der Sozialplanung im Gestaltungsprozess der Dienstleistungen kommunaler Sozialpolitik. Der zweite Teil dieses Beitrages widmet sich dann der Stellung und Rolle der Jugendhilfeplanung zur Jugendhilfe, zur Sozialplanung und zu den kommunalen Aufgaben insgesamt. Jugendhilfeplanung wird dort (2) letztlich als „Einmischungsstrategie" auf ganz unterschiedlichen Ebenen beschrieben. Dies soll zum Abschluss am Beispiel der jugendhilfeplanerischen Strategien im Kontext der Lebensbedingungen von einkommens- und bildungsarmer Kindern und ihren Familien kurz skizziert werden.

1 Dimensionen der Sozialplanung

1.1 Sozialplanung als Teil des Produktionsprozesses sozialer Dienstleistungen

Die besonderen Produktionsbedingungen und Steuerungsformen personenbezogener sozialer Dienstleistung sind von herausragender Bedeutung, um die Aufgabe und Bedeutung der Sozialplanung im Allgemeinen und der Jugendhilfeplanung im Besonderen zu analysieren. Grundsätzlich ist der Kern kommunaler Sozialpolitik und Sozialarbeit als personenbezogene soziale „Dienstleistung" zu charakterisieren[1]. Soweit diese öffentlich erbracht wird, ist die Dienstleistung durch eine „Doppelstruktur von Herrschaft und öffentlicher Produktion" gekennzeichnet (Bronke/Wenzel/Leibfried 1989, S. 25 ff.). Kommunale Sozialverwaltungen bieten diese Produkte nicht als ein Anbieter neben oder in Konkurrenz zu Anderen am Markt an, vielmehr sind sie gesetzlich (z. B. in den Sozialgesetzbüchern II, XIII oder XII) verpflichtet, eine angemessene Versorgung ihrer Bevölkerung mit spezifischen Leistungen sicherzustellen. Ein wei-

---

1 Vgl. zu den Spezifika dieses Konzeptes der Dienstleistungsproduktion für die Qualitätssicherung und Planung sozialer Arbeit Brülle 1998, Brülle/Reis 1999 und Brülle/Reis 2002.

teres Spezifikum ist die Tatsache, dass bei personenbezogenen Dienstleistungen „Produktion" und „Konsum" nicht voneinander getrennt werden können (grundsätzlich Badura/Gross 1976). Den Nutzern sozialer Dienstleistungen kommt als „Ko-Produzenten" eine Schlüsselrolle im Produktionsprozess zu. Der Aufbau von organisationsinternen Kapazitäten – wie z. B. Betreuungsplätze, Fachkräfte mit einem definierten Budget an Fachleistungsstunden oder eine offene Jugendeinrichtung mit einem Veranstaltungsprogramm, nutzbaren Werkstätten usw. – schafft zwar das Leistungs*angebot*, läuft aber dann ins Leere, wenn kein potenzieller Adressat bereit ist, sich auf die bereitgestellten Dienstleistungen einzulassen. In diesem Fall werden die Kapazitäten zwar eingesetzt, aber es entsteht keine Leistungswirkung; es entstehen Kosten, ohne dass diesen ein Nutzen gegenüber steht.

Damit wird deutlich, dass eine Beschränkung der Betrachtung von Dienstleistungen auf den Aufbau eines „Leistungspotenzials" wie Kita-Plätze, Erziehungsberatungsstellen mit Fachkräften oder Plätze in Erziehungshilfeangeboten zu kurz greift. Diese Angebote sind zwar ein wichtiger Hinweis, ob für eine bestimmte Zielgruppe ein ausreichendes Infrastrukturangebot bereit steht. Die mit dem Angebot verbundene Dienstleistung selbst ist hierdurch nicht sichergestellt. Der Leistungsprozess entzieht sich einer eindimensionalen Betrachtung, da erst mit der Nutzung der Angebote eine Ko-Produktion zustande kommt. Das „Ergebnis" der Dienstleistung erschöpft sich allerdings nicht in der konkreten Nutzung der Leistung in Form der Ko-Produktion. Mit der Dienstleistung wird vielmehr eine Wirkung erzielt, die über den Produktionsprozess selbst hinausreicht. So besteht die Wirkung einer Beratung gerade darin, dass der Ratsuchende die Inhalte der Beratung eigenständig ohne die Fachkraft umsetzt (vgl. den Gesamtprozess in der Abb. 1).

Als Gesamtheit aller drei Aspekte des Produktionsprozesses – Leistungsangebot, Inanspruchnahmeprozess (Output) und Wirkung (Impact) – stellt der Prozess der Leistungserbringung ein „Bündel von Aktivitäten (dar), für dessen Verwirklichung verschiedene Inputs benötigt werden und das für den Kunden einen Wertzuwachs erzeugt, also eine Wertschöpfung darstellt" (Naschold u. a. 1996, S. 39).

Die vom Neuen Steuerungsmodell favorisierte „Output"-Steuerung übersieht, dass die entscheidenden Leistungsindikatoren im öffentlichen Sektor nicht in Ausbringungsmengen von Dienstleistungseinheiten (also etwa Beratungsstunden, Öffnungsstunden von Jugendeinrichtungen etc.) bestehen, sondern in der mit der Aktivität erreichten *Wirkung*, bzw. – in der Sprache der Evaluationsforschung – ihrem „Outcome". Der allerdings ist – wie wir oben gesehen haben – wesentlich schwerer zu ermitteln als direkt beobachtbare Leistungsgrößen. Wenn Ergebnissteuerung trotz dieser Schwierigkeit nicht aufgegeben wird, sondern vom „Output" auf den „Outcome" erweitert werden soll – und nur so ist sie aus der Sicht öffentlich vermittelter sozialer Dienstleistungen sinnvoll – werden damit zugleich ganz neue Anforderungen an die Sozialplanung, das Berichtswesen und die Evaluation sowie an das Qualitätsmanagement gestellt.

Bei der Betrachtung von Dienstleistungen, die im öffentlichen Erbringungskontext produziert werden, ist stets zu berücksichtigen, dass es sich nicht um marktförmig angebotene und nachgefragte Dienstleistungen handelt. Es fehlt der Markt als Auskunftsmittel, um über die erzielten „Erlöse" ein wesentliches Kriterium zur Bewertung, z. B. der Kundenzufriedenheit, bereitzustellen. Während sich die Bedürfnisgerechtigkeit marktförmig vermittelter Dienstleistungen darin Ausdruck zu verleihen vermag, ob die Kunden wiederkommen, ist dies bei öffentlich produzierten Dienstleistungen nicht der Fall. Ferner muss berücksichtigt werden, dass die „Ko-Produktion" eine Mehrzielproblematik beinhalten kann. Diese zeigt sich in den grundsätzlich zu unterscheidenden beiden Zielbereichen, dem individuellen Ziel des Ko-Produzenten (Erzielung subjektiv gewünschter Wirkungen) und der staatlich-politischen Zielsetzung. Auch wenn die gewünschten Wirkungen identisch sein können, muss eine Betrachtung von Ergebnissen der Leistungserbringung beider Zielbereiche systematisch unterschieden werden.

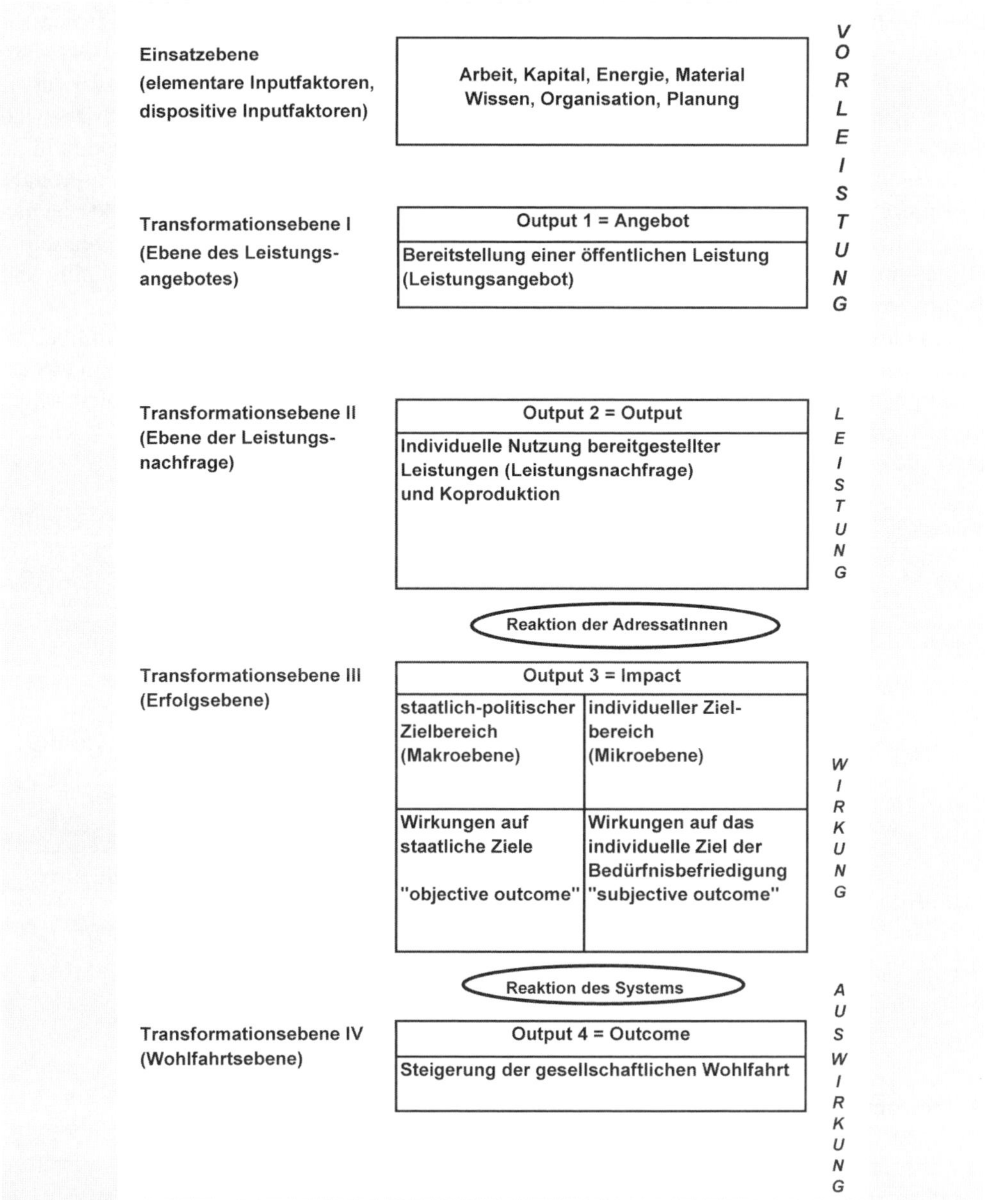

Abbildung 1: Der Produktionsprozess öffentlicher Dienstleistungen (Quelle: Eigene Darstellung)

Was Qualität ist, ist abhängig von den Perspektiven, in denen Dienstleistungen bewertet werden. Bei öffentlichen sozialen Dienstleistungen gibt es typischerweise nicht nur eine einzige „Kunden“-Perspektive, sondern mehrere. Nicht nur die unmittelbaren Klienten sind Kunden, sondern auch die Allgemeinheit (als Nutzer des öffentlichen Gutes „sozialer Friede“, als Steuerzahler usw.) bzw. schutzwürdige Gruppen in der Gesellschaft, die nur mittelbar von der Dienstleistung betroffen sind. Soziale Arbeit ist *multireferentiell* organisiert. Sie hat stets mehrere Adressaten gleichzeitig, die u. U. jeweils andere Maßstäbe für Qualität setzen. Diese Maßstäbe sind nur bedingt kongruent: Gesetzesnormen, das Diktat sparsamer Mittelbewirtschaftung bei knappen öffentlichen Budgets und individuelle professionelle Qualitätsmaßstäbe sind wahrscheinlich nur in wenigen Fällen völlig konfliktlos in einem gemeinsamen Optimum zu integrieren (Reis/Brülle 2005). Ein weiteres wesentliches Element dieses komplexen Produktionsprozesses besteht darin, dass viele konkrete soziale Dienstleistungen nicht direkt von den Kommunen an die Nutzer gelangen, sondern indirekt über kommunale Zuwendungen durch Dritte – in der Regel Akteure der Wohlfahrtspflege und der freien Träger der Jugendhilfe und Jugendverbände – in Ko-Produktion mit den Nutzern umgesetzt werden.

Komplexe soziale Interventionen (z. B. die soziale Stabilisierung von Stadtteilen mit besonderen sozialen Bedarfslagen oder die Verbesserung der Bildungsteilhabe von Kindern aus armen bildungsfernen Familien, aber auch von Case Managementprozessen) werden nicht selten in einem Mix von sozialen Dienstleistungen und Angeboten angesteuert. Reis (2008) beschreibt diese „Koppelproduktion“ als Produktionsnetzwerk (vgl. Abb. 2).

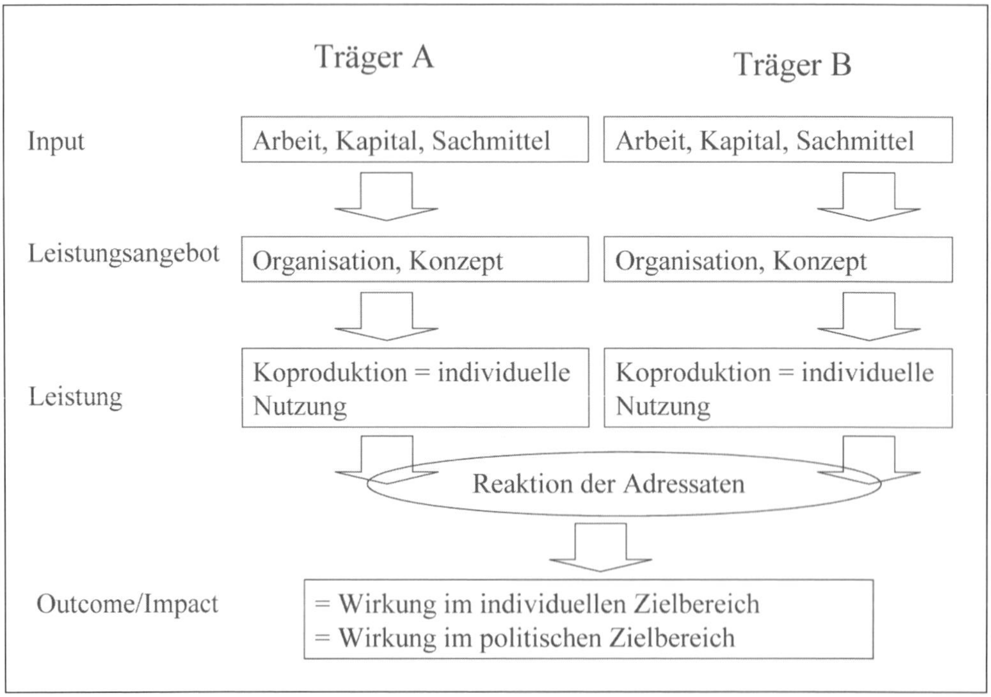

Abb. 2: Der Produktionsprozess sozialer Dienstleistungen im Produktionsnetzwerk (Quelle: Reis 2008)

Die erzielte Wirkung des gekoppelten Dienstleistungsprozesses wurde nicht von einer Institution erbracht, sondern ist Ergebnis der Dienstleistungserbringung der beiden institutionellen Akteure und dem Klienten als Ko-Produzenten.

Für die Analytik der „Ergebnisse", d. h. der Wirkungen öffentlicher sozialer Dienstleistungen, kann man mit Kaufmann (2002, S. 86 ff.) folgende „Typen sozialpolitisch anzustrebender Wirkungen" mittels vier sozialpolitischer Interventionsformen – rechtliche, ökonomische, ökologische und pädagogische Interventionen – idealtypisch unterscheiden. Personenbezogene Dienstleistungen zielen auf die Verbesserung der Kompetenzen, d. h. auf die Handlungsfähigkeit und Handlungsbereitschaft von Personen. Diese Dienstleistungen als pädagogische Interventionen sind – insbesondere soweit die Kommune die sozialpolitischen Interventionen in ihrem Zuständigkeitsbereich hält – nicht selten verknüpft mit der Platzierung von infrastrukturellen Einrichtungen also ökologischen Interventionen. Die Wirkungsintentionen der sozialstaatlichen Wohlfahrtproduktion sind durchaus komplex.

Kaufmann (2002, S. 170) fasst die Problemdimensionen der Steuerung wohlfahrtsstaatlicher Interventionen wie folgt zusammen:

- „Bedarfsnormierung": Da die individuellen Bedürfnisse und Präferenzen der Menschen zunächst unbekannt sind, muss also „ein kollektiv wirksamer Steuerungsmechanismus die Eigenschaft besitzen, den Akteuren Zielgrößen zu setzen, die in möglichst hohem Umfang mit individuellen Präferenzen Dritter vermittelbar sind."
- „Koordination der Akteure: Unter der Prämisse von Arbeitsteilung stellt sich das Problem, wie Pläne, Entscheidungen und Handlungen unterschiedlicher Akteure so aufeinander abgestimmt werden können, dass eine effektive Produktion, d. h. ein an der Deckung definierter Bedarfe orientierter Ressourceneinsatz resultiert."
- „Rückkopplung: Unter der Prämisse einer hohen Ungewissheit von Handlungsfolgen kann nicht damit gerechnet werden, dass die beiden zuvor genannten Probleme auf Anhieb und dauerhaft gelöst werden können." Wesentlich für „effektive Steuerung" ist es, dass die „Adressaten bestimmter Handlungen oder Leistungen die Möglichkeit haben, dieselben im Lichte eigener Bedürfnisse und Prioritäten zu bewerten, und wenn diese Bewertungen für die Akteure Folgen zeitigen, so dass sie aus Erfolg und Misserfolg lernen können."

Zusammenfassend kann der Produktionsprozess öffentlicher sozialer Dienstleistungen wie folgt charakterisiert werden: Das Dienstleistungsangebot wird aufgrund des fehlenden Marktverhältnisses nicht mittels Angebot und Nachfrage gesteuert, sondern mittels zum Teil detaillierter Vorgaben der sozialen Leistungsgesetze, politisch ausgehandelter Leistungsstandards, finanzieller Ressourcen und Prioritätensetzung und nicht zuletzt über politisch und/oder administrative „Bedarfsvorgaben". Das tatsächliche Nachfrageverhalten der Nutzer hat keinen direkten Einfluss auf die Quantität oder Qualität der Dienstleistungen. Effektivitäts- und Effizienzsteigerungsmaßnahmen müssen immer an der Kooperation von Produzent und Nutzer ansetzen. Komplexe Verfahren wie Bedarfsnormierung, Koordination und Rückkopplung müssen diese Steuerungsprobleme kompensieren.

Sozialplanung im Allgemeinen und Jugendhilfeplanung im Besonderen hat in diesem komplexen Produktionsprozess vielfältige und wesentliche Aufgaben. So ist Sozialplanung wesentlich beteiligt bei

- den empirischen, kommunikativen und normativen Definitionsprozessen sozialer Bedarfe,
- der quantitativen und qualitativen Konstruktion von spezifischen Ziel- oder Bedarfsgruppen,

- dem Prozessdesign und der Implementation sozialer Dienstleistungen, d. h. bei der Produkt- und Organisationsentwicklung,
- bei der Analyse von Ergebnissen (output) und insbesondere Wirkungen (outcome, impact) sozialer Dienstleistungen sowie
- bei der „Rückkopplung der Handlungsfolgen" der Dienstleistungsprozesse und deren Bewertung durch die Adressaten und Akteure.

Wir werden in den folgenden Abschnitten die spezifischen Aufgaben und Produkte der Sozialplanung für die Produktion öffentlicher sozialer Dienstlungen noch detaillierter skizzieren.

1.2 Anlage und Leistungsspektrum der Sozialplanung

„Wir verstehen Sozialplanung als wichtige Vermittlungsinstanz zwischen den Interessen und Bedürfnissen der Menschen, ihren näherungsweise objektivierbaren Lebenslagen und Lebensführungsmustern und der öffentlichen Produktion sozialer Dienstleistung in den kommunalen, staatlichen und freigemeinnützigen Systemen des Sozialstaats" (Brülle 1998, S. 96).

Damit sind die zwei unterschiedlichen Schwerpunkte der Sozialplanung und Jugendhilfeplanung beschrieben. Der erste Fokus beleuchtet das Verhältnis von „Lebenswelt" – operationalisiert über Lebenslage, Lebensführung, verbalisierte Interessen und Bedürfnisse der (potenziellen) Nutzer sozialer Dienstleistungen mit der „Systemwelt" öffentlicher Sozialpolitik – differenziert über die Hilfesysteme und Zielgruppendefinitionen der Sozialpolitik (vgl. die Abbildung 3).

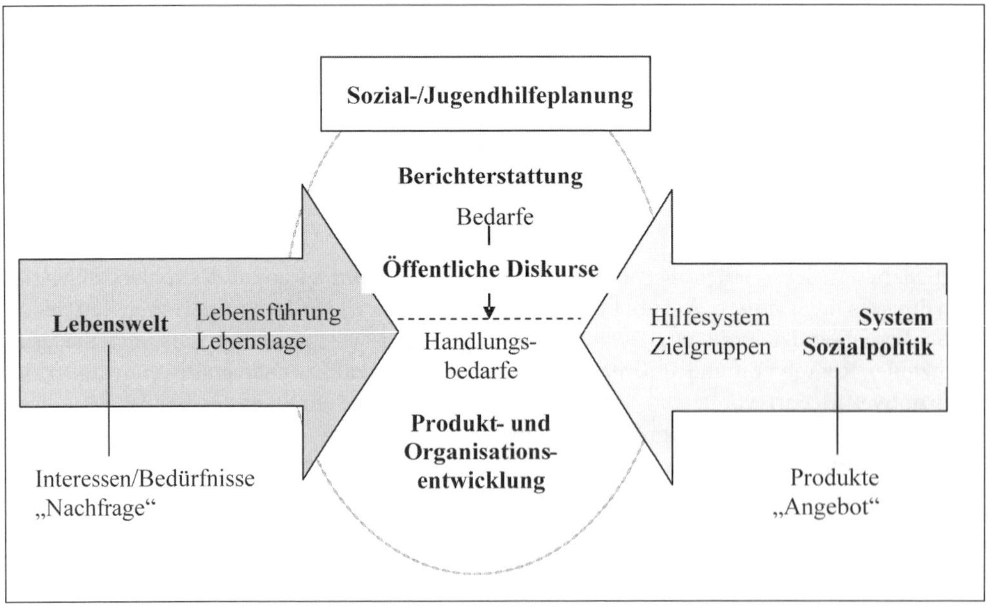

Abb. 3: Sozialplanung – Vermittlung zwischen System und Lebenswelt (Quelle: Hock/Brülle 2006)

Diesen Fokus der Sozialplanung nennen wir „Sozialberichterstattung“. In der Sozialberichterstattung sind insbesondere folgende Teilaufgaben zu erledigen:

- theoretisch-analytische Entwicklung von Indikatoren und Erklärungsmustern für das zu untersuchende Feld,
- die Herstellung einer darauf aufbauenden konsistenten empirischen Basis über wesentliche Bezugskontexte wie sozial und demografisch gegliederte Bevölkerungsgruppen, sozialräumliche Teilgebiete usw.,
- die Rekonstruktion der für den Untersuchungsbereich relevanten Hilfesysteme mit einer möglichst kontinuierlichen Darstellung der Vorleistungen, Inanspruchnahmen, Ergebnisse und ggf. Wirkungen der Hilfesysteme, unterschieden nach relevanten sozial-, sozialräumlich und demografisch gegliederten Nutzergruppen in Form von kontinuierlichen Geschäftsstatistiken und Leistungsberichten,
- die Analyse rechtlicher, fachlicher und organisatorischer Entwicklungstrends in relevanten Bereichen des beobachteten Feldes einschließlich eines Vergleiches der Intentionen, Ziele und Bewertungen der verschiedenen Akteure im Feld sowie qualitativer Erfahrungen und Bewertungen der Nutzer und der beteiligten Fachkräfte,
- einen bewertenden zusammenfassenden Ausblick der Sozialplanung hinsichtlich wesentlicher Herausforderungen und Gestaltungsbedarfe des Feldes und
- ein von der Sozialplanung anzustoßender und gegebenenfalls zu moderierender und zu dokumentierender breiter (fach-) öffentlicher Diskurs der Konstruktionen, Daten und Deutungen des Sozialberichterstattung.

Ideal ist eine klare Teilung und zeitliche Trennung der Berichterstattung und der Maßnahmenplanung bzw. der Produkt- und Organisationsentwicklung. Erst nach den Diskursen, die möglichst in eine spezifische und verbindliche strategische Richtungsentscheidung und eine Festlegung von grundsätzlichen Bedarfsdefinitionen und Bedarfsdeckungszielen münden sollten, beginnt eine ebenso beteiligungsorientierte Sozialplanung mit dem Ziel der Produkt- und Organisationsentwicklung und der konkreten Planung von Leistungen, angestrebten Wirkungen sowie der erforderlichen finanziellen und personellen Budgets.

In der Organisations- und Produktentwicklung sozialer Dienstleistung ist die Planung in der Regel nicht mehr federführend und prozessgestaltend beteiligt, sondern unterstützt die operativ veranwortlichen Einheiten oder Akteursgruppen (Produktionsnetzwerk). Besondere sozialplanerische Kompetenzen bestehen hier bei der Ziel- und Erfolgsdefinition der Produkte sowie deren Operationalisierung, beim Aufbau von fachlichen Begleitstrukturen und Rückkopplungsverfahren zur Qualitätsentwicklung und bei der konkreten Implementation von IT-gestützten Berichtsstrukturen und deren Auswertungsverfahren. Hier stehen insbesondere kontinuierliche Verfahren der Leistungs- und Wirkungsdokumentation, der Ressourcenverwendung und der kontinuierlichen Beteiligung der Ko-Produzenten und Netzwerkakteure bei der Rückkopplung der Handlungsfolgen der sozialen Dienstleistungen und deren Folgen im Mittelpunkt. Der kommunikative und partizipationsorientierte Fokus der Sozialplanung liegt „quer“ zu den beiden vorgenannten Schwerpunkten. Der Auftrag, mittels geeigneter kommunikativer Strukturen und Verfahren die Partizipation sowohl der Adressaten der Dienstleistungen als auch der Fachkräfte und Netzwerkpartner und nicht zuletzt der Öffentlichkeit zu sichern, richtet sich grundsätzlich auf alle Phasen der Sozialberichterstattungs- und der Produktentwicklungsprozesse. Allerdings sind die folgenden Phasen besonders wesentlich für eine gelingende Partizipation der Adressaten und Akteure im Netzwerk:

- der Einstieg in ein Konstruktions- und Untersuchungskonzept bei der Erarbeitung von Sozialberichten: Hier ist eine breite Teilhabe erforderlich, um einen breite Diskussion des Referenzrahmens und der Tiefe der Sozialberichtsanalysen zu sichern;
- die kommunikative Validierung der Festlegungen zu Bedarfen und Bedarfsgruppen;
- ein partizipativ angelegter öffentliche Diskurs der abschließenden Sozialberichtsergebnisse, insbesondere hinsichtlich der Konstruktion des Untersuchungsgegenstandes, der Indikatoren und der fachlichen Deutungen der Ergebnisse;
- Bei der Produktentwicklung liegt der partizipative Fokus insbesondere bei der klaren Implementierung von Rückkopplungsverfahren zur Qualitätsentwicklung sowohl für die beteiligten Fachkräfte wie für die Adressaten als Ko-Produzenten der implementierten Leistungsprozesse.

In diesem Sinne ist Maykus zuzustimmen, der eine Konfrontation von Empirie und Kommunikation in sozialen Planungsprozessen verneint und eine „Kopplungsstruktur von Empirie und Kommunikation" (2006, S. 51 ff.) einfordert.

1.3 Wesentliche Verfahren, Produkte und Strukturen der Sozialplanung

Ein wesentliches „Produkt" der Sozialplanung ist das Generieren und Verfügbarhalten von wesentlichen *Daten zur Bevölkerungs- und Haushalts-, Wohnungsstrukturen sowie zur (Schul-) Bildungs- und Arbeitsmarktteilhabe der Bevölkerung.*

Diese Aufgabe kann und muss Sozialplanung in der Regel nicht allein leisten, sondern geschieht häufig durch die Fachkräfte der kommunalen Statistikstellen, die die Daten als Kommunalstatistiken aus den kommunalen Verwaltungsverfahren generieren oder diese von den statistischen Landesämtern und der Bundesagentur für Arbeit beziehen. In gemeinsamen Projekten der Planungsfachkräfte aller Ressorts mit den Kommunalstatistikern kann es gelingen, wichtige neue Merkmalsets zu entwickeln, die über die Standardvariablenstruktur der amtlichen Statistik hinaus Indikatoren generiert, um z. B. alleinerziehende Haushalte, differenzierte Darstellung des Migrationshintergrundes oder der schulischen Übergangsquoten von der Grundschule in den Sekundarbereich I kontinuierlich verfügbar zu machen.[2]

Ein weiteres Produkt der Sozialplanung ist die kontinuierliche *Dokumentation und Fortentwicklung der Geschäftsdaten der sozialen Dienste und Einrichtungen*, d. h. der eigenen Geschäftsfelder für die Zwecke der Kommunalstatistik und der fachlichen Planung und Berichterstattung. Hierbei steht zunächst die Verfügbarmachung der prozessproduzierten Daten aus den IT-gestützten Verwaltungsverfahren im Vordergrund, aber auch die Entwicklung und Nutzung standardisierter Verwendungsnachweise freier Träger oder standardisierte Teilnehmerdaten diverser Angebote können hier sehr wertvoll sein. Insgesamt gilt es für die Sozialplanung in allen sozialen Geschäftsbereichen der kommunalen Verwaltung und bei deren beauftragten Dritten Daten bereitzustellen, die zu einer systematisch angelegten Informationsbasis über die Inanspruchnahme, die Nutzer und die Wirkungen sozialer Dienste und Einrichtungen in einer standardisierten Struktur und in einem periodisch festgelegten Erhebungsverfahren führen. In Wiesbaden verfügen wir über entwickelte Geschäfts- und/oder Kommunalstatistiken zu den Leistungen des SGB II, des SGB XII, zur Wohnungsversorgung, zum Wohngeld, zum Asyl-

2 Unter www.wiesbaden.de „Wiesbaden in Zahlen" ist das außerordentliche gute Datenangebot der Kommunalstatistik der Landeshauptstadt Wiesbaden dokumentiert.

bewerberleistungsgesetz, zur Kindertagesbetreuung, zur Nutzung der Schulsozialarbeit und zu den Übergängen von der Schule in den Beruf, soweit diese von der Schulsozialarbeit unterstützt werden, zu der zielgruppenorientierten Elternbildung und zu den Hilfen zur Erziehung. Weitere Geschäftsstatistiken sind im Aufbau, hierbei handelt es sich in der Regel um Ergebnisse der Implementation von IT-gestützten Verwaltungsverfahren, d. h. um komplexere Oganisationsentwicklungsmaßnahmen, bei denen die Generierung von Planungsdaten nur eines von vielen Zielen darstellt.

Eine weitere Voraussetzung für sozialplanerische Analysen zu den Bedarfen, Leistungen, Nutzungen und Wirkungen sozialer Dienstleistungen ist ein standardisierter Raumbezug der Daten und eine empirisch abgesicherte sozialräumliche Strukturierung des kommunalen Handlungsraums. Der standardisierte Raumbezug der Daten lässt sich nur im Rahmen eines koordinierten kommunalen Standardisierungsprozesses umsetzen; hier gilt es durch die Implementierung einheitlicher Straßenschlüssel eine einheitliche Adressstruktur in allen Verwaltungsverfahren zu hinterlegen. In Wiesbaden wurde diese Struktur bereits Anfang der 1980er Jahre im Rahmen eines Kooperationsprojektes aller planenden Stellen der Verwaltung gemeinsam mit der Kommunalstatistik in Form einer einheitlichen Regionaldatei umgesetzt. Aus einheitlichen Adressen (Straßenschlüsseln, Hausnummer), Blockseiten und Blöcken wurden als gemeinsame planerische Analyseaggregate kleinräumige statistische „Planungsräume" gebildet. Diese Planungsräume bilden die unteilbare sozialräumliche Einheit, die für die diversen administrativen oder sozialökologische Räume wie

- sozialräumliche Quartiere, die im Rahmen eines Siedlungsmonitorings kontinuierlich beobachtet werden und zum Teil als „Soziale Stadt-Gebiete" oder im Rahmen anderer Projekte mit spezifischen Maßnahmen stadtteilbezogener Arbeit unterstützt werden,
- sozialökologisch abgeleitete Stadtteile für die operative Organisation und Koordination der sozialen Arbeit, z. B. in Form von Stadtteilkonferenzen,
- Grundschulbezirke und
- poltische Ortsbezirke,

die einheitliche datenmäßige Grundlage bilden. Entsprechend dieser guten Vorarbeiten wird in Wiesbaden die sozialökologische Struktur der Stadt kontinuierlich über Berichte und Statistiken mit Daten und Analysen erschlossen. Drei wesentliche Produkte seien hier beispielhaft genannt:

- Das statistische Informationssystem der Kommunalstatistik liefert halbjährig alle wesentlichen verfügbaren Daten für die 26 politischen Ortsbezirke der Stadt und verdichtet diese einmal jährlich zu sogenannten Stadtteilprofilen.[3]
- Das *„Monitoringsystem zur sozialen Siedlungsentwicklung"* liefert als Kooperation der Kommunalstatistik, der Stadtforschung und der Sozialplanung eine kleinräumige systematische Beobachtung von 24 Siedlungen und Wohnquartieren, die sich durch besondere soziale Bedarfslagen und andere Entwicklungsrisiken auszeichnen. Jährlich werden in den Beobachtungsdimensionen „riskante biografische Lagen", „Fluktuation/Wohndauer", „Erwerbausschluss", „Ethnische Segregation", „Siedlungsbedingungen" und „administrative Intervention" die aktuellen Entwicklungen dokumentiert und für die sozialräumlich tätigen Projekte und Organisationen verfügbar gemacht (vgl. Brennecke/Brülle 2001).

3 http://www.wiesbaden.de/die_stadt/stadtinformation/statistik/stat_stadtteilprofile.php

- Die kommunale Sozialplanung erstellt ca. alle 3 Jahre einen umfassenden *Sozialatlas* (Burgmeier 2007), der zum einen die sozialökologische Strukturierung der Stadt über drei Indikatorenbereiche[4] beschreibt; zum anderen hält der Sozialatlas wichtige Daten und Informationen für alle 34 Stadtteile der sozialen Arbeit in übersichtlicher Form bereit. Mittlerweile ist der Sozialatlas im Intranetportal der Sozialverwaltung integriert und allen Fachkräften online zugänglich.

Eine weitere sozialplanerische Aufgabe ist die Mitwirkung bei der Erstellung aussagefähiger *Geschäftsberichte* zu den wesentlichen sozialpolitischen Geschäftsfeldern. Die erforderlichen fachlichen Anforderungen an diese Geschäftsberichte aus Sicht der Sozialplanung sind dann erfüllt, wenn es diesen gelingt den oben geschilderten Produktionsprozess der sozialen Dienstleistung abzubilden. Mit anderen Worten muss ein Geschäftsbericht nicht nur die verbrauchten Ressourcen und Leistungsangebote dokumentieren, sondern auch immer versuchen die Prozesse der Inanspruchnahme, d.h. der Nutzung der sozialen Dienstleistung und der sozialen Struktur der Nutzer zu dokumentieren. Die Frage, ob spezifische Angebote sich durch einen selektiven Nutzerkreis – z.B. hinsichtlich sozialstruktureller, sozialräumlicher oder ethnischer Merkmale – auszeichnen oder gar den anvisierten Nutzerkreis gar nicht erreichen, ist in einem solchen Geschäftsbericht zwingend zu beantworten. Ebenso müssen Wirkungsindikatoren der sozialen Dienstleistung – zumindest hinsichtlich der staatlich oder kommunal intendierten Wirkungsziele – in einem aussagefähigen Geschäftsbericht vorhanden sein. Wirkungen sind, wie wir gesehen haben, Ergebnisse oder Folgen der sozialen Dienstleistungsinteraktion mit dem Ko-Produzenten, die in der Regel nicht direkt als Ergebnis der Interaktionsbeziehung, sondern häufig zeitlich verzögert als „Reaktion des Adressaten" außerhalb der administrativen Interaktion erhoben werden müssen. In diesem Sinne ist ein Eintritt in eine Beschäftigungsmaßnahme ebenso wenig ein hinreichender Wirkungsindikator des SGB II-Fallmanagements wie die reine Durchführung von Mikroprojekten des Programms „Stärken vor Ort" hinreichende Hinweise zu den intendierten Wirkungen sozialer Stadtprojekte gibt, vielmehr lässt sich die Wirkung des Fallmanagements durch Integrationen in Arbeitsstellen oder in der Sicherung einer gefährdeten Wohnung messen. Wir werden in Kapitel 2.1 beispielhaft die Strukturierung eines solchen aussagefähigen Geschäftsberichtes erläutern.

Aussagefähige Geschäftsberichte liefern neben der Darstellung der Dimensionen des Dienstleistungsprozesses und der sozialräumlichen Verortung der Dimensionen Leistungsangebot, Leistungsnutzung und eingetretene Wirkungen zwei weitere Analyseebenen, nämlich

- eine Betrachtung der sozialen Strukturierung der für den Dienstleistungsprozess vorgesehenen Zielgruppe (in der Abbildung „Eingangsqualitäten" genannt) mit der entsprechenden sozialen Strukturierung der Personen, die die Dienstleistung tatsächlich in Anspruch nehmen, sowie
- eine Betrachtung der Entwicklungen im Kontext des zu berichtenden Dienstleistungsprozesses (in der Abbildung „Kontextveränderungen" genannt), um auf intervenierende Pro-

4 Diese sind:
I „riskante Lebenslagen" (mit den Indikatoren Alleinerziehende, kinderreiche Familien, Nicht-EU-Ausländer, Arbeitslose, Kinder mit Sprachauffälligkeiten),
II „administrative Intervention" (mit den Indikatoren Haushalte/Personen mit Existenzsicherungsleistungen des SGB II und SGB XII, junge Menschen mit Erziehungshilfen) und
III „demografische Prozesse" (mit den Indikatoren Mobilität, ältere Menschen und Menschen mit Migrationshintergrund)

zesse und Ergebnisse im Umfeld der Dienstleistung eingehen zu können. So ist z. B. der Erfolg des Übergangsmanagements in den Beruf immer auch abhängig von der Entwicklung der Angebots- und Nachfragestrukturen im Arbeits- und Ausbildungsmarkt (vgl. Abb. 4).

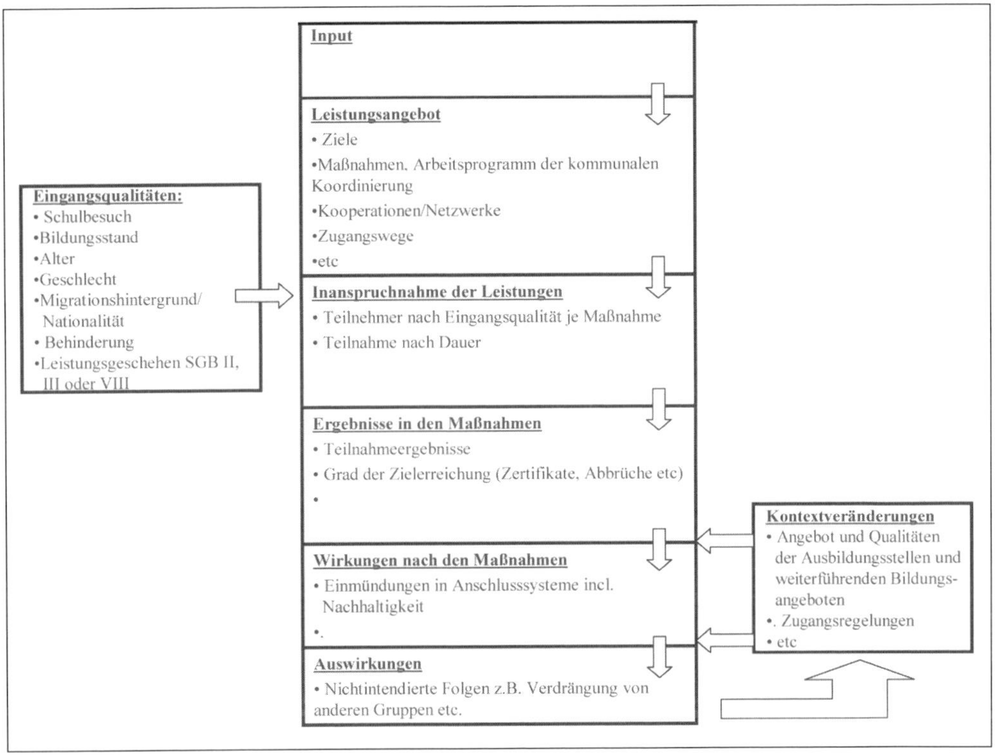

Abb. 4: Monitoringkonzept für die kontinuierliche Beobachtung des Übergangs Schule – Beruf (Quelle: Brülle/Wende 2009)

Neben der Geschäftsberichterstattung gehören grundsätzlich *evaluative Sozialberichte* zum Produktportfolio der Sozialplanung. Komplexe Programmevaluationen, die der Bewertung und Überprüfung von Programmen und der Prozessgestaltung kommunaler Sozialpolitik mit dem Ziel der Verbesserung und Effektivierung dienen, sollten an Dritte vergeben oder gemeinsam von der Sozialplanung mit Dritten erarbeitet werden, um die Unabhängigkeit und Objektivität der Fachkräfte nicht zu überfordern.

Dies gilt umso mehr als Sozialplanung weitere wesentliche Aufgaben auch bei der Entwicklung neuer Angebote, neuer Verfahrens- und Prozessgestaltungen und neuer Produktionsnetzwerke in der sozialen Kommunalpolitik übernimmt. Insbesondere die Konzeption und Rekonstruktion von Bedarfen, Zielen und Zielgruppen ist ein Kompetenzschwerpunkt der Sozialplanung. Hierzu gehört auf der kommunikativen Ebene die Herstellung von Partizipation der zukünftigen Adressaten sowie der Fachkräfte der beteiligten Institutionen und auf der fachlichen Ebene die Operationalisierung der Bedarfe, Ziele und Zielgruppen sowohl für die Kalkulation der zu erwartenden Fallzahlen, Arbeitsmengen und Ressourcen als auch für kontinuierliche Erfolgsbeobachtungen der neuen Leistungsprozesse, deren Inanspruchnahme und

Wirkungen. Damit bleibt die Zuständigkeit für evaluative Sozial- und Geschäftsberichte bei der Sozialplanung, eine umfassende Erfolgsbewertung hinsichtlich Effektivität und Effizienz der Maßnahme sollte hingegen durch unbeteiligte Dritte erfolgen.

Das bis hierhin geschilderte Produktportfolio und das differenzierte Leistungsspektrum der Sozialplanung mit den wesentlichen Kompetenzelementen

- Datenanalyse, empirische Sozialforschung und Statistik,
- Organisationsanalyse und Organisationsberatung,
- Kommunikation der Bedarfsdefinitionen und Ergebnisse sowie Herstellung von Partizipation der Adressaten, der Öffentlichkeit und der Fachkräfte

macht das durchaus ambitionierte Anforderungsprofil an eine Sozialplanungsfachkraft deutlich. Aus unserer Sicht ist hierzu eine universitäre sozialwissenschaftliche Ausbildung in aller Regel erforderlich. Ein Blick auf die professionellen Schwerpunkte der im VSOP-Mitgliederverzeichnis (Verein für Sozialplanung) aufgeführten Fachkräfte der Sozialplanung bestätigt das o.g. Anforderungsprofil. Die VSOP-Mitglieder (N = 204) nennen folgende professionelle Schwerpunkte ihrer Arbeit:

- Sozialberichterstattung (93 Nennungen),
- Sozialmanagement, Steuerung (61),
- Moderation/Prozessbegleitung (55),
- Praxisforschung/Evaluation (47),
- Organisations-/Personalentwicklung (44),
- Bürgerschaftliches Engagement (42),
- Fortbildung (32),
- Qualitätsmanagement (31).

Die organisatorische Verortung der Sozialplanung kann durchaus variieren (vgl. hierzu auch 1.4), wichtig ist ein direkter Zugang zu den verantwortlichen Fachkräften der operativen Einheiten sowohl seitens der Kommunalverwaltung als auch der freien Träger sowie eine direkte Kooperation mit den Planungsfachkräften der anderen kommunalen Geschäftsfelder und der Kommunalstatistik. Ebenso ist eine Beteiligung der Fachkräfte der Sozialplanung in strategischen Führungsgremien des/der sozialpolitischen Fachbereiche/s und Dezernate/s notwendig. Eine Einbindung der Sozialplanung in die Dezernats- oder Fachbereichs- bzw. Amtsstruktur(en) der Sozialverwaltung ist u.E. vorteilhafter für eine direkte fachliche Kooperation als eine Ansiedlung in interdisziplinäre Planungsgruppen beim Oberbürgermeister oder Landrat. Wesentlich für den Erfolg und die Handlungsfähigkeit bleibt jedoch die interdisziplinäre und Ressort übergreifende Vernetzung der Sozialplanung mit anderen planenden Stellen der Kommunalverwaltung und mit der Kommunalstatistik. Die Vernetzung sollte in der Regel themen- und aufgabenbezogen in einer festgelegten zielorientierten Projektorganisation geschehen. Ebenso ist eine projektbezogene Vernetzung mit freien Trägern, Bildungsträgern, Wohnungsgesellschaften und Wohlfahrtverbänden erforderlich, insbesondere, um neue Dienstleistungsprodukte oder -verfahren zu entwickeln. Im Bereich der Jugendhilfe leisten entsprechende Arbeitsgemeinschaften nach § 78 SGB VIII, in sozialräumlichen Projekten die Stadtteilkonferenzen und in anderen Feldern formell aufgebaute und von den beteiligten Führungsebenen beauftragte Projektgruppen die erforderliche Absicherung der Ressort übergreifenden Projektarbeit.

1.4 Die verschiedenen „Ressorts" der Sozialplanung

Die „*Ressorts*" oder fachlichen Felder der Sozialplanung kann man auf verschiedene Weise kategorisieren. Wir werden im Folgenden auf eine Einteilung des Vereins für Sozialplanung e.V. (VSOP) zurückgreifen, die der Verein für sein Mitgliederverzeichnis aus dem Jahr 2007 verwendet hat. Dies bietet den Vorteil, dass die „Ressorts" auch in ihrer praktischen Bedeutung für Sozialplanung bzw. den Alltag von Sozialplanern/-innen abgeschätzt werden können.[5] Folgende Fachbereiche oder fachliche Felder – nicht immer organisatorisch im Sinne von „Ressorts" segmentiert – werden von den im VSOP organisierten Fachkräften der Sozialplanung bearbeitet (sortiert *nach Häufigkeit* der Nennung; vgl. Zahl in der Klammer; N = 204):

- Kinder- und Jugendhilfeplanung, Familie (79),
- Altenplanung/-politk (71),
- soziale Stadtteilentwicklung (63),
- Armut & soziale Sicherung (63),
- Migration/Integration (37),
- räumliche Planung/geografische Informationssysteme (GIS) (36),
- behinderte Menschen (33),
- Arbeitsmarktpolitik (31),
- Gesundheit/Psychiatrie (28),
- Wohnungshilfeplanung (20).

Diese vom VSOP gewählte Schwerpunkt- bzw. Ressorteinteilung bewegt sich – wie die meisten anderen Klassifizierungen auch (vgl. z. B. Deutscher Verein 1986) – auf *verschiedenen Ebenen*:

Während sich einige „Ressorts" bzw. Kategorien direkt auf Benachteiligungen bzw. problematische Lebenslagen beziehen, die durch (Fach-) Sozialplanung bearbeitet werden sollen – wie z. B. Armut, Migration, Behinderung –, beziehen sich andere auf komplette Bevölkerungsgruppen wie Kinder/Jugendliche/Familien oder Alte.

Neben diesen *Ziel- und Bevölkerungsgruppen* spielt die Ebene „*Raum*" im Rahmen der Sozialplanung eine wichtige Rolle: Zum einen geht es um die Mitwirkung von Sozialplanung an räumlicher Planung insgesamt und zum anderen um die Beförderung der sozialen Entwicklung in bestimmten Stadtteilen bzw. Regionen mit Benachteiligungen.

Als dritte Ebene lassen sich mit den Kategorien Arbeitsmarkt und Wohnen/Wohnungsmarkt *zentrale Systeme* benennen, in die Sozialplanung hineinwirken muss, um die Risiken für „ihre" Bevölkerungs- und Zielgruppen zu reduzieren. Interessanterweise kommt das zentrale System Bildung/Schule in der Kategorisierung des VSOP aus dem Jahr 2007 (noch?) nicht vor. Aus unserer Sicht wäre der Bereich der Bildungsberichterstattung/-planung heute ebenfalls zu den Ressorts der Sozialplanung zu rechnen, denn, wie z. B. im System Arbeitsmarkt, werden dort lebenslagenrelevante Chancen verteilt bzw. Benachteiligungen produziert.

Betrachtet man im zweiten Schritt die Häufigkeitsverteilung der obigen „Ressortliste", so fällt sogleich auf, dass die Kinder- und Jugendhilfeplanung mit 79 von 204 Nennungen (39 %) der quantitativ relevanteste Planungsbereich im Rahmen der beruflichen Tätigkeit von

5 Insgesamt sind im Rahmen des Mitgliederverzeichnisses 2007 204 Mitglieder mit diesen Angaben erfasst worden. Über die Repräsentativität für die Sozialplanung insgesamt bzw. die in der Sozialplanung tätigen Personen lässt sich leider keine präzise Angabe machen, da die Grundgesamtheit nirgendwo ausreichend beschrieben ist. Angesichts der Tatsache, dass der VSOP der größte fachliche Zusammenschluss im Bereich insbesondere der kommunalen Sozialplanung ist, kann man davon ausgehen, dass die hier dargestellte Rangordnung der „Ressorts" in etwa die „Sozialplanungsrealität" in deutschen Kommunen widerspiegelt.

„Sozialplanern/-innen" ist. Diese dominante Rolle ist wenig überraschend wenn man bedenkt, dass der Bereich Jugendhilfeplanung seit Anfang der 1990er Jahre mit Einführung des Kinder- und Jugendhilfegesetzes (heute § 80 SGB VIII) als Pflichtaufgabe festgeschrieben ist. Dies ist für die anderen Bereiche der Sozialplanung in dieser konkretisierten Form nicht der Fall.

Wertet man zum Abschluss dieses Abschnitts die oben genannte Mitgliederliste des VSOP nun noch einmal danach aus, wo die kommunalen Planer/-innen *organisatorisch verortet* sind, so ergibt sich folgende „Rangordnung"[6]:

1. Sozialreferat, Sozialdezernat, Amt für Jugend und Soziales o.ä. mehrere Bereiche übergreifendes Amt oder Fachbereich (ca. 1/3 der Planer/-innen),
2. ohne Angabe eines Amtes/Fachbereiches oder Dezernates nur Angabe „Stadt", „Stadtverwaltung", „Kreis" (> 1/4),
3. Jugendamt (ca. 1/6),
4. Sozialamt (< 10 %),
5. Bereich Altenhilfe, Seniorenbüro o.ä. (> 5 %).

Die Bereiche Wohnungsamt, Stadtentwicklung, Gesundheitsamt, Jobcenter/Amt für Beschäftigungsförderung und Schulamt sind mit einzelnen Nennungen (N < 3) nur am Rande für die organisatorische Verortung von (kommunalen) Sozialplaner/-innen relevant.

1.5 Zwischenfazit – Zur Funktion der Sozialplanung im Produktionsprozess sozialer Dienstleistungen

Eine analytische funktionale Bestimmung der Sozialplanung fällt angesichts der oben geschilderten sehr breiten und komplexen Aufgabenbeschreibung der Sozialplanung schwer. Auch die Selbstdefinition der Sozialplanungsfachkräfte ist durchaus widersprüchlich und nicht unabhängig von den politischen Zeiten und Einstellungen. Alleine die sehr informative Hompage des VSOP dokumentiert zwischen Gründungsaufruf 1991 und Verortung im „neuen Steuerungsmodell" (2008) deutliche Veränderungen im Selbstbild der Fachkräfte der Sozialplanung. So finden sich als gemeinsames Selbstverständnis des im Jahr 1991 gegründeten Netzwerkes von Sozialplanern/-innen im Verein für Sozialplanung (VSOP) folgende Aussage:

„Sozialplanung organisiert offene Planungsprozesse und sorgt für Beteiligung und Mitwirkung der Betroffenen in politischen und konzeptionellen Entscheidungsprozessen. Als Katalysator für lokale Entwicklungen ist Sozialplanung nah an der Lebenswelt der Betroffenen. Im gesellschaftlichen Rahmen ist Sozialplanung Inszenierung, Dramaturgie und Skandalisierung von Notlagen. Ihre Anwaltsfunktion zielt auf den Abbau sozialer Ungerechtigkeit und regionaler Disparitäten in der Infrastruktur. In dieser Form vertritt Sozialplanung die Sicht von unten und operiert bewusst parteiisch. Zudem liefert Sozialplanung einen Kompass im Kosten- und Finanzierungsbereich, gibt Informationen, wo man finanziell steht und welchen Spielraum man hat."

Während aktuell de VSOP auf seiner Homepage folgendes „professionelles" Verständnis seiner Mitglieder annonciert:

„Sozialplanung bewegt sich im Spannungsfeld Politik, Wissenschaft und Praxis, sie ist Sozialforschungs-, Planungs- und Koordinationstätigkeit zugleich. Sozialplanung ist das Instrument zur Ermittlung und differenzierten Beschreibung von Bedürfnissen und Lebenslagen von Be-

---

6 N = 130, davon 96 x Stadt und 24 x Landkreis

troffenen. Für modernes Organisationsmanagement bei der Neuorganisation sozialer Dienste und der Sozialverwaltung liefert Sozialplanung das Know-how.“

Unseres Erachtens kennzeichnet sowohl die erstgenannte, eher politische, als auch die letztgenannte, „professionalisierte“ Funktionsbeschreibung das Selbstverständnis und die berufliche Rolle vieler Fachkräfte der Sozialplanung. Wir unterscheiden drei analytisch zu trennende *Funktionen im Prozess der Herstellung und Verteilung sozialer Dienstleistungen* (Brülle/Altschiller 1992, S. 68). Sozialplanung

- dient als ein „politisch-strategisches Instrument der Neustrukturierung, zur Bestimmung, sowie zur konzeptionellen Fundierung von sozialen, pädagogischen und staatlichen Leistungen und Verteilungsmodellen“ (konstruktive Funktion);
- ermöglicht einen „Perspektivenwechsel von der individuellen prekären Lebenslage zu den Verursachungszusammenhängen zu denen sozialpolitische Leistungen selbst mitgehören“ (Karsten/Otto 1990) (reflexive Funktion);
- beinhaltet eine Entkopplung von Situationsanalyse und -bewertung einerseits und einen rationalen gesellschaftlichen Diskurs über Voraussetzungen und Ziele sozialpolitischer Handlungsprogramme andererseits (diskursive Funktion).

2 Stellung und Rolle der Jugendhilfeplanung – Jugendhilfeplanung als „Einmischungsstrategie“

Nachdem im ersten Kapitel die Dimensionen und Funktionen der Sozialplanung im Mittelpunkt standen, beschäftigt uns nun im Folgenden die Frage der Stellung und Rolle der Jugendhilfeplanung mit Blick auf die Jugendhilfe selbst, mit Blick auf die Sozialplanung als Ganzes sowie auf die kommunalen Aufgaben insgesamt. Ein Beispiel soll die vorangehenden recht abstrakten Dimensionierungen und Verortungen am Ende nochmals verdeutlichen.

2.1 Jugendhilfeplanung und Jugendhilfe

Jugendhilfeplanung ist von der „Konstruktion“ her (vgl. § 80 Abs. 3 SGB VIII[7]) fest in der Jugendhilfe verankert. Jugendhilfeplanung findet nicht nur dort statt wo Jugendhilfeplaner/-innen agieren, sondern in jeder Fachabteilung des Jugendamtes und in den Einrichtungen vor Ort – sofern die Fragen des Alltäglichen verlassen werden. Gleichzeitig geht Jugendhilfeplanung vom Anspruch her, der u. a. im letzten Kapitel beschrieben wurde, mit dem Blick auf Bedürfnisse, Lebenslagen und Teilhabe (-chancen) weit über die Perspektive der Jugendhilfepraxis und die nicht nur materiell begrenzten Möglichkeiten der Jugendhilfe hinaus, dazu aber weiter unten (vgl. Kap. 2.3 ff.) mehr.

In der Person des Jugendhilfeplaners bzw. der Jugendhilfeplanerin hat Jugendhilfeplanung eine moderierende Funktion. Während die Vertreter/-innen der freien Träger und die Produktverantwortlichen des Jugendamtes jeweils bestimmte Schwerpunkte in der Wahrnehmung und – aufgrund ihrer Produkte – auch Interessen haben, ist die Person des Jugendhilfeplaners bzw.

7 „Die Träger der öffentlichen Jugendhilfe haben die anerkannten Träger der freien Jugendhilfe in allen Phasen ihrer Planung frühzeitig zu beteiligen. Zu diesem Zweck sind sie vom Jugendhilfeausschuss, soweit sie überörtlich tätig sind, im Rahmen der Jugendhilfeplanung des überörtlichen Trägers vom Landesjugendhilfeausschuss zu hören. Das Nähere regelt das Landesrecht.“

der Jugendhilfeplanerin gerade in kooperativen Strukturen – wie z. B. den Arbeitsgemeinschaften nach § 78 SGB VIII – prädestiniert, mit Blick auf die Lebenswelt und die Lebenslage aller Kinder und Jugendlichen zwischen den Einzelwahrnehmungen und -interessen zu vermitteln. Diese Funktion beschränkt sich nicht nur auf kooperative Strukturen innerhalb der Jugendhilfe selbst sondern auch und gerade, wenn die Jugendhilfe und Dritte bzw. andere Institutionen – wie z. B. Schule, SGB II-Jobcenter – involviert sind. Innerhalb der eigenen Organisation (i.d.R. also des Jugendamtes) hat der/die Jugendhilfeplaner/-in die Funktion, die Amtsleitung sowie die produktverantwortlichen Leitungskräfte in Bezug auf produktbezogene Datengewinnung und -analyse (inkl. Partizipation der Kinder und Jugendlichen und ihrer Familien), Geschäftsberichterstattung, Fachcontrolling, Prozess- und Produktentwicklung und nicht zuletzt Evaluation zu beraten und zu unterstützen.

2.2 Jugendhilfeplanung und Sozialplanung

Wie in Abschnitt 1.4 dieses Aufsatzes bereits dargestellt, hat die Jugendhilfeplanung im Rahmen der kommunalen Sozialplanung eine herausragende quantitative Bedeutung, die nicht zuletzt der gesetzlichen Verankerung dieses Planungsbereichs in § 80 des SGB VIII zu verdanken ist. Zur Frage des Stellenwertes der Jugendhilfeplanung zur Sozialplanung ist § 80 Absatz 4 SGB VIII[8] relevant. Aus unserer Sicht handelt es sich hier um den „Auftrag" an die Planenden, zum einen die Jugendhilfeplanung möglichst eng – auch organisatorisch – mit den übrigen Bereichen der Sozialplanung zu verbinden und zum anderen, in den anderen Planungsressorts – z. B. im Rahmen der Planung im Rahmen der Beschäftigungsförderung – die Bedarfe der Kinder, Jugendlichen und ihrer Eltern systematisch in den Fokus zu nehmen. Auf den ersten Blick mögen diese Anforderungen an das „Zusammenspiel" der Planungsressorts trivial erscheinen, in der Praxis findet die Vernetzung jedoch oft nicht ausreichend statt. Insbesondere die Vernetzung zwischen Jugendhilfeplanung und Planung im Bereich der Beschäftigungsförderung (z. B. bei Fragen der Integration von Alleinerziehenden in den Arbeitsmarkt) sowie die Verbindung zwischen Jugendhilfeplanung und Bildungsplanung u. a. im Rahmen der Schulentwicklungsplanung gestaltet sich vielerorts schwierig. Diese Bereiche sind meistens in verschiedenen Dezernaten angesiedelt und eine entwickelte Kultur der Kooperation und der Arbeit in Produktionsnetzwerken ist insbesondere zwischen den Bereichen Arbeitsmarktpolitik, Schulentwicklung, Sozialpolitik und Jugendpolitik in den meisten Kommunen nur in Ausnahmefällen anzutreffen.

Ohne die im letzten Absatz angesprochene systematische Vernetzung mit anderen Sozialplanungsressorts ist die Jugendhilfeplanung insbesondere im Bereich der Sozialberichterstattung hoffnungslos überfordert bzw. zu unnötiger Doppelarbeit gezwungen.

Ohne diese Vernetzung kann außerdem die Lebenslage der Kinder und Jugendlichen nur sehr begrenzt positiv beeinflusst werden.

8 „Die Träger der öffentlichen Jugendhilfe sollen darauf hinwirken, dass die Jugendhilfeplanung und andere örtliche und überörtliche Planungen aufeinander abgestimmt werden und die Planungen insgesamt den Bedürfnissen und Interessen der jungen Menschen und ihrer Familien Rechnung tragen."

2.3 Jugendhilfeplanung im Rahmen der kommunalen Aufgaben insgesamt

Vor nun fast schon 30 Jahren hat Ingrid Mielenz die „Einmischungsstrategie" beschrieben, die gut geeignet ist, unsere heutige Sichtweise zum Stellenwert der Jugendhilfe (-planung) im Rahmen der kommunalen Aufgaben insgesamt zu beleuchten: Es ist an der Zeit *„(...) Abgrenzung und die Wahrung von Eigenständigkeit der Jugendhilfe aufzugeben und stattdessen sich einzumischen und auseinanderzusetzen" (...) „Entscheidend für eine solche Entwicklung wird allerdings sein, dass Jugendhilfe ihre ‚Berührungsängste' mit ökonomischen, bau- und stadtpolitischen Bereichen überwindet und sich unmittelbar in Wirtschaftspolitik, Arbeitsmarkt, Stadtentwicklung und Sanierung einbringt."* (Mielenz 1981, S. 58)

Etwa zehn Jahre später wurde im Kinder- und Jugendhilfegesetz (heute SGB VIII) in § 1 Absatz 3 die gesetzliche Grundlage für diese „Einmischungsstrategie" geschaffen:

„Jugendhilfe soll (...) dazu beitragen, positive Lebensbedingungen für junge Menschen und ihre Familien sowie eine kinder- und familienfreundliche Umwelt zu erhalten oder zu schaffen."

Die Schaffung „positiver Lebensbedingungen" für Kinder, Jugendliche und ihre Familien ist ein sehr weitreichender Anspruch, der nur eingelöst werden kann, wenn es der Jugendhilfe (-planung) gelingt,

- die Bedarfe der Kinder und Jugendlichen (und ihrer Eltern) allen kommunalen Akteuren zu vermitteln,
- die besonderen Bedarfe von besonders exklusionsgefährdeten Gruppen (z. B. armen Kindern und Jugendlichen) als für die gesamte kommunale Landschaft relevant darzustellen,
- rechtzeitig von relevanten geplanten Veränderungen, z. B. im Bereich Stadtentwicklung, zu erfahren und hierzu ein Mitsprache- bzw. Anhörungsrecht zu erhalten,
- ein Budget für fall- und ressortübergreifende Maßnahmen zu haben, um die „positiven Lebensbedingungen" zusammen mit Dritten auch gestalten zu können.

Auch wenn der vierte Punkt erfüllt ist – also eigene Jugendhilfemittel für die Förderung positiver Lebensbedingungen zur Verfügung stehen –, so wird es immer erforderlich sein, dass die Mittel anderer Ressorts (z. B. aus dem Kulturbereich oder aus dem Bereich der Arbeitsmarktförderung) bedarfs- und zielgruppengerecht eingesetzt werden.

Jugendhilfeplanung kann – vor dem Hintergrund dieser Sichtweise – also nicht nur die Planung und Steuerungsunterstützung von Jugendhilfeleistungen bedeuten, wie dies oft missverstanden wird. Sie ist vielmehr nur gesetzes- und zielgerecht, wenn sie dazu beiträgt, dass die ermittelten Bedarfe ihrer Zielgruppe(n) auch außerhalb des „engen" Jugendhilfesystems befriedigt werden. Dies kann nach Mielenz (vgl. 2002, S. 110) geschehen durch:

- die Anwaltsfunktion im Sinne von Interessensvertretung,
- die Nutzung der Handlungsmöglichkeiten anderer Politikbereiche und
- die Nutzung der Handlungsressourcen anderer Politikbereiche.

2.4 Exkurs: Struktur eines Planungsprogramms „Verbesserung der Bildungsteilhabe von armen und bildungsfernen Kindern und Familien"

Die Abb. 5 stellt den Versuch dar, anhand eines jugendhilfeplanerischen „Befundes" die Komplexität der planerischen Strategien in einer Kommune deutlich zu machen. Wie anhand der grünen Felder zu ersehen ist, sind alle Handlungsfelder der planerischen Tätigkeit berührt. Anhand der Punkte (1), (2), (4), (7) und (11) sollen einige Wiesbadener Handlungsstrategien deutlich gemacht werden.

Zu (1) „Berichterstattung Tagesbetreuung": In der produktbezogenen Berichterstattung Tagesbetreuung für Kinder ist es mit Blick auf die exklusionsgefährdete Gruppe einkommensarmer und bildungsferner Kinder und ihrer Familien zentral, nicht nur allgemein das Angebot und den zahlenmäßigen Bedarf darzustellen und zu bewerten, wie dies gemeinhin geschieht, sondern die folgenden beiden Schwerpunkte in die Berichterstattung zu integrieren: Zum einen muss die Teilhabe bzw. die Nutzung nach sozialen Merkmalen regelmäßig differenziert erfasst werden, und zwar mit Blick auf das Gesamtangebot, aber auch bezogen auf die einzelnen Einrichtungen. Zum anderen sind die Ergebnisse bzw. „Wirkungen" des Kindertagesstättenbesuchs soweit als möglich zu dokumentieren. So können wir in Wiesbaden auf Basis der jährlichen Tagesbetreuungsberichte (vgl. Hock 2008[9]) unter anderem angeben, welches die Kindertagesstätten mit dem höchsten Anteil an allein erziehenden Eltern, an armen Familien (gemessen am Bezug von Arbeitslosengeld II bzw. ähnlicher Leistungen) oder an (doppelt) erwerbstätigen Eltern haben und Angebote gezielt dort platzieren. Durch die Sekundärnutzung der Schuleingangsuntersuchungsdaten, die durch eine gute Kooperation mit dem Gesundheitsamt und der Kommunalstatistik möglich ist, stehen Daten zur Regelhaftigkeit der Einschulung und zum Sprachstand als Ergebnis- bzw. Erfolgsindikatoren zur Verfügung. Da die Daten seit kurzem auch für jede einzelne Kindertagesstätte zur Verfügung stehen, lassen sich in Zukunft u. E. auch die Ergebnisse von bestimmten Programmen, z. B. im Sprachförderbereich, bewerten.

Zu (2) „Bildungsberichterstattung": Es ist keineswegs selbstverständlich, dass die Jugendhilfeplanung bzw. deren Fragestellungen und Perspektiven überhaupt in die Bildungsberichterstattung einfließen. So die Bildungsberichterstattung denn unter Beteiligung der Jugendhilfeplanung stattfindet, tauchen u. a. folgende Probleme auf: Selten ist es auf Basis der vorhandenen Daten möglich, die Teilhabe, Ergebnisse und Wirkungen (sofern letztere beiden Punkte überhaupt erfasst werden können) differenziert nach Einkommen und Bildungshintergrund der Kinder bzw. ihrer Familien darzustellen. Meist sind aufwändige zusätzliche Erhebungen notwendig (vgl. beispielhaft für die Stadt Wiesbaden Schulze/Unger/Hradil 2008), um überhaupt sozial relevante Dimensionen abzubilden. So fehlt dann in der Regel eine durchgehende Perspektive auf die gesamte Bildungsbiografie und der/die Planer/-in muss sich mit der Betrachtung einzelner „Schwellen" (z. B. Übergang Grundschule – weiterführende Schule) zufrieden geben. Die größte Schwierigkeit in der Kommunikation besteht jedoch darin, die „Einmischung" der Jugendhilfe (-planung) in – vermeintliche – „schulische Belange" zu begründen. Die Schwierigkeiten mit der Erfassung sozialer Merkmale wie Bildung und Einkommen beginnen jedoch nicht erst außerhalb des Feldes der Jugendhilfe. Auch im „eigenen Bereich", wie z. B. *im Bereich der Tagesbetreuung für Kinder,* die ja zentrale Bedeutung gerade für arme und bildungsferne Kinder hat, gestaltet sich die Berichterstattung und der *Diskurs* schwierig (vgl. (4)). Dieses Jugendhilfeangebot bzw. die dort tätigen Fach- und Leitungskräfte sind sehr

9 Dieser bzw. der jeweils aktuellste Bericht steht unter www.wiesbaden.de (Suchstichwort: „Jugendhilfeplanung") zum Download zur Verfügung.

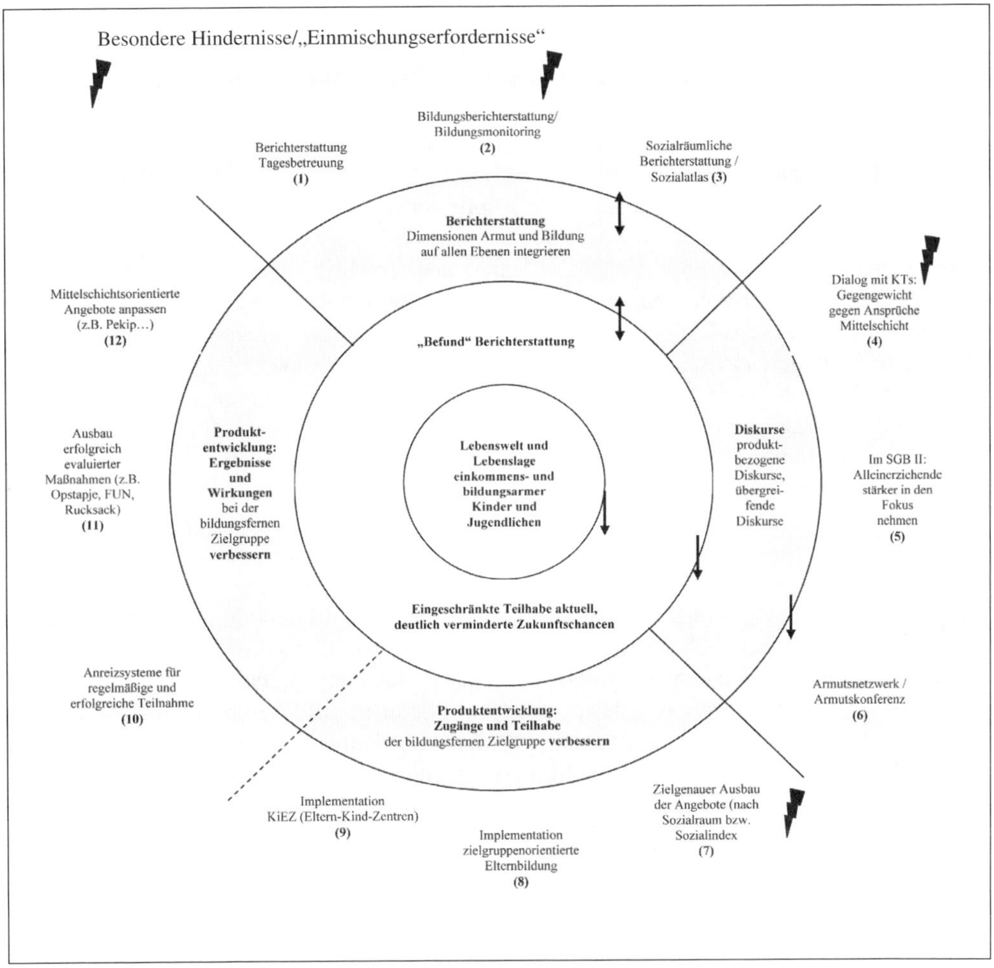

Abb. 5: Struktur des Planungsprogramms (Quelle: Eigene Darstellung)

stark dem Gedanken „Wir sind für alle da“ verhaftet und zum Teil wenig bereit, die Konsequenzen aus den Bedarfen bestimmter Gruppen, wie eben der armen Kinder, mit zu entwickeln und umzusetzen. Gerade durch den direkten Kontakt mit deutlich fordernderen Mittelschichtseltern neigt der Kindertagesstättenbereich von sich aus dazu, knappe Ressourcen eben *nicht* auf Einrichtungen mit einem hohen Anteil armer und bildungsbenachteiligter Kinder zu konzentrieren, sondern eher gleich und damit vermeintlich gerecht zu verteilen. Hier muss die Kinder- und Jugendhilfeplanung – ganz anders als in anderen Feldern der Jugendhilfe – also eine „interne“ Anwaltsfunktion übernehmen, um die Chancen benachteiligter Kinder und Jugendlicher zu verbessern.

Zu (7) Zielgenauer Ausbau der Angebote nach Sozialindex/Sozialraum: Wie sich vor dem Hintergrund der Aussagen des letzten Absatzes vermuten lässt, ist schon ein zielgruppenorientierter Ausbau der Angebote im Kindertagesstättenbereich keine Selbstverständlichkeit. Dies gilt jedoch noch viel mehr für Betreuungs- und Förderangebote an Schulen. Sowohl Landesmittel als auch Mittel, die über den kommunalen Schulträger verteilt werden, orientieren sich bislang höchst selten an „sozialen Bedarfen", sondern auch hier wiederum eher an den Bedarfen der (erwerbstätigen) Mittelschicht. Dies ist z. B. in Hessen deutlich daran abzulesen, dass (neben den Grundschulen) v.a. Gymnasien in den letzten Jahren in den Genuss von Mittagstischen und „pädagogischer Mittagsbetreuung" kamen. Die schwierige Aufgabe der Jugendhilfeplanung besteht nun auch hier wieder darin, beim Verteilen der knappen Mittel auf die auch gesellschaftlich hoch relevanten Bedarfe der Gruppe der armen und bildungsfernen Kinder hinzuweisen und z. B. die Verwendung von Sozialindices o.ä. bei der Verteilung der Ressourcen einzufordern. Hierfür sind innerhalb und außerhalb der Verwaltung, bei den Elternvertretungen und in der Politik gute Kommunikationsstrukturen notwendig, um dies zumindest mittelfristig durchzusetzen. In diesem Dialog spielt wiederum die dauerhaft angelegte Sozialberichterstattung und insbesondere ein aussagefähiges Bildungsmonitoring[10] eine zentrale Rolle.

Zu (11)/(12) Evaluierung Einzelmaßnahmen wie PEKiP, FuN etc.: Obgleich die Verbesserung der Zugänge und die gezielte sozialräumliche Platzierung von knappen „Standardangeboten" wie z. B. der Nachmittagsbetreuung bzw. Ganztagsbetreuung für arme und bildungsferne Kinder zentral ist, so reichen solche Standardangebote keineswegs aus, um ihre Entwicklungs- und Bildungschancen zu sichern. Gerade wenn es um die Förderung dieser Kinder im Elternhaus geht, um eine verbesserte „Alltagsbildung", die Voraussetzung eines erfolgreichen Schulbesuchs ist (vgl. Rauschenbach 2007), reicht es nicht, die Zugänge zu Angeboten der Eltern- und Familienbildung zu verbessern, z. B. indem man klassische Familienbildungsangebote an Kindertagesstätten mit einem hohen Anteil an bildungsfernem Klientel anbindet. Vielmehr müssen entweder erfolgreich evaluierte zielgruppenorientierte Maßnahmen etabliert werden (wie dies z. B. bei Hippy und Opstapje, zwei Hausbesuchsprogrammen mit Elternbildungs- und Förderanteilen der Fall ist) oder – sofern solche Ergebnisse noch nicht vorliegen – eigene Anpassungsmaßnahmen bei eher mittelschichtsorientierten Angeboten erfolgen (wie dies z. B. eine Familienbildungsstätte in Wiesbaden mit dem Pekip-Programm[11] gemacht hat). Nur die Verwendung von geeigneten Konzepten ermöglicht nach einem gelungenen Kontakt mit der Zielgruppe (der schwer genug ist) auch eine Wirkung über den Tag hinaus.

Literatur

Badura, B./Gross, P. (1976): Sozialpolitische Perspektiven. München

Brennecke, J./Brülle, H. (2001): Aufbau eines Monitoringsystems zur sozialen Siedlungsentwicklung in Wiesbaden. In: Landeshauptstadt Wiesbaden, Amt für Wahlen, Statistik und Stadtforschung: Statistische Berichte 2/2001. Wiesbaden, S. 1-39

Bronke, K./Wenzel, G./Leibfried, S. (1989): Soziale Dienste zwischen Herrschaft und öffentlicher Produktion – Zur Doppelstruktur kommunaler Sozialverwaltungen. In: Olk, T./Otto, H.U.: Soziale Dienste im Wandel. Band 3. Neuwied, S. 23-54

Brülle, H. (1998): Sozialplanung und Verwaltungssteuerung – Dienstleistungsproduktion in der kommunalen Sozialverwaltung. In: Reis, C./Schulze-Böing, M.: Planung und Produktion sozialer Dienstleistungen. Herausforderung neuer Steuerungsmodelle. Berlin, S. 83-103

---

10 Vgl. das Bildungsmonitoring der Stadt Wiesbaden unter http://wiesbaden.de/(Suchstichwort: Monitoringsysteme), das zum Download zur Verfügung steht.

11 = Prager-Eltern-Kind-Programm, ein bewegungs- und spielorientiertes Elternbildungsprogramm für Eltern mit Kindern im 1. Lebensjahr.

Brülle, H./Altschiller, C. (1992): Sozialmanagement – Dienstleistungsproduktion in der kommunalen Sozialverwaltung. In: Flösser, G./Otto, H.-U. (Hrsg.): Sozialmanagement oder Management des Sozialen ? Bielefeld, S. 49 -72

Brülle, H./Reis, C. (1999): Einführung: Qualität in der Sozialen Arbeit. In: Archiv für Wissenschaft und Praxis der sozialen Arbeit. Doppelheft 4/1998 und 1/1999, S. 286-291

Brülle, H./Reis, C. (2002): Der sozialpolitische Kontext des Modellprojektes „Sozialagenturen – Hilfe aus einer Hand" – Expertise. In: Ministerium für Arbeit, Soziales, Qualifikation und Technologie des Landes NRW (Hrsg.): Sozialagenturen – Hilfe aus einer Hand. Düsseldorf, S. 33-61

Brülle, H./Wende, L. (2009): Monitoring im kommunalen Übergangsmanagement Schule – Beruf. Workshopkonzept im Auftrag der Weinheimer Initiative und der Freudenberg-Stiftung. Weinheim

Burgmeier, K. (2007): Sozialatlas 2007. Herausgegeben vom Sozialdezernat der Landeshauptstadt Wiesbaden. Beiträge zur Sozialplanung 28. Wiesbaden

Deutscher Verein für öffentliche und private Fürsorge (1986): Handbuch der örtlichen Sozialplanung. Frankfurt am Main

Hock, B. (2008): Bericht Tagesbetreuung für Kinder 2007. Herausgegeben vom Sozialdezernat der Landeshauptstadt Wiesbaden. Beiträge zur Sozialplanung. Wiesbaden

Hock, B./Brülle, H. (2006): Kommunale Sozialpolitik im Wandel – Konsequenzen für die Jugendhilfeplanung und Sozialberichterstattung. In: Maykus, S. (Hrsg.): Herausforderung Jugendhilfeplanung, Weinheim/München, S. 53-71

Karsten. M.-E./Otto, H.-U. (1990): Lebensräume gestalten statt verwalten. Der Beitrag der Sozialberichterstattung. In: Otto, H.-U,/Karsten, M.-E. (Hrsg.): Sozialberichterstattung. Lebensräume gestalten als neue Strategie kommunaler Sozialpolitik. München, S. 9-57

Kaufmann, F.-X. (2002): Sozialpolitik und Sozialstaat: Soziologische Analysen. Opladen

Maykus, S. (2006): Hinwendung zum Empirischen bedeutet nicht Abwendung vom Kommunikativen. In: Maykus, S. (Hrsg.): Herausforderung Jugendhilfeplanung. Weinheim/München, S. 41-54

Mielenz, I. (1981): Die Strategie der Einmischung, In: Müller, S./Olk, T./Otto, H.-U.(Hrsg.): Sozialarbeit als soziale Kommunalpolitik. Neue Praxis Sonderheft 6/1981, S. 57-66.

Mielenz, I. (2002): Querschnittspolitik und Einmischungsstrategie. In: AGJ (Hrsg.), 2002, S. 107-112

Naschold, F./Budäus, D./Jann, W. u. a. (1996): Leistungstiefe im öffentlichen Sektor. Erfahrungen, Konzepte, Methoden. Berlin

Rauschenbach, T. (2007): Im Schatten der formalen Bildung. Alltagsbildung als Schlüsselfrage der Zukunft. In: Diskurs Kindheits- und Jugendforschung 2007 (H. 4), S. 439-453.

Reis, C. (2008): Entwicklung kooperativer Strukturen zur Unterstützung Alleinerziehender im SGB II. Expertise im Auftrag des BMFSFJ. Frankfurt/Main

Reis, C./Brülle, H. (2005): Probleme der Steuerung sozialer Dienstleistungen. Unveröffentlichtes Manuskript. Frankfurt am Main

Schulze, A./Unger, R./Hradil, S. (2008): Bildungschancen und Lernbedingungen an Wiesbadener Grundschulen am Übergang zur Sekundarstufe I. Herausgegeben von der Landeshauptstadt Wiesbaden Projektgruppe Sozialbericht zur Bildungsbeteiligung. Wiesbaden. Download unter www.wiesbaden.de/sozialplanung

VSOP (2009): Homepage des Vereins für Sozialplanung (VSOP e.V.) www.vsop.de (Zugriff im Mai 2009)

II Aufgaben, Konzepte und Organisation von Planungsprozessen

Johannes Schnurr | Erwin Jordan | Reinhold Schone

Gegenstand, Ziele und Handlungsmaximen von Jugendhilfeplanung

Jugendhilfeplanung ist ein Instrument zur systematischen, innovativen und damit zukunftsgerichteten Gestaltung und Entwicklung der Handlungsfelder der Jugendhilfe mit dem Ziel, positive Lebensbedingungen für junge Menschen und ihre Familien zu erhalten oder zu schaffen (§ 1 SGB VIII) und ein qualitativ und quantitativ bedarfsgerechtes Jugendhilfeangebot rechtzeitig und ausreichend bereitzustellen (§ 79 SGB VIII).

Als Fachplanung geht es bei der Jugendhilfeplanung um die Entwicklung von Strategien zur Lösung der komplexen Aufgaben der Jugendhilfe. Dazu gehören quantitative und qualitative Bestands-, Bedarfs-, Sozialraum- und Zielgruppenanalysen, aufgaben- und organisationskritische Bewertungen der IST-Situation, konkrete Vorschläge zur Ausgestaltung und zur Qualifizierung der Angebote der Jugendhilfe, Prioritätensetzungen für die Umsetzung sowie deren Überprüfung. Als fachliche Entwicklungsaufgabe richtet sich Jugendhilfeplanung auf die Umsetzung aktueller fachlicher Standards in allen Arbeitsfeldern der Jugendhilfe. Als fachpolitische Gestaltungsaufgabe soll Jugendhilfeplanung dazu beitragen, Aufmerksamkeitsstrukturen, Ressourcen und öffentliche Sensibilitäten auf die komplexen Aufgaben der Jugendhilfe und damit auf die Sicherung der Lebensbedingungen von Kindern, Jugendlichen und ihrer Eltern zu richten. Damit ist Jugendhilfeplanung nicht nur eine Aufgabe der kommunalen Fachverwaltung (Jugendamt) und der freien Anbieter von Jugendhilfeleistungen (Jugendverbände, Wohlfahrtsverbände, Selbsthilfegruppen etc.), sondern auch ein Forum kommunalpolitischer Entscheidungsfindung (Jugendhilfeausschuss, Rat) und sie ist nicht zuletzt ein Instrument zur Beteiligung ihrer AdressatInnen an der Formulierung von Planzielen, Angebotsstrukturen, Prioritäten und Realisierungsformen.

Jugendhilfeplanung ist eine notwendige Voraussetzung für die Gestaltung der Jugendhilfe vor Ort. Sie soll – so der Anspruch – das zentrale Steuerungsmoment der Jugendhilfepraxis darstellen. Das SGB VIII weist dabei den Trägern der öffentlichen Jugendhilfe die Wahrnehmung der Planungsverantwortung als Regelaufgabe zu. Städte und Landkreise müssen also auf der Basis dieser Gesetzeslage klären, mit welchen Zielsetzungen und Inhalten, in welchem Umfang, in welchen Organisationsformen, mit welchen personellen und sachlichen Ressourcen und mit welchen Qualitätsstandards sie in ihrem Zuständigkeitsbereich Jugendhilfeplanung betreiben wollen.

Je nach finanzieller Leistungsfähigkeit, fachlichem Verständnis, Art des Engagements von freien Trägern, Initiativen sowie lokalen Politikinteressen sind unterschiedliche fachliche und organisatorische Lösungen bei den zu bewältigenden Jugendhilfeaufgaben möglich und – wie die vielfältige Praxis zeigt – auch wahrscheinlich. Dies ist eine charakteristische Rahmenbedingung für die Jugendhilfe in der Bundesrepublik. Eine Zentralprämisse kommunaler Jugendhilfeplanung ist, dass Jugendhilfeziele und Angebotsstrukturen nicht durch äußere Bedingungen (Gesetze, Vorschriften, Richtlinien) eindeutig determiniert sind. Aufgrund der Kommunalität und der Autonomie der Jugendhilfe sind ihre Strukturen und Prozesse prinzipiell entscheidbar und damit auch fachlich wie politisch diskursiv auszuhandeln. Planung im Bereich der Jugendhilfe ist daher kein bloßes Mittel zur optimalen (zweckrationalen) Erreichung vorgegebener Ziele, sondern die Ziele, Zwecke und die hierfür möglicherweise geeigneten Mittel sind auszuhandeln, wertbezogen und plausibel zu begründen, im Verein mit Bündnispartnern zu realisieren und schließlich auch auf ihren erhofften Erfolg hin zu überprüfen.

1 Entwicklung von Planungsverständnis und Planungspraxis

Die gesetzliche Verpflichtung des öffentlichen Jugendhilfeträgers zur kontinuierlichen und beteiligungsorientierten Jugendhilfeplanung im § 80 SGB VIII stellt ein Instrument für eine fachlich fundierte, transparente und vorausschauende Gestaltung der Jugendhilfe-Infrastruktur in den Städten und Kreisen dar. Ein solches Instrument muss berücksichtigen, dass im Feld der Jugendhilfe staatliche Lenkung in den bestehenden politischen und administrativen Strukturen nicht eindimensional von oben nach unten vollzogen werden kann, sondern dass vielfältige Interessen von Akteuren, NutzerInnen und politisch Verantwortlichen in den unterschiedlichen kommunalpolitischen Ebenen integriert werden müssen. Zu Beginn der 1990er Jahre knüpften sich viele Hoffnungen einer reformorientieren Jugendhilfe an dieses Instrument. Von ihm wurde erwartet, dass mit seiner Hilfe an einem gesellschaftlichen Konsens über den Stellenwert der Jugendhilfe und damit über den Umgang mit der nachwachsenden Generation gearbeitet werden kann. Die Ziele der Jugendhilfeplanung waren hoch gesteckt, ihr Auftrag umfassend, ihr Aktionsradius wies von Anfang an über die Jugendhilfe hinaus, obwohl ihre Ausstattung in Bezug auf Ressourcen und Macht eher gering ausfiel.

1.1 Planung zu Zeiten des Jugendwohlfahrtsgesetzes (JWG)

Planung ist die Produktion von Modellen für die Zukunft, ein Prozess, der Orientierung und Handlungssicherheit erzeugen soll. Wenn wir von „Plänen" sprechen, dann denken wir zunächst an symbolische Darstellungen von Wirklichkeit bzw. von zukünftiger Wirklichkeit, an Baupläne, Flächennutzungspläne, Stadtentwicklungspläne, Modelle, die Entscheidungsprozesse bündeln und konkretisieren, die Grundlage sind für unmittelbares Handeln. „Planung" wiederum bezeichnet in erster Linie den Entstehungsprozess dieser Modelle. Jugendhilfeplanung in ihren Anfängen hing sehr stark diesem Bild an, über die Erstellung von Plänen Veränderungen anzustoßen. Ziel und Endpunkt dieses Vorgehens war letztlich der fertige Plan, der dann durch Handeln in Wirklichkeit verwandelt werden sollte.

Wie die physische – so die Annahme – könne auch die soziale Welt Gegenstand von Planung, von bewusster, geordneter und zielgerichteter Gestaltung sein. Seit dem Ende der sechziger und vor allem in den siebziger Jahren hat sich neben der Einkommenspolitik und der Politik der sozialen Absicherung die Sozialplanung als Instrument zur Gestaltung und Verbesserung der Lebenslagen von Menschen entwickelt. Zunächst wurde Sozialplanung vor allem verstanden als „wichtiges Instrument einer auf mehr Gerechtigkeit zielenden Reformpolitik zur Verbesserung von Lebensverhältnissen" (Bitzan 1995, S. 17), war also unmittelbar verknüpft mit der Vorstellung einer aktiven und zielgerichteten politischen Steuerung hin zu mehr Gerechtigkeit, Chancengleichheit und Teilhabe.

In den Anfangsjahren der Sozialplanung war neben dem Reformoptimismus der Steuerungsoptimismus eine treibende Kraft für ihren Bedeutungsgewinn. Nicht nur die Politik, sondern auch die Administration erwartete mit dieser rationalen Herangehensweise die unkalkulierbare Eigendynamik gesellschaftlichen Lebens besser „in den Griff zu bekommen" und die Entwicklung der Lebensverhältnisse der Menschen effektiver steuern zu können. Sozialplanung und so auch Jugendhilfeplanung wurde gesehen als Instrument, mit dem sich die Wirksamkeit und Reichweite politischer und administrativer Steuerung deutlich verbessern lässt (vgl. Merchel 2005/2).

Bereits die ersten Erfahrungen gerade in der Jugendhilfeplanung in den siebziger Jahren führten jedoch zur Ernüchterung. Es zeigte sich, dass die Gestaltungsmacht der Planer deutliche Grenzen hatte. Der Eigensinn der von der Planung betroffenen Gruppen und Institutionen sowie die Widersprüchlichkeit ihrer Interessen und Ziele relativierten die Vorstellung von der intentionalen Steuerbarkeit der komplexen sozialen Systeme (vgl. Merchel 1992). Analysen verwiesen zudem auf den politischen Charakter von Sozialplanung und der damit verbundenen Korrumpierbarkeit für verdeckte politisch-strategische Interessen (vgl. Schaarschuch 1995).

1.2 Vom Plan zur Planung – Perspektivenwechsel durch das SGB VIII

Mit dem SGB VIII und den darin enthaltenen Vorgaben zur Jugendhilfeplanung (§§ 79, 80 SGB VIII) bekam die Auseinandersetzung über eine Neuausrichtung der Sozialplanung einen neuen Anstoß. Eine in ähnlicher Weise auf Beteiligung und Aushandlung ausgerichtete gesetzliche Planungsgrundlage gab und gibt es in keinem anderen Bereich der sozialen Sicherung. Für einige Planungsbereiche bekamen die Konzepte der Jugendhilfeplanung geradezu eine Vorbildfunktion. Dies betrifft insbesondere die sozialräumlichen Ausrichtung und die AdressatInnenbeteiligung. „Das Ergebnis dieser Planungsdebatte war (...) ein Plädoyer für ein weniger technologisches, sondern stärker kommunikationsorientiertes und mit Aspekten der Organisationsentwicklung verknüpftes Planungsverständnis" (Merchel 2005/2, S. 620).

In Theorie und Praxis wurde Jugendhilfeplanung in den neunziger Jahren konzipiert als ein Prozess, in dem sich Entscheidungsträger, Akteure und Adressaten auf unterschiedlichen Ebenen in einem ständigen, möglichst transparenten und zielgerichteten Austausch über die Entwicklung des gesamten Systems der örtlichen Jugendhilfe befinden. Neben der Prozess- und der Kommunikationsorientierung wurde in diesem Verständnis von Jugendhilfeplanung auch ihre Funktion als Vorgang politischer Willensbildung und ihr normativer Charakter hervorgehoben (vgl. Merchel 1994; Bitzan 1995; Nickles 1995; Jordan/Schone 1992 und 1998).

Die wichtigsten Charakteristika dieses Planungsverständnisses waren:

- Der Planungsauftrag des SGB VIII zielt nicht auf die Erstellung eines Jugendhilfeplanes, sondern auf die Organisation eines Planungsprozesses. Planung ist zudem eine permanente Aufgabe des öffentlichen Jugendhilfeträgers und kann deshalb nur in einem zyklischen Ablauf von Zielformulierung, Umsetzung, Evaluation und erneuter Zielformulierung gedacht und vollzogen werden.
- Die Verpflichtung zur Beteiligung der Träger der freien Jugendhilfe und zur Berücksichtigung der Wünsche, Bedürfnisse und Interessen von jungen Menschen und Familien machen die Kommunikation und Aushandlung zwischen Institutionen und Personen zum zentralen Handlungsmodus des Planungsgeschehens.
- Durch die Einbindung der Planung in die Abläufe der kommunalpolitischen Willensbildung, insbesondere durch die Zuordnung dieser Aufgabe in die Zuständigkeit des Jugend-

hilfeausschusses und den Verweis auf die Verknüpfung mit anderen örtlichen und überörtlichen Planungen, ist Jugendhilfeplanung im politischen System auf der kommunalen Ebene verankert.

- Aufgabe der Jugendhilfe und damit auch die Jugendhilfeplanung ist nach der Grundausrichtung des SGB VIII (insbes. § 1 Abs. 1 SGB VIII) die Wahrung der Interessen von Kindern und Jugendlichen bei der Gestaltung der gesellschaftlichen Realität. Hieraus bezieht Jugendhilfeplanung auch ihren normativen Charakter.

Mit dieser Beschreibung wird deutlich, wie komplex und anspruchsvoll Gegenstand und Aufgabenstellungen der Jugendhilfeplanung sind. Es geht hier um politische Steuerung, um die Bereitstellung von gesetzlich garantierten Leistungen, um die Beschreibung und Bewertung von bestehenden Strukturen und Angeboten, um die Analyse von Lebenslagen, um die Aktivierung von unterschiedlichsten Interessen- und Zielgruppen, um die Entwicklung und Implementierung von fachlichen Konzepten, um die gerechte und effiziente Verteilung von Ressourcen, um die Bildung von ineinandergreifenden Versorgungsstrukturen, um den Umgang mit einem Markt der Leistungsanbieter etc. Dazu bedarf es empirischer, fachlicher und struktureller Grundlagen, die in der Regel weder im System der Jugendhilfe noch im System der Kommunalverwaltung vorfindbar sind, sondern von den Institutionen der Jugendhilfeplanung bzw. von ihren Fachkräften selbst hergestellt und gepflegt werden müssen.

In der subsidiären und auf Partizipation der AdressatInnen ausgerichteten Jugendhilfe ist der öffentliche Jugendhilfeträger nicht das Subjekt der Planung, sondern allenfalls das Subjekt der Planungsorganisation. Seinen Gestaltungsauftrag nimmt er wahr, indem er über die Institution der Jugendhilfeplanung neben den Themen auch die Strukturen und Methoden des Planungsprozesses bestimmt und somit Beteiligung und politische Willensbildung organisiert. Damit kommt ihm zwar eine entscheidende Rolle im Planungsprozess zu, andere Akteure können und müssen sich jedoch in diesen Planungsprozess einbringen (können) und zwar in einem weit größeren Maße, als dies in anderen Bereichen kommunaler Planung vorgesehen ist. Damit finden sich in der Jugendhilfeplanung Analogien zur Planung von Einzelhilfen, die in ähnlicher Weise in einem Dreiecksverhältnis zwischen Leistungsträger, Leistungserbringer und Leistungsberechtigtem ausgehandelt werden muss. Die Interessen dieser drei Parteien müssen bereits in der Planung in ein Gleichgewicht gebracht werden, damit die Hilfe Erfolg hat. Bei der Infrastrukturplanung nach der Planungsphilosophie des § 80 SGB VIII gelten ähnliche Maßstäbe. Unterschiedliche Interessen sollen zu einem gemeinsamen Gestaltungswillen gebündelt werden, um so ein geeignetes, akzeptiertes und wandlungsfähiges Jugendhilfesystem im kommunalen Raum zu etablieren.

1.3 Planungspraxis heute

Die Frage: „Was ist Jugendhilfeplanung?“ muss einerseits mit dem Blick auf die Programmatik der gesetzlichen Vorgaben und auf die fachlichen Diskurse beantwortet werden. Andererseits lohnt es sich, zum Verständnis des Begriffes und vor allem zum Verständnis der Realität der Jugendhilfeplanung seinen Blick auch darauf zu lenken, was die öffentlichen Jugendhilfeträger unter dem Titel „Jugendhilfeplanung“ tun, wie die „gelebte Praxis“ der Jugendhilfeplanung heute aussieht.

In den ersten Jahren nach dem Inkrafttreten des SGB VIII dominierte die extern beratene Planung durch Fachinstitute das Planungsgeschehen in den Städten und Kreisen (vgl. Simon 1997,

S. 6). Die Verständigung über die „Planung nach den Regeln der Kunst" fand in breiten Fachdiskursen statt. Nach und nach wurden in den Kommunen flächendeckend Funktionsstellen für Jugendhilfeplanung geschaffen, so dass die früher häufiger erfolgte umfassende externe Vergabe von Planungsberatungsaufträgen an Fachinstitute etwa seit dem Jahr 2000 eher die Ausnahme darstellt. Heute werden vielmehr gezielte Aufträge an solche externen Beratungsinstitutionen vergeben. So geben knapp ein Drittel der Jugendämter an, auf eine solche Unterstützung zurückzugreifen (vgl. den Beitrag von Adam/Kemmerling/Schone in diesem Band). Damit haben die Kommunen die Idee einer Planung als kontinuierlichem Prozess auf lokaler Ebene akzeptiert. Allerdings wurde auf diesem Weg eine Situation geschaffen, in der gegenwärtig ein einheitliches Verständnis der Spezifika der Jugendhilfeplanung aus der Praxis fast nicht mehr ableitbar ist (vgl. Falten/Kreft 2006).

Was Jugendhilfeplanung ist, wird heute in der sehr diversifizierten kommunalen Landschaft definiert. Bei der Umsetzung der bundesgesetzlichen Vorgaben in der Jugendhilfe auf der kommunalen Ebene lassen sich inzwischen in nahezu allen Arbeitsbereichen deutliche Unterschiede zwischen den Kommunen erkennen, so auch in der Jugendhilfeplanung. Sie resultieren zum einen aus den Strukturmerkmalen der Kommune selbst. Hierbei spielen die Größe und die strukturelle Gliederung eine entscheidende Rolle. So kann beispielsweise in Nordrhein-Westfalen jede Kommune ab einer Größe von 21.500 EinwohnerInnen theoretisch ein eigenes Jugendamt gründen. Es existieren in diesem Bundesland Jugendämter in allen denkbaren Größenordnungen zwischen 22.000 und einer Million EinwohnerInnen im Zuständigkeitsbereich. Entsprechend unterschiedlich sind Planungspraxis und Planungshorizonte. Ein weiteres relevantes Strukturmerkmal stellen die verwaltungsbezogenen Untergliederungen der Kommunen dar. Die Jugendhilfeplanung in einem Kreis mit selbständigen Kommunen – die z.T. selbst öffentlicher Jugendhilfeträger sind – muss anders agieren und hat andere Begrenzungen als in einer Kleinstadt mit 60.000 EinwohnerInnen. Im großstädtischen Kontext bzw. in den Stadtstaaten muss Jugendhilfeplanung sich auf den unterschiedlichen Verwaltungsebenen mit weiteren Bereichen der sozialen Sicherung und Daseinsfürsorge verknüpfen. Sie kann sich weniger als eigenständige, allein für die Jugendhilfe zuständige Planungsaktivität profilieren, sondern es entsteht eine komplexe Planungsmatrix, in der die Planungsakteure die Verwaltungsebenen, Planungsgegenstände und Planungsmethoden miteinander verbinden.

In den meisten Jugendämtern stehen inzwischen Personalressourcen für die Jugendhilfeplanung zur Verfügung (vgl. auch den Beitrag von Adam/Kemmerling/Schone in diesem Band). Dies bedeutet aber nicht, dass auf diesen Funktionsstellen durchgehend gleiche oder ähnliche Aufgaben wahrgenommen werden. Die Möglichkeiten und Grenzen der Planungspraxis werden nachhaltig bestimmt durch den Umfang und die Einbindung der Fachkraftstellen, beide Faktoren liegen in der Hand der Kommune und sind deshalb abhängig von den lokalen Gegebenheiten und vom politischen Willen der Entscheidungsträger. In der Platzierung der Fachkraftstellen in der kommunalen Hierarchie und in ihrer Ausstattung spiegelt sich der Stellenwert dieser Funktion innerhalb des kommunalen Jugendhilfesystems. Darüber hinaus werden Planungsfachkräfte in unterschiedlichem Maße für jugendamtsinterne Aufgaben in Anspruch genommen. In der internen Aufgabenteilung im Jugendamt kompensiert die Jugendhilfeplanung tendenziell Lücken im Management. Sie übernimmt Aufgaben, die funktional als Leitungsunterstützung bezeichnet werden müssen, sie ist teilweise in tragender Funktion in das Finanz- und Leistungscontrolling eingebunden und sie liefert wichtige Beiträge zur internen Organisations- und Qualitätsentwicklung (vgl. Hopmann 2005; Merchel 2005/1).

Ein weiteres Merkmal der Diversität von Jugendhilfeplanung ist die breite Palette ihrer Themen und Methoden. Die Vielfalt des Gegenstandsbereiches liegt bereits in den gesetzlichen Vorgaben begründet. Gefordert ist eine allumfassende und kontinuierliche Infrastrukturplanung, die nicht nur alle Arbeitsbereiche und Institutionen der Jugendhilfe umfasst, sondern sich als Anwalt von jungen Menschen und Familien auch mit anderen Planungs- und Politikfeldern verbindet. Wahrnehmbar ist nun allerdings nicht, dass Jugendhilfeplanung sich überall aktiv und „irritierend" in kommunale Planung einmischt, sondern dass die Unbestimmtheit des Gegenstandsbereiches eher dazu führt, dass auf der lokalen Ebene eklektizistisch einzelne Planungsbereiche herausgegriffen und mit großer Intensität bearbeitet werden. Entsprechend den Gegenstandsbereichen formieren sich dann das Planungsverständnis und die Zugangsweise zu den Planungsthemen. So gibt es beispielsweise Kommunen, in denen sich die Planung nahezu ausschließlich mit der Fachplanung von Kindertageseinrichtungen befasst, oder andere, in denen sie schwerpunktmäßig die Verhandlung von Entgelt- und Qualitätsvereinbarungen mit Leistungserbringern der Jugendhilfe zum Gegenstand hat. In anderen Kommunen binden breit angelegte Armuts-, Familien- oder Bildungsberichte die Ressourcen der Jugendhilfeplanung über Monate und Jahre.

Die hier skizzierten Beispiele widersprechen nicht unbedingt dem Konzept einer partizipativen und prozessorientierten Infrastrukturplanung. Sie machen jedoch deutlich, dass Jugendhilfeplanung in der kommunalen Landschaft sehr unterschiedlich umgesetzt wird. Die Vielfalt der Praxis ist bereits an den äußeren Merkmalen wie Größe und Struktur der Kommune, Umfang und Einbindung der Funktionsstellen und den Gegenständen und Themen der Planungsaktivitäten ablesbar. Sie wird noch verstärkt durch weniger präzise darstellbare Einflussfaktoren, die in der Qualität der fachlichen und politischen Diskurse auf kommunaler Ebene ihren Ausdruck finden. Jugendhilfeplanung setzt eine „Kultur des Aushandelns" voraus, die über das Planungsgeschehen selbst nur teilweise hergestellt und gepflegt werden kann. Ohne diese Kultur des Aushandelns läuft Jugendhilfeplanung allerdings eher ins Leere, weil sie nur Gestaltungsmacht entfalten kann, wenn mit widersprüchlichen Interessen und unterschiedlichen Machtmitteln ausgestattete Akteure freiwillig um faire Kompromisse ringen. Dies ist zwar keine hinreichende, aber immerhin eine notwendige Bedingung „gelingender" Jugendhilfeplanung. Kilb weist in seiner Analyse von Planungsprojekten darauf hin, dass die Verbesserung der Organisations- und Arbeitskultur „die häufigste eigentliche Verwendungsfunktion von Jugendhilfeplanungen" (Kilb 2000, S. 339) darstellt. Danach wirke Planung zwar häufig als „systembezogenes Refreshment", trage aber damit nicht unbedingt zur sichtbaren und überlegten Weiterentwicklung des Jugendhilfesystems bei, sondern arbeite erst einmal an ihren eigenen Voraussetzungen. Es ist evident, dass die örtlichen Bedingungen für den Erhalt oder Aufbau einer innovativen Planungskultur sehr unterschiedlich sind.

Der Blick in die kommunale Praxis der Jugendhilfeplanung zeigt also ein sehr vielfältiges Bild. In dieser Vielfalt steckt einerseits ein Qualitätsrisiko, andererseits verfügt die Jugendhilfe damit insgesamt aber auch über ein Reservoir vielfältigster Ideen und Umsetzungsstrategien.

2 Der gesetzliche Auftrag: Gestaltung einer kommunalen Jugendhilfe-Infrastruktur

Das SGB VIII verpflichtet die öffentlichen Träger der Jugendhilfe zur Bereitstellung einer eigenen jugendhilfebezogenen Infrastruktur. So wird im Gesetz eine Fülle von Aufgaben benannt, für die der öffentliche Jugendhilfeträger die Gewährleistungspflicht und damit auch die Planungsverantwortung hat. Die zentralen Normen des Kinder- und Jugendhilfegesetzes zur Jugendhilfeplanung sind die §§ 79 und 80 SGB VIII.[1]

Die in § 79 SGB VIII formulierte Verpflichtung des Trägers der öffentlichen Jugendhilfe, dafür zu sorgen, „dass die Erfüllung nach diesem Buch erforderlichen und geeigneten Einrichtungen, Dienste und Veranstaltungen den verschiedenen Grundrichtungen der Erziehung entsprechend rechtzeitig und ausreichend zur Verfügung stehen", bedeutet zunächst, nicht mehr und nicht weniger, als dass der öffentliche Träger der Jugendhilfe dafür Sorge zu tragen hat, dass eine spezifische aus dem Gesetz herleitbare Jugendhilf-Infrastruktur aufgebaut und erhalten werden muss, die sicherstellt, dass die im SGB VIII normierten Leistungen und anderen Aufgaben auch erfüllt werden können.

Gleichzeitig werden die Anforderungen an eine leistungsfähige Infrastruktur in § 80 SGB VIII auch mit einer Reihe von inhaltlich-fachlichen Zielen und Standards verbunden, die als Rahmenbedingungen für positive Entwicklungsmöglichkeiten von jungen Menschen gesehen werden. Auf der Grundlage dieser schon vom Gesetz vorgegebenen Rahmenbedingungen für die Gestaltung der Jugendhilfe ist im Zuge der kommunalen Willensbildungs- und Hand-

---

1 **§ 79 SGB VIII: Gesamtverantwortung, Grundausstattung**
(1) Die Träger der öffentlichen Jugendhilfe haben für die Erfüllung der Aufgaben nach diesem Buch die Gesamtverantwortung einschließlich der Planungsverantwortung.
(2) Die Träger der öffentlichen Jugendhilfe sollen gewährleisten, dass die zur Erfüllung der Aufgaben nach diesem Buch erforderlichen und geeigneten Einrichtungen, Dienste und Veranstaltungen den verschiedenen Grundrichtungen der Erziehung entsprechend rechtzeitig und ausreichend zur Verfügung stehen; hierzu zählen insbesondere auch Pfleger, Vormünder und Pflegepersonen. Von den für die Jugendhilfe bereitgestellten Mitteln haben sie einen angemessenen Anteil für die Jugendarbeit zu verwenden.
(3) Die Träger der öffentlichen Jugendhilfe haben für eine ausreichende Ausstattung der Jugendämter und der Landesjugendämter zu sorgen; hierzu gehört auch eine dem Bedarf entsprechende Zahl von Fachkräften.
§ 80 Jugendhilfeplanung:
(1) Die Träger der öffentlichen Jugendhilfe haben im Rahmen ihrer Planungsverantwortung
1. den Bestand an Einrichtungen und Diensten festzustellen,
2. den Bedarf unter Berücksichtigung der Wünsche, Bedürfnisse und Interessen der jungen Menschen und der Personensorgeberechtigten für einen mittelfristigen Zeitraum zu ermitteln und
3. die zur Befriedigung des Bedarfs notwendigen Vorhaben rechtzeitig und ausreichend zu planen; dabei ist Vorsorge zu treffen, dass auch ein unvorhergesehener Bedarf befriedigt werden kann.

(2) Einrichtungen und Dienste sollen so geplant werden, dass insbesondere
1. Kontakte in der Familie und im sozialen Umfeld erhalten und gepflegt werden können,
2. ein möglichst wirksames vielfältiges und aufeinander abgestimmtes Angebot von Jugendhilfeleistungen gewährleistet ist,
3. junge Menschen und Familien in gefährdeten Lebens und Wohnbereichen besonders gefördert werden,
4. Mütter und Väter Aufgaben in der Familie und Erwerbstätigkeit besser miteinander vereinbaren können.

(3) Die Träger der öffentlichen Jugendhilfe haben die anerkannten Träger der freien Jugendhilfe in allen Phasen ihrer Planung frühzeitig zu beteiligen. Zu diesem Zweck sind sie vom Jugendhilfeausschuss, soweit sie überörtlich tätig sind, im Rahmen der Jugendhilfeplanung des überörtlichen Trägers vom Landesjugendhilfeausschuss zu hören. Das Nähere regelt das Landesrecht.
(4) Die Träger der öffentlichen Jugendhilfe sollen darauf hinwirken, dass die Jugendhilfeplanung und andere örtliche und überörtliche Planungen aufeinander abgestimmt werden und die Planungen insgesamt den Bedürfnissen und Interessen der jungen Menschen und ihrer Familien Rechnung tragen.

lungsprozesse ein jugendhilfepolitisches Programm zu entwickeln und umzusetzen, das Auskunft darüber gibt, welche Lösungswege für erforderlich und geeignet gehalten werden, um die spezifischen kommunalen Anforderungen an die Jugendhilfe angemessen aufgreifen und bewältigen zu können. Die Verpflichtung zum Aufbau und zur Aufrechterhaltung einer leistungsfähigen kommunalen Jugendhilfe-Infrastruktur speist sich dabei aus drei verschiedenen Grundlagen, die das SGB VIII normiert: aus Rechtsansprüchen, Programmsätzen und hoheitlichen Aufgaben.

Rechtsansprüche gehen von der Optik des leistungsberechtigten Bürgers aus und definieren unter Vorliegen bestimmter Voraussetzungen einklagbare Leistungen beim öffentlichen Jugendhilfeträger. Beispiele dafür sind der Anspruch auf einen Platz in einer Kindertageseinrichtung nach § 24 SGB VIII oder der Anspruch auf Hilfe zur Erziehung nach § 27 SGB VIII. Im ersten Fall ist die Voraussetzung für den Rechtsanspruch das Erreichen einer Altersgrenze, im zweiten Fall die Nicht-Gewährleistung des Kindeswohls.

Programmsätze gehen im Unterschied zu Rechtsansprüchen nicht vom leistungsberechtigten Bürger aus, sondern richten sich in unterschiedlich bindender Weise direkt an den öffentlichen Träger der Jugendhilfe. Beispiele hierfür sind die Bestimmungen der §§ 11-14 SGB VIII (Jugendarbeit, Jugendsozialarbeit, erzieherischer Kinder- und Jugendschutz). Programmsätze sind Verpflichtungen des öffentlichen Trägers der Jugendhilfe, seine Aufgaben in einer bestimmten Weise wahrzunehmen, bzw. eine bestimmte Leistungsinfrastruktur in seinem Bereich vorzuhalten.

Hoheitliche Aufgaben des Jugendamtes wurden weniger aus sozialpädagogischen Perspektiven als zur Durchsetzung von Grundrechten und aus ordnungspolitischen Überlegungen in das Gesetz aufgenommen. Hierbei geht es um Aufgaben, die vom Jugendamt wahrgenommen werden, unabhängig davon, ob die Betroffenen das überhaupt wollen. Es ist den Betroffenen nicht freigestellt, ob sie Aktivitäten der Jugendhilfe in diesem Bereich in Anspruch nehmen oder nicht. Jugendämter werden hier von Gesetzes wegen tätig. Dies betrifft alle Aufgaben im Rahmen des Schutzes von Minderjährigen (§ 8a SGB VIII „Schutz vor Gefährdung für das Kindeswohl" und § 41 SGB VIII „Inobhutnahme") sowie die Bestimmungen über die Mitwirkung im Familien- und Jugendgerichtsverfahren (§ 50 und § 52 SGB VIII).

Unabhängig von der rechtsdogmatischen Fragestellung nach dem Spannungsverhältnis zwischen individuellen Rechtsansprüchen der Leistungsberechtigten, Programmsätzen und hoheitlichen Aufgaben gibt es allein aus dem Gesetz heraus unterschiedliche Anforderungen zur Entwicklung einer angemessenen kommunalen Jugendhilfe-Infrastruktur. Zum einen ist dies die aus den Programmsätzen abzuleitende Verpflichtung, bestimmte Leistungen auch ohne unmittelbare Rechtsansprüche von BürgerInnen auf diese Leistungen bereitzuhalten (programmatische Infrastrukturverpflichtung). Zum anderen speist sich die Verpflichtung zur „rechtzeitigen" Bereitstellung der „erforderlichen" und „geeigneten" Infrastruktur in der Jugendhilfe aus den individuellen Rechtsansprüchen von BürgerInnen (anspruchsbezogene Infrastrukturverpflichtung). Hierbei geht es sowohl um umfassende Infrastrukturleistungen wie beispielsweise im Bereich der Kindertagesbetreuung als auch um Leistungen für Menschen in spezifischen Not- und Krisensituationen, denen mit unterschiedlichen Angeboten der erzieherischen Hilfen begegnet wird. Wachsende Bedeutung gewinnen auch die Einrichtungen und Angebote, die den Schutz von Minderjährigen für Gefährdungen für ihr Wohl und die Mitwirkung in Verfahren vor dem Familiengericht und vor dem Jugendgericht sicherstellen (hoheitliche Infrastrukturverpflichtung).

Losgelöst vom fach- und kommunalpolitischen Gestaltungswillen sichert somit der Gesetzgeber für die Gestaltung der Jugendhilfe einen Grundstandard. Die im SGB VIII entfaltete Leistungs- und Aufgabenpalette folgt damit in ihrer Struktur unterschiedlichen Motiven und Zielsetzungen. Die Abschnitte „Jugendarbeit, Jugendsozialarbeit und erzieherischer Kinder- und Jugendschutz" und „Förderung der Kinder in Kindertagespflege und Kindertagesbetreuung" sowie Teile des Abschnitts „Förderung der Erziehung in der Familie" folgen eher dem Ziel einer allgemeinen Förderung und Unterstützung junger Menschen und ihrer Familien, sind also mehr im Kontext einer präventionsorientierten Jugendhilfe zu sehen. Andere Teile des Abschnitts „Förderung der Erziehung in der Familie", der Abschnitt „Hilfen zur Erziehung" sowie das 3. Kapitel „Andere Aufgaben der Jugendhilfe" folgen dagegen eher dem Ziel der Bereitstellung einer reaktiven oder interventionsmotivierten, das heißt auf Not und Krisensituationen im Einzelfall abzielenden Infrastruktur.

Gegenstand und Zielperspektive der Jugendhilfeplanung ist somit die Gesamtheit und die Einheit der Jugendhilfe. Jugendhilfeplanung hat dafür Sorge zu tragen, dass die einzelnen Teile des Systems Jugendhilfe sich in Beziehung zu einander entwickeln und dass die unterschiedlichen Funktionen von Programmatik, Rechtsanspruch und hoheitlichen Aufgaben des gesetzlichen Auftrags in der Infrastruktur ineinandergreifen.

Die folgenden gesetzlichen Bestimmungen sind für die Ausgestaltung und Positionierung der Jugendhilfeplanung über die §§ 79 und 80 SGB VIII hinaus von besonderer Relevanz:

- § 71 Abs. 2 Nr. 2 SGB VIII: Jugendhilfeplanung als eine besonders hervorgehobene Aufgabe des Jugendhilfeausschusses,
- § 74 Abs. 2 SGB VIII: Bindung der freien Jugendhilfe u. a. an die Ergebnisse der Jugendhilfeplanung,
- § 78 SGB VIII: Arbeitsgemeinschaften,
- § 81 SGB VIII: Zusammenarbeit mit anderen Stellen und öffentlichen Einrichtungen.

2.1 Jugendhilfeplanung als umfassende Pflichtaufgabe des öffentlichen Jugendhilfeträgers

Der öffentliche Jugendhilfeträger ist zur Planung verpflichtet; damit wird Jugendhilfeplanung zu einem Instrument der Überprüfung und Sicherung der Gewährleistungsverpflichtung des öffentlichen Trägers nach § 79 SGB VIII und ist dementsprechend auch explizit im Aufgabenkatalog des Jugendhilfeausschusses benannt (§ 71 Abs. 2 Nr. 2 SGB VIII). Die Zuordnung der Jugendhilfeplanung zum Jugendhilfeausschuss bedeutet, dass eine sachgerechte Einlösung dieses Auftrags allein durch das Jugendamt und nicht durch andere Stellen innerhalb oder außerhalb der Kommunalverwaltung gewährleistet werden kann. Eine sachgerechte Wahrnehmung dieser Aufgabe setzt voraus, dass hierfür qualifiziertes Personal in erforderlichem Umfang vom öffentlichen Jugendhilfeträger zur Verfügung gestellt wird.

Die gesetzliche Verpflichtung zur Planung beschränkt sich nicht auf einzelne Teilbereiche der Jugendhilfe, sondern es sind alle Aufgabenfelder einzubeziehen. Bleibt der Träger der öffentlichen Jugendhilfe entgegen der Verpflichtung des § 80 SGB VIII untätig oder wird er völlig unzureichend tätig, ist dies eine Rechtsverletzung, die in geeigneter Form Angelegenheit eines verwaltungsgerichtlichen oder kommunalaufsichtsrechtlichen Verfahrens werden kann.

2.2 Jugendhilfeplanung als ressortübergreifende Aufgabe zur Entwicklung positiver Lebensbedingungen für junge Menschen und Familien

In Abgrenzung zu einem rein technokratischen Planungsverständnis finden wir in der gesetzlichen Grundlage der Jugendhilfeplanung explizite Formulierungen, die die normativen Grundausrichtungen der Kinder- und Jugendhilfe aufgreifen und für die Planung konkretisieren. Somit wird auch dieses Arbeitsfeld des Jugendhilfesystems auf eine anwaltschaftliche Aufgabenwahrnehmung für die junge Generation verpflichtet, die für die gesamte Jugendhilfe gilt.

Neben den grundsätzlichen Orientierungen an den allgemeinen Vorschriften des SGB VIII und den jeweils arbeitsfeldspezifischen Zielvorgaben wird besonders hervorgehoben, dass Jugendhilfe im familiären und sozialen Umfeld von Kindern und Jugendlichen ansetzen und ein stadtteilbezogenes, vernetztes Angebot bereitstellen soll, durch das junge Menschen und Familien in gefährdeten Lebens- und Wohnbereichen besonders gefördert werden können und dass Einrichtungen und Dienste so geplant werden sollen, dass Mütter und Väter Aufgaben in der Familie und Erwerbstätigkeit besser miteinander vereinbaren können. Mit diesen Zielvorgaben soll eine an Symptomen orientierte, allgemeine Sozialisationsbedingungen vernachlässigende Jugendhilfe überwunden und eine sozialökologische Orientierung der Jugendhilfe verstärkt werden.

Von kommunaler Jugendhilfeplanung werden Leistungen vor allem auf zwei Ebenen erwartet. Einmal soll sie als soziale Regionalentwicklungsplanung einen Beitrag zu einer übergreifenden sozialen Kommunalpolitik leisten, zum anderen ist sie aber auch zielgruppen- und bereichsbezogene Fachplanung. Dieser übergreifende Anspruch leitet sich aus dem SGB VIII ab. So haben z. B. nach § 81 SGB VIII die Träger der öffentlichen Jugendhilfe mit anderen Stellen und öffentlichen Einrichtungen zusammenzuarbeiten, deren Tätigkeit sich auf die Lebenssituation junger Menschen und ihrer Familien auswirkt. Und nach § 1 Abs. 3 Ziffer 4 SGB VIII soll Jugendhilfe und natürlich auch die auf dieses Feld bezogene Planung „dazu beitragen, positive Lebensbedingungen für junge Menschen und ihre Familien sowie eine kinder- und familienfreundliche Umwelt zu erhalten oder zu schaffen“. Damit wird Jugendhilfe zu einer *ressortübergreifende Entwicklungsaufgabe,* der ein institutionalisierter Auftrag erteilt wird, Jugendhilfeperspektiven im Sinne eines Einmischungsauftrages in andere Handlungsbereiche und Politikfelder hineinzutragen.

2.3 Jugendhilfeplanung als Prozess fachlicher und politischer Willensbildung

Das Gesetz spricht durchgehend von der Aufgabe der Jugendhilfeplanung, nicht von einer Planerstellung oder einem Jugendhilfeplan. Dies unterstreicht, dass Jugendhilfeplanung als eine kontinuierliche Aufgabe zu verstehen ist. Sie wird als ein zielgerichteter, durch Kommunikation und Partizipation bestimmter Prozess charakterisiert (vgl. VSOP 1992; Merchel 1992; Jordan/Schone 1992, 1999). Damit wird betont, dass Ziele, Aufgaben, Mittel, Anforderungen im Bereich der Jugendhilfe nicht raum- und zeitunabhängige „objektive“ Vorgaben, sondern immer Ergebnis von Aushandlungsprozessen, konkreten Interessenkonstellationen und parteilichem Engagement sind. Jugendhilfeplanung ist danach als Aufgabe zu verstehen, bei der es immer wieder aufs Neue für die jeweilige Planungsregion zu bestimmen gilt, ob die vorhandenen Angebote, Dienste und Veranstaltungen nicht nur hinreichend und angemessen sind, sondern auch den jeweils aktuellen Standards einer zeitgemäßen Jugendhilfe entsprechen.

Der Prozesscharakter der Jugendhilfeplanung wird darüber hinaus durch die im Gesetz genannten Planungsschritte noch unterstrichen: Jugendhilfeplanung hat nach § 80 Abs. 1 SGB VIII

- den Bestand zu erheben,
- den Bedarf unter Berücksichtigung der Wünsche, Bedürfnisse und Interessen der Betroffenen zu ermitteln und
- die Schritte zur Bedarfsdeckung zu benennen.

Dabei ist nicht nur der Aspekt der laufenden Überprüfung und Fortschreibung des bestehenden Angebotes zu berücksichtigen, sondern es gilt auch, offen zu bleiben für neue Bedürfnisse und unvorhergesehene Bedarfe, was eine ergebnisoffene Diskussion erfordert, um ggf. neue Angebote zu entwickeln.

Die Planungsschritte beziehen sich auf alle Handlungsfelder der Jugendhilfe. Es bietet sich an, dass sich die Bestandsermittlungen dabei an der Systematik und den Qualitätskriterien des SGB VIII orientieren. Das heißt, die Aufgabenfelder der Jugendhilfe können als systematisierende Vorlage für eine Bestandserhebung dienen. Unabhängig davon können jedoch auch andere Ausgangspunkte für eine Bestandserhebung gewählt werden, wie zum Beispiel bestimmte Zielgruppen oder Problemlagen.

Bei den Bestands- und Bedarfsfeststellungen geht es wesentlich um die arbeitsfeldspezifische Konkretisierung unbestimmter Rechtsbegriffe wie „erforderlich“, „geeignet“, „rechtzeitig“, „ausreichend“, aber auch darum, welcher Mitteleinsatz vor Ort zur Umsetzung der definierten Ziel erforderlich ist. Besonders erwähnt wird im Gesetz der Bereich der Jugendarbeit, für den ein „angemessener Anteil“ der Mittel bereitgestellt werden muss (§ 79 Abs. 2 Satz 2 SGB VIII). Dies ist nicht mit objektiven Messgrößen zu bewerkstelligen, sondern nur über einen fachlichen und politischen Aushandlungsprozess erreichbar. Dabei kommt es auch darauf an, durch die Planung die verschiedenen Bedarfe unterschiedlicher Zielgruppen offenzulegen, damit in dem unverzichtbaren Prozess der Prioritätensetzung durch die parlamentarischen Vertretungskörperschaften unter Umständen deutlich bleibt, wessen Bedürfnisse zurückgestellt werden, wenn denen anderer Vorrang eingeräumt wird. Jugendhilfeplanung ist demnach ein Instrument kommunaler Willensbildung und Entscheidungsvorbereitung. Sie tritt nicht an deren Stelle, muss aber einen Beitrag zur Transparenz der Grundlagen und Folgen von politischen Entscheidungen leisten.

Auch die vom Gesetz zwingend geforderte Bedarfsermittlung unter Beteiligung der Betroffenen unterstreicht den Kommunikations- und Prozesscharakter der Jugendhilfeplanung. Ein Bedarf lässt sich beispielsweise nicht eindimensional aus vereinheitlichten Richtwerten ableiten. Gerade unter Berücksichtigung der in § 80 Abs. 2 SGB VIII genannten Ziele (Lebensfeldbezug, Vernetzung, Kleinräumigkeit, Beachtung sozial belasteter Lebensräume, Familien- und Erwerbsarbeit) sind hier wesentlich qualitative und sozialräumlich differenzierte Daten und Informationen zu erheben, die unterschiedlichen Bedarfslagen gerecht werden.

2.4 Zusammenarbeit zwischen öffentlichen und freien Trägern

Das Gesetz verpflichtet die öffentlichen Träger der Jugendhilfe zur frühzeitigen Beteiligung der Träger der freien Jugendhilfe an der Jugendhilfeplanung. Dieses Beteiligungsgebot ist nicht nur deshalb zu beachten, weil die öffentliche Jugendhilfe grundsätzlich zur Zusammenarbeit mit der freien Jugendhilfe verpflichtet ist (§ 4 SGB VIII) und die freiwillige Tätigkeit auf dem Gebiet der Jugendhilfe anregen und fördern soll (§ 74 SGB VIII), sondern auch deshalb, weil die finanzielle Förderung der freien Träger davon abhängig gemacht werden kann, dass sie Einrichtungen, Dienste und Veranstaltungen nach Maßgabe der Jugendhilfeplanung anbieten (§ 74

Abs. 2 SGB VIII). Dabei sollen Träger der freien Jugendhilfe neben allgemeinen Grundsätzen auch spezifische inhaltliche Anforderungen (z. B. Orientierung an den Interessen der AdressatInnen und Sicherung deren Einflussnahme auf die Ausgestaltung der Maßnahme (§ 74 Abs. 4 SGB VIII) beachten.

Um den Widerspruch zwischen der öffentlichen Gesamtverantwortung und Planungskompetenz einerseits und der Autonomie der freien Träger (Selbständigkeit in Zielsetzung und Durchführung ihrer Angebote) andererseits lösen zu können, sind im Rahmen der Jugendhilfeplanung qualifizierte Abstimmungsprozesse und zumindest eine Art „verbindlicher Selbstbindung" der Träger notwendig. Die Auswirkungen der Jugendhilfeplanung auf die Arbeit der Träger der freien Jugendhilfe sind unter Umständen erheblich. Für sie stellt sich damit die Frage, welchen Stellenwert sie selbst der Jugendhilfeplanung für ihre Arbeit beimessen und welche Aufgaben sie in der Planung übernehmen wollen. Das Interesse an finanzieller Absicherung einer ansonsten ungebundenen eigenständigen Arbeit ist für eine intensive Beteiligung sicher nicht hinreichend und wird Abstimmungen über konzeptionelle Fragen kaum erleichtern. Hinzukommen muss die Bereitschaft, die eigenen Angebote in die Jugendhilfeplanung einzubeziehen und ggf. zu verändern.

Vor diesem Hintergrund reicht es nun keinesfalls aus, die Träger der freien Jugendhilfe bei einem bereits fortgeschrittenen Stand der Jugendhilfeplanung lediglich über Inhalte, Ziele und Verfahren zu unterrichten. Dem Erfordernis ihrer frühzeitigen Beteiligung wäre vielmehr dadurch Rechnung zu tragen, dass sie schon in der Phase der Konzeptentwicklung, bei der Bestimmung von Gegenstand und Umfang, der Diskussion der Planungsmethoden und der Auswahl der ggf. zu beauftragenden Personen und Institutionen Mitsprachemöglichkeiten bekommen. Hier können die nach § 78 SGB VIII möglichen Arbeitsgemeinschaften öffentlicher und freier Träger eine gute Basis für eine kontinuierliche und intensive Planungskooperation geben. Diese haben zudem den Vorzug, dass hier nicht nur die anerkannten Träger der freien Jugendhilfe, sondern auch sonstige geförderte Träger mitwirken können. § 80 Abs. 3 SGB VIII gibt dem Landesrecht die Möglichkeit, Formen der Zusammenarbeit zwischen öffentlichen und freien Trägern weitergehender zu regeln.

2.5 Beteiligung der AdressatInnen an der Infrastrukturplanung

Der § 80 SGB VIII fordert, dass „der Bedarf unter Berücksichtigung der Wünsche, Bedürfnisse und Interessen der jungen Menschen und der Personensorgeberechtigten (...) zu ermitteln" ist. Die damit vorgeschriebene Adressatenorientierung legt allerdings nicht fest, wie die Wünsche, Interessen und Bedürfnisse erhoben werden und in welchem Maß und an welcher Stelle sie in einem zirkulären und kontinuierlichen Planungsprozess Berücksichtigung finden. Vorstellbar sind sowohl extensive direkte Beteiligungsverfahren, die sich unmittelbar an die Bevölkerung, an bestimmte Zielgruppen oder an (potenzielle) NutzerInnen von Diensten und Einrichtungen wenden, als auch mittelbare Beteiligungsformen, in denen die Interessen der Betroffenen über Schlüsselpersonen oder Fachkräfte ermittelt werden, bis hin zu Nutzungs- oder Wirkungsanalysen, in denen nachträglich die Inanspruchnahme von Jugendhilfeleistungen und ihre Wirkungen erfasst und daraus Schlüsse über die Bedürfnislagen der Adressaten gezogen werden. Methodisch reicht die Palette der Zugangswege von qualitativen Interviews mit Menschen in besonderen Lebenslagen über Fragebogenaktionen, z. B. zu Betreuungsbedarfen und Längsschnittuntersuchungen über den Verlauf von Hilfekarrieren, bis hin zu Großveranstaltungen mit mehreren hundert Personen (z. B. „open space") (vgl. hierzu auch den Beitrag von Stork in diesem Band). Damit ist auch schon angedeutet, dass Bedürfnisse sowohl vor als auch nach der Umsetzung von Planungen über evaluierende Verfahren analysiert werden können und dass die Zugangswege zu diesen Bedürfnissen dem jeweiligen Gegenstand der Planung angemessen sein müssen. So sind beispielsweise die Betreuungsbedarfe in den Kindertagesstätten selbstverständlich mit anderen Mitteln zu erheben als die Interessen von Familien, die Leistungen der Erziehungshilfe in Anspruch nehmen.

Programmatisch ist die Notwendigkeit der Betroffenenbeteiligung in der Jugendhilfeplanung nirgendwo bestritten. Sie ist einerseits begründet in dem demokratischen Verfahren, in das die Planung der Jugendhilfe eingebettet ist, andererseits aber auch in dem Wissen, dass Förderung, Unterstützung und Hilfe immer Koproduktionen von Dienstleistern und NutzerInnen darstellen und deshalb auch nicht ohne die Rezipienten geplant werden können. Faktisch stellt die Betroffenenbeteiligung jedoch oftmals eine hohe Hürde in der Planungspraxis dar, weil sie den Planungsprozess neben den komplexen Interessenlagen der Akteure in der Jugendhilfe noch um eine weitere schwierige Komponente erweitert, die zudem häufig auch ohne unmittelbare Folgen umgangen werden kann. Planung geht auch ohne Betroffenenbeteiligung; dass sie fehlt oder nicht ausreichend war, wird oft erst in der Umsetzung deutlich.

Vor dem Hintergrund eingespielter Machtverteilungen zwischen etablierten „kommunalen Eliten" ergeben sich vielfältige Barrieren und Widerstände gegen die Forderung nach einer größeren und konsequenteren Beteiligung von BürgerInnen und AdressatInnen an den politischen Entscheidungen und Planungen auf kommunaler Ebene. Auch wenn die größere Problemlösungskapazität eines offenen, prozessorientierten und an Beteiligung ausgerichteten Planungskonzeptes plausibel gemacht werden kann, so hilft dies diesem Konzept noch nicht zur Durchsetzung. Denn aus der Sicht etablierter Institutionen hat die Einflussnahme von AdressatInnen auf kommunale Politik und Verwaltung eher den Charakter einer Störung, deren Bereicherung und Verbesserung der Problemlösungskapazität oft nicht gesehen oder gar negiert wird.

Diese Widerstände resultieren nun nicht allein aus den Formen und Prinzipien kommunaler Verwaltung (Hierarchie, Arbeitszerlegung, Ressortdenken, Formalisierung von Abläufen und Entscheidungen etc.) und/oder spezifischen Interessenlagen lokaler Eliten oder einflussreicher Gruppen (z. B. Gewerbetreibende, Hausbesitzer, Traditionsvereine). Sie verweisen zugleich auch auf gesellschaftliche Grundkonflikte. Gerade im sozialen Bereich treten aufgrund ungleicher Verteilung ökonomischer und sozialer Teilhabechancen Konflikte auf, die auf kommunaler Ebene und mit dem Mittel der Sozial- bzw. Jugendhilfeplanung kurz- und mittelfristig nur in Teilbereichen bearbeitet werden können. An entscheidenden Punkten (z. B. Arbeitslosigkeit, Armut, Obdachlosigkeit, fehlende Mittel zur privaten Befriedigung von Bedürfnissen, Deprivationen aufgrund sozialer und ethnischer Gruppenzugehörigkeit) zeigen sich auf lokaler Ebene Konfliktlagen, die in der Struktur der Gesamtgesellschaft verankert sind.

Eine konsequente und umfassende Beteiligung Betroffener an der Fachsozialplanung stellt damit hohe Anforderungen an Kompetenz, Risikobereitschaft und Kreativität von Verwaltung und Politik, freien Trägern und Planungspersonal und setzt die Bereitschaft voraus, sich einem Verfahren mit unsicherem Ausgang zu öffnen. Dabei ist es von entscheidender Bedeutung, dass sie weder den eher legitimatorischen Charakter einer effektiven Öffentlichkeitsarbeit hat noch dazu führt, dass Planungsprozesse durch endlose Beteiligungsschleifen im Nirgendwo enden. Um Beteiligungsprozesse effektiv zu gestalten müssen die durch sie gewonnenen Erkenntnisse einen geeigneten und nützlichen Platz im Planungsprozess bekommen, das heißt, Art und Qualität der Ergebnisse müssen antizipiert werden und es muss von vorneherein deutlich sein, wie sie in den Planungsprozess effektiv eingebaut werden können. Eine adäquate Betroffenenbeteiligung ist unverzichtbar im Planungsprozess, sie darf nicht als „l'art pour l'art" umgesetzt werden und sie darf den Planungsprozess nicht durch ihre Komplexität lahmlegen. Der Kreativität der Planungsakteure sind bei der Auswahl der Methoden und Zugangswege keine Grenzen gesetzt. Insbesondere mit Blick auf Gruppen in der Gesellschaft, die nicht in tradierten Organisationsformen und Bewegungen ihr Interesse artikulieren, wären aktivierende Beteiligungsformen zu diskutieren und zu praktizieren, um die Steigerung der Beteiligungsfähigkeit und -bereitschaft solcher unterrepräsentierter Gruppen zu erreichen.

3 Jugendhilfeplanung als umfassender Steuerungsdiskurs

Die in § 80 SGB VIII normierte Verpflichtung zur kommunalen Jugendhilfeplanung geht auf die Erkenntnis zurück, dass eine leistungsfähige und bedarfsgerechte soziale Infrastruktur ohne kontinuierliche und vorausschauende Planung als Instrument fachlicher und fachpolitischer Willensbildung und Entscheidungsfindung auf Dauer nicht zu gewährleisten ist, zumal es ja immer darum gehen wird, begrenzte Ressourcen für unterschiedliche (z.T. konkurrierende) Jugendhilfeziele möglichst wirkungsvoll und rationell zum Einsatz zu bringen.

Die Träger der öffentlichen Jugendhilfe sollen dabei sicherstellen, dass die „erforderlichen und geeigneten Einrichtungen, Dienste und Veranstaltungen den jeweiligen Grundrichtungen der Erziehung entsprechend rechtzeitig und ausreichend zur Verfügung stehen" (§ 79 SGB VIII). Die Begriffe „erforderlich", „geeignet", „rechtzeitig" und „ausreichend" werden im Gesetz nicht näher definiert. Es liegt also in der Verantwortung der öffentlichen Träger der Jugendhilfe, diese Vorgaben für ihren jeweiligen Zuständigkeitsbereich anhand der dort vorfindbaren Problemlagen von Menschen und anhand von fachlichen Begründungen zu füllen und zu interpretieren.

Aufgrund ihrer gesellschaftlichen Funktion hat Jugendhilfe offen zu sein für neue Herausforderungen, Problemstellungen und Lösungswege. Insofern hat Jugendhilfeplanung stets auch eine Innovationsrichtung, indem versucht werden muss, neuen oder auch bekannten Aufgaben durch neuartige Lösungen zu begegnen, zumindest aber die Option auf neue Lösungen bei neu auftauchenden Problemen aufrechtzuerhalten.

Vor diesem Hintergrund ist Jugendhilfeplanung die Ingangsetzung und ständige Aufrechterhaltung eines an den Bedingungen der Kommune orientierten fachlichen und fachpolitischen Entwicklungsprozesses. Sie hat die Aufgabe, die hier geforderte stete Weiterentwicklung kommunaler Jugendhilfe inhaltlich und organisatorisch zu gestalten und voranzutreiben. Hierzu bedarf es verschiedener, allerdings nur analytisch zu trennender Steuerungsdiskurse. Diese unterscheiden sich u. a. nach den sozialen Orten, an denen sie primär geführt werden müssen sowie nach den Referenzpunkten, auf die sie sich beziehen:

- *kommunalpolitischer Steuerungsdiskurs:*
  Hierbei geht es mittel- und langfristig um die Verhältnisbestimmung zwischen verschiedenen sozialen Versorgungssystemen (Jugendhilfe, Grundsicherung, Gesundheitshilfe) und deren Bezug zu anderen Systemen (Bildung, Ausbildung, Polizei) auf kommunaler Ebene. Dieser Diskurs beinhaltet die Frage nach kommunalpolitischen Schwerpunktsetzungen, d. h. dem Steuerungsprimat der Politik. Denn: Hier wird – durch die gewählten KommunalpolitikerInnen (i.d.R. keine Fachleute der Jugendhilfe) – der kommunale Stellenwert der Jugendhilfe gegenüber anderen Politikbereichen (Wirtschaftsförderung, Verkehrspolitik, Bau-

politik etc.) maßgeblich definiert. Der soziale Ort dieses Diskurses sind die kommunalen Parlamente.

- *fachpolitischer Steuerungsdiskurs:*
  Hierbei geht es darum, öffentliche Aufmerksamkeit auf die komplexe fachliche Aufgabe der Jugendhilfe zu lenken und den besonderen Stellenwert der Jugendhilfe für die Sicherung der Lebensbedingungen von jungen Menschen und ihren Familien herauszustreichen. Es geht um die Mittelverteilung innerhalb der Jugendhilfe, und zwar sowohl zwischen verschiedenen Leistungsbereichen der Jugendhilfe (Kindertagesbetreuung, Jugendarbeit, Jugendsozialarbeit, Hilfen zur Erziehung usw.) als auch um die Verteilung von Ressourcen zwischen den Trägern. Die Steuerung von Ressourcen ist hier Ausdruck einer (jugendhilfe-) politischen Prioritätensetzung. Primär muss dieser Diskurs in den kommunalen Jugendhilfeausschüssen geführt werden.
- *fachlicher Steuerungsdiskurs:*
  Anders als die zuvor genannten Steuerungsdiskurse ist dieser weniger durch den Ort bestimmt, an dem er stattfindet, als vielmehr durch das Leitbild einer modernen Jugendhilfe, das innerhalb der Fachöffentlichkeit Anerkennung findet. Fachlicher Steuerungsdiskurs bedeutet zunächst die kritische Aufgabenbeschreibung und Aufgabenkritik durch die Fachkräfte der Jugendhilfe selbst. Sie bedeutet, dass die Fachkräfte die von ihnen im Alltag zu lösenden Probleme und Aufgaben zum Gegenstand von Planung machen und auf dieser Grundlage fachlich begründete Entwicklungsperspektiven für Jugendhilfe insgesamt aufzeigen. Zentral für diesen Diskurs ist die Frage nach den fachlich sinnvollen Kriterien für die Verteilung von Ressourcen auf einzelne Leistungsbereiche der Jugendhilfe. Derzeit lässt sich dieser Diskurs am besten mit dem Schlagwort vom Sozialraumbezug umreißen, mit dem ein grundsätzlicher Aspekt im Modus der Ressourcensteuerung angedeutet ist.

Wenn Jugendhilfeplanung aus einem offensiven, an den Problemen und Bedürfnissen der AdressatInnen orientierten Ansatz abgeleitet wird, der Angebote, Qualitätsstandards und regionale Verteilungen an sich verändernden Anforderungen, Wertewandel, Erwartungen und Bedürfnissen der NutzerInnen misst, ergeben sich folgende Fragestellungen für die Jugendhilfeplanung:

- Welchen gesellschaftspolitischen Anspruch soll Jugendhilfe erfüllen? Welche Möglichkeiten gibt es, durch Jugendhilfeplanung die Lebenssituation von Familien, Kindern und Jugendlichen tatsächlich zu verändern? Wie kann durch Planung die Wirksamkeit von Jugendhilfe gesteigert werden?
- Wie können Behörden/Verwaltungen in die Lage versetzt werden, Bedürfnisse und Problemlagen von JugendhilfeadressatInnen so wahrzunehmen und zu definieren, dass eine adäquate Problemlösung erreicht wird? Wie kann die soziale Planungskompetenz von Behörden/Verwaltungen gesteigert werden?
- Welches sind die speziellen, auf den zu planenden Gegenstand bezogenen Planungsmethoden und Konzeptionen? Was unterscheidet die Jugendhilfeplanung von anderen Planungen?
- Welche Rolle spielt die „Beteiligung der Beteiligten" im Planungsprozess? Welche Aufgaben haben die freien Träger der Jugendhilfe (Wohlfahrtsverbände, Jugendverbände)? Wie können AdressatInnen am Planungsprozess beteiligt werden? Zu welchem Zeitpunkt der Planung, in welchem Umfang?

- Welche administrativen Verfahren sind zu entwickeln, um eine möglichst zügige Realisierung der geplanten Projekte zu erreichen?
- Wie lässt sich schließlich feststellen, ob die in der Planung formulierten Ziele und beabsichtigten Wirkungen bei der Umsetzung von Maßnahmen auch tatsächlich realisiert werden?

Da die Ziele der Jugendhilfe sehr allgemein und unbestimmt definiert sind, wird die inhaltliche Bestimmung des Rechts jedes jungen Menschen „auf Förderung seiner Entwicklung und auf Erziehung zu einer eigenverantwortlichen und gemeinschaftsfähigen Persönlichkeit" (§ 1 Abs. 1 SGB VIII), d.h. auf Verwirklichung bestmöglicher Lebens- und Sozialisationsbedingungen, zwischen PlanerInnen, Beteiligten, Betroffenen und politischen Entscheidungsträgern immer wieder zu diskutieren und zu klären sein. Jugendhilfeplanung ist in diesem Konkretisierungsprozess ein wichtiges und notwendiges Instrument, Ziele und Maßnahmen der Jugendhilfe transparent, öffentlich und veränderbar zu machen. Zielkonkretisierungen sind damit eine den Planungsprozess ständig begleitende Aufgabe.

Hinzu kommt, dass sich die Anforderungen an die Jugendhilfe und damit auch an die Jugendhilfeplanung durch eine Fülle von neuen Anforderungen (siehe hierzu auch die Beiträge im dritten Teil dieses Handbuchs) deutlich erhöht haben. Die wachsende Komplexität der Jugendhilfeplanung brachte erneut die Gefahr hervor, Planung als Expertentätigkeit auf dafür ausgebildete Fachkräfte zu konzentrieren und den breiten Diskussionsprozess zu vernachlässigen. Eine solche Sichtweise verkennt jedoch, dass alle genannten veränderten Anforderungen an die Planung keine quasi objektiven Ursachen haben, sondern ihrerseits selbst wieder Ausfluss von politischen Entscheidungen und Entwicklungen sind. Dies macht es in besonderer Weise erforderlich, dass qualifizierte Informationen, d.h. eine zuverlässige empirische Basis nicht allein durch Experten, sondern im Rahmen fachlicher, fachpolitischer und kommunalpolitischer Diskurse bewertet und auf der Grundlage solcher Bewertungen entsprechende Folgerungen gezogen werden. Die Komplexität der erforderlichen Daten und Informationen und der darauf aufbauenden kommunikativen Prozesse (vgl. Merchel 1994) ist erheblich gewachsen. Sie macht Planungsfachkräfte als ExpertInnen erforderlich, macht es aber auch notwendig, deren Rolle präzise zu beschreiben und für alle Beteiligten transparent zu gestalten.

Dabei wäre eine zu starke Beschränkung auf ein methodisch-technisches Planungsverständnis, das davon ausgeht, dass durch „objektive" sozialwissenschaftliche Methoden Entscheidungsgrundlagen für eine rationale und effiziente Jugendhilfe zu gewinnen seien, in zweierlei Hinsicht problematisch und käme einem Rückfall in Zeiten vor dem KJHG gleich:

1. Zum einen wäre zu befürchten, dass Planungen dann, da sie eben als Tätigkeiten von ExpertInnen angesehen werden, ebenso losgelöst von der konkreten Arbeits- und Organisationsweise der kommunalen Verwaltung wie von der kommunalpolitischen Diskussion stattfänden. Nicht selten fänden in solchen Fällen die von den ExpertInnen über viele Monate erarbeiteten Analysen weder bei den Fachkräften noch in der Verwaltung noch in der Politik die Resonanz, die sich die AutorInnen erhoffen. Eine solche aus dem Alltag des Fachamtes (Jugendamt) und der mit diesem kooperierenden Träger herausgelöste und von politischen Interessen und Diskussionen abgekoppelte Planung führte dann dazu, dass die Planungen einerseits von den Fachkräften der Jugendhilfe nur sehr distanziert zur Kenntnis genommen würden und andererseits aufgrund anderer politischer Prioritäten und mangelnder Einbindungen in Entscheidungsroutinen dem politischen Entscheidungsprozess gar nicht erst zugeführt würden bzw. dort wenig erfolgreich wären („Schubladisierung von Planung", Ronge 1991, S. 519).

2. Zum anderen liefe Jugendhilfeplanung dann Gefahr – gerade auch aufgrund dieser aus dem Alltag der Sozialarbeit herausgelösten Planungsorganisation –, keine spezifische sozialpädagogische Perspektive zu entwickeln. Die Alltagspraxis sozialpädagogischer Fachkräfte würde u.U. nicht systematisch mitgedacht und damit in doppelter Hinsicht unterschätzt. Einerseits würden die Jugendhilfefachkräfte nicht als Sensoren und ExpertInnen für konkrete Not- und Mängellagen von jungen Menschen und ihren Familien gesehen und in Anspruch genommen, andererseits würde zu wenig berücksichtigt, dass sozialpädagogische Programme für die Fachkräfte plausibel und nachvollziehbar sein müssen, um von diesen angemessen in Praxis umgesetzt werden zu können. Jugendhilfeplanung aber lebt (auch) davon, vom Problem des Einzelfalls zu seiner Identifikation als strukturelles Problem und von dort aus zur Neugestaltung der institutionellen Bedingungen des sozialpädagogischen Handlungsfeldes beizutragen. Jugendhilfeplanung muss die sozialarbeiterische Notwendigkeiten nachvollziehen, Problemerkenntnis im sozialpädagogischen Alltag mit planerisch-politischer Problemlösungsstrategie zu verknüpfen.

An diskursiven, aushandlungsbezogenen Konzepten und Perspektiven führt also kein Weg vorbei, um die erforderliche Anschlussfähigkeit an sozialpädagogische Praxis einerseits und kommunale Politik andererseits sicherzustellen. Merchel bemerkte schon 1994: „In der Leitformel ‚Jugendhilfeplanung als kommunikativer Prozess' wird die grundlegende Skepsis gegenüber der Planbarkeit und Steuerbarkeit sozialer Lebenszusammenhänge aufgegriffen und daraus die Konsequenz gezogen, die prozesshafte Gestaltung von Aushandlungsvorgängen als das Zentrum des Planungsgeschehens in den Mittelpunkt zu stellen. Aushandlung wird zum zentralen, die Jugendhilfeplanung charakterisierenden Begriff. Jugendhilfeplanung wird in ihrem Wesensgehalt zu einem Vorgang öffentlicher, demokratischer Aushandlung von Problemdefinitionen und Entscheidungen, und dieser Demokratisierungsanspruch verkörpert auch den normativen Gehalt des Planungsprozesses. Das Herausstellen des normativen Gehalts von Planungsprozessen in der Jugendhilfe hat hier insbesondere deswegen eine große Bedeutung, weil damit dem Missverständnis, bei Jugendhilfeplanung handele es sich vorwiegend um technisch geprägte Vorgänge, eine spezifische Dimension sozialer Sinnhaftigkeit entgegengestellt wird. Jugendhilfeplanung ist nicht ‚Technik' sondern sinnhafte und Sinn konstituierende Praxis (...). Mit der Hervorhebung von Kommunikation als zentralem Handlungsmodus und Prozessorientierung setzt sich Jugendhilfeplanung von einem sozialtechnischen Planungsverständnis ab. Ferner werden Orientierungspunkte gesetzt für die Auswahl und Reflexion von Planungsmethoden und für die Planungsorganisation" (Merchel 1994, S. 36).

Die hier geforderte Prozesshaftigkeit löst sich von der Fixiertheit auf die Erstellung eines Planes (als real in die Hand zu nehmendes Produkt) und richtet den Blick und das Interesse auf die Planung selbst, die Phasen und Elemente des Planungsverlaufs, des Erhebens von Daten, der Bewertung dieser Information, der Formulierung von Handlungsbedarfen, der Maßnahmenplanung, -umsetzung und -evaluation. Der Planungsbericht ist zwar keinesfalls hinfällig, stellt aber nur ein Element eines solchen umfassenden Prozesses dar. Durch diese Sicht endet Planung nicht mit der Erstellung von Plänen, sondern wird zu einer kontinuierlichen Daueraufgabe.

Die Betonung der Kommunikation und der Beteiligung weist auf die Abkehr vom Bild der PlanerInnen als einsame ExpertInnen und betont die Notwendigkeit der Beteiligung (von Betroffenen, von Fachkräften, von Trägern). Aus der Form der Beteiligung dieser Akteursgruppen erwächst die demokratische Legitimation von Planungsempfehlungen. Aufgabe der Planung ist es, solche Beteiligungsprozesse auf den verschiedenen Ebenen zu initiieren und zu organisieren und deren Rückfluss auf die Planungsinhalte sicherzustellen.

Das Ganze hat umsetzungsorientiert zu erfolgen, d. h. realistische Planung beginnt in der Praxis (Berücksichtigung von Ausgangsbedingungen) und endet in der Praxis (Umsetzung von Ergebnissen). In einer Planung als kontinuierlichem Prozess lassen sich Phasen der Planung und Phasen der Umsetzung nicht strikt voneinander trennen, sondern Aspekte von Analyse und Veränderung durchdringen einander in einem Prozess der Dauerevaluation kommunaler Jugendhilfe.

Die Diskussion, der Aushandlungsprozess, der sich hier vollzieht, ist bestimmt von vielen verschiedenen Elementen, die alle mit einiger Berechtigung in diesen Aushandlungsprozess eingebracht werden:

- Grad der rechtlichen Verpflichtung,
- Höhe der finanziellen Leistungsfähigkeit der Kommune,
- Bewertung der bestehenden Datenlage,
- Gewichtung von Problemlagen,
- sozialpädagogische Überzeugungen und Einstellungen,
- sozialwissenschaftliche Wissenselemente,
- Interessenlagen und Moralvorstellungen der an der Aushandlung Beteiligten,
- Einschätzung von Umsetzungsmöglichkeiten,
- Einschätzung von Folgewirkungen der Planung/des Planungsverzichtes u. a.m.

Die Gestaltung der Jugendhilfeplanung als kommunikativem Aushandlungsprozess ist vor diesem Hintergrund zu verstehen als eine Reaktion darauf, dass in der Jugendhilfe/Sozialpädagogik erhebliche Gestaltungsspielräume, aber auch Gestaltungsverpflichtungen bestehen, dass Jugendhilfeplanung keine „endgültigen" Lösungen bieten kann, sondern immer eine Suchbewegung nach „besseren" Lösungen darstellen muss und unter diesen Bedingungen der Sachverstand vieler Personen notwendig ist, um fachlich begründete Strategien zu entwerfen.

Wer sich auf das hier beschriebene Leitbild von Planung einlässt, stößt Diskussions- und Kommunikationsprozesse an, die in ein erhebliches Spannungsverhältnis sowohl zu den traditionellen (hierarchischen) Strukturen der Verwaltung als auch zu den üblichen Spielregeln kommunaler Politikgestaltung kommen können (vgl. auch den Beitrag von Merchel im Teil IV dieses Bandes). Die Gestaltung von Jugendhilfeplanung als kommunikativen Prozess löst Diskussionen und Aktivitäten aus, die nicht durch einzelne bestimmbar sind, sondern (nur) durch die Gestaltung öffentlicher, transparenter und fachlich geprägter demokratischer Aushandlungsprozesse ihre produktive Wirkung und breitestmögliche Akzeptanz entfalten.

4 Jugendhilfeplanung als Fachplanung und Organisationsentwicklung

Jugendhilfeplanung als Fachplanung steht im Dienste einer Umsetzung der gesetzlichen und fachlichen Leitorientierungen in den einzelnen Handlungsfeldern und Arbeitsbereichen der Jugendhilfe. Allerdings richtet diese Sichtweise den Blick nur auf die Inhalte der Jugendhilfe und nicht auf die Bedingungen, unter denen diese Inhalte umgesetzt werden sollen. Dabei ist das „Produkt" Jugendhilfe überhaupt nicht vorstellbar – und schon gar nicht gestaltbar – ohne eine Betrachtung seiner „Produktionsbedingungen". Es ist also für die Jugendhilfeplanung zwangsläufig notwendig, den Blick auf die Organisationsstrukturen und Handlungsabläufe zu richten, unter denen die Träger der öffentlichen und der freien Jugendhilfe ihre Aufgaben wahrnehmen. Fachliche Weiterentwicklungen erfordern immer auch eine Weiterentwicklung der Organisationsformen, in denen die Arbeit realisiert wird. Organisation und Inhalte der Jugendhilfe stehen in einem engen, unauflösbaren Wechselverhältnis zueinander.

Dies bedeutet, dass im Kontext der Planung auch in den Blick genommen werden muss, dass der „Output" von Jugendhilfe, also die vorhandene bzw. zu schaffende Leistung in seiner Qualität zu einem entscheidenden Teil davon abhängig ist, unter welchen organisatorischen Rahmenbedingungen diese Leistungen erbracht werden.

Die fachliche Weiterentwicklung der Jugendhilfe kann nur dann gelingen, wenn auch die Strukturen, die Abläufe und die Ressourcensteuerungen in den Institutionen selbst (bei den öffentlichen und freien Trägern der Jugendhilfe) Gegenstand der Jugendhilfeplanung werden. Von daher ist heute eine Planungsdiskussion ohne gleichzeitige Thematisierung der administrativen Rahmbedingungen bzw. Restriktionen der Leistungserbringung wenig sinnvoll bzw. unproduktiv. Vielmehr hat Planung Überlegungen zur Optimierung von Strukturen und Abläufen sowie zur Qualifizierung von MitarbeiterInnen anzustellen und in die Diskussionsprozesse einzubringen. Stichworte hierfür sind u. a.: Dezentralisierung, Deregulierung, Adressatenorientierung, Dienstleistungscharakter, Effektivität, Wirtschaftlichkeit, Qualitätsentwicklung, Umsteuerung von Ressourcen, Sozialraumbudgets, Wirkungsorientierung etc.

Dabei sind solche Überlegungen stets mit Blick auf Entwicklungen in der Umwelt sozialpädagogischer Institutionen anzustellen, für die sie als angemessene fachliche Antworten bzw. Lösungen konzipiert sein sollen. Beispiele für solche Herausforderungen durch Umweltentwicklungen in den letzten zehn Jahren sind u. a.

- Veränderungen der Lebenslage von Kindern, Jugendlichen, jungen Erwachsenen und Familien durch Abhängigkeit von Hartz IV-Leistungen durch Fortbestand der dauerhaften Massenarbeitslosigkeit/Jugendarbeitslosigkeit, durch weitere Erosion von Familienbeziehungen etc.,
- neue gesetzliche Grundlagen (z. B. TAG, KICK, länderspezifische Gesetzgebungen) und damit verbundene neue Aufgaben und Anforderungen,
- (neue) fachliche Postulate (z. B. Verankerung des Schutzauftrags bei Kindeswohlgefährdung über Vereinbarungen bei allen freien Trägern der Jugendhilfe) und daraus abzuleitende Anforderungen an Organisations- und Ablaufstrukturen der Jugendhilfe,
- Knappe (verknappte) öffentliche Mittel (Steuern) und damit das Erreichen von „Finanzierungsgrenzen" und daraus resultierende Forderungen (Wirksamkeitsnachweise).

Vor diesem Hintergrund soll Jugendhilfe als öffentlich finanzierte Sozialleistung

- bedarfsgerecht, d. h. nicht mehr und nicht weniger als zur sachgemäßen Erfüllung der gesetzlichen Ansprüche erforderlich,
- zielgerichtet, d. h. ausgehend von einer vereinbarten Zielsetzung überprüfbar gestaltet,
- effektiv, d. h. wirkungsvoll bezogen auf die zugrunde liegende Aufgabe sowie
- effizient, d. h. in einem darstellbaren Verhältnis von Kosten und Nutzen erbracht werden.

Um diese Ansprüche im Rahmen der Jugendhilfeplanung angemessen aufnehmen und bearbeiten zu können, hat sie Elemente der Fachplanung sinnvoll mit Elementen der Organisationsplanung und -entwicklung zu verkoppeln.

Es gehört also mit zur Aufgabe von Jugendhilfeplanung, Anstöße in Richtung auf eine kritische Reflexion der Organisation der kommunalen Jugendhilfe zu entwickeln und zu fördern, um zu effektiveren und zugleich bürgernäheren Arbeitsansätzen zu kommen. Dabei dürfen solche Überlegungen zur Entwicklung und Neugestaltung von Organisationsstrukturen und -prozesse nicht von den alltäglichen Praxisvollzügen der Fachkräfte der Jugendhilfe abgekoppelt sein, um tatsächlich Realisierungschancen zu entfalten. Hierin begründet sich u. a. auch ein wesentliches Argument, Jugendhilfeplanung als diskursiven Prozess – auch und gerade unter den Fachkräften – zu gestalten.

„Wenn Jugendhilfeplanung als ein Instrument zur fachlichen Reflexion der regionalen Jugendhilfestrukturen und der regionalen Jugendhilfepraxis, also auch zur Organisationsveränderung und damit zur Professionalisierung der Jugendhilfe beitragen will, dann ist zu erörtern, in welcher Weise und mit welchem Planungskonzept Jugendhilfeplanung zu implementieren ist. Die Implementation eines kommunikativ-prozesshaften Planungsverständnisses vermag hier positive Akzente zu setzen, weil die zentrale Zielrichtung dieser Planungsstrategie in Richtung Umweltoffenheit und Organisationsdynamik weist. Das kommunikations- und prozessorientierte Leitbild konstituiert Planung als Instrument der kontinuierlichen Reflexion und als ein in das Organisationsgeschehen zu integrierendes Element, als eine fachlich geprägte Form der gemeinsamen Aushandlung prinzipiell aller Organisationsmitglieder unter Einbeziehung der freien Träger und der Adressaten der Jugendhilfe. Damit stellt der kommunikative Planungsbegriff das Bemühen in den Mittelpunkt, die jeweiligen Sinnsysteme der verschiedenen beteiligten Organisationen oder Organisationssysteme zu verstehen, sie miteinander zu konfrontieren, aus dieser Konfrontation Impulse zu gewinnen, die einzelnen Organisationssysteme mit fachlichen Impulsen zu konfrontieren und damit Organisationsentwicklungen anzustoßen und möglicherweise zu begleiten“ (Merchel 1994, S. 57).

Wenn Abstand genommen wird von einer vom Alltag der Jugendämter und der Träger der freien Jugendhilfe distanzierten Planung zugunsten der Gestaltung kommunikativer und diskursiver Prozesse, dann wird nicht mehr für die Träger und MitarbeiterInnen der Jugendhilfe, sondern durch die Akteure selbst geplant. Damit befinden sie sich automatisch nicht mehr nur in einem Prozess reiner Fachplanung, sondern sind gefordert, immer wieder Nutzen und Funktionalität der eigenen Organisation bezogen auf die diskutierten fachlichen Ziele zu hinterfragen und werden so zwangsläufig auch zu Akteuren von Organisationsentwicklungsprozessen.

Somit überschneiden sich die Leitbilder des Konzeptes der Organisationsentwicklung und des Verständnisses von Jugendhilfeplanung als kommunikativer Prozess. Zugangsweisen und Kommunikationsformen weisen viele Parallelen auf. Auch die gemeinsame Bearbeitung von Fach- und Organisationsproblemen durch die in diesem Feld Tätigen sind als gemeinsames Merkmal festzuhalten.

Organisationsentwicklung und Jugendhilfeplanung sind allerdings nicht in eins zu setzen. Es geht bei der Jugendhilfeplanung eben nicht (nur) darum, ein Unternehmen bzw. einen Träger im Markt konkurrenzfähig zu halten, sondern darum, Qualifizierungsprozesse in allen an der Erbringung von Jugendhilfeleistungen beteiligten Institutionen anzustoßen und eine leistungsfähige Infrastruktur als Ganzes zu gewährleisten. Insofern sind Jugendhilfeplanungsprozesse oft zunächst institutionsübergreifende Prozesse des Aushandelns von Zielen und Wegen dorthin. Dabei gilt es, ein abgestimmtes System von Trägern und Diensten unterschiedlicher Wertorientierungen (Trägerpluratität) bei gleichzeitiger Konkurrenzfähigkeit dieser Träger zu schaffen bzw. aufrechtzuerhalten. Jugendhilfeplanung kann und soll auf der Trägerebene zunächst Entwicklungen anstoßen, die dann idealerweise in trägerspezifischen Entwicklungsprogrammen weiter umgesetzt werden (können).

Während es allerdings den Trägern der freien Jugendhilfe aufgrund ihrer Trägerautonomie selbst überlassen bleibt, ob und inwieweit sie diese Organisationsentwicklungs-Impulse aufnehmen, stehen die Träger der öffentlichen Jugendhilfe hier aufgrund ihrer Sonderrolle in einer ganz anderen Verpflichtung:

1. Die Träger der öffentlichen Jugendhilfe haben die Gesamt- und Planungsverantwortung für die Einlösung der gesetzlichen Aufgaben nach dem SGB VIII (§ 79 SGB VIII). Das Jugendamt hat also durch seine Arbeit Sorge dafür zu tragen, dass eine bedarfsgerechte Infrastruktur in fachlicher und organisatorischer Hinsicht zur Verfügung steht, auch wenn diese Aufgaben von Trägern der freien Jugendhilfe wahrgenommen werden.
2. Dort wo das SGB VIII (Rechts-) Ansprüche oder Programmsätze definiert, richten sich diese allein auf den Träger der öffentlichen Jugendhilfe. Das Jugendamt steht auch hier in der Gewährleistungspflicht gegenüber den BürgerInnen, auch wenn diese Leistungen von Trägern der freien Jugendhilfe oder privaten Trägern erbracht werden.

Aufgrund dieser Pflichtenstellung nimmt das Jugendamt eine Schlüsselstellung bei der Weiterentwicklung und Qualifizierung der kommunalen Jugendhilfe ein. Ansprüche zur Initiierung von Organisationsentwicklungsprozessen im Rahmen von Jugendhilfeplanung richten sich also zunächst einmal an den Träger der öffentlichen Jugendhilfe selbst. Noch vor den freien Trägern steht die Aufgabenwahrnehmung des Jugendamtes in fachlicher und in organisatorischer Hinsicht auf dem Prüfstand. Dieser besonderen Rolle des Trägers der öffentlichen Jugendhilfe ist bei der Organisation der Planung daher auch besonders Rechnung zu tragen.

Der hier vorgenommene kurze Rekurs auf den Zusammenhang von Fachplanung und Organisationsentwicklung sollte dazu dienen, die Tragweite des Konzeptes kommunikativer Jugendhilfeplanung zu verdeutlichen. Wiewohl der Begriff der Organisationsentwicklung zum selbstverständlichen Repertoire der verschiedenen Schulen des Sozialmanagements gehört, gibt es bislang nur wenig solcher Entwicklungsprozesse, die – wie bei der Jugendhilfeplanung – als trägerübergreifende Innovationsprogramme realisiert worden sind. Nicht zufällig sind dennoch viele Organisationsprinzipien kommunikativer Planung an Konzepten der Organisationsentwicklung angelehnt. Sowohl in der Organisationsentwicklung als auch in der Jugendhilfe gilt: Erneuerungsfähigkeit durch planende und lernende Gruppen ist sowohl Ziel von als auch Voraussetzung für Veränderung.

5 Jugendhilfeplanung als Teil umfassender Sozialplanung

Im gesamten Feld der kommunalen Sozialplanung hat die Jugendhilfeplanung eine besondere Stellung, da sie auf einer spezifischen gesetzlichen Grundlage fußt und konzeptionell und fachlich bedeutende Wissensbestände und Erfahrungen aufweisen kann. Die Gestaltungsspielräume der Kommune sind in diesem Bereich relativ umfangreich, die Zahl und die Vielgestaltigkeit der beteiligten Institutionen und Akteure sind nachgerade unübersehbar. Jugendhilfeplanung agiert also in einem wenig strukturierten Feld, in dem sie mit vielen potenziellen Akteuren und Strategien zurechtkommen muss. In der Folge wurden hier Konzepte entwickelt, die von anderen Bereichen der kommunalen Sozialplanung genutzt werden können oder die zumindest die Möglichkeit bieten, eine die Fachressorts übergreifende Planung im Rahmen der kommunalen

Daseinsfürsorge zu realisieren. Dies gilt insbesondere für die Konzepte der sozialräumlichen Gliederung und der Sozialstrukturanalysen.

Es war von Beginn an das Bestreben der Jugendhilfeplanung, der Perspektive ihrer AdressatInnen möglichst nahe zu kommen und den Lebensraum von jungen Menschen und Familien als Konvergenzpunkt der vielgestaltigen Angebote und gezielten Hilfen zu betrachten. So entstanden sozialräumlich Gliederungen der Verwaltungsbereiche, die als Raster für Bestandserhebung, Bedarfsplanung und Angebotsentwicklung dienen. Letztlich dienen diese Gliederungen dazu, kommunale Planung in geeigneten geografischen Strukturen umzusetzen. Sie kennzeichnen also in erster Linie Planungsräume, die nicht immer mit subjektiv erfahrbaren Lebensräumen gleichgesetzt werden können. Diese Strukturen orientieren sich in der Regel an den bereits bestehenden Verwaltungsgliederungen, da nur in diesem Raster entsprechende verlässliche Daten dauerhaft verfügbar sind. Das Vorgehen führt daher nicht von sich aus zu einer „lebensweltorientierten" Jugendhilfe- bzw. integrierten Sozialplanung, sondern bietet allenfalls eine Grundlage für eine kleinräumige Planung (vgl. Schnurr 2006). Gleichwohl eignet es sich hervorragend für die Verschränkung unterschiedlicher kommunaler Planungen, wenn sich die diversen Ressorts auf eine übergreifende räumliche Gliederung verständigen. Hier sind insbesondere die Bereiche Gesundheit und Senioren angesprochen, aber auch die Ressorts Sport und Kultur können ihre Planungen in gemeinsam gefundenen räumlichen Strukturen umsetzen. Ein besonderes Augenmerk richtet sich auch auf den Bereich der Bildung, wobei gerade hier, wo die Berührungspunkte mit der Jugendhilfe besonders zahlreich und die Notwendigkeit abgestimmter Planung besonders evident ist, die geografischen Raster beider Systeme – unter anderem auch wegen der konkurrierenden Zuständigkeiten in der Schulverwaltung – vielerorts kaum übereinander gebracht werden können.

Ein weiterer wichtiger Baustein einer kleinräumigen Planung im kommunalen Raum ist die Sozialstrukturanalyse. Basierend auf einer konstanten geografischen Gliederung werden mit Hilfen von Sozialstrukturindikatoren Planungsräume unter verschiedenen Fragestellungen miteinander verglichen. Ziel dieser Analyse ist es, Bedarfslagen über quantitative Messgrößen zu identifizieren und mittelfristige Entwicklungen in der Sozialstruktur von Siedlungsräumen zu beschreiben. Die verwendeten Sozialstrukturindikatoren müssen dabei zuverlässig und kontinuierlich zur Verfügung stehen. Deshalb greift die Jugendhilfeplanung in der Regel auf Daten zurück, die außerhalb der Jugendhilfe produziert werden und deshalb auch für andere Planungszwecke genutzt werden können. Dies sind beispielsweise Daten zur Bevölkerungsentwicklung, zur Einkommens- und Wohnsituation sowie zur Inanspruchnahme von Transferleistungen aus den sozialen Sicherungssystemen (Arbeitslosigkeit, Grundsicherung). Die daraus entwickelten Sozialstrukturanalysen können sowohl inhaltlich als auch konzeptionell gut mit anderen Bereichen der Sozialplanung synchronisiert werden und bieten so ein ideales Vehikel zur Einlösung des gesetzlichen Auftrags, die Jugendhilfeplanung mit anderen kommunalen Planungen zu verknüpfen.

Beide Planungsinstrumente, die sozialräumliche Gliederung und die Sozialstrukturanalyse bieten vielerorts inzwischen wichtige Elemente einer integrierten Sozialberichterstattung, die sich relevanten Querschnittsthemen widmet, welche nicht allein die Jugendhilfe betreffen, zu der sie aber bedeutende Beiträge liefern kann. Zu nennen sind hier insbesondere die Armuts-, die Bildungs- und die Familienberichterstattung (vgl. die Beiträge von Maykus sowie Wunderlich/Hensen in diesem Band).

Jugendhilfeplanung hat neben ihrem gesetzlichen Auftrag als beteiligungs- und prozessorientierte Infrastrukturplanung des örtlichen Jugendhilfesystems auch die Funktion, in das Gesamtsystem der kommunalen Daseinsfürsorge hineinzuwirken. Hier kann sie wichtige Beiträge liefern, muss dabei aber darauf bedacht sein, die spezifische Perspektive der Jugendhilfe und ihren normativen Auftrag für die Interessen der jungen Menschen und Familien fest im Augen zu behalten.

Literaturverzeichnis

Bitzan, M. u. a (1995): Elemente einer kritischen Theorie und Praxis Sozialer Planung. In: Bolay, E./Herrmann, F. (S. 9-32)

Bolay, E./Herrmann, F. (Hrsg) (1995): Jugendhilfeplanung als politischer Prozeß – Beiträge zu einer Theorie sozialer Planung im kommunalen Raum. Neuwied

Falten, P./Kreft, D. F. (2006): Die aktuelle Leitorientierung der Jugendhilfeplanung – Oder ist das SGB VIII weiterhin die zentrale Leitorienztierung für Planungsprozesse vor Ort? In: Maykus (2006): S.11-30

Hensen, G. (Hrsg.) (2006): Markt und Wettbewerbt in der Jugendhilfe. Weinheim und München.

Hopmann, A. (2005): Jugendhilfeplanung als Funkion – Von der Pflichtaufgabe nach KJHG zum Instrument der Planung und Steuerung der Jugendhilfe. In: Jugendhilfe, Heft 2/2005, S. 87-92 .

Jordan, E./Schone, R. (1992): Jugendhilfpleanung – aber wie? Eine Arbeitshilfe für die Praxis. Münster.

Jordan, E./Schone, R. (Hrsg.) (1998): Handbuch Jugendhilfeplanung – Grundlagen, Bausteine, Materialien. Münster

Kilb, R. (2000): Jugendhilfeplanung – ein kreatives Mißverständnis? Opladen

Maykus, S. (Hrsg.) (2006): Herausforderung Jugendhilfeplanung – Standortbestimmung, Entwicklungsoptionen und Gestaltungsperspektiven in der Praxis. Weinheim und München

Merchel, J. (1992): Kommunale Sozialplanung: Von der Planungseuphorie über den Planungsstillstand zur konzeptionellen Neubelebung. Theorie und Praxis der sozialen Arbeit, Heft 7/1992, S. 248-257

Merchel, J. (1994): Kooperative Jugendhilfeplanung. Eine praxisbezogene Einführung. Opladen

Merchel, J. (2005/1): Jugendhilfeplanung als Modus der Qualitätsentwicklung in der örtlichen Jugendhilfe. Konzeptionelle Überlegungen und kritische Anfragen. In: Jugendhilfe, Heft 2/2005, S. 61-71

Merchel, J. (2005/2): Sozial und Jugendhilfeplanung. In: Thole, W. (Hrsg.): Grundriss sozialer Arbeit, Wiesbaden; S. 617-631

Nikles, B. (1995): Planungsverantwortung und Planung in der Jugendhilfe, Stuttgart

Ronge, V. (1991): Thema Jugendhilfeplanung. In: Zentralblatt für Jugendrecht, Heft 11/1991, S. 517-520

Schaarschuch, A. (1995): Sozialplanung in der Kirse – Krise der Sozialplanung. In: Bolay, E./Herrmann, F. (1995): S. 33-57

Schnurr, J. (2006): Sozialraumbudgets – Verlust öffentlicher Gewährleistungsverantwortung durch sozialraumorientierte Finanzierungskonzepte? In: Hensen (2006): S. 127-136

Simon, T. (1997): Jugendhilfeplanung. Hohengehren

Thole, W. (Hrsg.) (2005): Grundriss soziale Arbeit Arbeit. Opladen

VSOP – Verein für Sozialplanung (1992): Jugendhilfeplanung braucht Beteilgung. In: Sozial Extra, S. 18 ff.

Erwin Jordan | Reinhold Schone

Jugendhilfeplanung als Prozess – Zur Organisation von Planungsprozessen

Vor dem Hintergrund einer auf Diskurs bauenden Jugendhilfeplanung (vgl. den Beitrag von Schnurr/Jordan/Schone in diesem Band) hat sich zunehmend die Einsicht durchgesetzt, dass komplexe Planungs- und Entscheidungssituationen (möglichst interdisziplinäre) Planungsteams erfordern, welche in die Lage versetzt werden müssen, geeignete Planungstechniken und -methoden anzuwenden. Auch im Bereich der Jugendhilfe hat sich in den letzten Jahren ein Planungsverständnis etabliert, welches auf Einbezug und Beteiligung der Fachkräfte innerhalb und außerhalb des Jugendamtes und von betroffenen jungen Menschen und Familien ausgerichtet ist.

Es geht also darum, vor Ort eine Planungsstruktur zu schaffen, die zum einen die erforderlichen Ressourcen zur Gestaltung des Planungsprozesses gewährleistet und zum anderen eine frühzeitige Klärung von Aufgaben und Organisation des wirkungsvollen Ineinandergreifens aller an der Planung Beteiligten herbeiführt. Eine entscheidende Rolle spielt hier der Jugendhilfeausschuss, der wichtige Rahmenbedingungen setzt, der Auftrag und Zielrichtung der Planung definieren muss und der die notwendigen Gremien installiert.

1 Organisation kommunaler Planungsprozesse – ein Verfahrensvorschlag

1.1 Der Jugendhilfeausschuss als Garant der Planung

Jede Jugendhilfeplanung braucht einen Auftrag durch den kommunalen Jugendhilfeausschuss (JHA). Er trägt die politische Gesamtverantwortung einschließlich der Planungsverantwortung (§§ 79, 80 SGB VIII). Seine Aufgaben werden in § 71 Abs. 2 SGB VIII formuliert: „Der Jugendhilfeausschuss befasst sich mit allen Angelegenheiten der Jugendhilfe, insbesondere mit 1. der Erörterung aktueller Problemlagen junger Menschen und ihrer Familien sowie mit Anregungen und Vorschlägen für die Weiterentwicklung der Jugendhilfe, 2. der Jugendhilfeplanung und 3. der Förderung der freien Jugendhilfe." Punkt 2 erwähnt die Jugendhilfeplanung explizit, aber auch die Punkte 1 und 3 sind ohne qualifizierte Jugendhilfeplanung nur unzureichend leistbar. Ein Jugendhilfeausschuss, der darauf verzichtet, Rahmenbedingungen für Jugendhilfeplanung zu schaffen und Planungsaufträge zu formulieren oder dies gar für überflüssig hält, kommt seinen politischen Aufgaben und gesetzlichen Verpflichtungen nicht nach. Vor diesem Hintergrund ist es kaum verständlich, dass es immer noch einzelne Kommunen gibt, in denen explizite Jugendhilfeplanung eine eher randständige Bedeutung hat (vgl. den Beitrag von Adam/Kemmerling/Schone in diesem Band).

Jugendhilfeplanung als fachlicher, fachpolitischer und kommunalpolitischer Willensbildungs- und Gestaltungsprozess – wie er von Schnurr/Jordan/Schone in diesem Band beschrieben wird – ist ein Modell für eine fundierte, breit angelegte kommunale Politikberatung durch die Fachkräfte (des öffentlichen und der freien Träger), die die Aufgaben der Jugendhilfe im Alltag bewältigen müssen. Der Verzicht auf eine systematische Aufarbeitung dieser Erfahrungen (Bestandsaufnahme), auf eine ebenso systematische, durch Formen der Betroffenenbeteiligung untermauerte Bedarfsermittlung und auf eine daraus systematisch abgeleitete Formulierung von Handlungsbedarfen (Maßnahmevorschlägen), bedeutet den kommunalpolitischen Verzicht auf eine begründete, von der fachlichen Basis mitgetragene Weiterentwicklung der Jugendhilfe.

Der Jugendhilfeausschuss sollte sich vor diesem Hintergrund mit Grundsätzen der Jugendhilfeplanung beschäftigen und diese in einer Planungskonzeption bündeln (siehe hierzu auch Punkt 2.1, Übersicht 3). Eine solche Planungskonzeption – durchaus vorgedacht und ausgearbeitet durch die Planungsfachkräfte – sollte Aussagen enthalten, in welchen Zeiträumen welche Fragestellungen auf welcher Informationsgrundlage (Datenkonzept) von welchen Gremien bearbeitet werden sollen (vgl. Falten/Kreft 2006). Wiewohl Jugendhilfeplanung eine Daueraufgabe ist, ist es für einzelne Planungssequenzen unverzichtbar, (mittelfristige) Zeithorizonte zu fixieren, bis wann dem Jugendhilfeausschuss Analysen, Ergebnisse und Handlungsempfehlungen vorgelegt werden. Nur so ist eine ziel- und ergebnisorientierte Arbeit für die zu bildenden Gremien möglich. Gleichzeitig stellt eine solche Planungskonzeption eine gute „Geschäftsgrundlage" dar, um Fachkräfte zur Teilnahme an der Jugendhilfeplanung zu gewinnen, da sie den Planungsgruppenmitgliedern einen politisch legitimierten Auftrag gibt und für sie Aufwand und Ertragserwartungen kalkulierbar macht.

Für die Fachkräfte ist ein – durch eine verabschiedete Planungskonzeption dokumentiertes – eindeutiges Bekenntnis des Jugendhilfeausschusses zur Jugendhilfeplanung und speziell zum Konzept kommunikativer Jugendhilfeplanung unverzichtbar. Wenn ein Jugendhilfeausschuss Planung für überflüssig hält, lässt diese sich auch nicht – gleichsam subversiv – als qualifiziertes Instrument zur Gestaltung der Jugendhilfe installieren. Planungsvorhaben ohne eine solche Grundlage können in der Regel über eine operative Planung des eigenen Handlungsfeldes nicht hinausgehen. Jugendhilfeplanung ist ein politischer Prozess (vgl. Bolay/Herrmann 1995), als solcher muss sie auch politisch verankert sein.

Da das SGB VIII die Jugendhilfeplanung zu einer herausgehobenen Aufgabe des Jugendhilfeausschusses erklärt und da diese Aufgabe im Rahmen der regelmäßigen Sitzungen meist nicht hinreichend geleistet werden kann, gehen sehr viele Ausschüsse dazu über, Unterausschüsse „Jugendhilfeplanung" zu bilden. Diese Unterausschüsse sind eine wichtige begleitende und beratende Instanz für die Planungsgruppen (s.u.), da durch sie wichtige Repräsentanten und Funktionsträger öffentlicher und freier Träger den Planungsprozess begleiten. Hierzu ist es allerdings nötig, dass der Personenkreis über die Mitglieder im JHA hinaus erweitert werden kann, um weitere Bereiche und Trägergruppen berücksichtigen zu können.

Der Unterausschuss „Jugendhilfeplanung" muss ständig über den Stand der Arbeit unterrichtet sein, da er ein zentrales Bindeglied zu den Entscheidungsträgern (JHA/Rat) darstellt und damit für notwendig erachtete Entscheidungen hier entsprechend inhaltlich und fachpolitisch vorbereitet werden können.

1.2 Planungsgruppen als diskursive Orte

Zur Umsetzung der Jugendhilfeplanung als kommunikativem Willensbildungs- und Entscheidungsprozess ist es erforderlich, entsprechende Planungsgremien bzw. Planungsgruppen zu bilden. Planungsgruppen sind trägerübergreifende Projektgruppen, die sich mit der Aufgabenstellung der Jugendhilfeplanung beschäftigen bzw. mit einem entsprechenden Auftrag des Jugendhilfeausschusses auf der Grundlage einer Planungskonzeption tätig werden. Als solche sind sie sowohl ein geeignetes Instrument der fachlichen Weiterentwicklung der Jugendhilfe als auch ein Instrument des fachlichen Austausches und der fachlichen Qualifizierung ihrer Mitglieder.

Übersicht 1 verdeutlicht die grundsätzlichen Vorteile, die Planungsgruppen aus Fachkräften der Jugendämter und VertreterInnen freier Träger haben. Planungsgruppen stellen, wie man dort leicht erkennen kann, einen Versuch dar, von der Bearbeitung von Einzelfällen zur grundsätzlichen Thematisierung von Lebensbedingungen junger Menschen und zur Identifizierung struktureller Mängellagen vorzudringen. Jugendhilfeplanung stellt auf der Basis einer solchen Organisationsform für die Fachkräfte eine konsequente Fortführung der alltäglich von ihnen zu bewältigenden Arbeit auf der Ebene der Gesamtverantwortung des Jugendamtes und der allgemeinen Gestaltung der Jugendhilfe dar. Planungsgruppen im Rahmen der Jugendhilfeplanung ermöglichen es, sozialarbeiterische Problemerkenntnis mit planerisch-politischen Problemlösungsstrategien zu verknüpfen und fallübergreifende Probleme jeweils auf der Ebene zu thematisieren, wo sie sinnvollerweise bearbeitet werden können. Ein Kompetenzgewinn gleichermaßen für die einzelne Fachkraft wie für die kommunale Jugendhilfe ist im Rahmen eines solchen entwicklungsorientierten Planungsprozesses wahrscheinlich.

Übersicht 1: Bedeutung von Planungsgruppen

Funktion und Bedeutung von Planungsgruppen im Prozess der Jugendhilfeplanung

- Fachkräfte verschiedener Professionen, Arbeitsbereiche und Hierarchieebenen bringen ihr spezielles Wissen aus den jeweiligen Arbeitszusammenhängen in den Planungsprozess ein.
- Die Fachkräfte, die mit den sozialen, organisatorischen und politischen Bedingungen vor Ort vertraut sind, können im Rahmen der Planungsgruppen den Planungsprozess gestalten und brauchen nicht auf „fertige" Ergebnisse von außen zu warten.
- Planung erfolgt nicht von außen, sondern setzt an der realen Arbeitssituation der Fachkräfte an und zielt auf deren Umsetzung von Planungsergebnissen.
- Durch die Beteiligung von MitarbeiterInnen der öffentlichen und der freien Träger geht praktisches Wissen über die Lebenssituation von AdressatInnen und über die Wirkung von (schon bestehenden) Angeboten in die Planung ein.
- Planungsgruppen ermöglichen einen integrativen Einbezug aller in der Jugendhilfe und in angrenzenden Bereichen (Schule, Polizei, Arbeitsagentur etc.) tätigen Fachkräfte in einen gemeinsam zu verantwortenden Planungsprozess.
- Da Planung an der bestehenden Praxis der Fachkräfte ansetzt, ist die erforderliche kritische Aufgabenreflexion gleichzeitig kritische Praxisreflexion.
- Durch die Mitarbeit in Planungsgruppen ist ein hohes Maß an Transparenz gewährleistet. Hierdurch steigt die Akzeptanz von Planungsergebnissen bei den Fachkräften. Dies wiederum erhöht die Umsetzungschancen in der zukünftigen Praxis.

- Planungsgruppen aktivieren vorhandene Planungsressourcen bei den Fachkräften und bewirken einen Kompetenzgewinn der Mitglieder über das aktuelle Vorhaben hinaus. Damit sind Planungsgruppen ein Instrument der Qualifizierung. Planungs-Know-How aus der Einzelfallarbeit wird auf das Gesamtsystem übertragbar und umgekehrt.
- Die Beteiligung an Planungsgruppen schärft bei den Fachkräften über den eigenen Arbeitszusammenhang hinaus den Blick für den Gesamtzusammenhang der Jugendhilfe.
- Planungsgruppen können einen ersten Schritt einer Einmischungsstrategie darstellen, indem einerseits ein Perspektivenwechsel vom Fall zum Feld und andererseits von der Fallverantwortung zur Gesamtverantwortung vollzogen wird.

Planungsgruppen sind stets Gremien auf Zeit. Sie werden tätig im Auftrag des Jugendhilfeausschusses, der Rahmenbedingungen, Zielsetzungen und Zeiträume ihrer Arbeit festlegt. Denn auch, wenn Jugendhilfeplanung keine einmalige, abschließbare Aufgabe darstellt und als diskursiver Prozess zu organisieren ist, bedeutet dies nicht, dass darauf verzichtet werden könnte, Zeitpunkte zu definieren, zu denen Ergebnisse zu sichern und vorzulegen sind. Wenn solche Punkte erreicht sind, müssen Inhalte und Arbeitsformen der Planungsgruppen neu definiert werden. Zu solchen Zeitpunkten, in denen neue Arbeitsabsprachen und ein neuer Arbeitskontrakt mit dem Jugendhilfeausschuss getroffen werden müssen, können und sollten auch die personellen Zusammensetzungen von Planungsgruppen neu überdacht werden. Zum einen gilt es, insbesondere in größeren Kommunen (bei begrenzten Größen von Planungsgruppen), auch bislang nicht aktiv an der Planung beteiligte KollegInnen einzubeziehen; zum anderen wäre es kontraproduktiv, wenn immer die gleichen Personen für Evaluation und Fortschreibung von Planungsergebnissen zuständig wären. Anfangs- und Endpunkte bestimmter Planungsphasen wären auch nach außen durch solche Umorientierungen transparenter und besser darstellbar.

Wenn im Jugendamt und bei den freien Trägern die hier beschriebenen Funktionen und Voraussetzungen von Planungsgruppen akzeptiert sind, empfiehlt es sich, mit den an der Mitarbeit in Planungsgruppen interessierten Fachkräften den Handlungsrahmen, die „Geschäftsgrundlage“ der Arbeit festzulegen. Übersicht 2 stellt einen Vorschlag für eine solche Geschäftsgrundlage dar.

Übersicht 2: Handlungsorientierungen von Planungsgruppen

Handlungsorientierungen für Planungsgruppen in der Jugendhilfeplanung

- Planung ist eine Suchbewegung nach zielgerichteten Veränderungen. Planung ohne Veränderungsabsicht ist bloßes Schattenboxen.
- Die Gruppenmitglieder sollten davon überzeugt sein, dass Planung ein geeignetes Instrument zur Weiterentwicklung der Jugendhilfe und damit der eigenen Praxis darstellt.
- Das Ergebnis der Planungsgruppen ist innerhalb der gesteckten Grenzen des Planungsauftrags (Planungskonzeption) offen.
- Die Einbindung in Planungsgruppen erfordert planungsinteressierte, innovationsoffene MitarbeiterInnen. Wenig hilfreich ist es, sich nur als Lobbyisten für die eigene Sache zu verstehen oder Veränderung verhindern zu wollen.

- Planungsgruppen stehen außerhalb der Träger- und Verwaltungshierarchie. Hierarchische Strukturen in einer Planungsgruppe sind nachteilig, da kreativitäts- und innovationshemmend.
- Die Planungsgruppe interpretiert den Planungsauftrag und prüft ihre eigene Kompetenz. Sie regelt Verfahrensweisen in der Gruppe. Sie entwirft einen Arbeitsplan, in dem festgelegt wird, wie sie vorgehen will (Methode, Arbeitsschritte und Zeitplan).
- Die Planungsgruppe stellt fest, wann sie wen über was informieren muss (z. B. Jugendhilfeausschuss) und wann sie wen in welchem Umfang in die Planungsarbeit einbeziehen muss (z. B. Mitplanung der AdressatInnen).
- Die Arbeit der Planungsgruppen ist informationsoffen und transparent. Ein innovativer, integrativer und demokratischer Planungsprozess versucht, die Vielfältigkeit unterschiedlicher Meinungen und Standpunkte in den Diskussionsprozess einzubringen und ihnen Chancen zur Berücksichtigung zu geben.
- Ziel der Planungsgruppe ist nicht ausschließlich die Erarbeitung eines Planes/Planungsberichtes, sondern die Herbeiführung zielgerichteter Veränderungen. Der Planungsbericht ist hierbei nur ein Teilziel.
- Auch für Planung ist das Mögliche nur eine Teilmenge des Wünschenswerten und des Machbaren. Das heißt: Ohne Kompromissfähigkeit kein Fortschritt!

Der Erfolg von Planungsgruppen hängt entscheidend von den Personen ab, aus denen die Gruppen gebildet werden bzw. sich selbst bilden. Auch wenn eine gute Gruppenzusammensetzung noch nicht allein den Erfolg der Planung garantieren kann, ist doch auf der anderen Seite der Erfolg eher unwahrscheinlich, wenn Planungsskeptiker oder gar -verhinderer kreatives Arbeiten blockieren.

Vor oder bei Beginn der Arbeit tut man also gut daran, insbesondere die ersten fünf Punkte der o.g. „Geschäftsordnung“ sehr ernst zu nehmen und die Gruppenmitglieder von deren Notwendigkeit zu überzeugen. Die durch praktische Erfahrungen belegte günstigste Mitgliederzahl für Planungsgruppen liegt zwischen 10 und 20 Personen. Wird diese Zahl überschritten, lassen sich eine direkte Kommunikation und ein offener Arbeitsstil meist nicht mehr aufrechterhalten.

Um MitarbeiterInnen der Jugendämter und freier Träger zu einer Mitarbeit in solchen Arbeitsformen zu gewinnen und ihnen die Chancen dieser Arbeitsformen für die zukunftsgerichtete Gestaltung ihres eigenen Aufgabenbereichs deutlich machen zu können, müssen von Seiten der Träger besondere Anstrengungen unternommen werden, sie für die Planung zu motivieren.

Hierzu gehört es zunächst, die verbreiteten gegenseitigen Vorurteile der innovationsfreudigen („Spinner“) und der innovationsskeptischen („Bürokraten“) MitarbeiterInnen abzubauen und Planung stärker als unverzichtbaren Bestandteil des sozialpädagogischen Stellenprofils herauszustellen. Die Zurückhaltung von SozialarbeiterInnen gegenüber Fragen der Planung muss darüber hinaus aber auch durch spezifische Angebote von Fort- und Weiterbildung zu Problemen der Planung aufgenommen werden, damit Fachkräfte einerseits deren – nicht nur gesetzliche – Notwendigkeit nachvollziehen und andererseits deren Chancen qualifiziert einschätzen und umsetzen können.

Die Planungsgruppe ist verantwortlich für eine informationsoffene und transparente Arbeit und dafür, die vielfältigen unterschiedlichen Meinungen und Standpunkte insbesondere freier Träger und von der Planung Betroffener (siehe unten) in den Diskussionsprozess einzubringen.

All dies erfordert von den Mitgliedern der Planungsgruppe, sich zumindest zeitweise von der engen Sichtweise des eigenen Arbeitsfeldes zu lösen und sich an innovativen Diskussionen beteiligen zu wollen.

„Im Interesse origineller Innovationen müssen die einzelnen Planungsgruppenmitglieder in der Lage sein, sich nötigenfalls wenigstens gedanklich weit von ihren erlernten Wissens- und Fachaspekten zu entfernen, ohne deshalb den Kontakt zur Realität zu verlieren. Wer solche gedanklichen Verfremdungen selbst nicht vollziehen kann, sollte sie bei den anderen Gruppenmitgliedern zumindest nicht stören“ (Bendixen/Kemmler 1972, S. 86).

In der bisherigen Praxis der Jugendhilfeplanung gibt es überwiegend zwei grundsätzliche Formen von Planungsgruppen:

- Sozialraumorientierte Planungsgruppen (in der Regel Arbeitsfeld übergreifend zusammengesetzt);
- Arbeitsfeldorientierte Planungsgruppen (meist identisch mit Arbeitsgemeinschaften nach § 78 SGB VIII).

Sozialraumorientierte Planungsgruppen: Sozialräumliche Planungsgremien sind von vornherein träger- und bereichsübergreifend und bringen Fachkräfte zusammen, die auf Stadtteilebene (oder in Kreisen auf Gemeindeebene) reale Kooperationsbeziehungen haben oder zumindest haben könnten. Aus der Sozialraumperspektive wäre hier zu prüfen, wie die einzelnen Arbeitsfelder ihre Wirkung entfalten und wo z. B. Synergieeffekte durch Kooperation und Vernetzung möglich wären.

Sozialräumlich organisierte Planungsgremien bieten darüber hinaus zusätzliche und bessere Möglichkeiten, betroffenen jungen Menschen und Familien im Rahmen von Beteiligungsprojekten einzubeziehen, da es sich hier nicht in erster Linie um die (abstrakte) Gestaltung von Jugendhilfeleistungen handelt, sondern um Fragen der Gestaltung des unmittelbaren Lebensraumes von Menschen und die von ihnen gewünschte und erlebte (nicht nur) sozialpädagogische Infrastruktur (Spielplätze, Jugendarbeit, Kinderbetreuung, Unterstützungsangebote etc.).

Bei einer sozialraumorientierten Planungsorganisation gilt es Folgendes zu bedenken:

- Zunächst dürfen die Räume nicht zu groß sein. Sie müssen – damit sie den Anspruch an Überschaubarkeit auch einlösen können – übersichtlich sein. In einem Landkreis mit 14 Städten und Gemeinden wäre z. B. der Stadt- oder Gemeindebezug eine sinnvolle Bezugsgröße. Mitunter sind weitere Untergliederungen sinnvoll. Für Städte und Ballungsräume müssen sinnvolle Untergliederungen des Gesamtraumes oft erst herausgearbeitet werden.
- Da sich sozialräumliche Planungsgremien jeweils zunächst mit der örtlichen Situation auseinandersetzen, werden Themen weit differieren und wird es große Ungleichzeitigkeiten in den jeweiligen Diskussionen geben.
- Während Fachkräfte aus Kindertageseinrichtungen und aus der Jugendarbeit in den meisten Sozialräumen vertreten sein werden, arbeiten viele Träger der Familienförderung oder der Hilfen zur Erziehung sozialraumübergreifend, manchmal sogar regional übergreifend. Eine Entsendung von VertreterInnen dieser Dienste in alle Sozialraumgruppen ist oft nicht möglich.
- Zur Sicherung von Planungsergebnissen ist ein hoher personeller und zeitlicher Aufwand notwendig.
- Die sehr konkrete Benennung von Handlungsbedarfen und das hohe Maß an Beteiligungsmöglichkeiten von ehren- und nebenamtlichen MitarbeiterInnen der Jugendhilfe sowie von

betroffenen jungen Menschen und Eltern birgt die Gefahr der überzogenen Erwartungen. Prioritätenentscheidungen z. B. zwischen verschiedenen Sozialräumen müssen außerhalb der Gruppe getroffen werden und bergen ein hohes Frustrationsrisiko.

Doch auch trotz dieser Schwierigkeiten ist es ratsam, im Gesamtprozess der Planung sozialräumlich organisierte Planungsgremien vorzusehen. Sie sichern dem Sozialraum eine „Lobby", indem sie einen unmittelbaren Bezug zu den Lebensräumen von Menschen herstellen und in die Planung einspeisen. Ihre Reichweite lässt sich am ehesten mit dem von Nikles (1995) eingeführten Begriff „operative Planung", also der Planung und Abstimmung von Handlungsabläufen – hier bezogen auf die gesammelten Aktivitäten der Jugendhilfe in einem Sozialraum – beschreiben (vgl. Nikles 1995, S. 12 f.). Die direkte Vorbereitung jugendhilfepolitischer Entscheidungen (strategische Planung) tritt hier eher etwas in den Hintergrund.

Arbeitsgemeinschaften nach § 78 SGB VIII: Neben den sozialraumorientierten Planungsgruppen bilden die Arbeitsgemeinschaften der öffentlichen und freien Träger im Kontext der Jugendhilfeplanung die zweite zentrale Gremienstruktur. Das SGB VIII verpflichtet zunächst die öffentlichen Träger der Jugendhilfe zur frühzeitigen Beteiligung der freien Träger an der Jugendhilfeplanung. Dieses Beteiligungsgebot ist nicht nur deshalb zu beachten, weil die öffentliche Jugendhilfe zur Zusammenarbeit mit der freien Jugendhilfe verpflichtet ist (§ 4 SGB VIII) und die freiwillige Tätigkeit auf dem Gebiet der Jugendhilfe anregen und fördern soll, sondern auch deshalb, weil die finanzielle Förderung der freien Träger davon abhängig gemacht werden kann, dass sie Einrichtungen, Dienste und Veranstaltungen nach Maßgabe der Jugendhilfeplanung anbieten (§ 74 SGB VIII).

Damit werden die freien Träger mit hohem Verbindlichkeitscharakter in ein abgestimmtes Leistungsangebot der Jugendhilfe eingebunden. Folglich ist es auch unabdingbar, dass deren Mitwirkung an der Jugendhilfeplanung sichergestellt werden muss.

Zur Sicherung einer kontinuierlichen Zusammenarbeit öffentlicher und freier Träger bieten sich die nach § 78 SGB VIII möglichen Arbeitsgemeinschaften an. „Die Träger der öffentlichen Jugendhilfe sollen die Bildung von Arbeitsgemeinschaften anstreben, in denen neben ihnen die anerkannten Träger der freien Jugendhilfe sowie die Träger geförderter Maßnahmen vertreten sind. In den Arbeitsgemeinschaften soll darauf hingewirkt werden, dass die geplanten Maßnahmen aufeinander abgestimmt werden und sich gegenseitig ergänzen" (§ 78 SGB VIII). Der Begriff der „geplanten Maßnahmen" wird hier also schon explizit aufgenommen. Die Arbeitsgemeinschaften nach § 78 SGB VIII können damit ein geeignetes Forum für ein prozesshaftes Zusammenwirken zwischen dem Jugendamt und den freien Trägern der Jugendhilfe bieten.

Die Zielsetzung der Arbeitsgemeinschaften im Jugendamt sollte in der fachlichen Weiterentwicklung und verbesserten Koordinierung der Jugendhilfeangebote bestehen. Damit diese Zielsetzung sachorientiert verfolgt werden kann, ist eine Diskussionskultur erforderlich, die dem Anspruch eines „partnerschaftlichen Zusammenwirkens" entspricht. An Arbeitsgemeinschaften nach § 78 SGB VIII können sich alle freien Träger und Initiativen beteiligen, die im Zuständigkeitsbereich des Jugendamtes Jugendhilfeangebote bereitstellen.

In Landkreisen könnten und sollten außerdem auch VertreterInnen der Städte und Gemeinden, die nicht unmittelbar in der Planungsverantwortung stehen, in den Arbeitsgemeinschaften mitwirken, damit die lokalen Besonderheiten und Erfordernisse im Rahmen der vom Kreis durchgeführten Planung auch Berücksichtigung finden. Eine Organisation der Arbeitsgemeinschaften analog zu den im SGB VIII definierten Aufgabenfeldern hat sich in der Praxis als sinnvoll erwiesen.

Solche Arbeitsgemeinschaften können Erfahrungsaustausch, Anregungen zur Weiterentwicklung der Angebote und Impulse für die Gesamtplanung der örtlichen Jugendhilfe gewährleisten. Es wäre örtlich zu überlegen, in welcher Weise arbeitsfeldbezogene Arbeitsgemeinschaften und Regionalkonferenzen sich gegenseitig ergänzen bzw. ob/wie die beiden Arbeitsformen produktiv miteinander verknüpft werden können.

Die Arbeitsgemeinschaften nach § 78 SGB VIII bieten – unbeschadet der Zuständigkeit des Jugendhilfeausschusses für die Jugendhilfeplanung – für ein prozesshaftes Zusammenwirken des öffentlichen Trägers mit den freien Trägern im Planungsverlauf sehr gute Voraussetzungen. Sie können Erfahrungsaustausch, Anregungen zur Weiterentwicklung der Angebote und Impulse für die Gesamtplanung gewährleisten.

Mögliche Aufgaben der Arbeitsgemeinschaften im Rahmen der Jugendhilfeplanung sind:

- Aufbau und Entwicklung einer trägerübergreifenden Diskussionsebene,
- Einbringung der fachlichen Vorstellungen der einzelnen Träger in die Jugendhilfeplanung,
- Informationsaustausch untereinander,
- Beteiligung an der Bestandsaufnahme der jeweiligen Arbeitsfelder,
- Erarbeitung einer Bewertung zum Entwicklungsstand des Arbeitsfeldes und notwendiger Handlungsbedarfe,
- Vorbereitung der AdressatInnenbeteiligung,
- Einbringung eigener Konzepte zur Gestaltung der Jugendhilfe in den Aufgabenfeldern u. a.m.

Entsprechend der Zielsetzung und dem Wortlaut des § 78 SGB VIII sollen all diejenigen Träger an der Zusammenarbeit beteiligt werden, die innerhalb einer Arbeitsgemeinschaftsregion Jugendhilfeangebote bereitstellen. Eine Beteiligung lediglich der Wohlfahrtsverbände und der Jugendverbände würde den Intentionen des SGB VIII zuwiderlaufen. Zwar können Jugend- und Wohlfahrtsverbände gemeinsam mit dem Jugendamt koordinierende Funktionen bei der Gestaltung der Arbeitsgemeinschaften übernehmen, jedoch darf dies nicht den Grundsatz der Beteiligung und der Zugangsmöglichkeiten für alle Jugendhilfeträger aushöhlen.

Der Ertrag der Kooperation in Arbeitsgemeinschaften hängt wesentlich davon ab, ob ein gewisses Maß von Kontinuität hergestellt und der Charakter von Zufälligkeit und Beliebigkeit vermieden werden kann. Zur Herstellung von Kontinuität bedarf es der Mitwirkung durch Personen, die koordinierende Aufgaben übernehmen (Einladung, Protokoll, Sammlung von Informationen etc.) Hier sollte der öffentliche Träger der Jugendhilfe (PlanungskoordinatorIn), falls erforderlich, den sachlich notwendigen Service bereitstellen.

1.3 Planungsmatrix

Im Prinzip lassen sich die beiden hier dargestellten Organisationsformen auch miteinander verknüpfen. Dies ergibt dann eine Planungsorganisation wie sie in der Planungskonzeption der Stadt Bielefeld dargestellt wird (siehe unten, Übersicht 3). Dabei wird aber deutlich, dass es sich hierbei um ein sehr komplexes Organisationsgefüge handelt, was durch die Vielzahl der parallel tagenden Gremien schnell zu einer Überlastung der beteiligten Fachkräfte und zu Ermüdungserscheinungen führen kann. Außerdem sind die Anforderungen an die Planungskoordination so hoch, dass dies durch eine einzelne Fachkraft nicht zu leisten wäre.

Daher spricht einiges dafür, Planung in längeren Phasen zu organisieren, die durch spezifische Organisationsformen und Gremienstrukturen geprägt sind. Dauerhaft gültige Organisationsformen laufen sich über kurz oder lang tot. Besser ist es, z. B. für ca. ein bis zwei Jahre eine sozialraumbezogene Organisationsform mit spezifischen Planungsaufträgen und Zielpunkten zu realisieren, die in der Erstellung eines Planungsberichtes endet. Während diese Planungen umgesetzt werden, könnte eine arbeitsfeldbezogene Organisation der Jugendhilfeplanung und damit eine Neukonstituierung von Planungsgremien spezifisch arbeitsfeldorientierte Fragestellungen bearbeiten, die in einer späteren Phase, z. B. in einer erneut sozialraumorientierten Planungsgruppe, wieder aufgenommen werden könnten. Auch phasenweise zielgruppenspezifische Gruppen ließen sich in dieses lebendige, immer wieder neu zu entscheidende, aber immer mit festen (Zwischen-) Ergebnispunkten verbundene Planungspozedere einbauen.

1.4 Beteiligung von AdressatInnen

Ein weiteres unverzichtbares Element einer fachgerechten Jugendhilfeplanung ist die Beteiligung von BürgerInnen an Planungsprozessen (vgl. den Beitrag von Stork in diesem Band). Das SGB VIII legt fest, dass der „Bedarf unter Berücksichtigung der Wünsche, Bedürfnisse und Interessen der jungen Menschen und der Personensorgeberechtigten" (§ 80 Abs. 1 SGB VIII) zu ermitteln ist und dass „die Planungen insgesamt den Bedürfnissen und Interessen der jungen Menschen und ihren Familien Rechnung tragen" (§ 80 Abs. 4 SGB VIII). Mit diesen Formulierungen verzichtet das Gesetz zwar darauf, konkrete Formen der Beteiligung junger Menschen und ihrer Familien festzuschreiben und überlässt es den Planungsträgern, wie sie die Wünsche und Bedürfnisse ermitteln bzw. einschätzen wollen. Es ist aber unbestritten, dass die AdressatInnenbeteiligung in jeder Planung auch organisatorisch abgesichert sein muss.

Diese Beteiligung kann ganz unterschiedliche Formen annehmen und reicht von direkten Beteiligungsverfahren, bei denen sich alle potenziell oder faktisch Betroffenen am Meinungsbildungs- und Entscheidungsprozess beteiligen können, bis hin zu indirekten oder mittelbaren Verfahren, bei denen Meinungen und Interessen der Betroffenen über Mittler oder Repräsentanten in den Planungsprozess eingebracht werden. Je nach Bezugspunkt der Planung (Arbeitsfelder, Sozialräume, Zielgruppen) und Planungsgegenstand (Jugendarbeit, Kindertagesbetreuung, Hilfen in Not- und Krisensituationen) sind ganz unterschiedliche Personengruppen angesprochen und ganz verschiedene Beteiligungsformen zu realisieren. Bei der Organisation von Planungsprozessen muss daher sorgfältig überlegt werden, mit welchen Mitteln und mit welchem (zeitlichen und materiellen) Aufwand Betroffenenbeteiligung stattfinden soll. Dabei wird es realistisch sein, die Beteiligung nicht umfassend anzustreben, sondern sie auf bestimmte Fixpunkte zu konzentrieren (z. B. Gestaltung der Jugendarbeit im Stadtteil, Angebotsgestaltung für Kinder im Stadtteil, Gestaltung und Vernetzung der Unterstützungsmöglichkeiten für Alleinerziehende etc.). Nur durch eine solche Konzentration lässt sich eine verbindliche Ergebnissicherung herstellen, die Voraussetzung dafür ist, dass die Positionen von AdressatInnen auch tatsächlich als ein wichtiger und ggf. durchsetzungsfähiger Faktor in die stattfindenden Willensbildungs- und Entscheidungsprozesse eingehen können.

Eine Überschneidungsform der Beteiligungsinstrumente der freien Träger und der AdressatInnen stellt das Instrument der Stadtteil- oder Regionalkonferenz dar. Im Rahmen solcher Konferenzen bietet sich die Möglichkeit, Verwaltung, freie Träger und betroffene BürgerInnen regional orientiert zu einem gemeinsamen Austausch zusammen zu bekommen. Insbesondere in Landkreisen können Regionalkonferenzen wichtige Planungsimpulse zur Gestaltung der Jugendhilfe ‚vor Ort' und für die z.T. nicht immer reibungslose Zusammenarbeit der Gemeinde- und Stadtverwaltungen mit dem Jugendamt der Kreisverwaltung vermitteln.

Da es den planenden Fachkräften und dem/der PlanungskoordinatorIn nicht möglich sein wird, alle Diskussionen im Rahmen der Beteiligungsverfahren aus eigenen Kräften angemessen protokollieren und verarbeiten zu können, bietet es sich zudem an, alle an der Planung interessierten Bürger, Verbände, Initiativen, Gemeindeverwaltungen etc. zur schriftlichen Stellungnahme aufzufordern. Die schriftlichen Stellungnahmen stellen einerseits wichtiges Orientierungsmaterial für die Planungsgruppen dar; andererseits können sie im Rahmen eines Planungsreaders allen Interessierten jederzeit öffentlich zugänglich gemacht werden, so dass maximale Transparenz über Wünsche, Forderungen, Positionen, Stellungnahmen etc. zu erzielen ist, die möglicherweise zu erneuten Stellungnahmen herausfordert, womit der Diskurs öffentlich geführt wird.

Insgesamt ist allerdings festzustellen – auch wenn die Notwendigkeit der AdresatInnenbeteiligung in der Jugendhilfeplanung unbestritten ist –, dass die Planungsrealität immer noch weit hinter den formulierten Ansprüchen zurückbleibt. Eine breite, kontinuierliche, planungsbegleitende und direkte Partizipation der von der Jugendhilfeplanung betroffenen Zielgruppen wird bislang nur sehr selten realisiert. Es ist zu wünschen, dass hier in Zukunft mehr Aufmerksamkeit darauf gelegt wird, angemessene Formen der Betroffenenbeteiligung zu realisieren und in jeder Kommune ein auf die Bedingungen der Jugendhilfe abgestimmtes Beteiligungsinstrumentarium zu entwickeln.

1.5 Planungsfachkräfte im Jugendamt

Das Zusammenspiel der verschiedenen Planungsgruppen und -ebenen bedarf der Koordination. Die Aufgabe besteht darin, die verschiedenen Diskussionen und Tätigkeiten der Einzelnen, der Planungsgruppen sowie der Beteiligungsaktivitäten so miteinander zu verzahnen, dass für alle der Bezug zum Gesamtplanungszusammenhang erhalten und nachvollziehbar bleibt.

Eine solche Aufgabe kann – anders als die Mitarbeit in Projektgruppen oder Arbeitsgemeinschaften – nicht neben anderen Aufgaben wahrgenommen werden. Die Koordination und Moderation von Prozessen der Jugendhilfeplanung erfordert eine personelle Verankerung im Jugendamt durch hauptamtliches Personal. Erfahrungen in der Vergangenheit haben gezeigt, dass schon bei Kommunen über 50.000 EinwohnerInnen eine Vollzeitstelle für diese Aufgabe erforderlich ist. Bei kleineren Kommunen ist es ggf. möglich, eine Teilzeitstelle für diesen Aufgabenbereich einzurichten, die allerdings nicht unter 50 % einer Vollzeitstelle liegen dürfte, um den auch hier notwendigen Koordinationsaufwand auch tatsächlich leisten zu können. In größeren Kommunen (über 200.000 EinwohnerInnen) wird hingegen eine Fachkraft nicht mehr ausreichen. (Hier zeigt sich allerdings in der Praxis, dass die Personalausstattungen in den Jugendämtern in aller Regel hinter diesen Ansprüchen zurück bleiben – vgl. den Beitrag von Adam/Kemmerling/Schone in diesem Band).

Insgesamt ist es jedoch schwierig, die personelle Ausstattung an der EinwohnerInnenzahl von Kommunen festzumachen. Wenn umfassende Planungen angesteuert werden, die dafür notwendigen Gremien (Planungsgruppen, Arbeitsgemeinschaften) eingerichtet und anspruchsvolle Beteiligungsverfahren eingeleitet werden, wird der Koordinationsaufwand auch in kleinen Kommunen nicht sehr viel geringer sein als in größeren Städten. In Landkreisen wird sich zudem der Aufwand durch die vielfach nur wenig abgestimmten Aktivitäten in den einzelnen kreisangehörigen Städten und Gemeinden im Verhältnis zu einer einwohnermäßig gleichgroßen Stadt eher deutlich erhöhen. Die o.g. Größen stellen daher nur eine grobe Orientierung dar. Der tatsächliche personelle Bedarf für die Planungskoordination ergibt sich letztlich immer aus den strukturellen Besonderheiten der planenden Kommunen und aus dem Planungskonzept, mit dem diese Kommune die Aufgaben der Jugendhilfeplanung angeht.

Als Bezeichnung für die hauptamtlichen Planungsfachkräfte hat sich der Begriff „PlanungskoordinatorIn" bislang wenig durchsetzen und den Begriff „JugendhilfeplanerIn" verdrängen können. Dies ist bedauerlich, da mit dem Begriff „PlanerIn" – wie die Vergangenheit zeigt – nur allzu oft die Vorstellung verbunden ist, dass hier eine Aufgabe unter vielen von einer dafür zuständigen Stelle – eben dem/der PlanerIn – „erledigt" werde. Aufgabe der Planungsfachkraft – nach dem hier vertretenen Verständnis – ist es aber, aussagefähige Daten und Informationen zu beschaffen, auf deren Grundlage spezifische Analysen zu erstellen und diese verständlich aufzubereiten und in diskursive Planungsprozesse einzuspeisen. Im Rahmen einer so verstandenen prozessorientierten Planung ändert sich die Rolle der Planungsfachkraft dann eindeutig hin zu einer koordinierenden und moderierenden Funktion, was auch einen Niederschlag in der Bezeichnung finden müsste.

Die Planungsfachkraft ist zuständig für das Funktionieren der gegenseitigen Kommunikation und Information. Sie nimmt gegenüber den Planungsgruppen darüber hinaus eine Reihe von Servicefunktionen wahr, die allgemein unterschätzt, aber von großer Wichtigkeit für eine produktive Arbeitsorganisation sind (Organisation von Schreibarbeiten und Außenkontakten, Öffentlichkeitsarbeit, Terminorganisation, Beschaffung und Zurverfügungstellung von Fachliteratur, Konzepten, Beschlüssen etc.).

Schließlich soll eine weitere Funktion der Planungsfachkraft nicht unerwähnt bleiben, nämlich die des Konfliktmanagements. Illusorisch wäre es anzunehmen, die Planungsgruppen würden allein schon unter der Maxime der Hierarchiefreiheit, der Informationsoffenheit und der Selbststeuerung konfliktfrei arbeiten (können). Das Gegenteil dürfte eher der Fall sein und ist insoweit auch intendiert, als es die Offenlegung von Widersprüchen ermöglicht, die damit in der Planung ebenfalls zum Gegenstand gemacht werden können und sollen.

Hier ist es die Funktion der Planungsfachkraft, die Konflikte offenzulegen und zu substantiieren. Durch gemeinsame Diskussion und Schlichtungsbemühungen bzw. produktive Aufarbeitungsformen im Rahmen der Planung sind Lösungen zu finden, damit die Funktionsfähigkeit und Arbeitsfähigkeit der Planungsgruppe gewährleistet bzw. wiederhergestellt wird.

Da die Aufgaben der PlanungskoordinatorInnen wie gezeigt ein hohes Maß an fachlicher und administrativer Kenntnis sowie ein hohes Maß an methodischen und kommunikativen Fähigkeiten erfordert, dürften BerufsanfängerInnen mit dieser Tätigkeit in der Regel überfordert sein. Von der Qualifikation her kommen für Aufgaben der Jugendhilfeplanung am ehesten berufserfahrene SozialwissenschaftlerInnen mit Felderfahrung oder Sozialarbeiter/-pädagogInnen mit sozialwissenschaftlicher Planungskompetenz in Frage.

1.6 Dokumentation und Planungsbericht

Wenn nun Jugendhilfeplanung als Prozess organisiert wird, welchen Stellenwert hat dann der „fertige" Jugendhilfeplan, auf den doch so viele Kommunen, die bisher schon Planung betrieben, so gerne verweisen?

Auch wenn es in einem prozessual orientierten Planungsverständnis einen „fertigen", d. h., einen abgeschlossenen Plan nicht geben kann, ist unbestreitbar, dass sich die kommunale Planung in einem schriftlichen Planungswerk niederschlagen muss.

Zunächst gilt es, den Planungsverlauf zu dokumentieren. Diese Planungsdokumentation wächst im Idealfall laufend mit der Planung mit. Ein Teil der Dokumentation umfasst die Protokolle, Grafiken, Statistiken, Tabellen und Texte aller Art, die im Laufe der Diskussion entstanden sind. Ein anderer Teil besteht aus den o.g. Begleitmaterialien, aus den Stellungnahmen freier Träger bzw. betroffener BürgerInnen, aus Zeitungsartikeln etc., die zu einem öffentlich zugänglich zu machenden Materialienband zusammengestellt werden (Planungsreader).

Beide Dokumentationen sind Grundlage des Planungswerkes, das allerdings nur sehr unzutreffend mit dem Begriff „Jugendhilfeplan" zu bezeichnen ist. Der Begriff „Jugendhilfeplan" suggeriert – ganz im Gegensatz zu dem hier ausgebreiteten Verständnis –, dass die Aufgabe der Planung abgeschlossen sei – als Ausdruck eines auf Finalität ausgerichteten Planungsverständnisses. Im Zuge einer prozessorientierten Planung ist es dagegen wesentlich angemessener, das Planungswerk als Planungsbericht zu bezeichnen.

Der Planungsbericht hat neben seinem zusammenfassenden dokumentarischen Charakter einmal die Funktion, dem Jugendhilfeausschuss, der Fachöffentlichkeit, den Mitgliedern der Verwaltung und allen interessierten BürgerInnen einen umfassenden – aber konkretisierten – Überblick über Inhalte, Verlauf und Ergebnisse der Planungsgruppen zu geben. Daneben stellt er die Grundlage für konzeptionelle, fachliche und politische Diskussionen und Entscheidungen der kommunalen Jugendhilfepolitik dar.

Der Planungsbericht sollte idealerweise ein verdichtetes Fazit der Planungsarbeit sein, das leicht verständlich und sachlich formuliert ist. Soweit möglich sollten wichtige Faktenaussagen visualisiert und schematisiert und die Handlungsbedarfe herausgehoben dargestellt werden. Zeitpunkte der Erstellung und VerfasserInnen sollten ebenfalls angegeben werden. Ein solcher Bericht sollte inhaltlich u. a. mindestens folgende Punkte enthalten:

- aktuelle Sozial- und Interventionsdaten (Sozialberichterstattung für den Bereich der Jugendhilfe),
- Bestandserhebung der Jugendhilfeaktivitäten (Leistungsüberblick),
- Bilanz der Umsetzung bisheriger Beschlüsse (Evaluationsergebnisse) und
- Empfehlungen und Perspektiven (Handlungsbedarfe).

Insbesondere die beiden mittleren Punkte (Leistungsüberblick und Umsetzungsbilanz) sollten im Rahmen des Planungsberichts nicht unterschätzt werden. Die Jugendhilfe sollte, um ihren kommunalpolitischen Stellenwert angemessen herausstellen zu können, nicht nur – wie es oft geschieht – in der Auflistung von Mängellagen verharren, sondern kann den Rahmen des Planungsberichts ebenso für eine positive Leistungsübersicht nutzen. Aus einer solchen Perspektive lässt sich am ehesten eine positive Motivation für eine innovative Planungsbereitschaft der kommunalen JugendhilfepolitikerInnen herleiten (Reputation).

Diese Grundmaximen für einen Planungsberichts sind hier aufgeführt, weil sie einerseits – wie der Blick in viele Jugendhilfepläne zeigt – noch nicht Allgemeingut sind und weil der Planungsbericht andererseits eine wesentliche Grundlage des Entscheidungsverhaltens kommunaler PolitikerInnen ist bzw. sein soll. Auch für interessierte BürgerInnen sollte der Planungsbericht eine verständliche Lektüre darstellen.

1.7 Vorsicht Falle! – Probleme und Schwierigkeiten im Planungsprozess

Eine Planungsorganisation nach dem hier vorgestellten Muster stellt eine sehr komplexe Aufgabenstellung für die Träger der Jugendhilfe und die in die Planung eingebundenen Fachkräfte dar. Eine als diskursiver Prozess angelegte Jugendhilfeplanung wird immer wieder auf unvorhergesehene Probleme und Schwierigkeiten stoßen, die sich zumeist erst im Verlauf der Planungsarbeiten herausstellen. Die folgende Aufzählung von Problemen und Schwierigkeiten soll deutlich machen, dass sie keine Ausnahmeerscheinungen im Einzelfall darstellen, sondern vielmehr immanenter Bestandteil aller Planungsprozesse sind, an denen mehrere/viele Fachkräfte beteiligt sind. In jedem längerfristigen Planungsprozess werden sicher einige der im Folgenden aufgeführten kritischen Aspekte eine Rolle spielen. Unterschiede wird es nur im Zeitpunkt des Auftretens und in der Intensität dieser Probleme geben.

Die Thematisierung der folgenden Probleme und „Fallen" soll dazu beitragen, Störungen im Planungsprozess frühzeitiger zu erkennen und damit die Chancen der produktiven Be- und Verarbeitung erhöhen; ohne damit den Eindruck erwecken zu wollen, dass solche Schwierigkeiten generell vermieden werden können:

- Trotz der Bereitschaft von Fachkräften, im Rahmen von Planungsgruppen mitzuarbeiten, wird es eine Vielzahl von Vorerfahrungen und Vorurteilen geben, die einem engagierten und produktiven Planungsprozess schon von Anfang an im Wege stehen. Hierzu gehören Einschätzungen wie: „Das, was wir hier machen, ist doch sowieso nur für die Schublade.", „Wir werden hier doch nur für bestimmte Interessen instrumentalisiert.", „Die Verwaltungshierarchie ist an einer echten Beteiligung der Fachkräfte doch gar nicht interessiert." etc. Genährt werden solche Zweifel und Einschätzungen oft durch Entscheidungen der Verwaltung oder des Jugendhilfeausschusses, die den Planungsergebnissen vorgreifen oder im Widerspruch zu den aktuellen Diskussionen in der Planungsgruppe stehen. Tatsächlich wird es im Alltag des Jugendamtes viele Prüfsteine dafür geben, wie ernst es den öffentlichen Trägern der Jugendhilfe (Verwaltung, Jugendhilfeausschuss) mit der prozesshaften Entwicklung der Jugendhilfe und der verantwortlichen Einbindung der Fachkräfte tatsächlich ist.
- In der Diskussion der Planungsgruppen setzen sich die Fachkräfte auf einer Meta-Ebene mit ihren jeweiligen Arbeitszusammenhängen auseinander. Unterschiedliche Aufgabenverständnisse, unterschiedliche fachliche und politische Einschätzungen und Prioritätensetzungen der Planungsgruppenmitglieder können hier schon frühzeitig den Planungsprozess erheblich stören. Hinzu kommt, dass gruppendynamische Prozesse und Konflikte aus dem Alltag des Jugendamtes auch in die Projektgruppen hineinwirken (fachliche und persönliche Kontroversen und Konflikte, Kampf um Einfluss- und Aufstiegsmöglichkeiten etc.).
- Das Interesse der Fachkräfte an der Veränderung ihrer Arbeitsbedingungen führt in der Projektgruppendiskussion sehr schnell dazu, unter dem Etikett der Fachplanung die Organisationsstruktur des Jugendamtes zu thematisieren. Oft brechen hier alte Kämpfe innerhalb des Jugendamtes wieder auf (z. B. konflikthafte Spezialisierungen). Für den Planungsprozess ist es jedoch notwendig, die Fachplanungsebene von der organisationsstrukturellen Ebene zu trennen. Von der Planungslogik her ist es erforderlich, zunächst die fachlichen Standards und Perspektiven zu formulieren und erst vor diesem Hintergrund die organisationsstrukturellen Veränderungsvorstellungen fachlich begründet abzuleiten. In der praktischen Diskussion wird diese Trennung jedoch immer nur unter sehr großem Energieaufwand aufrechtzuerhalten sein.
- Die Planungsgruppen sind während ihrer Arbeit darauf angewiesen, Elemente der Zielentwicklung, Bestandserhebung, Bedarfsermittlung und Bewertung oft parallel zu bearbeiten. Häufig geht dabei die Klarheit darüber verloren, welches Planungselement aktuell zur Bearbeitung ansteht. Zieldiskussionen und Bedarfsdiskussionen, Bestandserhebung, Evaluation und Bewertung vermischen sich. Um hier Diffusion und in der Folge Frustration für die beteiligten Fachkräfte zu vermeiden, ist es erforderlich, stets Klarheit über das aktuell zu bearbeitende Planungselement herzustellen.

- Dort wo Jugendhilfeplanung Aussagen zur Entwicklung einzelner Arbeitsfelder der Jugendhilfe macht, müssen diese Aussagen auf einer konzeptionellen Ebene liegen. Nicht selten passiert es, dass solche konzeptionellen Aussagen in der Diskussion mit Einschätzungen zu persönlichen Kompetenzen und Qualifikationen von StelleninhaberInnen vermischt diskutiert werden. Hier ist darauf zu achten, dass konzeptionelle Fachplanung – soweit dies im Alltag gerade möglich ist – von Fragen der aktuellen Personalsituation, Personalführung und -leitung zu trennen sind.
- Einer Planung, der von Seiten der Verwaltung bzw. des Jugendhilfeausschusses eindeutige Vorgaben gemacht werden, die etwa darin bestehen, dass das Ziel der Jugendhilfeplanung im Abbau des Personalbestandes bestehen soll, ist im Rahmen der hier vorgeschlagenen Planungsorganisation als kommunikativer Prozess nicht durchführbar. Dies heißt nicht, dass nicht fachliche Überlegungen im Rahmen der Jugendhilfeplanung zum Abbau oder zur Umstrukturierung bestehender Stellenbeschreibung führen können. Das umgekehrte Verfahren – Stellenabbau als Zielvorgabe zu formulieren – würde jedoch die Möglichkeiten eines partizipativen, kommunikativen Planungsprozesses überfordern (vgl. hierzu Freigang/Schone 2001 und 2007).

Es sind hier nur einige zentrale Probleme und Schwierigkeiten benannt worden, die den Planungsprozess belasten oder auch überfordern können. Vor diesem Hintergrund wird deutlich, wie wichtig es ist, dass die Planungskonzeption möglichst detailliert die notwendigen Prämissen und Rahmenbedingungen formuliert, unter denen die Planung stattfinden soll. Diese Prämissen sind mit den Planungsbeteiligten (Fachkräften) abzustimmen und sowohl von der Verwaltung als auch vom Jugendhilfeausschuss anzuerkennen und sicherzustellen. Des Weiteren ist es eine Aufgabe des Planungskoordinators/der Planungskoordinatorin, eingedenk der möglichen „Fallen" und Problemstellungen, den Planungsprozess so zu begleiten, zu moderieren und zu koordinieren, dass sich das Engagement der Fachkräfte auch produktiv umsetzen kann.

2 Vom Ist zum Soll – Elemente des Planungs- und Entscheidungsprozesses

Nach dem hier favorisierten Planungskonzept ist es nicht sinnvoll, den Planungsprozess strikt in Planungsphasen aufzugliedern, um diese dann einzeln nach einem festen „Fahrplan" abzuhandeln. Da das SGB VIII jedoch gesetzliche Vorgaben für die Jugendhilfeplanung formuliert und einzelne Planungselemente explizit benennt, sollen solche Elemente hier jedoch analytisch im Gesamtkontext des Planungsansatzes diskutiert werden. Folgende Elemente sind für Sozialplanungsprozesse konstitutiv:

- Ziel- und Konzeptentwicklung,
- Bestandserhebung,
- Bedarfsermittlung,
- Maßnahmeplanung und -durchführung,
- Evaluation und Fortschreibung.

Die drei Elemente „Bestandserhebung“, „Bedarfsermittlung“ und „Maßnahmeplanung“ sind im § 80 (1) SGB VIII explizit aufgeführt. Sie stellen somit auch die gesetzlich verpflichtende Mindestanforderung an Jugendhilfeplanung dar. Die anderen genannten Elemente, „Ziel- und Konzeptentwicklung“ und „Evaluation und Fortschreibung“, sind – auch wenn im Gesetz nicht explizit formuliert – weitere logische Bestandteile eines in sich geschlossenen Planungskonzeptes. Einerseits sichern Zielfindung und Konzeptentwicklung erst die Basis, in deren Rahmen Bestandserhebung, Bedarfsermittlung und Maßnahmeplanung ziel- und zweckgerichtet entfaltet werden können, andererseits weisen Evaluation und Fortschreibung darauf hin, dass die Wirkungen von Maßnahmen und ggf. daraus resultierende weitere Planungsanforderungen – insbesondere auch vor dem Hintergrund der intendierten Ziele – in den Blick genommen werden müssen, um beurteilen zu können, ob und inwieweit formulierte Ziele durch Planung umgesetzt und identifizierte Bedarfe gedeckt werden konnten.

Auch wenn die genannten Elemente es auf den ersten Blick nahe legen, im Sinne eines traditionellen Phasenmodells von Planung interpretiert zu werden und reale Planungsverläufe im wesentlichen den genannten Schritten folgen, ist damit eine zeitliche Abfolge des Planungsverlaufs im Rahmen einer prozessorientierten Planungsgestaltung aber nicht zwingend vorgegeben. Es ist durchaus vorstellbar, dass Verfahren der Bestandserhebung und der Bedarfsermittlung teilweise miteinander verkoppelt werden oder dass durch Erkenntnisse im Planungsprozess eine aktuelle Handlungsnotwendigkeit in einem Teilbereich offenkundig wird, die in eine vorgezogene Maßnahmeplanung einmündet.

Die genannten Tätigkeiten treten also mitunter während des gesamten Planungsprozesses – nur in unterschiedlicher Gewichtung – parallel miteinander auf. Dies ist jedoch kein Mangel, sondern eher ein produktiver Vorteil. So warnt Nikles: „Zugleich kann und darf die im Gesetz (SGB VIII) enthaltene Aufzählung auch nicht als Vorgabe für den konkreten Ablauf von Planungen interpretiert werden. Auf diesen Aspekt ist vor allem deshalb mit Nachdruck hinzuweisen, weil in vielen früheren Planungsvorhaben zum Teil zu viel Zeit auf die Bestandsanalysen verwandt wurde und die Arbeiten allein aus zeitlichen Gründen stecken blieben, der Handlungsdruck gleichzeitig aber zu nicht systematisch abgesicherten Einzelentscheidungen führte. Es kann sehr wohl notwendig werden, planungslogische Abläufe zu verlassen, gemischte Vorgehensweisen zu wählen und auch einmal ‚Pferde vom Schwanz her aufzuzäumen‘. Viel Verdruss über und Abwehr gegen die Planung wurden in den vergangenen Jahren dadurch provoziert, dass Jugendhilfeplaner aus Mangel an fachlicher und methodischer Kompetenz und Erfahrung strenge Ablaufmodelle der Planung einhielten. Vor allem die freien Träger sind daran interessiert, überschaubare und aus ihrer Sicht ‚handhabbare’ Planungsvorhaben und -abläufe zu erhalten, wenn sie denn nicht gar andere, nicht-planungsbezogene Abstimmungen und Aushandlungsverfahren bevorzugen. Es sollte deshalb bereits in den Konzeptphasen der Planung von den zu beteiligenden Trägern darauf geachtet werden, dass zwar fachlich-systematisch geplant wird, aber flexible formale Planungsabläufe möglich bleiben" (Nikles 1991, S. 75 f.).

In der Praxis prozessorientierter Jugendhilfeplanung zeigt sich immer wieder, dass eine Reihe von Maßnahmeempfehlungen sich auf die Organisation der praktischen Arbeit selbst beziehen. Hier sind aber nur in den seltensten Fällen Grundsatzentscheidungen der politischen Instanzen erforderlich. Folglich geschieht es immer wieder – und ist im Rahmen des auf Organisationsentwicklung abzielenden Konzeptes auch so intendiert –, dass Handlungsbedarfe, die im Rahmen der Planungsgruppen herausgearbeitet werden, direkt umgesetzt werden (z. B. Empfehlungen zur fachlichen Koordination von Hilfeformen im Rahmen der Hilfen zur Erziehung, Empfehlungen zu konzeptionellen Fortentwicklungen). Auf der Ebene der praktischen Arbeitsebene des Jugendamtes können bestimmte Veränderungen also durchaus schon in Angriff genommen oder gar vollzogen sein, bevor der Planungsbericht zur Verabschiedung in die politischen Gremien gelangt.

Eine prozessorientierte Planung erlaubt es also nicht, die genannten Planungselemente generell in ein eindimensionales Zeitschema zu zwängen, das immer mit dem Element Zielentwicklung zu beginnen hätte. Dies stieße schon allein deshalb auch auf erhebliche Schwierigkeiten, da Jugendhilfeplanung nicht im leeren Raum bzw. auf einer Tabula rasa beginnt. Auch schon vor Beginn der Jugendhilfeplanung verfügen Jugendämter über komplexe Strukturen und haben Handlungs- und Organisationsformen entwickelt, die ihr spezifisches Profil ausmachen und ihr Aufgabenverständnis prägen. Dabei

- richten auch sie ihre Arbeit an Zielen aus, die nur selten explizit formuliert sind;
- haben sie Informationen über den Bestand an Einrichtungen und Diensten, oft allerdings nicht systematisch dokumentiert;
- entwickeln sie Vorstellungen über den Bedarf an Jugendhilfeaktivitäten;
- planen sie Einrichtungen und Dienste;
- evaluieren sie in Ansätzen ihre Arbeit (z. B. in Form von Jahresberichten).

Der zentrale qualitative Unterschied zur systematischen Jugendhilfeplanung ist allerdings, dass diese Elemente der Planung dort implizit im Handlungsrepertoire der Jugendämter verankert sind, dass sie nicht bewusst wahrgenommen und reflektiert werden und sich damit häufig fachlicher und politischer Diskussion und Legitimation entziehen.

Jugendämter, die nunmehr auf der Basis des § 80 SGB VIII Jugendhilfeplanung betreiben, vollziehen damit den Schritt von der impliziten Planung zur fachlich begründeten explizit ausgewiesenen und damit öffentlicher, fachlicher und politischer Diskussion und Wertentscheidung ausgesetzten Planung und Weiterentwicklung der kommunalen Jugendhilfe.

Im Folgenden sollen vor dem Hintergrund der bisherigen Ausführungen zentrale Bestimmungsgrößen der einzelnen Planungselemente benannt werden, die sicherstellen, dass sich Planung als fachlich fundierter kommunikativer Prozess in der kommunalen Jugendhilfe etablieren kann.

2.1 Ziel- und Konzeptentwicklung

Ziel- und Konzeptentwicklung fasst zwei zusammengehörende Ebenen zusammen. Zielentwicklung weist inhaltlich auf die Richtung, in die das System der Jugendhilfe entwickelt werden soll. Es werden (häufig allgemeine) Zielvorstellungen formuliert, die als Richtpunkte gelten können, an denen sich die Jugendhilfeplanung zu orientieren hat. Zieldiskussionen durchziehen den gesamten Planungsprozess und zwingen die Planungsbeteiligten immer wieder, die impliziten Ziele der existierenden oder gewünschten Jugendhilfepraxis offenzulegen.

Während der Begriff der Zielentwicklung darauf abstellt, welchen Stellenwert Jugendhilfeziele und fachliche Standards für die Bestimmung der fachlichen Entwicklungsrichtung der kommunalen Jugendhilfe haben (sollen), weist der Begriff „Konzeptentwicklung" auf eine andere Ebene. Hier geht es darum, im Vorfeld der Planung grundsätzliche Fragen zum angestrebten Planungsprozess selbst zu klären und zu entscheiden. Unter möglichst breiter Beteiligung aller Planungsbeteiligten sind z. B. folgende Fragen zu bearbeiten (vgl. hierzu auch Falten/Kreft 2006):

- Welche fachlichen und politischen Zielvorstellungen werden mit der Planung, der Initiierung von Planungsprozessen verbunden? In welchem politischen Kontext und unter welchen politischen Rahmenbedingungen wird die Planung stattfinden?
- Welches Planungsverständnis ist zwischen den verschiedenen Akteuren konsensfähig und welcher Planungsansatz soll dementsprechend verfolgt werden?
- Welche Planungsorganisation (Planungsgruppen, Planungsfachkraft im Amt, Beauftragung externer Institute) muss hierfür gewählt werden?
- Welche personellen Voraussetzungen müssen geschaffen werden (Qualifikation, Ansiedlung, Dotierung der Planungsfachkraft)?
- Welche organisatorischen und zeitlichen Rahmenbedingungen werden für den Planungsprozess eingeräumt?
- Welche Form der Beteiligung freier Träger wird gewählt?
- Wie soll Adressatenbeteiligung realisiert werden?
- u.a.m.

„Die Erarbeitung eines Jugendhilfeplanungskonzeptes bedarf einer breiten, öffentlich geführten Debatte. In einer solchen Diskussion wird nicht zuletzt das ‚klimatische' Fundament bereitet, das den gesamten Planungsprozess tragen muss. Schwierigkeiten oder Konflikte zwischen Beteiligten, die sich im Prozessverlauf ergeben, können besser bewältigt werden, wenn das Planungskonzept eine breite Zustimmung gefunden hat und die Zustimmung zu einem Planungskonzept im Bewusstsein darüber erfolgt ist, welche Konsequenzen ein Vorgehen nach einem bestimmten Planungskonzept mit sich bringt" (Merchel 1994, S. 116).

Es muss ein Grundsatz jeder Planung sein, über die Eckpfeiler der Planung Einverständnis zwischen den VertreterInnen der Politik (möglichst aller Fraktionen!) und den Fachkräften des öffentlichen und der freien Träger zu erzielen, weil dies dann die verbindliche „Geschäfts- und Verfahrensordnung" darstellt, innerhalb derer sich inhaltliche Kontroversen und unterschiedliche Meinungen entfalten können und auch sollen. Je transparenter und verbindlicher diese Planungskonzeption („Geschäfts- und Verfahrensordnung"), umso effektiver können inhaltliche Aspekte bearbeitet werden und umso effektiver lässt sich Planung als Politikberatung realisieren.

Es geht darum, dass die Entwicklung der planerischen Konzeption, ihre Begründung, die Verbündeten, die gesucht, die Aufträge, die eingeholt, die psychologischen Vorbereitungen, die getroffen werden, Bestandteile einer Strategie sein sollten, die darauf abzielt, bereits im Vorfeld des Planungsvorganges möglichst günstige Bedingungen für die spätere Realisation zu schaffen. Die Planungskonzeption schafft die nötige Legitimation für die Aktivierung von Fachkräften zur Beteiligung an Planungsgruppen. Die Praxis zeigt, dass dies nur gelingt, wenn diese vom Planungskonzept überzeugt sind.

„Die Offenlegung des Grundkonzeptes der Jugendhilfe, an dem sich Planung auszurichten hat, wirkt

(a) handlungsleitend, indem die fachpolitische Richtung des Planungsprozesses kenntlich gemacht wird,

(b) reflexiv, weil sie Orientierungspunkte für die Bewertung vollzogener Planungsschritte und Planungsergebnisse markiert und

(c) demokratisierend, weil ihre Definition einen Diskussionsprozess voraussetzt, der zur Beteiligung einlädt und weil durch eine deutliche Hervorhebung handlungsleitender Normen ein höherer Grad an Transparenz erreicht wird" (Merchel 1994, S. 116 f.).

Das Vorverständnis von Planung sowie das planerische Umfeld bestimmen die planerische Konzeption, und die wiederum hat erhebliche Auswirkungen auf den Verlauf des Planungsprozesses. Besteht das Ziel der Planung einzig darin, den Buchstaben des Gesetzes Genüge zu tun, werden äußere Rahmenbedingungen lediglich den formalen Ansprüchen genügen. Werden jedoch anspruchsvollere Ziele der fachlichen Organisationsentwicklung und der innovativen Gestaltung kommunaler Jugendhilfepolitik verfolgt, werden die organisatorischen Rahmenbedingungen der Jugendhilfeplanung entsprechend auszustatten und zu gestalten sein.

Übersicht 3: Planungskonzeption (Beispiel)

Planungskonzeption der Stadt Bielefeld (2004)
Im Rahmen des Modellprojektes „Jugendhilfestrategien 2010" wurde für die Stadt Bielefeld eine Planungskonzeption entwickelt, die sich weitgehend an das bereits entwickelte System anschloss. Diese Konzeption wurde im Januar 2002 mit der Planungsgruppe der Stadt diskutiert und am 06.03.2002 vom Jugendhilfeausschuss beschlossen. Der hier beschlossene Planungsauftrag enthielt für die Jugendhilfeplanung der Stadt Bielefeld folgende Eckpunkte:

- Entwicklung eines Konzepts für sozialräumliche Jugendhilfeplanung, inkl. der Einrichtung von trägerübergreifenden regionalen Planungsgruppen (Träger der öffentlichen und der freien Jugendhilfe, Kooperationspartner der Jugendhilfe wie Schule, Polizei etc.);
- Beauftragung der regionalen Planungsgruppen zur Erarbeitung von Analysen, Prognosen und Folgerungen bzw. Handlungsempfehlungen für den Jugendhilfeausschuss (Erteilung eines Planungsauftrages durch die kommunale Politik);
- Gestaltung der Gremien im Sinne einer „Planungsmatrix" (siehe Abbildung in Abschnitt 1.3). Dies bedeutet, dass neben den regionalen Planungsgruppen, die für ihre jeweiligen Sozialräume die Entwicklung von Jugendhilfe- und Bevölkerungsdaten analysieren und kommentieren, Planungsgremien erforderlich sind, die für die einzelnen Aufgabenfelder der Jugendhilfe den Gesamtbereich der Kommune im Auge behalten;
- Erarbeitung eines qualifizierten Datenkonzeptes;
- Prozessbezogene Gestaltung der Planung, verbunden mit der regelmäßigen Vorlage von Planungsberichten für die kommunale Politik (Jugendhilfeausschuss, Bezirksvertretungen);
- Gestaltung des Planungsprozesses als „Regelkreislauf". Das heißt, es muss darum gehen, die Datenerhebungen und deren Bewertung durch die Fachkräfte vor Ort in regelmäßigen Abständen zu wiederholen, denn nur so werden Abweichungen für die Stadtbezirke kenntlich;
- Dokumentation des Prozesses.

Dieses Konzept ergänzt die frühere bereichsorientierte Jugendhilfeplanung in Bielefeld (Teilfachplanungen in den Bereichen Tageseinrichtungen für Kinder, Offene Kinder- und Jugendarbeit, Steuerungskonzept Hilfen zur Erziehung) durch einen sozialräumlichen Planungsansatz. Ziel dieser neuen Planungskultur ist es, Jugendhilfeleistungen nicht nur vom Ausgangspunkt der eigenen Aufgabenbeschreibung zu planen, sondern von einer Beschreibung und Analyse von Lebens- und Problemlagen junger Menschen und ihrer Familien in einem bestimmten Lebensfeld bzw. Stadtgebiet auszugehen.

Im Rahmen eines an sozialen Räumen orientierten Planungsmodells sind zur Problemanalyse und Fragestellung von Bestand und Bedarf quantitative und qualitative Erhebungsmethoden miteinander zu verbinden. Zu den quantitativen Daten zählen hier vor allem die statistischen Strukturdaten des Planungsraumes, zu den qualitativen die aus Beobachtungen und Gesprächen gewonnenen Informationen.

Das sozialräumliche Konzept der Jugendhilfeplanung im Rahmen des Modellprojekts „Jugendhilfe 2010“ wirkt einer Parzellierung der Jugendhilfe und dem Verlust einer umfassenden Perspektive entgegen. So werden die einzelnen Säulen (Kindertageseinrichtungen, Jugendarbeit, Hilfen zur Erziehung) gemeinsam für eine Region bzw. für einen Stadtbezirk betrachtet. Dieser Perspektivwechsel zur sozialräumlichen Planung eröffnet neue und produktive Blickweisen und Diskussionszusammenhänge in der Jugendhilfeplanung, da dieser Ansatz quer zu traditionellen „eingefahrenen“ Denkweisen liegt und damit Chancen zur Vernetzung, zum Aufbau regionaler Verbundsysteme und Versorgungsstrukturen bietet.

Sozialraumorientierte Planung hat seinen Ausgangspunkt nicht in der eigenen Aufgabenbeschreibung der Jugendhilfe, sondern in einer Beschreibung von Problemlagen von Menschen in einem bestimmten Lebensfeld; dies ist der Bezugspunkt lebensweltorientierter Jugendhilfe. Sozialraumorientierung führt eher weg von der Frage, was man in seinem Arbeitsfeld leistet hin zur Frage, was man gemeinsam leisten müsste. (…)

Planungsorganisation

Die frühere Planungskonzeption zur Jugendhilfeplanung der Stadt Bielefeld (Beschluss des Jugendhilfeausschusses vom 28.03.2000) favorisierte zunächst einen aufgabenfeldbezogenen Planungszugang. Bezogen auf die Planungsorganisation wurden dabei folgende Gremien kontinuierlich beteiligt:

- der Jugendhilfeausschuss als Auftraggeber von Planungsprozessen und als Entscheidungsgremium über Planungsergebnisse;
- die Planungsgruppe als zentrales Lenkungsgremium der verschiedenen Planungsprozesse in der Stadt, die mit Vertreterinnen und Vertretern des öffentlichen und der freien Trägern besetzt ist;
- die Arbeitsgemeinschaften nach §78 SGB VIII, die jeweils arbeitsfeldspezifisch zusammentreten (Tageseinrichtungen für Kinder, Hilfen zur Erziehung, Offene Kinder- und Jugendarbeit, Jugendsozialarbeit).

Auf Grund der sozialräumlichen Zielsetzung und der bestehenden Planungsstruktur in Bielefeld sollte sich das Modellprojekt „Jugendhilfestrategien 2010“ – um unnötige Reibungsverluste und ggf. Doppelarbeiten zu vermeiden – weitestgehend in die bestehende Planungsstruktur einpassen.

Der wesentlichste Schritt lag für die Stadt Bielefeld wohl darin, die bisherige bereichsorientierte Planung um eine stadtgebietsbezogene bzw. regionale Perspektive und Planungsstruktur zu ergänzen. Für eine Stadt von der Größe Bielefelds sind regionale bzw. sozialraumbezogene Prognosedaten zur Bevölkerungsentwicklung von hohem Interesse und Steuerungsnutzen. Wenn diese Daten und Informationen kleinräumig zur Verfügung stehen, sind sie zunächst durch Fachkräfte in diesen Planungsräumen zu analysieren und zu bewerten. Im Anschluss daran können einzelne erkennbare Entwicklungen pointiert hervorgehoben werden, um Handlungsbedarfe im Sinne der angestrebten Politikberatung durch die im Stadtbezirk tätigen Fachkräfte zu formulieren.

Diese Planungsstruktur stellte spezifische Anforderungen an die Planungsorganisation. Folgende Planungsgremien waren unter Berücksichtigung der Bielefelder Situation beteiligt:

- **Jugendhilfeausschuss (JHA)**
  Der Jugendhilfeausschuss ist zentraler Motor des Planungsprozesses. Er erteilte den Planungsgruppen den Auftrag zu einer regionalen Planung unter Berücksichtigung demographischer Entwicklungen und zur Erarbeitung ggf. alternativer Szenarien auf der Basis von Bevölkerungsprognosen. Als Auftraggeber der Planung erhält der JHA jährlich einen Bericht aus diesen Planungsgremien und orientiert sich auf diese Weise über Entwicklungen innerhalb der Stadt und über Vorschläge der in der Jugendhilfe tätigen Fachkräfte bezüglich einer bedarfsgerechten Weiterentwicklung der Jugendhilfe vor Ort.
- **Zentrale Planungsgruppe**
  Die zentrale Planungsgruppe (ehemals nur: Planungsgruppe) unterstützte die verschiedenen Planungsprozesse in der Stadt. Bei ihr flossen auf der Fachebene alle Aktivitäten der Gremien zusammen und sie sicherte, dass der Jugendhilfepolitik (JHA) verständliches und bearbeitbares Material vorgelegt werden konnte. Wie bisher war es ihre Aufgabe, die Planungsgruppen bei der Konzeptionierung, der Organisation, der Steuerung sowie der Realisierung und dem Controlling von Planungsprozessen zu unterstützen.
- **Regionale Planungsgruppen (Stadtbezirke)**
  Es wurde beschlossen, die zehn Stadtbezirke Bielefelds ungeachtet ihrer unterschiedlichen Größe als Planungsräume zu nehmen. Dies geschah auch aus pragmatischen Gründen zur Sicherung einer zuverlässigen Datenbasis. Für diese Planungsräume wurden im Rahmen des Projektes regionale Planungsgruppen eingerichtet
  Die regionalen Planungsgruppen setzten sich zusammen aus Fachkräften, die vorrangig in den jeweiligen Stadtbezirken tätig waren/sind. Es sollten alle Arbeitsbereiche der Jugendhilfe (Tageseinrichtungen, Jugendarbeit, Familienförderung, Hilfen zur Erziehung, andere Aufgaben) vertreten sein. Es sollten etwa ein Drittel der Gruppenmitglieder vom öffentlichen und zwei Drittel von freien Trägern kommen, wobei dies je nach örtlichen Gegebenheiten auch variieren konnte. Außerdem wurden auch andere Fachkräfte (Polizei, Fachkräfte aus Schulen) gebeten, an der Planungsgruppe teilzunehmen. Die Zusammensetzung einer regionalen Planungsgruppe gestaltete sich in der Regel wie folgt:

	Jugendamt	Freie Träger
Tageseinrichtungen	2	4
Jugendarbeit	2	4
Hilfen zur Erziehung/Familienförderung/ andere Aufgaben	2	4
Weitere Fachkräfte (Polizei, Lehrer/innen etc.)	3-4	

Auf diese Weise entstanden Planungsgruppen mit ca. 20 Personen. Die genaue Zusammensetzung war insofern kein so brisantes Thema, da es in diesem Gremium nicht um Beschlussfassungen ging, sondern um Bewertungen und Empfehlungen (vgl. Teil B).

Der Auftrag der Planungsgruppen ergab sich aus dem Projektzusammenhang und aus den vom Jugendhilfeausschuss zu erteilenden Aufträgen. Im Kern ging es darum, die Datenlage des Planungsraumes zu sichten, zu analysieren und zu bewerten (Was sagen uns die Daten zur Situation im Stadtgebiet?) Hierzu wurden von der Verwaltung (...) alle Daten verständlich und in einem bearbeitbaren Umfang aufbereitet. Auf der Grundlage dieser Daten und Informationen wurden Einschätzungen zur Situation von jungen Menschen und Familien im Planungsraum und zur Angemessenheit der Jugendhilfe abgeleitet und Handlungsbedarfe formuliert bzw. Handlungsvorschläge gemacht. Bei dieser Arbeit wurden nicht nur aktuelle Daten einbezogen, sondern auch die für das jeweilige Stadtgebiet erstellten und aufbereiteten Bevölkerungsprognosen. Diese wiederum ermöglichten es, Zukunftsszenarien zu entwerfen und langfristige Entwicklungen in Handlungsvorschläge mit einzubeziehen.
Das Planungskonzept ging davon aus, dass keine dauerhaft tagenden Gremien entstehen. Es war durch die gute Vorbereitung durch das Planungspersonal der Stadt Bielefeld (...) möglich, das Datenmaterial so aufzubereiten, dass die Planungsgruppen in den geplanten fünf Sitzungen (...) den oben skizzierten Auftrag einlösen konnten.

- **Arbeitsgemeinschaften nach § 78 SGB VIII**
  Die anderen bestehenden Gremien (insbesondere die Arbeitsgemeinschaften nach § 78 SGB VIII) waren durch diese zusätzliche Struktur nicht in Frage gestellt, da sie sich in der Regel arbeitsfeldspezifisch zusammensetzen. Sie haben – im Rahmen einer Matrix-Struktur der Planung (siehe Grafik) – insofern einen Nutzen von der neuen Struktur, da auch sie auf die Arbeitsergebnisse der regionalen Planungsgruppen zurückgreifen und somit ihre Arbeit durch Hinzuziehung einer weiteren Perspektive schärfen können.
- **Aufgaben der Planungsfachkräfte beim öffentlichen Träger (Jugendhilfeplaner/in)**
  Die Aufgaben der Planungsfachkräfte waren im Zusammenhang dieses Planungsansatzes sehr vielfältig. Die – bei aller Basierung auf harten Daten – prozessbezogene und kommunikativ angelegte Planungsorganisation erforderte einen zielgerichteten Transport gut aufbereiteter Informationen. Die Aufgaben der Planungsfachkräfte (Planungskoordinatoren/innen) waren in der Regel für alle Planungsbeteiligten deutlich. Sie waren im Wesentlichen durch moderierende, koordinierende und unterstützende Funktionen für alle Planungsbeteiligten gekennzeichnet:
  - Organisation des Ablaufs der Planung (Termin- und Raumorganisation, Sicherung von Ressourcen für Schreibarbeiten und Datenverarbeitung und -aufbereitung etc.);
  - Sammlung und Auswertung von Datenmaterial, ggf. Entwicklung und Abstimmung von Erhebungsinstrumenten;
  - Informationsstelle für Planungsgruppen und Arbeitsgemeinschaften sowie Verantwortung für die kontinuierliche Abstimmung der Zwischenergebnisse in den verschiedenen Gremien (Ansprechpartner/in für freie Träger und Jugendhilfeausschuss);
  - Transport von Planungsergebnissen (= Handlungsvorschlägen) in den politischen Raum (gemeinsam mit der zentralen Planungsgruppe);
  - Zusammenarbeit mit externer wissenschaftlicher Begleitung und mit dem Landesjugendamt.

Für die hier nur skizzenhaft beschriebenen Aufgaben wurde von der Stadt Bielefeld neben der Jugendhilfeplanerin eine Fachkraft auf einer halben Stelle für das Modellprojekt freigestellt.

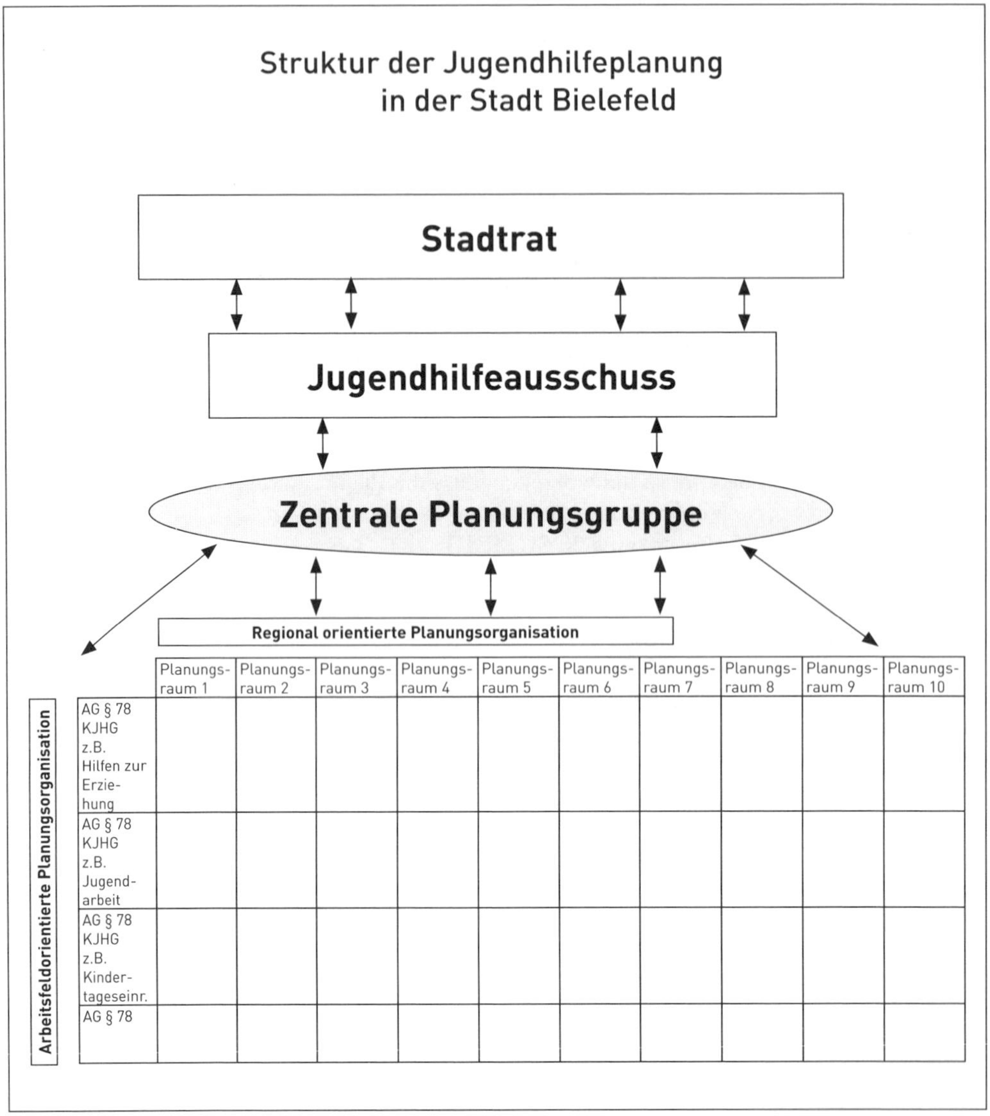

2.2 Bestandserhebung

„Die Träger der öffentlichen Jugendhilfe haben im Rahmen ihrer Planungsverantwortung den Bestand an Einrichtungen und Diensten festzustellen" (§ 80, Abs. 1 SGB VIII).

Die Bestandsfeststellung ist zusammen mit der Bedarfsermittlung zentrales Element jeder Jugendhilfeplanung und wird daher auch im SGB VIII explizit erwähnt. Bestandsfeststellung und Bedarfsermittlung haben einen engen Bezug zueinander, indem

- der Bestand an Einrichtungen und Diensten sich daraus legitimieren muss, dass er zur Deckung eines definierten Bedarfs dient und
- der Bedarf immer auch in Bezug auf den bestehenden Bestand definiert wird (Fehlbedarf) und er damit das Maß für die qualitative und quantitative Angemessenheit des Bestandes darstellt.

Eine Bestandsaufnahme sollte auf der Grundlage quantitativer und qualitativer Methoden erfolgen. Während quantitative Zugänge (insbesondere Statistiken) regelhafte Strukturen im Planungsfeld deutlich machen können, zielen qualitative Zugänge (Interviews, Runde Tische, Zukunftswerkstätten) eher auf die Erfassung von Lebenslagen von Menschen im Planungsraum. Im Rahmen des Planungsberichtes gilt es dann beide Perspektiven zusammenzuführen.

2.2.1 Datenkonzept

Die Grundlage jeder Jugendhilfeplanung bildet die Erhebung und Auswertung differenzierter, relevanter Daten zur Infrastruktur der Jugendhilfe, zur Sozialstruktur und zur Bevölkerung. Ausgewählte Datenbereiche bildeten ggf. zusammen mit Modellrechnungen zur Bevölkerungsentwicklung (vgl. den Beitrag von Bürger/Schone in diesem Band) den Ausgangspunkt für die Diskussion von Zukunftsszenarien in den Planungsgruppen. Eine solche quantitative Datenerfassung widerspricht keinesfalls dem hier vertretenen Modell einer diskursiven Planung.

„Die Hinwendung zum Empirischen bedeutet nicht die Abwendung vom Kommunikativen. Empirie sichert sogar Kommunikation und qualifiziert sie, Empirie liefert reflexive Impulse, liefert einen Gegenstandsrahmen, der kommunikativ ausgefüllt, konkretisiert und in Planungskonsequenzen übersetzt werden muss. Eine Planungsstruktur, die dieses Ergänzungsverhältnis absichert – im Sinne des Vorhandenseins und der Kontinuität empirischer Datenbestände sowie von Orten der Kommunikation – wirkt einer Unterkomplexität der Informationsbasis wie auch einer kommunikativen Beliebigkeit von Planungsprozessen entgegen und ist darin entscheidender Qualitätshebel einer fachlichen Gestaltung und Steuerung von Jugendhilfe und Jugendhilfeplanung“ (Maykus 2006, S. 42).

Jugendhilfeplanung braucht ein spezifisches Datenkonzept. Gerade für eine sozialräumliche Betrachtung wird aus der Fülle denkbarer und möglicher Informationen, Daten und Indikatoren eine Auswahl zu treffen sein. Dies geschieht zum einen vor dem Hintergrund inhaltlicher Begründungen (Welche der Indikatoren geben am ehesten Aufschluss über die uns interessierenden Merkmale und Merkmalzusammenhänge?). Zum anderen spielt es eine Rolle, mit welchem personellen und sachlichen Aufwand die Sozialraumanalyse betrieben werden kann. Je weniger Zeit, Mittel und Personal zur Verfügung stehen, desto mehr wird eine Reduzierung des Analyseumfangs auf einige wenige ausgewählte Größen erforderlich.

So genannte Strukturdaten sind aggregierte Daten, die auf der Grundlage von Zahlen und Fakten regelhafte Strukturen in definierten Sozialräumen offen legen und Informationen liefern zum Auftreten bestimmter Merkmale (Geburtenraten, Alterstruktur, Versorgungsquoten usw.) innerhalb von Städten und Gemeinden. Eine bestimmte Form der Zusammenstellung solcher Daten bezeichnen wir als Datenkonzept (vgl. auch die Übersichten 4 und 5).

Ein Datenkonzept definiert die Informationsbasis über den zu untersuchenden Sozialraum. Hierbei sind unterschiedliche Methoden und Bausteine zu berücksichtigen. Mit den Methoden quantitativer Sozialraumanalyse können auf der einen Seite objektivierbare Lebenszusammenhänge von Kindern, Jugendlichen und Familien anhand von Daten dargestellt werden; sie sind aber auf der anderen Seite durch qualitative Einschätzungen seitens der planungsbeteiligten Akteure zu interpretieren, zu ergänzen oder zu vertiefen. Damit ist der Zweck eines solchen Datenkonzepts ein doppelter: Erstens dient es der „Bestandsaufnahme“, ohne die ein späterer Maßnahmenplan nicht sinnvoll entwickelt und umgesetzt werden kann und zweitens bildet es die Diskussionsgrundlage für die darauf aufbauenden Beteiligungsforen und thematischen Arbeitskreise.

Die Jugendhilfeplanung sollte daher alle nutzbaren Elemente der Bestandserhebung integrieren, wozu eine detaillierte Beschreibung und Erhebung der bereits von der Kommune oder anderen Anbietern bereitgestellten Leistungen für Familien gehört. Dies kann ebenfalls sowohl mit quantitativen als auch mit qualitativen Methoden geschehen. Spätestens vollzieht sich diese Leistungsbeschreibung aber im Rahmen der Berichterstattung in den Planungs- und Arbeitsgruppen (siehe Planungskonzept). Aus den gesammelten Daten entsteht sukzessive ein sog. „Sozialstrukturatlas“, der die Basis für partizipative und zukunftsorientierte Berichterstattung ist.

Für die Jugendhilfeplanung ist der Sozialatlas ein methodisches Hilfsmittel, um in räumlicher Feingliederung für die örtliche Sozialplanung bedeutsame Daten und Informationen systematisch darzustellen. Der Informationsgehalt eines derartigen Instrumentes und sein Wert für die Planungspraxis werden in erster Linie bestimmt von den bei der Konzeption verfolgten Zielen und der Aussagefähigkeit der berücksichtigten Daten und Informationen

Bei dem Aufbau einer kleinräumigen und regelmäßigen fortzuschreibenden Datenbank als Grundlage einer sozialräumlich angelegten Planung sollte beachtet werden, dass diese Datengrundlage nicht nur sozialisationsrelevante Aspekte der Lebenssituation von Kindern, Jugendlichen und Familien abzubilden vermag, sondern auch anderen planenden Institutionen und Arbeitsbereichen auf kommunaler Ebene (z. B. soziale Leistungen/Hartz IV, Arbeitsförderung, soziale Integration) als Arbeitsgrundlage dienen kann. Damit kann die Diskussion solcher Daten einen produktiven Beitrag zur raumbezogenen Kooperation unterschiedlicher Handlungsfelder und kommunaler Aktivitäten leisten. Übersicht 4 stellt ein solches – praktikables, weil erprobtes – Datenkonzept vor:

Übersicht 4: Datenkonzept

Mögliches Datenkonzept für die Jugendhilfeplanung

Allgemeines

Bei dem nachfolgenden Datenkonzept unterscheiden wir zwischen *Muss-Daten,* also solchen Daten, die unbedingt benötigt werden, um zu aussagefähigen Ergebnissen zu kommen; *Soll-Daten,* die die Aussagefähigkeit der erhobenen Muss-Daten erhöhen und *Kann-Daten,* die für diverse sonstige Zwecke und weitere Auswertungen genutzt werden können. Die Sozialräume, für die, aufbauend auf das vorgeschlagene Datenkonzept, Szenarien entwickelt werden sollen, sind so zu wählen, dass zumindest die Muss-Daten und, wo immer möglich, Soll-Daten für diese Bereiche vorliegen. Die Bezugsgröße für die Daten ist immer der ausgewählte Sozialraum. Nur dort, wo die Daten sozialraumbezogen und auf einer einheitlichen Aggregatebene vorliegen, können diese in Beziehung zueinander gesetzt werden. Der Sozialraum stellt erst ab 20.000 EW eine sinnvolle Bezugsgröße dar, da in kleineren Einheiten die Grundgesamtheiten – vor allem bei den Interventionsdaten – nicht mehr repräsentativ sind. Die Obergrenze für einen Sozialraum liegt u.E. bei 40.000 EW.

Datenbereiche
Für die Bereiche, aus denen Daten erhoben werden sollen, unterscheiden wir
Bevölkerungsstrukturdaten, die Auskunft geben über die absolute und relative Anzahl einzelner Altersgruppen, sowie das Verhältnis zwischen deutscher und nicht-deutscher Bevölkerung;
Sozialstrukturdaten, die Auskunft geben über die Lebenssituation der Menschen in einem Sozialraum;
Infrastrukturdaten, die Aussagen über das vorgehaltene Infrastruktur- und Leistungsangebot der Jugendhilfe in einem bestimmten Sozialraum erlauben (z. B. Platzzahlen, Personalstellen);
Leistungsstrukturdaten der Jugendhilfe, die in Anspruch genommene Leistungen (z. B. Jugendarbeit, Kiga) ausweisen, denen eine einzelfallbezogene Entscheidung des Jugendamtes bzw. einzelner Träger vorausgeht (z. B. HzE);
Interventionsdaten der Jugendhilfe, wo die Jugendhilfe qua Gesetz im Einzelfall tätig wird (z. B. JGH);
Auf einer anderen Ebene angesiedelt, aber für die Entwicklung möglicher Zukunftsszenarien wichtig, sind Daten zu den Kosten einzelner Leistungen und Maßnahmen Jugendhilfe (**Kostenstrukturdaten**).

Datenbereiche	Muss-Daten	Soll-Daten	Kann-Daten
Bevölkerungsstruktur	▪ IST-Daten und Bevölkerungsprognosen (Alter, Geschlecht, Staatsangehörigkeit) mit Wanderungsbewegungen (vgl. Expertise S. 7) ▪ Quote der HH mit Kinder	▪ Quote minderjähriger Aussiedler ▪ Quote nichtdeutscher HH mit Kinder	▪ Anteile einzelner ausländischer Bevölkerungsgruppen (Alter, Staatsangehörigkeit)
Sozialstruktur	▪ Quote der Hartz IV-EmpfängerInnen ▪ Quote der minderj. Sozialgeld-EmpfängerInnen ▪ Quote der Alleinerziehenden ▪ Einwohnerdichte ▪ Kinderzahl je HH (ibs. mit 3 und mehr Kindern)	▪ Quote der Arbeitslosen unter 25 ▪ (Privates) Wohneigentum/ Sozialwohnungen ▪ Jahresbruttoeinkommen nach Größenklassen ▪ Mietspiegel (durchschnittl. Kosten je m^2 Wohnfläche) ▪ Arbeitslosenquote ▪ Scheidungskinderquote	▪ Relative Anteile Arbeiter/Angestellte/Beamte/ Selbstständige ▪ Anteil der Langzeitarbeitslosen ▪ Anteile der Problemgruppen am Arbeitsmarkt (Jugendliche, Arbeitslose ohne berufliche Qualifikation/ mit gesundheitlichen Einschränkungen usw.)

Datenbereiche	Muss-Daten	Soll-Daten	Kann-Daten
Infrastruktur	▪ Krippenplätze je 100 der 0-3jährigen ▪ Kiga Plätze je 100 der 3-6jährigen ▪ Hortplätze je 100 der 6-15jährigen ▪ PST für SD mit Jugendhilfeaufgaben je 1000 JEW ▪ PST in der außerschulischen Jugendarbeit/ Jugendsozialarbeit je 1000 JEW ▪ PST für EB je 1000 JEW	▪ qm öffentliche Spielfläche je Kind (0-12)	
Leistungsstruktur	▪ Fallzahl HzE/EH/HjV ambulant/teilstationär je 1000 JEW ▪ Fallzahl HzE/EH/HjV stationär je 1000 JEW ▪ Inanspruchnahmezahlen bei Krippen-, Kiga- und Hortplätzen	▪ Anzahl EB-Kontakte ▪ Wartelisten in Krippen/ Kiga/Hort	▪ Inanspruchnahme von Leistungen der Jugendarbeit ▪ Fachleistungsstunden/Pflegetage je Minderjährige/ junge Volljährige/Familie (bei beendeten Hilfen)
Interventionsstruktur	▪ Beteiligung des ASD an Sorgerechtsverfahren nach (§ 1666 BGB) ▪ Anzahl der Jugendlichen (14 - u. 18) und jungen Volljährigen (18 – 21) in Betreuung der JGH ▪ Mitwirkung des ASD in Verfahren vor dem Familiengericht (Scheidungen)		
Kostenstruktur	▪ Kosten für HzE/EH/HjV pro JEW ▪ Personalkosten SD mit Jugendhilfeaufgaben im JA/ ▪ Sach- u. Personalkosten Kindertagesbetreuung ▪ Personalkosten Jugendarbeit/Jugendsozialarbeit ▪ Sach- u. Personalkosten EB ▪ Kosten Leistungen HzE/EH/ HjV ambulant/teilstationär ▪ Kosten Leistungen HzE/EH/ HjV stationär	▪ Sachkosten SD mit Jugendhilfe im JA ▪ Sachkosten Jugendarbeit/ Jugendsozialarbeit	

Glossar

EB = Erziehungsberatung
EH = Eingliederungshilfe
HH = Haushalte
HjV = Hilfe für junge Volljährige
HzE = Hilfe zur Erziehung
JA = Jugendamt
JEW = Jugendeinwohner (0- unter 21-Jährige)
PST = Personalstelle
SD = Soziale Dienste

(Vgl. Landschaftsverband Westfalen-Lippe/Institut für soziale Arbeit 2005, S. 51)

Soll ein solches Datenkonzept für einen fortschreibungsfähigen Maßnahmenplan genutzt werden, so setzt dies allerdings bestimmte Anforderungen an die Art der Daten voraus:

Kleinräumigkeit: Die zu erhebenden Strukturdaten sollen sozialräumlich orientiert sein. Gesamtdaten für die Gesamtstadt oder den Kreis geben zwar Hinweise für den Standort der Kommune im Verhältnis zu vergleichbaren Gebietskörperschaften (interkommunale Vergleiche), für eine gezielte kommunale Jugendhilfeplanung sind sie aber in der Regel wenig hilfreich. Wesentlich aufschlussreicher und praxisrelevanter – da der eigenen Steuerung zugänglich – sind intrakommunale Vergleiche zwischen Teilgebieten (Bezirke in den Städten; Gemeinden in den Kreisen) der Kommune.

Zugänglichkeit: Ein an Ergebnissen orientierter Planungsansatz sollte bei der Entwicklung eines Datenkonzepts auch die Zugänglichkeit von Informationen im Blick haben. Die Erfahrung zeigt, dass bestimmte (sozialräumliche) Daten ohne Probleme zu beschaffen sind, andere jedoch nur zum Teil oder nicht in den gewünschten Untergliederungen vorliegen. Unter Berücksichtigung des Verhältnisses von Aufwand und Ertrag muss sich ein pragmatisches Datenkonzept daher auch an dem Kriterium der Zugänglichkeit orientieren.

Überschaubarkeit/Aussagefähigkeit: Wenig hilfreich für eine Jugendhilfeplanung als Steuerungsinstrument für die Jugend- und Familienpolitik der Stadt ist ein ausladender Datenbericht, der eher desorientierend denn strukturierend wirkt. Sinnvoll ist deshalb ein überschaubares Datenkonzept, da politische Wirkung am ehesten dann erzeugt werde, wenn Daten und Informationen nicht nur für ExpertInnen verständlich sind, sondern auch BürgerInnen schlüssige Informationen über ihr Gemeinwesen liefern. Deshalb ist es notwendig, zentrale Parameter zu bestimmen, die als Indikatoren für die Lebenslage von Familien gelten können, denn nicht alle verfügbaren Daten sind für die Belange von Familien gleichermaßen relevant.

Fortschreibungsfähigkeit: Daten sollen fortschreibungsfähig sein, d.h. es sollen nur solche Datenbereiche in den „Grundbestand" eingehen, die auch ständig aktualisiert werden können. Erst im Rahmen der Fortschreibung kann erkannt werden, ob bestimmte Ausprägungen eines oder mehrerer Merkmale im Zeitablauf stabil bleiben (bzw. wie sie sich verändern). Eine Momentaufnahme steht immer unter erheblichen einschränkenden Bedingungen und ist somit angreifbar. Einmalige Erhebungen veralten sehr schnell und sind oft wenige Jahre später nicht mehr brauchbar. Die Fortschreibungsfähigkeit der Daten macht diese erst „lebendig". Man kann dann nämlich verfolgen, ob und wie sich einzelne Indikatoren verändern, ob und inwieweit Prognosen eingetroffen sind und ob und welche Folgen jugendpolitische Beschlüsse der Stadt/des Kreises auf bestimmte Indikatoren haben (Beschäftigung, Sozialhilfe, Versorgung mit Infrastrukturleistungen etc.).

Die Funktion des Sozialatlasses als „methodisches Hilfsmittel" soll an dieser Stelle noch einmal unterstrichen werden. Die so präsentierten Daten sprechen nicht „für sich", sondern sind natürlich immer ausgewählt und stehen vor einem bestimmten Interpretationsraster. Daher müssen sie stets auch kritisch hinterfragt und ggf. durch andere Informationen (auch qualitativer Natur) relativiert werden. Als methodisches Hilfsmittel ist der Sozialatlas nicht etwa ein Ergebnis von Planung, sondern eher Grundlagenmaterial für Planung. Er ist ein Nachschlagewerk für Planungsfachkräfte, PolitikerInnen, Fachkräfte und Träger, welches zunächst mehr Fragen aufwirft als Antworten gibt.

Mit Blick auf diese einschränkende Bemerkung hätten die Informationen und Hinweise des Sozialatlasses schon dann ihre Funktion erfüllt und ihre Nützlichkeit unter Beweis gestellt, wenn sie die Aufmerksamkeit der kommunalen Politik (auf Stadt-/Kreisebene, aber auch auf

Stadtbezirks- bzw. Gemeindeebene) und Jugendhilfe auf bestimmte Sachverhalte lenken, für Problemkonstellationen und lokale Besonderheiten sensibilisieren, den fachlichen Diskurs anstoßen und dann ggf. auch im Kontext einer kontinuierlichen „Dauerbeobachtung" Fortschreibung und Revision dazu beitragen, das vielschichtige Bild der Situation von Kindern, Jugendlichen und Familien ebenso wie das der Jugendhilfe zunehmend konturierter und in Entwicklungen nachvollziehbar deutlicher werden lassen.

Übersicht 5: Daten und Informationen

<table>
<tr><td colspan="4">Daten in der Jugendhilfeplanung
(nach Jordan/Schone 2000, S. 107 ff./Maykus 2006, S. 47)</td></tr>
<tr><td colspan="4">Daten und Informationen</td></tr>
<tr><td colspan="4">Kenntnisse über Sachverhalte, Vorgänge, Entwicklungen in den relevanten Gegenstandsbereichen der Jugendhilfe eingebettet in einen sozialplanerischen Zusammenhang und eine interpretative Gesamtschau</td></tr>
<tr><td colspan="2">Datenqualität</td><td colspan="2">Datenbereiche</td></tr>
<tr><td>Quantitative Daten
z. B.
▪ amtliche Statistiken
▪ verwaltungsinterne Daten/Dokumentationen
▪ Trägerberichte</td><td>Qualitative Daten
z. B.
▪ Umfragen
▪ Nutzeranalysen
▪ Konzeptdiskussionen
▪ Partizipation der AdressatInnen</td><td colspan="2">▪ Amtliche Statistiken (Totalerhebung/Stichproben)
▪ Daten aus dem Verwaltungsvollzug
▪ Befragungen
▪ Informationen zu Akzeptanz von Diensten/Einrichtungen, Motive für Inanspruchnahme,
▪ Prüfung von Konzepten</td></tr>
<tr><td>Datenquellen</td><td>Raumbezug</td><td>Zeitbezug</td><td>Zielgruppenbezug</td></tr>
<tr><td>▪ Statistikämter
▪ Verwaltungsinterne Statistiken aus Jugend und Sozialwesen
▪ Bestandsaufnahmen</td><td>▪ Kleinräumigkeit (z. B. Stadtteil, Gemeinde)
▪ Sozialräumliche Bezüge
▪ Stadt-/Landkreisbezug</td><td>▪ Aktualität
▪ Periodizität
▪ Verfügbarkeit
▪ Zeitreihen</td><td>▪ Nutzerbezogene Daten (Kinder, Jugendliche, Familien in spezifischen Lebenslagen, z. B. Alleinerziehende)</td></tr>
<tr><td colspan="4">Datenkonzept</td></tr>
<tr><td colspan="4">Theoretische Begründungen – Erklärungsmodelle – Bedingungsgefüge – Planungsziele – Planungsorganisation – personelle und sächliche Ressourcen – Primär- und Sekundärerhebungen/-analysen</td></tr>
</table>

Die Datenbeschaffung und -verknüpfung ist ein sehr aufwändiges Geschäft und setzt eine gute EDV-Ausstattung in der Stadtverwaltung voraus. Andererseits erwachen die Daten aber auch zum Leben, wenn bestimmte verlässliche Indikatoren über mehrere Jahre verfolgt werden und auf- oder absteigende Tendenzen (z. B. bei Alleinerziehenden, Hilfe zum Lebensunterhalt, Erziehungshilfen) zu beobachten sind. Die Daten können bei entsprechender Pflege und entsprechendem Einsatz Auskunft geben über Wirkungen von Konzepten und stellen von daher auch ein unerlässliches Evaluationsinstrument für die Jugendhilfeplanung selbst dar. Zudem ermöglichen sie den steten Abgleich von Prognosen und realen Entwicklungen.

2.2.2 Datenanalyse

Die Diskussion und Analyse der kommunalen Jugendhilfeangebote sollte dann in den Planungsgremien unter verschiedenen Gesichtspunkten erfolgen. Folgende vier Blickrichtungen erscheinen wichtig:

- Angebotsanalyse unter quantitativen Gesichtspunkten: Hier steht die Frage im Vordergrund, in welchem Umfang ein bestimmtes Angebot zur Verfügung steht. Maßstab der Bewertung kann hier z. B. sein, ob Wartelisten existieren (z. B. Beratungsstellen/sozialpädagogisch Familienhilfe), ob politisch festgelegte Versorgungsquoten erreicht oder unterschritten werden (z. B. Kindertagesbetreuung) oder ob es besondere Probleme bereitet, für spezifische Problemlagen entsprechende Hilfsmöglichkeiten zu finden (z. B. sozialpädagogisch Einzelbetreuung).
- Angebotsanalyse unter Leistungsgesichtspunkten: Bei dieser Form der Untersuchung und Bewertung steht die Problemangemessenheit des Angebots – und vor allem der Interventionen im Vordergrund. Nicht Fallzahlen (z. B. BesucherInnenzahlen im Jugendzentrum, Betreuungsfälle je Erziehungsbeistand oder Jugendgerichtshelfer) sind hier entscheidend, sondern die Frage, ob das Angebot, gemessen an den eigenen Zielen, als wirksam angesehen werden kann. Diese Frage kann nur in Form einer fachlichen Evaluation hinsichtlich der Leistungsqualität der Arbeit angegangen werden.
- Angebotsanalyse unter Kooperations- und Verteilungsgesichtspunkten: Bei dieser dritten Analyseebene stehen Fragen nach dem Verbund und der Kooperation von Einrichtungen im Vordergrund. Dieser Aspekt ist bedeutsam, weil möglicherweise eine bestimmte Leistung nur in Zusammenarbeit verschiedener Leistungsträger erbracht werden kann. Effektivität ist dann nicht primär über die Teilleistungen einzelner Institutionen zu bestimmen, sondern über die Qualität der Vernetzung. Hierbei wäre je nach Leistungstyp zwischen lokalen Vernetzungen (Kooperation von Einrichtungen und Leistungen auf Stadtteil- bzw. Gemeindeebene) und fachspezifischen Vernetzungen (z. B. Verbund von Einrichtungen und Leistungen zur Drogenprophylaxe, Beratung und Therapie) zu unterscheiden.
- Angebotsanalyse unter dem Gesichtspunkt regionaler Disparitäten: Mit regionalen Disparitäten sind hier Ungleichheiten in der Versorgung der einzelnen Stadtteile bzw. Gemeinden im Kreis gemeint. Dabei sind wiederum drei Fragestellungen ausschlaggebend:
  - Wie stellen sich jeweils regional die Relationen zwischen den jeweiligen Angeboten und Zielgruppen dar (stadtteilspezifische/gemeindespezifische Bedarfsdeckungen)?
  - Wie ist der Zusammenhang zwischen Sozialstruktur der Stadtteile/Gemeinden und den insgesamt verfügbaren Angeboten?
  - Gibt es auf lokale Besonderheiten ausgerichtete Schwerpunktsetzungen in den Angeboten und Kooperationsformen?

Die verschiedenen hier skizzierten Ebenen der Bestandsfeststellung können aus Gründen begrenzter Arbeitskapazitäten der Planungsfachkräfte und der Planungsgremien in der Regel nur in exemplarischer Form erfolgen. Hier ist es durchaus sinnvoll, Schwerpunktsetzungen in jenen Bereichen vorzunehmen, die im Alltag der Jugendhilfe als besonders entwicklungsbedürftig erscheinen. Da Jugendhilfeplanung als ein dauerhafter Prozess installiert werden soll, wäre es zum einen unsinnig, alles (bisher Versäumte) auf einmal anzufassen. Zum anderen ergibt sich zu späteren Zeitpunkten im Prozess immer wieder die Gelegenheit, bislang vernachlässigte Bestandserhebungen vorzubereiten und nachzuholen. In zukünftigen Bestandsaufnahmen und Bedarfsfeststellungen wird es dann zunehmend darum gehen, Veränderungen zu dokumentieren und die Wirksamkeit zwischenzeitlicher Maßnahmeprogramme zu überprüfen (Verschmelzung von Bestandsaufnahme und Evaluation).

2.3 Bedarfsermittlung

„Die Träger der öffentlichen Jugendhilfe haben im Rahmen ihrer Planungsverantwortung (...) den Bedarf unter Berücksichtigung der Wünsche, Bedürfnisse und Interessen der jungen Menschen und der Personensorgeberechtigten für einen mittelfristigen Zeitraum zu ermitteln (...)" (§ 80 Abs. 1 SGB VIII).

Mit dieser Formulierung nimmt das SGB VIII zwei Begriffe auf, die in Planungstheorie und Planungspraxis von jeher eine herausragende Bedeutung einnehmen. Die Begriffe „Bedarf" und „Bedürfnis" kennzeichnen den Versuch, individuelle Wünsche und Interessen – eben Bedürfnisse – in eine fachliche und fachpolitische Dimension – eben Bedarfe – zu übersetzen und damit für Planung handhabbar zu machen.

Bedürfnisse sind subjektive Mangelgefühle des Menschen. Menschliche Bedürfnisse werden in diesem Sinne häufig als Spannungszustände interpretiert, die aus einer subjektiv erlebten Mangellage (materieller oder immaterieller Art) resultieren und nach Ausgleich drängen.

Bedarfe sind die Dienste oder Leistungen, die zur Befriedigung von Bedürfnissen – also zur Beseitigung des Mangels – für erforderlich gehalten werden oder die aufgrund gesellschaftstheoretischer und politischer Vorstellungen zur Gestaltung des gesellschaftlichen Zusammenlebens für notwendig erachtet werden.

„Bedarf ist demnach die politische Verarbeitung von Bedürfnissen; es ist die Eingrenzung von Bedürfnissen auf das aufgrund politischer Entscheidungen für erforderlich und gleichzeitig für machbar Gehaltene. Konstitutiv für die Bedarfsdefinition ist also die Differenz zwischen objektiviertem Bedarf und subjektiver Bedürfnisartikulation. Diese Differenz ist nicht auflösbar, zum einen, weil nur begrenzte Ressourcen zur Befriedigung von Bedürfnissen vorhanden sind, zum zweiten, weil von unterschiedlichen Personengruppen geäußerte Bedürfnisse miteinander in Konflikt geraten können, zum dritten, weil insbesondere kleinere Kinder, aber häufig auch Jugendliche ihre Bedürfnisse in einer Weise artikulieren, die von Erwachsenen interpretiert werden muss und es daher zu verschiedenartigen Interpretationen über den Aussagewert einer Bedürfnisäußerung führen kann, und zum vierten, weil es Bereiche der Jugendhilfe gibt, in denen von subjektiven Bedürfnissen nur sehr vermittelt gesprochen werden kann und der gesellschaftliche Bedarf an Intervention zunächst im Vordergrund steht (große Teile der Erziehungshilfe, insbesondere Heimerziehung). Wichtig ist die Forderung, dass bei der Jugendhilfeplanung die Differenz zwischen Bedarf und Bedürfnissen sichtbar bleibt, weil nur dann der politische Charakter der Bedarfsdefinition nachvollziehbar und einer öffentlichen Diskussion zugänglich wird" (Merchel 1992 S, 45 f.).

Die Bedarfsermittlung ist – wie erläutert – ein Prozess zur Übersetzung und Eingrenzung der subjektiven Bedürfnisse auf das fachlich und politisch für erforderlich und möglich Gehaltene (Kriterien der Notwendigkeit und Machbarkeit). Insofern ist die Bedarfsermittlung – anders als die Bedürfnisermittlung – nicht eine Frage des sozialwissenschaftlichen Instrumentariums, sondern geschieht durch einen fachlichen und politischen Aushandlungsprozess. Von daher wäre es der Sache angemessener, von einer Bedarfseinschätzung oder -aushandlung zu sprechen, da der Begriff der „Bedarfsermittlung" eher auf (nicht vorhandene) objektive Tatbestände verweist.

In diesem Zusammenhang wäre auch darauf hinzuweisen, dass die „Zufriedenheit" von Menschen mit bestimmten Lebenslagen und die individuell bzw. subkulturell ausschlaggebenden Bestimmungsmomente für „Lebensqualität" nur zu einem (präzise wohl kaum zu ermittelnden) Teil von Qualitäten und Aktivitäten der „offiziellen" Angebote (Dienstleistungen) und Einrichtungen abhängen. In diesem Sinne können z. B. Regionalanalysen dazu dienen, die intervenierenden Größen – zwischen subjektiv empfundenen Lebensqualitäten und Zufriedenheiten auf der einen und der Versorgung mit sozialökologischen Ressourcen auf der anderen Seite – zu ermitteln. Die Ergebnisse dürften hier zeigen, dass es keinen nur quantitativ zu bestimmenden Bedarf an sozialen/sozialpädagogischen (Dienst-) Leistungen in konkreten Lebensräumen gibt, sondern dass dieser Bedarf (die Nachfrage) abhängig ist von je spezifischen Erwartungen, Leistungen, Selbsthilfepotenzialen etc. Dies kann beispielsweise auch bedeuten, dass in einer Planungsregion, die sich durch objektiv ungünstige sozialstrukturelle Indikatoren von anderen abhebt, gleichwohl ein nur mäßiger Bedarf an institutionalisierter sozialer/sozialpädagogischer Hilfe besteht, weil andere Umfeldfaktoren (z. B. soziale Homogenität, niedrige Mobilität, heterogene Alterstruktur informelle Netze) hier Problem mildernd oder gar lösend wirken.

Auch auf der „offiziellen" Ebene wird der Aushandlungsprozess von Bedarfsdefinitionen in der Jugendhilfe von einer Vielzahl von Elementen und Faktoren beeinflusst, die von den verschiedenen an diesem Prozess Beteiligten mit unterschiedlicher Gewichtung in die fachliche und politische Diskussion eingebracht werden:

- gesetzliche Vorgaben zu Leistungsverpflichtungen der Kommune gegenüber den Bürgern (Zweites Kapitel SGB VIII – Leistungen der Jugendhilfe),
- gesetzliche Anforderungen an die Kommune selbst (Drittes Kapitel SGB VIII – Andere Aufgaben der Jugendhilfe),
- Aussagen zur Bedürfnislage von AdressatInnen (s.o. Ergebnisse von Befragungen, Beteiligungsformen),
- Ergebnisse von Nutzeranalysen einzelner Einrichtungen und Dienste der Jugendhilfe,
- wissenschaftliche Erkenntnisse der Jugendhilfe (z. B. aus Modellversuchen),
- Beobachtungen, Wahrnehmungen und bestehender Handlungsdruck bei den Fachkräften der Jugendhilfe (insbesondere im Jugendamt),
- Vergleiche zu den Handlungs- und Versorgungsstrukturen anderer Kommunen (z. B. Jahresberichte der Landesjugendämter, z. B. Arbeitsstelle für Kinder- und Jugendhilfestatistik (AKJStat) 2008),
- Überregionale Richtwertvorgaben (z. B. Versorgungsquoten mit Tageseinrichtungsplätzen), die allerdings wiederum selbst das Ergebnis von Aushandlungsprozessen auf anderer Ebene sind,
- politischer Druck einzelner Nutzergruppen (Lobby) oder einer politischen Öffentlichkeit,
- (jugend-) politische Vorstellungen der Parteien und Verbände,
- explizite Ergebnisse der Zielentwicklung (s.o.).

Diese sicher nicht vollständige Aufzählung – deren Reihenfolge keine Gewichtung ausdrücken soll – macht deutlich, dass Bedarfsdefinitionen nichts anderes sein können, als das Ergebnis sehr komplexer Aushandlungsprozesse. Die verantwortlichen Planungsgremien, Planungsfachkräfte und Jugendhilfeausschüsse haben dabei die Aufgabe, die notwendige Transparenz und Nachvollziehbarkeit von Entscheidungen weitestgehend sicherzustellen.

Die Feststellung, dass Bedarfsdefinitionen Ergebnisse von Aushandlungsprozessen sind, bedeutet allerdings nicht, dass hierbei jedes Ergebnis hinzunehmen wäre. Die hier jeweils involvierten Akteure haben Randbedingungen und Mindeststandards zu berücksichtigen, wenn die Ergebnisse Bestand haben sollen. So können z. B. Bedarfsanforderungen nicht „wegdefiniert" werden, die

- zum gesetzlich vorgegebenen Leistungsumfang und zum Handlungsrepertoire der Jugendhilfe gehören (z. B. Angebote der Jugendarbeit, der Beratung, der Förderung der Erziehung in der Familie zu fördern bzw. vorzuhalten),
- aus eindeutigen (ggf. auch einklagbaren) Rechtsansprüchen der Leistungsberechtigten nach dem SGB VIII resultieren,
- sich aus sozialpädagogischen Diagnosen („erzieherischer Bedarf" konkretisiert in einem anspruchsbegründenden Bericht) ergeben,
- aufgrund fachlicher Standards (z. B. Gruppengröße bzw. Betreuungsrelationen) in Richtlinien/Erlassen festgeschrieben sind,
- zur Behebung objektivierbarer Mangelsituationen (z. B. fehlender Betreuung und Versorgung von Kindern, Hilfen in Not- und Krisensituationen) erforderlich sind.

Unzulängliche, willkürliche bzw. fachlich fragwürdige Bedarfssetzungen können und müssen einer politischen, rechtlichen und pädagogischen Kritik unterzogen, problematisiert und revidiert werden.

2.4 Maßnahmeplanung und -durchführung

„Die Träger der öffentlichen Jugendhilfe haben im Rahmen ihrer Planungsverantwortung (...) die zur Befriedigung des Bedarfs notwendigen Vorhaben rechtzeitig und ausreichend zu planen" (§ 80, Abs.1 SGB VIII).

Die Maßnahmeplanung im Rahmen der Jugendhilfeplanung vollzieht sich im engen Bezug zur Zielentwicklung, Bestandsaufnahme und Bedarfseinschätzung. Diese müssen nun umgesetzt werden in konkrete Vorstellungen über Aktivitäten, Programme, Konzepte, Dienste und Einrichtungen zur bedarfsgerechten Gestaltung der kommunalen Jugendhilfe.

Es geht darum, auf der Grundlage des erhobenen Bestandes (IST) und der fachlich und politisch ausgehandelten Bedarfe (SOLL) Handlungsbedarfe für notwendige Gestaltungskonsequenzen zu formulieren. Solche Gestaltungskonsequenzen können sich beziehen auf

- die quantitative und qualitative Anpassung bestehender und in ihrer grundsätzlichen Notwendigkeit unbestrittener Angebote der Jugendhilfe an die herausgearbeiteten aktuellen fachlichen Erfordernisse (z. B. im Bereich der Kindertagesbetreuung),
- die Umstrukturierung oder Umprofilierung vorhandener Angebote, die aufgrund veränderter Bedarfslagen oder eines veränderten Inanspruchnahmeverhaltens der Betroffenen neue Arbeitsformen und -schwerpunkte entwickeln müssen (z. B. vom Jugendzentrum zur mobilen Jugendarbeit),
- die Schaffung neuer Angebote und Arbeitsansätze, die sich in der Bedarfsdiskussion als hilfreich oder gar notwendig herauskristallisiert haben (z. B. Zufluchtstätten für sexuell misshandelte Mädchen und junge Frauen).

Wurde Maßnahmeplanung bislang mit bedarfsgerechtem „Ausbau" gleichgesetzt, wird aus dieser kurzen Aufzählung schon deutlich, dass es nicht immer nur um Neuschaffung von Angeboten geht, sondern zunehmend die Frage der Umstrukturierung und der Veränderung von Konzepten und Handlungsansätzen zum bestimmenden Thema der Jugendhilfeplanung wird.

Oft nimmt Jugendhilfeplanung heute ihren Anfang auch in der Evaluation der in den letzten 10 bis 15 Jahren neu geschaffenen Dienste und Angebote, die sich hinterfragen lassen müssen, ob sie die in sie gesetzten Erwartungen auch hinreichend einlösen können.

Maßnahmeplanung wurde bisher in der Jugendhilfeplanung sehr stark unter dem Blickwinkel der einrichtungs- und dienstbezogenen Infrastrukturplanung betrieben, deren Realisierung zum großen Teil gesteuert durch die Entscheidungen des Jugendhilfeausschusses in die Hände freier Träger und Verbände übergeben wurde. Oft vernachlässigt wurden und werden die Handlungs- und Organisationsstrukturen des Jugendamtes selbst, obwohl diese im System der Jugendhilfe eine Schlüsselstellung einnehmen. Eine prozessorientierte Jugendhilfeplanung muss aber die stete Qualifizierung der Aufgabenwahrnehmung der Jugendhilfe und damit auch und insbesondere des Jugendamtes selbst im Blick haben.

Die Maßnahmenplanung im Jugendhilfeplanungsprozess wird sich in der Regel auf die Benennung konkreter, fachlich begründeter Handlungsbedarfe beschränken. Die Umsetzung erfolgt – dort wo die formulierten Handlungsbedarfe nicht direkt von der Verwaltung des Jugendamtes oder von den angesprochenen freien Trägern erfolgen kann – auf der Basis kommunalpolitischer Grundsatzentscheidungen der jeweiligen Jugendhilfeausschüsse.

Dabei ist eine Reihe von Vorgaben zu berücksichtigen, die das SGB VIII für die Gestaltung der Jugendhilfe formuliert. Insbesondere sind dies:

- Gewährleistung der Vielfalt von Trägern unterschiedlicher Wertorientierungen und der Vielfalt von Inhalten, Methoden und Arbeitsformen (§ 3 Abs. 1 SGB VIII) (Pluralität);
- Partnerschaftliche Zusammenarbeit der öffentlichen mit der freien Jugendhilfe (§ 4 Abs. 1 SGB VIII) (Partnerschaft);
- Gewährleistung des Wunsch- und Wahlrechts der Betroffenen (§ 5 SGB VIII);
- Berücksichtigung der unterschiedlichen Lebenslagen von Mädchen und Jungen (§ 9 SGB VIII);
- Bevorzugung von solchen Maßnahmen, die stärker an den Bedürfnissen von Betroffenen orientiert sind und deren Einflussnahme auf die Ausgestaltung der Maßnahme gewährleisten (§ 74, Abs. 4 SGB VIII) (Partizipation);
- Vorsorge für unvorhergesehene Bedarfe (§ 80, Abs. 1 SGB VIII) (Flexibilität).

Insbesondere die Vorgabe der Flexibilität stellt für die Maßnahmeplanung eine Herausforderung dar, die nicht leicht einlösbar ist (Planung von Unvorhergesehenem). Sie verweist aber auf den für die Jugendhilfeplanung unverzichtbaren Grundsatz, dass durch sie nicht alle Ressourcen der Jugendhilfe derart gebunden werden dürfen, dass für längere Zeiträume alle Handlungs- und Entscheidungsspielräume blockiert sind, sondern stets kurzfristig die Möglichkeit geschaffen werden können muss, neue Entwicklungen und Probleme aufzugreifen, um bedarfsangemessene Lösungen hierfür entwickeln zu können.

Übersicht 6: Prioritätensetzung

> Der gesamte Planungsprozess im Rahmen der Jugendhilfeplanung ist begleitet von der ständigen Notwendigkeit zur Bewertung und Prioritätensetzung. Dies beginnt – wie gezeigt – mit der Wahl des Planungsansatzes und der Festlegung der Planungskonzeption und setzt sich in der Diskussion ständig fort bis hin zur Formulierung von Handlungsbedarfen.
>
> Der Umstand, dass die Komplexität des Handlungsfeldes der Jugendhilfe nie jemals voll erfassbar ist, erfordert, dass aus einer Menge einzelner Informationen über Tatbestände und Sachverhalte jene selektiert werden müssen, die für wesentlich gehalten, d.h. als wesent-

lich bewertet werden. Der Zwang zur Bewertung und Prioritätensetzung ergibt sich auch aus dem Umstand, dass im Kontext der Jugendhilfeplanung eine Vielzahl von Zielen verfolgt werden, die jedoch nicht alle gleichzeitig und mit gleicher Intensität verfolgt werden können, weil die personellen und zeitlichen Ressourcen dies nicht zulassen und weil die Gefahr der Verzettelung gegeben wäre.

Deshalb muss von Beginn an entschieden werden, welche Ziele und Aufgabenfelder dringlicher als andere bearbeitet werden sollen und welche Informationen hierfür vorrangig notwendig sind.

Die Prioritätensetzung ist ein Vorgang der Bewertung, also eine Frage der fachlichen und politischen Entscheidung. Die verschiedenen Handlungs- und Zielprioritäten werden dabei oft nicht explizit formuliert, sondern bilden sich im Rahmen von Konsens- oder Kompromissergebnissen in der gemeinsamen Diskussion der Planungsgruppen implizit heraus, wobei sie allerdings durch das spezifische Diskussions- und Arbeitsklima sowie durch formelle und informelle Meinungsführer nicht unerheblich beeinflusst werden. Besondere Bedeutung erhalten die Begriffe „Bewertung" und „Prioritätensetzung" dort, wo es um die Beurteilung von Handlungsbedarfen (Maßnahmeprogramme) geht. In der Regel wird im Rahmen eines Planungsprozesses eine ganze Reihe von Handlungsbedarfen formuliert, die verschiedene Arbeitsbereiche betreffen und die auf den verschiedenen Planungsebenen (Objekt-, Personal-, Organisations- und Programmplanung) angesiedelt sind.
In aller Regel werden solche Kataloge des Handlungsbedarfs das Maß des kurz und mittelfristig Realisierbaren weit überschreiten. Hier gilt es nach fachlichen Kriterien Handlungsbedarfe in Prioritätenfolgen umzusetzen. Solche Kriterien könnten z.B sein:

- Grad der sozialen Folgewirkungen (positiver Art bei Maßnahmedurchführung bzw. negativer Art bei Maßnahmeverzicht),
- Dringlichkeit abzuhelfender Notlagen,
- Grad der gesetzlichen Verpflichtung zur Erbringung von Leistungen,
- Höhe der erwarteten Effizienz der Maßnahme,
- Intensität der artikulierten Bürgerbedürfnisse,
- Höhe der Realisierungschancen unter den gegebenen Bedingungen.

Diese Kriterien bilden allerdings keine objektiven Maßstäbe, sondern stellen allesamt Einschätzungskriterien dar, die – obwohl sie fachlich begründet werden sollten – subjektiver Beurteilung unterworfen sind. Bewertungen und Prioritätensetzungen können einerseits im Rahmen konsensbildender Diskussion erfolgen, lassen sich andererseits aber auch durch methodisch-verfahrenstechnische Möglichkeiten vereinfachen.

In der Praxis erfolgen Bewertungen und Prioritätensetzungen oft zunächst auf der fachlichen Ebene durch die an der Planung beteiligten Fachkräfte der Jugendhilfe vor Ort (Planungsgruppen). Von ihnen kann erwartet werden, dass sie die von ihnen herausgearbeiteten Ergebnisse (Handlungsbedarfe und Maßnahmevorschläge) in einen fachlichen Begründungszusammenhang bringen und Prioritäten benennen.

Als gewichtete Handlungsbedarfe sind diese fachlich legitimierten Wertentscheidungen in die Ebene kommunaler Politikentscheidungen einzuspeisen. Auch hier werden – diesmal vor dem Hintergrund des Gesamtkontextes der Kommunalpolitik – Prioritäten gesetzt und Wertentscheidungen getroffen, die einer eigenen Logik folgen und keinesfalls synchron zu den fachlichen Einschätzungen liegen müssen. (Beispiel für einen möglichen

Konflikt ist die Ausstattung der Jugendarbeit, wo politische Positionen und fachliche Bewertungen durchaus nicht selten im Widerstreit liegen.) Dort, wo sich Jugendhilfeplanung bewusst als Politikberatung durch die Fachebene versteht, werden solche Widersprüche und Konflikte aber rechtzeitig reflektiert werden.

Entscheidungen über die kommunale Gestaltung der Jugendhilfe sind damit Wertentscheidungen, die das doppelte Nadelöhr der fachlichen und politischen Bewertung und Prioritätensetzung durchlaufen müssen. Je dichter der fachliche Konsens der die Jugendhilfe verkörpernden Fachkräfte und Träger dabei ist, desto geringer wird der Spielraum der Politik sein, Jugendhilfe nach fachfremden Kriterien gestalten zu können.

2.5 Evaluation und Fortschreibung

Unter Evaluation sozialplanerischer Maßnahmen wird die systematische Erfassung und Analyse der subjektiven und objektiven Effekte verstanden, die als Ergebnisse dieser Maßnahmen festgestellt werden können. Das Ziel dabei ist, die Effektivität und Effizienz laufender Maßnahmen zu überprüfen und daraus Schlüsse und Folgerungen für zukünftige Handlungsbedarfe zu ziehen. Eingeleitete Maßnahmen sollen in ihrer Wirksamkeit abgeschätzt werden, um – bei zufriedenstellendem Effekt – die Maßnahmen fortzusetzen, bei anderen als den geplanten, also unbeabsichtigten Effekten, diese bewerten zu können und bei negativem Effekt andere Maßnahmen in die Wege leiten zu können.

Es geht also darum, zu untersuchen und zu bewerten,

- ob die ursprüngliche Problemsicht angemessen und die daraus abgeleiteten Bedarfsannahmen realistisch waren,
- ob die als Handlungsbedarfe formulierten Maßnahme-Entscheidungen in qualitativer und in quantitativer Hinsicht den Erwartungen entsprochen haben,
- ob die anvisierte Aufgabe zufriedenstellend gelöst wird und
- welche Anpassungen und Korrekturen für eine effizientere Aufgabenwahrnehmung in Zukunft für erforderlich erachtet werden.

Solche Korrekturen und Anpassungen geschehen im Rahmen von Fortschreibungen planerischer Konzepte, in denen die Erfahrungen mit bestimmten Maßnahmen aufgenommen und analysiert werden können, um eine Qualifizierung und Weiterentwicklung der Maßnahmeprogramme zu gewährleisten.

Da das SGB VIII die Jugendhilfeplanung zur Daueraufgabe der öffentlichen Träger der Jugendhilfe bestimmt, sind Evaluation und Fortschreibung weniger als eigenständige Elemente des Planungsprozesses zu betrachten. Sie stellen vielmehr einen immanenten Bestandteil des Planungsprozesses selbst dar. Bestandsaufnahme, Zielentwicklung und Bedarfsfeststellung beginnen ja keinesfalls bei Null, sondern sind gleichsam als Evaluation und Fortschreibung vorhergehender Bedarfs- und Maßnahmeentscheidungen angelegt. Insofern gilt die Aufforderung zur Evaluation und Fortschreibung von Beginn der Planung an über den gesamten Prozess hinweg für alle anderen hier skizzierten Planungselemente.

Von Bedeutung ist die Fortschreibung allerdings in den Planungsberichten des Jugendamtes. Im Kontext des Planungsberichtes bietet es sich an, neben einer Umsetzungsbilanz der bisherigen Beschlüsse (Evaluation) die weiteren Empfehlungen und Perspektiven in Form von Fortschreibungen der bisher geleisteten Arbeit zu erfassen.

In einem solchen Rahmen lässt sich für die kommunalen Politiker und auch für interessierte BürgerInnen ein hohes Maß an Transparenz fachlicher Überlegungen, und damit die Akzeptanz für notwendige fachliche Weiterentwicklungen herstellen. Dies zumal dann, wenn positive Leistungsbilanzen der bisherigen Entscheidungen und Aktivitäten der Kommune mindestens gleichrangig mit den Defiziten und Außenständen an die kommunale Politik zurückgekoppelt werden können.

2.6 Fazit: Planung im Prozess

Wie schon ausgeführt erlaubt es eine prozessorientierte Jugendhilfeplanung nicht, die hier skizzierten Planungselemente in ein eindimensionales Phasenschema zu pressen. In der Praxis bietet es sich an, gleich zu Beginn einer intensiveren Planungsphase alle Planungselemente in den Blick zu nehmen und ihre Bedeutung für den weiteren Diskussionsprozess darzustellen und zu diskutieren. Hierzu eignet es sich, an den Beginn der Arbeit eine Auftaktklausur zu stellen. Im Rahmen einer solchen Klausur mit den planungsinteressierten Fachkräften des Jugendamtes und freier Träger und ggf. PolitikerInnen kann der direkte Einstieg in die Entwicklung einer örtlich angemessenen Planungskonzeption gefunden werden.

Ein solcher Planungseinstieg mit den Fachkräften des Jugendamtes macht deutlich, dass

- Jugendhilfeplanung nicht ohne Verständigung über explizite und implizite Ziele auch und gerade der Fachkräfte im Jugendamt/in der Jugendhilfe möglich ist und dass diese Zieldiskussionen ständig aktualisiert und fortgeschrieben werden müssen;
- Bestandsaufnahme nicht eine einmalige – quasi objektive – Aktion der Sammlung von Daten und Adressen darstellt, sondern Inhalt, Art und Umfang von Erhebungen aufgrund von Prioritätenentscheidungen erfolgen, die wiederum auf der Grundlage eines ersten Überblickes des IST-Zustandes fachlich begründet sein müssen;
- von Beginn an Vermutungen und Einschätzungen der Fachkräfte zu den Bedürfnissen von Betroffenen und zur Bedarfssituation im Jugendamtsbereich thematisiert werden müssen, um hieran weitere Fragestellungen anzuknüpfen und Festlegungen für das weitere Vorgehen zu treffen;
- Planungsprozesse in der Jugendhilfe immer auch Prozesse der Bewertung und Prioritätensetzung fachlicher und politischer Art beinhalten.

Da sich eine prozess- und beteiligungsorientierte Jugendhilfeplanung durch Planungsgruppen und Arbeitsgemeinschaften aufgrund ihrer spezifischen kommunikativen, organisatorischen, fachlichen und politischen Faktoren nicht durch ein eindimensionales Phasenschema charakterisieren lässt, muss es möglich sein, sich im Verlauf der Planung zu jeder Zeit mit jedem Element entsprechend der inneren Logik des Planungsprozesses zu beschäftigen.

Die bisherigen Ausführungen bedeuten nun aber nicht, dass das Springen zwischen allen Planungselementen beliebig erfolgen kann. Dies würde unweigerlich zu unüberschaubarer Diffusität und zum Substanzverlust der Planung führen. Es ist vielmehr notwendig, dass sich die Planungsgruppen darüber verständigen, welches Planungselement aktuell bearbeitet werden soll. Veränderte Schwerpunktsetzungen sollten daher nicht willkürlich und unreflektiert erfolgen, sondern das Ergebnis bewusster Entscheidungen der Planungsgremien über die aktuelle Bearbeitungsebene sein. Da die Planungsgruppe sich auf diese Weise nicht in ein starres Phasenschema einbindet, bestehen für ihre Mitglieder ausreichend Möglichkeiten, solche Schwerpunkte bewusst zu setzen, wodurch sich das Risiko vermindert, dass einzelne Gruppenmitglieder sich gezwungen sehen, ihren Diskussionsbedarf bezüglich einzelner Planungselemente (z. B. Ziele) in anderen Zusammenhängen unterzubringen und damit Diffusität zu erzeugen.

Über den hier skizzierten Umgang mit den einzelnen Planungselementen vermittelt sich das Bild einer Planung, die im Prozess ihrer eigenen Qualifizierung zunehmend an Komplexität gewinnt und über zunehmende Sensibilisierung, Information, Konkretisierung zu einer stetigen Aktualisierung und Präzisierung von Handlungsbedarfen kommt.

Alles in allem stellt sich Jugendhilfeplanung also als ein durchaus anspruchsvoll und vielschichtig zu sehender Prozess von Problemanalyse, Bedarfsermittlung, Angebotsplanung, Entscheidungsvorbereitung, Umsetzung und Evaluation dar.

3 Planungsberatung durch externe Institute

Jugendhilfe braucht den Sachverstand externer Planungsberatung. Ca. 30 % der Jugendämter lassen sich durch externe Fachleute oder Institute beraten (vgl. den Beitrag von Adam/Kemmerling/Schone in diesem Band). In der Jugendhilfe besteht fortgesetzt Konzeptions-, Innovations- und Evaluationsbedarf. Es geht hier vor allem um die Übertragung von anwendungsorientiertem Forschungswissen auf die Alltagspraxis der Jugendhilfe. Auch im Hinblick auf die Jugendhilfeplanung stehen viele Jugendämter im Rahmen der von ihnen angestrebten, begonnenen oder auch schon fortgeschrittenen Planungsbemühungen immer wieder vor der Frage, wie sie den gesetzlichen und fachlichen Ansprüchen gerecht werden können. Sowohl hinsichtlich der personellen Möglichkeiten, aber vor allem auch hinsichtlich der inhaltlichen und methodischen Anforderungen werden immer wieder Unsicherheiten und Beratungsbedarfe signalisiert. Externe Beratungs- und Planungsinstitutionen können hier eine wirksame Unterstützung sein.

Es gibt zwischenzeitlich eine Vielzahl sozialwissenschaftlicher Forschungs- und Praxisberatungsinstitute, Hochschulen und Fachhochschulen sowie freiberuflich tätiger BeraterInnen, die ihre Dienste für die kommunale Jugendhilfeplanung anbieten. Diese Angebote reichen von der einfachen Konzeptberatung für die Gestaltung der Jugendhilfeplanung bis hin zur kompletten Prozessbegleitung. Je nach Anbieter (Institute, (Fach-) Hochschulen, selbständige BeraterInnen) und Umfang des Beratungsauftrages ergeben sich völlig unterschiedliche Profile externer Planungsbeteiligung. Dies erfordert von den Kommunen, die sich externer Beratung, Hilfe oder Unterstützung bedienen wollen, eine intensive Auseinandersetzung mit den jeweils von den externen Institutionen verfolgten Planungsansätzen, Planungsphilosophien, Arbeitskonzepten sowie mit den jeweiligen fachlichen und fachpolitischen Einbindungen dieser Institutionen.

3.1 Voraussetzungen

Grundsätzlich gilt: Die Gesamt- und Planungsverantwortung für die kommunale Jugendhilfe liegt bei den Städten und Kreisen als Träger der öffentlichen Jugendhilfe (§ 79 SGB VIII). Diese Verantwortung ist nicht übertragbar auf Dritte und wird auch durch die Hinzuziehung externer Beratung nicht geschmälert. Insofern befreit eine externe Planungsberatung auch nicht von der Verpflichtung, innerhalb des Jugendamtes bzw. innerhalb der kommunalen Jugendhilfe eine eigenständige – unabhängig von der externen Unterstützung definierte – Planungsstruktur zu entwickeln und aufzubauen.

Die Grundlage aller Betätigungsmöglichkeiten externer Institutionen steht daher unter dem Vorbehalt, dass beim öffentlichen Planungsträger eine hierfür empfängliche Planungsstruktur besteht. Hierzu gehört in erster Linie hauptamtliches Planungspersonal (Planungskoordination) und die Einräumung von zeitlichen Spielräumen für Fachkräfte zur Mitwirkung bei der Planung. Außerdem empfiehlt es sich, beim Einbezug externer Planungsberatung mindestens folgende Rahmenvereinbarungen zu treffen:

- durchgehender Verbleib der Planungsverantwortung im Beratungsprozess beim auftraggebenden öffentlichen Träger,
- detaillierte Vereinbarungen zum Planungskonzept (z. B. Planungsinhalte, Arbeitsschritte, Mitwirkung der Fachkräfte im Planungsprozess),
- Beschränkung des externen Engagements auf einen begrenzten Zeitrahmen.

Externe Planungsbeteiligung darf die Entwicklung eigener Planungskompetenz im Jugendamt nicht behindern. Sie muss darauf hin überprüft werden, welchen Beitrag sie zur langfristigen Absicherung der Pflichtaufgabe „Jugendhilfeplanung" im Jugendamt (über ihren aktuellen Einbezug hinaus) leistet. Alle Aktivitäten der externen BeraterInnen müssen für die Akteure vor Ort transparent sein (Wie und auf welcher Grundlage werden bestimmte Expertisen verfasst? Wie und auf welcher Grundlage werden Fragebögen entwickelt bzw. Daten ausgewertet?). Bei allen Aktivitäten externer Institutionen ist ein zentrales Kriterium, dass der Transfer des entsprechenden Know-hows an das Jugendamt gewährleistet ist. Die Erstellung spezifischer Planungsmaterialien (Fragebögen, Sozialatlas u. a.) sollte so organisiert sein, dass entsprechende Aktivitäten zukünftig in eigener Regie und Verantwortung (und möglichst auch mit eigenen Ressourcen) des Jugendamtes durchgeführt werden können. Insofern ist der Einbezug externer Institute immer auch als Lernstrategie für die kommunale Jugendhilfeplanung anzulegen und daran zu messen, wie es gelingt, Impulse für die weitere Arbeit – nach Rückzug der BeraterInnen – zu setzen.

3.2 Formen der Planungsberatung

Unter den genannten Prämissen können und sollten Institute und Fachinstitutionen aufgefordert werden, ihren Sachverstand im Rahmen externer Planungsberatung in die kommunale Planung einzubringen. Hierbei stehen insbesondere zwei Beratungsdimensionen im Vordergrund, die in der Praxis deutlich voneinander zu unterscheiden sind:

- Prozessberatung zur Unterstützung der Kommune bei der Gestaltung kommunikativer Diskussions- und Planungsprozesse und beim Aufbau einer Planungsstruktur und
- Fachberatung zur inhaltlichen Unterstützung, Begleitung und Beratung in Fragen einer zeitgemäßen, fachlichen Standards entsprechenden Jugendhilfe.

Auf beiden Beratungsachsen lassen sich verschiedene Arbeitsformen mit unterschiedlichen Intensitäten verorten.

Prozessberatung: JHP als kommunikativer Prozess braucht als Erstes eine Vorstellung davon, wie ein solcher Prozess der fachlichen, fachpolitischen und kommunalpolitischen Willensbildung überhaupt aussehen soll und wie er zu gestalten ist. Hier hilft externe Beratung durch

- Qualifizierung: Aufgabe externer Planungsinstitutionen ist die institutionsbezogene Qualifizierung der Fachkräfte der Jugendhilfe zur Wahrnehmung von Planungsaufgaben. Ausgehend von der Überlegung, dass Planung nicht auf isolierte PlanerInnen/Planungsstäbe reduziert sein darf, geht es um die spezifische Planungsqualifizierung aller Fachkräfte.
- Planung der Planung (Planungsorganisation): Wesentliche Aufgabe externer Planungsbeteiligung ist die Beratung der kommunalen Jugendhilfe bei Einleitung und Durchführung der Planung (Entwicklung einer Planungskonzeption). Hierzu gehören insbesondere die Beratung in Fragen der Organisation der Planung, die Beratung in Fragen der Prozessgestaltung (Wer ist wann wie beteiligt bzw. zu beteiligen?).
- Gestaltung von Kommunikationsprozessen: Hier ist externe Beratung angefragt in Fragen der Organisation von Planungsgremien (Planungsgruppen, Arbeitgemeinschaften, Projektgruppen, Unterausschuss Jugendhilfeplanung, Beteiligungsverfahren etc.) und der verfahrensmäßigen Gestaltung der Kommunikation und Kooperation innerhalb und zwischen diesen Gremien.
- Methodenberatung: Als weitere zentrale Aufgabe stellt sich die Beratung in Fragen der Methodik für die Erhebung von Daten und Informationen im Rahmen der erforderlichen Bestandsaufnahmen und Bedarfsermittlungen.
- Moderation: Moderationsaufgaben für externe Planungsinstitutionen ergeben sich insbesondere bei der Durchführung von Stadtteil- bzw. Regionalkonferenzen sowie bei versammelnden Verfahren der AdressatInnenbeteiligung. Da sowohl das Jugendamt als auch freie Träger als auch politische Vertreter der jeweiligen Region/des jeweiligen Stadtteils Verfahrensbeteiligte sind, kann eine externe Moderation hier sehr diskussionsfördernd sein. Eine weitere Moderationsaufgabe für externe Institutionen kann sich ergeben, wenn es Konflikte beim Transfer von fachlichen bzw. fachpolitischen Ergebnissen in die kommunalpolitische Ebene gibt. Externe Beratung kann hier (als nicht Verfahrensbeteiligte) wertvolle Moderations- und Übersetzungstätigkeit im Rahmen von Politikberatung leisten.
- Coaching: Eine wichtige Rolle bei der Installation einer externen Beratung kommt auch der speziellen Beratung und ggf. dem Training der Planungsfachkräfte zu. Sie haben eine entscheidende Schlüsselstellung für das Gelingen der Planung, d.h. für die Produktivität von Planungsprozessen. Sie sind – auch nach Beendigung der externen Beratung – in der Verantwortung dafür, dass Planung als kommunikative Daueraufgabe etabliert wird und immer die dafür notwendigen Impulse erhält.

Fachberatung: Der Einbezug externer Institute bezieht sich aber nicht nur auf die prozedurale Gestaltung von Jugendhilfeplanung. Planung soll fachliche Vorstellungen über die vor Ort erforderlichen und geeigneten Einrichtungen, Dienste und Veranstaltungen entwickeln und darauf hinwirken, dass diese rechtzeitig und ausreichend zur Verfügung stehen. Die Beratung durch externe Institute – insbesondere, wenn diese fachlich und fachpolitisch ausgewiesen sind – kann und soll dazu beitragen, dass die Planung zeitgemäßen fachlichen Standards folgt. Fachberatung umfasst insbesondere

- Qualifizierung: Zunächst kann externe Planungsbeteiligung durch Veranstaltungen zu spezifischen Fragestellungen der Jugendhilfe (z.B. Umsetzung des § 8a SGB VIII) zu einer fundierten fachlichen und fachpolitischen Willensbildung beitragen. Externe Institute haben hier den Vorteil, den notwendigen Abstand zu den Alltagsdiskussionen im Jugendamt sicherstellen zu können.

- Unterstützung bei der Datenerfassung und Dateninterpretation: Neben der Methodenberatung (siehe Prozessberatung) ist der Wunsch nach Unterstützung bei der Datenerfassung (Welche Informationen sind wichtig? Wie kleinräumig sollen Datenbestände erfasst werden? etc.) und insbesondere bei der anschließenden Interpretation der vorliegenden Datenbestände und Informationen oft groß. Hier sind externe Interpretationsangebote oft wertvolle Anstöße für neue Sichtweisen vom eigenen Feld.
- Fachberatung in Einzelfragen/-feldern: Hier kann es darum gehen, vor dem Hintergrund der jeweiligen örtlichen Situation zu einzelnen Themen spezifische Fachkompetenz von außen einzuholen. Insbesondere wenn Unsicherheiten in fachlichen Fragen auftreten, ist es sinnvoll, sich über externe Fachleute spezifische Fach- und/oder Organisationsberatung in den Planungsprozess hineinzuholen.
- Fachlicher und fachpolitischer Input – Standardsicherung: Hier geht es um die umfassende Begleitung von Planungsprozessen unter dem Gesichtspunkt, ob und wie die örtliche Jugendhilfe grundsätzlichen fachlichen Standards (z.B. zu Fragen des Sozialraumbudgets) gerecht wird bzw. werden kann und welche Weichenstellungen notwendig wären, um eine stete Qualifizierung der örtlichen Jugendhilfe in dieser Hinsicht zu gewährleisten.
- Expertisen: Der weitestgehende – noch zur Fachberatung zu zählende – Aufgabenbereich externer Institutionen ist das Anfertigen von Expertisen oder empirischen Studien zu Einzelfragen, spezielle Datenerhebungen, die die Ressourcen des Jugendamtes übersteigen, die Anwendung spezifischer Möglichkeiten der Datenaufbereitung (Sozialatlas) sowie die Evaluation von bestehenden Maßnahmeprogrammen. Hierbei ist aber darauf zu achten, dass solche Expertisen kein Eigenleben entfalten, sondern immer auf die Planungsaktivitäten vor Ort zurückgebunden werden.

3.3 Zusammenspiel von Planungsfachkräften im Amt und externer Planungsberatung

Es wurde schon darauf hingewiesen, dass die Planungsfachkräfte eine Schlüsselstellung im Rahmen der Planungsprozesse einnehmen. Sie stellen ebenfalls zumeist das Verbindungsstück zwischen der örtlichen Planung mit seiner spezifischen Dynamik und der externen Begleitung dar. In den Begriffen der Organisationsentwicklung lassen sich die Planungsfachkräfte als interne und die PlanungsberaterInnen als externe „change agents“ beschreiben.

Durch das Zusammenspiel von internen und externen Beratungs- und Unterstützungselementen eröffnen sich – sofern hier ein bewusster offener und offensiver Umgang mit diesen Rollen gesucht wird – gute Möglichkeiten, den Planungsprozess inhaltlich und prozedural zu befördern und den erarbeiteten Ergebnissen Geltung und Gehör zu verschaffen.

Externe Institutionen können für Jugendämter eine Möglichkeit darstellen, den Aufgabenbereich der Jugendhilfeplanung professionell auszugestalten. Insbesondere im Zusammenhang mit der Prozessberatung können externe Institute eine erhebliche Initialwirkung erzielen, indem sie den Jugendämtern mit dem entsprechenden Planungs-Know-how zur Seite stehen. Dabei ist allerdings darauf zu achten, dass die Planungsverantwortung des Jugendamtes hierdurch nicht berührt wird. Von den Institutionen ist zu fordern, dass sie ihr Leistungsprofil auch hinsichtlich der Beteiligung von freien Trägern (und von Betroffenen) bei der Jugendhilfeplanung sowie die dieser Beteiligung zugrunde liegende Planungsphilosophie transparent machen können. Der bestehende „Markt“ ist in dieser Hinsicht kritisch zu hinterfragen.

4 Zusammenfassung

Der skizzierte partizipativ-prozessorientierte Planungsansatz hebt ab auf die Grundidee, die fachlichen Ressourcen der Fachkräfte in der Praxis zu nutzen und diese – auch als Anwälte der von ihnen beratenen und betreuten jungen Menschen – verantwortlich in die Planung einzubinden. Nicht der fertige Plan ist das Kriterium für die Qualität der Planung, sondern die Ingangsetzung eines kommunalen fachlichen und jugendhilfepolitischen Entwicklungsprozesses.

Als Voraussetzungen für ein solches Planungsmodell lassen sich folgende Faktoren benennen:

- „Die Kompetenzausweitung der PraxismitarbeiterInnen muss politisch gewollt und gestützt werden.
- Es muss von Seiten der PraxismitarbeiterInnen die Bereitschaft zur Mitarbeit gewährleistet und abgesichert sein.
- Das Gelingen setzt (...) die Bereitschaft nicht-kommunaler Träger zur Mitarbeit voraus.
- Der Prozess muss durch Fachpersonal begleitet und unterstützt werden" (Hafeneger u. a. 1991, S. 389).

Wird Jugendhilfeplanung auf dieser Basis eingeleitet und durchgeführt, führt dies unweigerlich zu einer Veränderung der Kommunikationsstruktur und Diskussionskultur sowohl zwischen den Fachkräften und den Instanzen der Verwaltung, der Verbände, der Politik, im Verhältnis der Fachkräfte untereinander, als auch – last not least – in der Beziehung zu den jungen Menschen und ihren Familien, für die Jugendhilfe schließlich antritt.

Jugendhilfeplanung ist damit der ständige Versuch, ein Handlungsfeld zu reflektieren und zu gestalten, in das die planenden Personen selbst unmittelbar eingebunden sind, so dass sie durch ihr eigenes Handeln die Planungsergebnisse jederzeit verifizieren oder falsifizieren können. Eine solche Ausgangslage lässt geradlinige Weiterentwicklungen nicht erwarten. Jugendhilfeplanung muss sich daher immer wieder selbst ihres eigenen Standes und ihrer Methoden vergewissern, um ihre Aufgaben wahrnehmen zu können und um ihre Ziele nicht zu verfehlen.

Die hier vorgenommene Darstellung erhebt deshalb nicht den Anspruch der praktischen und theoretischen Geschlossenheit im Sinne einer bestimmten Planungsideologie, sondern soll allenfalls eine Anregung an Planungsträger darstellen, sich auf innovative Planungsverfahren, kritische Auseinandersetzungen und fachliche Weiterentwicklungen einzulassen.

In diesem Kapitel wurde versucht, eine mögliche Organisation von Planungsprozessen vorzustellen. Ausgehend von einem kommunikativen, prozessorientierten Planungsverständnis wurden Anforderungen an eine zeitgemäße Planung (integrierte Planung) formuliert. Unter der Prämisse, dass Fachplanung und Organisationsentwicklung „zwei Seiten einer Medaille" darstellen, wurde im Anschluss daran ein mögliches Planungsverfahren vorgestellt, welches sich in der Praxis der Autoren – trotz (oder gar wegen) aller Konflikte, die diskursive Verfahren mit sich bringen – bewährt hat. Der Versuch, möglichst praxisnah Organisationsformen und Abläufe der Planung zu beschreiben, birgt natürlich die Gefahr zu suggerieren, hier sei jemand der Meinung, er habe den Königsweg der Jugendhilfeplanung gefunden. Dies entspricht aber in keiner Weise der Intention der Autoren. In jeder Kommune gilt es, eigene Wege der Umsetzung der Jugendhilfeplanung zu finden. Die Übernahme von Anregungen aus diesem Kapitel kann dabei genauso dienlich sein wie die entschiedene Ablehnung einzelner Elemente und eine bewusste andere Orientierung. Was jedoch so oder so ein Kernbestand der Jugendhilfeplanung bleiben sollte, ist die Weiterführung der Auseinandersetzung über den weiteren Weg – die diskursive Weiterentwicklung dieses Arbeitsfeldes.

Literatur

Arbeitsstelle für Kinder- und Jugendhilfestatistik (AKJStat) (2008): HzE-Bericht 2008. Dortmund

Bendixen, P./Kemmler, H. W. (1972): Planung – Organisation und Methodik innovativer Entscheidungsprozesse. Berlin

Bolay, E./Herrmann, F. (Hrsg.) (1995): Jugendhilfeplanung als politischer Prozess – Beiträge zu einer Theorie sozialer Planung im kommunalen Raum. Neuwied

Falten, P./Kreft, D. (2006): Die aktuellen Leitorientierungen der Jugendhilfeplanung. Oder: Ist das SGB VIII – Kinder- und Jugendhilfegesetz – weiterhin die zentrale Leitorientierung für Planungsprozesse vor Ort? In: Maykus 2006, S.11-29

Freigang, W./Schone, R. (2001): Situation und Perspektiven der Jugendhilfe in Neubrandenburg – Entwicklung und Perspektiven bis 2010. Neubrandenburg (Gutachten für die Stadt Neubrandenburg)

Freigang, W./Schone, R. (2007): Ja mach nur einen Plan … Demographischer Wandel und Jugendhilfe in Ostdeutschland. Eine Betrachtung der Entwicklung in Neubrandenburg. In: Forum Erziehungshilfen 2007 (H. 5), S. 270-276

Hafeneger, B./Kaiser, M./Kilb, R./Lamberjohann, A. (1991): Offene Kinder- und Jugendarbeit – Neuplanungsprozess in Frankfurt. In: deutsche jugend 1991 (H. 9), S . 388-396

Landschaftsverband Westfalen Lippe (LWL) (Hrsg.) (2005): Jugendhilfestrategien 2010 – Ein Modellprojekt zu den Konsequenzen der demographischen Entwicklung auf die Kinder- und Jugendhilfe. Ideen und Konzepte. Heft 41. Münster

Maykus, S. (2006): Hinwendung zum Empirischen bedeutet nicht Abwendung vom Kommunikativen. Anmerkungen zur Mehrdimensionalität von Planungsprozessen. In: Maykus 2006, S. 41-54

Maykus, S. (Hrsg.) (2006): Herausforderung Jugendhilfeplanung. Standortbestimmung, Entwicklungsoptionen und Gestaltungsperspektiven in der Praxis. Weinheim und München

Merchel, J. (1992): Ablauf und Elemente von Planungsprozessen in der Jugendhilfe. In: Deutscher Paritätischer Wohlfahrtsverband, S. 26-58

Merchel, J. (1994): Kooperative Jugendhilfeplanung – eine praxisbezogene Einführung. Opladen

Nikles, B. W. (1991): Die Jugendhilfeplanung nach dem Kinder- und Jugendhilfegesetz als Steuerungsinstrument der Jugendhilfe. In: Theorie und Praxis der sozialen Arbeit 1991 (H. 2), S. 73-79

Nikles, B. W. (1995): Planungsverantwortung und Planung in der Jugendhilfe. Stuttgart

Stadt Bielefeld (2004): Jugendhilfe 2010 – Ein Modellprojekt zu den Konsequenzen der demographischen Entwicklung für die Kinder- und Jugendhilfe in Bielefeld – Planungsbericht. Bielefeld

Angela Smessaert | Johannes Münder

Rechtliche Vorgaben zur Jugendhilfeplanung im SGB VIII und ihre Auswirkungen auf die Jugendhilfepläne*

Die konkrete Verpflichtung zur Jugendhilfeplanung wurde in das Kinder- und Jugendhilferecht erst mit dem Inkrafttreten des Achten Buch des Sozialgesetzbuchs (SGB VIII – Kinder- und Jugendhilfegesetzes) aufgenommen. Obwohl seither bereits fast 20 Jahre vergangen sind und es auch zuvor bereits vereinzelte Planungen gab, so sind jedenfalls in der Rechtsprechung kaum Entscheidungen zu finden, die sich mit der Jugendhilfeplanung auseinandersetzen. Nichtsdestotrotz haben sich mittlerweile konkrete Ansichten über die Auslegung der Vorschriften zur Jugendhilfeplanung entwickelt, an denen sich die Praxis messen lässt. Da im SGB VIII nicht nur Leistungen mit subjektiven Rechtsansprüchen, sondern Leistungen mit einer (nur) objektiven Verpflichtung für die öffentlichen Träger vorgesehen sind, lässt die angespannte Finanzlage vieler Kommunen z. B. die Befürchtung entstehen, dass zugunsten der Bereiche, in denen Rechtsansprüche bestehen, andere Bereiche zurückgedrängt werden könnten. Dies führt zu der Frage, inwiefern mit einer mittelfristigen Planung hier Rechtssicherheit geschaffen werden könnte.

Im Folgenden sollen die rechtlichen Aspekte von Jugendhilfeplanung und Jugendhilfeplänen aufgeworfen werden. Dabei wird nach einem Überblick über das allgemeine Planungsrecht unter Einbeziehung etwaiger Besonderheiten des Sozialrechts zunächst der Frage nachgegangen, wie weitreichend die rechtliche Verpflichtung eigentlich ist und inwiefern zwischen Jugendhilfeplanung und Jugendhilfeplänen differenziert werden muss. Anschließend wird – mit kurzem Blick auf andere Planungsbereiche – die Rechtsnatur eines Jugendhilfeplanes bestimmt. In den folgenden Kapiteln wird zunächst geklärt, ob und auf welche Art und Weise die Pflicht zur Jugendhilfeplanung durchgesetzt werden kann und welche Vorgaben zur Durchführung des Planungsverfahrens existieren. In einem eigenen Kapitel wird die wichtige Frage der Beteiligungsrechte – vor allem der freien Träger – an dem Planungsverfahren sowie deren Rechtsschutzmöglichkeiten behandelt. Ein weiteres Kapitel ist der Verbindlichkeit des Jugendhilfeplanes, den Änderungsmöglichkeiten und dem diesbezüglichen Rechtsschutz gewidmet. Schließlich ist zu fragen, ob durch eine möglichst konkrete und einzelfallbezogene Abfassung des Planes eine größere Rechtssicherheit erreicht werden kann. Eine Zusammenfassung der Ergebnisse schließt den Beitrag ab.

---

* Der Beitrag beruht wesentlich auf den Ausführungen von Becker, S./Münder, J.: Rechtliche Aspekte von Jugendhilfeplanung und Jugendhilfeplänen, in: VSSR 4/1997, 313 ff.; Münder, J./Becker, S.: Rechtliche Aspekte von Jugendhilfeplanungen und Jugendhilfeplänen, Münster 1997; dies. in: Jordan, E./Schone, R. (Hrsg.) Handbuch Jugendhilfeplanung, Münster 1998, S. 207-250.

1 Jugendhilfeplanung im System des öffentlichen Planungsrechts

Über die §§ 79, 80 SGB VIII hinausgehend enthält das Kinder- und Jugendhilferecht kaum weitere Vorschriften über die Jugendhilfeplanung bzw. einen Jugendhilfeplan. Deshalb werden zunächst anhand des allgemeinen Verwaltungsplanungsrechts die Grundsätze der Verwaltungsplanung dargestellt und anschließend um die Besonderheiten, die sich aus dem Sozial(versicherungs-)recht ergeben, ergänzt.

1.1 Allgemeine Planungsgrundsätze des Verwaltungsrechts

Die Notwendigkeit staatlicher Planung im sozialen Rechtsstaat ergibt sich rechtlich aus dem Sozialstaatsgebot des Grundgesetzes (GG)[1] und sachlich aus der zunehmenden Arbeitsteilung im staatlichen Bereich, der Knappheit der zur Verfügung stehenden Mittel sowie den unterschiedlichen Interessen in einem pluralistischen Gemeinwesen. Mit Hilfe von Planung sollen Maßnahmen verschiedener staatlicher Instanzen koordiniert und zielgerichtet gelenkt, aber auch Impulse für den wirtschaftlichen und gesellschaftlichen Bereich gegeben werden.[2]

Auf dem Gebiet des öffentlichen Rechts kann zunächst zwischen politischer (staatsleitender) und verwaltungsrechtlicher (fachbezogener) Planung unterschieden werden.[3] Politische Planung findet auf dem Gebiet des Staatsrechts statt und umfasst insbesondere Haushalts- und Finanzplanung (Art. 109 Abs. 3, 110 GG) aber auch Bildungsplanung (Art. 91 b GG) und Verteidigungsplanung (Art. 53 a GG). Verwaltungsplanung bezieht sich auf eine Vielzahl unterschiedlichster Regelungsbereiche. Nach Plantypen kann hier zwischen Haushaltsplänen, Raumordnungsplänen (als Gesamt- oder Fachplänen), Entwicklungsplänen und Bedarfsplänen (etwa für Schulen oder Krankenhäuser) unterschieden werden.

Gemeinsam ist jeglicher Planung, dass sie durch die Kriterien Zukunftsbezogenheit, Zielorientiertheit, Methodik des Vorgehens und Zeithorizont gekennzeichnet ist. Planung ist damit ein final determiniertes, methodisches Lenkungsmittel zukünftigen Geschehens – das Gegenteil einer ad-hoc-Reaktion. Sie erfordert Koordinierung verschiedener (auch widerstreitender) Interessen zur Verwirklichung einer Ordnungsvorstellung[4]. Produkt einer solchen Planung ist regelmäßig ein Plan.

Die rechtliche Betrachtung von Planung ist dadurch erschwert, dass eine Vielzahl staatlicher Planungen existiert, die sich nur schwer kategorisieren lässt. So sind neben der Eigenständigkeit einer verwaltungsrechtlichen Handlungsform „Plan" auch die Differenzierungskriterien umstritten. Dennoch erscheint eine Unterscheidung verschiedener Erscheinungsformen nach Planungsebene, Planungsart, Planungsphasen, der Rechtsform und den Wirkungen des Plans möglich[5].

Hinsichtlich der Planungsarten sind für die vorliegende Untersuchung vor allem die Kategorien Aufgaben-/Zielplanung sowie Programm- oder Maßnahmeplanung interessant. Aufgaben- oder Zielplanung bedeutet die Ermittlung, Aufstellung und Festlegung der wahrzunehmenden Aufgaben und der verfolgten Ziele[6]. Bei der Abgrenzung von Programm- oder Maßnahmepla-

1 I.S. einer Gestaltung, Lenkung und Steuerung der Sozialordnung (vgl. Stern, § 40 I 4, S. 706).
2 Vgl. Stern, § 40 I 3, S. 703; Maurer, § 16 Rn. 10; Hoppe in: HdbStR VI, § 77 Rn. 1.
3 Maurer, § 16 Rn. 11; Stern, § 40 II 3, S. 708.
4 Stern, § 40 I 3 a), S. 704; Wolff/Bachof/Stober, § 56 Rn. 4, 6.
5 Vgl. Stern, § 40 II 2-7, S. 708 ff.
6 Stern, § 40 II 4 a), S. 709 f.

nung kommt es entscheidend auf den Konkretisierungsgrad der Planung an: während ersterer konzeptionell ist, ist Maßnahmeplanung entscheidungsorientiert/operational.

Im Hinblick auf den Prozess planender Verwaltungstätigkeit können vier Phasen unterschieden werden: Planaufstellung, -beschluss, -durchführung/-vollziehung und Planauswertung[7]. Insbesondere den Phasen zwei und drei ist dabei Bedeutung beizumessen, da hier jeweils eine Umsetzung in rechtliche Kategorien (z. B. Handlungsform, Bindungswirkung) erforderlich ist.

Trotz der breiten Fächerung staatlicher Planungen gibt es Merkmale, die dem Wesen jeder Planung – ob Gesamt- oder Fachplanung – immanent sind. Planungsnormen gehen in erster Linie Ziel- und Zweckbestimmungen sowie in unterschiedlicher Ausprägung Anweisungen für den Planungsvorgang selbst (Planungsleitsätze, Planungsgrundsätze, Optimierungsgebote etc.) vor. Ein zentraler Begriff des Planungsrechts ist damit der planerische Gestaltungsspielraum bzw. das Planungsermessen. Von einem solchen ist immer schon dann auszugehen, wenn das Gesetz eine Planungsermächtigung enthält, da Planung ohne den entsprechenden Gestaltungsspielraum ein Widerspruch in sich wäre[8]. Trotz vorhandener Planungsleitsätze verbleiben dem Planungsträger daher vielfältige Möglichkeiten zur Erreichung der vorgegebenen Ziele und der Gewichtung unterschiedlicher Belange. Allerdings besteht dieses Planungsermessen nicht schrankenlos, sondern unterliegt rechtlichen Bindungen, die sich aus der Planungsermächtigung selbst oder aus allgemeinen rechtsstaatlichen Grundsätzen ergeben können: In formeller Hinsicht sind etwa Verfahrensanordnungen sowie Beteiligungsrechte zu beachten, materiell existieren Bindungen an übergeordnete Planungen, an die Zielsetzung des jeweiligen Gesetzes, an normierte Planungsleitsätze sowie an den Vorgang und das Ergebnis der Abwägung aller planungsrelevanten Tatsachen[9].

1.2 Verwaltungspläne, Rechtsnatur von Plänen

Ausgehend davon, dass jeder Plan das Produkt einer Planung ist, setzt sich die Unübersichtlichkeit des Planungsrechts auch auf der Ebene der Verwaltungspläne fort. Angesichts der Vielfalt von Plänen, die sich nach Plangeber, Adressaten, Inhalt, Bezugsfelder, Zeitdauer, Wirkung und rechtlicher Bindung unterscheiden, konnte es bisher nicht gelingen, eine Einheitsdefinition für das Phänomen Plan zu entwickeln. Sachgerecht ist daher der Plan ein Sammelbegriff für sehr unterschiedliche Erscheinungen des Verwaltungsrechts. Da sich die Handlungsform „Plan" unterschiedlicher Rechtsformen bedient, ist jeder Plan individuell nach seiner Eigenart und nach den für ihn maßgeblichen Rechtsvorschriften zu beurteilen[10].

Die planende Tätigkeit der Verwaltung verläuft in den meisten Fällen in zwei Stufen: der Planaufstellungsstufe und der Planvollziehungsstufe. Bereits auf der ersten Stufe ist zwischen einer Vielzahl rechtlicher Möglichkeiten, nach denen Planung ablaufen kann, zu unterscheiden[11].

Nach der Intensität der angestrebten Verhaltensbeeinflussung bzw. nach der Wirkungsweise von Plänen kann eine Unterteilung in indikative, influenzierende und imperative/normative Pläne erfolgen. Indikative Pläne enthalten Daten und Prognosen, die als Orientierung für zukünftiges Verwaltungshandeln dienen sollen und in erster Linie Informationscharakter haben.

7 Stern, § 40 II 5, S. 711.
8 BVerwGE 34, 301 (304); 48, 56 (59); NJW 1979, 64 (65).
9 Vgl. zum Ganzen: Schmitt Glaeser/König JA 1980, 414 (417 f.).
10 Maurer § 16 Rn. 13; Wolff/Bachof/Stober, § 56 Rn. 7.
11 BVerwGE 62, 86 (93).

Imperative Pläne entfalten unmittelbare Rechtswirkungen zugunsten oder zulasten derjenigen, die von der Planung betroffen sind. Influenzierende Pläne stehen zwischen den beiden vorgenannten Plantypen; durch sie soll ein bestimmtes, den Zielvorstellungen entsprechendes Verhalten durch Anreize für planentsprechendes Verhalten (z.B. Subventionen) oder durch Nachteile (z.B. steuerliche Belastungen) erreicht werden[12]. Eine von der Bindungswirkung losgelöste – und insbesondere für die Rechtsschutzmöglichkeiten bedeutsame – Frage ist die Bestimmung der Rechtsnatur von Plänen. Da Pläne grundsätzlich in allen traditionell überkommenen Rechtsformen auftreten, können sie als Gesetz (formelles Gesetz, Rechtsverordnung oder Satzung), als Beschluss, Richtlinie, Verwaltungsakt, Verwaltungsvorschrift, Einzelweisung, Realakt, als Zwischenform oder als Akt sui generis ergehen[13]. Daher ist bei jedem Plan besonders zu prüfen, wie er rechtlich zu qualifizieren ist. Teilweise ist die Rechtsform ausdrücklich geregelt. So stellen Pläne, bei denen ein Planfeststellungsverfahren, das durch Planfeststellungsbeschluss abgeschlossen wird, vorgesehen ist, einen Verwaltungsakt dar, §§ 74 Abs. 1, 69 Abs. 2 Verwaltungsverfahrensgesetz (VwVfG). Demgegenüber werden Bebauungspläne gem. § 10 Abs. 1 Baugesetzbuch (BauGB) als Satzung verabschiedet. Sofern, wie im Bereich der Jugendhilfeplanung, eine gesetzliche Einordnung des Planes fehlt, ist die Rechtsnatur der Pläne nach den jeweiligen Umständen, insbesondere nach Plangeber, Inhalt und Bindungswirkung zu bestimmen. Hierbei kann auf formelle wie auf materielle Gesichtspunkte abgestellt werden, wobei mit der herrschenden Meinung im Zweifel die materielle Lösung entscheidend ist: Ergänzend zu den anerkannten Auslegungsregeln ist darauf abzustellen, ob der Plan generell-abstrakt, individuell-konkret oder als Mischform angelegt ist, ob er Außen- oder Innenwirkung besitzt und inwieweit er mit gesetzlich festgelegten Planformen vergleichbar ist[14].

Besonderes Gewicht – wiederum vor allem im Hinblick auf Rechtschutzmöglichkeiten -- verdient hierbei die Klärung der Frage, ob die Pläne Außenwirkung haben oder aber eine nur verwaltungsinterne Bindung entfalten, sog. imperative Pläne mit Binnenwirkung[15].

Ein zentraler Punkt der vorliegenden Untersuchung muss daher die Einordnung der Jugendhilfeplanung in das soeben skizzierte System der Verwaltungsplanung sein, wobei insbesondere der Bestimmung der Rechtsnatur des Jugendhilfeplanes eine zentrale Bedeutung zukommt.

1.3 Jugendhilfeplanung im Kontext des Sozialrechts

Da das Kinder- und Jugendhilferecht Teil der Kodifikation „Sozialgesetzbuch“ ist, liegt es nahe, aus den allgemeinen Regelungen des Sozialgesetzbuches Erkenntnisse und/oder Grundsätze über die Jugendhilfeplanung zu gewinnen. In den grundsätzlich für alle Sozialleistungsbereiche geltenden Regelungen des Ersten (SGB I) und Zehnten (SGB X) Buches des SGB sucht man jedoch vergeblich nach unmittelbaren Regelungen über die Sozialplanung. Planung wird an einigen Stellen lediglich mittelbar angesprochen: Nach § 1 Abs. 2 SGB I soll das Recht des SGB dazu beitragen, dass die zur Erfüllung der Aufgaben erforderlichen sozialen Dienste und Einrichtungen rechtzeitig und ausreichend zur Verfügung stehen; nach § 17 Abs. 2 Nr. 2 SGB I werden in diesem Sinne die Leistungsträger i.S. des § 12 SGB I in die Pflicht genommen, „darauf hinzuwirken“, dass dieses in Bezug auf die Ausführung von Sozialleistungen geschieht. Regelungen, in denen „Planung“ selbst erwähnt wird, gibt es im Sozialdatenschutz-

12 Zum Ganzen: Maurer, § 16 Rn. 15 f.; Hoppe in: HdbStR VI, § 77 Rn. 17 ff.; BVerwGE 62, 86 (94).
13 Maurer, § 16 Rn. 18; Hoppe in: HdbStR VI, § 77 Rn. 16.
14 Wolff/Bachof/Stober, § 56 Rn. 22.
15 Wolff/Bachof/Stober ,§ 56 Rn. 19.

recht (vgl. §§ 67 c Abs. 2 Nr. 3, Abs. 5 SGB X sowie § 75 SGB X). Ohne dass allgemeine Vorschriften über die originäre behördeneigene Planung existieren, verpflichtet § 95 Abs. 1 SGB X die Sozialleistungsträger (im Sinne einer Soll-Regelung) zur „Zusammenarbeit bei Planung“ (wobei nach § 95 Abs. 1 S. 2 SGB X auch die freien Träger insbesondere hinsichtlich der Bedarfsermittlung beteiligt werden sollen). Aus diesen nur spärlichen Regelungen wird deutlich, dass das SGB eine Planung der Sozialleistungsträger zwar nicht explizit als Aufgabe benennt, aber doch für die effektive Wahrnehmung von Verwaltungsaufgaben voraussetzt. Demgegenüber fehlen jegliche für alle Sozialleistungsbereiche geltenden Normen über die Pflicht zur Sozialplanung und die Durchführung von Planungsverfahren (anders §§ 72 ff. VwVfG zum Planfeststellungsverfahren).

Auch in den Besonderen Teilen des SGB gibt es zur Sozialplanung nur rudimentäre Vorschriften. Sie erschöpfen sich in der Regel darin, Ermächtigungsgrundlagen für die Fakten- und Datensammlung zu bieten: z. B. Rentenversicherungsbericht nach § 154 SGB VI, Bericht über den Stand von Sicherheit und Gesundheit bei der Arbeit und über das Unfall- und Berufskrankheitengeschehen nach § 25 SGB VII, Arbeitsmarkt- und Berufsforschung nach §§ 280, 282 SGB III. Auch die Pflicht der Sozialversicherungsträger über die Aufstellung von Haushaltsplänen (§§ 67 ff. SGB IV) wird man nicht der Sozialplanung im engeren Sinne zurechnen können. Vor diesem Hintergrund erscheint die Regelung des § 80 SGB VIII schon als solche einzigartig und weitgehend.

Gewisse Parallelen lassen sich im Kontext des Sozialrechts vor allem zu den Bereichen ziehen, in denen es gleichermaßen darum geht, den Leistungsberechtigten vorrangig Sach- und Dienstleistungen zur Verfügung zu stellen: insbesondere zur Krankenversicherung. Charakteristikum des Krankenversicherungsrechts ist seit jeher die Existenz eines ausgeprägten „Leistungserbringungsrechts“ (Kassenarztrecht; Krankenhausfinanzierungsrecht). Der Gesetzgeber war hier gezwungen, Regelungen zu treffen, um die gegensätzlichen Interessen der am Vorgang der Dienst- und Sachleistungsgewährung Beteiligten im Sinne eines Kompromisses zu ordnen. Im Kern geht es bei der Bedarfsplanung des Krankenversicherungsrechts und der Jugendhilfeplanung teilweise um gleiche Ziele, nämlich um die auf längere Sicht sicherzustellende bedarfsgerechte Verwirklichung bzw. Erfüllung von Sozialleistungsansprüchen der Bürger mittels personeller und sachlicher Mittel und zwar – vornehmlich – unter Einschaltung von privaten Dritt-Leistungserbringern.

1.4 Überblick über die Regelungen des SGB VIII

Zentrale Vorschriften für den Bereich der Jugendhilfeplanung sind die §§ 79, 80 SGB VIII. Nach § 79 Abs. 1 SGB VIII haben die Träger der öffentlichen Jugendhilfe die Gesamtverantwortung und die Planungsverantwortung für die gesamte Jugendhilfe, wie sie sich aus dem SGB VIII ergibt. Der Begriff dessen, was unter Jugendhilfeplanung zu verstehen ist, wird im Gesetz selbst nicht explizit definiert, § 80 SGB VIII enthält lediglich Aussagen zu den wesentlichen Planungsschritten (Abs. 1) und zu Planungszielen (Abs. 2) sowie Bestimmungen hinsichtlich der Beteiligung der freien Träger und der Zusammenarbeit mit anderen Planungsträgern auf örtlicher und überörtlicher Ebene (Abs. 3 und 4).

Nach den Planungsvorgaben des § 80 Abs. 1 SGB VIII vollzieht sich die Jugendhilfeplanung grundsätzlich in drei Schritten: Nachdem eine Bestandsfeststellung erfolgt ist, ist der Bedarf für einen mittelfristigen Zeitraum zu ermitteln und darauf aufbauend schließlich die zur Befriedigung dieses Bedarfs „notwendigen Vorhaben rechtzeitig und ausreichend zu planen“ (sog. Maßnahmeplanung). Diese Formulierung von drei zentralen Planungsschritten lässt Rückschlüsse auf den vom Gesetzgeber intendierten Zweck der Jugendhilfeplanung zu: Diese soll zwar auch – aber nicht nur – Informationsgrundlagen und Zahlenmaterial für die Aufgaben der Jugendhilfe erarbeiten, in erster Linie aber eine Entscheidungsgrundlage für den Fortbestand, die Schaffung sowie Veränderungen von Einrichtungen und Diensten auf diesem Gebiet darstellen[16].

2 Reichweite der Verpflichtung

2.1 Pflicht zur Jugendhilfeplanung

Im Gegensatz zu den Regelungen des Jugendwohlfahrtsgesetzes (JWG), in dem eine Verpflichtung zu Jugendhilfeplanung in den §§ 5, 6 i.V.m. § 7 JWG allenfalls rudimentär existierte[17], legen die §§ 79 Abs. 1 und 80 Abs. 1 Nr. 1-3 SGB VIII den Trägern der öffentlichen Jugendhilfe für die Erfüllung der ihnen obliegenden Aufgaben eine „Planungsverantwortung“ auf, deren Ausformung in § 80 Abs. 1 SGB VIII weiter bestimmt wird. Diese gesetzlichen Regelungen beinhalten eine Verpflichtung der Jugendhilfeträger im Sinne einer Muss-Verpflichtung, also der stärksten Form der Zuweisung von konkreten Aufgaben (im Gegensatz zu bloßen „Soll-“ und „Kann-Verpflichtungen“[18]). Ob und inwieweit sich für wen aus dieser Verpflichtung Rechte ableiten lassen, die möglicherweise sogar gerichtlich durchgesetzt werden können, wird im Folgenden zu erörtern sein.

2.2 Pflicht zur Erstellung eines Jugendhilfeplans

Zunächst ist es unerlässlich, zwischen der Jugendhilfeplanung und einem – möglicherweise zu erstellenden – Jugendhilfeplan zu unterscheiden. Ausdrücklich angesprochen ist an verschiedenen Stellen im SGB VIII (z.B. §§ 79, 80, 71 Abs. 2 Nr. 2, 74 Abs. 2 SGB VIII) lediglich die Jugendhilfeplanung; ein Jugendhilfeplan selbst wird nicht ausdrücklich angesprochen. Dies verdeutlicht den Willen des Gesetzgebers, eine Verpflichtung zu einem kontinuierlichen Planungsprozess festzuschreiben, also Jugendhilfeplanung nicht als sich erledigende und abschließbare Aufgabe zu verstehen[19], sondern vielmehr als ein durch Kommunikation und Partizipation bestimmter Aushandlungsprozess, welcher die Kooperation unter den Trägern und damit zugleich die Abstimmung der Angebote im Planungsbereich fördert[20]. Obwohl sie damit einen politischen Prozess der kommunalen Willensbildung und Entscheidung darstellt, dürfte die schriftliche Fixierung der Prämissen und Ergebnisse dieses Planungsvorganges unerlässlich sein. Die Erstellung eines Jugendhilfeplanes, an dessen Kriterien sich öffentliche wie freie

---

16 Vgl. Nikles, S. 33.

17 Krause ZfJ 1992, 357.

18 Münder in: Münder/Wiesner, S. 187 f.; Krause ZfJ 1992, 357f.;Tammen in: Münder u.a. FK-SGB VIII, § 80 Rn. 1; Schellhorn/Fischer/Mann § 80 Rn. 1; Preis/Steffan, S. 87; Nikles, S. 51.

19 Siehe Antwort auf kleine Anfrage BT-Drs. 13/8262, S. 2.

20 Mrozynski, § 80 Rn. l; Wiesner § 80 Rn. 11 f.

Träger orientieren können[21], wird daher in aller Regel das – vorübergehende und stets zu erneuernde – Ergebnis des Planungsverfahrens sein.

Vereinzelt wird vorgeschlagen, das zu erstellende Planungswerk als „Planungsbericht" zu bezeichnen[22], da die Erstellung eines sogenannten „Jugendhilfeplans" suggeriere, mit Abschluss dieser Arbeit sei die Aufgabe der Planung abgeschlossen. Dadurch werde verdeckt, dass es einen „fertigen Plan" nicht geben könne, da dieser stetig fortgeschrieben werden müsse. Für die rechtliche Qualifizierung eines solchen – nach den Vorgaben des SGB VIII erstellten – Planungswerkes ist die gewählte Bezeichnung jedoch nicht erheblich, beide Bezeichnungen können missverstanden werden[23]. Im Folgenden ist daher davon auszugehen, dass die im SGB VIII normierte Pflicht zur Jugendhilfeplanung auch die Erstellung eines Jugendhilfeplanes erfasst, der als Momentaufnahme die Ergebnisse der Jugendhilfeplanung abbildet.

3 Rechtsnatur des Jugendhilfeplanes

Bevor auf das Planungsverfahren und die hierbei bestehenden Beteiligungsrechte näher eingegangen werden kann, ist zunächst die deren Ausgestaltung entscheidend mitbeeinflussende Rechtsnatur des Jugendhilfeplanes zu bestimmen. Im Gegensatz zu anderen Planungsermächtigungen enthält § 80 SGB VIII keine Aussagen zu der Rechtsform des Jugendhilfeplanes; dessen rechtliche Einordnung ist daher durch Auslegung anhand der oben aufgezeigten (Abschnitt 1.2) Kriterien zu bestimmen. Zur Klärung der Rechtsnatur bietet sich zunächst ein Vergleich mit anderen Planungen/Plänen an. Sollten sich hieraus keine Hinweise auf die rechtliche Behandlung des Jugendhilfeplanes ergeben, wäre dessen Regelungsgehalt sowie die intendierte Bindungswirkung zu ermitteln.

3.1 Vergleich mit anderen Planungsbereichen

Planungen/Pläne kommen in sehr unterschiedlichen Formen vor. Während z. B. raumbezogene Fachpläne in der Form eines Allgemeinverfügungsverwaltungsaktes als Planfeststellungsbeschluss ergehen (Planfeststellungsverfahren, §§ 72-78 VwVfG), werden andere Planungen, z. B. Abwasserbeseitigungs- oder Landesentwicklungspläne, als gemeindliche Rechtsverordnung abgeschlossen. Bebauungspläne werden – wie § 10 Abs. 1 BauGB ausdrücklich festlegt – als Satzung beschlossen, gleiches gilt auch für Haushaltspläne (vgl. z. B. § 94 Hessische Gemeindeordnung). Sowohl als Verwaltungsakt, gemeindliche Rechtsverfügung oder Satzung kommt den Plänen Außenwirkung zu, d. h. aus ihnen lassen sich auch Rechte ableiten, die ggf. eingeklagt werden könnten. Werden die genannten Pläne jedoch mit Jugendhilfeplänen verglichen, zeigen sich gravierende Unterschiede: Im Unterschied zu Allgemeinverfügungen sind bei Jugendhilfeplänen weder die Festlegung einer verbindlichen Regelung noch ein bestimmter Adressatenkreis erkennbar, für den Erlass einer gemeindlichen Rechtsverordnung fehlt im SGB VIII die Ermächtigungsgrundlage und im Unterschied zu den genannten Planungssatzungen fehlt im SGB VIII ferner die Anordnung dieser Rechtsform[24]. Es gibt allerdings auch Pläne,

21 Preis/Steffan, S. 107.

22 Jordan/Schone, Jugendhilfeplanung – Ein Instrument, S. 50 (57).

23 Jans/Happe/Saurbier/Maas, § 80 Rn. 15.

24 Vgl. hierzu ausführlich Münder/Becker in: Jordan/Schone 1998, S. 216-218.

welche nur verwaltungsintern wirken – also keine unmittelbare Rechtswirkung nach außen haben. Zu diesen zählt z. B. die Krankenhausbedarfs-, Schulentwicklungs- und kassenärztliche Versorgungsplanung. Hier finden sich Parallelen zu den Jugendhilfeplänen[25]: Wie bei der Jugendhilfeplanung ist eine eindeutige Charakterisierung des Planes in den rechtlichen Regelungen unterblieben. Es handelt sich stets um mittelfristige Planungen, bei denen ein Bedarf an bestimmten Einrichtungen bzw. Leistungen ermittelt und dessen Befriedigung bestmöglich gewährleistet werden soll. In ihren Wirkungen sind die Pläne jeweils unterschiedlich, dennoch gleichen sie sich derart, als dass aus ihnen in der Regel keine konkreten Ansprüche abgeleitet werden können[26] und es – im Rahmen der erfolgten Selbstbindung – einer Umsetzung des Planes durch konkrete Einzelmaßnahmen bedarf. Auch wenn der Vergleich mit anderen Planungsbereichen keine eindeutige Aussage hinsichtlich der Rechtsnatur des Jugendhilfeplans ermöglicht, spricht viel dafür, diesen eher nur als verwaltungsinternen Planungsakt zu betrachten.

3.2 Regelungsgehalt des Jugendhilfeplans

Die Bestimmung der Rechtsform gibt zwar Aufschluss über rechtliche Voraussetzungen und das Verfahren gerichtlicher Kontrolle, reicht jedoch nicht aus, um Aussagen über die materiell-rechtlichen Bindungswirkungen des Planes benennen zu können[27]. Daher ist es erforderlich, den Regelungsgehalt und die Bindungswirkung der Jugendhilfepläne zu untersuchen.

3.2.1 Abstrakt-generelle oder individuell-konkrete Regelungen?

Jugendhilfeplanung stellt eine mittelfristige Ziel- und Maßnahmenplanung dar. Soweit ein Jugendhilfeplan den Bestand an Einrichtungen und Diensten feststellt (§ 80 Abs. 1 Nr. 1 SGB VIII) kommt diesem Teil der Planung nur indikative Wirkung zu. Die eigentliche planerische Gestaltung der öffentlichen Träger liegt in der Bedarfsermittlung und der diesem Vorgang immanenten Gewichtung verschiedener Ziele und Ansätze sowie der Planung der hierfür notwendigen Vorhaben. Geht man davon aus, dass die Planung auf einen Zeitraum von drei bis sieben Jahren angelegt ist (vgl. hierzu 3.5.1 d), dürfte die Mehrzahl der Pläne allgemeine Aussagen zu Aufgaben und Zielsetzung der Jugendhilfearbeit enthalten, die Art von notwendigen Einrichtungen und Vorhaben benennen sowie eventuell ungefähre Größenordnungen der erforderlichen Aktivitäten angeben. Möglicherweise sind auch Richtlinien für die Förderung von Vorhaben freier Träger enthalten. Dies spricht dafür, dass ein Jugendhilfeplan in der Regel abstrakt generelle Aussagen trifft und keine konkreten Einzelfälle regelt. Da auch das Jugendhilfebudget von den Finanzmitteln und der jährlichen Haushaltsplanung[28] des öffentlichen Trägers abhängt, ist es unwahrscheinlich, dass in einem Jugendhilfeplan konkrete Zahlen – etwa bzgl. notwendiger Betreuungsplätze, Beratungszeiten, Mitarbeiter, Höhe von Fördermitteln – genannt werden. Änderungen der rechtlichen Betrachtung, die sich daraus ergeben könnten, dass bereits im Jugendhilfeplan konkrete Vorgaben für Einzelfälle enthalten sind, werden unten in einem gesonderten Abschnitt (Abschnitt 8) behandelt.

---

25 Vgl. hierzu ausführlich Münder/Becker in: Jordan/Schone 1998, S. 218 – 221.

26 Eine Ausnahme im Sinne eines Förderanspruchs besteht nach § 8 Abs. 1 KHG, soweit und solange ein Krankenhaus konkret in den Krankenhausplan eines Landes aufgenommen wurde.

27 Vgl. hierzu: Maurer, § 16 Rn. 22.

28 Vgl. auch: Preis/Steffan, S. 135.

3.2.2 Innen- oder Außenwirkung?

Die Frage nach der Innen- oder Außenwirkung ist unabhängig von der tatsächlich gewählten Rechtsform relevant. Denn auch aus dieser lassen sich keine sicheren Rückschlüsse darüber ziehen, ob der Jugendhilfeplan Innen- oder Außenwirkung hat. Selbst wenn – was grundsätzlich im Rahmen der Selbstverwaltungsautonomie möglich erscheint – ein Jugendhilfeplan nicht als bloßer Ratsbeschluss, sondern als Satzung erlassen wird und damit den Charakter einer Rechtsnorm hat, ist kein sicherer Rückschluss möglich. Je nach ihrer Wirkung kann nämlich auch zwischen Außen- und Innensatzungen unterschieden werden[29]. Und auch einem Ratsbeschluss fehlt nicht immer eine Außenwirkung[30]. Vielmehr ist hier zu unterscheiden zwischen erstens kollegialen Willensentscheidungen (Beschlüssen und Satzungen) ohne Außenwirkung, also solchen, die nicht in subjektive Rechte von Personen, die außerhalb der Behörde stehen, eingreifen oder diese berühren, entweder weil sie ohne Rechtswirkung sind oder nur gemeindeinterne Bindung für den Rat selbst (z. B. Bildung von Ausschüssen, Vertagung einer Sitzung) oder für die Verwaltung haben[31], zweitens solchen mit unmittelbarer Außenwirkung, die keines Vollzugs bedürfen (wie die Änderung eines Straßennamens oder die Auferlegung eines Ordnungsgeldes)[32] und drittens Beschlüssen, die Außenwirkung erst durch den Vollzug erlangen, also die Umsetzung des geäußerten Willens in eine von dem Vollzugsorgan bestimmte Handlungs- oder Gestaltungsform[33], und die bis zu diesem Zeitpunkt lediglich Innenrechtswirkung haben.

Einem Jugendhilfeplan mit dem oben skizzierten abstrakt-generellen Inhalt dürfte eine unmittelbare Außenwirkung danach nicht zukommen. Hierfür fehlt sowohl eine unmittelbar gestaltende Wirkung – wie sie dem Widmungsakt bei Straßennamen zukommt – als auch eine Regelung von konkreten Rechtsverhältnissen von Außenrechtssubjekten. Vergleichbar dem Flächennutzungsplan[34] stellt auch der Jugendhilfeplan vielmehr die (Planungs-) Grundlage für zeitlich folgende Entscheidungen dar, indem er die Ziele der Jugendhilfe und die zur Verwirklichung erforderlichen Maßnahmen festlegt. Die Umsetzung dieser Festlegungen allerdings bleibt Einzelmaßnahmen bzw. -entscheidungen vorbehalten. In der Regel dürften hierzu Verwaltungsakte gegenüber betroffenen Einrichtungen, freien Trägern oder Bürgern ergehen, denen dann sowohl ein Regelungsgehalt als auch Außenwirkung (vgl. §§ 35 VwVfG, 31 SGB X) zuzumessen ist. Wie dem Flächennutzungsplan wäre damit auch dem Jugendhilfeplan -– unabhängig davon, ob als Satzung oder bloßer Ratsbeschluss verabschiedet – in die Gruppe der Beschlüsse einzuordnen, die allein verwaltungsintern wirken und erst durch ihren Vollzug Außenwirkung entfalten.

3.3 Ergebnis

Sowohl die Bewertung der Jugendhilfeplanung nach dem Regelungsgehalt als auch der Vergleich mit anderen Planungsbereichen stützt die These, dass dem Plan eine bloß interne Bindungswirkung zukommt. Ausgehend von einem abstrakt-generellen Inhalt kann daher im Folgenden ausgegangen werden, dass dem Jugendhilfeplan unabhängig davon, ob er als Satzung

29 Vgl. zum Ganzen: Gern, Rn. 251 ff.
30 Andere Ansicht: Preis/Steffan, S. 111.
31 Gern, Rn. 499.
32 Gern Rn. 505; Meyer, S. 71.
33 Gern Rn. 504.
34 Hierauf abstellend Preis/Steffan, S. 107 – 109.

(= Rechtsnorm) oder als Beschluss ergeht, lediglich verwaltungsinterne Bedeutung zukommt. Inwiefern er dabei als Verwaltungsvorschrift, Weisung oder vergleichbare Maßnahme der Verwaltung zu charakterisieren ist, kann dahinstehen: Jedenfalls fehlt dem Jugendhilfeplan eine Außenwirkung in dem Sinne, dass durch ihn selbst in die Rechtssphäre Dritter – freier Träger, einzelner Einrichtungen oder sonstiger Betroffener – eingegriffen wird.

Die Frage gerichtlichen Rechtsschutzes hängt damit zentral von den aufgrund oder in Anlehnung an die erfolgte Planung ergehenden Einzelentscheidungen ab. Entsprechend einem Flächennutzungsplan[35] kann auch der Jugendhilfeplan nicht isoliert angegriffen und einer gerichtlichen Kontrolle zugeführt werden.

4 Durchsetzung der Einleitung eines Planungsverfahrens

Erst nach der Einführung der rechtlichen Verpflichtung zur Jugendhilfeplanung wandelte sich die Situation dahingehend, dass wohl zunehmend von einer Bereitschaft der Jugendämter zur Jugendhilfeplanung ausgegangen werden kann[36]. Auch wenn das Fehlen einer Jugendhilfeplanung einer Förderungsentscheidung nach § 74 SGB VIII nicht entgegensteht[37], stellt sich die Frage, in welcher Weise auf die Einleitung eines Planungsverfahrens eingewirkt werden kann.

4.1 Einschreiten der Kommunalaufsicht

Naheliegend wäre insofern zunächst ein Rückgriff auf die Instrumentarien des Kommunalrechts[38]. Soweit die Gemeinden als örtliche Träger Jugendhilfeaufgaben wahrnehmen, handeln sie durchweg im Rahmen der ihnen nach Art. 28 Abs. 2 GG verliehenen kommunalen Selbstverwaltung[39] und zwar entweder aufgrund entsprechender landesgesetzlicher Festlegung oder kraft Gewohnheitsrechts. Im Bereich der Selbstverwaltungsangelegenheiten sind die Gemeinden nur der allgemeinen Kommunalaufsicht i.S. einer Gesetzmäßigkeitskontrolle unterworfen (Rechtsaufsicht), nur bei übertragenen Aufgaben erfolgt zusätzlich eine Überprüfung der Zweckmäßigkeit/Sachgerechtigkeit des Handelns (Fachaufsicht).[40] Als repressive Aufsichtsmittel kommen grundsätzlich das Informationsrecht, das Beanstandungsrecht, das Anordnungsrecht, die Ersatzvornahme, die Bestellung eines Beauftragten, die vorzeitige Auflösung des Gemeinderates und die vorzeitige Beendigung der Amtszeit des Bürgermeisters in Betracht[41]. Typisches Aufsichtsmittel gegenüber einem pflichtwidrigen Untätigbleiben einer Gemeinde ist das Aufsichtsmittel der Anordnung (Anweisung). Dieses ist – unter Beachtung des Grundsatzes der Verhältnismäßigkeit – zulässig, wenn eine Gemeinde eine sich aus dem öffentlichen Recht ergebende Pflicht nicht erfüllt.[42] Bei fortwährender Untätigkeit kommt das Aufsichtsmittel der Ersatzvornahme in Betracht.

---

35 Vgl. BVerwG BRS 50 Nr. 36; NVwZ 1992, 882.
36 Vgl. Meineke, GK-SGB VIII § 80 Rn. 3, noch zweifelnd: Wiesner, § 80 Rn. 4.
37 BVerwG NDV-RD 1997, 33-34; BVerwGE 116, 226.
38 Vgl. Mrozynski, § 79 Rn. 4; Schellhorn/Fischer/Mann, § 80 Rn. 5; Jordan, ZfJ 1993, 483.
39 Schellhorn/Fischer/Mann, § 69 Rn. 7.
40 Vgl. allgemein Schmidt-Jortzig, Rn. 77 f.; Stober, § 9 III; Gern, Rn. 803; v. Mutius, Rn. 847-849.
41 Zum Ganzen vgl. nur: Gern, Rn. 810-818.
42 Vgl. dazu etwa: v. Mutius, Rn. 861 m.w.N. in Fn. 15; Maurer, § 23 Rn. 20; Erichsen, DVBl. 1985, 946.

Grundsätzlich ist unstreitig, dass die kommunale Aufsichtsbehörde bei Rechtsverstößen im Rahmen der Rechtsaufsicht tätig werden darf. Da das Gesetz eine entsprechende Rechtspflicht der Jugendhilfeplanung formuliert, handelt es sich dann, wenn eine Gemeinde auf diesem Gebiet nicht tätig ist, um einen Rechtsverstoß. Fraglich ist in diesem Zusammenhang nur, ab welchem Zeitpunkt die Kommunalaufsicht einschreiten darf, d.h. ob die Kommunalaufsicht dort, wo es um die Erfüllung von Rechtspflichten geht, den Kommunen gewisse zeitliche Spielräume einräumen muss. Allgemeine Aussagen darüber, innerhalb welcher Fristen die gemeindlichen Entscheidungsträger ihnen zugewiesene Aufgaben zu erledigen haben, lassen sich nicht treffen. Fristsetzungen finden sich bisweilen in gesetzlichen Regelungen selbst[43] oder sind aus Entscheidungen des BVerfG bekannt, wenn dieses dem Gesetzgeber konkrete Neuregelungsaufträge erteilt[44]. Für die Aufsichtsbehörden im Kommunalrecht tritt ein weiterer Aspekt hinzu: Sie sind bei festgestellten Rechtsverstößen nicht zum (sofortigen) Einschreiten verpflichtet, vielmehr gilt nach h. M. das Opportunitätsprinzip[45]. So müsste die Aufsicht bei geringfügigen oder zweifelhaften Rechtsverstößen nicht zwangsläufig einschreiten[46]. Mittlerweile könnte eine Aufsichtsbehörde bei völliger Untätigkeit der Gemeinde ein Einschreiten unter Berufung auf das Opportunitätsprinzip allerdings wohl kaum noch ablehnen[47].

4.2 Anrufung der Kommunalaufsichtsbehörde

Von der Frage, ab wann eine Kommunalaufsichtsbehörde einschreiten darf, ist die Frage zu unterscheiden, ob Dritte – Bürger, andere Organe oder Organteile der Gemeinde – von der Aufsichtsbehörde das Einschreiten verlangen können. Diese Frage wird in der Rechtsprechung durchweg verneint: die Aufsicht diene der objektiven Rechtskontrolle, begründe jedoch keine verletzungsfähigen subjektiven Rechte[48]. All dies schließt natürlich nicht die Möglichkeit aus, der Aufsichtsbehörde ein Untätigbleiben der Gemeinde bei der Jugendhilfeplanung zur Kenntnis zu bringen und ein Aufsichtsverfahren somit anzuregen.

4.3 Initiativrecht der freien Träger

Neben der Frage, ob etwa ein freier Träger der Jugendhilfe wegen einer unterbliebenen Jugendhilfeplanung eine Einschreiten der Aufsichtsbehörde erzwingen kann, ist zu prüfen, ob diesem nicht selbst – ausgehend von dem Beteiligungsrecht nach § 80 Abs. 3 SGB VIII – ein originäres Initiativrecht auf Einleitung eines Planungsverfahrens zusteht. Im Bereich der Bauleitplanung schließt § 1 Abs. 3 S. 2 BauGB ein solches Recht ausdrücklich aus („auf die Aufstellung von Bauleitplänen besteht kein Anspruch"), gleiches gilt hier auch für die Änderung, Ergänzung oder Aufhebung von Bauleitplänen[49]. Entsprechende Aussagen finden sich darüber

43 Bedeutsam geworden ist die z.B. bei der durch EU-Recht aufgegebenen Pflicht zur Regelung des Insolvenzrisikos im Reisevertragsrecht.

44 Etwa: BVerfGE 43, 291 (321 f.).

45 Vgl. BVerfGE 6, 104 (108); 8, 122 (137); v. Mutius, Rn. 855.

46 Maurer, § 23 Rn. 20.

47 So auch: Tammen in: Münder u.a. FK-SGB VIII, § 80 Rn. 2.

48 BVerfGE 31, 33 (42); BVerwG DÖV 1972. 723; OVG RP DÖV 1986. 152, OVG NW OVGE 26, 93 (94f.); OVGE 31, 51 (53); Maurer, § 23 Rn. 22; Gern, Rn. 804 a.E.; v. Mutius, Rn. 857 m.w.N. in Fn. 12; ebenso: Preis/Steffan, S. 106.

49 Krautzberger in: Battis/Krautzberger/Löhr, § 1 Rn. 27, 31.

hinaus in Entscheidungen des Bundesverwaltungsgerichts (BVerwG) zum straßenrechtlichen[50] und zum wasserrechtlichen Planfeststellungsverfahren[51]. Diese Rechtsposition wird daraus abgeleitet, dass das weite Planungsermessen der Gemeinde, die gesetzlich vorgeschriebene und gerichtlich nicht substituierbare Abwägung der wechselseitigen Interessen sowie die unzulässige Umgehung verfahrensrechtlicher Erfordernisse (Anhörungsrechte, Auslegungsverfahren) die Anerkennung eines Anspruchs auf Planung nicht ermöglichten[52]. Dritte werden mithin in ihren Rechten entweder dadurch geschützt, dass ihnen ggf. Beteiligungsrechte in einem Planungsverfahren eingeräumt werden oder aber durch Sekundäransprüche, indem sie bei Beeinträchtigung ihrer materiellen Rechte Abwehr-, Beseitigungs-, Unterlassungs- oder Ersatzansprüche geltend machen können[53]. Während es danach im Bereich der Bauleitplanung und anderen objektbezogenen Planungen – auch bei ausdrücklich vorgesehener Beteiligung[54] – kein Initiativrecht auf Einleitung eines Planungsverfahrens gibt, lässt sich eine deutlich hiervon abweichende Situation im Betriebsverfassungsrecht feststellen: Die als Mitbestimmungsrechte – also als weitestgehende Form von Beteiligung – ausgestalteten Angelegenheiten nach § 87 BetrVG werden inzwischen einhellig dahin ausgelegt, dass nicht nur ein Zustimmungs-, sondern auch ein Initiativrecht des Betriebsrates besteht[55]. Aber bereits in anderen Bereichen des Betriebsverfassungsrechts ist das Initiativrecht eingeschränkt: Der Betriebsrat hat z. B. gem. § 92 Abs. 2 BetrVG nur ein Vorschlagsrecht für die Einführung einer Personalplanung, kann aber den Arbeitgeber nicht zwingen, eine solche Planung überhaupt einzuführen[56]; im Personalvertretungsrecht ist das vollwertige Initiativrecht des Personalrates beschränkt auf soziale Angelegenheiten und in sonstigen Fällen ebenfalls nur als Vorschlagsrecht – ohne die Möglichkeit der Anrufung der Einigungsstelle – konzipiert[57].

Die Auswirkungen der Pflicht zur Jugendhilfeplanung dürften sich regelungstechnisch zwischen den beiden aufgezeigten Extrempositionen bewegen: Zwar besteht ebenso wie im Bereich der Bauleitplanung[58] eine gesetzliche Pflicht zur Jugendhilfeplanung, ein Planaufstellungsanspruch wird im SGB VIII aber nicht explizit ausgeschlossen. Andererseits ist das normierte Beteiligungsrecht der freien Träger nicht so weitgehend, dass von einem „Mitbestimmungs-" oder auch nur einem „Zustimmungsrecht" gesprochen werden könnte. Die in anderen Bereichen anzutreffende Formulierung „im Benehmen"[59], welches über eine bloße Anhörung hinausgeht (und im Sinne einer Informierung, Abgabe und Entgegennahme von Äußerungen, ggf. dem Bemühen um einen Konsens zu verstehen ist[60]), ist bei der Jugendhilfeplanung ebenfalls nicht gewählt worden. Will man die durch § 80 Abs. 3 SGB VIII vorgeschriebene Beteiligung bei der Pflichtaufgabe Jugendhilfeplanung allerdings nicht vollständig entwerten, dür-

50 BVerwG NJW 1981, 239.

51 BVerwGE 62, 342; zum ganzen etwa: Maurer, § 16 Rn. 28.

52 Vgl. BVerwG DVBl 1977, 529; Krautzberger in: Battis/Krautzberger/Löhr, § 1 Rn. 31; BVerwG NVwZ 1983, 92.

53 Maurer, § 16 Rn. 28; BVerwGE 62, 243 (248).

54 So insbes. BVerwG NVwZ 1983, 92: auch wenn die Aufstellung eines Bebauungsplanes objektiv geboten ist, besteht subjektiv kein Anspruch auf Planaufstellung; das Unterlassen der Bürgerbeteiligung führt in solchen Fällen nicht zur Verletzung subjektiver öffentlicher Rechte (Leitsatz).

55 Vgl. Dietz/Richardi BetrVG § 87 Rn. 65.

56 Dietz/Richardi BetrVG § 92 Rn. 31.

57 Dietz/Richardi BPersVG § 70 Rn. 1.

58 Vgl. Krebs in: Schmidt-Aßmann, Besonderes Verwaltungsrecht, 4 I 2 b, Rn. 17.

59 Vgl. z. B. § 85 Abs. 4 S. 2 SGB V: Beteiligungsrecht der Krankenkassen bei der Aufstellung des Honorarverteilungsmaßstabes.

60 Dazu: BSG SozR 3-2500 § 85 Nr. 7, S. 40 f.

fen die Rechte freier Träger letztlich nicht hinter dem zurückbleiben, was jedem Rechtssubjekt bereits allgemein durch das Grundgesetz eingeräumt wurde[61]: Jedermann hat nach Art. 17 GG das Recht, sich – einzeln oder in Gemeinschaft – mit Bitten oder Beschwerden „an die zuständigen Stellen" (also auch an eine Behörde mit Entscheidungskompetenz auf Gemeinde- oder Landesebene) zu wenden[62]. Schon nach Art. 17 GG besteht die Pflicht des Adressaten zur Entgegennahme, sachlichen Prüfung und vorschriftsmäßigen Erledigung der Petition, ohne dass allerdings von einem Anspruch des Petenten auf eine bestimmte Entscheidung in der Sache ausgegangen werden könnte[63]. Das Recht auf Beantwortung der Petition ist zwar einklagbar[64], bereits eine Begründungspflicht wird dagegen weitgehend abgelehnt[65]. Vor diesem Hintergrund könnte den freien Trägern nicht versagt werden, sich mit dem Ziel der Einleitung eines Planungsverfahrens an den jeweiligen öffentlichen Träger oder die Aufsichtsbehörde zu wenden. Da das SGB VIII als relativ junges und modernes Leistungsgesetz erstmals Planungspflichten normiert und den freien Trägern Beteiligungsrechte einräumt, spricht einiges dafür, dass der Inhalt dieser Rechte und die Stellung der Beteiligten über den Gehalt des Art. 17 GG deutlich hinausgehen. Dies könnte – wiederum in Abgrenzung zur Situation beim Vorliegen qualifizierter Mitbestimmungsrechte – bedeuten, dass die Behörde wenigstens die Gründe nachvollziehbar darzulegen hat, aus denen ein Planungsverfahren (noch) nicht von Amts wegen eingeleitet worden ist. Wollte man keinerlei Konsequenzen für die Rechtsstellung der freien Träger ziehen, läge letztlich genau die gleiche Situation vor wie bei einer Beteiligung, die allein im Belieben der Behörde stünde und für die es einer Rechtsgrundlage gar nicht bedürfte[66]. Übertragbare Erkenntnisse für ein (stärkeres) Initiativrecht in dem Sinne, dass die Gemeinde von freien Trägern der Jugendhilfe zur Planung gezwungen werden könnte, lassen sich jedoch nicht finden.[67]

5 Planungsverfahren

Im Folgenden sollen die rechtlichen Vorgaben zum Verfahren der Jugendhilfeplanung beschrieben werden. Dabei werden in diesem Abschnitt die Aussagen zu den wesentlichen Planungsschritten (Abs. 1) und zu Planungszielen (Abs. 2) sowie zur Zusammenarbeit mit anderen Planungsträgern auf örtlicher und überörtlicher Ebene (Abs. 4) behandelt. Dem wichtigen Aspekt der Beteiligung wird ein eigener Abschnitt gewidmet, in dem auf die einzelnen Akteure des Planungsverfahrens näher eingegangen wird (Abschnitt 6).

5.1 Planungsschritte

In § 80 Abs. 1 SGB VIII sind die einzelnen Teilschritte des Planungsverfahrens vorgegeben. Es setzt sich zusammen aus: Bestandsfeststellung (Nr. 1), Bedarfsermittlung (Nr. 2) und Maßnahmenplanung (Nr. 3). Die Teilschritte gelten für alle Handlungsfelder der Kinder- und Jugend-

61 Ähnlich bereits: Herbert, S. 317, 327 in Bezug auf Beteiligungsrechte von Vereinigungen am kommunalen Willensbildungsprozess allgemein.

62 Vgl. etwa: Jarass/Pieroth Art. 17 Rn. 6; Klein in: Maunz/Dürig, GG, Art. 17 Rn. 98.

63 BVerfGE 2, 225 (230); 13, 54 (90).

64 BVerwG DÖV 1976, 315; BayVGH BayVBl. 1981, 211.

65 BVerfGE 2, 225 (230); BVerwG NJW 1991, 936.

66 Vgl. Herbert, S. 317.

67 Im Ergebnis ebenso: Preis/Steffan, S. 106.

hilfe. Auch wenn der Gesetzeswortlaut zunächst anderes vermuten lässt, sind diese Vorgaben nicht als zwingend für einen bestimmten zeitlichen oder planungslogischen Ablauf zu verstehen. Das Voranstellen (vorläufiger) Bedarfsanalysen und einer ersten Maßnahmenplanung kann sinnvoll sein, um die Jugendhilfeplanung ergebnisoffener und ohne zu rasche Fixierung auf bestehende Angebote zu gestalten[68] (vgl. dazu grundlegend die Beiträge von Schnurr/Jordan/Schone und Jordan/Schone in diesem Band).

5.1.1 Bestandsfeststellung

Das Gesetz sieht eine Erhebung der im Bereich des öffentlichen Trägers vorhandenen Einrichtungen und Dienste vor. Wie diese Erhebung erfolgen soll und welche Daten genau zu erheben sind, lässt es jedoch offen. Wichtigstes Auslegungskriterium ist das Ziel, dass die Erhebung als Grundlage für die weitere Jugendhilfeplanung dienen soll. Neben einer detaillierten quantitativen und qualitativen Analyse der vorhandenen Angebote sollten daher auch Bevölkerungs- und Sozialstrukturen erhoben werden[69]. Zurückgegriffen werden kann u. a. auf die Daten der Kinder- und Jugendhilfestatistik (§§ 98 ff. SGB VIII), aber auch auf Ergebnisse von anderen Quellen, die jugendhilferelevante Daten zusammengetragen haben[70].

5.1.2 Bedarfsermittlung

Die Formulierung des § 80 Abs. 1 Nr. 2 SGB VIII macht bereits deutlich, dass der Begriff des Bedarfs und des individuellen Bedürfnisses nicht gleichzusetzen sind – wohl aber in Beziehung zueinander stehen. Hiernach ist nämlich der Bedarf unter Berücksichtigung der Wünsche, Bedürfnisse und Interessen der jungen Menschen und der Personensorgeberechtigten für einen mittelfristigen Zeitraum zu ermitteln. Es erfordert den fachpolitischen Konkretisierungs- und Aushandlungsprozesses, der wesentlich das Bild der Jugendhilfeplanung als einen partizipativen, kommunikativen öffentlichen Vorgang prägt. Das Bundesverwaltungsgericht hat – ohne sich auf genaue Bedarfskriterien festzulegen – bestätigt, dass bei der Bedarfsermittlung keinesfalls allein auf die faktische Nachfrage abgestellt werden darf und jedenfalls auch die fachpolitischen Ziele zu berücksichtigen sind[71] (vgl. zu den in § 80 Abs. 2 SGB VIII genannten Zielen der Jugendhilfeplanung den folgenden Abschnitt 5.2).

Durch das an die Planungsträger gerichtete Gebot, die Bedürfnisse der Betroffenen zu berücksichtigen, wird die ohnehin bestehende Pflicht zu einer umfassenden Sachverhaltsermittlung betont – es ist daher als Ausdruck der allgemeinen Verfahrensförderungspflicht der Behörde zu bewerten. Es erscheint sinnvoll, in den Aushandlungsprozess alle von der Jugendhilfeplanung Betroffenen einzubeziehen, was etwa in Form von Gruppendiskussionen, Befragungen und öffentlichen Gesprächsveranstaltungen geschehen kann[72]. Neben den in § 80 Abs. 1 Nr. 2 SGB VIII explizit genannten jungen Menschen und Personensorgeberechtigten, können die in Abs. 3 mit besonderen Beteiligungsrechten ausgestatteten anerkannten freien Träger,

---

68 So auch Tammen in: Münder u. a. FK-SGB VIII, § 80 Rn. 13; Wiesner, § 80 Rn. 19; Hilke, in: Hauck SGB VIII, § 80 Rn. 31.

69 So auch Jans/Happe/Saurbier/Maas, § 80 Rn. 17.

70 Tammen in: Münder u. a. FK-SGB VIII, § 80 Rn. 11.

71 BVerwGE 110, 320.

72 Wiesner, § 80 Rn. 21 ff.; Schellhorn/Fischer/Mann § 80 Rn. 10; Nikles, S. 43; Wabnitz in LPK-SGB VIII, § 80 Rn. 15; DV, Handbuch der örtlichen Sozialplanung, S. 1133 ff.

aber auch andere Betroffene – etwa privat-gewerbliche Träger oder sonstige (Fach-) Öffentlichkeit – zu einem vollständigen Bild des bestehenden Bedarfs beitragen. Die Betroffenenbeteiligung selbst stellt auch nur eines von mehreren Mitteln zur Ermittlung der Bedürfnisse dar: in Betracht kommen ebenso Sekundäranalysen, Expertenanhörungen und Ähnliches[73] (vgl. den Beitrag von Stork in diesem Band).

5.1.3 Maßnahmenplanung

Die im Jugendhilfeplan festgehaltene Maßnahmenplanung zur Bedarfsdeckung ist Entscheidungsgrundlage für den Fortbestand, die Schaffung sowie Veränderungen von Einrichtungen und Diensten auf diesem Gebiet[74]. Wie bereits in Abschnitt 3.2 festgestellt wurde, wird er zumeist abstrakt generellen Inhalts sein und überwiegend allgemeine Aussagen enthalten, die in der Folge der Umsetzung, also eines Planvollzugs durch den öffentlichen Träger bedürfen. In ihm wird also die (Planungs-) Grundlage für zeitlich folgende Entscheidungen festgehalten, indem er die Ziele der Jugendhilfe und die zur Verwirklichung erforderlichen Maßnahmen festlegt. Die Umsetzung dieser Festlegungen bleibt Einzelmaßnahmen bzw. -entscheidungen vorbehalten, in der Regel dürften hierzu Verwaltungsakte gegenüber betroffenen Einrichtungen, freien Trägern oder Bürgern ergehen, denen dann sowohl ein Regelungsgehalt als auch Außenwirkung (vgl. §§ 35 VwVfG, 31 SGB X) zuzumessen ist. Festlegungen im Jugendhilfeplan, die bereits selbst subjektive Rechte Einzelner nach sich ziehen, sind zwar rechtlich zulässig, werden praktisch aber eher selten zu finden sein (zur rechtlichen Konsequenz vgl. Abschnitt 8).

Der Gesetzgeber hält in § 80 Abs. 1 Nr. 3 2. HS SGB VIII die öffentlichen Träger an, auch Vorsorge für unvorhergesehenen Bedarf zu treffen. Da die Einrichtung eines entsprechenden „offenen" Etatpostens haushaltsrechtlich jedoch nicht zulässig ist, ist diese Vorgabe dahingehend auszulegen, dass die Jugendhilfeplanung flexibel und anpassungsfähig bleiben muss[75].

5.1.4 Planungszeitraum

Die Bedarfsermittlung – und damit die Planung als Ganzes – soll sich auf einen mittelfristigen Zeitraum beziehen. Der Gesetzgeber wollte hierdurch eine Anlehnung an die mittelfristige Finanzplanung (vier Jahre ohne das laufende Haushaltsjahr) erreichen[76]. Teilweise wird auch geraten, auf die jeweilige kommunale Wahlperiode abzustellen[77]. Sachgerecht erscheint es daher, wenn die Planung auf einen Zeitraum von 3 bis 7 Jahren angelegt ist[78].

5.2 Zielvorgaben

Als Teil der Jugendhilfe ist die Jugendhilfeplanung zunächst den grundsätzlichen Zielen der Jugendhilfe verpflichtet, die sich insbesondere in § 1 SGB VIII, aber auch in § 9 Abs. 3 oder den aufgabenspezifischen Vorgaben z. B. in §§ 11, 13 Abs. 1 SGB VIII finden[79]. Zur Verwirklichung des in § 1 Abs. 1 SGB VIII festgehaltenen Rechts jedes jungen Menschen auf Förderung seiner

73 Vgl. Wiesner, § 80 Rn. 23 f.; Schellhorn/Fischer/Mann § 80 Rn. 10.
74 Vgl. Nikles, S. 33.
75 Wiesner, § 80 Rn. 25; Jans/Happe/Saurbier/Maas, § 80 Rn. 29; Meineke, in: GK-SGB VIII, § 80 Rn. 10.
76 Begründung zum Gesetzesentwurf (§ 70 Abs. 3), BT-Drucks. 11/5948, S. 102.
77 Jans/Happe/Saurbier/Maas, § 80 Rn. 21; Meineke, in: GK-SGB VIII, § 80 Rn. 7.
78 So: Stern § 40 II 4 e), S. 410.
79 Unter andern Tammen in: Münder u. a. FK-SGB VIII, § 80 Rn. 15.

Entwicklung und auf Erziehung zu einer eigenverantwortlichen und gemeinschaftsfähigen Persönlichkeit muss die Jugendhilfe konzeptionell breit handeln: § 1 Abs. 3 SGB VIII zeigt, dass sie sich dabei von der Reaktion auf soziale Problemlagen (Benachteiligung verhindern, abbauen) bis zur aktiven Gestaltung der Lebensbedingung, von defensivem/reagierendem bis hin zu offensivem/agierendem Handeln erstreckt[80]. An diese allgemeinen Zielvorgaben anknüpfend, finden sich in § 80 Abs. 2 SGB VIII zudem spezifische inhaltliche Anordnungen, nach denen sich die Jugendhilfeplanung richten soll. Als Ziele werden genannt, dass

- Kontakte in der Familie und im sozialen Umfeld erhalten und gepflegt werden können,
- ein möglichst wirksames, vielfältiges und aufeinander abgestimmtes Angebot von Jugendhilfeleistungen gewährleistet ist,
- junge Menschen und Familien in gefährdeten Lebens- und Wohnbereichen besonders gefördert werden,
- Mütter und Väter Aufgaben in der Familie und Erwerbstätigkeit besser miteinander vereinbaren können.

Das Wort „insbesondere“ zeigt, dass es sich nicht um eine abschließende Aufzählung handelt und die Ziele zu erweitern sind.

5.3 Zusammenarbeit mit anderen Planungsträgern

§ 80 Abs. 4 SGB VIII beauftragt die öffentlichen Träger der Jugendhilfe im Rahmen einer „Soll“-Regelung ihre Planung mit anderen Planungsträgern abzustimmen. Diese Vorschrift schließt unmittelbar an die Verpflichtung zur Zusammenarbeit mit anderen Stellen und Einrichtungen in § 81 SGB VIII an. Ziel ist es einerseits, Jugendhilfeperspektiven in andere Politikfelder und Handlungsbereiche hereinzutragen[81] und den Bedürfnissen und Interessen junger Menschen und ihrer Familien auch außerhalb des Jugendhilfesektors Geltung zu verschaffen (horizontale Vernetzung). Andererseits geht es aber auch um eine Abstimmung der verschiedenen Ebenen des Jugendhilfebereichs selbst (vertikale Vernetzung)[82].

5.4 Rechtschutz bei Verletzung der Verfahrensvorschriften oder Zielvorgaben

Fraglich ist, ob und auf welche Weise auf die Einhaltung der Vorschriften zur Durchführung des Planungsverfahrens eingewirkt werden kann. Bei den Verfahrensvorgaben handelt es sich um objektive Rechtsverpflichtungen[83], aus denen sich unmittelbare Rechtspositionen Einzelner nicht ableiten lassen (zu den Beteiligungsrechten vgl. den nächsten Abschnitt 6). Die Überprüfung der Einhaltung dieser Vorschriften ist daher wiederum allein Sache der Kommunalaufsicht (vgl. zu den Möglichkeiten des Kommunalaufsichtsverfahrens den Abschnitt 3).

80 Dazu vertiefend Münder in: Münder u. a. FK-SGB VIII, § 1 Rn. 24.
81 Tammen in Münder u. a. FK-SGB VIII, § 80 Rn. 19.
82 Wiesner, § 80 Rn. 40.
83 Münder in Münder/Wiesner, S. 391

6 Beteiligungsrechte im Planungsverfahren

Nach § 80 Abs. 1 SGB VIII liegt die Planungsverantwortung bei den Trägern der öffentlichen Jugendhilfe, gemäß § 69 Abs. 3 SGB VIII werden die Aufgaben von den Jugendämtern und Landesjugendämtern wahrgenommen. Allerdings sieht das SGB VIII eine Mitwirkung sowohl des Jugendhilfeausschusses als auch der freien Träger der Jugendhilfe vor. Zur Klärung der Reichweite dieser Beteiligungsmöglichkeiten sind zunächst die rechtliche Stellung sowie die Kompetenzen zu klären.

6.1 Jugendhilfeausschuss (JHA)

6.1.1. Organstellung

Das SGB VIII hat den seit 1953 bestehenden zweigliedrigen Aufbau der Jugendämter (und Landesjugendämter) festgeschrieben[84]. Nach § 70 Abs. 1 SGB VIII werden die Aufgaben des Jugendamtes durch den Jugendhilfeausschuss (JHA) und durch die Verwaltung des Jugendamtes wahrgenommen. Der JHA wird gem. § 71 Abs. 1 SGB VIII zu 3/5 von den Mitgliedern der Vertretungskörperschaft und zu 2/5 durch anerkannte freie Träger besetzt.

Rechtlich ist der JHA damit kein Ausschuss der Vertretungskörperschaft, sondern Teil der zweigliedrigen Behörde Jugendamt und weist neben den strukturellen Merkmalen eines parlamentarischen Ausschusses besondere Eigenschaften auf[85]. Insbesondere kommt ihm ein deutlich erweiterter Handlungsspielraum dadurch zu, als die Verwaltung des Jugendamtes zwar für die laufenden Geschäfte zuständig ist, aber auch hier die Beschlüsse des JHA zu beachten hat. Damit ist der JHA der Verwaltung in gewisser Weise – rechtlich – übergeordnet[86]. Angesichts dieser Sonderstellung ist die Rechtsnatur des JHA fraglich. Nachdem diese – vom Gesetzgeber nicht beantwortete – Frage zunächst umstritten war, hat sich im Schrifttum inzwischen die Auffassung durchgesetzt, den JHA als einen Ausschuss eigener Art[87] anzusehen. Ausschüsse selbst sind grundsätzlich nicht als Organe zu qualifizieren, stellen aber regelmäßig Organteile der Gemeindevertretung mit eigenen Innenrechtspositionen dar, welche im Wege des Kommunalstreitverfahrens gerichtlichen Rechtsschutz erlangen können. Zu unterscheiden ist dabei zwischen auf Kommunalverfassungsrecht beruhenden Ausschüssen der Gemeindevertretung und solchen, die spezialgesetzlich vorgeschrieben sind, der Gemeinde aber zugerechnet werden; hierzu gehört auch der JHA[88]. Die Normen des Kommunalverfassungsrechts sind daher auf den JHA grundsätzlich anzuwenden, soweit dies mit den besonderen Bestimmungen des SGB VIII vereinbar ist. Als Organ der Vertretungskörperschaft stehen damit dem JHA die allgemeinen kommunalverfassungsrechtlichen Mittel zur Wahrung seiner Rechte – also insbesondere das Kommunalstreitverfahren – offen.

---

84 Vgl. hierzu: Münder, Kinder- und Jugendhilferecht, S. 156 ff.
85 Preis/Steffan, S. 53; Wiesner, § 70 Rn. 10.
86 Mrozynski, § 70 Rn. 2; Schäfer in: Münder u. a., Frankfurter Komm., § 70 Rn. 3.
87 Wiesner, § 70 Rn. 10; Preis/Steffan, S. 54; Herbert ZfJ 1991, 569 (570).
88 Vgl. Gern, Rn. 408; Stober, § 15 X 3c); Erlenkämper NVwZ 1993, 427 (434).

6.1.2 Verantwortung für die Jugendhilfeplanung

Zu den Aufgaben des JHA gehören nach § 71 Abs. 2 SGB VIII alle Angelegenheiten der Jugendhilfe, wobei die Jugendhilfeplanung vom Gesetzgeber in § 71 Abs. 2 Nr. 2 SGB VIII besonders hervorgehoben wurde. Hierdurch wird klargestellt, dass die Jugendhilfeplanung zu den Aufgaben gehört, die aus den Geschäften der laufenden Verwaltung herausragen und für die zunächst der JHA originär zuständig ist[89].

6.2 Anerkannte Träger der freien Jugendhilfe

Eine besondere Rolle im Planungsverfahren kommt darüber hinaus den freien Trägern zu. Gem. § 80 Abs. 3 S. 1 SGB VIII haben die Träger der öffentlichen Jugendhilfe die anerkannten Träger der freien Jugendhilfe (§ 75 SGB VIII) in allen Phasen ihrer Planung frühzeitig zu beteiligen. Zu diesem Zweck sind sie u. a. vom JHA zu hören. Als flankierende Maßnahme zu der unmittelbaren Planungsbeteiligung ist weiterhin die Bildung von Arbeitsgemeinschaften nach § 78 S. 2 SGB VIII vorgesehen, die auf eine Abstimmung und gegenseitige Ergänzung der geplanten Maßnahmen hinwirken sollen. Zwar verbleibt die letztendliche Entscheidungskompetenz beim JHA, jedoch kann innerhalb der Arbeitsgemeinschaften wichtige und konstruktive Vorarbeit zur Jugendhilfeplanung geleistet werden[90].

6.2.1 Umfang der Beteiligung

Das Beteiligungsrecht der freien Träger ist letztlich Konsequenz des in § 4 SGB VIII enthaltenen Gebots der partnerschaftlichen Zusammenarbeit. Allerdings lassen sich weder Umfang noch Zeitpunkt der gebotenen Beteiligung aus dem Gesetz selbst entnehmen, vielmehr ging der Bundesgesetzgeber davon aus, dass die in § 80 Abs. 3 SGB VIII enthaltenen Grundsätze über die Beteiligung der freien Träger einer Konkretisierung im Landes- oder Ortsrecht bedürfen[91]. Diese Regelung basiert auf dem Gedanken, dass die freien Träger an den Aufgaben und Leistungen der Jugendhilfe nur dann sinnvoll beteiligt werden können, wenn sie frühzeitig in den Planungsprozess einbezogen werden. Erfolge dies zu spät, bestünde die Gefahr, dass die weitere Entwicklung der Jugendhilfe bereits durch Planungsentscheidungen vorformuliert und präjudiziell sei und das Engagement nichtstaatlicher Tätigkeit nicht mehr zur Entfaltung komme[92].

Streitig sind insbesondere Zeitpunkt und Umfang der gebotenen Beteiligung. Im Gesetz ausdrücklich genannt ist die Anhörung der freien Träger vor dem JHA. Hieraus wird vereinzelt gefolgert, dass sich die Beteiligungsmöglichkeiten i.d.R. auf diese Anhörung beschränken, da das Gesetz einen bestimmenden Einfluss der freien Träger nicht vorsehe und diese über ihre gesetzlich geregelte Stellung hinaus keine hoheitlichem Aufgaben wahrnehmen könnten[93]. Demgegenüber geht die Mehrheit im Schrifttum davon aus, dass die Anhörung vor dem JHA im Rah-

89 Schellhorn/Fischer/Mann, § 71 Rn. 12 f.; Schäfer in: Münder u. a. FK-SGB VIII, § 71 Rn. 8; Wiesner,§ 71 Rn. 20.
90 Vgl. Tammen in: Münder u. a. FK-SGB VIII, § 80 Rn. 18; Wiesner, § 80 Rn. 10.
91 Begründung zum Gesetzesentwurf (§ 70 Abs. 3), BT-Drucks. 11/5948, S. 102.
92 Begründung zum Gesetzesentwurf (§ 70 Abs. 3), BT-Drucks. 11/5948, S. 102.
93 Vgl. Mrozynski, § 80 Rn. 4.

men einer umfassenden Beteiligung lediglich exemplarischen Charakter habe[94]. Der gesetzgeberischen Zielrichtung entsprechend soll durch eine „frühzeitige Beteiligung“ den freien Trägern die Möglichkeit der Mitsprache, -wirkung und -gestaltung gegeben werden. Dies könne durch eine bloße Anhörung bei Beratungen des JHA keinesfalls gewährleistet werden, sondern erfordere eine Einbeziehung der freien Träger vor grundlegenden Festlegungen bereits in der Phase der Konzeptentwicklung[95]. Bezüglich des Zeitpunktes der Trägerbeteiligung kommt auch ein Blick auf die vergleichbaren Vorschriften der Bauleitplanung zu dem gleichen Ergebnis. In den §§ 3 Abs. 1, 4 Abs. 1 BauGB ist die Beteiligung von Bürgern und Trägern öffentlicher Belange geregelt; beide sind – ebenso wie die freien Träger der Jugendhilfe – frühzeitig zu beteiligen. Hierunter wird im Bauplanungsrecht allgemein der Zeitpunkt verstanden, zu dem diskussionsfähige Planungsziele und vorstellungsreife Überlegungen vorliegen. Keinesfalls dürfe die Planung bereits derart verfestigt sein, dass die Beteiligung zur Farce werde[96].

Da das SGB VIII keine Regelung zum Ablauf des Planungsverfahrens enthält, ist fraglich, in welcher Form die freien Träger zu beteiligen sind. Entgegen der Intention des Bundesgesetzgebers wurde es auf Landesebene weitgehend unterlassen, das Beteiligungsverfahren näher zu beschreiben. Sofern die Ausführungsgesetze zum SGB VIII Vorschriften zur Beteiligung an der Jugendhilfeplanung enthalten, beschränken sich diese auf Aussagen, dass die freien Träger „von Anfang/Beginn an zu beteiligen“[97], über „Ziele, Inhalte und Verfahren der Planung umfassend zu unterrichten seien“[98] bzw. dass dies mit ihnen „erörtert“ werden müsse[99] oder ihnen „rechtzeitig vor Beschlussfassung des JHA Gelegenheit zur Äußerung zu geben sei“[100].

Im Hinblick auf die Form der Trägerbeteiligung bei der Bauleitplanung wird ebenfalls davon ausgegangen, dass der Begriff der „Beteiligung“ eine umfassende Unterrichtung im Sinne der Mitteilung von beabsichtigten bzw. schon eingeleiteten Planungen und sonstigen Maßnahmen und der Übersendung der Unterlagen umfasst[101]. Im Rahmen des § 4 Abs. 1 BauGB ist darüber hinaus die Gelegenheit der Stellungnahme ausdrücklich vorgesehen.

6.2.2 Rechtsqualität des Beteiligungsrechts – Einklagbarkeit?

Unabhängig davon, zu welchem Zeitpunkt und in welcher Form die freien Träger zu beteiligen sind, stellt sich die Frage nach der Rechtsqualität des Beteiligungsrechtes. Insbesondere kommt es darauf an, ob das Beteiligungsrecht als subjektives öffentliches Recht qualifiziert werden kann oder lediglich als objektives Recht zu verstehen ist. Die Beteiligung ist in § 80 Abs. 3 S. 1 und 2 SGB VIII als an den Träger der öffentlichen Jugendhilfe gerichtete Verpflichtung formuliert. Hieraus wird abgeleitet, dass den freien Trägern kein einklagbares subjektives öffentliches Recht auf Beteiligung/Anhörung zustehe; Ziel sei die Ermöglichung eines formalisierten

94 Wiesner, § 80 Rn. 9; Ludemann JWohl 1992, 448 (450); Tammen in: Münder u. a. FK-SGB VIII, § 80 Rn. 17; Preis/Steffan, S. 100; Hilke in: Hauck SGB VIII, K § 80 Rn. 65 f.; Schellhorn/Fischer/Mann, § 80 Rn. 19; Nikles, S. 44 ff.

95 Vgl. Hilke in: Hauck SGB VIII, K § 80 Rn. 67 f.; Preis/Steffan, S. 100; Tammen in: Münder u. a. FK-SGB VIII, § 80 Rn 17: Krause ZfJ 1992, 357 (358).

96 Battis in: Battis/Krautzberger/Löhr § 3 Rn. 8; Krautzberger in: Ernst/Zinkahn/Bielenberg, § 3 Rn. 19.

97 Vgl. § 9 Abs. 1 LJHG BW; § 13 Abs. 3 AG KJHG Hess; § 14 Abs. 1 AG KJHG RhPf; § 55 Abs. 1 JuFöG SH.

98 § 9 Abs. 1 LJHG BW; § 14 Abs. 1 AG KJHG RhPf; § 41 Abs. 4 AG KJHG Bln, § 15 Abs. 2 KJHG-LSA, § 21 Abs. 1 JHG-S, § 12 Abs. 1 ThürKJHAG.

99 § 13 Abs. 3 AG KJHG Hess; § 17 AG KJHG MV.

100 § 13 Abs. 3 AG KJHG Hess; allgemein: Nikles, S. 41.

101 Krautzberger in: Ernst/Zinkahn/Bielenberg, § 4 Rn. 39.

Planungsverfahrens, nicht jedoch der Schutz von Eigeninteressen[102]. Lediglich die Aufsichtsbehörde habe den öffentlichen Träger zur Erfüllung seiner Obliegenheiten anzuhalten. In der allgemeinen Rechtslehre wird unter einem subjektiven öffentlichen Recht die einem Rechtssubjekt durch eine Rechtsnorm zuerkannte Rechtsmacht, zur Verfolgung eigener Interessen von einem anderen ein bestimmtes Tun, Dulden oder Unterlassen zu fordern[103], verstanden. Seine praktische Bedeutung liegt in der Möglichkeit der gerichtlichen Durchsetzbarkeit (Art. 19 Abs. 4 GG). Allerdings kommt nicht jeder begünstigenden Rechtsvorschrift automatisch der Charakter eines subjektiven Rechtes zu[104]. Grundsätzlich wird die Verwaltung im öffentlichen Interesse tätig, Vorschriften des öffentlichen Rechtes enthalten jedoch dann subjektive Rechte, wenn eine zwingende Rechtsvorschrift nicht nur den Interessen der Allgemeinheit, sondern – zumindest auch – dem Individualinteresse zu dienen bestimmt ist (sog. Schutznormlehre)[105]. Zu bejahen ist der subjektiv-öffentlichrechtliche Charakter einer Rechtsnorm dann, wenn ein Anspruch ausdrücklich geregelt wird (z.B. § 17 Abs. 1 Satz 1 SGB XII) oder wenn die Verwaltung zu einer bestimmten Leistung verpflichtet ist[106]. Sollte die individualschützende Wirkung nicht dem Gesetz selbst zu entnehmen sein, ist dessen Zweckrichtung durch Auslegung zu ermitteln, hilfsweise den Grundrechten zu entnehmen. Im Sozialrecht stellen rechtliche Gestaltungen, mit denen keine subjektiv-öffentlichen Rechte verbunden sind, eher die Ausnahme dar. Eine solche Konstellation wird – kraft ausdrücklicher Regelung in § 2 Abs. 1 S. 2 SGB I – z.B. angenommen für die sozialen Rechte der §§ 3 ff. SGB I[107]. Verneint worden sind subjektive Rechtspositionen Einzelner in der Rechtsprechung z.B. dort, wo Versicherte begehrten, Leistungsträger im Klageweg an vermeintlich rechtswidriger Mittelverwendung zu hindern[108] oder soweit ein Leistungserbringer den Ausschluss der von ihm angebotenen Leistungen durch Richtlinien des Krankenversicherungsrechts beanstandete[109]. An einer vergleichbaren Konstellation fehlt es jedoch bei der Jugendhilfeplanung, weil dort die Beteiligung durch das Gesetz ausdrücklich vorgeschrieben und damit – allem Anschein nach – eine Rechtsposition sogar unterstrichen wird. Verfahrensbeteiligungen erfüllen grundsätzlich keinen Selbstzweck, sondern haben eine dem Verfahren dienende Funktion: Denjenigen, denen eine materielle Rechtsposition eingeräumt ist, wird mit der Beteiligung Schutz im Hinblick auf die bestmögliche Verwirklichung dieser Position bei der das Verfahren abschließenden Entscheidung geboten. Andererseits sind Verfahrensbeteiligungen, mit denen keine materiellen Rechte korrespondieren i.d.R. ausschließlich dem objektiv-rechtlichen Ziel einer breiteren Beurteilungsgrundlage und damit einer besseren Entscheidungsfindung verpflichtet[110]. Daher begründen Verfahrensvorschriften in der Regel allein kein subjektives öffentliches Recht. Die Möglichkeit einer Rechtsverletzung

102 Hilke in: Hauck SGB VIII, K § 80 Rn. 69; Schellhorn/Fischer/Mann, § 80 Rn. 22.

103 Vgl. Maurer, § 8 Rn. 2.

104 Vgl. zu sog. „Rechtsreflexen": Wolff/Bachof/Stober, § 43 Rn. 8 ff.; Schmitt Glaeser/Horn, Rn. 158; Kopp/Schenke, VwGO, § 42 Rn. 87.

105 BVerfGE 27, 297 (307); BVerwGE 3, 362 f.; NVwZ 1990, 366 f.; BSGE 42, 256 (257); Wolff/Bachof/Stober § 43 Rn. 10 ff.; Schmitt Glaeser/Horn, Rn. 157 ff.; Kopp/Schenke, VwGO, § 42 Rn 89; Maurer, § 8 Rn. 6 ff.; im Zusammenhang mit Beteiligungsrechten beim kommunalen Willensbildungsprozess: Herbert, S. 318-320 m.w.N.

106 Grundlegend: BVerwGE 1, 159 ff.

107 Wertenbruch in: Bochumer Komm. § 2 SGB I Rn. 12 ff.; v. Mavdell in GK-SGB I, § 2 Rn. 11; Steinbach in: Hauck/Noftz SGB I, § 2 Rn. 14.

108 BSG SozR 1500 § 54 Nr. 67, S. 68; BVerfG SozR 1500 § 54 Nr. 86: keine Herleitung aus Art. 2 Abs. 1 GG, alleinige Befugnis der Selbstverwaltungsorgane und der Aufsicht.

109 BSG SozR 3-2500 § 92 Nr. 2: nur mittelbare Wirkungen; Fehlen eines besonderen Rechtsverhältnisses.

110 BVerwG NVwZ 1993, 890 m.w.N. (Beteiligung im Planfeststellungsverfahren nach dem BNatSchG).

besteht nach herrschender Meinung grundsätzlich nur bei gleichzeitiger materieller Rechtsbeeinträchtigung[111].

Die Stellung der freien Träger der Jugendhilfe und insbesondere das Verhältnis zu den öffentlichen Trägern im SGB VIII zeigt die hervorgehobene Bedeutung, die diese innehaben. Denn auch wenn die Gesamtverantwortung für die Aufgabenerfüllung der Jugendhilfe zwar bei den öffentlichen Trägern (vgl. § 79 Abs. 1 SGB VIII) liegt, gelten doch die Prinzipien der Pluralität (§ 3 Abs. 1 SGB VIII), der partnerschaftlichen Zusammenarbeit zwischen öffentlichen und freien Trägern (§ 4 Abs. 1 S. 1 SGB VIII) und der Subsidiarität (§ 4 Abs. 2 SGB VIII). Die freien Träger sind in dem System des SGB VIII auch und z.T. sogar in erster Linie Leistungserbringer, ihnen kommt darüber hinaus aber auch eine Mitverantwortung für die Gestaltung dieses Leistungsangebotes zu. Eine Vielfalt von Trägern unterschiedlicher Wertorientierungen und von Inhalten, Methoden und Arbeitsformen[112] wäre ohne das Engagement der freien Träger nicht denkbar und auch das Wunsch- und Wahlrecht der Leistungsberechtigten (§ 5 SGB VIII) erfordert eine Trägervielfalt.

Durch die Schaffung des Rechtsstatus „anerkannter" Träger der freien Jugendhilfe wird einzelnen Trägern eine privilegierte Stellung im Rahmen der partnerschaftlichen Zusammenarbeit mit den öffentlichen Trägern eingeräumt; die Bedeutung der institutionellen Zusammenarbeit zwischen öffentlichen und freien Trägern der Jugendhilfe soll hierdurch betont werden[113]. Neben der Möglichkeit einer auf Dauer angelegten Förderung (§ 74 Abs. 1 S. 2 SGB VIII) werden durch die Anerkennung als Ausfluss dieses Status Beteiligungsrechte – u. a. an der Jugendhilfeplanung – eröffnet. Die besondere eigenständige Bedeutung, die den freien Träger im Rahmen der Aufgabenerfüllung nach dem SGB VIII neben den zuständigen Behörden Bedeutung zugewiesen ist, geht über ein bloßes „Jedermann" Recht hinaus und führt durch individualisierende Tatbestandsmerkmale zu einer Unterscheidung von der „Allgemeinheit"[114]. Durch die Mitverantwortung der freien Träger für die Jugendhilfe soll die Realisierung eines wirklich pluralen Leistungsangebotes sichergestellt werden, wozu die Jugendhilfeplanung eine wichtige Grundlage bildet. Die materiellen Rechte, die damit den freien Trägern der Jugendhilfe – auf der Leistungsebene – zugewiesen sind, müssen durch die Beteiligung an der Planung abgesichert werden, so dass dem in § 80 Abs. 3 SGB VIII normierten Beteiligungsrecht der freien Träger damit der Charakter eines subjektiven öffentlichen Rechtes zuzugestehen ist[115]. Klarstellend sei jedoch darauf hingewiesen, dass es sich lediglich um ein Beteiligungsrecht, nicht jedoch etwa um ein Vetorecht bei der Erstellung des Jugendhilfeplanes handelt[116].

6.3 Bürger bzw. betroffene junge Menschen

Wie sich unter anderem aus dem Wortlaut von § 80 Abs. 1 Nr. 2 SGB VIII ableiten lässt, geht das SGB VIII insgesamt davon aus, dass die Beachtung der Bedürfnisse und die Vertretung der Interessen von jungen Menschen durch eine planungsbezogene und systematische Jugendpolitik gestärkt werden müsse. Trotz entsprechender Anregungen, findet sich in den §§ 79, 80 SGB

111 BVerwGE 53, 30 (65 f.); BVerwG NJW 1992, 256 f.; DVBl. 1993, 1149 (1150); Schmitt Glaeser/Horn, Rn. 158 a.E.; Wolff/Bachof/Stober, § 43 Rn. 35, 36.

112 § 3 Abs. 1 SGB VIII.

113 Vgl. Begründung zum Gesetzesentwurf (§ 67), BT-Drucks. 11/5948, S. 99.

114 Zu diesem Aspekt vgl. Herbert, S. 320; BVerwGE 78, 40 (43).

115 So auch Wabnitz in LPK-SGB VIII, § 80 Rn. 264; unter Verweis auf die Parallelität zur Stellung der Naturschutzverbände nach § 29 Abs. 2 BNatSchG Preis/Steffan, S. 103.

116 Zu Letzterem: DV-Gutachten NDV 2001, S. 266 f.

VIII keine unmittelbare Planungsbeteiligung der Bürger bzw. der von der Jugendhilfeplanung direkt Betroffenen[117].

Allgemein ist die Beteiligung von Kindern und Jugendlichen in § 8 SGB VIII angesprochen: Die jungen Menschen sind entsprechend ihrem Entwicklungsstand an allen sie betreffenden Entscheidungen der öffentlichen Jugendhilfe zu beteiligen. Nach überwiegender Ansicht zielt § 8 SGB VIII jedoch nur auf eine individuelle Beteiligung an konkreten, den jungen Menschen persönlich betreffenden Entscheidungen. Nur eine sehr extensive Auslegung könnte aus dieser Norm einen Anspruch auf eine direkte Beteiligung an der Jugendhilfeplanung ableiten[118]. Da aber auch § 80 Abs. 1 Nr. 2 SGB VIII die Berücksichtigung der Bedürfnisse, Wünsche und Interessen der jungen Menschen vorschreibt, ist eine angemessene Beteiligung geboten (vgl. dazu Abschnitt 5.1.2). Ein (einklagbares) subjektives Recht auf derartige Beteiligungsformen dürfte jedoch zu verneinen sein. Die gesetzliche Regelung verlangt die Berücksichtigung der Bedürfnisse junger Menschen, ohne eine Beteiligung ausdrücklich vorzuschreiben. Weder ist ein Anspruch der Betroffenen auf Anhörung o.a. noch eine entsprechende Verpflichtung der Planungsträger normiert. Die gesetzgeberische Absicht, eine materielle Rechtsposition zugunsten der Betroffenen zu schaffen, lässt sich der Vorschrift nicht entnehmen. Von einem subjektiven Recht auf Beteiligung kann daher nicht ausgegangen werden.

6.4 Privat-gewerbliche Träger

Die Verpflichtung zur Beteiligung bezieht sich ausschließlich auf anerkannte Träger der freien Jugendhilfe. Privat-gewerbliche Träger sind demzufolge bereits nach dem Wortlaut des § 80 Abs. 3 SGB VIII nicht erfasst. Eine angemessene Beteiligung der privat-gewerblichen Träger scheint dennoch angezeigt, da ohne deren Berücksichtigung keine optimale Planung möglich erscheint. Die Angebote privat-gewerblicher Träger sind für die Jugendhilfeplanung sowohl bei der Ermittlung des Bedarfs, als auch der Planung, wie dieser befriedigt werden soll (vgl. hierzu Abschnitt 5.1), von Relevanz[119]. Dies führt jedoch weder zu einer objektiven Pflicht des JHA, privat-gewerbliche Träger zu beteiligen, noch gar zu einen einklagbaren subjektiven Anspruch hierauf[120].

6.5 Rechtsschutz bei Verletzung von Beteiligungsrechten

6.5.1 Jugendhilfeausschuss

Sollte ein Jugendhilfeplan ohne Mitwirkung des JHA verabschiedet werden, so stellt dies eine Verletzung von organschaftlichen Rechten des JHA dar. Gerichtlichen Rechtsschutz kann der JHA im Wege des sog. „Kommunalstreitverfahrens" erlangen[121]. Hierbei handelt es sich um eine Streitigkeit zwischen Organen bzw. Organteilen öffentlich-rechtlicher Körperschaften über das Vorliegen oder den Umfang von organschaftlichen Rechten[122]. Der Streit, ob es sich bei dem Kommunalstreitverfahren um eine eigene Klage (sui generis) handelt oder ob die üb-

117 Vgl. Nikles. S. 42.

118 Nikles, S. 43.

119 So auch Hilke in: Hauck SGB VIII, § 80 Rn. 64.

120 Zu der Frage, inwiefern solche Privilegierungen europarechtlich haltbar sind vgl. Boetticher, A. v.: Die Privilegien der freien/gemeinnützigen Wohlfahrtspflege und europäisches Beihilferecht – Baden-Baden 2003.

121 Preis/Steffan. S. 104; Wiesner, § 71 Rn. 35 f.; Schäfer in: Münder u. a. FK-SGB VIII, § 71 Rn 9.

122 Kopp/Schenke, VwGO, Vorb § 40 Rn. 6; Stober, § 15 X 1; Gern, Rn. 785; allgemein: v. Mutius, Rn. 831 ff.

rigen Klagearten entsprechend angewendet werden, kann dahinstehen; anerkannt ist jedenfalls, dass eine allgemeine Leistungsklage im Wege des Kommunalstreitverfahrens zulässig ist[123]. Diese Klage zielt darauf ab, ein Organ oder Organteil zu einem Tun, Dulden oder Unterlassen zu veranlassen, welches nicht in dem Erlass eines Verwaltungsaktes besteht[124]. Da der Jugendhilfeplan – wie oben festgestellt – kein Verwaltungsakt ist, wäre die allgemeine Leistungsklage damit statthaft. Die nach § 42 Abs. 2 VwGO analog erforderliche Klagebefugnis des JHA ergibt sich aus dessen Rechten nach dem SGB VIII, bei gemeindlichen Organen begründen eigenständige Kompetenzzuweisungen regelmäßig subjektive öffentliche Rechte[125]. Hinsichtlich der Zielrichtung der Klage ist abhängig vom Zeitpunkt des Begehrens zu differenzieren: Wenn das Beteiligungsrecht des JHA während des laufenden Planungsverfahrens missachtet wird, ist die Klage direkt auf Beteiligung zu richten; wurde ein Jugendhilfeplan bereits ohne die erforderliche Beteiligung des JHA verabschiedet, so muss mit der Klage die Ungültigerklärung und Aufhebung des diesbezüglichen Ratsbeschlusses begehrt werden[126]. Das Planungsverfahren wäre dann anschließend unter Beteiligung des JHA zu wiederholen.

6.5.2 Freie Träger der Jugendhilfe

Auch die freien Träger der Jugendhilfe sind befugt, eine Verletzung ihres Beteiligungsrechtes aus § 80 Abs. 3 SGB VIII gerichtlich überprüfen zu lassen. Richtige Klageart ist auch hier die allgemeine Leistungsklage. Da das Beteiligungsrecht den Charakter eines subjektiven öffentlichen Rechts hat (s.o.), sind die freien Träger ebenfalls analog § 42 Abs. 2 VwGO klagebefugt. Entsprechend dem oben Gesagten, ist die Klage entweder direkt auf Beteiligung an der Planung oder auf Rücknahme eines bereits verabschiedeten Jugendhilfeplanes zu richten. Auch hier müsste eine erneute Planung unter ordnungsgemäßer Beteiligung der freien Träger stattfinden.

7 Rechtswirkungen des Jugendhilfeplans und Rechtsschutz

7.1 Rechtliche Verbindlichkeit des Jugendhilfeplans – Planbefolgungsanspruch

Insbesondere im Zusammenhang mit dem möglichen Abbau von Einrichtungen, Diensten und Leistungen, die im Jugendhilfeplan vorgesehen sind, stellt sich zentral die Frage nach der rechtlichen Verbindlichkeit und der Bindungsqualität eines beschlossenen Jugendhilfeplanes. Wie oben in Abschnitt 3.2 bereits festgestellt, kommt einem Jugendhilfeplan lediglich verwaltungsinterne Bedeutung zu. Unmittelbare rechtliche Ansprüche auf Förderung werden durch ihn grundsätzlich nicht begründet[127]. In Teilen der Kommentarliteratur zum SGB VIII wird jedenfalls von einer Bindungswirkung der Planung – zumindest für den JHA und die Verwaltung des Jugendamtes[128] – ausgegangen. Dafür spricht z. B., dass die gesetzlich geregelten Betei-

---

123 VGH Mannheim NVwZ 1984, 659 (664); NVwZ RR 1989, 91 (92); VGH München BayVBl 1976, 555; 1980, 656 f.; 1987, 239 f.; Gern, Rn. 788; Schmitt Glaeser/Horn, Rn. 385; Kopp/Schenke, VwGO, Vorb § 40 Rn. 7.

124 Vgl. Gern, Rn. 788.

125 Stober, § 15 X 3 d); Gern, Rn. 784.

126 Ebenso: Preis/Steffan, S. 104 f.

127 Wiesner, § 80 Rn. 27; Schellhorn, § 80 Rn. 7.

128 Wiesner, § 80 Rn. 29.

ligungsrechte (v.a. § 80 Abs. 3 SGB VIII) quasi ins Leere liefen, würde die Jugendhilfeplanung nicht als Voraussetzung für einzelne Entscheidungen über die Schaffung, den Fortbestand oder die Veränderung von Einrichtungen, Diensten und Leistungen angesehen[129]. Auch nach kommunalverfassungsrechtlicher Beurteilung dieser Frage ist von der rechtlichen Verbindlichkeit des Jugendhilfeplanes als Ratsbeschluss auszugehen: Wie oben bereits angesprochen, ist die Gemeindeverwaltung verpflichtet, die (rechtmäßigen) Beschlüsse der Vertretungskörperschaft auszuführen[130] und auch der Rat selbst ist an seine eigenen Beschlüsse bis zu einem ausdrücklichen actus contrarius gebunden[131]. Die Verbindlichkeit von Jugendhilfeplänen wurde höchstrichterlich durch das BVerwG bestätigt, als es feststellte, dass ein bestehender Jugendhilfeplan bei Ermessensentscheidungen des Trägers der öffentlichen Jugendhilfe über Förderungsentscheidungen zu berücksichtigen ist[132].

7.2 Rechtsschutz gegenüber Abweichungen

7.2.1 Rechtswidrigkeit von abweichenden Entscheidungen

Ist mit der hier vertretenen Auffassung davon auszugehen, dass der Jugendhilfeplan verbindliche – wenn auch nur verwaltungsinterne – Aussagen trifft, steht es außer Frage, dass inhaltlich abweichende Entscheidungen rechtswidrig sind. Rechtsverbindliche Pläne sind von den Behörden grundsätzlich zu beachten; diese dürfen keine Maßnahmen treffen, die gegen den Plan verstoßen[133]. Allerdings ist hiervon die Frage nach dem Vollzug des Planes zu unterscheiden. Auch bei bestehender Pflicht zur Beachtung des Planes, ist die Behörde nicht in jedem Fall gezwungen, etwaige Festlegungen sofort zu vollziehen und damit zu verwirklichen[134]. Ausgehend von diesen allgemeinen Grundsätzen dürfte daher jede Entscheidung im Bereich der Jugendhilfe, die im Widerspruch zu Aussagen des Jugendhilfeplanes steht, rechtswidrig sein. Inwiefern aber eine inhaltliche Abweichung überhaupt feststellbar ist, hängt entscheidend von dem Konkretisierungsgrad und der Eindeutigkeit des Planes ab. Je vager die Zielsetzungen bzw. beabsichtigte Maßnahmen und Vorhaben formuliert sind, desto schwieriger dürfte die Bestimmung der Rechtmäßigkeit bzw. Rechtswidrigkeit von Einzelentscheidungen werden: Je konkretere Aussagen der Jugendhilfeplan enthält, desto klarer und einfacher kann festgestellt werden, ob im Einzelfall Entscheidungen vom Jugendhilfeplan abweichen.

7.2.2 Klagemöglichkeiten der Beteiligten

Im Falle inhaltlicher Abweichungen des Verwaltungshandelns von dem Jugendhilfeplan richten sich die Rechtsschutzmöglichkeiten der Betroffenen (JHA, freie Träger, einzelne Einrichtungen) zum einen nach dem Rechtscharakter der konkret abweichenden Maßnahme und zum anderen danach, ob aufgrund der festgestellten Planung eine besonders geschützte Rechtsposition – in Form eines subjektiven öffentlichen Rechts – festgestellt werden kann.

---

129 Vgl. Nikles, S. 52 f.
130 Vgl. auch: Meyer, S. 29 f.; Heermann, S. 26 f., 149 f.
131 Heermann, S. 26 f., 149 f.
132 BVerwG NDV-RD 1997, S. 34.
133 Vgl. auch : Maurer, § 16 Rn. 33.
134 Maurer, § 16 Rn. 34; Hoppe in: HdbStR VI, § 77 Rn. 121.

Jugendhilfeausschuss: Fraglich ist, ob der JHA, der am Planungsverfahren maßgeblich beteiligt ist, bei Abweichungen vom Jugendhilfeplan eine Klagemöglichkeit hat. Dies wäre dann zu bejahen, wenn durch den Inhalt des Jugendhilfeplanes subjektive Rechtspositionen des JHA geschaffen würden. Zwar wirkt der JHA bei der Planaufstellung maßgeblich mit und das Beteiligungsrecht selbst hat auch den Charakter eines subjektiven Rechtes; durch die Nichtbefolgung des festgestellten Planes wird dieses Beteiligungsrecht jedoch nicht verletzt. Auch die Verletzung sonstiger eigener (subjektiver) Rechte des JHA ist nicht ersichtlich. Inhaltliche Abweichungen stellen daher lediglich eine objektive Verletzung des Jugendhilfeplanes[135] dar, so dass ein Kommunalstreitverfahren nicht in Betracht kommt.

Freie Träger und einzelne Einrichtungen: Voraussetzung für jede verwaltungsgerichtliche Klage ist eine Klagebefugnis nach § 42 Abs. 2 VwGO (direkt oder analog), d. h. es müsste die Verletzung von subjektiven Rechten des Trägers bzw. der Einrichtung durch die Nichtbefolgung des Jugendhilfeplanes möglich erscheinen. Diese geschützten Rechtspositionen müssten sich direkt aus dem bestehenden Jugendhilfeplan ergeben. Die Begründung einklagbarer subjektiver Rechte durch den Jugendhilfeplan dürfte zu verneinen sein. Wie oben bereits ausgeführt, wäre hierzu erforderlich, dass die Regelungen des Jugendhilfeplanes nicht nur im öffentlichen Interesse, sondern gerade auch im Interesse der einzelnen Träger geschaffen worden wären und diesen einen einklagbaren Anspruch vermitteln sollen. Da dem Jugendhilfeplan jedoch regelmäßig eine Außenwirkung fehlt[136] und er nur verwaltungsinterne Verbindlichkeit entfaltet, ist nicht davon auszugehen, dass er auch den Individualinteressen freier Träger zu dienen bestimmt ist. Sollten die Festsetzungen des Jugendhilfeplanes einzelne Träger oder Einrichtungen begünstigen, ist dieser Umstand im Wesentlichen als bloßer „Rechtsreflex" zu werten. Einklagbare Rechte der Einrichtungen und freien Träger sollten nach der Zielsetzung eines abstrakt-generellen Planes voraussichtlich nicht geschaffen werden.

Kommunalaufsicht: Denkbar wäre jedoch auch hier wiederum ein Tätigwerden der Kommunalaufsicht. Von der verbindlichen Jugendhilfeplanung abweichende Einzelmaßnahmen sind grundsätzlich rechtswidrig, so dass ein Rechtsverstoß der Gemeinde zu bejahen wäre und ein Tätigwerden der Kommunalaufsicht grundsätzlich in Betracht kommt (zu dieser auch Abschnitt 4.1). Aufgrund des Opportunitätsprinzips wäre ein Einschreiten der Aufsichtsbehörde aber nicht zwingend, sondern von deren Zweckmäßigkeitsüberlegungen abhängig.

7.3 Änderungen des Jugendhilfeplanes

Im Hinblick auf eine möglicherweise durch den Jugendhilfeplan geschaffene Rechtssicherheit ist nun die Frage bedeutsam, welche dauerhafte Verbindlichkeit dem Planwerk zukommt.

7.3.1 Änderungsverfahren

Entscheidend kommt es hier darauf an, welche Stellen zu Änderungen bzw. Fortschreibungen oder Modifizierungen des Planes befugt sind und welches Verfahren dabei einzuhalten ist. Als Beschluss der Vertretungskörperschaft gilt ein einmal verabschiedeter Jugendhilfeplan zunächst auf unbestimmte Zeit – auch über das Ende der Wahlperiode hinaus[137]. Dies hat zur Folge, dass auch die Gemeindevertretung selbst an den Beschluss in der Weise gebunden ist, dass ein Ab-

135 Vgl. auch: Preis/Steffan, S.111.
136 Vgl. oben Abschnitt 3.3.2.
137 Bogner, S. 165.

weichen nur nach einem Aufhebungsbeschluss möglich ist[138]. Anders als bei Verwaltungsakten oder Urteilen finden sich im Hinblick auf kommunalrechtliche Beschlüsse keine Vorschriften zu deren Bestands- oder Rechtskraft. Jedenfalls solange ein Gemeinderatsbeschluss noch nicht ausgeführt wurde, kann er grundsätzlich aufgehoben oder geändert werden[139]. Als actus contrarius zur originären Beschlussfassung gelten auch für die Aufhebung oder Änderung die allgemeinen kommunalrechtlichen Erfordernisse einer ordnungsgemäßen Beschlussfassung[140]. Für den Fall, dass der Jugendhilfeplan nur durch einen Beschluss verabschiedet wurde, genügt für die Aufhebung oder Änderung ebenfalls ein einfacher Beschluss; liegt der Jugendhilfeplan hingegen in Form einer Satzung vor, sind (zusätzlich) die entsprechenden formellen Bestimmungen (z. B. Veröffentlichung) zu beachten.

Eine Änderung des Jugendhilfeplanes – die auch in der gesetzlich beabsichtigten regelmäßigen Fortschreibung des Planes zu erblicken ist – kann daher ebenfalls nur durch einen entsprechenden Beschluss der Vertretungskörperschaft erfolgen. Die Verwaltung des Jugendamtes hingegen ist an den bestehenden Beschluss gebunden und zu eigenmächtigen Veränderungen nicht befugt. Auch der JHA, der zwar an dem Verfahren (auch zur Änderung) eines Jugendhilfeplanes maßgeblich (vorbereitend) beteiligt ist, kann den Gemeinderatsbeschluss nicht unmittelbar modifizieren. Eine andere Frage ist, inwiefern bei – möglicherweise nur geringfügigen – Änderungen des Jugendhilfeplanes, das nach dem SGB VIII vorgesehene Verfahren einzuhalten ist und insbesondere die freien Träger der Jugendhilfe frühzeitig zu beteiligen sind. Ein Blick auf anderes Planungsrecht zeigt, dass dort zum Teil Regelungen existieren, wonach es bei Änderungen und Ergänzungen keines erneuten Beteiligungsverfahrens bedarf, wenn die Grundzüge der Planung nicht berührt werden bzw. die Planänderungen von „unwesentlicher Bedeutung" sind[141]. Soweit allein Belange Einzelner berührt werden, reicht es aus, diese einzubeziehen. Es erscheint jedoch fraglich, ob diese Regelungen auf das Verfahren der Jugendhilfeplanung übertragbar sind, da im SGB VIII entsprechende Regelungen fehlen. Eine Beteiligung v.a. der freien Träger der Jugendhilfe wäre dann entbehrlich, solange die Grundzüge des Jugendhilfeplanes oder aber die Belange einzelner Beteiligter nicht berührt werden. Angesicht des starken Beteiligungsrechtes der freien Träger für den Planungsprozess ist es jedoch zweifelhaft, ob eine solche Reduktion der Einflussnahmemöglichkeiten auch ohne ausdrückliche Normierung möglich und gesetzlich gewollt ist. Eine Beteiligung der freien Träger auch bei nur geringfügigen Änderungen des Jugendhilfeplanes würde das Verfahren auch nicht übermäßig in die Länge ziehen, da in der Sache ohnehin (nur) eine rechtzeitige Unterrichtung und Anhörung vor dem JHA gefordert wird (Abschnitt 6.2.1). Mangels gegenteiliger Vorschriften ist somit davon auszugehen, dass es sich bei jeder – also auch geringfügigen – Änderung und Ergänzung um eine Fortschreibung des Jugendhilfeplanes handelt und das in § 80 SGB VIII enthaltene Verfahren vollständig einzuhalten ist.

7.3.2 Plangewährleistungsansprüche?

Neben der Feststellung, dass eine Änderung des Jugendhilfeplans durch den Gemeinderat grundsätzlich möglich ist, bleibt die Frage nach dem Schutz der Interessen Dritter (Betroffener, freier Träger, einzelner Einrichtungen) an der Aufrechterhaltung und Verwirklichung des fest-

138 Meyer, S. 31; Heermann, S. 27.

139 Vgl. Bogner, S. 165; Heermann, S. 141; zur planerischen Gestaltungsfreiheit: Maurer, § 16 Rn. 14, 32.

140 Vgl. hierzu: Gern Rn. 481 ff; 498 ff.

141 Vgl. zur Bauleitplanung § 13 BauGB, zum Planfeststellungsverfahren § 76 Abs. 1 VwVfG.

gestellten Planes offen. Dieses – in der Literatur unter dem Stichwort „Plangewährleistung“ behandelte Problem – regelt die Verteilung des mit der hoheitlichen Planung verbundenen Risikos zwischen Plangeber und Planadressaten[142]. Pläne bewegen sich ihrem Wesen nach im Spannungsverhältnis zwischen Stabilität und Flexibilität, so dass sich aus Sicht der Bürger die Frage des Vertrauensschutzes, aus Sicht der Behörde die Frage der Planänderung stellt[143]. Zu unterscheiden ist dabei zwischen einem möglichen Anspruch auf Planfortbestand und einem Anspruch auf Planvollzug bzw. -befolgung. Auch diese Fragen lassen sich nicht einheitlich beantworten. Insbesondere für die Bewertung der Vertrauensposition von Betroffenen kommt es auf den Inhalt und die Form des jeweiligen Planes an, die Zulässigkeit einer Planänderung hängt damit zentral von dem Hoheitsakt ab, durch den der Plan ergeht[144]. Ein allgemeiner Plangewährleistungs- bzw. Planfortbestandsanspruch wird von der ganz h. M. demzufolge auch abgelehnt[145], hierdurch würde dem Vertrauen des Einzelnen einseitig Vorrang gegenüber dem öffentlichen Interesse an Planänderung eingeräumt[146] und damit ein sinnvolles Planen, welches Flexibilität gerade voraussetzt, unmöglich gemacht.

Ein Anspruch auf (wenigstens zeitweiligen) Fortbestand kommt daher nur in Ausnahmefällen in Betracht und auch nur dann, wenn der Plan in Form eines Gesetzes oder eines Verwaltungsaktes ergangen ist[147]. Für Gesetze finden dabei die vom BVerfG entwickelten Grundsätze zur echten und unechten Rückwirkung[148] Anwendung, die auch für Rechtsverordnungen[149] und Satzungen[150] gelten. Bei Plänen in Form von Verwaltungsakten sind die Widerrufsregelungen (§§ 46, 47 SGB X, 49 VwVfG) zu beachten[151]. In sonstigen Fällen – also insbesondere, wenn Pläne in Form von Verwaltungsvorschriften oder dergleichen ergehen – fallen die Aufhebung und Änderung des Planes unter die planerische Gestaltungsfreiheit der zuständigen Instanz, es sei denn, die Verwaltung hat sich durch eine besondere Zusage oder vertragliche Vereinbarung gebunden.[152] Außerdem unterliegen Verwaltungsvorschriften den Grundsätzen der Selbstbindung der Verwaltung.

Einen allgemeinen Planbefolgungsanspruch gibt es ebenso wenig wie einen Gesetzesvollziehungsanspruch[153]. Ein Anspruch auf Planbefolgung setze ein korrespondierendes subjektives öffentliches Recht des Bürgers voraus, d.h. die evtl. bestehende Vollzugspflicht müsste gerade auch in seinem Interesse bestehen. Hieran wird es nach allgemeiner Ansicht aber in der Regel fehlen[154]. Da der Jugendhilfeplan (regelmäßig) weder den Charakter einer Rechtsnorm noch den eines Verwaltungsaktes hat, greifen gesetzliche Bestands- oder Vertrauensschutzregelungen nicht ein. Allerdings ist bei der Planänderung das allgemeine planungsrechtliche Abwä-

---

142 Hoppe in: HdbStR VI, § 77 Rn. 119.

143 Maurer, § 16 Rn. 26; Ossenbühl JuS 1975, 545 (546); Brohm JURA 1986, 617.

144 Brohm JURA 1986, 617 (618); Maurer, § 16 Rn. 27.

145 Vgl. BVerfGE 35, 268 (271); BVerwG DVBl 1970, 61; ähnlich BGH NJW 1986, 3201; Maurer, § 16 Rn. 29; Brohm JURA 1986, 617 (619); Egerer, S. 128; Hoppe in: HdbStR VI, § 77 Rn. 93 ff.

146 Vgl.: Maurer, § 16 Rn. 29; Ossenbühl JuS 1975, 545 (547).

147 So: Maurer, § 16 Rn. 29.

148 Vgl. BVerfGE 13, 261 (270 ff.); 14, 288 (297 ff.); 39, 128 (143 ff.).

149 Vgl. BVerfGE 45, 142 (173).

150 BVerwGE 67, 129 (131).

151 Maurer, § 16 Rn. 31.

152 Maurer, § 16 Rn. 32.

153 Vgl. BVerwG DVBl 1970, 62.

154 Hoppe in: HdbStR VI § 77 Rn. 121; Maurer, § 16 Rn. 33.

gungsgebot[155] zu beachten, welches Verfassungsrang hat und die Berücksichtigung subjektiver Rechtspositionen und sonstiger schutzwürdiger öffentlicher und privater Belange verlangt.

8 Änderung der rechtlichen Beurteilung bei konkreten Vorgaben des Jugendhilfeplanes

Möglicherweise ist sowohl die rechtliche Behandlung eines Jugendhilfeplanes als auch die Frage von Beteiligungs- und Rechtsschutzmöglichkeiten anders zu bewerten, wenn nicht von einem abstrakt-generellen Inhalt des Jugendhilfeplanes ausgegangen wird, sondern dieser individuell-konkrete Festsetzungen enthielte[156].

8.1 Rechtsnatur des Planes – Außenwirkung

Für die Rechtsnatur des Planes dürften individuell-konkrete Aussagen innerhalb eines Jugendhilfeplans unerheblich sein: Der Jugendhilfeplan stellt bei Beschlussfassung durch die Vertretungskörperschaft einen Beschluss – evtl. auch eine Satzung – dar, dessen unmittelbare Außenwirkung weiterhin zu verneinen sein dürfte. Selbst wenn dem Jugendhilfeplan ganz konkrete Aussagen bzgl. der Trägerschaft einzelner Einrichtungen zu entnehmen sind oder dieser Förderrichtlinien unter Angabe konkreter Fördersätze oder sonstige individualisierbare Regelungen enthält, wird es in aller Regel eines Vollzugsaktes zur Umsetzung dieser kommunalen Willensäußerung bedürfen. Regelungen im Bereich der Jugendhilfe, die vergleichbar Widmungsakten des Straßenrechts unmittelbar gestaltend wirken und damit Außenwirkung haben, sind kaum vorstellbar. Wird aber eine Entscheidung des Jugendhilfeplanes durch Verwaltungsakt oder schlichtes Verwaltungshandeln umgesetzt, kommt erst dieser Maßnahme eine Wirkung nach außen zu.

Aber auch bei lediglich verwaltungsinterner Bindungswirkung führen im Jugendhilfeplan enthaltene konkrete Festsetzungen zu der sog. Selbstbindung der Verwaltung[157]. Danach ist die Verwaltung zur Verwirklichung des Planes grundsätzlich verpflichtet und muss den Gleichbehandlungsgrundsatz (Art. 3 Abs. 1 GG) beachten. Sollten – abweichend vom Jugendhilfeplan und im Gegensatz zu anderen Trägern/Einrichtungen – einzelnen Trägern oder Einrichtungen im Jugendhilfeplan vorgesehene Leistungen/Fördermittel vorenthalten werden, könnten diese unter Hinweis auf Art. 3 GG gegen die Ungleichbehandlung gegenüber anderen Betroffenen und die Verletzung der Verwaltungspraxis vorgehen.

8.2 Schaffung subjektiver Rechte – Planbefolgungsanspruch

Von der Außenwirkung des Planes zu unterscheiden ist die Frage, ob sich die Beurteilung von Plangewährleistungsansprüchen im Falle konkreter Regelungen ändert und einzelne Träger hieraus Ansprüche ableiten können, die über die „normale" Bindung der Verwaltung im Rahmen ihrer Ermessensausübung an einen existierenden Jugendhilfeplan (vgl. hierzu 7.1) hinaus-

155 Hierzu: Brohm JURA 1986, 617 (620 f.).
156 Vgl. Nikles, S. 52 f.; Preis/Steffan, S. 110 f., 123.
157 Vgl. hierzu auch: Preis/Steffan, S. 128 ff.

gehen. Werden einzelne Träger oder Einrichtungen im Jugendhilfeplan explizit benannt und für diese begünstigende Regelungen festgelegt, könnte durchaus von schützenswerten subjektiven Rechtspositionen gesprochen werden, durch die sich die Betroffenen von der Allgemeinheit abheben. Hierzu müssen allerdings die einzelnen Festsetzungen des Planes genau untersucht und ausgelegt werden, um deren Schutzzweck zu ermitteln. Bei Bejahung solcher subjektiver öffentlicher Rechte könnte sich dann durchaus ein Anspruch auf Befolgung des Jugendhilfeplanes ergeben. In der Rechtsprechung wurde diese Möglichkeit des Erwachsens von Förderungsansprüchen aus einer Erwähnung in der Jugendhilfeplanung – soweit erkennbar – bislang allein im Hinblick auf Kindergartenplätze diskutiert[158]. Der Förderungsanspruch eines freien Kindergarten-Trägers wurde bejaht, wenn die Einrichtung des freien Trägers in die Bedarfsplanung des öffentlichen Trägers aufgenommen wurde und dem jetzt lediglich fehlende Haushaltsmittel und ein geringerer Bedarf entgegengesetzt werden[159]. Entgegen einzelner Stimmen in der Kommentarliteratur[160] lässt sich diese Rechtsprechung aber auch auf andere Bereiche der Kinder- und Jugendhilfe übertragen[161], wenn auch zuzugestehen ist, dass die Kindergartenplatzbedarfsplanung in aller Regel wohl die konkreteste sein wird. Fraglich ist allerdings, auf welche Weise ein solcher Anspruch auf Planbefolgung verfolgt werden könnte. Naheliegend dürfte hier die Konstellation sein, dass ein freier Träger/eine Einrichtung im Jugendhilfeplan vorgesehene Fördermittel beantragt, diese jedoch planwidrig nicht erhält. Gegen den ablehnenden Bescheid sind die Rechtsmittel des Widerspruchs (§§ 68 ff. VwGO) und der Verpflichtungsklage (vgl. §§ 42 Abs. 1 2. Alt., 113 Abs. 5 VwGO) statthaft. Die nach § 42 Abs. 2 VwGO erforderliche Klagebefugnis der Betroffenen ergäbe sich dann aus der möglichen Verletzung der aus dem Jugendhilfeplan erwachsenen subjektiven Rechte[162].

8.3 Anspruch auf Planfortbestand

Äußerst zweifelhaft ist indes, ob sich auch bei Bejahung schützenswerter subjektiver Rechte ausnahmsweise ein Anspruch auf Planfortbestand – d. h. Schutz vor Änderungen des Planes – ergäbe. Einrichtungen der Jugendhilfe und freie Träger dürften ein beachtliches Interesse an einem gewissen Bestandsschutz konkreter Festsetzungen der Jugendhilfeplanung haben – v.a. dann, wenn von ihnen zur Verwirklichung der Planungsziele Investitionen, Personalmaßnahmen und ähnliches getroffen wurden. Wie oben ausgeführt, könnte ein – zeitlich befristeter – Anspruch nur dann bejaht werden, wenn das festgestellte schutzwürdige Interesse eines einzelnen Betroffenen gegenüber dem Allgemeininteresse an Flexibilität der Planung überwiegt. Das Ergebnis eines solchen Abwägungsprozesses kann nur schwer prognostiziert werden; in der Regel dürften aber die Interessen der Allgemeinheit an einer Planänderung überwiegen. Allerdings gebietet der Vertrauensschutz bei der Planung angemessene Übergangsfristen, damit der freie Träger auf die veränderte Planung reagieren und selbst Kosten einsparen kann[163]. Ein Anspruch auf Planfortbestand wäre dennoch auch bei konkreten Begünstigungen durch den Jugendhilfeplan zu verneinen.

---

158 Vgl. z. B. BVerwGE 116, 226; VGH BW v. 21.8.2002 – 2 S 2106/00; OVG NI FEVS 48, 213.
159 BVerwG FEVS 48, 213.
160 Schellhorn, § 80 Rn. 7.
161 So auch Steffan ZfJ 1997, 453.
162 Im Ergebnis ebenso: Preis/Steffan, S. 111, 123.
163 Vgl. VG Braunschweig v. 18.7.2001 – 3 A 77/06.

9 Zusammenfassung

Bei der Pflicht zur Jugendhilfeplanung nach dem SGB VIII handelt es sich um eine unbedingte Muss-Verpflichtung. Die öffentlichen Träger der Jugendhilfe, deren Aufgaben gemäß § 69 Abs. 3 SGB VIII von den Jugendämtern und Landesjugendämtern wahrgenommen werden, sind zur Durchführung eines kontinuierlichen, sich nicht erledigenden Planungsprozess verpflichtet, dessen Ergebnisse in einem – immer wieder zu überarbeitenden – Jugendhilfeplan fixiert werden. Äußerst schwierig stellt sich die Bestimmung der Rechtsnatur von Jugendhilfeplänen dar. Vieles spricht hier dafür, von einem verwaltungsinternen Planwerk mit abstrakt-generellem Inhalt auszugehen, das erst durch Vollzug Außenwirkung entfalten kann.

Für die Einleitung des Planungsverfahrens sind die öffentlichen Träger der Jugendhilfe verantwortlich. Sollten sie dieser Pflicht nicht nachkommen, stellt diese Untätigkeit einen Rechtsverstoß dar, dem im Wege der Kommunalaufsicht begegnet werden kann. Ein Anspruch auf ein Einschreiten der Aufsichtsbehörde besteht allerdings nicht.

In § 80 Abs. 1 SGB VIII werden drei wesentliche Planungsschritte vorgegeben: die Bestandsfeststellung, die Bedarfsermittlung und die Maßnahmeplanung, in § 80 Abs. 2 SGB VIII finden sich Zielvorgaben für das Planungsverfahren. An dem Planungsprozess sind der Jugendhilfeausschuss und die freien Träger zu beteiligen; gegen eine Verletzung des Beteiligungsrechtes kann der Jugendhilfeausschuss im Wege des Kommunalstreitverfahrens vorgehen. Da das Beteiligungsrecht der freien Träger wohl den Charakter eines subjektiven öffentlichen Rechtes haben dürfte, steht auch diesen der Verwaltungsrechtsweg (in Form einer allgemeinen Leistungsklage) offen. Der Plan wäre jeweils aufzuheben und ein erneutes Planungsverfahren unter ordnungsgemäßer Beteiligung einzuleiten. Demgegenüber haben die Leistungsberechtigten keinen einklagbaren Anspruch auf Beteiligung an der Jugendhilfeplanung.

Auch hinsichtlich der rechtlichen Verbindlichkeit des Jugendhilfeplanes und diesbezüglicher Rechtsschutzmöglichkeiten lassen sich nur zurückhaltend Aussagen treffen. Im Ergebnis dürfte aber davon auszugehen sein, dass der festgestellte Jugendhilfeplan für den Gemeinderat und die Verwaltung rechtsverbindlich ist, so dass abweichende Maßnahmen rechtswidrig wären. Allerdings hat der Rat die Möglichkeit, den Plan durch erneuten Beschluss zu verändern – wobei die freien Träger und der Jugendhilfeausschuss wieder zu beteiligen wären. Relativ gering sind jedoch die Rechtsschutzmöglichkeiten der Betroffenen bei Nichtbefolgung des Planes: Da weder der Jugendhilfeausschuss noch die freien Träger in besonders geschützten Rechtspositionen verletzt sein dürften, fehlt ihnen jeweils eine Klagebefugnis. Ein allgemeiner Anspruch auf Planvollzug oder -fortbestand besteht hingegen nicht.

Möglicherweise könnte diesbezüglich ein größerer Schutz der Interessen von freien Trägern und Einrichtungen erreicht werden, wenn bereits im Jugendhilfeplan so konkrete Aussagen enthalten sind, dass bereits hieraus bestimmte Ansprüche erwachsen. Ein schützenswerter Anspruch auf Befolgung des festgestellten Planes könnte dann unter Umständen bejaht werden.

Literatur

Battis, U./Krautzberger, M./Löhr, R.-P. (2009): BauGB, Baugesetzbuch Kommentar, 11. Aufl., München

Bochumer Kommentar zum Sozialgesetzbuch (1979), Allgemeiner Teil, Berlin, New York

Bogner, W. (1995): Die Beratung und Beschlußfassung im Gemeinderat, Kaiserslautern

Brohm, W. (1986): Plangewährleistungsrechte, JURA 1986, S. 617-625
Deutscher Verein (1986): Handbuch der örtlichen Sozialplanung, Schriften 265, Frankfurt a. M.
Dietz, R./Richardi, R. (2008): Betriebsverfassungsgesetz, 11. Aufl., München
Egerer, J. (1971): Der Plangewährleistungsanspruch, Baden-Baden
Erichsen, H.-U. (1985): Kommunalaufsicht – Hochschulaufsicht, DVBl. 1985, S. 943-949
Erlenkämper, F. (1993): Entwicklung im Kommunalrecht, NVwZ 1993, S. 427-437
Ernst, W./Zinkahn, W./Bielenberg, W. (2009): Baugesetzbuch Kommentar, München, Stand: 04/2009
Fiesler, G./Schleicher, H./Busch, M. (2009): Gemeinschaftskommentar zum Sozialgesetzbuch – Kinder- und Jugendhilferecht (GK-SGB VIII), Köln, Stand: 07/2009
Gern, A. (2003): Deutsches Kommunalrecht, 3. Aufl., Baden-Baden
Hauck, K. (2009): Sozialgesetzbuch SGB VIII, Kinder- und Jugendhilfe, Berlin, Stand: 09/2009
Hauck, K./Noftz, W. (2009): Sozialgesetzbuch SGB I, Allgemeiner Teil, Berlin, Stand: 04/2009
Heermann, W. (1975): Der Gemeinderatsbeschluß – Rechtsnatur und Verfahren, Würzburg
Herbert, A. (1994): Die Beteiligung von Vereinigungen am kommunalen Willensbildungsprozeß, Frankfurt, Berlin, Bern, New York, Paris, Wien
Herbert, A. (1991): Ausführungsvorschriften zum Jugendhilfeausschuß nach § 71 KJHG, ZfJ 1991, S. 569-574
Isensee, J./Kirchhof, P. (Hrsg.) (2006): Handbuch des Staatsrechts für die Bundesrepublik Deutschland, Band IV, Heidelberg
Jans K.-W./Happe, G./Saubier, H./Maas, U. (2009): Jugendhilferecht, 3. Aufl., Stuttgart, Stand: 05/2009
Jarass, H. D./Pieroth, B. (2007): GG Grundgesetz, der Bundesrepublik Deutschland, 7. Aufl., München
Jordan, E. (1993): Jugendhilfeplanung zwischen Organisationsentwicklung und Jugendhilfepolitik Ziele – Arbeitsansätze – Organisation, ZfJ 1993, S. 483
Jordan, E./Schone, R. (1992): Jugendhilfeplanung – Ein Instrument zur Entwicklung kommunaler Jugendhilfeplanung, Jugendhilfe 1992, S. 50-59
Kopp, F. O./Schenke, W.-R. (2009): Verwaltungsgerichtsordnung, 16. Aufl., München
Krause, F. (1992): Prozeßorientierte Jugendhilfeplanung im Spannungsfeld von Verwaltung, freien Trägern, Öffentlichkeit und Politik, ZfJ 1992. S. 357-366
Kunkel, P.-C. (2001): Lehr- und Praxiskommentar zur Kinder- und Jugendhilfe (LPK-SGB VIII), 2. Aufl., Baden-Baden
Ludemann, P. (1992): Beteiligung ist mehr als anhören .... Zur Planungsbeteiligung in der Kinder-, Jugend- und Familienhilfe, JWohl 1992, S. 448-456
Ludemann, P. (1994): Förderung und Kostenerstattung im Kontext der Leistungsansprüche nach dem KJHG, JWohl 1994. S. 397 ff.
Maurer, H. (2009): Allgemeines Verwaltungsrecht, 16. Aufl., München
Meyer, H. (1995): Beschlüsse kommunaler Gebietskörperschaften, Aachen
Mrozynski, P. (2009): Kinder- und Jugendhilfegesetz (SGB VIII), 5. Aufl., München
Münder, J. u. a. (2009): Frankfurter Kommentar zum Kinder- und Jugendhilfegesetz, 6. Aufl., Baden-Baden
Münder, J. (2007): Einführung in das Kinder- und Jugendhilferecht, 6. Aufl., Köln
Münder, J./Wiesner, R. (2007): Kinder- und Jugendhilferecht Handbuch, Baden-Baden
Nikles, B. W. (1995): Planungsverantwortung und Planung in der Jugendhilfe, §§ 79, 80 SGB VIII, Stuttgart, München, Hannover, Berlin, Weimar, Dresden
Ossenbühl, F. (1975): Die Plangewährleistung, JuS 1975, S. 545-549
Ossenbühl, F. (1974): Welche normativen Anforderungen stellt der Verfassungsgrundsatz des demokratischen Rechtsstaates an die planende staatliche Tätigkeit ? – Gutachten für den 50. Deutschen Juristentag, München
Preis, U./Steffan, R. (1993): Rechtliche Grundlagen der Förderung von Jugendhilfe nach dem Kinder- und Jugendhilfegesetz (SGB VIII), Köln
Schellhorn, W./Fischer, L./Mann, H. (2007): SGB VIII/KJHG – Sozialgesetzbuch Achtes Buch: Kinder- und Jugendhilfe, Kommentar, 3. Aufl., München
Schmidt-Aßmann, E. (Hrsg.) (2005): Besonderes Verwaltungsrecht, 13. Aufl., Berlin, New York
Schmidt-Jortzig, E. (1982): Kommunalrecht, Stuttgart, Berlin, Köln, Mainz
Schmitt Glaeser, W./König, E. (1980): Grundfragen des Planungsrechts. Eine Einführung, JA 1980, S. 321 – 326 (1. Teil), S. 414-426 (2. Teil)
Schmitt Glaeser, W./Horn, H.-D. (2000): Verwaltungsprozessrecht, 15. Aufl., Stuttgart, München, Hannover, Berlin, Weimar, Dresden
Steffan, R. (1997): Jugendhilfeplanung und Förderung freier Träger, ZfJ 1997, S. 453
Stern, K. (1980): Das Staatsrecht der Bundesrepublik Deutschland, Band II, München
Stober, R. (1996): Kommunalrecht in der Bundesrepublik Deutschland, 3. Aufl., Stuttgart, Berlin, Köln

v. Mutius, A. (1996): Kommunalrecht, München
Wiesner, R. (2006): SGB VIII, Kinder- und Jugendhilfe, 3. Aufl., München
Wolff, H. J./Bachof, O./Stober, R. (1999): Verwaltungsrecht I, 11. Aufl., München
Wolff, H. J./Bachof, O./Stober, R. (2000): Verwaltungsrecht II, 6. Aufl., München

Joachim Merchel

Planung in den zentralen Leistungsfeldern der Kinder- und Jugendhilfe

Der Titel dieses Beitrags könnte den Eindruck hervorrufen, dass hier ein bestimmter methodischer Planungszugang in den Mittelpunkt gestellt wird: das bereichsbezogene Planungsvorgehen, bei dem die in der Jugendhilfe gewachsenen Arbeitsfelder die Planungskomplexität beherrschbar machen sollen und Jugendhilfeplanung die Kontur eines nach dem Baustein-Prinzip kombinierbaren Gefüges aus bereichsbezogenen Einzelplanungen erhält. Die Vermutung, dass ein Beitrag, der Planungsanforderungen zu den einzelnen Leistungsbereichen der Jugendhilfe zum Gegenstand hat, implizit der Logik einer bereichsbezogenen Planungsmethodik folgt, ist in dieser Tragweite unzutreffend. Denn ein vorwiegend oder gar ausschließlich bereichsbezogener Planungsansatz ist in seinen Begrenzungen vielfach einer Kritik unterzogen worden: Seine mangelnde Flexibilität und seine Ausrichtung an der tradierten Säulenstruktur der Arbeitsfelder innerhalb der Jugendhilfe nehme bereichsübergreifende Veränderungen in der Jugendhilfepraxis nicht ausreichend auf. Ferner verharre eine solche Planungsmethodik in einem Strukturkonservatismus und vernachlässige Entwicklungsimpulse, die zu vermitteln eine der zentralen Aufgaben der Jugendhilfeplanung sei. Diese Kritik an der bereichsorientierten Planungsmethodik ist in der Praxis der Jugendhilfeplanung insofern aufgenommen worden, als diese sich im Laufe der Jahre verstärkt dem Sozialraum zugewandt hat, so dass Jugendhilfeplanung mittlerweile – zumindest dort, wo sie sich noch als explizite Infrastrukturplanung behaupten kann – in einem Nebeneinander von bereichsorientierten und sozialraumorientierten Planungsaktivitäten besteht. Die stärkere Zuwendung zum Sozialraum, die die gesamte Konzeptdiskussion in der Jugendhilfe durchzieht (Hinte/Treeß 2007; zur kritischen Bewertung u. a. Merchel 2008a), hat auch in der Jugendhilfeplanung ihren Niederschlag gefunden. Konzeptveränderungen in den Arbeitsfeldern und die „planungsinterne" Kritik an einer allzu starren Bereichsorientierung verstärkten sich gegenseitig und führten zu einer stärkeren Akzentuierung von sozialraumorientiertem Planungsdenken.

Andererseits bedarf es jedoch auch in der Jugendhilfeplanung weiterhin des handlungsfeldorientierten Blicks. Denn, in welchem methodischen Planungsansatz sich die Planungsakteure auch immer bewegen, sie müssen sich immer auf die realen, gewachsenen Strukturen der Jugendhilfe ausrichten. Diese Jugendhilfestrukturen sind nun einmal – bei allen Bemühungen um Kooperationen zwischen verschiedenen Organisationen und um eine allmähliche Aufweichung eines allzu starren Bereichsbezugs – in ihren Grundzügen weiterhin auf die traditionellen Leistungsfelder bezogen, wie sie in den Abschnitten des 2. Kapitels des SGB VIII markiert sind und dementsprechend weiterhin das Denken in Organisationsbezügen innerhalb der Jugendhilfe prägen. Jugendhilfeplanung wird sich in diesen tradierten Bereichsbegrenzungen bewegen müssen, die durch administrative und finanzierungsbezogene Konstellationen und Mechanismen beständig gehalten werden, und gleichzeitig gezielt Impulse zur weiteren Aufweichung dieser Begrenzungen im Sinne von Struktur- und Organisationsentwicklung geben müssen.

Ferner hat eine handlungsfeldspezifische Säule im Gebäude der Jugendhilfeplanung auch deswegen eine tragende Funktion, weil die Anforderungen in Richtung Qualitätsentwicklung und Qualitätsbewertung in der Jugendhilfe zu einem wesentlichen Teil auf differenzierten Fachdebatten innerhalb der einzelnen Arbeitsfelder gründen und weil die Jugendhilfeplanung einen zentralen Ort darstellt, an dem die inhaltliche Qualitätsdebatte innerhalb von Planungsprozessen in einer transparenten und die Träger beteiligenden Weise stattfinden kann (vgl. Merchel 1998). Damit Jugendhilfeplanung ihr Potenzial der Qualitätsentwicklung aktivieren kann, werden bereichsspezifische Erörterungen im Planungsprozess ihren Platz haben. Angesichts der „gewachsenen Strukturen" in der Jugendhilfe und angesichts der notwendigerweise arbeitsfeldspezifischen Ausrichtung von Qualitätsdiskursen wird der Bezug zu den Leistungsfeldern ein weiterhin selbstverständliches konstituierendes Element einer Jugendhilfeplanung sein.

Vor diesem Hintergrund wird in dem vorliegenden Beitrag kein – mehr oder weniger verkapptes – Plädoyer für eine ausschließlich bereichsbezogene Planungsmethodik in der Jugendhilfe formuliert. Vielmehr sollen zum einen die Rahmenbedingungen für Planungshandeln in unterschiedlichen Leistungsfeldern der Jugendhilfe markiert werden, und zum anderen sollen Entwicklungstendenzen in den Handlungsfeldern benannt werden, die in einer qualifizierten Jugendhilfeplanung jeweils im Hinblick auf die örtlichen Verhältnisse zu überprüfen und zu berücksichtigen sind. Somit sind die Ausführungen in diesem Beitrag nicht auf einen bestimmten planerischen Vorgehensmodus („bereichsbezogener Planungsansatz") beschränkt, aber sie spiegeln doch die Bedeutung unterschiedlicher, konzeptionell, institutionell und in ihrer Tradition voneinander abgegrenzter Handlungsbereiche, die die realen Strukturen innerhalb der Jugendhilfe prägen und deren Existenz durch die Jugendhilfeplanung anerkannt werden muss. Eine Aufgliederung der „Leistungsfelder" nach den vier Abschnitten des zweiten Kapitels des SGB VIII hat sich in der Jugendhilfe etabliert und bestimmt dementsprechend die Gliederung in der nachfolgenden Darstellung.[1]

1 Jugendarbeit, Jugendsozialarbeit, erzieherischer Kinder- und Jugendschutz

Jugendarbeit, Jugendsozialarbeit und erzieherischer Kinder- und Jugendschutz sind als Leistungsfelder mit ihren Aufgaben im SGB VIII skizzenhaft charakterisiert. Jugendarbeit ist konzipiert als ein Handlungsbereich mit einem vielfältigen Angebotsspektrum in unterschiedlichen Schwerpunkten und von unterschiedlichen Trägern (Träger der öffentlichen und der freien Ju-

1 Angesichts der vielfältigen Aspekte, die bei den Ausführungen zur Jugendhilfeplanung in den einzelnen Leistungsfeldern anzusprechen sind, bleibt leider kein Raum, um näher auf fachliche Querschnittsthemen einzugehen, die die einzelnen Arbeitsfelder überlagern bzw. in jedes der Arbeitsfelder hineinragen. Dies betrifft neben dem immer bedeutsamer werdenden Aspekt der spannungsreichen Verbindung von Schule und Jugendhilfe insbesondere die Perspektive einer „interkulturell orientierten Kinder- und Jugendhilfe" für die Jugendhilfeplanung (Handschuck/Schröer 2001; am Beispiel eines Leistungsfeldes vgl. Schröer 2005). Die Erkenntnis aus einer Untersuchung des DJI, dass „migrantenspezifische Aussagen in der Jugendhilfeplanung bisher in den meisten Arbeitsbereichen noch nicht selbstverständlich sind" (Pluto u.a. 2007, S. 459), hätte eigentlich einen systematischeren Einbezug des Aspekts „Interkulturalität als Planungsthema" in diesem Beitrag nahegelegt. Um hier differenziert argumentieren zu können, hätte es jedoch eines Platzes bedurft, der den zugelassenen Umfang dieses Beitrags erheblich überstiegen hätte. Aus diesem Grund bleibt dieser für die Jugendhilfeplanung in den Leistungsfeldern eigentlich bedeutsame Aspekt hier ausgespart.

gendhilfe sowie Jugendverbände, Jugendgruppen und Initiativen), das sich im Grundsatz an alle jungen Menschen unterhalb eines Alters von 27 Jahren richtet. Demgegenüber zielt Jugendsozialarbeit auf junge Menschen mit sozialen Benachteiligungen und individuellen Beeinträchtigungen, die in erhöhtem Maße auf Unterstützung angewiesen sind und sozialpädagogische Hilfen erhalten sollen, um ihre schulische, berufliche und soziale Integration zu fördern. „Jugendsozialarbeit" fungiert als ein „Sammelbegriff für verschiedene Aufgabenfelder, deren wichtigste die Jugendberufshilfe und die Schulsozialarbeit darstellen" (Wiesner/Struck 2006, SGB VIII § 13 Rdnr. 1). Bei der Aufgabe des Kinder- und Jugendschutzes handelt es sich einerseits um ein „durchgängiges Prinzip der Jugendhilfe", das alle Handlungsbereiche durchzieht (Wiesner/Struck 2006, SGB VIII, § 14, Rdnr. 2), jedoch wird andererseits in § 14 SGB VIII ein eigener, auf Prävention gegenüber speziellen gefährdenden Einflüssen (z. B. Gewalt, sexueller Missbrauch, Drogen, Sekten, von Medien ausgehende Gefährdungen etc.) ausgerichteter Aktivitätsbereich angesprochen. Für die drei Leistungsbereiche sind im Rahmen von Jugendhilfeplanung die jeweils örtlich „erforderlichen und geeigneten" Angebote herauszuarbeiten.

Zur rechtlichen Stellung der Jugendarbeit ist zunächst festzuhalten, dass es sich hier im Grundsatz um eine Pflichtaufgabe und nicht um eine „freiwillige Aufgabe" des öffentlichen Jugendhilfeträgers handelt. In § 11 Abs. 1 SGB VIII wird eine generelle Verpflichtung zur Bereitstellung von Angeboten (infrastrukturelle Gewährleistungsverpflichtung) ausgesprochen sind (...) Angebote der Jugendarbeit zur Verfügung zu stellen"). Ferner wird Jugendarbeit im Zusammenhang mit der Planungsverantwortung des öffentlichen Trägers eigens hervorgehoben: Damit Jugendarbeit nicht zu einem beliebig verfügbaren Bereich innerhalb der gesamten Jugendhilfe degradiert wird, enthält § 79 Abs. 2 SGB VIII die Anforderung, dass von den für die Jugendhilfe zur Verfügung gestellten Ressourcen „ein angemessener Anteil für die Jugendarbeit" zu verwenden sei. Diese Aussage wird verstärkt durch den ausdrücklichen Verweis auf „Mittel zur Errichtung und Unterhaltung von Jugendfreizeit- und Jugendbildungsstätten", die bei der Förderung freier Träger berücksichtigt werden sollen (§ 74 Abs. 6). Dass Jugendarbeit zur Verfügung gestellt werden muss und Träger der Jugendarbeit gefördert werden müssen, steht somit außer Frage. Nicht geregelt (und wohl auch gesetzlich kaum regelbar) sind jedoch Art und Umfang, also die quantitative und qualitative Reichweite der Verpflichtung: Hier besteht ein „kommunaler Gestaltungsspielraum, der durch die Vorgaben der Gesamtverantwortung und der darauf basierenden Jugendhilfeplanung strukturiert wird" (Wiesner/Struck 2006, SGB VIII § 11 Rdnr. 4). Der Jugendhilfeplanung kommt also die Aufgabe zu, den allgemeinen Grundsatz im Hinblick auf Art und Umfang die Förderung von Jugendarbeit vor dem Hintergrund des örtlich definierten Bedarfs zu konkretisieren.

Vergleicht man das Leistungsfeld „Jugendarbeit, Jugendsozialarbeit, erzieherischer Kinder- und Jugendschutz" mit anderen Leistungsfeldern der Jugendhilfe, so wird man hier einen relativ ungesicherten Rechtsstatus konstatieren müssen. Während für Kindertageseinrichtungen und Kindertagespflege sowie für die Hilfen zur Erziehung individuelle Rechtsansprüche markiert werden, bedarf die Jugendarbeit in weitaus stärkerem Maße einer Absicherung durch dezidierte politische Willensbildung und Beschlüsse auf der Grundlage einer fachlich und jugendhilfepolitisch überzeugenden Jugendhilfeplanung. Während bei den Kindertageseinrichtungen und bei den Hilfen zur Erziehung die Einlösung der individuellen Rechtsansprüche mit dem unabweisbaren Einsatz von finanziellen, personellen und sachlichen Ressourcen verbunden ist, bleiben Umfang und Qualität bei der Realisierung des infrastrukturellen Versorgungsauftrags in der Jugendarbeit dem kommunalen Gestaltungswillen überlassen. Welche Angebote der Jugendarbeit bedarfsentsprechend gefördert werden sollen und in welcher Höhe der „angemessene Anteil“ der für Jugendarbeit eingesetzten Finanzmittel bemessen werden soll, kann nur mit Hilfe einer qualifiziert erfolgenden Jugendhilfeplanung entschieden werden. Intensiver als andere Leistungsfelder benötigt die Jugendarbeit eine qualifizierte Jugendhilfeplanung zur Stabilisierung und zur kommunalpolitischen Absicherung ihres Arbeitsfeldes (vgl. Simon 2005).

Einige Bundesländer versuchen, den rechtlichen Status der Jugendarbeit und der anderen Arbeitsbereiche des Leistungsfeldes durch landesrechtlichen Regelungen (Länderausführungsgesetze, Richtlinien, Erlasse) sowie durch eigene Landesförderungen und daran angekoppelte, an die Kommunen gerichtete konkretere Planungsverpflichtungen zu verbessern. So hat z. B. das Land Nordrhein-Westfalen in einem „Kinder- und Jugendförderungsgesetz (KJFöG)“ die öffentlichen Träger der Jugendhilfe aufgefordert, auf der Grundlage der Jugendhilfeplanung (mit einem den Bedarfsdefinitionen entsprechenden regionalen Zielkonzept) einen „Förderplan“ zu erstellen, „der für jeweils eine Wahlperiode der Vertretungskörperschaft festgeschrieben ist“ (§ 15 Abs. 4 KJFöG NRW) und der eine Grundlage für die Landesförderung darstellt. Die Förderungsvergabe an die örtlichen Träger der öffentlichen Jugendhilfe ist daran gebunden, dass diese sicherstellen, „dass ihr Finanzanteil in einem angemessenen Verhältnis zu den Landesmitteln steht, die Landesmittel nicht zur Haushaltskonsolidierung verwendet werden und die Maßnahmen Bestandteil der örtlichen Jugendhilfeplanung sind“ (§ 16 Abs. 3 KJFöG NRW).

Das Beispiel Nordrhein-Westfalen, dem ähnliche Regelungsmuster aus anderen Bundesländern angefügt werden könnten, verdeutlicht das Bestreben, den Status der Jugendarbeit im Vergleich zu den Leistungsfeldern mit individuellen Rechtsansprüchen zu stabilisieren. Dabei wird der Jugendhilfeplanung eine wichtige instrumentelle Funktion zuerkannt. Wie wichtig solche mit Jugendhilfeplanung verbundenen Stabilisierungserwartungen für das hier betrachtete Leistungsfeld sind, zeigt ein Blick in die Jugendhilfestatistik. Zwischen 1998 und 2006 hat sich die Anzahl der Beschäftigten in der Kinder- und Jugendarbeit bundesweit um 14 % reduziert. Nimmt man hinzu, dass viele Mitarbeiter ihre Arbeitszeit reduziert haben bzw. reduzieren mussten, und rechnet man den Personalbestand auf sogenannte „Vollzeitäquivalente“ um, so ergibt sich für den genannten Zeitraum sogar eine Personalreduzierung um ca. 40 % – und dies bei einer annähernd ähnlichen Zahl von Einrichtungen der Kinder- und Jugendarbeit (vgl. Pothmann 2008). Der Abbau von Personalressourcen ist nicht nur in den östlichen Bundesländern zu konstatieren (und damit teilweise auf demografische Veränderungen zurückzuführen); in den östlichen Bundesländern übersteigt die Personalreduzierung die sogenannte „Demografieverluste“, und in den westlichen Bundesländern hat sich der Abbau von Personalressourcen trotz gleich bleibender oder sogar leicht anwachsender Zahl von jungen Menschen im Alter von 12 bis 21 Jahren vollzogen (ebd.). Jugendarbeit, Jugendsozialarbeit und erzieherischer Kinder- und Jugendschutz sind somit offensichtlich in besonderer Weise dem Druck der kommunalen Finanzsituation und den daraus folgenden haushaltspolitischen Entscheidungen ausgesetzt. Um nicht allzu leicht der haushaltspolitischen Manövriermasse der Kommune zugeordnet zu werden, bedarf dieses Leistungsfeld der durch eine qualifizierte Jugendhilfeplanung hervorzurufenden Stabilisierungseffekte.

Doch nicht nur der vergleichsweise ungesicherte Rechtsstatus macht die Kinder- und Jugendarbeit zu einem relativ „instabilen“ Handlungsfeld der Jugendhilfe, das es schwer hat, ein erkennbares, plausibles und nachvollziehbares sowie politisch anerkanntes Profil zu gewinnen und zu behaupten. Die breit angelegte Trägervielfalt, die Konkurrenz der Jugendarbeit zu kommerziellen Freizeitangeboten und zu Angeboten anderer Träger aus den Bereichen Sport, Kultur oder Bildung sowie arbeitsfeldspezifische konzeptionelle Spannungen und Unsicherheiten (z. B. im Hinblick auf den professionellen Gehalt der Aufgaben und des Arbeitsfeldes) kennzeichnen Jugendarbeit als einen Bereich, der in Relation zu den anderen Jugendhilfebereichen mit einem höheren Grad an Anfälligkeit belastet ist. Dies führt zu vermehrten Legitimationsanfragen und zur Notwendigkeit kontinuierlicher Verständigung über das Verhältnis von Anforderungen aus der Umwelt und eigenen Handlungsmöglichkeiten. Diese Charakteristika lassen die Jugendarbeit bzw. einzelne Einrichtungen der Jugendarbeit kommunalpolitisch viel anfälliger für Kritik werden, als dies in anderen Jugendhilfebereichen der Fall ist. Gerade diese strukturell bedingte „Instabilität“ und die damit einhergehende Notwendigkeit der Profilgewinnung und Profilbehauptung lassen planerische Aktivitäten als dringend erforderlich erscheinen und konfrontieren die Jugendhilfeplanung in diesem Leistungsfeld mit methodischen Anforderungen der Konzeptionsentwicklung – und zwar in doppelter Hinsicht: Konzeptionsentwicklung als Anforderung an die einzelnen Einrichtungen, ihr Profil und ihre Ziele genauer zu definieren (Sturzenhecker/Deinet 2007), und Konzeptionsentwicklung im Hinblick auf ein bestimmtes Rahmenprofil von regionaler Kinder- und Jugendarbeit, in dem die verschiedenen örtlichen Träger sich verorten können und das als übergreifendes Profilelement (als „fachpolitisches Markenzeichen“) *der* Kinder- und Jugendarbeit in den politischen Raum und in die Kooperation mit anderen Institutionsbereichen (z. B. mit dem Schulbereich) hineinwirken kann. Die Anforderung zur Profilbildung markiert ein „altes Problem“ in der Kinder- und Jugendarbeit, das in planerischen Zusammenhängen besonders deutlich zutage tritt. So forderte z. B. das Deutsche Institut für Urbanistik (DIFU 1992) von einer „neuorientierten offenen Jugendarbeit“, dass sie „auf lokaler Ebene in jeder Einrichtung flexibel, situationsbezogen und sozialräumlich abgestimmt den Ausgleich finden (muss) zwischen

- einrichtungsfixierter und mobiler Arbeit,
- dem notwendigen Maß an Betreuung und Selbstorganisation (...),
- pädagogischem Anspruch und schlichter Treffpunktfunktion,
- ‚normaler Jugendarbeit‘ und Hilfen für Benachteiligte,
- kursartig ‚geschlossener‘ und flexibel-wechselnder ‚offener‘ Gruppenarbeit, und nicht zuletzt zwischen
- ‚polarisierenden‘ Besucherzielgruppen (Jungen – Mädchen, Kinder – Jugendliche, Deutsche – Ausländer).“ (S. 3)

Wenn Jugendarbeit mit solch unterschiedlichen Anforderungen konfrontiert wird und dadurch als ein Sammelbegriff zur Kennzeichnung einer Vielzahl unterschiedlicher Angebotsformen und Handlungsansätze wahrgenommen wird, ist eine Profilbildung als immer wichtiger einzuschätzen, aber gleichzeitig auch immer schwieriger zu realisieren.

Das „klassische“ Profilproblem der Kinder- und Jugendarbeit und damit ein elementares konzeptionelles Problem für Planungsaktivitäten innerhalb der Jugendarbeit liegt in der Spannung zwischen einem Verständnis von Jugendarbeit als eines für *alle* Jugendlichen offenen und *alle* Jugendlichen ansprechenden Angebots einerseits und einer sozialpolitisch indizierten Ausrichtung des Angebots auf benachteiligte Jugendliche andererseits, wodurch die Jugendarbeit tendenziell eine kompensatorische und auf „Normalisierung“ ausgerichtete Funktion zugeordnet bekäme. In der Konzipierung von Jugendarbeit als Angebot für *alle* Kinder und Jugendlichen stehen Anregung, Begegnung, kreatives Gestalten im Mittelpunkt. Jugendarbeit wird verstanden als ein sozialpädagogisch gestaltetes Freizeitangebot für alle Kinder und Jugendlichen, von dem sozialisatorische Wirkungen ausgehen: ein von den Kindern und Jugendlichen freiwillig aufgesuchter Ort mit offenen Arbeitsweisen, die Raum für Selbstorganisation, teilnehmerorientiertes Handeln, Beziehungen geben und dadurch soziale Lernerfahrungen herausfordern (vgl. Deinet/Nörber/Sturzenhecker 2002; Sturzenhecker 2004). Eine Konzeption von Jugendarbeit im Kontext von Kompensation und Normalisierung enthält demgegenüber Zuspitzungen sowohl im Hinblick auf die primäre Zielzuschreibung für Jugendarbeit als auch hinsichtlich der Zielgruppen der Jugendarbeit. Zum einen wird Jugendarbeit hier stärker mit dem Präventionsgedanken in Verbindung gebracht: Jugendarbeit soll dadurch präventiv wirken, dass sie mit ihren Angeboten Jugendliche mit „problematischen Verhaltensweisen" bindet, sie dadurch von Störungen im öffentlichen Raum abhält und sie in zielgerichteten pädagogischen Arrangements zu einem normgerechteren Verhalten bringt (vgl. Sturzenhecker 2000; Lindner 2003). Zum anderen soll Jugendarbeit sich vorwiegend auf Kinder und Jugendliche in benachteiligenden Lebensverhältnissen konzentrieren, ihnen Hilfen in Konflikt- und Krisensituationen geben, mit ihren Angeboten solche Kinder und Jugendlichen besonders fördern und auf diese Weise kompensatorisch Defizite bearbeiten helfen, die an den Sozialisationsorten Familie und Schule nicht ausreichend aufgearbeitet werden (können). Der Konflikt zwischen einem Profil von Jugendarbeit als Sozialisationsangebot für alle Kinder und Jugendlichen versus einem Profil von Jugendarbeit, das den Schwerpunkt setzt auf Prävention und Kompensation und sich – nicht ausschließlich, aber doch in besonderer Weise – an junge Menschen in benachteiligenden Lebensverhältnissen wendet, ist insofern für die Jugendhilfeplanung herausfordernd, als häufig eine Diskrepanz besteht zwischen der (professionsinternen) Fachdebatte und den (implizit oder explizit geäußerten) Erwartungen von Seiten der Politik und der Öffentlichkeit. Während in der Fachdebatte für Jugendarbeit als „Freiraum für Selbstbestimmung und selbstgestaltete Entwicklung" plädiert wird, wird in der Öffentlichkeit Jugendarbeit häufig mit Erwartungen konfrontiert, die in der professionsinternen Debatte als zu eng und dem Charakter des Arbeitsfeldes nicht entsprechend kritisiert werden: nämlich „sich um Not-, Konflikt- oder Krisensituationen zu kümmern, Benachteiligungen abzubauen oder Prävention und Jugendschutz zu leisten" (Deinet u. a. 2002, S. 696). Jugendarbeit als offener, auf Selbstorganisationsprozesse angelegter Freiraum oder Jugendarbeit als organisatorisch-methodisches Arrangement für sozialpolitische Ziele – so lassen sich zugespitzt die schon „traditionellen" Profilalternativen charakterisieren.

Solche Profildebatten müssen im Rahmen der Jugendhilfeplanung geführt und im Hinblick auf eine Schwerpunktbildung entschieden werden. Denn dies ist zum einen bedeutsam für die Einrichtungen, die ihre eigene Konzeption innerhalb des regionalen Gesamtprofils der Jugendarbeit verorten müssen, und zum anderen bedarf es solcher Debatten, um eine transparente Grundlage zu schaffen für Entscheidungen zur Vergabe von – gerade für die Jugendarbeit außerordentlich knappen – Ressourcen. Die Notwendigkeit zur Profilbildung der Kinder- und Jugendarbeit mit der Intention einer besseren jugendhilfepolitischen Verankerung durch Jugendhilfeplanung und zur Herstellung einer konzeptionellen Entscheidungsbasis für Ressourcenentscheidungen wird durch aktuelle fachpolitische Debattenstränge noch intensiviert. Hier sind insbesondere *drei Aspekte* zu nennen:

- *die stärkere Verknüpfung zwischen schulischen Ganztagsangeboten und Angeboten der Jugendarbeit*: Die Ausweitung schulischer Ganztagsangebote (Prüß 2008) hat zur Folge, dass Kinder und Jugendliche in Zeiten, in denen sie bislang Jugendfreizeiteinrichtungen frequentieren konnten, teilweise an die Schule gebunden sind. Wenn nun Träger der Jugendarbeit am Ort Schule und unter schulischer Koordination als Betreuungsanbieter aktiv werden wollen, resultieren daraus konzeptionelle Herausforderungen an die offene Jugendarbeit. Jugendarbeit sieht sich der Anforderung ausgesetzt, „die eigenen Handlungsprämissen professioneller Jugendarbeit unter den Rahmenbedingungen der Schule und den festen Betreuungsvorgaben konzeptionell und organisatorisch sicherzustellen" (Oelerich 2002, S. 781). Voraussetzungen für eine annähernd Erfolg versprechende Bewältigung einer solchen Aufgabe sind zum einen plausible, transparente und regional vermittelte Profildefinitionen der Jugendarbeit und zum anderen Akteure, die die Ziele und konzeptionellen Ansätze der Jugendarbeit sicher repräsentieren und im Alltag verlässlich und reflexiv in Handeln übersetzen können (umfassender s. Merchel 2005).

- *damit verbunden – die Debatte um die Charakterisierung von Kinder- und Jugendarbeit als „Bildungsort"*: Mit der intensivierten Bildungsdebatte sind auch in der Jugendhilfe (vgl. programmatisch Rauschenbach 2009) neben den pragmatischen Überlegungen zu Möglichkeiten einer verbesserten Verknüpfung von relevanten Orten der öffentlichen Erziehung (Stichwort „Kooperation Schule – Jugendhilfe") konzeptionelle Überlegungen zur Verdeutlichung und verstärkten Herausbildung des „Bildungscharakters" von Jugendhilfe entstanden (vgl. u. a. Münchmeier/Otto/Rabe-Kleberg 2002; BMFSFJ 2005; Sturzenhecker 2004). Im Rahmen eines erweiterten Bildungsbegriffs, der neben der formalen Bildung in Kontexten von Schule und Ausbildung auch Modalitäten der nicht-formalen und der informellen Bildung einschließt, wird nach den Bildungspotenzialen der Kinder- und Jugendarbeit gefragt. Solche Bildungspotenziale müssen definiert, im Vergleich zu den Bildungspotentialen anderer Bildungsorte profiliert und verortet sowie in den konzeptionellen Selbstdefinitionen der Einrichtungen der Jugendarbeit verankert und konkretisiert werden, wenn sich denn die örtlichen Akteure der Jugendarbeit entscheiden, diesen Bildungscharakter als Profilelement ihres Handelns hervorzuheben und im Kontext der Jugendhilfeplanung verankern zu wollen. Zumindest bedarf es der Auseinandersetzung mit der Frage, ob und in welcher Weise die Jugendarbeit Bildungscharakter annehmen bzw. ihr ein solcher zuerkannt werden soll, um daraus jugendhilfeplanerische Konsequenzen im Hinblick auf die politische Thematisierung von Jugendarbeit und auf die mit einer Ressourcenverteilung verbundenen Erwartungen diskutieren zu können.
- *die an die gesamte Jugendhilfe herangetragene Erwartung, Wirkungseffekte bei den Adressaten nachzuweisen und damit die Wirksamkeit der Angebote (und der darin „investierten" Ressourcen) nachzuweisen*: Mit der Hervorhebung von „Wirkungsorientierung" und mit der Forderung nach Wirksamkeitsnachweisen (vgl. Otto 2007 und den Beitrag von Nüsken in diesem Band) wird in der Jugendhilfe ein Thema in den Mittelpunkt gerückt, von dem auch die Jugendarbeit nicht unberührt bleibt. Je stärker „Wirkung" als Legitimationsformel in die Jugendhilfepolitik eindringt, desto bedeutsamer wird dieser Aspekt auch in die Jugendhilfeplanung einziehen und Entscheidungen im Rahmen der Maßnahmeplanung beeinflussen. Die Träger der Jugendarbeit müssen sich also zum einen mit der Frage auseinandersetzen, an welchen Zielen und Indikatoren (auf der Basis transparenter Konzeptionen) sie eine adressatenbezogene Wirkung ihrer Angebote messen wollen. Sie müssen darüber hinaus ihre Arbeit nach plausiblen Kriterien und Methoden der Wirkungserhebung evaluieren (und nicht nur Wirkung proklamieren; vgl. Lindner 2008), und sie müssen plausibilisierte Wirkungseffekte in den Planungsdiskursen zur Geltung bringen. Wenn die Wirkungsformel an Gewicht gewinnt, wird der Planungsschritt der Maßnahmeplanung einen anderen Zuschnitt erfahren, weil in den Planungsdiskursen Wirkungswahrscheinlichkeiten und nachfolgende Wirkungsevaluationen in den Entscheidungen zur Ressourcenvergabe eine größere Rolle spielen werden.

Jugendhilfeplanung im Bereich der Jugendarbeit hat vor diesem Hintergrund eine doppelte Aufgabe: Zum einen konfrontiert sie die Träger und Einrichtungen mit der Anforderung zur Profil- und Konzeptionsbildung und verdeutlicht ihnen, dass sie nur auf einer solchen Basis die strukturelle Instabilität ihres Arbeitsfeldes kompensieren können; zum anderen schafft Jugendhilfeplanung in den Planungsdiskursen einen Profilrahmen für die Jugendarbeit, der den Einrichtungen zur Orientierung dienen kann und der in der Kommunalpolitik helfen kann, den Stellenwert dieses Arbeitsfeldes zu verdeutlichen. Dabei sollten Erfahrungen aus der Qualitätsentwicklung, die auch träger- und einrichtungsübergreifende Qualitätsdiskurse beinhalten (Deinet/Szlapka/Witte 2008), aufgegriffen und für die Jugendhilfeplanung genutzt werden.

Neben der elementaren Aufgabe, das Arbeitsfeld durch Anstöße zur Konzeptionsentwicklung und Profilbildung im kommunalen Raum zu stabilisieren, sind im Planungsprozess weitere Spezifika des Handlungsbereichs Jugendarbeit zu berücksichtigen:

- Die Trägervielfalt wird als ein besonderes Merkmal der Jugendarbeit hervorgehoben (§ 11 Abs. 2 SGB VIII), wobei die Jugendverbände eine besondere Stellung einnehmen (§ 12). Dadurch, dass der Gesetzgeber die allgemeine Feststellung der Trägerpluralität in der Jugendhilfe (§ 3 Abs. 1 SGB VIII) für die Jugendarbeit noch einmal ausdrücklich betont und eine Erweiterung des traditionellen Trägerspektrums um „Gruppen und Initiativen der Jugend" und „andere Träger der Jugendarbeit" anspricht (§ 11 Abs. 2), werden auch die Planungsvorgänge in diesem Arbeitsfeld in besonderer Weise auf eine vielfältige Trägerstruktur mit entsprechenden Beteiligungsangeboten ausgerichtet sein müssen.
- Auch hinsichtlich der Inhalte sind in kaum einem anderen Bereich der Jugendhilfe so viele unterschiedliche Akteure angesprochen wie in der Jugendarbeit. Bereits die Aufzählung der inhaltlichen Schwerpunkte der Jugendarbeit in § 11 Abs. 3 SGB VIII vermittelt einen Eindruck von der Vielfalt einzelner thematischer Handlungsfelder, in denen Träger tätig sind. Dabei sind auch solche Träger und Einrichtungen einbezogen, die traditionell nicht oder nur wenig in der Jugendhilfe verankert sind, z. B. Schulen, Sportvereine, Kultureinrichtungen. Hinzu kommt, dass vor allem bei der Bestandsaufnahme und bei der Bewertung des Bestandes im Hinblick auf mögliche Bedarfsanforderungen neben den Angeboten aus der Jugendhilfe die gesamte Freizeitinfrastruktur (Schwimmbäder, Bolzplätze, kommerzielle Angebote, Freiräume/Flächen/Treffpunkte etc.) und deren Zugänglichkeit für unterschiedliche Gruppen von Kindern und Jugendlichen einzubeziehen sind (vgl. Pluto u. a. 2007, S. 140 ff.). Insofern ergibt sich ein breites, relativ gering strukturiertes Feld für Planungsaktivitäten in diesem Bereich.
- Angesichts der bei der Analyse der Lebensbedingungen von Kindern und Jugendlichen zutage tretenden Vielfalt von Infrastrukturbereichen, die einzubeziehen sind, sind eine sorgfältige und sozialräumlich differenzierte Bestandserhebung und Bedarfsermittlung erforderlich. Dabei ist nicht nur an Einrichtungen zu denken. Vielmehr ist von der Lebenssituation unterschiedlicher Gruppen von Kindern und Jugendlichen und den entsprechenden Differenzierungen im Bedarf auszugehen. Dafür bedarf es differenzierter Konzepte und Organisationsformen (Einrichtungen mit Angeboten, zur Verfügung gestellte Jugendräume, mobile Jugendarbeit, Straßensozialarbeit etc.). Dabei sind die Anforderungen an Jugendarbeit, die aus der Entwicklungsdynamik unterschiedlicher sozialräumlicher Areale resultieren (urbane Lebensräume, ländlich geprägte Lebensräume, Lebensräume mit mehr oder weniger deutlichen Segregationstendenzen, multikulturell geprägte Lebensräume etc.; vgl. Lindner/Kilb 2005), zu analysieren.

- Angesichts ihrer Offenheit in der Teilnahme bzw. Nutzung durch Kinder und Jugendliche ist Jugendarbeit geprägt durch eine – verglichen mit anderen Handlungsfeldern der Jugendhilfe – relativ hohe Dynamik im Nutzungsverhalten der Adressaten. Diese Dynamik muss genau beobachtet und zeitnah ausgewertet werden: im Hinblick auf Altersgruppen, Nutzungszeiten und zeitliche Lücken in der Bedarfsdeckung (vgl. z. B. die Kritik an Öffnungszeiten zur falschen Zeit; Pluto u. a. 2007, S. 143), partielle Segregationstendenzen durch relativ homogene Nutzergruppen mit entsprechenden Ausgrenzungseffekten für andere Gruppen von Jugendlichen etc. Solche Entwicklungen in der Inanspruchnahme von Angeboten der Jugendarbeit müssen differenziert analysiert und hinsichtlich der darin zum Ausdruck kommenden Bedarfstendenzen bewertet werden.

Der Handlungsbereich „Jugendsozialarbeit" ist weniger auf eine infrastrukturelle Angebotsdimension ausgerichtet, sondern hat stärker individuelle Förderungen und Hilfen im Blick. Dies macht bereits die Formulierung in § 13 Abs. 1 SGB VIII deutlich, wonach die Jugendsozialarbeit mit ihren Angeboten vor allem auf solche junge Menschen zielt, „die zum Ausgleich sozialer Benachteiligungen oder zur Überwindung individueller Beeinträchtigungen *in erhöhtem Maße* auf Unterstützung angewiesen sind" (Hervorhebung J.M.). Angesichts der individuellen Ausrichtung wären Angebote der aufsuchenden Jugendberatung (Straßensozialarbeit/Streetwork), die sich gleichermaßen an bestimmte „Szenen"/Gruppen wie an dort angetroffene Individuen richten, konzeptionell eher der Jugendsozialarbeit als der Jugendarbeit zuzurechnen (so z. B. Pluto u. a. 2007, S. 146 ff.), insbesondere dann, wenn die Jugendarbeit ihr Profil stärker im Kontext von Bildung und Freiraum zur Persönlichkeitsentwicklung sucht. Die traditionelle Ausrichtung der Jugendsozialarbeit auf Angebote im Zusammenhang mit beruflicher Bildung und beruflicher Eingliederung ist in den letzten Jahren zunehmend ergänzt und teilweise überlagert worden durch die allmähliche Installierung des Handlungsfeldes „Schulsozialarbeit". Für die Jugendhilfeplanung sind damit Anforderungen zum Einbezug weiterer Institutionsbereiche verbunden: im Hinblick auf die Jugendberufshilfe neben dem Einbezug der dort tätigen Jugendhilfeträger (und nach Möglichkeit der in der Jugendberufshilfe tätigen gewerbliche Träger) auch die Berücksichtigung der entsprechenden Stellen der Bundesagentur für Arbeit im Planungsprozess sowie im Hinblick auf die Schulsozialarbeit das herstellen planungsbezogener Verknüpfungen zum Schulbereich. Die letztgenannte Anforderung verweist auf die umfassendere Perspektive einer „integrierten Jugendhilfe- und Schulentwicklungsplanung" (so u. a. § 7 Abs. 3 KJFöG NRW) bzw. einer „kommunalen Bildungsplanung als integrierter Fachplanung", die Schulentwicklungsplanung und Jugendhilfeplanung zusammenführt (so BMFSFJ 2005, S. 347) (vgl. dazu den Beitrag von Maykus in diesem Band). Auch wenn man angesichts der verschiedenartigen Planungslogiken und Planungstraditionen den realistischen Gehalt einer solchen planerischen Leitvorstellung skeptisch bewertet (vgl. Merchel 2005, S. 203 ff.), so ist doch unbestritten, dass es zur Planung im Bereich der Schulsozialarbeit solcher Verknüpfungen zum Schulbereich dringend bedarf und dass diese Verknüpfungen nicht nur auf Schulsozialarbeit beschränkt, sondern breiter angelegt sind und Modalitäten der Ganztagsbetreuung an Schulen und weitere Aspekte in der Kooperation von Schule und Jugendhilfe einbeziehen. Schulsozialarbeit[2] als Leistung der Jugendhilfe am Ort „Schule" wird

2 Im 12. Kinder- und Jugendbericht wird für den Begriff „schulbezogene Jugendsozialarbeit" plädiert, um besser zu kennzeichnen, dass in diesem Arbeitsbereich nicht nur (wie in der „klassischen Schulsozialarbeit") einzelfallbezogene Aktivitäten, sondern auch gruppenbezogene und auf das Schulklima ausgerichtete Bemühungen entfaltet werden (BMFSFJ 2005, S. 266). Da sich aber der Begriff „Schulsozialarbeit" im Sprachgebrauch festgesetzt hat,

in unterschiedlichen organisatorischen Konstellationen realisiert, auf die sich Jugendhilfeplanung einstellen muss. Teilweise sind die an der Schule tätigen sozialpädagogischen Fachkräfte einem Träger der Jugendhilfe (Jugendamt oder freier Träger) zugeordnet, teilweise stehen sie unter der Organisationshoheit eines Schulträgers. Die verschiedenen organisatorischen Konstellationen können sich unterschiedlich auf die Handlungsmöglichkeiten und Handlungsanforderungen der sozialpädagogischen Fachkräfte auswirken und haben insofern eine Bedeutung für Jugendhilfeplanung, als sie mit verschiedenartigen Vorstellungen im Hinblick auf das Profil von Schulsozialarbeit einhergehen können. Angesichts der unterschiedlichen Anforderungen, die mit dem Begriff „Schulsozialarbeit" verbunden werden, bedarf es jedoch der Verständigung auf ein Rahmenkonzept, einer systematischen Auswertung dessen, was unter dem Etikett „Schulsozialarbeit" praktiziert wird, sowie einer dynamischen und bedarfsentsprechenden Weiterentwicklung dieses Rahmenkonzepts, wofür insbesondere die Prozesse der Jugendhilfeplanung als ein angemessener Ort erscheinen.

Der erzieherische Kinder- und Jugendschutz wird in den meisten Fällen weniger als ein spezifisches Handlungsfeld im Planungsprozess zur Geltung kommen, sondern eher – entsprechend dem Gedanken einer Prävention gegenüber spezifischen Risiken und Gefährdungen – als „regulative Idee" (Nikles 1996) in den Planungsprozess eingehen. Im Planungsverfahren wäre in Einrichtungen der Jugendarbeit, aber auch in Kindertageseinrichtungen oder in Einrichtungen der Familienbildung und in Schulen nach dem Vorhandensein und nach dem möglichen Bedarf an präventiven Angeboten z. B. im Hinblick auf Gesundheitsverhalten, Konsum von legalen und illegalen Drogen, Umgang mit Medien, sexuelle Gewalt etc. zu fragen (s. BAG Kinder- und Jugendschutz 1996).

2 Förderung der Erziehung in der Familie

Die Jugendhilfeplanung im Bereich „Förderung der Erziehung in der Familie" steht insofern vor einer besonderen Situation, als dieses Leistungsfeld – anders als die Kindertageseinrichtungen, die Jugendarbeit oder die Hilfen zur Erziehung – keine eigene „fachliche Tradition" aufweist, die den hier tätigen Trägern und Einrichtungen einen gemeinsamen fachlichen Bezugspunkt geben könnte. In dem Leistungsfeld, das im zweiten Abschnitt des zweiten Kapitels des SGB VIII aufgeführt wird, findet sich ein Konglomerat verschiedener familienbezogener Hilfe- und Unterstützungsangebote, zu dem sich aufgrund fehlender gemeinsamer konzeptioneller und organisationsbezogener Bezugspunkte eine „fachliche Mitte" nur schwer konstruieren lässt. Das Leistungsfeld setzt sich zusammen aus Angeboten der allgemeinen Förderung (§ 16: Familienbildung, allgemeine familienbezogene Beratung, Familienfreizeit und Familienerholung) und solchen Hilfen, die auf mögliche Krisen und/oder bereits eingetretene Notstände zielen (§§ 17-20: Beratung zu Partnerschaft, Trennung und Scheidung; Beratung und Unterstützung bei der Ausübung der Personensorge und des Umgangsrechts; Hilfen in gemeinsamen Wohnformen für Mütter/Väter und Kinder; Betreuung und Versorgung des Kindes in Notsituationen); hinzu kommt der „Sonderfall" der Unterstützung bei notwendiger Unterbrin-

---

wird er hier weiterhin verwendet. Es wird künftig darauf ankommen, mit diesem Begriff nicht nur einen Ort zu kennzeichnen (Soziale Arbeit am Ort „Schule"), sondern damit auch einen fachlich-konzeptionellen Rahmen zu verknüpfen.

gung zur Erfüllung der Schulpflicht (§ 21 SGB VIII). Auch im Hinblick auf den Rechtsstatus der einzelnen Angebote sind deutliche Unterschiede zu verzeichnen: Sind die Angebote der allgemeinen Förderung (§ 16) – ähnlich wie die Angebote der Jugendarbeit, der Jugendsozialarbeit und des erzieherischen Kinder- und Jugendschutzes – mit einer verallgemeinerten infrastrukturellen Gewährleistungsverpflichtung für die Träger der öffentlichen Jugendhilfe verbunden, besteht bei den anderen genannten Leistungen entweder ein individueller Rechtsanspruch (Beratungs- und Unterstützungsansprüche gem. §§ 17, 18 und 21), oder es werden auf das Individuum bezogene Soll-Anforderungen formuliert, die beim Vorliegen der im Gesetz genannten Bedingungen einem Rechtsanspruch auf eine Leistung sehr nahe kommen (§§ 19 und 20). Die Intention, die mit dem durch das SGB VIII geschaffenen Leistungsfeld „Familienförderung" als Aufgabe der Jugendhilfe hervorgehoben wird, lautet: allgemeine Förderung der Familie zum Zweck der Unterstützung und Stabilisierung ihrer Erziehungspotenziale, wobei ein besonderer Schwerpunkt gelegt wird bei den Hilfen zur Aufrechterhaltung der pädagogischen „Funktionsfähigkeit" in schwierigen Familiensituationen (Trennung/Scheidung, Alleinerziehenden-Situation, in Ausbildung befindliche Mütter oder Väter, Situationen gefährdeter Versorgung der Kinder). Ein gemeinsamer Nenner, der die verschiedenartigen Angebote und Leistungen verbindet, kann im Anspruch der „Prävention" gesehen werden: Die familiären Erziehungsbedingungen sollen durch allgemeine Unterstützungsleistungen und durch Hilfen in möglichen Problemkonstellationen so gestützt werden, dass die eigenen familiären Erziehungs- und Problembewältigungspotenziale ausreichen, um den Kindern einen für ihre Entwicklung angemessenen familiären Raum zu schaffen und dadurch Zuspitzungen in den familiären Erziehungsproblemen zu vermeiden.

Die Verschiedenartigkeit der zu diesem Leistungsfeld rechtlich verbundenen Leistungen und Arbeitsansätze und die Tatsache, dass einige der in diesem Leistungsfeld tätigen Träger in Institutionsbereichen außerhalb der Jugendhilfe (Erwachsenenbildung; Gesundheitsbereich) oder in Organisationen tätig sind, die sich im Bewusstsein der dort tätigen Akteure eher am Rande der Jugendhilfe befinden (z.B. Mütterzentren; vgl. Sozialpädagogisches Institut 2000), machen eine aktivierende Einbeziehung dieses Leistungsfeldes und seiner Akteure in die Jugendhilfeplanung schwierig. Die Jugendhilfeplanung steht vor dem Problem und gleichzeitig vor der Aufgabe, die Familienförderung in der regionalen Jugendhilfe angemessen zu verorten und die in diesen Bereich einbezogenen verschiedenartigen Handlungsfelder nicht aus dem Blick zu verlieren.

Die in diesem Leistungsfeld zum Ausdruck gebrachte familienpolitische Dimension des SGB VIII richtet sich nicht vornehmlich an einem traditionellen Familienleitbild aus, sondern Familie wird tendenziell verstanden als ein intentional auf Dauer angelegtes Zusammenleben von Erwachsenen und Kindern. Adressaten der entsprechenden Jugendhilfe-Angebote sind daher allgemein Mütter und Väter, die mit ihren Kindern in Gemeinschaft leben, sowie andere, in die Erziehung von Kindern eingebundene Erwachsene (z.B. Partner innerhalb nichtehelicher Lebensgemeinschaften, von ihren Kindern getrennt lebende Mütter und Väter, Stiefeltern, weitere Pflegepersonen). Dementsprechend ist bei der konzeptionellen Erörterung dieses Arbeitsbereichs im Rahmen von Jugendhilfeplanung darauf zu achten, dass allgemeine Angebote (z.B. Familienbildung) und spezielle Hilfen die Pluralität der Familienformen aufgreifen und die Angebote so eingebunden werden, dass sie insbesondere für Personen in schwierigen Familienkonstellationen zugänglich sind. Planung sollte eine Bewertung des Bestandes und eine Erörterung konzeptioneller Perspektiven insbesondere unter diesem Aspekt vornehmen, um dadurch dem Ziel einer Reduzierung von Benachteiligung (§ 80 Abs. 2 SGB VIII) Rechnung zu tragen.

Im Zentrum des Leistungsfeldes stehen Angebote der Beratung und der Familienbildung. In den letzten Jahren sind als ein weiterer planungsrelevanter Leistungsbereich die „frühen Hilfen" hinzugekommen, die im Kontext der Risiken bei Kindesvernachlässigung und Kindesmisshandlung konzipiert und – zum Teil vor dem Hintergrund von Entwicklungsprojekten und Förderprogrammen – mit unterschiedlichen Handlungsansätzen und Organisationsformen intensiviert worden sind (vgl. Bastian/Diepholz/Lindner 2008; Helming u. a. 2006; s. den Beitrag von Hensen/Schone in diesem Band). Gerade die Präventionsprogrammatik, die das Leistungsfeld „Förderung der Erziehung in der Familie" durchzieht, legt es nahe, die „frühen Hilfen" mit ihrem Bemühen um niedrigschwellige und frühzeitig aktivierte, auf Beratung und Unterstützung ausgerichtete Zugänge zu Eltern hier zu verorten.

Dem Begriff „Beratung" fällt im Leistungsfeld „Förderung der Erziehung in der Familie" eine zentrale Bedeutung zu. Methoden und Angebote der Beratung als ein „Zwischenglied zwischen solchen der allgemeinen Förderung (Leistungen und Angebote, die sich im Prinzip an alle Kinder, Jugendlichen und Familien richten) und den erzieherischen Hilfen im Einzelfall (Ausgangssituationen sind hier schon manifeste Krisen, Probleme und hieraus resultierender Handlungsbedarf)" (Jordan 2005, S. 134) haben angesichts gesellschaftlicher Veränderungen mit ihren Verunsicherungseffekten in den Lebenslagen und Perspektiven der Individuen an Bedeutung in der Jugendhilfe gewonnen. Für Jugendhilfeplanung zieht dies die Anforderung nach sich, die bisherige Beratungsstruktur in der Region einer sorgfältigen Bewertung zu unterziehen. Es ist zu prüfen, ob durch die vorhandenen Beratungsangebote auch die besonders hilfebedürftigen Zielgruppen erreicht werden konnten. Dementsprechend ist eine Gesamtkonzeption für Beratung in der Jugendhilfe zu entwerfen, innerhalb derer die häufig noch getrennt voneinander arbeitenden Beratungsinstitutionen sich in Kooperationszusammenhänge begeben und in der das Verhältnis von Angeboten allgemeiner und spezialisierter Beratung geklärt werden kann. Dabei sind insbesondere drei Beratungskonstellationen einzubeziehen:

- die vom Allgemeinen Sozialen Dienst (ASD) realisierten Beratungen: insbesondere in seinen nicht-formalisierten Beratungs- und Unterstützungsaktivitäten für Familien, in der Trennungs- und Scheidungsberatung sowie in der Unterstützung Alleinerziehender bei der Ausübung der Personensorge und des Umgangsrechts;
- die Aktivitäten der Beratungsstellen für Kinder, Jugendliche und Eltern („Erziehungsberatungsstellen"), in denen nicht nur „Erziehungsberatung" gem. § 28 SGB VIII stattfindet, sondern neben allgemeinen Beratungen in Erziehungsfragen auch Aktivitäten im Zusammenhang der Trennungs- und Scheidungsberatung und der Beratung Alleinerziehender;
- die nicht institutionalisierte, „funktionale" Beratung in Erziehungsfragen, die sich im Alltag verschiedener Einrichtungen ereignet, die mit Eltern in Kontakt kommen (z. B. Kindertageseinrichtungen, Familientreffpunkte wie z. B. Mütterzentren, Selbsthilfegruppen allein erziehender Elternteile etc.).

Solche Beratungsaktivitäten sind im Rahmen der Bestandsaufnahme in den Blick zu nehmen, zu bewerten und im Hinblick auf den Bedarf auszugestalten, um im Ergebnis der Planungsbemühungen zu einem „aufeinander abgestimmten Angebot von Jugendhilfeleistungen" (§ 80 Abs. 2 Nr. 2 SGB VIII) zu gelangen. Die Planungsdiskurse zur Abstimmung der unterschiedlichen Beratungsangebote können dadurch erschwert werden, dass hier Organisationen mit unterschiedlichen Aufgabenstrukturen und darauf ausgerichteten Handlungslogiken aufeinander treffen. So hat der ASD (als Organisationsbestandteil des Trägers der öffentlichen Jugendhilfe) spannungsreiche Aufgabenzuschnitte zu bewältigen (zwischen Beratung und eingreifenden Interventionen sowie zwischen Beratung und Mitwirkung in Verfahren vor dem Familiengericht), die in dieser Spannungsintensität bei freien Trägern mit institutionalisierten und funktionalen Beratungsangeboten nicht anzutreffen sind. Dies kann die Verständigung bei den Planungsdiskursen belasten und Bemühungen um kooperative Verknüpfungen erschweren. Aber gerade wegen dieser ungleichen Ausgangssituationen sind solche Planungsdiskurse, in denen die verschiedenartigen Aufgabenzuschnitte der Träger thematisiert werden, für das Schaffen einer tragfähigen Kooperationsbasis so bedeutsam.

Die Familienbildung erweist sich als ein Handlungsbereich mit einer großen Bandbreite von Trägerschaften und Handlungskonzepten. „Familienbildung findet sowohl im institutionellen als auch im nicht-institutionellen Bereich statt, der von Familienbildungsstätten, Familienverbänden, Volkshochschulen, Beratungsstellen, Elternarbeit in Kindergärten, Schulen, Familienzentren bis hin zur Familienselbsthilfe in Form von Stillgruppen, Mütter- und Nachbarschaftszentren oder Elterninitiativen reicht" (Deutscher Verein 2007, S. 168). Der Heterogenität der Träger und Erscheinungsformen entspricht ein hoher Grad an Unterschiedlichkeit in den Handlungsansätzen (vgl. Tschöpe-Scheffler 2005). Die Bestandsaufnahme und die Bedarfsermittlung in einem solch heterogenen Feld sind für diejenigen, die die Jugendhilfeplanung steuern sollen, mit besonderen Herausforderungen verbunden. Erschwerend kommt hinzu, dass nicht nur Einrichtungen aus anderen Jugendhilfebereichen (u. a. Kindertageseinrichtungen, die sich zu Familienzentren weiterentwickeln; vgl. Diller/Heitkötter/Rauschenbach 2008; Müncher/Andresen 2009) in die Planungsprozesse einbezogen und eingebunden werden sollen, sondern auch Organisationen, deren primäre Finanzierungsquellen außerhalb der Jugendhilfe angesiedelt sind (Volkshochschulen, Familienbildungsstätten) und die sich mit ihren Angeboten häufig eher in der Logik der Weiterbildung als in der Handlungslogik der Jugendhilfe verorten. Weiterhin sind auch Divergenzen zu konstatieren zwischen den fachlichen Vorstellungen der Jugendhilfe und dem Charakter von Familien*bildung* in dem Teil, der dem Weiterbildungsbereich zugeordnet ist. Die Zuordnung zur Erwachsenenbildung hat Auswirkungen im Hinblick auf das Bildungsverständnis, die Organisationsformen (Kurse etc.) und die Finanzierungsregelungen (teilnehmerbezogen). Die Anforderung zur Verknüpfung erweist sich somit angesichts der organisationsbezogenen und konzeptionellen Heterogenität bei der Familienbildung als eine anspruchsvolle Planungsaufgabe, die aber gerade deswegen bewältigt werden muss, weil sich hier Handlungspotenziale für die Jugendhilfe erschließen lassen, die in der Regel weniger im Blickfeld der Jugendhilfe-Akteure stehen. Vor diesem Hintergrund wäre auch eine stärkere Verbindung zwischen der Jugendhilfeplanung und der regionalen Weiterbildungsentwicklungsplanung entsprechend der Anforderung in § 80 Abs. 4 SGB VIII herzustellen.

Das Planungsthema „Kooperation" – als drängende Anforderung und als schwer herzustellende Modalität im Planungsdiskurs – ist auch bei den „frühen Hilfen" von hervorgehobener Bedeutung. Mit der intensivierten Debatte zum Kinderschutz, in deren Gefolge mit dem Einfügen des § 8a SGB VIII dieses Thema in das Zentrum der Aufmerksamkeit der Jugendhilfe-Akteure gerückt wurde, sind unter dem Etikett „Frühe Hilfen" Unterstützungsangebote für Eltern und Kinder ab Beginn der Schwangerschaft und in den ersten Lebensjahren entwickelt worden, mit denen Risiken für das Wohl und die Entwicklung eines Kindes frühzeitig wahrgenommen und reduziert werden sollen. Solche Hilfen werden bisweilen auch mit dem Begriff des „sozialen Frühwarnsystems" belegt – ein Begriff, der aufgrund der mit ihm ausgelösten Assoziationen problematische Folgen nach sich ziehen kann (zur Kritik an den unbeabsichtigten Nebenfolgen der „Präventions- und Frühwarn-Rhethorik" in der Jugendhilfe vgl. Merchel 2008b und Schone 2008). Die präventiv intendierten „Frühen Hilfen" sollen jedoch nicht auf die Jugendhilfe beschränkt bleiben. Vielmehr geht es dabei darum, verschiedene Dienste und Angebote des Sozialbereichs und des Gesundheitswesens miteinander zu verknüpfen, um damit ein koordiniertes regionales System von Hilfsangeboten zu schaffen, bei dem auch „Risikofamilien bzw. Risikoeltern" (vgl. dazu Hensen/Schone 2009) durch aufsuchende und/oder niedrigschwellige Aktivitäten und Angebote erreicht werden können. Bei den „Frühen Hilfen" stellt die Kooperation zwischen Akteuren und Trägern aus verschiedenartigen Bereichen, vor allem aus der Jugendhilfe und aus dem Gesundheitsbereich, eine zentrale Anforderung dar. Diese Kooperationsgestaltung stellt neben rechtlichen und organisationsbezogenen Herausforderungen (vgl. Meysen/Schönecker/Kindler 2009) auch infrastrukturbezogene Gestaltungsanforderungen, die im Rahmen der Jugendhilfeplanung zu bewältigen sind. In den Aktivitäten der Jugendhilfeplanung wird ein wesentlicher Beitrag zur infrastrukturellen Rahmung der Kooperationen geleistet, die dann im Alltag zwischen verschiedenen Akteuren aus dem Sozialbereich und dem Gesundheitswesen realisiert werden müssen. Ferner sollten im Rahmen der Jugendhilfeplanung auch die Evaluationen zur Funktionsweise dieser Netzwerkaktivitäten bei den „Frühen Hilfen" angeregt und durchgeführt werden.

3 Kindertageseinrichtungen und Kindertagespflege

Planungsaktivitäten in diesem Leitungsfeld der Jugendhilfe sind durch drei spezifische Voraussetzungen geprägt:

- Der Institution „Kindertageseinrichtung" wird unter der politischen Zielstellung „Vereinbarkeit von Familie und Beruf" und mittlerweile auch unter dem Aspekt der frühkindlichen Bildung (Bildung im Elementarbereich) eine hohe politische Priorität beigemessen. Dies korrespondiert mit einer eigentümlichen Einstellung diesem Institutionsbereich gegenüber: Insbesondere der Kindergarten (als Einrichtung für Kinder im Alter von drei bis sechs Jahren), aber auch die Betreuungsplätze für Kinder unter drei Jahren sind im Bewusstsein eines Großteils der Öffentlichkeit so weit aus dem Gesamtkontext der Jugendhilfe herausgehoben, dass sie kaum noch als Bestandteil der Jugendhilfe wahrgenommen werden.
- Für die Kindertageseinrichtungen existiert ein besonders differenziertes Netz von landesrechtlichen Bestimmungen in Form von Ausführungsgesetzen, Richtlinien, Erlassen, Förderungsregelungen etc., durch das für die örtliche Jugendhilfeplanung Rahmenbedingungen und Anforderungen gesetzt werden, die die Planung in diesem Leistungsfeld gleichsam zu einem „Sonderfall der Jugendhilfeplanung" macht. „Sonderfall der Jugendhilfeplanung" unter zwei Aspekten: zum einen im Hinblick auf die differenzierten landesrechtlichen Regelungsmodalitäten, die in der Jugendhilfeplanung beachtet werden müssen und die ihr einen spezifischen thematischen Zuschnitt verleihen, und zum anderen im Hinblick auf den damit einhergehenden Bedeutungsgewinn, den die Jugendhilfeplanung für sich verzeichnen kann. Denn in fast allen Kindertagesstättengesetzen und weiteren Regelungen der Bundesländer wird die Jugendhilfeplanung explizit als Grundlage für Landesfinanzierungen hervorgehoben, wobei in der Regel die an Betreuungsplätzen ausgerichtete, von den öffentlichen Jugendhilfeträgern (vielfach „jährlich") geforderte „Bedarfsplanung" im Mittelpunkt steht.

- Wie in kaum einem anderen Leistungsfeld ist die Jugendhilfeplanung hier durch die Dominanz des Aspekts „Versorgung", also durch quantitative Bedarfszahlen geprägt und (aufgrund der auf Ausbau ausgerichteten Gesetzgebung) in vielen Regionen auf Ausbau von „Betreuungsplätzen" ausgerichtet. Dadurch besteht die Gefahr, dass in den regionalen Planungsdiskursen Fragen der qualitativen Weiterentwicklung dieses Leistungsfeldes an den Rand gedrängt werden.

Dieser Hintergrund macht es schwer, die Jugendhilfeplanung für Kindertageseinrichtungen/ Kindertagespflege in die übergreifenden Planungsdiskurse der Jugendhilfe zu integrieren. Zumindest bedarf es besonderer Aufmerksamkeit und besonderer Bemühungen, um die Planung zu diesem Leistungsfeld nicht allzu sehr zu separieren, sondern im Planungsgeschehen die Verknüpfungen zum Gesamtkonzept von regionaler Jugendhilfe bewusst herzustellen und für alle Planungsbeteiligten zur Geltung zu bringen.

Das Leistungsfeld „Kindertageseinrichtungen/Kindertagespflege" unterliegt einer besonderen Dynamik, weil vor dem Hintergrund familienpolitischer Zielsetzungen (Vereinbarkeit von Familie und Beruf) und sozialpolitischer Absichten (Kompensation möglicher problematischer Effekte in bestimmten schwierigen familiären Lebenssituationen) sowie bildungspolitischer Intentionen (Aktivierung frühkindlicher Bildungspotenziale zur Herstellung ein höheren Maßes an Chancengerechtigkeit; vgl. BMFSFJ 2005) in mehreren politischen Schritten nicht nur ein Rechtsanspruch auf einen „Kindergartenplatz" (für Kinder im Alter von drei bis sechs Jahren), sondern mittlerweile auch ein Rechtsanspruch für Kinder unter drei Jahren auf „Erziehung, Bildung und Betreuung" in Einrichtungen oder in Kindertagespflege geschaffen worden ist. Ab dem 1.08.2013 hat ein Kind, das das erste Lebensjahr vollendet hat, bis zur Vollendung des dritten Lebensjahres einen Anspruch auf frühkindliche Förderung in einer Einrichtung oder in der Kindertagespflege. Für Kinder am Alter zwischen drei und sechs Jahren besteht ein Rechtsanspruch auf Förderung in einer Tageseinrichtung. Für Kinder bis zur Vollendung ihres ersten Lebensjahres sollen bedarfsentsprechend Förderungsmöglichkeiten geschaffen werden, wenn sie eine solche Förderung entweder für ihre eigene Entwicklung benötigen oder wenn dies aufgrund der persönlichen Lebensumstände der Erziehungsberechtigten (Erwerbstätigkeit, Ausbildung, Eingliederungshilfen gemäß SGB II) erforderlich wird (§ 24 SGB VIII in der ab 1. August 2013 gültigen Fassung). Während also ab dem 01.08.2013 ein Rechtsanspruch auf Förderung für alle Kinder im Alter von ein bis sechs Jahren existiert, besteht im Hinblick auf die Kinder unter einem Jahr und die Kinder im schulpflichtigen Alter eine Gewährleistungsverpflichtung für die Träger der öffentlichen Jugendhilfe, die entsprechend dem Bedarf benötigten Förderungsmöglichkeiten zur Verfügung zu stellen. Für den Zeitraum bis August 2013 gilt eine Übergangsregelung, die die Träger der öffentlichen Jugendhilfe zu einem stufenweise erfolgenden Ausbau des Förderangebots für Kinder unter drei Jahren verpflichtet (§ 24a SGB VIII in Verbindung mit § 24 SGB VIII in der bis zum 31.07.2013 gültigen Fassung). Dass zur Realisierung der Rechtsansprüche, zur Definition des Bedarfsumfangs für die nicht mit einem Rechtsanspruch versehenen Altersgruppen und zum Erreichen eines im Jahr 2013 für die Einlösung der Rechtsansprüche erforderlichen Angebots die Jugendhilfeplanung einen besonderen Stellenwert hat, liegt auf der Hand und wird auch durch entsprechende landesgesetzliche Regelungen ausdrücklich bestätigt. Im Rahmen der Jugendhilfeplanung ist im Hinblick auf den quantitativen Ausbau und künftig im Hinblick auf einen quantitativ ausreichenden Angebotsstand der Bedarf an Förderungsplätzen für die unterschiedlichen Altersgruppen differenziert zu erheben:

- Für die Altersgruppe der Kinder im Kindergartenalter (drei bis sechs Jahre) ist von einer sehr weitgehenden Inanspruchnahme auszugehen. Das Angebot ist bei den Eltern breit akzeptiert, und auch aus pädagogischen und/oder bildungspolitischen Gründen sind Aktivitäten zu unternehmen, um diejenigen Eltern, die ihre Kinder noch nicht oder erst zu einem sehr späten Zeitpunkt bei einer Kindertageseinrichtung anmelden, von der Notwendigkeit der Inanspruchnahme dieses Angebots zu überzeugen.
- Für die Altersgruppe der Kinder im Alter von ein bis drei Jahren setzt man auf der Grundlage von Studien zur Kinderbetreuung und aufgrund von Erfahrungen in anderen europäischen Ländern bundesweit eine Betreuungsquote von 35 % als bedarfsentsprechend an. Von diesen Betreuungsplätzen sollen nach den Vorstellungen des Gesetzgebers ca. 30 % über Kindertagespflege abgedeckt werden (vgl. Wiesner 2009). Die örtliche Jugendhilfeplanung kann sich zwar an solchen Größenordnungen orientieren, jedoch nicht darauf vertrauen, dass die überregional kalkulierten Betreuungs- und Zielquoten für den Ausbau auch mit dem regionalen Bedarf übereinstimmen. Unterschiedliches regionales Nutzungsverhalten wird z. B. daran beispielhaft deutlich, dass bereits im Jahr 2008 in ostdeutschen Bundesländern die Quote der Inanspruchnahme deutlich über dem Wert von 35 % lag, der insbesondere für die westlichen Bundesländern als Zielwert angegeben wurde (Sachsen 37 %, Sachsen-Anhalt 53 %; vgl. Schilling 2009, S. 15). Auch innerhalb eines Bundeslandes wird vermutlich die Nachfrage differieren zwischen urbanen und ländlich strukturierten Regionen. Wie viel Personen jeweils regional für die Tagespflege aktiviert und im Sinne des gesetzlichen Auftrags des gesetzlichen Förderungsauftrags (§ 23 SGB VIII) qualifiziert werden können, wird sich möglicherweise ebenfalls verschiedenartig darstellen. Die bundesweit kalkulierten Betreuungsquoten markieren also lediglich eine allgemeine Orientierungsgröße, die aber örtlich im Hinblick auf die jeweils dort sich zeigende Bedarfsentwicklung konkretisiert werden muss. Eine reine Quotenorientierung ist problematisch, da auch innerhalb eines Jugendamtsbezirks der Bedarf sozialräumlich differieren kann (vgl. Pluto u. a. 2007, S. 353); reine „Platz-Kind-Relationen", die über einen gesamten Jugendamtsbezirk gelegt werden, reichen für eine realistische, wohnortnahe Bedarfskalkulation nicht aus.
- Für die Altersgruppe der Kinder vor Vollendung des ersten Lebensjahres wird der Bedarf voraussichtlich relativ gering sein (im Jahr 2008 bei 1,7 % in westdeutschen Bundesländern und 5,7 % in ostdeutschen Bundesländern; vgl. Schilling 2009, S. 15). Hier werden die Träger der öffentlichen Jugendhilfe vermutlich primär die Kindertagespflege nutzen – wegen der stärker personenbezogenen Ausrichtung und wegen der größeren Flexibilität dieses Betreuungsarrangements. Der Umfang des Bedarfs wird hier nur grob eingeschätzt werden können, wohl am ehesten durch Erfahrungen zu Bedarfsanmeldungen, die sich im Laufe mehrerer Jahre allmählich zu einigermaßen kalkulierbaren Bedarfsgrößen herausbilden. Hier kommt es dann darauf an, ein flexibel einsetzbares Angebot zu schaffen und für Bedarfsfälle bereithalten zu können.
- Unklar ist die voraussichtliche Bedarfsentwicklung zur Betreuung von Kindern im schulpflichtigen Alter. Ein Faktor zur Bedarfsentwicklung ist die jeweilige Landespolitik im Hinblick auf den Hort. Zunächst liegt die Annahme nahe, dass mit der Ausweitung der Ganztagsbetreuung an Schulen der Bedarf an Plätzen im Hort sich reduzieren wird und der Hort damit allmählich seine Existenzberechtigung in seiner tradierten Existenzweise verlieren wird (vgl. Merchel 2005, S. 197). Die Existenzfrage des Horts scheint jedoch in engem Zusammenhang zu stehen mit der Politik der Bundesländer: Während z. B. in NRW die Landesregierung entschieden hat, den Hort im Grundsatz durch die offene Ganztagsschule zu

ersetzen, ist im Zeitraum zwischen 2006 und 2008 in anderen Bundesländern die Zahl der Kinder, die den Hort nutzen, entweder gleich geblieben oder sogar leicht angestiegen (vgl. Schilling/Lange 2009, S. 12 f.). Allerdings scheint auch hier der Bedarf an Hortbetreuung auf die Phase des Grundschulalters begrenzt zu sein (ebd.), sodass oberhalb eines Alters von zehn Jahren kaum noch Bedarf an dieser Betreuungsform besteht. Auf jeden Fall ist es für die Jugendhilfeplanung erforderlich, dass präzise Informationen zum Betreuungspotenzial an Schulen erhoben werden. Diese eigentlich selbstverständliche Anforderung wird leider nicht immer realisiert: So haben Pluto u. a. (2007) festgestellt, dass „etwas ein Drittel der Jugendämter, in deren Bezirk sich eine oder mehrere Ganztagsschulen befinden, keine Informationen darüber hat, wie viele Plätze in diesen Schulen zur Verfügung stehen" (S. 113).

Es mag sein, dass in der Struktur und im Alltag der Einrichtungen die traditionelle Aufteilung in die Altersgruppen „unter 3 Jahre", „Kindergartenalter (drei bis sechs Jahre)" und „Schulalter (sechs bis ca. zwölf Jahre)" allmählich ins Wanken gerät, weil Einrichtungen altersübergreifend arbeiten, flexible Betreuungsarrangements schaffen etc. (vgl. Pluto u. a. 2007, S. 97). Aber für die Planung erscheint eine solche Aufgliederung immer noch sinnvoll, weil die gesetzlichen Grundlagen (SGB VIII und Landesgesetze) mit diesen Alterseinteilungen kalkulieren und Bedarfsdefinitionen entlang einer solchen Altersstrukturierung fordern. Allerdings sollte eine solche Altersstrukturierung in der Jugendhilfeplanung nicht mit bestimmten Institutionsformen (Krippe, Kindergarten, Hort) gleichgesetzt werden; eine solche Gleichsetzung würde die Praxis in vielen Einrichtungen und in vielen Regionen missachten.

Jugendhilfeplanung darf jedoch nicht allein die quantitative Seite des Bedarfs im Blick haben. Vielmehr ist von der örtlichen Jugendhilfeplanung zu registrieren und jeweils auch örtlich aufzunehmen, dass das Leistungsfeld „Kindertageseinrichtungen/Kindertagespflege" sich vielfältigen Anforderungen ausgesetzt sieht und sich dementsprechend in einem Prozess der konzeptionellen Weiterentwicklung befindet. In welcher Weise dieser qualitative Entwicklungsprozess örtlich bzw. regional verarbeitet und konkretisiert wird, muss im Rahmen der Jugendhilfeplanung thematisiert und zu entsprechenden Maßnahmen und Beschlüssen verdichtet werden. Anforderungen an Kindertageseinrichtungen werden mit bildungspolitischen, sozialpolitischen, familienpolitischen und jugendhilfepolitischen Intentionen artikuliert (vgl. BJK 2008), so z. B.:

- Kindertageseinrichtungen als Hoffnungsträger zur Verbesserung von Bildung: Man erwartet von Kindertageseinrichtungen u. a. eine gezielte Förderung von Spracherwerb und Sprachentwicklung, sie sollen die verschiedenen Formen und Facetten der Wahrnehmung von Kindern fördern, die Förderung „naturwissenschaftlicher" Offenheit soll zu einem Aufgabenschwerpunkt der Kindertageseinrichtungen werden und vieles andere mehr.
- Kindertageseinrichtungen als institutioneller Ansatzpunkt für eine offensive Familienförderung: Mit der Ausweitung der Konzeption und der Angebote in Richtung „Familienzentren" soll der primären Zielgruppe „Kinder" die sekundäre Zielgruppe „Eltern" an die Seite gestellt werden, und darüber hinaus soll mit dem Familienzentrum ein Ausgangspunkt für eine offensive Kinder- und Jugendhilfe im Sozialraum geschaffen werden (vgl. Rietmann/Hensen 2008; Diller/Heitkötter/Rauschenbach 2008).
- Kindertageseinrichtungen mit dem komplexen Auftrag von „Erziehung, Bildung und Betreuung": Der in § 22 Abs. 3 SGB VIII benannte dreifache Auftrag von Erziehung, Bildung und Betreuung wird in einer Intensität und in einer gleichen Betonung aller drei Aspekte an die Einrichtungen herangetragen, wie es in den bisherigen Debatten zum Profil von Kin-

dertageseinrichtungen so offensiv nicht artikuliert wurde. Zwar war und ist die genannte „Trias“ über mehrere Jahrzehnte in den entsprechenden Landesgesetzen und im SGB VIII als Leitformel für die Aufgaben der Kindertageseinrichtungen enthalten, jedoch wurde der Bildungsauftrag sowohl in den Konzeptdiskussionen als auch in der Praxis über eine lange Zeit eher in den Hintergrund geschoben. Hier hat sich eine folgenreiche Änderung ergeben: Der Bildungsanspruch an die Kindertageseinrichtungen wird neu definiert und mit konkreten Anforderungen an die Einrichtungen verbunden, wofür – als eines von vielen Dokumenten – u. a. der Zwölfte Kinder- und Jugendbericht (BMFSFJ 2005) ein markantes Beispiel gibt.

- Kindertageseinrichtungen als Bildungsort auch für unter dreijährige Kinder: Im Grundsatz – und mit einer altersspezifischen Ausrichtung des Bildungsbegriffs – wird der Bildungsanspruch ausgeweitet auf die Altersgruppe der ein- und zweijährigen Kinder, die bisher vorwiegend unter dem Betreuungsaspekt betrachtet wurde. Mit der Ausweitung der Anforderungen über die Gewährleistung einer guten „Betreuung“ hinaus und mit der damit einhergehenden Aktualisierung des Bildungsanspruchs, müssen die Mitarbeiterinnen und Mitarbeiter in den Einrichtungen Formen der Bildung für Kinder einer Altersgruppe initiieren und pädagogisch umsetzen, für die bisher lediglich „Betreuungskonzepte“ realisiert wurden.
- Kindertageseinrichtungen als Instrument einer „präventiven Sozialen Arbeit“: Die Träger von Kindertageseinrichtungen sollen auf der Grundlage von mit dem Jugendamt abgeschlossenen Vereinbarungen eine aktive Rolle beim Erkennen möglicher Kindeswohlgefährdungen und bei der offensiven Vermittlung von Hilfen an die Eltern einnehmen. Sie sollen sich zu einem qualifizierten Bestandteil eines „Systems früher Hilfen“ entwickeln. Ähnliche Erwartungen mit Blick auf eine stärkere Ausgestaltung der Kindertageseinrichtung im Sinne eines „präventiven Hilfesystems“ werden auch aus dem Gesundheitsbereich an die Einrichtungen herangetragen: Kindertageseinrichtung sollen sich intensiver in die Gesundheitsförderung einbringen, etwa im Hinblick auf gesunde Ernährung oder Bewegungserziehung.
- Kindertageseinrichtungen als sozial- und jugendhilfepolitischer Integrationsfaktor: Insbesondere für die gesellschaftliche Integration von Menschen mit Migrationsgeschichte sollen Kindertageseinrichtungen durch eine frühzeitige gemeinsame Erziehung von Kindern mit und ohne familiäre Migrationsgeschichte gemeinsame Erfahrungen schon im frühen Kindesalter ermöglichen, den Umgang mit der deutschen Sprache herausfordern, Kontakte zwischen Eltern mit und ohne Migrationsgeschichte ermöglichen etc. Ähnliche Integrationsabsichten sind mit der Anforderung verbunden, Kinder mit und ohne Behinderungen gemeinsam in Gruppen zu fördern (§ 22a Abs. 4 SGB VIII und entsprechende landesrechtliche Regelungen).
- Kindertageseinrichtungen als Unterstützung für eine bessere Vereinbarkeit von Erwerbstätigkeit und Kindererziehung: Dieses gleichermaßen familien- wie sozialpolitische Ziel (§ 22 Abs. 2 SGB VIII) erfordert von den Einrichtungen eine sorgfältige Analyse des Bedarfs an Öffnungszeiten (Kernöffnungszeiten und zeitliche Flexibilisierungsmöglichkeiten bei der Betreuung) und eine Abstimmung zwischen dem zeitlichen Betreuungsbedarf und einer pädagogisch angemessenen Strukturierung des Einrichtungsalltags und der Angebote.

Diese kurze Auflistung von Anforderungsschwerpunkten macht deutlich, dass Kindertageseinrichtungen konzeptionelle Profile entwickeln müssen, um in der Vielfalt und Divergenz der Anforderungen nicht unterzugehen. Jugendhilfeplanung hat in diesem Zusammenhang insofern eine bedeutsame Funktion, als hier nicht nur fachliche Profile einzelner Einrichtungen angesprochen sind, sondern diese sich zu einem „fachpolitischen Profilmuster“ dieses Leistungsfeldes in einer Region verdichten sollen. Ein solches „fachpolitisches Profilmuster“ sollte nicht mehr oder weniger zufällig aus den profilbezogenen Schwerpunkten verschiedener Einrichtungen in additiver Weise entstehen, sondern es sollte in Planungsdiskursen bewusst und „geplant“ erarbeitet werden als Grundlage für Entscheidungen in der örtlichen Jugendhilfepolitik und für eine strukturierte kontinuierliche Weiterentwicklung dieses Leistungsfeldes. In welcher Weise ein bestimmtes fachpolitisches Profil qualitative Entwicklungsdiskurse in der kommunalen Jugendhilfeplanung und auch konkrete jugendhilfepolitische Entscheidungen prägen kann, hat z.B. das Bundesjugendkuratorium in seiner Stellungnahme zur Zukunftsfähigkeit von Kindertageseinrichtungen (vgl. BJK 2008) angesprochen: Mit der vom BJK proklamierten „Herstellung von Chancengerechtigkeit“ als Leitorientierung für das Leistungsfeld „Kindertageseinrichtungen/Kindertagespflege“ verbinden sich Anforderungen an die örtliche Jugendhilfeplanung als Strategie der kommunalen Gestaltung – von der Handhabung fachlicher Konzeptionen (z.B. Konzeptionierung von „Bildungsarbeit“, Handhabung von „Bildungsplänen“, Modalitäten des Umgang mit Kindern und Erwachsenen aus verschiedenen Herkunftskulturen etc.) über die Koordination zu organisatorischen Fragen (z.B. Handhabung von Öffnungszeiten, Formen der Evaluation, Handhabung von Vereinbarungen gem. § 8a SGB VIII) bis hin zu politischen Entscheidungen, wie z.B. einer zumindest partiellen Differenzierung nach sozialen Belastungskriterien bei der Verteilung finanzieller Ressourcen auf Sozialräume und dort tätige Einrichtungen.

Jugendhilfeplanung in diesem Leistungsfeld darf sich somit nicht beschränken auf die Realisierung der Rechtsansprüche und des infrastrukturellen Gewährleistungsauftrags (in seiner auf Plätze orientierten quantitativen Variante) gemäß der §§ 24 und 24a SGB VIII. Einzubeziehen sind fachlich-konzeptionelle und daraus resultierende fachpolitische Elemente entsprechend den in § 22a Abs. 5 SGB VIII formulierten qualitativen Planungsanforderungen an die Träger der öffentlichen Kinder- und Jugendhilfe; dabei haben selbstverständlich die in den landesrechtlichen Regelungen enthaltenen Vorgaben zu qualitativen Rahmenbedingungen einen besonderen Stellenwert (zu den aus landesrechtlichen Regelungen resultierenden Unterschiede in den qualitativen Zuständen bei Kindertageseinrichtungen, vgl. u.a. Bock-Famulla 2008). Solche regionalen qualitativen Planungsdiskurse sind angewiesen auf eine inhaltliche Einbindung der freien Träger, die sich nicht in einer lediglich formalen Beteiligung erschöpft. Bei einer verstärkten Aktualisierung qualitativer Elemente ist mit einer höheren Konfliktanfälligkeit in den Planungsprozessen zu rechnen, weil der übergreifende planerische Gestaltungsanspruch in Spannung geraten kann zu einem formalen, eher statischen Verständnis von „Trägerautonomie“. Die Gestaltung von „inhaltlicher Beteiligung“ und das Bewältigen der Konfliktanfälligkeit stellen besondere Anforderungen an eine kompetente Moderation und Steuerung des Planungsprozesses.

Die qualitative Gestaltungsanforderung richtet sich nicht nur auf die Kindertageseinrichtungen, sondern auch auf die Kindertagespflege. Auch hier geht es nicht nur um Überlegungen zur quantitativen Ausweitung der Kindertagespflege, sondern auch um die Realisierung qualitativer Ansprüche. Denn im Grundsatz gilt der an die Einrichtungen adressierte Förderungsauftrag auch für die Kindertagespflege (§ 22 Abs. 2 und 3 SGB VIII) (vgl. Jurczyk/Heitkötter 2008; AGJ 2008). Dementsprechend gehört es zur Ausgabe der Jugendhilfeplanung, auf die Erarbeitung von Leitlinien für die qualitative Ausgestaltung der Tagespflege hinzuwirken; dabei geht es neben den Regelungen zu Entgelten und zu Anreizen zur Ausübung der Tätigkeit auch um Qualifizierungsanforderungen und Qualifizierungsangebote, um Modalitäten der fachlichen Beratung, um eine Förderung selbstorganisierter Zusammenschlüsse von Tagespflegepersonen oder um die Einbeziehung in die Gestaltung des Übergangs eines Kindes von der Kindertagespflege in den Kindergarten. Da Politiker bisweilen die „Großtagespflegestelle" als eine „preiswerte" Alternative zu Kindertageseinrichtungen kalkulieren und da entsprechend der offenen Formulierung in § 43 Abs. 3 SGB VIII in landesrechtlichen Regelungen möglicherweise die Option einer Großtagespflegestelle mit mehr als fünf gleichzeitig anwesenden Kindern eröffnet werden kann, wäre im Rahmen der örtlichen Jugendhilfeplanung eine Entscheidung darüber herbeizuführen, (a) ob solche ausgeweiteten Großtagespflegestellen gewollt werden und ggf. (b) unter welchen Qualitätskriterien (vor dem Hintergrund der Anforderungen des § 22 Abs. 2 und 3 SGB VIII) solche ausgeweiteten Großtagespflegestellen akzeptiert werden können.

Die Logik des Leistungsfeldes „Kindertageseinrichtungen/Kindertagespflege" legt Verknüpfungen zu anderen Institutionsbereichen im Rahmen der Jugendhilfeplanung nahe. Da Kindertageseinrichtungen sich als „Orte für Kinder und Familien im Stadtteil" profilieren sollen, die im Stadtteil wirken und die Eltern und Kindern auch die Angebote des Stadtteils und der Region erschließen helfen sollen, bedarf es in der Planung angemessener Formen der Verbindung zwischen den Kindertageseinrichtungen und den für Kinder und Eltern relevanten Institutionen mit ihren Angeboten im Stadtteil. Zum anderen liegt die Verknüpfung zum Schulbereich nahe: im Hinblick auf die Betreuung von Schulkindern (entsprechend § 24 Abs. 2 SGB VIII in der Fassung bis 31.07.2013 bzw. § 24 Abs. 4 SGB VIII in der Fassung ab 1.08.2013) und im Hinblick auf die Gestaltung des Übergangs zwischen Kindertageseinrichtung und Grundschule. Im Hinblick auf die Betreuung der Schulkinder ist zunächst der Bestand an angebotenen Betreuungsmöglichkeiten differenziert zu erheben. Ferner geht es um eine Kalkulation des Bedarfs an Betreuung, um Maßnahmen zur Deckung des Bedarfs an verschiedenen möglichen Orten (in Horten innerhalb, in der unmittelbaren Nähe und außerhalb von Schulen; in Schulen, in denen Betreuung von der Schule selbst oder von Jugendhilfeträgern organisiert wird; in Jugendfreizeiteinrichtungen außerhalb von Schulen etc.) sowie um den fachlich-konzeptionellen Rahmen solcher Betreuungsarrangements. Für die Gestaltung des Übergangs zwischen Kindertageseinrichtung und Grundschule sollten die bisher praktizierten und tradierten Ansätze aufgenommen und weiterentwickelt werden zu einem komplexer angelegten „Übergangsmanagement". Die Ausgestaltung der „Statuspassage" von Kindern (vom „Kindergartenkind" zum „Schulkind"; vgl. Kluczniok/Rossbach 2008) bedarf einer gemeinsamen Bildungskonzeption, die zur Grundlage von konkreten Maßnahmen der umfassenden Vorbereitung und Gestaltung des Übergangs wird. Hierzu sollte im Rahmen der Jugendhilfeplanung ein konzeptioneller Rahmen mit entsprechenden Verfahren erarbeitet und deren Umsetzung evaluiert werden.[3]

---

3 Ein solches „Übergangsmanagement", das auf kommunaler Ebene ausgestaltet und am Leben gehalten werden muss, kann eine Konkretisierung der „kommunalen Bildungslandschaften" sein, wie sie aktuell häufiger als allgemeiner Zielbegriff beschworen, jedoch weniger mit konkreten Inhalten belegt werden (vgl. Maykus 2007, der dem Begriff der „Bildungslandschaften" trotz seiner inhaltlichen Offenheit seine „symbolische Integrationskraft" zugute hält, von der er sich entsprechende Wirkungen verspricht). Mit dem Begriff der „kommunalen Bildungslandschaften" wird eine Auffassung in die Debatte eingebracht, die vor allem auf zwei bildungsorientierte Gestaltungselemente ausgerichtet ist. Zum einen soll mit diesem Begriff die Forderung untermauert werden, dass die kommunale Ebene, die bisher im Bildungsbereich eher technisch-ausführende Funktionen erfüllt, stärker (bildungs-) politisch gestaltend tätig werden soll (u. a. durch inhaltliche Profilierung der Schulentwicklungsplanung, die über reine quantitative Platzbedarfsplanung hinausgeht). Zum anderen soll durch die Metapher der Bildungslandschaft verdeutlicht werden, dass unterschiedliche bildungsrelevante Akteure (Kindertageseinrichtungen,

4 Hilfen zur Erziehung

Das Leistungsfeld „Hilfen zur Erziehung" (mit den darin eingebundenen Eingliederungshilfen für seelisch behinderte Kinder und Jugendliche und den Hilfen für junge Volljährige) ist wohl dasjenige Leistungsfeld, das sich für eine am quantitativen und qualitativen Bedarf ausgerichtete Jugendhilfeplanung als am schwersten zugänglich erweist. Planung muss sich hier in einem Feld bewegen, das sich von den anderen Leistungsfeldern der Jugendhilfe durch eine spezifische Merkmalskonstellation abhebt:

- Anders als die Kindertageseinrichtungen oder die Jugendarbeit richten sich die Erziehungshilfen nicht als ein allgemein förderndes Angebot auf einen breiten potenziellen Adressatenkreis, sondern sie sind konzipiert für Kinder, Jugendliche und Familien in Problemkonstellationen, also für einen eingegrenzten, mit bestimmten situativen Merkmalen versehenen und in seinem Umfang schwer einschätzbaren Personenkreis. Das Merkmal, das Menschen zu diesem Adressatenkreises gehören lässt, ist unbestimmt: Adressaten sind solche Personensorgeberechtigte, bei denen ohne eine sozialpädagogische Hilfe „eine dem Wohl des Kindes oder des Jugendlichen entsprechende Erziehung nicht gewährleistet ist" (§ 27 Abs.1 SGB VIII). Die Tatsache, dass der quantitative Umfang des Adressatenkreises der Erziehungshilfe kaum verlässlich vorhergesagt werden kann, hat seine Ursache in der Unbestimmtheit und Interpretationsbedürftigkeit des zitierten Merkmals.
- Der individuelle Rechtsanspruch ist nicht (wie z. B. der Rechtsanspruch auf einen Kindergartenplatz) voraussetzungslos gegeben, sondern er erlangt nur dann Geltung, wenn geprüft ist, ob die Voraussetzungen für die Definition eines Rechtsanspruchs im Einzelfall (§ 27 SGB VIII) vorliegen. Sind die Voraussetzungen für einen Rechtsanspruch als gegeben erkannt, setzt ein Verfahren zwischen den Beteiligten (§ 36 SGB VIII) ein, in dem darüber entschieden wird, welche Hilfe als „geeignet und notwendig" (§ 27, Abs. 1 SGB VIII) anzusehen ist, mit welcher konkreten Hilfe also dem Rechtsanspruch auf Hilfe zur Erziehung zu genügen ist (vgl. Merchel 2006a). Dieses Verfahren des individuellen und in seinen inhaltlichen Dimensionen jeweils einzeln auszuhandelnden Rechtsanspruchs konfrontiert Jugendhilfeplanung mit einer Bedarfslage, deren genaue quantitative und qualitative Ausprägungen unklar bleiben müssen. Art und Umfang des Bedarfs an erzieherischer Hilfe werden eigentlich immer erst im Nachhinein deutlich.

Damit stellt sich die grundlegende Frage, wie sich Infrastrukturplanung überhaupt vollziehen kann in einem solchen Jugendhilfebereich, dessen Angebote sich auf einen zunächst unbestimmten Adressatenkreis beziehen und der in seiner Logik auf Einzelentscheidungen und individuelle Aushandlungsvorgänge ausgerichtet ist. In welcher Weise ist „Bedarf" in seinen qualitativen und quantitativen Dimensionen abschätzbar, so wie es in § 80 Abs. 1 SGB VIII gefordert wird, und wie können dementsprechend Maßnahmen „geplant" werden? Was kann Jugendhilfeplanung als zukunftsgerichteter Steuerungsversuch bedeuten in einem Bereich, in dem ein

---

Schulen, Ausbildungsbetriebe, Einrichtungen der Erwachsenenbildung, Kinder- und Jugendhilfe-Organisationen u. a.) sich zum Zwecke einer Optimierung durch Koordinierung von Bildungsangeboten und Bildungsverläufen sowie vor dem Hintergrund eines umfassenden Bildungsbegriffs (Bildung als vielgestaltiger Prozess des Erwerbs von kognitiven, sozialen und emotionalen Kompetenzen) miteinander zum Aufbau eines möglichst konsistenten kommunalen Gesamtsystems von Bildung verschränken. Ob diese, zunächst noch relativ diffus und allgemein formulierte Leitvorstellung einer „kommunalen Bildungslandschaft" im Alltag tragfähig ist oder eine Leitvokabel mit relativ schwacher Alltagsprägung bleibt, ist abzuwarten (vgl. dazu auch den Beitrag von Maykus in diesem Band).

konkreter und differenzierter Bedarf an bestimmten Hilfeformen und individuellen Hilfe-Arrangements sich eigentlich erst im Nachhinein rekonstruieren lässt? Können die jeweils individuellen Aushandlungsprozesse, in denen sich Bedarf im Einzelfall konstituiert, Bedeutung für die Infrastrukturplanung in der Erziehungshilfe erlangen? Die besonderen Konstellationen in der Erziehungshilfe enthalten spezifische Anforderungen und Gestaltungsprobleme an die Jugendhilfeplanung, die in diesem Bereich Orientierungen und methodische Vorgehensweisen entwickeln muss, die sich von denen in anderen Jugendhilfebereichen unterscheiden.

Trotz der angedeuteten Schwierigkeiten ist gerade im Leistungsfeld der Hilfen zur Erziehung „Planung" eine Chiffre, die vor allem im Kontext von haushaltsbezogenen Steuerungsbemühungen gefordert wird. Das Bemühen um eine Steuerung mit Hilfe von Planungsmethoden erhält anhaltende Bedeutung durch die schlichte Tatsache, dass in der Erziehungshilfe für relativ wenige Kinder und Jugendliche (und zwar für störende, randständige Minderjährige) relativ viel Geld ausgegeben wird: Mehr als ein Viertel der kommunalen Ausgaben für Jugendhilfeleistungen geht in die Erziehungshilfe (vgl. Schilling 2005, S. 36; Fendrich/Pothmann 2007); dafür erhalten 3,6 % aller jungen Menschen unter 21 Jahren Hilfen (einschließlich Erziehungsberatung; differenziert: 1,7 % Erziehungsberatung – 1,9 % andere Erziehungshilfen) (vgl. Fendrich/Pothmann 2005, S. 89). Die Ausgaben für Erziehungshilfen sind zwischen 1993 und 2003 um fast 54 % gestiegen (vgl. Fendrich/Pothmann 2005, S. 87). Insbesondere die stationäre Erziehungshilfe mit ihren – verglichen mit Erziehungsberatung und ambulanten Erziehungshilfen – relativ hohen Kosten werden in den Kommunen als ein „Steuerungsproblem" empfunden (vgl. Sozialpädagogisches Institut 2007; Merchel 2004a), das nicht zuletzt durch einen „planerischen Zugriff" bearbeitet werden soll. Dass Planung in der Erziehungshilfe mit der Intention versehen wird, Kostenentwicklungen bei befürchtetem Anforderungszuwachs „in den Griff zu bekommen", ist angesichts der komplexen Verursachungsbedingungen für diesen Sachverhalt (vgl. u. a. Merchel 2003) sicherlich eine nicht unproblematische Erwartung, jedoch muss konstatiert werden, dass Jugendhilfeplanung hier vielfach mit solchen Erwartungen konfrontiert wird, und zwar trotz der besonderen, gegenüber einer Planungslogik sperrigen Struktur des Leistungsfeldes. Entsprechend den Besonderheiten dieses Leistungsfeldes sind der Jugendhilfeplanung im Bereich der Hilfen zur Erziehung vor allem vier Aufgaben zuzusprechen:

(a) die genaue Betrachtung und kritische Analyse der Angebotsstruktur im Hinblick auf deren fachliche Tragfähigkeit;
(b) das Herausarbeiten von möglichen Entwicklungstendenzen im Bedarf, die Spiegelung solcher Tendenzen mit den vorhandenen Angeboten und aus dieser Spiegelung das Formulieren von Veränderungsimpulsen an die örtlichen Träger;
(c) der interkommunale Vergleich, um die örtlichen Verhältnisse im Spiegel der Entwicklung in anderen vergleichbaren Regionen bewerten zu können und daraus möglicherweise Fragestellungen für Gestaltungsimpulse für die eigene Region zu erhalten;
(d) Erarbeiten von Leitorientierungen für die Kooperation der Erziehungshilfe mit anderen Institutionsbereichen (u. a. Jugendgerichtshilfe, Schulen, Einrichtungen der Kinder- und Jugendpsychiatrie).

zu (a): Analyse der regionalen Angebotsstruktur

Bei jeder Bestandsanalyse im Rahmen der Jugendhilfeplanung müssen sich die Akteure mit der Frage auseinandersetzen, ob das regionale Angebot dem in der Fachdebatte erreichten Erkenntnisstand entspricht und ob sich die aktuellen Anforderungen mit der vorhandenen Angebotsstruktur in ihrem Umfang und in ihrem fachlichen Gehalt adäquat bewältigen lassen. In diese

Analyse einzubeziehen sind auch Tendenzen, die sich für die Entwicklung in Teilen der Angebotsstruktur bereits abzeichnen. In der Erziehungshilfe haben sich u. a. folgende fachliche und organisationsbezogene Tendenzen gezeigt, die für die Debatte in der örtlichen Jugendhilfeplanung Bedeutung haben:

- Unter der Leitorientierung der Lebensweltnähe hat sich die stationäre Erziehungshilfe weitgehend dezentralisiert. Heimerziehung zeigt sich in unterschiedlichen „Profilen" (Freigang/Wolf 2001), jedoch gehen die fachlichen Argumente deutlich in Richtung dezentral angesiedelter, in das „normale" Lebensfeld eingegliederter organisatorisch-pädagogischer Arrangements (Außenwohngruppen, familienanaloge Lebensgemeinschaften, Erziehungsstellen, Kleinsteinrichtungen, Wohngruppen/Wohngemeinschaften).
- Die traditionelle Ausrichtung, bei der ein Träger seinen Schwerpunkt bei einer bestimmten Angebotsform hatte und sich dadurch mit einem begrenzten Angebotsprofil gegenüber dem Angebotsprofil anderer Träger abgrenzte, hat sich weitgehend aufgelöst. Die Anforderung an Träger, sich flexibel zu zeigen für verschiedene, auf den jeweiligen Einzelfall bezogene Betreuungs- und Erziehungsnotwendigkeiten hat dazu geführt, dass Träger sich zum einen relativ flexibel zeigen im Hinblick auf sozialpädagogische Arrangements („flexible Hilfen") und zum anderen gerade die größeren Träger/Einrichtungen unterschiedliche ambulante und stationäre pädagogische Angebote mit verschiedenartigen Betreuungsintensitäten unter ihrem Dach vereinen (vgl. Peters/Koch 2004). Dies betrifft sowohl Träger mit dem Schwerpunkt bei stationären Hilfen als auch Träger der ambulanten Erziehungshilfen. Auch im Bereich der ambulanten Erziehungshilfen sind Träger aufgefordert, gleichermaßen jugendlichenorientierte Hilfen (traditionell „Erziehungsbeistandschaft" und intensivere Formen der Beratung und Begleitung von Jugendlichen) und familienorientierte Hilfen (traditionell „Sozialpädagogische Familienhilfe") flexibel anzubieten und hier konzeptionell zu differenzieren.
- Die Flexibilisierung im Angebotsspektrum erzieherischer Hilfen geht einher mit der Tendenz zur „Sozialraumorientierung" bei den Hilfen zur Erziehung (vgl. Peters/Koch 2004; Hinte/Treeß 2007; Budde/Früchtel 2009). Auch wenn die Konzeptchiffre „Sozialraumorientierung" mit einigen konzeptionellen Unklarheiten, Widersprüchen und Ambivalenzen behaftet ist (vgl. Merchel 2008a), so ist doch zu konstatieren, dass hier Anforderungen formuliert sind, die in der Jugendhilfe breit akzeptiert werden: stärker Ressourcen im Umfeld der Adressaten zu suchen und zu nutzen, durch fallunspezifisches Handeln Ressourcen im sozialen Umfeld von Adressaten und Einrichtungen zu mobilisieren und die Steuerung von Budgets stärker im sozialräumlichen Kontext zu verankern.
- In den regionalen Trägerstrukturen zeigt sich eine markante Entwicklung zum verstärkten Einbezug gewerblicher Träger, die bei den Erziehungshilfen allmählich in den vorher fast ausschließlich von den gemeinnützigen Trägern geprägten „Markt" eindringen. So wurden im Jahr 2007 immerhin 8,5 % der ambulanten und 5,5 % der stationären Hilfen zur Erziehung von gewerblichen Trägern durchgeführt (vgl. Pothmann/Fendrich 2009, S. 3; vgl. auch Pluto u. a. 2007, S. 297 ff.).
- Die Bereichsgrenzen, in denen Träger/Einrichtungen tätig sind, schwinden nicht nur zwischen ambulanten, teilstationären und stationären Erziehungshilfen, sondern auch zwischen Erziehungshilfen und anderen Leistungsfeldern der Jugendhilfe. So werden mit einer verstärkten Ausrichtung der Jugendhilfe auf Sozialräume Träger der Erziehungshilfe vermehrt mit der Frage konfrontiert, ob sie sich über die Erziehungshilfe hinaus in die offene Kinder- und Jugendarbeit, in die Nachmittagsbetreuung an Schulen, in die Übernahme schul-

naher Horte, in Projekte für schulverweigernde Kinder und Jugendliche oder in Schulsozialarbeit einbringen wollen.

Solche fachlichen und organisationsbezogenen Tendenzen im Bereich der Erziehungshilfe sind bei der Bewertung der fachlichen Qualität der regionalen Angebotsstruktur im Rahmen der Jugendhilfeplanung einzubeziehen. Insgesamt geht es hier um die Frage, welche Qualität dem vorhandenen Angebot zuzusprechen ist, wie sich vor dem Hintergrund der Fachdebatten zur Erziehungshilfe der Entwicklungsstand bei den örtlichen Gegebenheiten zeigt und in welcher Weise die in den Fachdebatten sich zeigenden Tendenzen örtlich bzw. regional verarbeitet werden sollen. Dabei werden sich die Planungsdebatten darauf richten müssen, neben der Bewertung der „eigenen" Infrastruktur eine explizite Position zu finden zu den bereichbezogenen Fachdebatten und aus dieser Positionierung praktische Gestaltungsperspektiven für die jeweilige örtliche Angebotsstruktur zu gewinnen.

zu (b): Herausarbeiten von möglichen Entwicklungstendenzen im Bedarf und Formulieren von Veränderungsimpulsen an die örtlichen Träger
Das Leistungsfeld der Erziehungshilfe muss daraufhin analysiert werden, ob und ggf. welche Tendenzen im Umfeld der Erziehungshilfe und in der Bedarfsentwicklung erkennbar werden, die dazu führen, dass Einrichtungen möglicherweise ihr Leistungsangebot oder ihre fachlichen Konzepte verändern müssen. Ein markantes Beispiel für solche Bedarfsentwicklungen bildet wiederum die Entwicklung im Schulbereich (vgl. Merchel 2005 und 2006b). So wird die Ganztagsbetreuung an Schulen nicht ohne Auswirkung auf den Bedarf an Tagesgruppen (teilstationäre Angebote) in der Erziehungshilfe bleiben. Da die Ganztagsbetreuung an Schulen im Hinblick auf Gruppengrößen und personaler Betreuungsintensität gerade Kinder mit belastenden und herausfordernden Verhaltensweisen nicht dauerhaft wird auffangen können, könnten Tagesgruppen für diese Kinder genutzt werden. Damit könnten jedoch Tagesgruppenplätze in einem Umfang erforderlich werden, der deutlich über die bisher erforderlichen Platzzahlen hinausgeht, was voraussichtlich mit erheblichen Finanzierungsproblemen verbunden wäre. Eine Folge läge möglicherweise darin, dass Tagesgruppen ihre Platzzahlen erweitern und ihren Personalschlüssel im Vergleich zur bisherigen Personalintensität reduzieren müssten. Auf diese Weise würden sie sich dem Hortcharakter etwas annähern und sich zu einer Institution zwischen dem Hort und der ehemaligen Tagesgruppe werden. Solche möglichen Veränderungen im Bedarf wären in der Jugendhilfeplanung ebenso zu erörtern wie die Anforderung und die Möglichkeit, bestimmte Angebote der Erziehungshilfe (hier insbesondere soziale Gruppenarbeit mit älteren Schulkindern oder Jugendlichen) an den schulischen Ort zu legen oder Schulsozialarbeit zumindest partiell für individuelle Betreuungen der Erziehungshilfe zu nutzen.

Neben der Analyse solcher und ähnlicher Bedarfsentwicklungen aufgrund von Veränderungen in Institutionsbereichen außerhalb der Erziehungshilfe besteht die Anforderung an Jugendhilfeplanung, vorangegangene Entwicklungsverläufe beim Bedarf perspektivisch auszuwerten und sich um Strukturen zu bemühen, innerhalb derer ein auf die individuellen Bedürfnisse bezogenes Hilfsangebot genutzt oder in flexibler Weise geschaffen werden kann. Dabei hat insbesondere die Verkoppelung mit den Ergebnissen der individuellen Hilfeplanungen nach § 36 SGB VIII einen zentralen Stellenwert. Für die Erziehungshilfe zeigt sich der Bedarf an Hilfeangeboten in den jeweils individuellen Erörterungen und Entscheidungen darüber, was ein konkretes Kind bzw. konkreter Jugendlicher und dessen Familie an Hilfen im jeweiligen Einzelfall benötigt. Der gesamte Bedarf an Hilfen zur Erziehung in einer Region kann verstanden werden als das Zusammenfügen der jeweils individuellen, im Rahmen der Hilfeplanungen nach § 36 SGB VIII zustande gekommenen Bedarfsanmeldungen (vgl. Merchel 2006a, bes. S. 128 ff.). Im Alltag immer wieder auftretende Differenzen zwischen einer eigentlich fachlich notwendigen Hilfe und einer aufgrund der örtlichen Angebotsbeschränkung realisierbaren Hilfe können und sollen systematisch dokumentiert und dadurch als aussagefähiger Materialfundus für die Jugendhilfeplanung genutzt werden. Weil somit der Hilfeplanung eine Schlüsselposition für die infrastrukturelle Angebotsplanung in der Erziehungshilfe zukommt, muss die Verknüpfung zwischen den individuellen Hilfeplanungen, die federführend im Allgemeinen Sozialen Dienst angesiedelt sind, und der Jugendhilfeplanung durch geeignete Organisationsregelungen abgesichert werden. Eine kontinuierliche Verkoppelung der Hilfeplanung nach § 36 SGB VIII mit der Jugendhilfeplanung im Bereich der Erziehungshilfe kann z. B. erfolgen über einen kurzen Erhebungsbogen, der für jede einzelne Hilfeplanung ausgefüllt wird und dessen Auswertungen über den Planungskoordinator in die Jugendhilfeplanungsdiskurse eingegeben werden. Ein solcher *Erhebungsbogen* sollte Angaben enthalten zu:

- Alter des Kindes/Jugendlichen;
- Geschlecht des Kindes/Jugendlichen;
- Wohnort des Kindes/Jugendlichen (Gemeinde oder Stadtteil);
- gewählte Hilfeart;
- Wäre ein anderes Hilfeangebot geeigneter/gewünscht gewesen?
  - Wenn ja, welches ?
  - Kurze Begründung.
  - Warum konnte diese Hilfe nicht realisiert werden?

Damit stünde der Jugendhilfeplanung Datenmaterial aus der Vorgängen zur Bedarfsdefinition zur Verfügung, bei dessen sorgfältiger Auswertung sich Veränderungen in den Bedarfsanforderungen der Erziehungshilfe zeigen und die als Grundlage für die Erörterung von Veränderungsanforderungen an Träger dienen können.[4]

zu (c): interkommunale Vergleiche

Vergleicht man die Erziehungshilfestrukturen von Jugendämtern miteinander, so fallen mitunter – auch bei sozialstrukturell ähnlich konturierten Jugendamtsbereichen – beachtliche Differenzen ins Auge (z. B. im Hinblick auf „Fremdunterbringungsquoten" oder im Hinblick auf die Anteile von Heimerziehung und Pflegefamilienerziehung oder im Hinblick auf die Verhältnisse zwischen ambulanten, teilstationären und stationären Hilfen). Solche Unterschiede in den Erziehungshilfe-Strukturen, die in überregionalen Datenerhebungen zum Ausdruck kommen (vgl. z. B. Darius u. a. 2007; Schilling u. a. 2008; KVJS 2008), legen Fragen nahe, die zu Untersuchungen nach den Ursachen für unterschiedliche Entwicklungen Anlass geben. Ohne dass

4 Damit man jedoch zu solchen, für die Ermittlung und Fortschreibung des Bedarfs erforderlichen Informationen gelangt, besteht die Voraussetzung, dass die Fachkräfte bei den individuellen Hilfeplanungen ausreichend differenzieren zwischen der Erörterung des jeweiligen Hilfebedarfs einerseits und der Zuordnung zu einer örtlich verfügbaren und realisierbaren Hilfeform andererseits. Es ist notwendig, die Interpretation des Einzelfalls und der dafür angemessenen Hilfen nicht sofort innerhalb eines durch die örtliche Angebotsstruktur vorgegebenen Rasters vorzunehmen, sondern in einem ersten Schritt den Hilfebedarf zunächst unabhängig von der realen Angebotsstruktur zu reflektieren. In einem zweiten Schritt wird dann geprüft, ob das in dem jeweiligen Einzelfall erforderliche Angebot vorhanden ist, ob ein Angebot kurzfristig geschaffen werden kann und ob man evtl. auf ein „zweitbestes" Angebot zurückgreifen muss. Nur bei einem solch differenzierten Vorgehen werden aus der Hilfeplanung Impulse für eine Bewertung und Weiterentwicklung der Angebotsstruktur entstehen können.

mit der Verwendung von Vergleichsdaten gleichsam in Quantitäten verpackte Normen mitgeliefert werden, führt die Suche nach Ursachen für solche Differenzen zur kritischen Auseinandersetzung mit den eigenen Jugendhilfestrukturen, und es werden möglicherweise Impulse für fachlich motivierte Veränderungen der regionalen Praxis der Erziehungshilfe gesetzt. Solche „interkommunalen Vergleiche“, bei denen die eigenen Daten mit denen anderer Jugendämter verglichen werden, bieten Anregungen, den Ursachen für die in den Vergleichen zum Ausdruck kommenden regionalspezifischen Tendenzen nachzuspüren (vgl. Pothmann 2006). So förderlich der interkommunale Vergleich auf eine qualitative Jugendhilfeplanung wirken kann, indem er Fragen hervorruft und zu Untersuchungen über die Herkunft von Unterschieden motiviert, so vorsichtig sollte jedoch mit ihm umgegangen werden. So darf durch die Art der Verwendung und der Diskussion der Daten nicht gleichsam automatisch eine in quantitative Maßstäbe verpackte Normdefinition stattfinden nach dem Motto „Wenn in den Kreisen A, B und C die Quote an außerfamiliärer Unterbringung nur den Wert von X erreicht, dann muss auch in unserem Kreis eine Reduktion auf diese Quote als zentrales Planungsziel gesetzt werden“. Die Daten, in denen sich die jeweilige Praxis der örtlichen Erziehungshilfe widerspiegelt, müssen interpretiert werden im Gesamtzusammenhang der Organisations- und Trägerstrukturen an einem Ort, der örtlichen Traditionen und der politisch gesetzten Rahmenbedingungen. Ob die in den Daten zum Ausdruck kommenden Verhältnisse unter fachlichen Kriterien als eher positiv oder eher negativ zu interpretieren sind, kann nur unter Einbeziehung der spezifischen Funktionsweise des örtlichen Gesamtsystems diskutiert werden. Das Sammeln und Vergleichen von Daten zur regionalen Erziehungshilfe ist somit hilfreich, weil es der kommunalen Jugendhilfeplanung Hinweise bietet im Hinblick auf die Spezifika der örtlichen Jugendhilfe und Fragestellungen nahelegt, die zu weiteren Untersuchungen und genaueren Analysen motivieren und damit zur Verbesserung des qualitativen Gehalts des örtlichen Planungsprozesses Impulse setzen können. Der Vergleich von Daten aus verschiedenen Regionen hätte dann jedoch planerisch negative Wirkungen, wenn dadurch die qualitative Diskussion zurückgeschraubt würde auf die Definition von quantitativen Normvorgaben. Auch die KGSt plädiert ausdrücklich für einen vorsichtigen und reflektierten Umgang mit Kennzahlen, indem sie darauf hinweist, „dass Kennzahlen häufig zunächst nur Anregungen zum Nachfragen sind, ohne die Antwort bereits zu beinhalten“ (KGSt 1996, S. 23). Sie warnt vor „vorschnellen Urteilen“ und fordert auf, „die Vergleichsdaten zunächst für ein Nachdenken über mögliche Ursachen von Unterschieden und mögliche neue Strategien zu nutzen“ (ebd., S. 32).

zu (d): Erarbeiten von Leitorientierungen für die Kooperation der Erziehungshilfe mit anderen Institutionsbereichen
Da die Akteure (Fachkräfte und Einrichtungen/Träger sowie die Mitarbeiter im ASD des Jugendamtes) bei der Realisierung der individuellen Erziehungshilfen mit unterschiedlichen, für die Lebenswelt der Adressaten besonders relevanten Institutionen kooperieren müssen, sollten die Bedingungen, unter denen sich solche Kooperationen vollziehen, nicht allein den jeweiligen personellen Konstellationen im Einzelfall überlassen bleiben. Vielmehr bedürfen die jeweils individuellen Kooperationen eines Rahmens, in dem die grundlegenden Kooperationsmodalitäten abgesprochen sind und die dementsprechend die jeweiligen Akteure bei ihren Bemühungen um produktive Kooperationskontakte unterstützen können. Für die Konstruktion eines solchen „kooperationsförderlichen strukturellen Rahmens“ bietet die Jugendhilfeplanung einen adäquaten Ort, weil die Gesamtverantwortung des öffentlichen Trägers, zu deren Realisierung die Jugendhilfeplanung das geeignete Instrument darstellen soll, gemäß § 81 SGB

VIII auch die „Zusammenarbeit mit anderen Stellen und öffentlichen Einrichtungen" einbezieht. Für die Erziehungshilfe sind hier neben dem Einbezug der Jugendgerichtshilfe vor allem die Kooperation zu den Schulen und zu Institutionen der Kinder- und Jugendpsychiatrie von Bedeutung. Hinsichtlich der Jugendgerichtshilfe wäre zu fragen, ob neben der Mitwirkung in Verfahren vor dem Jugendgericht ausreichende, qualitativ angemessene und differenzierte ambulante Maßnahmen und Hilfen (soziale Trainingskurse, Täter-Opfer-Ausgleich, Übernahme von Betreuungsweisungen, Vermittlung von Einsatzstellen für das Ableisten von Freizeitarbeit, Anti-Aggressivitäts-Training für Gewalttäter etc.) vorhanden sind bzw. geschaffen werden müssen; ferner ist zu erörtern, welche Träger von ambulanten Erziehungshilfen solche „JGH-nahen" Hilfen anbieten können und wie die Verknüpfung zu den Erziehungshilfen herzustellen ist. Die Leitorientierungen zur Kooperation mit dem Schulbereich sind bereits an vielen Stellen dieses Beitrags angesprochen worden; sie ziehen sich als Aufgabenbündel für Jugendhilfeplanung durch die gesamten Leistungsfelder der Jugendhilfe. Spezifisch für die Erziehungshilfen sind Verabredungen zu erarbeiten zu Modalitäten der Information des ASD (z. B. im Hinblick auf Wahrnehmungen zu möglichen Kindeswohlgefährdungen gem. § 8a SGB VIII) oder zu Verknüpfungen zwischen Hilfeplanungen gem. § 36 SGB VIII und schulischen Erziehungsplänen (vgl. Thimm 2004).

Dass die Kinder- und Jugendpsychiatrie in Prozesse der Jugendhilfeplanung einzubeziehen ist, ergibt sich zum einen aus Tätigkeitsfeldern im Grenzbereich (Hilfe für seelisch behinderte Kinder und Jugendliche gem. § 35a SGB VIII) und zum anderen aus der Tatsache, dass Kinder, Jugendliche und Eltern bisweilen Hilfen aus beiden Institutionsbereichen in Anspruch nehmen oder zwischen beiden Bereichen wechseln. Auch wenn der Einbezug der Kinder- und Jugendpsychiatrie in Prozesse der Jugendhilfeplanung nicht ohne Probleme ist, weil unterschiedliche Konzeptions- und Planungslogiken in beiden Bereichen existieren und weil die Planungsregionen für beide Bereiche verschiedenartig sind (eher kleinere soziale Räume in der Jugendhilfeplanung, größere regionale Versorgungsregionen in der Psychiatrie), sollten Formen gefunden werden, in denen sich der Einbezug von Akteuren und Einrichtungen der Kinder- und Jugendpsychiatrie realisieren lässt (vgl. Merchel 2004b). Dies könnten u. a. sein:

- praktikable Orte des Planungsdiskurses, an denen Akteure der Erziehungshilfe wie der Kinder- und Jugendpsychiatrie in einen planungsbezogenen Dialog treten können, d. h. an denen sie ihre Erfahrungen in der Kooperation, ihre Wahrnehmungen zum Hilfebedarf von Kindern und Jugendlichen, ihre Bewertungen zum vorhandenen Hilfeangebot u. a. miteinander austauschen und zielbezogen Verbesserungsperspektiven diskutieren können. Bei einem bereichsbezogenen Planungsvorgehen kann dies ein besonderes Thema im Rahmen der Planung zu den Erziehungshilfen sein. Bei einem sozialraumbezogenen Planungsvorgehen müsste dies ein spezieller sozialraumübergreifender Ort sein, dessen Ergebnisse dann mit den spezifischen sozialraumbezogenen Planungsergebnissen vermittelt werden sollen.
- planungsbezogene, die Kooperation bei Einzelfällen überschreitende und relativ kontinuierlich realisierte Diskurse, um arbeitsfeldspezifisch begründete Divergenzen bearbeiten zu können und dadurch eine fachliche und eine kommunikative Basis für eine verbesserte Kooperation in Einzelfällen und in Planungsprozessen schaffen zu können (Beispiel: Wallmeyer/Dreistein 2001).
- Einbezug solcher Einrichtungen der Kinder- und Jugendpsychiatrie, die für das jeweilige Planungsgebiet einen Versorgungsauftrag haben. Wo dies nicht möglich ist, weil die einzubeziehende Einrichtung der Kinder- und Jugendpsychiatrie ihren Versorgungsauftrag in mehreren Planungsbereichen erfüllen muss und die Kinder- und Jugendpsychiatrie (noch)

nicht gemeindenah ausgestaltet ist, sollten Kooperationen zumindest in größeren Planungsverbünden hergestellt werden. Dies könnte z. B. in Form von „Regionalkonferenzen" geschehen, die mit Unterstützung des jeweiligen Landesjugendamtes gestaltet werden (vgl. Möller 2002). Die Schaffung eines überörtlichen Planungskontextes muss einhergehen mit einer geregelten Vermittlung der Planungsergebnisse auf die örtliche Planungsebene.
- Einbezug des Gesundheitsamtes als die zentrale Institution des öffentlichen Gesundheitsdienstes. Durch die Beteiligung an der Jugendhilfeplanung kann das Gesundheitsamt eine aktive Rolle im Rahmen eines sozialpsychiatrischen Handlungskonzeptes einnehmen, in das auch die Personengruppe der Kinder und Jugendlichen einbezogen wird. Dies setzt allerdings voraus, dass das örtliche Gesundheitsamt das primär auf Aufsichts- und Kontrollaufgaben ausgerichtete traditionelle Aufgabenverständnis überwunden hat und sich auf dem Weg zu einem Selbstverständnis befindet, bei dem es sich als organisatorisches Zentrum für eine offensive kommunale Gesundheitsförderung und Gesundheitspolitik konzipiert (vgl. Trojan 1999; Grunow 1999).

Mit solchen Perspektiven des Einbezugs von Akteuren und Einrichtungen der Kinder- und Jugendpsychiatrie in die Jugendhilfeplanung können Mechanismen und Orte installiert werden, an denen Kooperationen zum Nutzen der betroffenen Kinder und Jugendlichen sowohl auf der Ebene des Einzelfalls als auch auf der Ebene der Infrastruktur angeregt, installiert und verbessert werden können.

Insgesamt wird sich die Jugendhilfeplanung im Leistungsfeld der Hilfen zur Erziehung darauf einstellen müssen, dass sich die Tendenz der Fallzahlsteigerung und der damit sich erweiternden Kosten (Fendrich/Pothmann 2005; für NRW Schilling u. a. 2008, S. 12 ff.) auch in den nächsten Jahren voraussichtlich nicht markant umkehren wird. Vielmehr macht das Beispiel des § 8a SGB VIII deutlich, dass aus einer erhöhten Sensibilität für bestimmte Problemsituationen auch höhere Fallzahlen resultieren können (Rauschenbach/Pothmann 2008). Ferner deuten soziale Belastungen für Familien in prekären materiellen und sozialen Lebenssituationen sowie Erosionsprozesse in den Herkunftsmilieus vieler Adressaten von Erziehungshilfeleistungen darauf hin, dass zumindest dann, wenn nicht massive Hilfeverweigerungen oder Negationen von Bedarfssituationen Platz greifen, die Fallzahlen sich nicht reduzieren werden, sondern voraussichtlich mit einem auf dem vorhandenen Niveau sich stabilisierenden oder sich erweiternden Hilfebedarf zu rechnen sein wird. Damit wird das Problem „Kostensteuerung" ein zentrales Problem bleiben, mit dem die Jugendhilfeplanung im Leistungsfeld der Hilfen zur Erziehung konfrontiert werden wird. Dabei wird man im Bewusstsein halten (und nach außen kommunizieren) müssen, dass trotz aller notwendigen Überlegungen zur Verbesserung der Effektivität des Ressourceneinsatzes eine nachdrückliche „Kostensteuerung" in diesem Leistungsfeld nur begrenzt möglich ist. Das Thema „Qualität und Kosten" vor dem Hintergrund eines individuellen Rechtsanspruchs auf Hilfen (vgl. Schrapper 1998) bleibt ein Dauerthema der Jugendhilfeplanung in diesem Leistungsfeld der Jugendhilfe.

Literatur

AGJ (Arbeitsgemeinschaft für Jugendhilfe) (2008): Qualität in der Kindertagespflege. In: dies. (Hrsg.): Reader Jugendhilfe. Berlin, S. 207-214

BAG (Bundesarbeitsgemeinschaft) Kinder- und Jugendschutz (Hrsg.) (1996): Kinder- und Jugendschutz in der Jugendhilfeplanung – Anspruch und Realität. Neuwied/Kriftel/Berlin

Bastian, P./Diepholz, A./Lindner, E. (Hrsg.) (2008): Frühe Hilfen und soziale Frühwarnsysteme. Münster/New York/München/Berlin

Beckmann, Ch./Otto, H.-U./Richter, M./Schrödter, M. (Hrsg.) (2009): Neue Familialität als Herausforderung der Jugendhilfe. Lahnstein

BJK (Bundesjugendkuratorium) (2008): Zukunftsfähigkeit von Kindertageseinrichtungen. München (abrufbar unter www.bundesjugendkuratorium.de)

BMFSFJ (Bundesministerium für Familie, Senioren, Frauen und Jugend) (Hrsg.) (2005): Zwölfter Kinder- und Jugendbericht. Bericht über die Lebenssituation junger Menschen und die Leistungen der Kinder- und Jugendhilfe in Deutschland. Berlin

Bock-Famulla, K. (2008): Länderreport Frühkindliche Bildungssysteme 2008. Gütersloh

Budde, W./Früchtel, W. (2009): Sozialraumorientierung – Ein Fachkonzept zur Überwindung kontraproduktiver Arbeitsteilung. In: Jugendhilfe 2009 (H. 4), S. 238-247

Darius, S. u. a. (2007): Hilfe zur Erziehung in Rheinland-Pfalz. Die Inanspruchnahme erzieherischer Hilfen im Kontext sozio- und infrastruktureller Einflussfaktoren. 2. Landesbericht. Mainz

Deinet, U./Nörber, M./Sturzenhecker, B. (2002): Kinder- und Jugendarbeit. In: Schröer, W./Struck, N./Wolff, M. (Hrsg.): S. 693-713

Deinet, U./Szlapka, M/Witte, W. (2008): Qualität durch Dialog. Bausteine kommunaler Qualitäts- und Wirksamkeitsdialoge. Wiesbaden

Deutscher Verein für öffentliche und private Fürsorge (2007): Bestandsaufnahme und Empfehlungen des Deutschen Vereins zur Weiterentwicklung der Familienbildung. In: Nachrichtendienst des Deutschen Vereins 2007 (H. 5), S. 167-171

Deutsches Institut für Urbanistik (DIFU) (1992): Projekt „Modellplanung und Planungshilfe zur Offenen Jugendarbeit" – Projektübersicht. Köln (hektograph. Manuskript)

Diller, A./Heitkötter, M./Rauschenbach, T. (Hrsg.) (2008): Familie im Zentrum. Kinderfördernde und elternunterstützende Einrichtungen – aktuelle Entwicklungslinien und Herausforderungen. München

Fendrich, S./Pothmann, J. (2005): Hilfen zur Erziehung – über quantitative Ausweitungen und qualitative Strukturveränderungen. In: Rauschbachenbach, T./Schilling, M. (Hrsg.): Kinder- und Jugendhilfereport 2. Analysen, Befunde und Perspektiven. Weinheim/München, S. 85-107

Fendrich, S./Pothmann, J. (2007): Profilwandel der Hilfen zur Erziehung setzt sich weiter fort. In: Jugendhilfe 2007 (H. 3), S. 132-138

Freigang, W./Wolf, K. (2001): Heimerziehungsprofile. Weinheim/Basel

Grunow, D. (1999): Kommunale Gesundheitspolitik: Die neue Rolle im Gesundheitswesen. In: Dietz, B./Eißel, D./Naumann, D. (Hrsg.): Handbuch der kommunalen Sozialpolitik. Opladen, S. 373-386

Handschuck, S./Schröer, H. (2001): Interkulturelle Kinder- und Jugendhilfeplanung. In: Migration und Soziale Arbeit 2/2001, S. 10-15

Helming, E./Sandmeir, G./Sann, A./Walter, M. (2006): Kurzevaluation von Programmen zu Frühen Hilfen für Eltern und Kinder und sozialen Frühwarnsystemen in den Bundesländern. München

Hensen, G./Schone, R. (2009): Familie als Risiko? Zur funktionalen Kategorisierung von „Risikofamilien" in der Jugendhilfe. In: Beckmann u. a. (Hrsg.): S. 149-159

Hinte, W./Treeß, H. (2007): Sozialraumorientierung in der Jugendhilfe. Theoretische Grundlagen, Handlungsprinzipien und Praxisbeispiele einer kooperativ-integrierenden Pädagogik. Weinheim/München

Jordan, E. (2005): Kinder- und Jugendhilfe. Einführung in Geschichte und Handlungsfelder, Organisationsformen und gesellschaftliche Problemlagen. 2. Auflage der Neuausgabe. Weinheim/München

Jurczyk, K./Heitkötter, M. (2008): Kindertagespflege in Bewegung. In: AGJ (Hrsg.): S. 165-174

KGSt (Kommunale Gemeinschaftsstelle für Verwaltungsvereinfachung) (1996): Integrierte Fach- und Ressourcenplanung in der Jugendhilfe. Bericht 3/1996. Köln

Kluczniok, K./Rossbach, G. (2008): Übergang Kindergarten – Primarschule. In: Coelen, T./Otto, H.-U. (Hrsg.): S. 321-330

KVJS (Kommunalverband für Jugend und Soziales Baden-Württemberg) (2008): Bericht zu Entwicklungen und Rahmenbedingungen der Inanspruchnahme erzieherischer Hilfen in Baden-Württemberg 2008. Stuttgart

Lindner, W. (2003): Verlassen von allen guten Geistern? Anmerkungen zum Verhältnis von Innerer Sicherheit, Prävention und fachlichen Maximen der Kinder- und Jugendarbeit. In: Dahme, H.-J. u. a. (Hrsg.): Soziale Arbeit für den aktivierenden Staat. Opladen, S. 277-293

Lindner. W. (Hrsg.) (2008): Kinder- und Jugendarbeit wirkt: Aktuelle und ausgewählte Evaluationsergebnisse der Kinder- und Jugendarbeit. Wiesbaden

Lindner, W./Kilb, R. (2005): Jugendarbeit und Kommune. In: Kessl, F./Reutlinger, C./Maurer, S./Frey, O. (Hrsg.): Handbuch Sozialraum. Wiesbaden, S. 355-373

Maykus, S. (2007): Lokale Bildungslandschaften. Entwicklungs- und Umsetzungsfragen eines (noch) offenen Projektes. In: Zeitschrift für Kindschaftsrecht und Jugendhilfe 2007 (H. 7-8), S. 294-303

Merchel, J. (1998): Qualitätsentwicklung durch Jugendhilfeplanung. In: ders. (Hrsg.): Qualität in der Jugendhilfe – Kriterien und Bewertungsmöglichkeiten. Münster, S. 411-431

Merchel, J. (2003a): Steuerung der Erziehungshilfen im fachpolitischen Diskurs. Steuerungsmöglichkeiten, Steuerungsakteure und fachliche Perspektiven. In: Nachrichtendienst des Deutschen Vereins für öffentliche und private Fürsorge 2003 (H. 7), S. 314-319 (Teil 1) und 2003 (H. 8), S. 329-333 (Teil 2)

Merchel, J. (2004a): Erziehungshilfen im Steuerungsdilemma. Von den Bemühungen, Erziehungshilfen trotz ihrer Komplexität „in den Griff zu bekommen". In: Sozial Extra 2004 (H. 5), S. 28-33

Merchel, J. (2004b): Jugendhilfeplanung. Kooperation zwischen Jugendhilfe und Kinder- und Jugendpsychiatrie. In: Fegert, J.M./Schrapper, Ch. (Hrsg.): Handbuch Jugendhilfe – Jugendpsychiatrie. Weinheim/München, S. 69-77

Merchel, J. (2005): Strukturveränderungen in der Kinder- und Jugendhilfe durch die Ausweitung von Ganztagsangeboten für Schulkinder. In: Sachverständigenkommission Zwölfter Kinder- und Jugendbericht (Hrsg.): Materialien zum Zwölften Kinder- und Jugendbericht. Band 4: Kooperation zwischen Jugendhilfe und Schule. München, S. 169-238

Merchel, J. (2006a): Hilfeplanung bei den Hilfen zur Erziehung S 36 SGB VIII. 2. Auflage Stuttgart u. a.

Merchel, J. (2006b): Markierungspunkte für fachliche und organisatorische Veränderungen in der Erziehungshilfe: *Wollen* oder *müssen* sich Akteure der Erziehungshilfe bewegen? In: Knuth, N. u. a. (Hrsg.): Hinter'm Horizont geht's weiter … Perspektiven der Kinder- und Jugendhilfe. Frankfurt/Main, S. 49-86

Merchel, J. (2008a): Sozialraumorientierung: Perspektiven, Unklarheiten und Widersprüche einer Konzeptformel in der Jugendhilfe. In: Recht der Jugend und des Bildungswesens 2008 (H. 1), S. 33-51

Merchel, J. (2008b): „Frühe Hilfen" und „Prävention". Zu den Nebenfolgen öffentlicher Debatten zum Kinderschutz. In: Widersprüche, Heft 109, S. 11-23

Meysen, T./Schönecker, L./Kindler, H. (2009): Frühe Hilfen im Kinderschutz. Rechtliche Rahmenbedingungen und Risikodiagnostik in der Kooperation von gesundheits- und Jugendhilfe. Weinheim/München

Möller, H. P. (2002): Die Vermittlungsstelle für Grenzfälle zwischen Jugendhilfe und Kinder- und Jugendpsychiatrie beim Landschaftsverband Rheinland – ein Versuch, Kooperation zu fördern. In: Henkel, J./Schnapka, M./Schrapper, Ch. (Hrsg.): Was tun mit schwierigen Kindern? Sozialpädagogisches Verstehen und Handeln in der Jugendhilfe. Münster, S. 186-191

Müncher, V./Andresen, S. (2009): Bedarfsorientierung in Familienzentren – Eltern als „neue" Adressaten. In: Beckmann, Ch./Otto, H.-U./Richter, M./Schrödter, M. (Hrsg.): S. 108-118

Münchmeier, R./Otto, H.-U./Rabe-Kleberg, U. (Hrsg. im Auftrag des Bundesjugendkuratoriums) (2002): Bildung und Lebenskompetenz. Kinder- und Jugendhilfe vor neuen Aufgaben. Opladen

Nikles, B.W. (1996): Kinder- und Jugendschutz: Zwischen regulativer Idee und systematischer Planung. In: BAG Kinder- und Jugendschutz (Hrsg.): S. 34-60

Oelerich, G. (2002): Kinder- und Jugendhilfe im Kontext der Schule. In: Schröer, W./Struck, N./Wolff, M. (Hrsg.): S. 773-787

Otto, H.-U. (2007): What works? Zum aktuellen Diskurs um Ergebnisse und Wirkungen im Feld der Sozialpädagogik und Sozialarbeit – Literaturvergleich nationaler und internationaler Diskussion. Berlin

Peters, F./Koch, J. (Hrsg.) (2004): Integrierte erzieherische Hilfen. Flexibilität, Integration und Sozialraumbezug in der Jugendhilfe. Weinheim/München

Pluto, L./Gragert, N./van Santen, E./Seckinger, M. (2007): Kinder- und Jugendhilfe im Wandel. Eine empirische Strukturanalyse. München

Pothmann, J. (2006): Interkommunale Vergleiche – Eine Simulation von Markt und Wettbewerb. Empirische Befunde zu Benchmarkingprozessen im Feld Hilfen zur Erziehung. In: Hensen, G. (Hrsg.): Markt und Wettbewerb in der Jugendhilfe. Weinheim/München, S. 111-126

Pothmann, J. (2008): Vergessen in der Bildungsdebatte. Dimensionen des Personalabbaus in der Kinder- und Jugendarbeit. In: KOMDat 2008 (H. 1-2), S. 5/6

Pothmann, J./Fendrich, S. (2009): Hilfen zur Erziehung – zur Struktur der Maßnahmen. Analysen zur Inanspruchnahme und zum Trägerspektrum erzieherischer Hilfen. In: KOMDat 2009 (H. 1), S. 2-4

Prüß, F. (2008): Organisationsformen ganztägiger Bildungseinrichtungen. In: Coelen, T./Otto, H.-U. (Hrsg.): Grundbegriffe Ganztagsbildung. Wiesbaden, S. 621-632

Rauschenbach, T./Pothmann, J. (2008): Im Lichte von ‚KICK', im Schatten von ‚Kevin'. Höhere Sensibilität – geschärfte Wahrnehmung – gestiegene Verunsicherung. In: KOMDat 2008 (H. 3), S. 2/3

Rauschenbach, T. (2009): Zukunftschance Bildung. Familie, Jugendhilfe und Schule in neuer Allianz. Weinheim/München

Rietmann, S./Hensen, G. (Hrsg.) (2008): Tagesbetreuung im Wandel. Das Familienzentrum als Zukunftsmodell. Wiesbaden

Schilling, M. (2005): Mehr Leistungen kosten auch mehr. Die Ausgabenentwicklung in der Kinder- und Jugendhilfe von 1992 bis 2003. In: Rauschbach, T./Schilling, M. (Hrsg.): Kinder- und Jugendhilfereport 2. Analysen, Befunde und Perspektiven. Weinheim/München, S. 29-38

Schilling, M. (2009): Der U3-Ausbau kommt (zu) langsam voran. In: KOMDat 2009 (H. 1), S. 14/15

Schilling, M. u. a. (2008): Hilfen zur Erziehung in Nordrhein-Westfalen (HzE-Bericht). Dortmund/Köln/Münster

Schilling, M./Lange, J. (2009): Expansion der Kindertagesbetreuung nicht nur in Westdeutschland. In. KOMDat 2009 (H. 1), S. 12-14

Schone, R. (2008): Kontrolle als Element von Fachlichkeit in den sozialpädagogischen Diensten der Kinder- und Jugendhilfe. Expertise im Auftrag der Arbeitsgemeinschaft für Jugendhilfe (AGJ). Berlin

Schrapper, C. (Hrsg.) (1998): Qualität und Kosten im ASD. Konzepte zur Planung und Steuerung der Hilfen zur Erziehung durch kommunale soziale Dienste. Münster

Schröer, H. (2005): Interkulturelle Orientierung und Öffnung der Hilfen zur Erziehung. In: Forum Erziehungshilfen 2005 (H. 1), S. 14-19

Schröer, W./Struck, N./Wolff, M. (Hrsg.) (2002): Handbuch Kinder- und Jugendhilfe. Weinheim/München

Simon, T. (2005): Zur wachsenden Bedeutung von Jugendhilfeplanung für Offene Jugendarbeit. In: Deinet, U./Sturzenhecker, B. (Hrsg.): Handbuch Offene Kinder- und Jugendarbeit. 3. Aufl. Wiesbaden, S. 623-629

Sozialpädagogisches Institut im SOS-Kinderdorf e.V. (Hrsg.) (2000): Die Rückkehr des Lebens in die Öffentlichkeit. Zur Aktualität von Mütterzentren. Neuwied/Kriftel/Berlin

Sozialpädagogisches Institut im SOS-Kinderdorf e.V. (Hrsg.) (2007): Wohin steuert die stationäre Erziehungshilfe? München

Sturzenhecker, B. (2000): Prävention ist keine Jugendarbeit. Thesen zu Risiken und Nebenwirkungen der Präventionsorientierung. In: Sozialmagazin 2000 (H. 1), S. 14-21

Sturzenhecker, B. (2004): Strukturbedingungen von Jugendarbeit und ihre Funktionalität für Bildung. In: Neue Praxis 2004 (H. 5), S. 444-454

Sturzenhecker, B./Deinet, U. (Hrsg.) (2007): Konzeptentwicklung in der Kinder- und Jugendarbeit. Weinheim/München

Thimm, K. (2004): Chancen und Schwierigkeiten der Kooperation zwischen Jugendhilfe und Schule. In: Jugendhilfe 6/2004, S. 292-306

Trojan, A. (1999): Kommunale Gesundheitspolitik. In: Wollmann, H./Roth, R. (Hrsg.): Kommunalpolitik. Politisches Handeln in den Gemeinden. Opladen, S. 780-800

Tschöpe-Scheffler, S. (Hrsg.): Konzepte der Elternbildung – eine kritische Übersicht. Opladen

Wallmeyer, J./Dreistein, E. (2001): Kooperation und Koordination zwischen Kinder- und Jugendpsychiatrie, Pädiatrie und Jugendhilfe: Das Dortmunder „KuK-Projekt". In: Forum Erziehungshilfe, 2001 (H. 5), S. 313-317

Wiesner, R. u. a. (2006): SGB VIII. Kinder- und Jugendhilfe. Kommentar. 3. Auflage. München

Wiesner, R. (2009): Das Kinderförderungsgesetz (KiföG). In: Zeitschrift für Kindschaftsrecht und Jugendhilfe 2009 (H. 6), S. 224-227

Remi Stork

Beteiligungsprozesse in der Jugendhilfeplanung

Pläne entstehen, indem wir handeln und darin unser Bewusstsein ändern.
(Hartmut von Hentig)

Die Notwendigkeit der Beteiligung der Adressaten in Prozessen der Jugendhilfeplanung ist heute grundsätzlich akzeptiert. Ebenso ist in der Praxis deutlich geworden, dass es im Prinzip keinerlei Themen, Anlässe und Zielgruppen gibt, bei denen selbst eine direkte Beteiligung ausgeschlossen wäre. So gelingt mittlerweile in vielen Kommunen bereits die Beteiligung von Vorschulkindern an der Spielflächenplanung, obwohl viele Experten aus entwicklungspsychologischer Perspektive bis vor wenigen Jahren in prinzipieller Ablehnung solcher Vorhaben auf die Grenzen abstrakten Denkens in dieser Altersgruppe hingewiesen haben.

Die Herausforderungen in der Beteiligung der Adressaten sind ebenso vielfältig wie ihre Anlässe. Allein die Altersgruppen der Adressaten erstrecken sich von Kindern im Vorschulalter bis hin zu Eltern und möglicherweise Großeltern. Dabei müssen Beteiligungsprojekte eine gelingende Kommunikation mit unterschiedlichsten Zielgruppen aufbauen: Mädchen und Jungen, Müttern und Vätern, Jugendlichen und Anwohnern, Menschen mit viel und wenig schulischer Bildung, Menschen die im Kontakt mit der Jugendhilfeplanung auf Sprach- und Kulturmittler angewiesen sind und vieles mehr. Heute ist fachlich unbestritten, dass Beteiligungsprozesse in der Jugendhilfeplanung grundsätzlich immer möglich sind. Dennoch wird häufig auf sie verzichtet, weil:

- die Gestaltung von Beteiligungsprozessen zeit- und personalintensiv ist,
- die Einbeziehung von Adressaten die reine Fachplanung aufhält, ggf. in Frage stellt und nicht selten den reibungslosen Ablauf stört,
- in Beteiligungsprozessen Wünsche und Bedürfnisse der Adressaten öffentlich werden und daraus nicht selten politische Bedarfe – und damit Kosten für die öffentliche Hand – abgeleitet werden,
- Fachleute meinen, sie könnten die Bedarfe allein formulieren, da sie als Experten nah genug an den Zielgruppen dran sind, und
- Adressaten in manchen Handlungsfeldern (Hilfen zur Erziehung, besonders auch im Kinderschutz) immer noch einseitig als Klienten und nicht zugleich als Lern- und Dialogpartner betrachtet werden.

Trotz dieser grundsätzlichen Probleme und vieler Bedenken wurden in den letzten 20 Jahren in vielen Kommunen positive und überraschende Erfahrungen mit Beteiligungsprozessen gemacht. Nicht selten kommt durch die intensive Einbeziehung von Adressaten frischer Wind in die Jugendhilfeplanung und es ergeben sich neue Perspektiven, die aus der Sicht der Fachplanung nicht vorhergesehen werden konnten.

1 Indikatoren gelingender Beteiligung

Unter Beteiligung an der Jugendhilfeplanung sind alle Prozesse und Aktivitäten zu fassen, die Bürgerinnen und Bürger von sich aus oder auf Veranlassung der Jugendhilfeträger unternehmen, um zu Bestandserhebungen, Evaluationen, Bedarfsermittlungen sowie Neu- und Weiterentwicklungen der Jugendhilfe beizutragen. Dabei handelt es sich in der Regel um die Einflussnahme auf Programme, Strukturen, Verfahren oder Aktionen, die über den Zuständigkeitsbereich einer einzelnen Institution hinausgehen. Mit dieser Definition lässt sich die Beteiligung an der Jugendhilfeplanung von der Beteiligung der Adressaten an der Gestaltung und Weiterentwicklung einer konkreten Einrichtung (z. B. der Mitarbeit im Elternrat einer Tageseinrichtung für Kinder) oder eines konkreten Angebotes abgrenzen. Das schließt nicht aus, dass Beteiligungsprozesse für die Jugendhilfeplanung über die einzelnen Einrichtungen und Träger organisiert werden und sich auch auf die dort konkret erfahrbaren Leistungen beziehen und begrenzen. Der weitere Rahmen der kommunalen Jugendhilfeplanung, in dem z. B. die Ergebnisse mehrerer Beteiligungsprojekte gebündelt werden, wird den Adressaten gegenüber verdeutlicht.

Der Begriff der Beteiligung ist aus soziologischer und politikwissenschaftlicher Perspektive sehr allgemein und unpräzise. So können Adressaten schon dadurch beteiligt werden, dass ihre Meinung zu einem konkreten Planungsauftrag des Jugendamtes erfragt wird. Durch den Begriff der Beteiligung wird nicht festgelegt, wie offen und intensiv die Auseinandersetzung mit den Wünschen und Meinungen der Adressaten geführt wird, ob diese im Prozess der Meinungsbildung und Aushandlung ausreichend unterstützt werden und wie mit Minderheitsvoten umgegangen wird. Um deutlicher zu charakterisieren, worum es bei Beteiligungsprozessen aus demokratietheoretischer Perspektive geht, wird häufig der Begriff der „Partizipation" anstelle von Beteiligung gewählt. Auch hier handelt es sich allerdings um einen sehr allgemeinen Terminus, der neben der Beteiligung auch die Idee der Teilhabe umfasst. Die Beteiligungsrechte und -möglichkeiten der Adressaten von Jugendhilfeplanung lassen sich – je nach Planungsdesign – auf einer abstrakten Stufenleiter der Partizipation einschätzen, die in der Tabelle 1 benannt ist:

Tab. 1: Stufen der Partizipation (Quelle: Arnstein 1969, S. 217ff.)

1. Nicht-Beteiligung (Nonparticipation) a) Manipulation b) Therapie (statt Befähigung zur Beteiligung)
2. Scheinbeteiligung/Alibibeteiligung (Degrees of Tokenism) c) Information d) Anhörung e) Beschwichtigung
3. Echte Beteiligung (Citizen Power) f) Partnerschaftliche Beteiligung an Aushandlungen g) Übertragung von begrenzter Entscheidungsmacht h) Volle Entscheidungsmacht und Kontrolle durch die Bürgerinnen und Bürger

Die acht Stufen der Beteiligung werden von der amerikanischen Planungsforscherin Sherry Arnstein (vgl. 1969) in drei Gruppen zusammengefasst. Dabei wird allerdings nur die dritte Begriffsgruppe als „echte Beteiligung" bewertet und selbst Informationsveranstaltungen und Anhörungen werden als Scheinbeteiligung eingeschätzt. Zwar lassen sich formale Beteiligungschancen auf der Basis von Planungskonzeptionen mit Hilfe solcher Stufenmodelle grob einschätzen, doch ist in der Praxis bisher wenig Gebrauch davon gemacht worden.[1] Praktikerinnen und Praktikern der Jugendhilfeplanung helfen solche Modelle zwar bei der Sensibilisierung für die legitimen Ansprüche und Erwartungen der Adressaten an faire Beteiligungsangebote, zugleich aber sind sie zu schematisch, um die Komplexität der Beteiligungschancen umfassend zu verdeutlichen. Beteiligungschancen sind zunächst vor allem davon abhängig, ob und wie es gelingt, die Kommunikation mit den Adressaten zu suchen und zu entwickeln. Faire und transparente Beteiligungsverfahren nutzen nichts, wenn es nicht gelingt, die Adressaten zu einer offenen und kreativen Auseinandersetzung zu motivieren und zu befähigen.

Auch begrifflich erfährt die Beteiligungspraxis einen permanenten Wandel. Bis in die 90er Jahre des letzten Jahrhunderts wurde überwiegend der Begriff der Betroffenenbeteiligung genutzt, der dann von dem Begriff der Adressatenbeteiligung abgelöst wurde. Auch in diesem Begriff schwingt die Orientierung an Zielgruppen noch stark mit und es besteht die Gefahr, einer Verengung der Beteiligungsperspektive auf den Teil der Persönlichkeit, der mit professioneller Jugendhilfe als Klient oder Partner zu tun hat. Homfeldt u.a. (vgl. 2008, S. 7) halten deshalb fest: „Nur schwer kann der Begriff des Adressaten den Drang zur Zielgruppendefinition bzw. Zielperson abschütteln, um diese bestenfalls in Bezug auf ihre Ressourcenausstattung und deren Auswirkung auf das Wohlergehen zu befragen oder andernfalls im klinischen Blick den Zielpersonen diagnostizierte Defizite zuzuschreiben, die es auszugleichen gilt." Stattdessen schlägt die internationale Agency-Forschung vor, die Adressatinnen und Adressaten Sozialer Arbeit umfassender als Akteure ihrer sozialen Umwelt zu begreifen. Jugendhilfeplanung hätte aus dieser Perspektive erst einmal zu lernen, wie die Lebenswelten der Akteure aussehen, wie sie ihr Leben bewältigen und welche besonderen Handlungskompetenzen sie mitbringen. Darüber hinaus sollten nicht nur individuelle Handlungskompetenzen beachtet sondern auch Strukturen und Interaktionen untersucht und verstanden werden, die im Alltag der Akteure zu deren Handlungsmacht beitragen. Letztlich kommt es dann im Rahmen von Planung darauf an, dass auch Beteiligungsprozesse zur Stärkung der Handlungsmächtigkeit der Akteure beitragen und diese in gesellschaftlichen und kommunalpolitischen Kontexten verorten sollten. Wenn man die Thesen der kritischen Adressatenforschung ernst nimmt, kommt es in der Beteiligungspraxis besonders auf zwei Aspekte an. Zunächst gilt es, die Beteiligungsthemen und -fragen so offen zu halten, dass die beteiligten Adressaten nicht auf ihre Klientenrolle begrenzt werden, sondern sie als „ganze Personen", d.h. mit ihren biografischen Erfahrungen und ihren besonderen, möglicherweise einmaligen Kompetenzen zu beteiligen. Damit dies möglich ist, muss der Blick der Professionellen auch über die Personen hinaus auf die gelingenden Umweltbeziehungen und die Strukturen der Adressaten (eben als Akteure) geweitet werden. Nicht zuletzt bedeutet es, dass die Professionellen bereit sind, ihre Ansichten und Einschätzungen möglichst breit und umfassend irritieren zu lassen. Wenn im Folgenden weiterhin von Adressaten die Rede ist, dann geschieht dies, weil der von Homfeldt u.a. (vgl. ebd.) vorgeschlagene Begriff

1 Dies gilt, obwohl auch in der deutschsprachigen Literatur mehrere ähnliche Stufenmodelle vorgelegt wurden (vgl. Schröder 1995, S. 16)

des Akteurs nicht trennscharf genug ist. Auch die Professionellen (Planungsfachkräfte, Verwaltungsfachkräfte, sozialpädagogische Fachkräfte etc.) sind ja Akteure im Planungsprozess.

Gelingende Beteiligung in der Jugendhilfeplanung hängt in der konkreten Umsetzung oft von methodischem Können und persönlichen Kompetenzen der Planerinnen und Planer ab. Es muss gelingen, den Adressaten zunächst vorpädagogisch, d.h. mimetisch[2] – auf Augenhöhe –, zu begegnen und dann erfolgreich kommunikative Beziehungen zu gestalten. Insofern sind Fragen der Haltung sowie methodische Kompetenzen der Planungsfachkräfte von erheblicher Bedeutung. Allerdings lässt sich in der Fachpraxis wie auch der Fachliteratur häufig eine pädagogisch-didaktische Verkürzung feststellen, als wenn die Beteiligung an Planungsprozessen nicht auch mit Fragen der Macht und Ohnmacht, mit Ressourcenfragen (Zeit und Geld), mit emotionalen und psychologischen Aspekten (z.B. Abhängigkeit und Unabhängigkeit, Liebe und Hass, Vertrauen und Misstrauen) zu tun hätte. Die Konzipierung und Gestaltung von Beteiligungsprozessen in der Jugendhilfeplanung braucht insofern eine komplexe Aufmerksamkeit auf politische, soziologische, psychologische und pädagogische Aspekte. Gelingende Beteiligungsprozesse balancieren die Ansprüche der bedeutsamen Disziplinen und berücksichtigen mögliche Widersprüche. Für den Erfolg von Beteiligungsprozessen sind darüber hinaus persönliche Kompetenzen der Fachkräfte entscheidend, die in professionellen Begriffen wie Haltung und Beziehungsfähigkeit nur unzureichend abgebildet werden können.

Die Entwicklung und Begleitung von Beteiligungsprozessen erfordert spezielle professionelle Kompetenzen, die teilweise im klassischen bzw. stereotypen Berufsbild des Planers bzw. der Planerin nicht enthalten sind. Während sich Planerinnen und Planer durch besondere rationale Fähigkeiten, durch Abstrahierungsfähigkeiten und wissenschaftlich geschultes Denken und Schreiben auszeichnen, erfordert die Prozessbeteiligung den Mut zum Experiment, die Bereitschaft zum Umweg, das kommunikative Geschick, die Verbindung von Lehren und Lernen und die Balance von Widersprüchen. Die Moderation von Beteiligungsprozessen erfordert eine unbefangene Bereitschaft zur Übernahme unterschiedlicher Perspektiven, die Kompetenz, Planungsinhalte einfach zu erklären und das Können, Beteiligungsfähigkeit möglicherweise erst herzustellen, d.h. die Adressaten zur Beteiligung zu befähigen. Aus diesen Gründen wird die Moderation von Beteiligungsprozessen häufig nicht von den Fachkräften der Jugendhilfeplanung, sondern von anderen sozialpädagogischen Fachkräften übernommen, die bereits über Erfahrungen und Vertrauen in der Zusammenarbeit mit den jeweiligen Adressaten verfügen.

2 Begründungen für Beteiligungsprozesse

2.1 Auf das Expertentum der Adressaten kann nicht verzichtet werden

Immer wieder zeigt sich, dass die Beteiligung der Adressaten notwendig ist, damit die Jugendhilfeplanung erfolgreich sein kann. So werden Spielflächen und Jugendzentren von Kindern

---

2 Mimetisches Handeln meint die Fähigkeit, den Adressaten außerhalb der professionellen Rolle begegnen zu können, da nur hier die gleiche Augenhöhe herstellbar ist und die Adressaten nicht als Klienten begrenzt wahrgenommen werden. Mimetisches Handeln meint z.B. die Begegnung mit Kindern, Jugendlichen und Erwachsenen innerhalb ihrer Erfahrungs- und Lebensräume, d.h. auf der Straße, an Treffpunkten, in Vereinen etc. Die Herausforderungen der mimetischen Begegnung als „vorpädagogisches Handeln" werden von Hörster und Müller beschrieben (vgl. Hörster/Müller 1996, S. 614-648).

und Jugendlichen aktiver und nachhaltiger genutzt, wenn sie schon an der Planung beteiligt waren. Das gleiche gilt für konzeptionelle und programmatische Planungen in allen Handlungsfeldern, denen ohne die Expertise der Adressaten wichtige Informationen und Erfahrungen fehlen würden. Adressaten haben einen anderen Blick auf die Angebote und Leistungen der Jugendhilfe und können aus ihrer Perspektive wichtige Hinweise geben. Auch wenn viele Erfahrungen und Argumente der Adressaten den Professionellen schon bekannt sind und insofern auch auf indirektem Wege in die Planung einfließen können, so ist doch der Dialog zwischen PlanerInnen, AnbieterInnen und Nutzern sozialer Dienstleistungen nur möglich, wenn alle Gruppen persönlich zu Wort kommen. So wie bei der Erbringung sozialer Dienstleistungen das uno-actu-Prinzip, d. h. die gemeinsame Ko-Produzentenschaft für einmalige, nicht stellvertretend herstellbare Prozesse geltend gemacht wird, gilt dies in ähnlicher Weise auch für Reflexion, Planung und Weiterentwicklung sozialer Hilfen.

In vielen Bereichen der Jugendhilfeplanung ist die Einbeziehung von Adressaten als Expertinnen und Experten trotzdem noch nicht sehr verbreitet. Vielfach wird argumentiert, dass sie mit der Expertenrolle überfordert seien (z. B. aufgrund von Alter und Entwicklungsstand), oder ihnen wird ihr Expertentum abgesprochen, weil sie zu sehr in eigene Probleme und Konflikte verstrickt seien. So werden gerade die Adressaten und Leistungsberechtigten im Bereich der Hilfen zur Erziehung noch selten als Expertinnen und Experten in Prozesse der Jugendhilfeplanung einbezogen. Das ist insofern überraschend, als gerade der Umbau und die fachlich-konzeptionelle Weiterentwicklung dieses Handlungsfeldes in vielen Jugendämtern auf der Agenda steht. So könnte z. B. der aktuelle flächendeckende Ausbau der sog. „Frühen Hilfen“ in vielfältiger Weise von den Erfahrungen und Kompetenzen der Adressaten profitieren.

Noch ganz am Anfang steht die Beteiligung von Menschen, die Konfliktpartner der Jugendämter waren oder sind. Menschen, deren Leistungswünsche nicht erfüllt wurden, die Leistungen vorzeitig abgebrochen haben, die in gerichtliche Auseinandersetzungen mit der Jugendhilfe verstrickt waren oder sind, deren Kinder in Obhut genommen wurden etc. Diese Menschen haben sehr intensive Erfahrungen und Auseinandersetzungen mit der Jugendhilfe erlebt und sie können insofern als besonders erfahrene Expertinnen und Experten betrachtet werden. Dennoch werden ihnen bisher nur selten Angebote zur Einbringung ihrer Expertise gemacht.

2.2 Eine demokratische Gesellschaft ist auf demokratische Beteiligungsprozesse angewiesen

Freiheit, Gleichheit, Menschenrechte, Rechtsstaatlichkeit und Beteiligungsmöglichkeiten sind die zentralen Werte moderner demokratischer Gesellschaften. Dabei werden besonders in republikanischen und kommunitaristischen Demokratiemodellen die positiven Freiheiten und Chancen von Teilhabe und Diskussion betont. Wichtiger als die privaten Freiheiten des Einzelnen und die Möglichkeiten regelmäßiger Wahlen und Abstimmungen werden Möglichkeiten von Dialog und Handeln im Sinne von aktiver Einmischung eingeschätzt. Micha Brumlik macht deutlich, dass die wichtigsten modernen Demokratietheoretiker wie z. B. John Dewey den Gedanken hervorheben, „dass eine auf gleichen Partizipationschancen und wechselseitiger Anerkennung aller Bürger beruhende Lebensform das einzige Mittel ist, die komplexen Probleme ausdifferenzierter moderner Gesellschaften zu lösen“ (Brumlik 2001, S. 235).

Aus ethisch-moralischer Perspektive argumentiert besonders Jürgen Habermas für deliberative Modelle der Demokratie. Unter Deliberation versteht man das vernunftgeleitete und freie Sprechen mit dem Ziel der schrittweisen Verständigung über die Präferenzen der einzelnen Individuen. Der Begriff der Deliberation wird vom lateinischen Wort „libra" (Waage) abgeleitet, dem die Idee zugrunde liegt, dass die Qualität von Entscheidungen in demokratischen Systemen maßgeblich von der Qualität des Aushandlungsprozesses abhängt. Wenn die Demokratie sich an dem Modell der Waage orientiert, kommt sie nach Auffassung von Habermas nicht nur zu den besten Ergebnissen, sondern dient zudem als moralischer Filter. Entscheidungen basieren dann nicht nur auf dem Ausgleich von Einzelinteressen, sondern auf der Suche von Gruppen nach dem Gemeinwohl (vgl. Buchstein 2001, S. 253). Nach Auffassung von Schnurr liegt die „zivilgesellschaftliche Pointe" von Beteiligungsprozessen „gerade im Zusammenspiel von institutionalisierten Beratungen einerseits und nicht institutionalisierten Verfahren der Meinungs- und Willensbildung andererseits" (Schnurr 2001, S. 1332). Allerdings verlangen partizipatorische Modelle den Bürgerinnen und Bürgern viel ab. Neben der Erfahrung in demokratischer Praxis (z. B. durch die Einübung von Mitbestimmung in Familie, Kindertagesstätte und Schule) ist die politische Bildung von erheblicher Bedeutung, um die komplexen gesellschaftlichen Herausforderungen im Angesicht einer massenmedial beeinflussten Welt überhaupt zu durchschauen und zu begreifen. Eine besondere Herausforderung bei der Öffnung demokratischer Prozesse für die Zivilgesellschaft besteht darin, auch die Rechte diskriminierter Gruppen und benachteiligter Individuen angemessen zu berücksichtigen und diese möglichst zu stärken. Die britischen Partizipationsforscher Croft und Bevesford haben festgestellt, dass dies selbst bei Beteiligungsprojekten häufig nicht gelingt: „Partizipationsprojekte haben oft Diskriminierung widergespiegelt, anstatt sie in Frage zu stellen. Der durchschnittliche Teilnehmer an herkömmlichen Aktionen gegen Planungsprojekte war ausnahmslos weiß, kam aus der Mittelschicht und war nicht-behindert" (Croft/Bevesford 1993, S. 449).

Demokratisierungsprozesse in der Jugendhilfe stoßen bei weitgehendem Anspruch aber auch an ihre Grenzen. So wird die Jugendhilfe als gesellschaftliches Teilsystem auch permanent auf ihre Funktionalität im gesamten demokratischen System hinterfragt. Wenn sie nun mit der Demokratisierung von Planungsprozessen ihre ganzen Kräfte bindet und verbraucht, wird sie ihre demokratisch legitimierten und kontrollierten Aufgaben der Erziehung und Bildung möglicherweise nicht mehr angemessen umsetzen können. Insofern ist die Jugendhilfe als gesellschaftliches Teilsystem nur begrenzt selbstbestimmungsfähig und durchaus legitimen gesellschaftlichen Steuerungsansprüchen ausgesetzt.

2.3 Bürgerschaftliches Engagement für die Zivilgesellschaft wird benötigt

Vor dem Hintergrund der Globalisierung politischer, wirtschaftlicher und sozialer Prozesse gewinnt die lokale Ebene als sozialer und politischer Gestaltungsraum zunehmend an Bedeutung. Dabei ist das Konzept der vor allem kommunal inspirierten „Bürgergesellschaft" nach Einschätzung von Hafeneger nicht nur als Lückenbüßerin und Ausfallbürge für den Rückzug des Sozial- und Wohlfahrtsstaates gedacht, wenngleich nicht wenige SozialwissenschaftlerInnen dies kritisch anmerken (vgl. Hafeneger 2005, S. 13; kritisch Kessl/Otto 2009). Das zunehmende Interesse auch der Politik an „local governance" entspringt der Dynamik und dem großen Interesse von Bürgerinnen und Bürgern, sich vor Ort gesellschaftlich, sozial und politisch zu engagieren. Die geschieht u. a. auch im Rahmen von Jugendhilfeplanung, wenn lokale Akteure sich in Arbeitsgemeinschaften und Runden Tischen zu aktuellen Themen zusammenschließen. In der Regel entspringt diese Arbeit der Initiative der kommunalen Jugendhilfeträger, zunehmend aber schließen sich diese auch an bestehende selbst organisierte Foren und Zusammenschlüsse an.

Für die Jugendhilfeplanung liegt in der Mobilisierung bzw. dem Anschluss an bürgerschaftliche Gruppen eine große Chance, aber auch eine große Herausforderung. Die Chance besteht darin, lokale Initiativen, Vereine und Verbände sowie engagierte Bürgerinnen und Bürger für die Anliegen der Jugendhilfe zu sensibilisieren und UnterstützerInnen für neue Themen und Programme zu gewinnen. Soziale Themen der Jugendhilfe wie z. B. aktuell die Themen Kinderschutz und Frühe Hilfen, aber auch Fragen der Bildungsgerechtigkeit und der Freizeitgestaltung für Kinder und Jugendliche, interessieren viele Menschen und wecken spontan das Interesse. Insofern bieten die Themen der Jugendhilfeplanung immer wieder Anlässe zum Mitdenken und Mithandeln für kommunale Organisationen und Einzelpersonen. Die nicht unerhebliche Herausforderung besteht allerdings zugleich darin, diese örtlichen Zusammenschlüsse nicht zu überfordern, sie nicht zu stark zu formalisieren oder gar eigenen Steuerungsimpulsen unterzuordnen. Die eigenen fachlichen Ansprüche und die kommunalpolitischen Vorgaben der Planung stehen in einem grundsätzlichen Spannungsfeld zu der Vision der kommunalen Bürgergesellschaft.

2.4 Beteiligungsprozesse ermöglichen intensive Demokratieerfahrungen für Mädchen und Jungen

Die vielfach behauptete Politikverdrossenheit lässt sich empirisch bei Kindern und Jugendlichen nicht nachweisen. Alle Jugendstudien der letzten Jahre widersprechen der These des Verfalls des politischen Interesses bei Mädchen, Jungen und jungen Erwachsenen (vgl. Gaiser u. a. 2006, S. 231). Wohl aber findet eine Verschiebung der Erfahrungsbereiche demokratischen Denkens und Handelns statt. Anstelle der konstanten Mitarbeit in Verbänden oder parteinahen Jugendorganisationen tritt immer mehr das konkrete, zeitlich begrenzte Engagement in Projekten. Diese Erfahrung machen auch Planerinnen und Planer, die keine Probleme haben, junge Menschen zur Beteiligung zu motivieren, wenn es ihnen gelingt, die Motivlagen der jungen Menschen zu akzeptieren. Beteiligung muss Selbstbestimmung und Anerkennung ermöglichen, an den Lebensrealitäten ansetzen und Geselligkeit und Spaß ermöglichen (vgl. ebd.).

Der DJI-Jugendsurvey stellt heraus, dass die Bereitschaft zum konkreten politischen Engagement bei Mädchen und Jungen gleichermaßen groß ist, allerdings sind die Mädchen und jungen Frauen nach wie vor seltener in Parteien und etablierten politischen Organisationen zu finden. Als wesentlicher für die Bereitschaft zur Beteiligung stellt sich im Jugendsurvey die Schulbildung der Jugendlichen heraus. Mit zunehmendem schulischen Status und steigenden Abschlüssen nimmt die Bereitschaft zum Engagement erheblich zu (vgl. Gaiser 2005, S. 163-198). Trotz vieler konkreter positiver Beispiele für die Einbeziehung von Kindern und Jugendlichen in Prozesse der Jugendhilfeplanung wird nach wie vor im Alltag der Planung vielfach auf ihr Mitwirken verzichtet und damit auch eine Chance der praktischen Demokratieerziehung („civic education") vertan. Lothar Böhnisch sieht den Grund der begrenzten Einbeziehung von Mädchen und Jungen in einem veralteten Kindheits- und Jugendbegriff der Fachkräfte. Sie seien in ihrem Studium in der Regel noch mit der Vorstellung des „Moratoriums", d. h. des Schonraums vertraut geworden, der jedoch keineswegs mehr der gesellschaftlichen Realität entspräche (vgl. Böhnisch 2008, S. 25 ff.). So seien Kindergarten, Schule und Jugendarbeit noch immer so konzipiert, dass sie die jungen Menschen aus der Gesellschaft ausschlössen („Integration in die Gesellschaft durch Separation") und ihnen lediglich sekundäre Partizipation, d. h. in den Mauern der pädagogischen Institutionen anböten. Aufgrund der modernen Entgrenzung von Kindheit und Jugend, die durch immer früheres Eindringen sozialer Probleme in das Leben von Kindern und Jugendlichen gekennzeichnet ist, muss nun aber nach Einschätzung von Böhnisch (vgl. ebd.) auch der Partizipationsdiskurs neu und offener geführt werden.

2.5 Beteiligungsprozesse bieten erhebliche Lern- und Entwicklungschancen – für alle Beteiligten

Die Beteiligung von Kindern, Jugendlichen und Erwachsenen an Prozessen der Jugendhilfeplanung kann nicht nur als demokratisch legitimierter Aushandlungsprozess, sondern auch als Lern- und Entwicklungsfeld verstanden werden. Beteiligungsprozesse lassen sich – je nach Schwerpunkt – auch als moralische Entwicklungsförderung, als Demokratieerziehung und politische Bildung kenneichnen. Die Beteiligten machen Erfahrungen in der wechselseitigen Perspektivübernahme, in der Mitarbeit in Gruppen und Gremien und im Kontakt und der Zusammenarbeit mit der Kommunalpolitik. Bisher liegen nur wenige wissenschaftliche Studien darüber vor, was und wie junge Menschen und ihre Sorgeberechtigten in Beteiligungsprozessen genau lernen, aber aus Beobachtungen und Reflexionen in zahlreichen Praxisprojekten wissen wir, dass teilweise erhebliche Lernprozesse bei den Adressaten und den beteiligten Fachkräften der Jugendämter in Gang gekommen sind.

So hat der Münsteraner Verein „Kinder haben Rechte" in der Zusammenarbeit mit Jugendämtern zur Weiterentwicklung der Hilfeplanverfahren Beteiligungsseminare für Kinder, Jugendliche und Eltern durchgeführt (vgl. Kriener 1999). Im Mittelpunkt der Arbeit stand die Reflexion der Erfahrungen bei der Teilnahme an Hilfeplanungen. Die Jugendämter hatten den Verein beauftragt, die Stärken und Schwächen der Hilfeplanung aus der Sicht von Adressaten zu erarbeiten und Ideen für die Weiterentwicklung zu entwickeln. Neben diesem konkreten Auftrag boten die Seminare für die Teilnehmerinnen und Teilnehmer erhebliche persönliche Reflexions- und Lernchancen. Aufgrund der Entlastung vom Alltag mit seinen Herausforderungen und Konflikten, in der anregenden Atmosphäre einer Gruppe und durch die Begleitung von externen pädagogischen Fachkräften sind neben wichtigen Ergebnissen immer auch persönliche Lernerfahrungen zustande gekommen.

Eine besondere Bedeutung für die Lernprozesse der Adressaten und die Lernchancen der Professionellen hat der Expertenstatus, der den Adressaten in Planungsprozessen zukommt. So werden selbst kleine Kinder bei Spielraumplanungen, aber auch die sonstigen Klientinnen und Klienten, im Rahmen von Planung zu Adressaten und Partnern. Ein besonders interessantes Beispiel stellt ein Planungsprojekt des Kreisjugendamtes Borken in Zusammenarbeit mit dem Gerburgisheim in Bocholt dar (vgl. Kreis Borken/Gerburgisheim Bocholt 2003). Ursprünglich wollten Amt und Einrichtung gemeinsam neue Projekte für die „Besonders Schwierigen" planen, d. h. für Jugendliche, die in den stationären Einrichtungen permanent entweichen oder rausgeworfen werden. Mit der Idee, diese jungen Menschen selbst als Expertinnen und Experten zu Wort kommen zu lassen, bekam das ganze Projekt eine interessante Wendung: Um die Jugendlichen und jungen Erwachsenen überhaupt zu erreichen, verbot es sich, von ihnen als „Schwierigen" zu sprechen. Stattdessen wurde sie als Expertinnen und Experten eingeladen, die besonders schwierige Situationen zu bewältigen hatten. Sie wurden gebeten, auf der Basis ihrer langjährigen Erfahrungen mit Jugendämtern und Einrichtungen die Fachkräfte zu beraten, wie diese erfolgreicher helfen könnten. Der Status als „Beraterinnen und Berater" wurde den Jugendlichen konsequent zugedacht. Nicht zuletzt zeigte es sich darin, dass ihnen für jede Sitzung in diesem Beratungsprojekt ein kleines Honorar gezahlt wurde. Durch das interessante Projektdesign gelang es den Fachkräften, die Perspektive der Adressaten in neuer, erfahrungsgesättigter und ernsthafter Weise wahrzunehmen. Die Jugendlichen und jungen Erwachsenen wiederum berichteten zum Ende des Projektes, dass sie sehr viel über sich und ihre Vergangenheit gelernt und teilweise endlich verstanden hätten, welche Schwierigkeiten sie mit der Jugendhilfe hatten.

Das obige Beispiel zeigt die besonderen Chancen neuer Planungs- und Entwicklungsprozesse, in denen Lernen nicht als Einbahnstraße, sondern als Prozess auf Gegenseitigkeit angelegt ist. Die PlanerInnen sind bereit, die jungen Menschen als Expertinnen und Experten anzuerkennen und ihre einmalige Sicht der Dinge genau zu studieren. Das wiederum führt auf der Seite der Jugendlichen zu neuem Selbstvertrauen und der Bereitschaft zu konstruktivem Dialog und auch langfristiger Zusammenarbeit. Im Kronberger Kreis für Qualitätsentwicklung, der solche Konzepte des „mehrseitigen Lernens" in den letzten Jahren konzeptionell entwickelte, wurde die Erfahrung gemacht, dass die Öffnung der Expertinnen und Experten für die Erfahrungen und Ansichten von Adressaten eine zentrale Herausforderung und Chance für Lernprozesse im Rahmen von Planung und Qualitätsentwicklung sind (vgl. Stork 2009).

2.6 Beteiligungsprozesse stellen Planungen vom Kopf auf die Füße

Nach wie vor entstehen die meisten Planungsprozesse in top-down-Verfahren. Der Planungsauftrag entsteht aus der Notwendigkeit, neue Programme oder Einrichtungen umzusetzen oder aus einer politischen Prioritätensetzung und Entscheidung heraus. Dann gilt es häufig, die Adressaten einzubeziehen, d.h. ihnen zu vermitteln, warum man ihre Meinung wissen will. In der Regel entspringt die Planung also nicht einer direkten Problemanzeige der Adressaten, auch wenn es hin und wieder geschieht, dass z.B. Jugendliche offensiv eigene Treffpunkte o.ä. einfordern.

In diesen seltenen Fällen produziert Planung allerdings oft die besten Ergebnisse. Wenn gesellschaftliche Akteure ein eigenes Anliegen haben, sie dieses auch formulieren können und es erreichen, dass daraus ein offizieller Planungsauftrag entsteht, sind Planung, Beteiligung und Umsetzung relativ einfach. Insofern ist es optimal, wenn es der Planung gelingt, sich an dem Motto von Hartmut von Hentig zu orientieren: „Pläne entstehen, indem wir handeln und darin unser Bewusstsein ändern" (1964, S. 50). Wenn Jugendhilfeplanung aus der Jugendhilfepraxis heraus entsteht, aus den Problemen und Konflikten des Alltags, dann ist Planung eine Begleitung, Strukturierung, Reflexion, Klärung und Weiterentwicklung von Interessen. Auch wenn dies nicht immer möglich ist und viele Planungsaufträge weiterhin zunächst nicht auf der direkten Grundlage der artikulierten Bedürfnisse von Adressaten zustande kommen, so muss es doch jeweils gelingen, das Planungsanliegen auch zum Anliegen der Adressaten zu machen, bzw. in der Auseinandersetzung mit den Adressaten das Planungsanliegen zu überarbeiten und abzustimmen. Hierzu ist eine Orientierung der Planung an der Leitidee des Dialogs notwendig, wie sie insbesondere von David Bohm (vgl. 2005) ausgearbeitet wurde. Der Dialog im Sinne Bohms versteht sich als eine besondere Art des Kontaktes, des gemeinsamen Nachdenkens, das sich am ursprünglichen Sinn des Wortes „Dialog" (griech. Dia-logos: „Fluss aus Sinn") orientiert. Bohm geht davon aus, dass Gruppen besondere Verstehensleistungen erbringen können, wenn es gelingt, die üblichen Formen der Verständigung durch Dialoge zu erweitern, in denen nicht die Meinungen und die Annahmen zu einem Thema im Vordergrund stehen, sondern das Denken, welches ihnen zugrunde liegt. Dabei gilt es zunächst, sich von der Idee der schnellen Entscheidung zu verabschieden: „In der Dialoggruppe werden wir nicht entscheiden, was in irgendeiner Sache zu tun ist. Das ist von entscheidender Wichtigkeit. Sonst sind wir nicht frei.

Wir müssen einen leeren Raum haben, wo wir nicht verpflichtet sind, etwas zu tun, zu irgendwelchen Schlüssen zu kommen, etwas zu sagen oder nichts zu sagen. Der Dialog bleibt offen und frei, ein leerer Raum. Das englische Wort leisure (Muße, freie Zeit) hat diese Bedeutung von einer Art leerem Raum. (…) Wie Krishnamurti zu sagen pflegte: Der Becher muss leer sein, um etwas aufnehmen zu können" (vgl. ebd.).

Das Ziel des Dialogs nach dem Konzept von Bohm ist, über das Austauschen von Meinungen hinaus zu kommen und dem Denkvorgang selbst auf den Grund zu gehen. Dabei soll erkannt werden, dass wir oft unsere Grundannahmen gegen Hinweise und auch gegen unsere eigenen Gedanken verteidigen, dass sie falsch sein könnten. Wenn es aber gelingt, dem Denkvorgang auf den Grund zu gehen und unsere das Denken begrenzenden Selbstprogrammierungen zu durchschauen, so könne es in Gruppen gelingen, den kollektiven Ablauf der Denkprozesse selbst zu ändern (vgl. ebd., S. 37). Nachdem die Dialogmethode in den letzten Jahren durch das sogenannte „Dialogprojekt" in zahlreichen Organisationen auch in Deutschland eingeführt und verbreitet wurde (Hartkemeyer u. a. 2001), stellt sie sich zunehmend gerade für den Bereich der Weiterentwicklung von Einrichtungen und Programmen der Sozialen Arbeit, z. B. im Rahmen der „Dialogischen Qualitätsentwicklung", als geeigneter Zugang für das Verstehen und die Verbesserung komplexer Hilfesysteme heraus (vgl. auch Wolff 2002 und Biesel u. a. 2009).

3 Ebenen der Beteiligung

In der Jugendhilfeplanung werden die Bearbeitung fachlicher Entwicklungsaufgaben der Jugendhilfe und die fachpolitische Willensbildung über die zukünftige Ausrichtung der Jugendhilfe prozesshaft miteinander in Beziehung gesetzt. Somit findet Jugendhilfeplanung immer (parallel oder zeitversetzt) auf der fachlichen und der fachpolitischen Ebene statt, ist immer aufgespalten in Diskurse auf diesen unterschiedlichen Bühnen. Wenn man über Beteiligung von Kindern, Jugendlichen und Eltern an der Jugendhilfeplanung redet, muss man deshalb zunächst klären, an welchem der beiden Diskurse die jungen Menschen und ihre Familien eigentlich wann und wie teilnehmen sollen.

Prozesse der Jugendhilfeplanung durchlaufen zudem idealtypisch immer drei Schritte: Bestandserhebung, Bedarfsermittlung bzw. -aushandlung und Maßnahmenplanung (vgl. dazu den Beitrag von Schone zur Organisation von Planungsprozessen in diesem Band). Auch hier stellt sich die Frage, woran eigentlich die Adressaten beteiligt werden können und sollen? An allen Schritten? Dauert das nicht viel zu lange? Ist das nicht viel zu komplex? Und wer entscheidet, an welchen einzelnen Punkten eigentlich Beteiligungsmöglichkeiten geschaffen werden sollten?

3.1 Die politische Ebene: Mitbestimmung der Adressaten am politischen Diskurs

Da in der Jugendhilfeplanung Dinge erörtert werden, die unmittelbar die Lebenssituation junger Menschen und ihrer Familien betreffen, ist es in einer demokratisch verfassten Gesellschaft von einiger Bedeutung, darüber nachzudenken, wie die Adressaten an diesen Diskussionsprozessen teilhaben können, wie sie sich einmischen und von Planungsbetroffenen zu Planungsmitbestimmenden werden können. In der Fachsprache der Demokratietheorie würde man deshalb auch anstelle von Planungsbeteiligung den Begriff der Planungspartizipation, d. h. der Teilhabe an Planung, wählen. In diesem Denkschema wird die Jugendhilfeplanung als Teil der kommunalen Jugend- und Familienpolitik verstanden und als solcher ist sie bislang zumeist Sache der politisch organisierten Erwachsenen, da das politische System gerade Minderjährigen nur sehr begrenzt, nämlich über die Mitgliedschaft in Jugendverbänden und Jugendparlamenten, Einfluss auf die staatliche Jugendpolitik zugesteht (vgl. Stork 1995, S.14-25). Es ist allerdings seit längerem ein offenes Geheimnis, dass der Organisationsgrad junger Menschen in Jugendverbänden deutlich abnimmt und unter anderem aus diesem Grund der politische Einfluss der Jugendverbände auch in der Kommunalpolitik sehr gering ist.

In den letzten Jahren wurden deshalb neue Organisationsformen gefunden, die Minderjährigen eine Vertretung ihrer Interessen im kommunalpolitischen Raum ermöglichen sollen. In erster Linie sind hier die „Kinder- und Jugendparlamente" zu nennen, die mittlerweile vielerorts schon zum „Establishment" gehören. Dort, wo solche jugendpolitischen Gremien existieren, können sie sich auch mit Fragen der Jugendhilfeplanung beschäftigen, wobei die Legitimität der in Parlamenten vertretenen jungen Menschen sich eindeutig auf die Beteiligung am politischen Diskurs über Jugendhilfeplanung bezieht und nicht am fachlichen. Da Kinder- und Jugendparlamente dem politischen System zuzurechnen sind, müssen sie sich vorrangig Fragen nach der politischen Reichweite ihres Tuns stellen lassen und weniger danach, ob die Mitarbeit den gewählten Mitgliedern Spaß macht, ob sie dort etwas lernen o.ä. Für die Frage nach der Beteiligung am politischen Diskurs der Jugendhilfeplanung sind deshalb zwei Fragen zentral: Erstens ist zu klären, ob die Einbeziehung von Jugendringen oder Jugendparlamenten in die Jugendhilfeplanung dazu beiträgt, Entscheidungsprozesse zu öffnen. D.h., haben die jungen Menschen bei den Verhandlungen über die zukünftigen Schwerpunkte der kommunalen Jugendpolitik tatsächlich ein Gewicht? Während andere kommunale Planungsverfahren die direkte Beteiligung von Betroffenen, z.B. durch Bürgerentscheide oder Bürgerbegehren, vorsehen, ist dies im Rahmen der Jugendhilfeplanung nicht gesetzlich verankert. Es gibt keinerlei Recht von Kindern und Jugendlichen, direkt, z.B. durch Vetorechte, Entscheidungen, die ihre Lebenssituation berühren, zu beeinflussen. Und zweitens: Vertreten die Kinder und Jugendlichen, die als gewählte Vertreter in solchen Gremien sitzen, nur sich selbst oder können sie sich auch für jüngere Kinder und benachteiligte Gruppen junger Menschen einsetzen, die erfahrungsgemäß nur selten in Jugendparlamenten und Jugendringen vertreten sind?

Dietrich Kühn spricht bei der politischen Willensbildung im Bereich der Jugendhilfeplanung von einem magischen Viereck, in dem Macht und Einfluss ausgeübt werden (vgl. Kühn 1982). Hierbei sind Verwaltung, parlamentarische Gremien, Wohlfahrts- und Jugendverbände und die Adressaten selbst beteiligt, wie die Abbildung 1 zeigt:

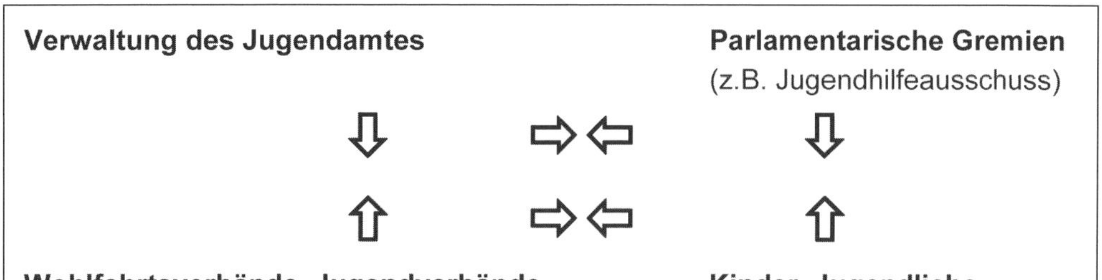

Abb. 1: Magisches Viereck der kommunalen Jugendhilfeplanung (Quelle: Kühn 1982, eigene Darstellung)

Macht und Einfluss sind im magischen Viereck in der Regel höchst ungleich verteilt. Wenn es sich also für die Adressaten von Planung – zumal wenn es sich um Kinder und Jugendliche handelt –, die strukturell in diesem Gefüge über die wenigste Macht verfügen, lohnen soll, sich am politischen Willensbildungsprozess zu beteiligen, müssen Vorkehrungen für eine faire Einbeziehung getroffen werden. Diese beziehen sich auf ein transparentes Verfahren von Meinungsbildung und Entscheidungsfindung sowie die professionelle und anwaltschaftliche Unterstützung der Planungsadressaten. Als Planungsanwälte sind sowohl professionelle Helfer (Fachkräfte der Jugendhilfe, Kinder- und Jugendbeauftragte etc.) als auch engagierte und anerkannte Laien vorstellbar (vgl. Jordan/Stork 1998, S. 547 ff.).

3.2 Die fachliche Ebene: Kinder, Jugendliche und Eltern als Adressaten und Koproduzenten sozialer Dienstleistungen

Aus der Perspektive der Jugendhilfefachkräfte und -politiker ist die zentrale Frage, wenn es um die Beteiligung junger Menschen und ihrer Familien an der Jugendhilfeplanung geht, meistens die, ob sie einen Beitrag dazu leisten können, dass geplante soziale Dienstleistungen insofern stimmig werden, dass sie von den jeweiligen Zielgruppen auch angenommen werden. Die Zufriedenheit der Adressaten ist dabei nicht nur als Wert an sich von Bedeutung, sondern wird zunehmend als Schlüssel zum Erfolg sozialpädagogischer Programme und Maßnahmen verstanden (vgl. hierzu bspw. AG Präventive Jugendhilfe 1995). Insofern ist es unerlässlich, stärker als bisher die Adressaten der Jugendhilfe in Reflexionsprozesse über die angebotenen Jugendhilfeleistungen einzubeziehen, um diese planerisch weiterzuentwickeln (vgl. hierzu bspw. Institut für soziale Arbeit e.V./Stadt Braunschweig 2000). Da derzeit mit viel Aufwand allerorten versucht wird, die Jugendhilfe als soziale Dienstleistung zu profilieren, lässt sich unschwer prognostizieren, dass die Beteiligung der unmittelbaren Nutzer an der Weiterentwicklung dieser Dienstleistungen in den nächsten Jahren enorm zunehmen wird. Dies lässt sich bspw. an dem Bemühen ablesen, im Rahmen von Qualitätsentwicklungsprozessen aussagefähige Rückmeldeschleifen in Hilfeplanprozesse einzubauen. Auch wenn diese Zunahme von Beteiligung der Adressaten an der Planung und Weiterentwicklung aus fachlicher Sicht sehr zu begrüßen ist, scheint es mir derzeit jedoch vonnöten, auch auf die Grenzen dieses Aspektes von Planungspartizipation hinzuweisen.

Aus der Dienstleistungsperspektive rücken fachliche Aspekte in der Planung in den Vordergrund, während politische Aspekte in den Hintergrund geraten. Die Beteiligung junger Menschen und ihrer Familien verfolgt in dieser Perspektive nicht das Ziel der Öffnung von Entscheidungsprozessen, sondern der Qualifizierung der Vorbereitung von politischen Entscheidungen. Hier ist zum einen auf die Gefahr hinzuweisen, die Adressaten auf den Status von Datenlieferanten für die Planung der Erwachsenen zu reduzieren. Sie werden dann als Planungsbetroffene angesehen, deren Wissen und Ideen einen Innovationspool bilden, aus dem die Professionellen nach Lust und Laune schöpfen können. Die Planung selbst bleibt in den Händen der erwachsenen Planungsfachkräfte, und junge Menschen und Familien werden lediglich als Experten für einzelne Details angesehen.

Insofern ist die Einbeziehung von Kindern, Jugendlichen und Eltern als Nutzern von Angeboten, oder überspitzt gar als „Kunden“ von Einrichtungen und Jugendämtern, eine mögliche und wichtige Perspektive der Planungsbeteiligung, aber eine sehr begrenzte, zumal schwierige, da Empfänger von Leistungen der Jugendhilfe (insbesondere von Beratungsleistungen, erzieherischen Hilfen, Kriseninterventionen) im Moment der Leistungsgewährung häufig gerade nicht in der Lage sind, selbstbewusst und zugleich selbstkritisch, reflektiert und aktiv ihre Meinung zur Jugendhilfe kundzutun. Diese Problematik, die schon vor vielen Jahren als Dilemma der Sozialpädagogik beschrieben wurde, ist im Rahmen von Beteiligungsprojekten bisher weitgehend ausgeklammert bzw. nur allgemein benannt worden (vgl. besonders Brumlik 1992).

4 Verfahren und Modelle der Beteiligung

Da die Jugendhilfeplanung sowohl die fachliche als auch die fachpolitische Willensbildung zu vielen für Kinder und Jugendliche sowie ihre Familien relevanten Themen auf kommunaler Ebene umfasst – und damit prinzipiell weit über das Ressort Jugendhilfe hinausgeht – können Beteiligungsverfahren sich ebenfalls auf ressortübergreifende fachliche und fachpolitische Fragen, z. B. auch auf bildungspolitische und infrastrukturelle Themen, beziehen. Insofern kommt es darauf an, jeweils der Fragestellung bzw. dem politischen Auftrag entsprechende Beteiligungsformen zu kreieren und nicht prinzipiell in Planungsfragen auf Standardlösungen zurückzugreifen. Bei fachlichen Fragen können alle Beteiligungsformen eingesetzt werden, die auch in den einzelnen Arbeitsfeldern der Jugendhilfe im dortigen pädagogischen Alltag eingesetzt werden bzw. eingesetzt werden könnten. Diese Beteiligungsformen haben im Wesentlichen initiierenden Charakter, d. h. sie wollen nicht einfach vorhandene Einstellungen abfragen, sondern nach den Regeln der pädagogischen Kunst junge Menschen und Familien „da abholen, wo sie stehen" und dann gemeinsam Entwicklungen vollziehen. Im Rahmen der fachpolitischen Willensbildung steht hingegen weniger die Entwicklung von neuen Ideen als die politische Auseinandersetzung zwischen den Anliegen junger Menschen und Familien und den Präferenzen von Trägern und Politik im Mittelpunkt des Planungsgeschehens. In solchen Planungsphasen muss es den Adressaten gelingen, eine eigene Lobby zu entwickeln und Orte zur Artikulation der eigenen Vorstellungen zu haben. Solche Orte können Jugendforen oder auch -parlamente sowie Bewohnerversammlungen sein; häufig reichen diese Formen der direkten Interessenvertretung nicht aus und es müssen Verbündete gefunden werden. Dies können anwaltschaftlich arbeitende Profis sein (z. B. Kinderbeauftragte), aber auch Schlüsselpersonen in Jugendringen, Arbeitskreisen und Jugendhilfeausschüssen.

Insgesamt lassen sich Beteiligungsformen im Rahmen von Jugendhilfeplanung in direkte und indirekte Verfahren unterscheiden (vgl. hierzu ausführlich Jordan/Stork 1998, S. 535 ff.). Je nach Planungsauftrag und -phase muss die richtige Form gefunden werden, wobei eben nicht nur der höchstmögliche Mitbestimmungsgrad anzustreben ist, sondern zugleich auch planerisch-professionelle Aspekte (bspw. die Qualität der erwartbaren inhaltlichen Aspekte) zu bedenken sind. Aus diesem Grunde sind in der Abbildung 2 nicht nur die im engeren Sinne junge Menschen und Familien beteiligenden Formen zusammengefasst, sondern auch Formen der Beobachtung und der Befragung, bei denen Fachkräfte nach Meinungen und Einstellungen von Adressaten suchen, um diese anschließend für Planungsprozesse auswerten zu können.

	Direkte Verfahren	Indirekte Verfahren
Beobachtung	Teilnehmende Beobachtung	
Befragung	**Schriftliche Befragung** ▪ repräsentativ ▪ ausgewählte Gruppen **Mündliche Befragung** ▪ Einzelinterviews ▪ Cliqueninterviews	Experteninterview Elternbefragung
Beteiligung	**Versammelnde Verfahren** ▪ Jugendforum/-konferenz ▪ Jugendparlament **Initiierende Verfahren** ▪ Planungszelle ▪ Projektarbeit ▪ Zukunftswerkstatt	Jugendring Kinderanwalt/-beauftragter Planungsgruppe, Arbeitsgemeinschaft

Abb. 2: Formen der Adressatenbeteiligung in der Jugendhilfeplanung (Quelle: Jordan/Stork 1998, S. 535 ff.)

4.1 Initiierende Verfahren

Initiierende Verfahren der Planungsbeteiligung basieren auf zwei Grundannahmen:

- Erstens warten nicht alle Mädchen und Jungen und Eltern darauf, sich an Planungsverfahren beteiligen zu dürfen und
- zweitens wissen die Adressaten der Planung noch nicht unbedingt, was sie sich eigentlich von der Jugendhilfe wünschen sollen.

Das heißt, dass die Aufgabe der Planungsfachkräfte häufig nicht damit beendet ist, die Adressaten zur offenen Meinungsäußerung zu Planungsfragen einzuladen, da viele Zielgruppen dieser Einladung erfahrungsgemäß nicht Folge leisten und diejenigen, die kommen, auch nicht unbedingt wissen, was sie wollen. Insofern muss aktiv auf die Zielgruppen von Planung zugegangen werden und es müssen Prozesse der Planungsbeteiligung angebahnt werden. Dabei ist der methodischen Phantasie keine Grenze gesetzt; es kann bspw. mit Methoden der Medien- oder Kulturpädagogik gearbeitet werden. In der Regel handelt es sich dabei um projekthafte Formen der Gruppenarbeit, in denen junge Menschen und Familien ihren eigenen Wünschen und Bedürfnissen auf die Spur kommen und diesen Ausdruck verleihen. Planungsfachkräfte werden bei diesen zeit- und personalintensiven Vorgängen in der Regel von pädagogischen Fachkräften oder ehrenamtlichen Schlüsselpersonen unterstützt, die über methodisches Können verfügen und die Zielgruppen ggf. bereits kennen. Theoretisch knüpfen initiierende Verfahren an dem Modell der bedürfnisentwickelnden Jugendarbeit von Friedrich Ortmann an (vgl. 1983). Grundannahme des Beteiligungsprozesses ist dabei, dass die Bedürfnisse der Planungsadressaten sich im Prozess ihres Erkennens bzw. Offenlegens schon wieder verändern bzw. weiter entwickeln. Methodisch haben sich im Rahmen von Jugendhilfeplanung neben der Projektarbeit insbesondere zwei Verfahren initiierender Beteiligung bewährt:

1. Die *Zukunftswerkstatt* ist eine Art moderiertes soziales Versuchslabor, in der Menschen gemeinsam alternative Zukunftsideen entwickeln. Der Weg zu Erfindungen und Verwirklichungs-

ansätzen führt über drei zentrale Phasen. In der Beschwerde- und Kritikphase wird das anstehende Problem so vielfältig wie möglich stichwortartig beschrieben. Nachdem das Problem beschrieben ist, wird in der Phantasie- und Utopiephase versucht, es positiv zu wenden und ohne Vorbehalte zu lösen. In der abschließenden Verwirklichungs- und Praxisphase werden die Entwürfe auf ihre Durchsetzungschancen geprüft und evtl. bereits erste Schritte eingeleitet. Die Methode Zukunftswerkstatt ist für die Arbeit mit Kindern und Jugendlichen ab ca. 10 Jahren sowie die Zusammenarbeit mit Eltern und Angehörigen geeignet und in zahlreichen Methodenbüchern exakt beschrieben (vgl. bspw. Deutsches Kinderhilfswerk e.V./Landesregierung Schleswig Holstein 1997).

2. Die *Planungszelle* ist ein bereits vor 20 Jahren entwickeltes Verfahren, in dem eine Gruppe von Planungsadressaten, unterstützt durch einen professionellen Planer einen begrenzten Planungsauftrag bspw. die Planung eines neu zu bauenden Jugendzentrums ausführt. Immer wieder zeigt sich, dass solche Laienplanungsgruppen zu ausgezeichneten Ergebnissen kommen, wenn sie eine angemessene Unterstützung durch die Professionellen erhalten (vgl. bspw. Guderian 1996).

4.2 Versammelnde Verfahren

Der Begriff „versammelnde Verfahren" bringt zum Ausdruck, dass Planungsadressaten im Rahmen von Beteiligungsprozessen in Versammlungen zusammenkommen. „Versammelnd" ist demnach wörtlich im räumlichen Sinne zu verstehen. Allen verschiedenen Verfahren, die unter dieser Bezeichnung zusammengefasst werden können, ist gemeinsam, dass es sich um offene Veranstaltungen handelt, die den Planungsbeteiligten die Möglichkeit zur Diskussion, zum Informations- und Erfahrungsaustausch und zur gemeinsamen Entwicklung von Ideen geben. Hierzu gehören bspw. Stadtteil- und Gemeindekonferenzen, Kinder- und Jugendforen oder Jugendhilfe-Stammtische (vgl. ausführlich Jordan/Stork 1998).

Versammelnde Verfahren eignen sich insbesondere dann, wenn Planungsthemen eine größere Öffentlichkeit interessieren bzw. wenn Informationen und Meinungen von größeren Gruppen eingeholt werden sollen. Auch in solchen Fällen ist eine gesonderte Vorbereitung durch gezielte Ansprache, Vorabdiskussionen in Kleingruppen und umfassende Öffentlichkeitsarbeit unerlässlich, wenn tatsächlich ein öffentlicher Austausch angestrebt wird. Ebenso muss geprüft werden, ob eine gezielte Unterstützung einzelner Gruppen durch Vorbereitung und Moderation der Veranstaltung notwendig ist, um einen fairen Austausch unterschiedlich starker Gruppierungen zu fördern. Erfahrungsgemäß bleibt es auch mit unterstützenden Maßnahmen eine Herausforderung, Minderheiten zur aktiven Teilnahme an solchen Konferenzen und Foren zu ermutigen.

5 Probleme der Beteiligung

5.1 Beteiligung ist zeitintensiv und professionell anspruchsvoll

Eine dialogische Jugendhilfeplanung, die Adressaten fair und interessiert, möglichst sogar neugierig und lernbereit beteiligt, ist keine eigensinnige Fachplanung, sondern ein offener kommunikativer Prozess. Angesichts der Entwicklung des Aufgabenfeldes der Jugendhilfeplanung, bei der die Entwicklung konkreter begrenzter und innovativer Projekte eine immer größere Rolle spielt, lassen sich auch Beteiligungsverfahren und -methoden zunehmend zugleich zielgerichtet und ergebnisoffen nutzen. Der zeitliche Aufwand für offene Beteiligungsprozesse ist dennoch erheblich, da die Adressaten in der Regel erst für ihre Ko-Planung gewonnen werden müssen und nicht einfach zur Verfügung stehen. Die Entwicklung von Beteiligungsbereitschaft (auf der Seite der Adressaten und der Professionellen) ist der erste Schritt bei Beteiligungsprozessen, die als mehrseitige Lernprozesse gestaltet werden sollen. Überhaupt brauchen Beteiligungsdialoge Raum und Zeit, um sich entwickeln zu können. Diese Ressourcen müssen nicht nur bei den Planungsfachkräften, sondern auch bei den Adressaten und den weiteren Fachkräften vorhanden sein, die den Prozess begleiten. Häufig geht es um den zeitlich befristeten Aufbau und die Begleitung von Gruppen und Gruppenprozessen zu aktuellen Planungsthemen. Neben der thematischen Einarbeitung müssen die Planerinnen und Planer auch die Arbeit mit den unterschiedlichen Gruppen jeweils neu lernen. Teilweise gleicht die Beteiligungsaufgabe sogar eher dem Aufbau und der Pflege von Netzwerken, wenn z. B. in Gemeinden oder Ortsteilen zu Planungsthemen nachhaltige Runde Tische oder Arbeitsgemeinschaften aufgebaut werden sollen.

5.2 Beteiligung weckt Interessen und Bedürfnisse – sie schafft Nachfrage

Noch in den 1990er Jahren wurde die Aufgabe der Planungsbeteiligung meist so verstanden, dass die Bedürfnisse der Adressaten ermittelt werden sollten, um auf dieser Basis die eigentliche Fachplanung durchführen zu können. Nachdem nun beinahe 20 Jahre Erfahrungen mit der Jugendhilfeplanung im Sinne des SGB VIII vorliegen, wird man schon aus praktischer Sicht bestätigen können, dass die Beteiligungsverpflichtung sich aus unterschiedlichen Gründen nicht derart begrenzen lässt. Selbst bei scheinbar einfachen Fragen wie den Bedürfnissen von Eltern in Bezug auf die Tagesbetreuung ihrer Kinder, ist deutlich geworden, dass diese Bedürfnisse nicht einfach vorliegen, den Adressaten klar sind und sie somit abgefragt werden können. Schon das Thema Betreuungszeiten ist komplex, da es immer abhängig von Fragen der Qualität und Quantität der Angebote, den finanziellen Verhältnissen der Familien und den Kosten der Angebote sowie dem Verständnis der Eltern für die Bedürfnisse der Kinder zu betrachten ist. Wesentlich komplexer wird die Frage nach den Bedürfnissen in den Aufgabenfeldern der Jugendhilfe, in denen die Adressaten ihre Bedürfnisse überhaupt nicht kennen bzw. sie aufgrund komplexer Verstrickungen und Belastungen nicht scharf erkennen, oder sie aufgrund ihres Alters und Entwicklungsstandes diese nur in aufwändigen methodisch gestalteten Settings klar machen können.

Sobald man sich mit den Adressaten von Jugendhilfeleistungen in einen offenen Dialog begibt, in dem sie gerade im Austausch mit anderen Adressaten erkennen, was ihre Wünsche, Interessen und Bedürfnisse sein könnten, werden immer wieder erhebliche Ansprüche und Erwartungen an eine ganz andere Praxis und zusätzliche Angebote geweckt. Dies gilt für Kinder, die sich intensiv mit Spielräumen, Ganztagsschulen und Freizeitangeboten beschäftigen ebenso wie für Jugendliche und Sorgeberechtigte, die sich ernsthaft über ihre Wünsche austauschen. Verzichtet man auf diese „Interessen-“ oder „Bedürfnis-Dialoge“ mit den Adressaten, ist zu befürchten, dass die Ergebnisse der Planung wiederum nicht die gewünschten Erfolge mit sich bringen. Dann werden die „Offenen Ganztagsschulen“ doch nicht zu Lebensräumen, in denen sich Kinder wohl fühlen, oder die Maßnahmen der Jugendberufshilfe werden die Ziele der Jugendlichen wieder nicht erreichen, weil sie diese gar nicht kennen.

5.3 Beteiligung erfordert fachliches Wissen und methodisches Können

In früheren Veröffentlichungen zur Kinder- und Jugendbeteiligung wurden entwicklungspsychologische Erkenntnisse umfassend dargestellt, um Planerinnen und Planer darauf vorzubereiten, wie sie die Beteiligungsprozesse methodisch mit den unterschiedlichen Zielgruppen gestalten können, ohne diese zu über- oder unterfordern (vgl. z.B. Bartscher 1998, S. 45-70). Besonderer Wert wurde auf die Erläuterung idealtypischer Entwicklungsstufen in der kognitiven und moralischen Entwicklung gelegt. In diesem Handbuchbeitrag wird auf eine ausführliche beschreibende Zusammenfassung entwicklungspsychologischer Grundlagen verzichtet, da sie einerseits als hinreichend bekannt vorausgesetzt werden können und zudem aufgrund gesellschaftlicher Entwicklungen Kindheit und Jugend immer weniger in idealtypischen Alterskohorten gedacht werden. Eine genaue Kenntnis der jeweiligen Zielgruppen von Beteiligungsprozessen ist deswegen unerlässlich und korrigiert allgemeine entwicklungspsychologische Annahmen in erheblicher Weise. Sowohl allgemeine geschlechts- und zielgruppenspezifische Aspekte sind zu berücksichtigen als auch die jeweils konkreten psychischen, kulturellen und sprachlichen Unterschiede sowie Status- und Bildungsdisparitäten. Für die Vorbereitung von Beteiligungsprozessen ist insofern das Kennenlernen und Erforschen der individuellen und gruppenbezogenen Beteiligungsmöglichkeiten und Grenzen wesentlich wichtiger als die allgemeine Kenntnis der empirischen Entwicklungspsychologie.

Um Kinder, Jugendliche und Eltern aus benachteiligten Wohngebieten, unteren Bildungsschichten und – häufig multikulturellen – Armutsmilieus an Jugendhilfeplanungsprozessen zu beteiligen, sind besonders Kompetenzen in Beziehungsaufbau und -gestaltung erforderlich.[3] Zusätzlich ist die permanente Auseinandersetzung mit kritischen Gesellschafts- und Kultur- und Gendertheorien erforderlich, um den auch in der Praxis der Sozialen Arbeit weit verbreiteten Vorurteilen zu entgehen, die den Adressaten die Kompetenzen für Beteiligungsprozesse absprechen und um reflektierte Empowermentstrategien entwickeln zu können.

5.4 Beteiligungsprozesse sind nicht immer kontrollierbar

Die Öffnung von Planungs- und Entscheidungsprozessen, die für die Idee der Beteiligung eine zentrale Bedeutung hat, gefährdet zugleich die Begrenzung der Jugendhilfeplanung als professionell kontrollierte Fachplanung. Immer dann, wenn es wirklich gelingt, Adressaten zur Beteiligung zu ermutigen und zu bemächtigen, stehen auch politische Planungsvorgaben zur Reichweite der Planung, zu den möglichen Kosten der zu planenden Maßnahmen und zur Hierarchisierung von Alternativen in Frage. Aus politikwissenschaftlicher Perspektive stellt das zunächst kein Problem dar. Es kann als Demokratisierung kommunalpolitischer Prozesse – und damit indirekt als Erfolg von Planung – verstanden werden, wenn Bürgerinnen und Bürger plötzlich im Jugendhilfeausschuss auftauchen und Dinge einfordern, die zuvor nicht auf der Agenda standen. Dauerhaft wird dies jedoch voraussichtlich von den politisch Verantwortlichen nicht hingenommen werden und schon die Angst vor der politischen Kritik an der fach-

3 Hilfreiche Anregungen zum Aufbau und zur Reflexion professioneller Haltungen in der Beziehungsgestaltung finden sich bei Helming (vgl. 2009).

lichen Arbeit der Jugendhilfeplanung wird bei den Fachkräften dazu beitragen, dass weitergehendes politisches Engagement der Adressaten möglichst nicht unterstützt wird.

Es ist allerdings nicht zu erwarten, dass die Adressaten sich immer einig sind und sie gemeinsam die Politik herausfordern. Ebenso ist es möglich, dass die Adressaten selbst sich zerstreiten, den Dialog mit den Anderen abbrechen oder kurzschlüssige Aktionen durchführen, welche die Planung gefährden. Letztlich ist der Wille der Adressaten nicht vorhersagbar und steuerbar. Für die Planungsfachkräfte wird das zu einem Problem, wenn fachlich anerkannte und von der Jugendhilfepolitik geteilte Ansichten und Aktionen von den Adressaten abgelehnt werden.

6 Fazit: Diskussion und Bewertung der Modelle und Verfahren

Während frühere Veröffentlichungen zur Beteiligung in der Jugendhilfeplanung zumeist methodische Probleme und Verfahrensfragen in der Vordergrund ihrer Betrachtung rückten, stehen heute eher grundsätzliche demokratietheoretische und wohlfahrtsstaatliche Fragen sowie konkrete Fragen der Haltung, der Beziehungsgestaltung und des Dialogs im Vordergrund. Es zeigt sich in der Praxis, dass die Beteiligung von Adressaten in der Jugendhilfeplanung stets möglich ist, wenn der politische Wille der Verwaltung zur Öffnung von Entscheidungsprozessen und die Bereitschaft zum Dialog und zum gegenseitigen Lernen bei den Planungsfachkräften tatsächlich vorhanden sind. Zusätzlich sind erhebliche Ressourcen (Zeit, Geld, Personal) notwendig, um Beteiligungsprozesse sinnvoll und partnerschaftlich gestalten zu können. Selbst bei optimalen Bedingungen bleibt die Planungsbeteiligung ein komplexes und widersprüchliches Unterfangen. So gilt es stets Fragen der Macht und Ohnmacht von Einzelnen und Gruppen im Blick zu halten und die Dynamik komplexer Interaktionen wahrzunehmen und reflexiv zu verstehen. Folgende Widersprüche sind für die Partizipationsprozesse konstitutiv und können lediglich balancierend gelebt werden, ohne sie ganz auflösen zu können (vgl. Stork 2007, S. 86 ff.):

Das Expertendilemma: Die Adressaten, zumal Kinder und Jugendliche, können denken und sagen, was sie wollen. Ihre Expertise wird von den Expertinnen und Experten der Jugendhilfe grundsätzlich in Frage gestellt. Schließlich sind die jungen Menschen noch nicht mündig, unreif und ihre Äußerungen bedürfen der fachlichen Interpretation. Das Gleiche gilt für Eltern, deren Bedürfnisse und Wünsche letztlich noch der fachlichen Analyse bedürfen. Diesem Dilemma kann man sich aus fachlicher Sicht auch dadurch nicht entziehen, dass man sich der fachlichen Interpretation verweigert und die Positionen der Adressaten genau so umsetzt, wie sie geäußert wurden. Ein solches Aufgabenverständnis würde die sozialpädagogische Profession überflüssig machen, würde voraussichtlich zu drastischen Ausgabensteigerungen führen und letztlich auch wenig hilfreich sein. Insofern gibt es zum Expertentum keine Alternative. Wir brauchen sogar immer mehr und immer bessere Expertinnen und Experten. Wir brauchen Sprach- und Kulturmittler, schicht-, kultur- und gendersensible Fachleute für die Planungsbeteiligung von Kleinkindern, Schulkindern und Jugendlichen und ExpertInnen für besonders konflikthafte Planungsthemen. Im Planungsprozess selbst muss dann mit Unterstützung der Professionellen die authentische Stimme der AdressatInnen zur Sprache kommen. Es muss aber auch gelingen, die Gedanken der AdressatInnen und die der Planungsfachleute in Dialogen so aufeinander zu beziehen, dass alle Seiten voneinander lernen und etwas „Drittes" entsteht, in dem sich alle wiederfinden können.

Das Dilemma von Mehrheiten und Minderheiten: Wenn man sich Projektberichte von kommunalen Planungsprozessen ansieht, ist man manchmal von der angeblichen Uniformität der Bedürfnisse überrascht. Man liest dann, dass „die" Jugendlichen neue Skaterräume brauchen oder „die jungen Familien" frühere Zugänge zum Hilfesystem. In der Ermittlung von Wünschen, Interessen und Bedürfnissen werden direkte und indirekte Beteiligungsverfahren eingesetzt, bei denen sich die Schwerpunkte für geforderte Innovationen oder neue Angebote herausbilden. Nur selten wird kritisch distanziert geprüft, wie es dazu kam, dass plötzlich bestimmte Bedarfe „auf der Hand liegen", während andere kaum mehr geäußert werden. Bestimmte Positionen werden von Wortführern eingenommen und erfolgreich weitergereicht, publiziert und schließlich für wahr gehalten. Letztlich ist es nicht mit Sicherheit möglich, wirklich wichtige von eher unwichtigen Bedürfnissen zu unterscheiden und nicht einseitig aus Mehrheitsäußerungen zu reagieren. Die Planungsfachkräfte müssen aber im Blick haben, dass es möglicherweise noch relativ wenig bedeutet, wenn auf einer Bewohnerversammlung in einem Stadtteil dreißig Menschen anwesend sind, von denen zwanzig ein gemeinsames Anliegen haben.

Das Methodendilemma: Die Arnstein'sche Stufenleiter der Partizipation verspricht einfache Klärung. Wenn der Beteiligungsprozess adressatenorientiert und ergebnisoffen gestaltet wird, ist von echter Partizipation die Rede. Insofern erfüllen besonders bedürfnisentwickelnde, direkte, offene und initiierende Beteiligungsverfahren die methodischen Qualitätskriterien gelingender Planungsbeteiligung. Zugleich aber müssen die Planungsfachkräfte auf ganz anderen Ebenen Erfolg haben, wenn sie eine zugleich ergebnisoffene und umsetzungsorientierte Planung gewährleisten wollen. Dabei müssen sie im Blick haben, dass größtmögliche Beteiligung und Offenheit nicht unbedingt auch besonderen Erfolg bei Entscheidungen und Umsetzung garantieren. Andererseits ist eine Planung ohne Beteiligung nicht nur aus ethischen, sondern auch aus fachlichen Motiven abzulehnen. Die professionelle Kunst besteht also darin, Planungsdialoge zu eröffnen und zu begleiten, Lernprozesse zu fördern und zu bewerten sowie Aushandlungen zu unterstützen, die produktive Ergebnisse ermöglichen. Dies erfordert jenseits der Frage, welche Beteiligungsschritte aus normativer Perspektive richtig oder falsch sind, fachliche Autonomie, politisches Gespür und verwaltungstaktisches Geschick.

Eine umfassende und kritische Theorie der Planungsbeteiligung, die politische, rechtliche, fachliche und beziehungsmäßige Sachaspekte und Dynamiken in einem komplexen Feld miteinander in Beziehung setzt, gibt es nicht. Es gibt einzelne theoretische Zugänge aus den unterschiedlichen Disziplinen, die Planungsprozesse aus unterschiedlichen Perspektiven beleuchten. Es bleibt daher die Aufgabe der Praxis, offen und nachdenklich zu allen Seiten zu bleiben und die praktischen Herausforderungen zugleich sachlich und optimistisch anzugehen. In den letzten zwanzig Jahren wurde von der neuen Jugendhilfeplanung viel erreicht. Die Leitidee von Jugendhilfeplanung als „kommunikativem Prozess" prägt heute vielfach die Arbeit der Planerinnen und Planer. Dennoch gibt es noch viel zu tun, um zu immer neuen Herausforderungen mit den Adressatinnen und Adressaten in einen produktiven Dialog zu kommen. Das Motto der neueren Agencyforschung „Vom Adressaten zum Akteur"[4] gibt bei der weiteren Entwicklung die Richtung vor: Um Teilhabe zu ermöglichen, müssen die Planungsfachkräfte im Adressaten nicht nur den Klienten sehen, sondern eher einen kompetenten Partner, mit dem gemeinsam gelernt und entwickelt wird.

4 „Vom Adressaten zum Akteur" lautet der programmatische Titel eines aktuellen Sammelbandes (vgl. Homfeldt u. a. 2008).

Literatur

Arbeitsgruppe „Präventive Jugendhilfe“ (1995): Zwischen Kundenorientierung und Fürsorge. Die Notwendigkeit einer stärkeren AdressatInnenorientierung in der Jugendhilfe. In: Neue Praxis 1995 (H. 2), S. 118-132

Arnstein, S (1969): A Ladder of Citizen Participation. In: Journal of the American Institute of Planners. Vol. 35, No. 4, 1969, S. 216-224

Bartscher, M. (1998): Partizipation von Kindern in der Kommunalpolitik. Freiburg im Breisgau

Biesel, K./Flick, U./Wolff, R. (2009): Aus Fehlern lernen. Qualitätsmanagement im Kinderschutz. Ein Forschungsprojekt auf der Plattform des Nationalen Zentrums Frühe Hilfen. In: Das Jugendamt 2009 (H. 3), S. 115-117

Böhnisch, L. (2008): Lebenslage Jugend, sozialer Wandel und Partizipation von Jugendlichen. In: Ködelpeter, T./Nitschke, U. (Hrsg.): Jugendliche planen und gestalten Lebenswelten. Partizipation als Antwort auf den gesellschaftlichen Wandel. Wiesbaden 2008, S. 25-40

Bohm, D. (2005): Der Dialog. Stuttgart

Brumlik, M. (2004): Demokratie/demokratische Erziehung. In: Benner, D./Oelkers, J. (Hrsg.): Historisches Wörterbuch der Pädagogik. Weinheim 2004, S. 232-243

Brumlik, M. (1992): Advokatorische Ethik. Zur Legitimation pädagogischer Eingriffe. Bielefeld

Buchstein, H. (2001): Jürgen Habermas. In: Massing, P./Breit, G. (Hrsg.): Demokratietheorien. Schwalbach/Ts., S. 253-260

Deutsches Kinderhilfswerk e.V./Landesregierung Schleswig Holstein (Hrsg.) (1997): Planen mit Phantasie. Zukunftswerkstatt und Planungszirkel für Kinder und Jugendliche. Berlin/Kiel

Gaiser, W. u. a. (2006): Politische Beteiligung von Jugendlichen und jungen Erwachsenen. In: Hoecker, B. (Hrsg.): Politische Partizipation zwischen Konvention und Protest. Opladen, S. 211-234

Guderian, A. (1996): JUNEX – JUNge Experten. In: Landesjugendamt Westfalen-Lippe (Hg.): Partizipation von Kindern und Jugendlichen. Münster

Hafeneger, B. (2005): Beteiligung, Partizipation und bürgerschaftliches Engagement. In: Hafeneger, B. u. a. (Hrsg.): Kinder- und Jugendpartizipation. Im Spannungsfeld von Interessen und Akteuren. Opladen, S. 11-40

Hartkemeyer, M. u. a. (2001): Miteinander denken. Das Geheimnis des Dialogs. Stuttgart

Helming, E. (2009): Neue Haltungen – Wie man Familien begegnen kann. Abdruck eines Vortrags vom 24.03.2009. Download unter http://www.diakonie-rwl.de/cms/media//pdf/arbeitsbereiche/familien/familienzentren_mehrgenerationenhaeuser/publikationen/(2)%20Neue%20Haltungen%20-%20wie%20man%20Familien%20begegnen%20kann%20(Referentin%20Frau%20Helming%20DJI).pdf

Hentig von, H.: Plan (1969): Planung entwickelt eine neue Mentalität. In: ders. (1969): Spielraum und Ernstfall. Gesammelte Aufsätze zu einer Pädagogik der Selbstbestimmung. Stuttgart, S. 41-58.

Hörster, R./Müller, B. (1996): Zur Struktur sozialpädagogischer Kompetenz. Oder: Wo bleibt das Pädagogische der Sozialpädagogik? In: Combe, A./Helsper, W. (Hrsg.): Pädagogische Professionalität. Untersuchungen zum Typus pädagogischen Handelns. Frankfurt am Main, S. 614-648

Homfeldt, H.-G. u. a. (2008): Vom Adressaten zum Akteur – eine Einführung. In: dies. (2008): Vom Adressaten zum Akteur. Soziale Arbeit und Agency. Opladen und Farmington Hills, S. 7-14

Institut für soziale Arbeit e.V./Stadt Braunschweig (Hrsg.) (2000): Beteiligung von Kindern, Jugendlichen und Erziehungsberechtigten an der Planung der Hilfen zur Erziehung. Münster

Jordan, E./Stork, R. (1998): Beteiligung in der Jugendhilfeplanung. In: Jordan, E./Schone, R.: Handbuch Jugendhilfeplanung. Münster, S. 519-569

Kessl, F./Otto, H.-U. (Hrsg.) (2009): Soziale Arbeit ohne Wohlfahrtsstaat? Opladen

Kreis Borken/Gerburgisheim Bocholt (Hrsg.) (2003): Erfolgreiche Fachkräfte in Hilfeprozessen mit außergewöhnlichen Jugendlichen. Qualitätsentwicklung in den stationären Erziehungshilfen. Unveröffentlichtes Manuskript

Kriener, M. (1999): Beteiligung als Chance für mehr Demokratie in der Heimerziehung. In: Kriener, M./Petersen, K. (Hrsg.): Beteiligung in der Jugendhilfepraxis. Sozialpädagogische Strategien zur Partizipation in Erziehungshilfen und bei Vormundschaften. Münster, S. 112-129

Kühn, D. (1982): Neuere Beispiele von Sozialplanung und ihre kritische Bewertung. In: Peters, Helge (Hrsg.): Sozialarbeit als Sozialplanung. Opladen

Ortmann, F. (1983): Bedürfnis und Planung in sozialen Bereichen. Opladen

Schnurr, S. (2001): Partizipation. In: Otto, H.-U./Thiersch, H. (Hrsg.) (2001): Handbuch Sozialarbeit/Sozialpädagogik. Neuwied/Kriftel

Schröder, R. (1995): Kinder reden mit! Beteiligung an Politik, Stadtplanung, Stadtgestaltung. Weinheim und Basel

Stork, R. (2009): Mut zur Demokratie – Wie Partizipation in der Jugendhilfe gelingen kann! In: Krause, H.-U./Rätz-Heinisch, R. (Hrsg.) (2009): Festschrift zum 70. Geburtstag von Reinhart Wolff. Opladen und Farmington Hills

Stork, R. (2007): Kann Heimerziehung demokratisch sein? Eine qualitative Studie zum Partizipationskonzept im Spannungsfeld von Theorie und Praxis. Weinheim und München

Stork, R. (2001): Die Beteiligung an der Jugendhilfeplanung. In: Gernert, Wolfgang (Hrsg.): Beteiligung von Kindern und Jugendlichen in der Jugendhilfe. Stuttgart, S. 85-99

Stork, R. (1995): Jugendhilfeplanung ohne Jugend? Chancen der Partizipation in der Jugendarbeit. Münster

Wolff, R. (2002): Dialogische Qualitätsentwicklung. In: Landesjugendamt Westfalen-Lippe (Hrsg.): Mitteilungen des Landesjugendamtes 2002 (H.152), S. 57-69

III Neue Anforderungen an Jugendhilfeplanung

Ulrich Bürger | Reinhold Schone

Demografischer Wandel und Jugendhilfeplanung

Der Altersaufbau der Bevölkerung der BRD steht in den kommenden Jahrzehnten vor tiefgreifenden Umbrüchen, die alle gesellschaftlichen Teilbereiche betreffen und sie vor vielfältige Herausforderungen stellen werden. Dies gilt auch für die Aufgabenfelder der sozialen Daseinsvorsorge, die aus dem Blickwinkel der quantitativen Grundtendenzen der Bevölkerungsentwicklung jedoch vor sehr unterschiedlichen Ausgangslagen stehen. Während sich etwa die Altenhilfe angesichts der erheblichen Zuwächse in den Altersgruppen der über 65-Jährigen und insbesondere der über 80-Jährigen auf deutliche Aufgabenzuwächse einstellen muss, sieht sich die Kinder- und Jugendhilfe mit der Fragestellung konfrontiert, was die absehbaren, längerfristig durchaus spürbaren Rückläufigkeiten in der Alterspopulation der unter 21-Jährigen für ihre Handlungsfelder, aber auch für ihre grundlegende Rolle und ihren Stellenwert in einer alternden Gesellschaft bedeuten, und mit welchen Zielsetzungen und Strategien die damit verbundenen Entwicklungsfragen zu bewältigen sind. Damit ist der demografische Wandel auch ein bedeutsames Themenfeld der Jugendhilfeplanung.

1 Grundlagen von Bevölkerungsvorausberechnungen und Datenzugänge

Datenbasis für die Beschäftigung mit Fragen des demografischen Wandels sind in erster Linie Berechnungen zur voraussichtlichen Entwicklung der Bevölkerungszahlen in Bund, Ländern und Gemeinden, die in einem Zyklus von etwa drei Jahren vom Statistischen Bundesamt und den Statistischen Landesämtern durchgeführt und in Bevölkerungsvorausberechnungen veröffentlicht werden. Darüber hinaus erarbeiten manche Kommunen – insbesondere größere Städte – auch eigene Vorausschätzungen, die häufig die Szenarien der Statistischen Landesämter aufnehmen und unter Hinzuziehung spezifischer kommunaler Informationen und Aspekte, etwa aus der Stadtentwicklungsplanung, modifizieren.

Die auf Bundes- und Landesebene erarbeiteten Bevölkerungsvorausberechnungen werden im Rahmen eines bundesweit koordinierten Verfahrens erstellt. Koordiniert bedeutet, dass die in die Berechnungen eingehenden Annahmen zu Wanderungsbewegungen zwischen den Bundesländern untereinander abgestimmt werden, so dass sich ein insgesamt schlüssiges rechnerisches Gesamtszenario für die BRD ergibt. Den im Verlauf dieses Kapitels exemplarisch angestellten Betrachtungen zum demografischen Wandel liegen die Daten der im Jahr 2006 veröffentlichten 11. koordinierten Bevölkerungsvorausberechnung (vgl. Statistisches Bundesamt 2006) zu Grunde. (Die Ergebnisse der 12. koordinierten Vorausberechnung mit einem Vorausberechnungsszenario bis zum Jahr 2060 lagen erst zum Jahresende 2009 vor und konnten in diesen Beitrag vor Manuskiptabgabe nicht mehr eingearbeitet werden.)

In welchem Umfang und in welchen Differenzierungen die Landesergebnisse aufbereitet und veröffentlicht werden, liegt in der Entscheidung des jeweiligen Statistischen Landesamtes. Deshalb unterscheidet sich der Bestand der in den einzelnen Bundesländern zugänglichen Daten etwa nach Raumbezügen (Bundesland/Landkreis/Stadt/Gemeinde), Altersklassenzuschnitten und Vorausschätzungszeiträumen erheblich. Das hat zur Folge, dass für jugendhilfeplanerische Arbeitszusammenhänge im jeweiligen Bundesland recherchiert werden muss, in welcher Form und Aufbereitung die Daten beim Statistischen Landesamt zur Verfügung stehen. In den meisten Bundesländern werden die Ergebnisse in Form von kommentierten Broschüren und/oder über das Internet zugänglichen Datenaufbereitungen (www.destatis.de/jetspeed/portal/cms/→ Bevölkerung → Vorausberechnung Bevölkerung; dort auch Links zu den Statistischen Landesämtern) veröffentlicht. Viele Statistische Landesämter bieten darüber hinaus – zum Teil gegen Entgelt – noch weiter differenziertes Datenmaterial etwa in Form von EXCEL-Dateien an, so dass variantenreiche eigene Berechnungen, zum Beispiel in planungsfeldspezifischen Altersklassenzuschnitten und nach räumlichen Untergliederungen, möglich sind.

Aus bevölkerungswissenschaftlicher Sicht basieren die Bevölkerungsvorausberechnungen, neben den tatsächlichen Bevölkerungsstrukturdaten ihres jeweiligen Basisjahres, auf drei wesentlichen Einflussgrößen: den Geburtenraten, der Lebenserwartung und dem Wanderungssaldo (vgl. Statistisches Bundesamt 2006). Während die Geburtenhäufigkeiten und die Sterbeziffern auf der Grundlage langjähriger Analysen seitheriger Entwicklungen zu Geburtenhäufigkeiten und zur Lebenszeiterwartung vergleichsweise verlässlich eingeschätzt werden können, liegt die Hauptunwägbarkeit in den Annahmen über Wanderungsgewinne und Wanderungsverluste für die jeweiligen Räume. Wanderungsbewegungen unterliegen vielfältigen Einflüssen, die – zumal in einer langfristigen Zeitperspektive – nicht sicher antizipiert werden können. Angesichts dieser und anderer Unwägbarkeiten wird im Übrigen bewusst nicht von Bevölkerungsprognosen, sondern von Bevölkerungsvorausberechnungen gesprochen, die zudem zeitnah fortgeschrieben werden, um erkennbare Veränderungen in den bedeutsamen Einflussfeldern in die Berechnungen einfließen lassen zu können. Darüber hinaus werden die koordinierten Bevölkerungsvorausberechnungen in mehreren Berechnungsvarianten vorgelegt, denen unterschiedliche Annahmen zu Geburtenhäufigkeit, Lebenserwartung und Wanderungssaldo zu Grunde liegen. In der Planungspraxis ist es oft sinnvoll, für planungsfeldspezifische Modellberechnungen eine der mittleren Varianten zu wählen oder den Korridor aus zwei Varianten darzustellen, an dem sich die kommunikativen Planungsprozesse der Abwägung und Aushandlung der daraus abzuleitenden Folgerungen orientieren können.

Bei der Arbeit mit Vorausberechnungsdaten im Rahmen von Jugendhilfeplanung ist darüber hinaus zu berücksichtigen, dass die von den Statistischen Landesämtern zur Verfügung gestellten Daten den Einfluss kommunalpolitischer Gestaltungsprozesse auf die Entwicklung der Wohnbevölkerung nicht berücksichtigen. So kann etwa die Ausweisung neuer Industriegebiete (auch) mit dem Ziel der Schaffung neuer Arbeitsplätze ebenso folgenreiche Veränderungen für die Einwohnerzahl und -struktur einer Gemeinde zeitigen wie die Ausweisung von Neubaugebieten, die gerade auch auf die Ansiedlung junger Familien zielt. Insofern können die Daten der Bevölkerungsvorausberechnungen immer nur – gleichwohl durchaus wichtige – Rahmendaten liefern, die durch die Hinzuziehung zusätzlicher Informationen zu strukturellen Wandlungsprozessen in den Gemeinwesen anzureichern sind. Zudem ist zu bedenken, dass sich die Vorausschätzungssicherheit verringert, je kleiner die Planungsräume werden, auf die sich die Vorausberechnungen beziehen. Das ist auch der Grund dafür, weshalb Statistische Landesämter etwa beim Herunterbrechen der Vorausberechnungen auf die Ebene von Städten und Gemeinden die

Szenarien für Gemeinden unter 5.000 Einwohner/innen gar nicht oder aber ausdrücklich unter Verzicht auf eine Annahme zum Wanderungssaldo erstellen.

2 Wandel im Altersaufbau der Bevölkerung der BRD

Um einen Eindruck von den Grundtendenzen des aus heutiger Sicht erwarteten Umbruchs im Altersaufbau der Bevölkerung der BRD zu vermitteln, zeigt die Abbildung 1 die nach den Ergebnissen der 11. koordinierten Bevölkerungsvorausberechnung in langfristiger Perspektive erwarteten Veränderungen im Altersaufbau der Gesellschaft. Danach wird von einem Rückgang der Gesamtbevölkerung um 13,5 Mio. von 82,3 Mio. im Jahr 2006 auf 68,8 Mio. Einwohner/innen im Jahr 2050 ausgegangen. Das Schaubild weist die Prozentanteile der ausgewiesenen Altersgruppen an der Gesamtbevölkerung in den jeweiligen Jahren aus.

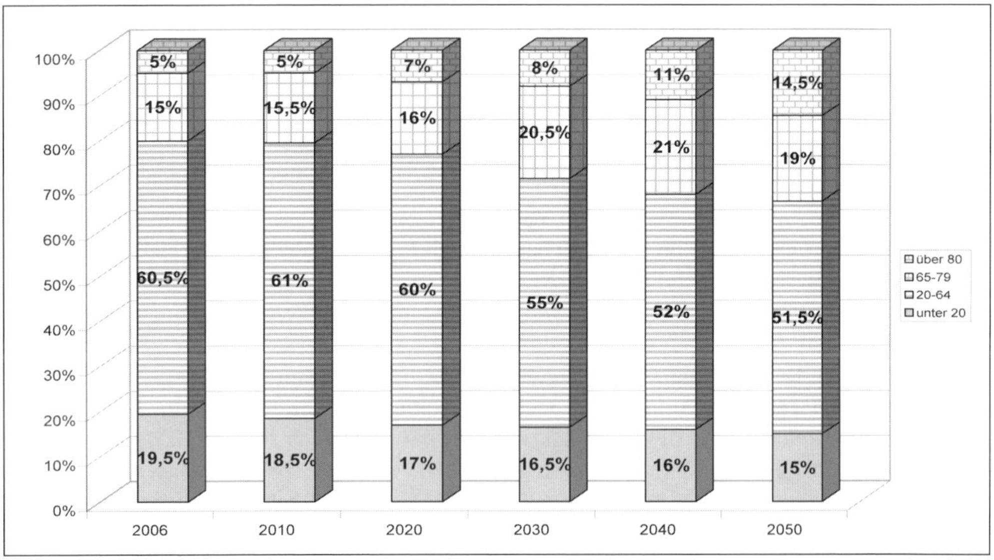

Abb. 1: Anteile der Altersgruppen an der Gesamtbevölkerung BRD

Der Anteil der unter 20-Jährigen an der Gesamtbevölkerung wird demnach von 19,5 Prozent im Jahr 2006 auf nur noch 15 Prozent im Jahr 2050 kontinuierlich abnehmen. Die Tatsache, dass sich parallel dazu zum einen der Anteil der Alterspopulation der 20- bis 64-Jährigen erheblich reduziert und der der über 65-Jährigen, und dabei insbesondere der der über 80-Jährigen, deutlich erhöht, wirft eine Fülle von Frage- und Problemstellungen in volkswirtschaftlicher, sozialpolitischer und damit auch jugendhilfepolitischer Hinsicht auf (vgl. Bürger 2005; siehe dazu auch den Beitrag von Bürger in diesem Band).

Aus dem Blickwinkel der Kinder- und Jugendhilfe ist es hinsichtlich der Einschätzung der langfristig erwartbaren Grundtendenzen bedeutsam, dass der prozentuale Verlust im Anteil der unter 20-Jährigen von 19,5 auf 15 Prozent der Gesamtbevölkerung nach absoluten Zahlen für einen Rückgang von 16,2 Mio. junger Menschen im Jahr 2006 auf 10,4 Mio. im Jahr 2050 steht, was bezogen auf diese Alterspopulation einem Rückgang um 36 Prozent entspricht. Da dieser gravierende strukturelle Wandel im Altersaufbau der Gesellschaft aus bevölkerungswissenschaftlicher Sicht als unumkehrbar gilt (vgl. Birg 2005, Cornelius 2007) liegt es auf der Hand, dass sich eine derartige Verschiebung als eine planungsrelevanten Größe auf die Angebots- und Inanspruchnahmeentwicklungen der Kinder- und Jugendhilfe auswirken wird.

Gleichwohl ist zu bedenken, dass das hier zu Grunde gelegte Zeitfenster von 45 Jahren ein enorm langer Zeitraum ist, von dem niemand aus heutiger Sicht sagen kann, wie sich gesellschaftliche Wirklichkeit – zumal in einer globalisierten Ökonomie – in vielerlei Hinsicht tatsächlich verändern wird. Deshalb wäre es unsinnig, aus derart langfristigen Szenarien unmittelbar planungsrelevante Folgerungen bezüglich der Auswirkungen der Bevölkerungsentwicklung auf die Handlungsfelder der Kinder- und Jugendhilfe abzuleiten. Für konkrete jugendhilfeplanerische Arbeitszusammenhänge müssen deshalb mittelfristige demografische Zeitfenster zu Grunde gelegt werden, die allerdings immer mit dem Hintergrundwissen um die längerfristig erwarteten Grundtendenzen zu handhaben und zudem auf der Basis der aktualisierten Bevölkerungsvorausberechnungen zeitnah fortzuschreiben sind.

3 Entwicklung der Alterspopulation der unter 21-Jährigen bis 2025

Im Kontext der Arbeit mit mittelfristigen Vorausberechnungen zur Entwicklung der Alterspopulation der 0- bis unter 21-Jährigen ist zu beachten, dass sich der demografische Wandel innerhalb dieser Altersgruppe nicht einheitlich vollzieht. Deshalb bedarf es nach Altersklassen oder – je nach Planungsgegenstand – auch nach Altersjahrgängen differenzierenden Datenaufbereitungen, die diesem Sachverhalt angemessen Rechung tragen. Die Tabelle 1 zeigt die nach der 11. koordinierten Bevölkerungsvorausberechnung für die Bundesrepublik Deutschland erwarteten Veränderungen in der Binnenaltersstruktur der unter 21-Jährigen bis zum Jahr 2025. In der Tabelle sind zunächst die Bevölkerungszahlen der Altersklassen zum 31.12.2006 als Basisgröße und dementsprechend als 100 Prozent gesetzt. Die weiteren Spalten weisen die vorausberechneten Bevölkerungszahlen für die jeweiligen Folgejahre und deren verbliebenen Prozentanteil an den Ausgangsgrößen des Jahres 2006 aus.

Tab. 1: Voraussichtliche Entwicklung der Alterspopulation der 0- bis unter 21-Jährigen in der BRD im Zeitraum 2006 bis 2025

Alters-klasse	31.12.2006		31.12.2010		31.12.2015		31.1.2.2020		31.12.2025	
	absolut	%	absolut	%	absolut	%	absolut	%	absolut	%
0- u 3	2 062 000	100	1 964 000	95	1 953 000	95	1 932 000	94	1 846 000	90
3- u 6	2 178 000	100	2 022 000	93	1 962 000	90	1 956 000	90	1 913 000	88
6- u 12	4 751 000	100	4 454 000	94	4 068 000	86	3 945 000	83	3 925 000	83
12- u 15	2 455 000	100	2 424 000	99	2 196 000	89	2 013 000	82	1 980 000	81
15- u 18	2 807 000	100	2 412 000	86	2 378 000	85	2 148 000	77	2 011 000	72
18- u 21	2 924 000	100	2 730 000	93	2 469 000	84	2 314 000	79	2 095 000	72
0- u 21	17 177 000	100	16 006 000	93	15 026 000	87	14 308 000	83	13 770 000	80

Während die Gesamtpopulation der 0- bis unter 21-Jährigen in dem hier berücksichtigten Zeitraum kontinuierlich um insgesamt 20 Prozent rückläufig sein wird, verliert beispielsweise die Altersgruppe der unter 3-Jährigen im Zeitraum von 2006 bis 2010 nur unterdurchschnittlich und konsolidiert sich dann bis zum Jahr 2020 auf diesem Niveau. Anschließend geht diese Altersklasse dann erneut etwas zurück, verzeichnet über den Gesamtzeitraum mit minus 10 Prozent aber die gegenüber allen anderen Gruppen geringsten Verluste (was damit zu tun hat, dass sie schon heute die am schwächsten besetzte Altersklasse ist). Ganz anders stellt sich die Dynamik beispielsweise in der Altersgruppe der 15- bis unter 18-Jährigen dar. Sie verzeichnet bereits im Zeitraum von 2006 bis 2010 den deutlich stärksten Rückgang aller Altersklassen, der sich, nach kurzer Zwischenkonsolidierung bis 2015, in weiter erheblicher Rückläufigkeit bis zum Jahr 2025 fortsetzt, so dass diese Altersklasse über den Gesamtzeitraum um fast 30 Prozent zurückgeht. Angesichts derartiger Ungleichzeitigkeiten liegt es auf der Hand, dass der demografische Faktor die verschiedenen Arbeitsfelder der Kinder- und Jugendhilfe im Laufe der nächsten Jahre in sehr unterschiedlichem Ausmaß beeinflussen wird. Deshalb sind planungsfeldspezifisch zugeschnittene Datenaufbereitungen zu den jeweils relevanten Altersklassen unabdingbare Voraussetzung der Einschätzung demografischer Tendenzen.

Ein weiterer wichtiger Aspekt im Umgang mit den Daten zum demografischen Wandel liegt darin, dass sich die Bevölkerungsentwicklung regional sehr unterschiedlich vollzieht. Im Vergleich der Bundesländer, und dabei besonders gravierend in einem Vergleich der östlichen und der westlichen Bundesländer, aber auch innerhalb der jeweiligen Bundesländer, ergeben sich daraus erhebliche Disparitäten (vgl. exemplarisch Bürger 2010). Insofern sind verallgemeinernde Aussagen zu den demografisch bedingten Einflüssen auf die Bedarfs- und Inanspruchnahmeentwicklungen in den Handlungsfeldern der Kinder- und Jugendhilfe problematisch. In Abhängigkeit von Fragestellungen und Planungsgegenstand bedarf es deshalb spezifizierter Analysen der Bevölkerungsvorausberechnungen für den jeweiligen Raum, wobei sich bereits innerhalb einer Stadt oder eines Kreises durchaus gegenläufige Entwicklungen zeigen können (vgl. LWL-Landesjugendamt 2005).

4 Entwicklungsdynamiken in den Handlungsfeldern der Kinder- und Jugendhilfe

Wenngleich der demografische Wandel also eine durchaus planungsrelevante Dimension für die Entwicklungen in der Kinder- und Jugendhilfe ist, was sich insbesondere in der Analyse von Veränderungen in den östlichen Bundesländern bereits heute empirisch anschaulich zeigen lässt (siehe exemplarisch Freigang/Schone 2007), griffe es natürlich entschieden zu kurz, die mittel- und längerfristigen Entwicklungsperspektiven ihrer Handlungsfelder ausschließlich unter diesem Aspekt einschätzen zu wollen. Die tatsächliche Dynamik der Bedarfs- und Inanspruchnahmeentwicklungen von Jugendhilfeleistungen wird von einer Fülle weiterer Faktoren beeinflusst, die die Bedeutung der Bevölkerungsentwicklung erheblich relativieren. Lediglich beispielhaft genannt seien

- die ökonomischen und sozioökonomischen Entwicklungen der BRD im Kontext von Globalisierung;
- die gesellschafts-, wirtschafts- und sozialpolitischen Weichenstellungen, vor allem auch in ihren Auswirkungen auf das Spannungsfeld von Armut öffentlicher Kassen gegenüber enormem privaten Reichtum;
- die schon jetzt erkennbaren und zukünftig sicher mit noch mehr Vehemenz ausgetragenen Verteilungskämpfe der verschiedenen Felder der sozialen Daseinsvorsorge um knappe finanzielle Ressourcen.

Ein anschauliches Beispiel dafür, wie sozialpolitische Weichenstellungen demografiebasierte Annahmen zumindest zeitweilig völlig irrelevant werden lassen können ist der derzeit insbesondere in den westlichen Bundesländern intensiv betriebene Ausbau von Betreuungsplätzen für unter 3-jährige Kinder. Obwohl die Geburtenzahlen weiter zurückgehen und diese Altersgruppe damit faktisch kleiner wird, bewirkt das durch das Kinderfördergesetz (KiFöG) zum 1. Januar 2009 geänderte SGB VIII mit dem Ziel, bis zum Jahr 2013 im Bundesdurchschnitt eine Inanspruchnahmequote von mindesten 35 Prozent der 1- und 2-Jährigen in Tagesbetreuungsangeboten zu erreichen, eine erhebliche Zunahme von Einrichtungen und Plätzen in diesem Bereich.

Auch – und besonders – für die erzieherischen Hilfen nach § 27 SGB VIII kommen weitere feldspezifische Faktoren zum Tragen, die die Bedeutung des originär demografischen Faktors für die tatsächlichen Bedarfsentwicklungen weiter relativieren. Deren zukünftige Inanspruchnahmeentwicklung wird in einem hoch komplexen Zusammenwirken vielfältiger bedarfsbeeinflussender Variablen bestimmt werden:

- soziostrukturelle Bedingungen und Entwicklungen, unter denen sich Erziehung in Familien vollzieht;
- jugendamtsspezifische Wahrnehmungs-, Definitions- und Entscheidungsprozesse;
- politisch-fiskalische Einflussnahmen, unter denen die Jugendämter ihre Aufgaben erledigen;
- Wechselwirkungen zwischen stationären und nicht-stationären Erziehungshilfen in Abhängigkeit vom Ausbau der beiden Teilleistungsfelder;
- Auswirkungen der Verfügbarkeit (oder des Fehlens) einer primär präventiven, kinder- und familienfreundlichen sozialen Infrastruktur;
- Veränderungen in den Rechtsgrundlagen der Jugendhilfeleistungen, z.B. im Kontext der Kinderschutzdiskussion und der sog. „frühen Hilfen“.

Dass der Einfluss solcher Faktoren die Auswirkungen des demografischen Wandels deutlich überlagern kann wird auch daran deutlich, dass die Inanspruchnahme der Hilfen zur Erziehung auch in Zeiten bereits rückläufiger Bevölkerungsentwicklung in der Population der 0- bis unter 21-Jährigen kräftige Anstiege zu verzeichnen haben (vgl. Bürger/Gerstner 2008).

Die hier entfalteten Aspekte sollten hinreichender Beleg dafür sein, dass demografiebasierte Betrachtungen im Kontext von Jugendhilfeplanung stets unter dem Vorbehalt von Unsicherheitsfaktoren stehen, die die Jugendhilfe zum Teil überhaupt nicht beeinflussen kann, und die zudem aus heutiger Sicht keinesfalls sicher eingeschätzt werden können.

5 Bevölkerungsvorausberechnungen als Ausgangspunkt von Planungsdiskursen

Die bisherigen Betrachtungen und Beispiele verdeutlichen, dass der demografische Wandel stets nur eine – wenn auch stets zu berücksichtigende – Variable in einem komplexen Geflecht von Einflussfaktoren ist, die die tatsächliche Bedarfs- und Inanspruchnahmeentwicklung der Angebote und Leistungen der Kinder- und Jugendhilfe beeinflussen. Dieser Sachverhalt verweist damit zugleich darauf, dass der demografische Wandel für die Jugendhilfe (-politik) und damit auch für die Jugendhilfeplanung zwar einerseits sicher Herausforderungen, zugleich aber auch Chancen mit sich bringt, den Interessen von jungen Menschen und deren Familien in den Prozessen der Gestaltung des Sozialen in einer zunehmend alternden Gesellschaft Geltung zu verschaffen. Die Frage nach den mittel- und langfristigen Auswirkungen der skizzierten Bevölkerungsentwicklung wird somit für die öffentlichen und freien Jugendhilfeträger in den nächsten Jahren von zentraler Bedeutung sein.

Auf die Notwendigkeit der Ergänzung der zumeist großräumigen Modellrechnungen (für die Bundesrepublik oder für einzelne Bundesländer) durch kontrastierende kleinräumige Betrachtungen wurde bereits hingewiesen. Dabei ist zu erkennen, dass sich grundlegende Trends ganz unterschiedlich in örtlichen Entwicklungen niederschlagen und dass örtliche Entwicklungen z.T. gravierend schneller passieren, z.T. aber auch durchaus gegenläufig zum Landes- oder Bundestrend verlaufen. Dies begründet für die Jugendhilfeplanung die Notwendigkeit demografischer Modellrechnungen auf kommunaler Ebene und teilweise (bei großen Kommunen oder in Landkreisen) zudem in örtlicher Untergliederung. Dabei sprechen Daten und Modellrechnungen nicht für sich, sondern sie müssen in einen interpretationsfähigen Kontext zur bestehenden Infrastruktur der Jugendhilfe und zum erwarteten Wandel der Lebenslagen junger Menschen und ihrer Familien gestellt werden, um tragfähige lokale Strategien entwickeln zu können. „Auf der Planungsebene bedarf es differenzierter und kleinräumiger Prognoseberechnungen. Diese sollten allerdings nicht nur in der Hand der Datenexperten verbleiben, sondern sollten in einem partizipativen Verfahren, an dem alle Betroffenen beteiligt werden, durchgeführt werden“ (Schilling 2001, S.15).

Da damit zu rechnen ist, dass auf den verschiedenen Diskursebenen (fachlich, fachpolitisch und kommunalpolitisch, öffentliche Träger und freie Träger, zwischen verschiedenen Angebotsbereichen usw.) unterschiedliche Leistungsvolumina und Leistungsstandards als fach- und sachgerecht angesehen werden, können dann im Sinne der Entwicklung demografiesensibler Zukunftsszenarien die gewünschten fachlichen, fachpolitischen und kommunalpolitischen

Zielsetzungen unter Berücksichtigung ihrer Folgen diskutiert werden (Ausweitung des Angebots im Bereich der Kindertagesbetreuung für die 0- bis 3jährigen, Veränderungen des Betreuungsschlüssels im Bereich der Kindertagesbetreuung, Ausbau früher Hilfen in Kooperation mit dem Gesundheitswesen, Umfang und Qualität des Angebots der Hilfen für junge Volljährige usw.).

Im Kern wird damit eine Diskussion befördert, die ausgehend von strategischen und operativen Zielen der kommunalen Kinder- und Jugendhilfe das sich hieraus jeweils ergebende Angebotsprofil quantitativ und qualitativ bestimmt. Auf den verschiedenen Ebenen können damit Diskussionsprozesse über das jeweils Gewollte, Erforderliche und Machbare (Finanzierbare) befördert werden. Da diese Diskussionsprozesse unmittelbar auf die kommunale Jugendhilfeplanung rückbezogen – also mit begründeten Handlungsempfehlungen verbunden – werden, verspricht diese Vorgehensweise handhabbare und praxisverwendbare Ergebnisse zur zielgerichteten Ausgestaltung der kommunalen Kinder- und Jugendhilfe unter Berücksichtigung der erwarteten demografischen Entwicklungen (Modellrechnungen) und des jeweils gewollten Niveaus der Zielrealisierung.

Gleichzeitig müssen im Zuge der prozessorientierten Planung diese Modellrechnungen in regelmäßigen Abständen auf ihre Zielgenauigkeit hin überprüft werden. Der hier skizzierte Prozess zur Entwicklung alternativer Zukunftsszenarien muss also in bestimmten Zeitabständen wiederholt werden, was gleichzeitig die Überprüfung der Treffsicherheit zurückliegender Berechnungen erlaubt. Sollten sich diese als wenig treffsicher erwiesen haben, so sind die Gründe hierfür zu analysieren, so dass mittelfristig die Treffsicherheit zukünftiger Berechnungen systematisch verbessert werden kann, indem (nachvollziehbare) Abweichungen bei der Entwicklung zukünftiger Szenarien Berücksichtigung finden.

Die Planungspraxis zeigt dabei aber, dass die (quantitativen) Modellrechnungen zur Bevölkerungs- und Aufgabenentwicklung in der Diskussion der Planungsgruppen schnell verlassen werden und durch (qualitative) fachliche Diskussionen und Prognosen überlagert werden. Die in solchen Planungsprozessen formulierten Handlungsbedarfe enthalten in der Regel qualitative Entwicklungsvorstellungen – weil qualitative Entwicklungen in den Sozialräumen eine erhebliche Dynamik entfalten, aber z.T. auch weil qualitative Argumentationen als „Bollwerk" gegenüber einem befürchteten quantitativen Rückbau eingesetzt werden.

Es lässt sich festhalten, dass die Betrachtung demografischer Entwicklungen ein guter „Abstoßpunkt" für eine Jugendhilfeplanung vor Ort sein kann und dass auf Modellrechnungen basierte Zukunftsszenarien in der örtlichen Jugendhilfe wertvolle Hilfsmittel zur Anregung zukunftsorientierter Diskussionsprozesse sind. Durch ständige Fortschreibung der Modellrechnungen lassen sich SOLL-IST-Abweichungen feststellen, die nicht selten fachliche Begründungen und Antworten erfordern und damit planungsrelevante Wirkungen entfalten. Modellrechnungen zur erwarteten demografischen Entwicklung sind damit ein Katalysator für die im Rahmen der Jugendhilfeplanung zu führenden fachlichen, fachpolitischen und kommunalpolitischen Steuerungsdiskurse. Zentrale Aufgabe der Jugendhilfeplanung ist es dabei,

- die Modellrechnungen sinnvoll und verständlich zu präsentieren,
- sie in eine beteiligungsorientierte Fachdiskussion einzubringen,
- daraus entsprechende Folgerungen zu formulieren und
- den politischen Mandatsträgern in Jugendhilfeausschüssen und anderen kommunalen Gremien qualifizierte und qualifizierende Darstellungen und Erläuterungen anzubieten.

6 Chancen und Grenzen demografiebasierter Jugendhilfeplanung

Zunächst ist festzuhalten: Die Gleichung „mehr Kinder = mehr Jugendhilfe; weniger Kinder = weniger Jugendhilfe“ stimmt nur zu einem sehr begrenzten Teil. Gesellschaftliche Veränderungen und darauf reagierende fachliche und politische Entwicklungen beeinflussen Jugendhilfeaktivitäten und die dafür erforderlichen Ressourcen z.T. mehr als demografische Entwicklungen. Daher können Bevölkerungsvorausberechnungen nicht mehr sein als Initialzündungen für fachliche Steuerungsdiskurse. Am einfachsten lässt sich der Bereich der Kindertagesbetreuung (Kindergarten) für 3- bis unter 6-Jährige planen. Hier gibt es einen Rechtsanspruch. Unter Annahme eines festen Prozentsatzes von Eltern, die einen Platz in Anspruch nehmen werden, ergeben sich konkrete Zahlenwerke. Schwieriger wird dies schon bei der Versorgung der unter 3-Jährigen mit Tageseinrichtungsplätzen. Hier sind politische Entscheidungen gefordert. Dies wird deutlich, wenn man sieht, wie sehr die Versorgungsquoten zwischen den einzelnen Kommunen (aufgrund von politischen Entscheidungen) heute immer noch schwanken. Ein Blick auf zurückgehende Geburtenzahlen lassen allenfalls die (falsche) Hoffnung aufschimmern, dass sich Wartelisten verkürzen. Bedarfsdeckende Angebote werden allein durch den Rückgang der Geburtenzahlen nicht erreichbar sein. Hochrechnungen im Sinne einer vom Status-Quo ausgehenden Prognose erlauben in solchen Fällen also allenfalls einen Blick auf die Entwicklung des Mangels. Auch im Bereich der Hilfen zur Erziehung sind solch Status-Quo-Prognosen als nicht sehr zuverlässig anzusehen. Eine Veränderung der Lebenslage oder der Sozialstruktur in einem Wohngebiet hat ebenso wie eine Qualifizierung des Hilfeplanverfahrens ungleich größere Auswirkungen auf Leistungszahlen als der demografische Faktor, auch wenn dieser natürlich eine zentrale Bezugsgröße bei der Betrachtung tatsächlicher und angestrebter Versorgungsquoten ist und bleibt.

Darüber hinaus haftet demografischen Modellrechnungen und Prognosen ein hohes Maß an Ungewissheit an. Sie geben zwar Anhaltspunkte für quantitative Änderungen, sind aber blind für die Veränderung von Strukturen und Lebenslagen. Rein quantitative Modellrechnungen und Prognosen reichen für eine vorausschauende Jugendhilfe nicht aus. Erfahrungen zeigen, dass sich durch z.T. erhebliche Wanderungsbewegungen von Familien mit Kindern innerhalb von Kommunen und zwischen Kommunen deutliche soziale Vermischungen und Entmischungen in der Bewohnerstruktur ergeben. Solche Erscheinungsformen finden sich z.B. in Neubaugebieten, in die vorrangig Familien mit berufstätigen, pendelnden Eltern zuziehen oder in expandierenden Siedlungsgebieten, in denen vorrangig spezifische ethnische Gruppen zusammen leben. Aber Veränderungen ergeben sich nicht nur aus Zuwanderungen. In manchen Innenstädten führen starke Abwanderungen von (ökonomisch leistungsfähigen) Familien dazu, dass nicht nur die Zahl der Kinder rapide sinkt, sondern auch dazu, dass sich die soziale Struktur der „zurück Bleibenden“ erheblich verändert.

Weiterhin führt die notwendige Kleinräumigkeit von Prognosedaten zwar zu differenzierten Analysemöglichkeiten, sie geht jedoch zu Lasten der Genauigkeit. Ziel der sozialräumlichen Planung ist es, bezogen auf kleine definierbare Lebensräume von Menschen die erforderlichen Leistungen und Wirkungen von Jugendhilfeangeboten bestimmen zu können. Auch Modellrechnungen zur (kleinräumigen) Bevölkerungsentwicklung sind dabei von hohem Interesse für diese Betrachtungsweise. Allerdings sind Modellrechnungen umso zuverlässiger, je größer der Bezugsrahmen gewählt wird. Die Berechnungen für die BRD oder für ein Bundesland dürften eine hohe Zuverlässigkeit für sich in Anspruch nehmen. Je kleiner aber der Bezugsrahmen, umso unzuverlässiger sind die Modellrechnungen, werden sie doch durch ein spezifisches Wanderungsverhalten schnell widerlegt. Es zeigt sich dennoch, dass kleinräumige Betrachtungen der Bevölkerungsentwicklung den Blick auf spezifische Fragestellungen schärfen und zum frühzeitigen Erkennen besonderer Problementwicklungen und Handlungsbedarfe beitragen können. Erforderlich ist es aber – je kleiner die Bezugsgröße der Modellrechnung, umso dringlicher – die tatsächlichen Entwicklungen kontinuierlich (jährlich) zu beobachten, Abweichungen von den angenommenen Entwicklungen zu analysieren und die Modellrechnungen zeitnah fortzuschreiben.

Als weiterer Aspekt ist festzuhalten, dass beteiligungsorientierte Planungsprozesse gerade im Kontext einer demografiebasierten Planung hohe Anforderungen an die planenden Fachkräfte stellen. Sie müssen in der Lage sein, ihren konkreten Arbeitsalltag und die sich täglich daraus ergebenden Handlungsanforderungen gedanklich zu verlassen und visionäre Szenarien (konkrete Utopien) für die zukünftige Gestaltung des Handlungsfeldes zu entwickeln. Wenn Planung nicht ausschließlich die Verlängerung des aktuellen Alltags von heute auf die erwarteten Bevölkerungszahlen (Kinder und Jugendliche) von morgen sein soll, müssen sich die planenden Fachkräfte auch auf Visionen von einer zukünftigen Praxis einlassen. Demografiebasierte Jugendhilfeplanung muss versuchen, eine gelingende Gradwanderung zwischen heutiger Alltagssituation und anzustrebenden Zuständen in der Zukunft aufrecht zu erhalten. Hieraus entstehen zielgerichtete Impulse und Motivationen für Veränderungen – und: Planung will Veränderung!

Schließlich erzeugt beteiligungsorientierte Planung in Zeiten schwindender Kinderzahlen und knapper öffentlicher Haushalte bei den beteiligten Fachkräften auch Ängste. Sie sind nicht nur Subjekte der Planung, sondern u.U. auch Objekte planerischer Überlegungen, z.B. wenn die Notwendigkeit ihres Arbeitsfeldes für die Zukunft in Frage steht bzw. ihr Arbeitsfeld unmittelbar durch Kürzung/Schließung bedroht ist. Die Aufforderung an die Fachkräfte, sich an der Planung zu beteiligen, ist in diesen Fällen nicht ohne Probleme. Vor allem dann, wenn die Zielgruppe als schwindend beschrieben wird und die öffentlichen Haushalte zu Einsparungen gezwungen sind. In einer solchen Situation kann es keiner Fachkraft gelingen, nur im wohlverstandenen Interesse der Kinder und Jugendlichen zu denken und völlig von den eigenen persönlichen Perspektiven zu abstrahieren. Diskussionen werden häufiger die Frage nach der Zukunftsperspektive bestimmter Arbeitsbereiche aufwerfen. Berufsperspektiven und Anstellungsverhältnisse sind vielleicht nicht mehr sicher. (Befristete) Arbeitsverträge stehen möglicherweise zur Disposition. Planung unter Beteiligung möglicherweise von Stellenreduktion und/oder Stellenabbau betroffener Fachkräfte steht in der Gefahr, sich gegenüber diesen blind und zynisch zu verhalten. Oft ist in solchen Situationen eher Leitungshandeln und politische Entscheidung als Grundlage der Planung gefragt, denn niemand sollte zu ergebnisoffenen Planungsprozessen eingeladen werden, an deren Ende möglicherweise die eigene Existenz in Frage gerät.

Demografiebasierte Jugendhilfeplanung ist strategische Planung. Aufgrund der (begrenzten) Unsicherheit, mit der sich demografische Wandlungsprozesse prognostizieren lassen (Modellrechnungen), und der Langsamkeit dieser Entwicklungen kann demografiebasierte Planung nur Grundrichtungen vorstrukturieren, in die sich aktuelle operative Planungs- und Umsetzungsschritte einpassen müssen. Es geht um die Entwicklung von Szenarien, d.h. um die Antizipation zukünftig möglicher und (durch spezifische Weichenstellungen) erreichbarer Zustände der Jugendhilfe bzw. von Einzelfeldern der Jugendhilfe. Da diesen Szenarien immer eine gewisse Unsicherheit anhaftet (Treten vorausgesagte demografische (Geburten, Wanderungen) Entwicklungen wirklich so ein? Treten angenommene soziale Entwicklungen wirklich so ein?

Entfalten die fachlichen und fachpolitischen Steuerungsversuche tatsächlich die intendierte Wirkung?), ist eine ständige Kontrolle und Korrektur der eingeschlagenen Wege ganz im Sinne einer prozesshaften Jugendhilfeplanung erforderlich.

Literatur

Birg, H. (2005): Die ausgefallene Generation – Was die Demografie über unsere Zukunft sagt. München

Bürger, U./Gerstner, M. (2008): Bericht zu Entwicklungen und Rahmenbedingungen der Inanspruchnahme erzieherischer Hilfen in Baden-Württemberg. Stuttgart (Kommunalverband für Jugend und Soziales Baden-Württemberg/ Landesjugendamt)

Bürger, U. (2005): Weniger Kinder – weniger Krisen ? Die Inanspruchnahme erzieherischer Hilfen im Kontext des demografischen Wandels. In: Zentralblatt für Jugendrecht 2005 (H. 4), S. 131-143

Bürger, U. (2010): Kinder- und Jugendhilfe im demografischen Wandel. Stuttgart (Kommunalverband für Jugend und Soziales Baden-Württemberg/Landesjugendamt)

Cornelius, I. (2007): Die Bevölkerungsentwicklung in Baden-Württemberg bis zum Jahr 2050 – Ergebnisse einer neuen Vorausrechnung. In: Statistisches Monatsheft Baden-Württemberg 2007 (H. 2), S. 5-13

Freigang, W./Schone, R. (2007): Ja, mach nur einen Plan … Demografischer Wandel und Jugendhilfe in Ostdeutschland. Eine Betrachtung der Entwicklung in Neubrandenburg. In: Forum Erziehungshilfen 2007 (H. 5), S. 270-276

LWL-Landesjugendamt (2005): Jugendhilfestrategien 2010. Ein Modellbericht zu den Konsequenzen der demografischen Entwicklung auf die Kinder- und Jugendhilfe (Abschlussbericht). Münster

Rauschenbach, T./Schilling, M. (2001): Jugendhilfe und Demografie. Über Risiken der Zukunft und Chancen der Prognose. In: dies. (Hrsg.): Kinder- und Jugendhilfereport 1. Münster, S. 221-236

Schilling, M. (2001): Demografische Entwicklung in den alten und neuen Bundesländern und die Auswirkungen der Bevölkerungsprognose unter Berücksichtigung der gesellschaftlichen Anforderungen auf die Kinder- und Jugendhilfe. In: Bundesarbeitsgemeinschaft der Landesjugendämter (Hrsg.): (K)Eine Zukunft ohne Kinder?! – Dokumentation der Fachtagung: Auswirkungender demographischen Entwicklung auf die felder der Jugendhilfe vom 07.-08.03.2001 in Fulda

Schone, R. (2005): Entwicklungslinien und Spannungsfelder demografiebasierter Jugendhilfeplanung. In: Rauschenbach T./Schilling, M. (Hrsg.): Kinder und Jugendhilfereport 2 – Analysen, Befunde und Perspektiven. Weinheim und München

Statistisches Bundesamt (2006): 11. koordinierte Bevölkerungsvorausberechnung. Annahmen und Ergebnisse. Wiesbaden

Verein für Kommunalwissenschaften (Hrsg.) (2002): Steuerungsmöglichkeiten der Jugendhilfe im Kontext der demografischen Entwicklung in Deutschland – Dokumentation der Fachtagung am 28. und 29. November 2002 in Berlin. Aktuelle Beiträge zur Kinder- und Jugendhilfe 41. Berlin

Dirk Nüsken

Wirkungsorientierung und Jugendhilfeplanung

Dieser Beitrag stellt zunächst die Ausgangssituation, Anlage und wesentliche Ergebnisse des in den Jahren 2006-2009 durchgeführten Bundesmodellprogramms „Wirkungsorientierte Jugendhilfe“ dar, um anschließend planerische Hinweise für die wirkungsorientierte Steuerung und Gestaltung von Jugendhilfeleistungen zu geben.

1 Ausgangsüberlegungen

Mit der Einführung der §§ 78a-g SGB VIII (Achtes Buch Sozialgesetzbuch – Kinder- und Jugendhilfe) zum 01.01.1999 wurde die Leistungserbringung, die Weiterentwicklung der Qualität und die Finanzierung der stationären und teilstationären Hilfen zur Erziehung (HzE) auf eine neue rechtliche Grundlage gestellt. Hintergrund für diese Gesetzesnovelle waren steigende Kosten und ein erhöhter Legitimationsdruck, insbesondere hinsichtlich von stationären Hilfen zur Erziehung. Auf Initiative der kommunalen Spitzenverbände wurde eine Abkehr vom bis dahin üblichen Finanzierungsprinzip der selbstkostendeckenden Pflegesätze vorgenommen und durch die Regelungen der §§ 78a-g SGB VIII gesetzlich fixiert. Durch prospektive (zukunftsgerichtete), transparente und an begründeten Qualitätskriterien orientierte Leistungsentgelte sollten Kostenentwicklungen insbesondere in stationären und teilstationären Hilfen zur Erziehung gedämpft, eine stärkere Transparenz von Kosten und Leistungen erzielt und die Effizienz der eingesetzten Mittel verbessert werden (vgl. BT-Dr. 13/10330, S. 16). Der Anwendungsbereich der genannten Regelungen kann zudem vom Landesrecht auch auf andere Leistungen des SGB VIII ausgeweitet werden, da die skizzierten Anforderungen prinzipiell auch für andere Arbeitsfelder der Jugendhilfe gelten (vgl. Krause/Peters 2006, S. 150).

§ 78 b Voraussetzungen für die Übernahme des Leistungsentgelts

(1) Wird die Leistung ganz oder teilweise in einer Einrichtung erbracht, so ist der Träger der öffentlichen Jugendhilfe zur Übernahme des Entgelts gegenüber dem Leistungsberechtigten verpflichtet, wenn mit dem Träger der Einrichtung oder seinem Verband Vereinbarungen über

1. Inhalt, Umfang und Qualität der Leistungsangebote (Leistungsvereinbarung),
2. differenzierte Entgelte für die Leistungsangebote und die betriebsnotwendigen Investitionen (Entgeltvereinbarung) und
3. Grundsätze und Maßstäbe für die Bewertung der Qualität der Leistungsangebote sowie über geeignete Maßnahmen zu ihrer Gewährleistung (Qualitätsentwicklungsvereinbarung) abgeschlossen worden sind.

(2) Die Vereinbarungen sind mit den Trägern abzuschließen, die unter Berücksichtigung der Grundsätze der Leistungsfähigkeit, Wirtschaftlichkeit und Sparsamkeit zur Erbringung der Leistung geeignet sind.
(3) Ist eine der Vereinbarungen nach Absatz 1 nicht abgeschlossen, so ist der Träger der öffentlichen Jugendhilfe zur Übernahme des Leistungsentgelts nur verpflichtet, wenn dies insbesondere nach Maßgabe der Hilfeplanung (§ 36) im Einzelfall geboten ist.

§ 78 c Inhalt der Leistungs- und Entgeltvereinbarungen

(1) Die Leistungsvereinbarung muss die wesentlichen Leistungsmerkmale, insbesondere
1. Art, Ziel und Qualität des Leistungsangebots,
2. den in der Einrichtung zu betreuenden Personenkreis,
3. die erforderliche sächliche und personelle Ausstattung,
4. die Qualifikation des Personals sowie
5. die betriebsnotwendigen Anlagen der Einrichtung festlegen. In die Vereinbarung ist aufzunehmen, unter welchen Voraussetzungen der Träger der Einrichtung sich zur Erbringung von Leistungen verpflichtet. Der Träger muss gewährleisten, dass die Leistungsangebote zur Erbringung von Leistungen nach § 78a Abs. 1 geeignet sowie ausreichend, zweckmäßig und wirtschaftlich sind.

(2) Die Entgelte müssen leistungsgerecht sein. Grundlage der Entgeltvereinbarung sind die in der Leistungs- und der Qualitätsentwicklungsvereinbarung festgelegten Leistungs- und Qualitätsmerkmale. Eine Erhöhung der Vergütung für Investitionen kann nur dann verlangt werden, wenn der zuständige Träger der öffentlichen Jugendhilfe der Investitionsmaßnahme vorher zugestimmt hat. Förderungen aus öffentlichen Mitteln sind anzurechnen.

§ 78 d Vereinbarungszeitraum

(1) Die Vereinbarungen nach § 78b Abs. 1 sind für einen zukünftigen Zeitraum (Vereinbarungszeitraum) abzuschließen. Nachträgliche Ausgleiche sind nicht zulässig.

Leistungsträger (Jugendämter) und Leistungserbringer (zumeist freie Träger der Jugendhilfe) sind im Zuge dieser Regelungen aufgefordert, Vereinbarungen abzuschließen, mittels derer sie sich verbindlich über Leistungen, Entgelte und die Qualitätsentwicklung der entsprechenden erzieherischen Hilfen verständigen.

Untersuchungen dieser Vereinbarungen[1] in den Jahren 2003 und 2004 haben jedoch gezeigt, dass es in der Praxis zwar aussagekräftige und praktikable Entgelt- und zumeist auch Leistungsvereinbarungen gibt, dass aber offensichtlich erhebliche Schwierigkeiten bei der Entwicklung von Qualitätsentwicklungsvereinbarungen und hier insbesondere hinsichtlich der Bestimmung von Ergebnisqualität stehen. In Anbetracht der Komplexität von Lebenszusammenhängen und

1 Münder, J./Tammen, B. (2003): Die Vereinbarungen nach §§ 78a ff. SGB VIII. Eine Untersuchung von Leistungs-, Entgelt- und Qualitätsentwicklungsvereinbarungen im Auftrag des Bundesministeriums für Familien, Senioren, Frauen und Jugend.
Gottlieb, H.-D. (2003): Rahmenverträge nach § 78 f. Achtes Buch Sozialgesetzbuch (SGB VIII/Kinder- und Jugendhilfe). Eine Untersuchung im Auftrag des Bundesministeriums für Familie, Senioren, Frauen und Jugend.
Merchel, J. (2006): § 78b SGB VIII als Instrument zur Qualitätsentwicklung in der Erziehungshilfe? Ergebnisse einer Inhaltsanalyse von Qualitätsentwicklungsvereinbarungen.

angesichts der Beschaffenheit des sozialpädagogischen Handlungsfeldes, in dem eindeutige Kausalzusammenhänge fehlen und in dem schwer bestimmbare Co-Produktionsprozesse dominieren, erstaunt dieser Befund nicht. Stellt sich doch in diesem Zusammenhang die Grundsatzfrage, wie und in welchem Maße Erfolge bzw. Wirkungen pädagogischer Arbeit prinzipiell feststellbar sind (vgl. Nüsken 2008, S. 234) oder anders formuliert: Wie können Erfolge pädagogischer Intervention gemessen oder zumindest bewertet werden, die nicht unmittelbar, sondern ggf. zu einem späteren Zeitpunkt und in einem komplexen Gefüge weiterer Einflussfaktoren ihre Wirkungen zeigen? Auch wenn die Herausforderungen beträchtlich sind (ausführlich Nüsken 2006) erscheint es dennoch unumgänglich, dass sich die Disziplin mit der Frage der Messung, zumindest aber der nachvollziehbaren Bewertung der Ergebnisse sozialpädagogischer Arbeit auseinandersetzt, will sie nicht Gefahr laufen, diese Aufgabe fachfremden Disziplinen zu überlassen. Auch mit Blick auf die Qualität von Hilfen zur Erziehung, den teilweise deutlichen Eingriff in das Leben von Familien und das Recht eines jeden jungen Menschen auf Förderung seiner Entwicklung und auf Erziehung zu einer eigenverantwortlichen und gemeinschaftsfähigen Persönlichkeit (§ 1 SGB VIII) kommt der Ergebnisqualität und somit den Wirkungen von Hilfen zur Erziehung eine hohe Bedeutung zu (vgl. Struzyna 2007).

Wie aber lassen sich Hilfen zur Erziehung wirkungsorientiert qualifizieren? Was sind ausweisbare Wirkungen und ggf. auch „Nebenwirkungen" von erzieherischen Hilfen? Wie lassen sich diese transparent darstellen? Von wem und wie können Wirkungen erfasst werden? Auf welchen Weg lassen sich Ergebnisse solcher Hilfen für Steuerungsfragen nutzen inkl. der möglichen Abbildung in Finanzierungselementen? Diese Fragestellungen standen im Mittelpunkt des Bundesmodellprogramms „Wirkungsorientierte Jugendhilfe" des Bundesministeriums für Familien, Senioren, Frauen und Jugend. An elf Modellstandorten wurde in den Jahren 2006-2009 modellhaft das System der Hilfen zur Erziehung durch eine wirkungsorientierte Ausgestaltung der Leistungs-, Entgelt- und Qualitätsentwicklungsvereinbarungen nach §§ 78a ff. SGB VIII weiter entwickelt und qualifiziert. Die lokalen Partner, so genannte „Tandems" aus öffentlichem Jugendhilfeträger als Leistungsträger und Trägern von Einrichtungen als Leistungserbringer erhielten im Rahmen des Modellprogramms eine qualifizierte Beratung und Moderation ihres Entwicklungs-, Aushandlungs- und Erprobungsprozesses. Aufgabe der elf Modellstandorte war es, beispielhafte Leistungs-, Entgelt- und Qualitätsentwicklungsvereinbarungen zu entwickeln und zu erproben. Im Zentrum sollte eine Orientierung an den Wirkungen einer Hilfe stehen. Zielsetzung des Modellprogramms war es zudem, Finanzierungsformen zu erproben, in denen, stärker als bislang üblich, pädagogischer Auftrag und pädagogische Zielstellungen mit der Finanzierung der Hilfen korrespondieren. Gemeint waren damit ergebnisorientierte Finanzierungselemente wie etwa die Erprobung von Anreizsystemen.

Das Bundesmodellprogramm gliederte sich in vier Phasen: In der ersten Programmphase standen die Etablierung der Programmstrukturen und die Qualifizierung der teilnehmenden Tandems (öffentliche und freie Träger der Jugendhilfe) hinsichtlich des Wirkungsverständnisses und der Messbarkeit bzw. Bewertbarkeit der Wirkungen von erzieherischen Hilfen im Mittelpunkt. Im Fokus der zweiten Programmphase stand anschließend die Unterstützung und Beratung der teilnehmenden Tandems bei der Bestimmung lokaler Wirkungsindikatoren, bei der Vertragsgestaltung und der Erörterung möglicher Anreizsysteme. Die dritte Programmphase diente der Implementation der vereinbarten Verfahren und Elemente und die abschließende vierte Programmphase der Erprobung der wirkungsorientierten Vereinbarungen in der Praxis der Hilfen zur Erziehung (vgl. ausführlich Nüsken/Polutta 2007). Zu den juristischen Details, zu Vorraussetzungen und förderlichen Bedingungen der Entwicklung wirkungsorientierter Vereinbarung und zu den Entwicklungen der einzelnen Modellstandorte sei an dieser Stelle auf die Schriftenreihe „Wirkungsorientierte Jugendhilfe" des Instituts für soziale Arbeit e.V. und auf die Materialien zu einzelnen Modellstandorten, beides unter www.wirkungsorientierte-jugendhilfe.de abrufbar, verwiesen. Im Folgenden soll zunächst auf die über alle Modellstandorte festzustellenden zentralen Arbeitsschritte der Entwicklung einer wirkungsorientierten Praxis eingegangen werden.

2 Schritte auf dem Weg zu wirkungsorientierten Vereinbarungen

Über alle elf Modellstandorte hinweg hat sich gezeigt, dass es gelungen ist, Hilfen zur Erziehung durch wirkungsorientierte Qualifizierung nachweislich wirksamer zu gestalten. Im Wesentlichen haben die lokalen Partner dazu fünf Schritte bewältigt, die gleichsam Grundfragestellungen einer wirkungsorientierten Jugendhilfe aufgreifen und Innovationen befördern können. Die im Folgenden vorgestellten Schritte normieren die Entwicklung einer wirkungsorientierten Praxis nicht mittels bestimmter Instrumente und Verfahren, bieten jedoch eine Struktur für die in lokalen Kontexten vorzunehmende Entwicklungsarbeit. Bei der Entwicklung von wirkungsorientierten Vereinbarungen sind nach den Erfahrungen des Bundesmodellprogramms folgende Fragen von den Vereinbarungspartnern zu beantworten:

1. Was ist unter einer Wirkung zu verstehen?
2. Was ist nötig um diese zu befördern?
3. Woran lässt sich diese feststellen?
4. Wie kann diese bewertet werden?
5. Was sollen die Konsequenzen dieser Bewertungen sein?

1. Was ist unter einer Wirkung zu verstehen?

Die elementare Frage nach einem gemeinsamen Verständnis von Wirkungen sollte zu Beginn eines Entwicklungsprozesses stehen, denn der Blick in einschlägige Studien (vgl. dazu überblickhaft Nüsken 2008) zeigt, wie unterschiedlich Wirkungen bestimmt werden können. Die Wirkung einer Hilfe zur Erziehung wird teilweise mit Lebensbewährung, teilweise mit der Lebenssituation nach einer HzE, mit dem Verlauf einer Hilfe oder, wie in der Evaluation des Bundesmodellprogramms, mit der Steigerung von Verwirklichungschancen in Verbindung gebracht (vgl. dazu auch Schriftenreihe Wirkungsorientierte Jugendhilfe Band 9, S. 20 f.). Ein von den beteiligten Akteuren geteiltes und empirisch begründbares Wirkungsverständnis bildet deshalb die Basis für den weiteren Entwicklungsprozess und für die spätere Anwendung der wirkungsorientierten Vereinbarungen. An einem Standort des Bundesmodellprogramms wurde von den Modellpartnern beispielsweise folgender Wirkungsbegriff entwickelt: „Wirkungen sind intendierte Zustandsänderungen, die beobachtbar, beschreibbar, und kommunizierbar sind und nach plausiblen und hypothesengeleiteten Annahmen über nachvollziehbare Zusammenhänge bewertet werden können." Als jugendhilfespezifischen Referenzrahmen verwendete die Evaluation des Bundesmodellprogramms den Ansatz menschlicher Verwirklichungschancen (Capabilities), um Ergebnisse von Hilfeprozessen auf der Ebene der Adressaten zu erfassen (vgl. ausführlich Albus u.a. 2008, 2009). Insgesamt zehn Wirkungsdimensionen (z.B. Gesundheit, Bildung, Zusammenleben) wurden hier in den Blick genommen und hinsichtlich einer Veränderung der Lebenssituation, etwa bezüglich des Schutzes des Kindeswohls, der Verbesserung prekärer Lebenslagen, der Verselbständigung oder der sozialen Integration, analysiert.

2. Was ist nötig um diese Wirkungen zu befördern?
In einem zweiten Schritt geht es darum, Konzepte, Methoden und Verfahren zu vereinbaren, mit denen intendierte Wirkungen nachweislich befördert werden können. Bei der Auswahl oder Entwicklung von Methoden und Verfahren ist auch an dieser Stelle zwar der jeweilige kommunale Kontext zu berücksichtigen, in dem wirkungsorientierte Praxis entwickelt werden soll, jedoch liegen mittlerweile eine Reihe wissenschaftlicher Erkenntnisse vor, die nicht unberücksichtigt gelassen werden dürfen (vgl. Gabriel u. a. 2007, Schrödter/Ziegler 2007, Wolf 2007). So hat etwa die Evaluation zum Bundesmodellprogramm (vgl. Albus u. a. 2009) herausgefunden, dass sich insbesondere die Partizipation der Adressaten (z. B. bei Alltagsentscheidungen, durch Vor- und Nachbereitung der Hilfeplangespräche oder durch Adressatenbefragung) die Regelungen von wesentlichen Verfahren (Abläufen, Zeiten, Fristen, Dokumentation) im Zuge der Hilfeplanung und der Qualitäts- bzw. Wirkungsdialog zwischen öffentlichem und freiem Träger als Wirkfaktoren erzieherischer Hilfen identifizieren lassen (vgl. ISA 2009).

3. Woran lässt sich eine Wirkung feststellen?
Um Wirkungen der eingesetzten Konzepte, Methoden und Verfahren feststellen zu können, müssen – mit Blick auf die zu erreichenden Wirkungsziele – Indikatoren festgelegt werden, mit deren Hilfe Wirkungen feststellbar sein sollen. Indikatoren lassen sich bestimmen auf der

- organisationsbezogenen Ebene (z. B. regelmäßiger Wirkungsdialog),
- prozessbezogenen Ebene (z. B. Einhaltung von Zuständigkeiten und Fristen),
- adressatenbezogenen Ebene (z. B. Schulbesuch, Re-Integration, das Führen eines eigenen Haushaltes oder das Erreichen der drei zentralsten Hilfeplanziele, ggf. auch subjektive Zufriedenheit).

Eine besondere Bedeutung kommt dabei den adressatenbezogenen Wirkungszielen und deren Indikatoren zu. Die im Bundesmodellprogramm erarbeiteten Vereinbarungen der Modellpartner zeigen, dass sich solche Indikatoren sowohl durch die Präzisierung allgemeiner Entwicklungsbereiche oder Leitziele wie etwa Schule, Wohnen, Sozialkontakte oder Verselbständigung wie auch durch entsprechend formulierte Hilfeplanziele bilden lassen. Zu beachten ist jedoch, dass die quantifizierende Überprüfung von Zielerreichungsgraden allein kein geeignetes Instrument darstellt um den Erfolg einer Hilfe zu bewerten, da sich zu Hilfebeginn vereinbarte Zielstellungen im Laufe einer Hilfe verändern, einen anderen Stellenwert bekommen oder gar problematisch werden können (vgl. ebd., S. 43). Sinnvoller erscheinen hier reflexive Bewertungen eines Hilfeerfolges, in denen eine Zielerreichung bzw. Nichterreichung in Relation zum jeweiligen Hilfebedarf und weiteren die Entwicklung beeinflussenden Faktoren bewertet wird. Im Zuge der Dokumentation und Selbstevaluation wirkungsorientierter Hilfen griffen die Modellstandorte teilweise auf softwaregestützte (kommerzielle) Evaluationssysteme zurück, andere entwickelten selbst Instrumente wie etwa Checklisten, Verfahren zur Befragung von Adressaten oder zur gegenseitigen Qualitätsbegehung von öffentlichem und freiem Träger.

4. Wie können Wirkungen bewertet werden?
In Verbindung mit den im Zusammenhang mit der dritten Frage festzulegenden Indikatoren werden im vierten Schritt Instrumente zur Wirkungsmessung bzw. -bewertung bestimmt. Verbindliche Wirkungsdialoge, systematische Wirkungsberichte oder der Einsatz von Zielkatalogen, die Wirkungen sowohl auf der Ebene der einzelnen Hilfen, wie auf der Aggregatebene (z. B. Verhältnis geplant beendeter Hilfen zu Hilfeabbrüchen einer Hilfeform) messen bzw. bewerten, sind innerhalb des Bundesmodellprogramms entwickelt worden. Es geht bei diesem

Schritt also darum, Bewertungsmaßstäbe und Bewertungsmedien zu finden. Ebenfalls festzulegen ist, wer solche Bewertungen vornimmt bzw. wer daran beteiligt ist. Insbesondere für die Adressatenebene ist ein multiperspektivischer Ansatz unter Beteiligung der jungen Menschen zu favorisieren. Obwohl die Bewertung von Wirkungen im Zusammenhang mit den Adressaten der jeweiligen Hilfen im Mittelpunkt der lokalen Evaluationen stand, spielte auch die systematische Erfassung von Strukturdaten eine große Rolle. Gemeint sind damit z. B. Hilfedauer, Anzahl- und Art von Hilfeabbrüchen, Fachleistungsstundenaufwand u.ä. Gerade solche Daten haben sich als wichtige Bestandteile einer reflektierten Wirkungsanalyse und einer effektiven Gestaltung von Organisationsentwicklung erwiesen (vgl. ebd. S. 47).

5. Was sollen die Konsequenzen von Bewertungen sein?
In einem fünften Schritt schließlich müssen die Aushandlungspartner festlegen, welche Konsequenzen eine Bewertung haben soll. Konsequenzen können auf mindestens drei Ebenen bedacht werden. Zunächst lassen sich qualifizierte Bewertungen eines Hilfeverlaufs in die weitere Hilfeplanung von Einzelfällen einbinden, d. h. sie können zur Reflexion auf der fachlich-pädagogischen Ebene genutzt werden.

Fallübergreifend können solche Daten und Bewertungen weiterhin aggregiert aufbereitet und – wie im Bundesmodellprogramm geschehen – in einen strukturierten Wirkungsdialog organisationsintern wie organisationsübergreifend mit einbezogen werden.

Darüber hinaus, können Bewertungen auch für ökonomisch geprägte Konsequenzen (von monetären Anreizen bis zu impliziter Belegungserwartung) genutzt werden. Die Erkenntnisse der Evaluation zum Bundesmodellprogramm zeigen diesbezüglich jedoch, dass Aufwand und Ertrag von monetären Anreizsystemen im Vorfeld gründlich geprüft werden sollten (vgl. ebd., S. 50). Erfolgsversprechender scheinen an dieser Stelle Trägerrankings zu sein, welche aber eine hohe Kooperationsatmosphäre erfordern. Gleiches gilt für Wirkungsdialoge von öffentlichen und freien Trägern, welchen von den Modellpartnern trotz des erforderlichen Arbeitsaufwandes eine sehr hohe Bedeutung hinsichtlich der wirkungsorientierten Qualifizierung und Steuerung zugeschrieben wird. Im Kern solcher Wirkungsdialoge steht die gemeinsame Interpretation der gewonnenen Daten. Dabei stehen nicht (nur) mögliche Zielereichungsquoten im Mittelpunkt. Vielmehr bewerten öffentlicher und freie(r) Träger die Daten zu den Ergebnissen der Arbeit und zugleich die damit im Zusammenhang stehenden Prozesse und Rahmenbedingungen. Grundlage für solch dialogisch orientierte Verfahren stellen zumeist Berichte der Leistungsanbieter dar. In diesen werden Evaluationsdaten zur Adressaten-, Prozess- und Strukturebene aufbereitet. Am Ende eines Wirkungsdialoges stehen gewöhnlich Zielvereinbarungen für den Zeitraum bis zum nächsten (z. B. jährlichen) Qualitätsdialog (vgl. ebd., S. 51 f.).

3 Perspektiven für die Jugendhilfeplanung

Ansätze der wirkungsorientierenden Qualifizierung der Kinder- und Jugendhilfe, wie hier am Beispiel der Hilfen zur Erziehung und des Modellprogramms „Wirkungsorientierte Jugendhilfe“ dargestellt, tangieren unmittelbar zahlreiche Aspekte der Jugendhilfeplanung, wie sie im § 80 SGB VIII festgeschrieben sind.

§ 80 SGB VIII Jugendhilfeplanung

(1) Die Träger der öffentlichen Jugendhilfe haben im Rahmen ihrer Planungsverantwortung

1. den Bestand an Einrichtungen und Diensten festzustellen,
2. den Bedarf **unter Berücksichtigung der Wünsche, Bedürfnisse und Interessen** der jungen Menschen und der Personensorgeberechtigten für einen mittelfristigen Zeitraum zu ermitteln und
3. die **zur Befriedigung des Bedarfs notwendigen Vorhaben rechtzeitig und ausreichend zu planen;** dabei ist Vorsorge zu treffen, dass auch ein unvorhergesehener Bedarf befriedigt werden kann.

(2) Einrichtungen und Dienste sollen so geplant werden, dass insbesondere

1. Kontakte in der Familie und im sozialen Umfeld erhalten und gepflegt werden können,
2. **ein möglichst wirksames vielfältiges und aufeinander abgestimmtes Angebot von Jugendhilfeleistungen gewährleistet ist,**
3. junge Menschen und Familien in gefährdeten Lebens und Wohnbereichen besonders gefördert werden,
4. Mütter und Väter Aufgaben in der Familie und Erwerbstätigkeit besser miteinander vereinbaren können.

(3) Die Träger der öffentlichen Jugendhilfe haben die anerkannten **Träger der freien Jugendhilfe in allen Phasen ihrer Planung frühzeitig zu beteiligen.** Zu diesem Zweck sind sie vom Jugendhilfeausschuss, soweit sie überörtlich tätig sind, im Rahmen der Jugendhilfeplanung des überörtlichen Trägers vom Landesjugendhilfeausschuss zu hören. Das Nähere regelt das Landesrecht.

(4) Die Träger der öffentlichen Jugendhilfe sollen darauf hinwirken, dass die Jugendhilfeplanung und andere örtliche und überörtliche Planungen aufeinander abgestimmt werden und die Planungen insgesamt den Bedürfnissen und Interessen der jungen Menschen und ihrer Familien Rechnung tragen.

Jugendhilfeplanung kann als Instanz beschrieben werden, die ein aufeinander abgestimmtes System von Jugendhilfeleistungen fördern soll. Kennzeichen von Jugendhilfeplanung sind demnach vor allem die Bestandserhebung und Bestandsanalyse von Einrichtungen, Diensten und anderen Angeboten sowie die Bedarfsermittlung unter Berücksichtigung der Wünsche und Interessen der Adressat/innen. Den aus diesen Erkenntnissen folgenden Maßnahmenplanungen schließen sich *Überprüfungen der Wirksamkeit bzw. des Erfolges der Jugendhilfeleistungen* an. Im Planungsprozess sind die freien Träger frühzeitig und umfassend zu beteiligen. Bereits § 80 Abs. 1 S. 2 berücksichtigt die (quantitativen wie qualitativen) Bedürfnisse von jungen Menschen, und spätestens § 80 Abs. 2 weist deutlich auf die erforderliche Wirksamkeit von Jugendhilfeleistungen hin (vgl. Landschaftsverband Westfalen-Lippe 2009). Als Entwicklungsaufgabe schreiben Jordan und Schone der Jugendhilfeplanung zudem die „Umsetzung aktueller fachlicher Standards" (1998, S. 57) in das „Pflichtenheft". Ähnliches präzisiert Nikles (1995 S. 12 f.) wenn er schreibt: „Jugendhilfeplanung ist ein Instrument zur Steuerung der Leistungen und Aufgaben der Jugendhilfe. Sie konkretisiert sich in systematischer Verknüpfung von Zielen, Mitteln und Vorgehensweisen. Zielt die Planung darauf ab, jugendhilfepolitische Entscheidungen vorzubereiten, so handelt es sich um strategische Planung. Werden Planungsprozesse eingesetzt, um einen konkreten Handlungsprozess zu steuern, so sprechen wir von operativer Planung. Die strategische Jugendhilfeplanung befasst sich mit umfassenden Konzeptionen, legt grundlegende Prioritäten fest und kann deshalb auch als Entwicklungsplanung der Jugendhilfe bezeichnet werden. Beispielsweise gehören die Entwicklung von Richtlinien zur Förderung der Jugendarbeit oder die *Festlegung von Verfahren der Erbringung erzieherischer Hilfen* zu den strategischen Aufgaben, die die Jugendhilfeplanung leisten muss."

Tab. 1: Aspekte der Jugendhilfeplanung und Wirkungsorientierung in der Gegenüberstellung (Quelle: Eigene Darstellung)

Aufgaben von Jugendhilfeplanung	Erkenntnisse aus dem Bundesmodellprogramm „Wirkungsorientierte Jugendhilfe"
Im Rahmen ihrer Planungsverantwortung haben die Träger der öffentlichen Jugendhilfe ein möglichst wirksames Angebot von Jugendhilfeleistungen zu gewährleisten.	Durch wirkungsorientierte Qualifizierung lassen sich Hilfen nachweislich wirksam(er) gestalten.
Der Träger der öffentlichen Jugendhilfe ist zur Übernahme des Entgelts gegenüber dem Leistungsberechtigten verpflichtet, wenn mit dem Träger der Einrichtung oder seinem Verband Vereinbarungen über [...] Grundsätze und Maßstäbe für die Bewertung der Qualität der Leistungsangebote sowie über geeignete Maßnahmen zu ihrer Gewährleistung (Qualitätsentwicklungsvereinbarung) abgeschlossen worden sind.	Das Bundesmodellprogramm hat gezeigt, wie solche Qualitätsentwicklungsvereinbarungen, die auch den Aspekt der Bewertung von Ergebnisqualität nicht ausklammern, aussehen können. Die Elemente solcher Vereinbarungen sind in der Praxis erprobt und wissenschaftlich analysiert worden.
Die Festlegung von Verfahren der Erbringung erzieherischer Hilfen gehört zu den strategischen Aufgaben, die die Jugendhilfeplanung leisten muss.	Insbesondere die Partizipation der Adressaten (z. B. bei Alltagsentscheidungen, durch Vor- und Nachbereitung der Hilfeplangespräche oder durch Adressatenbefragung), die Regelungen von wesentlichen Verfahren (Abläufen, Zeiten, Fristen, Dokumentation) im Zuge der Hilfeplanung und der Qualitäts- bzw. Wirkungsdialog zwischen öffentlichem und freiem Träger haben sich als Wirkfaktoren erzieherischer Hilfen identifizieren lassen.
Kennzeichen von Jugendhilfeplanung sind insbesondere die Bestandserhebung und Bestandsanalyse von Einrichtungen, Diensten und anderen Angeboten sowie die Bedarfermittlung unter Berücksichtigung der Wünsche und Interessen der Adressat/innen. Den aus diesen Erkenntnissen folgenden Maßnahmenplanungen schließen sich Überprüfungen der Wirksamkeit bzw. des Erfolges der Jugendhilfeleistungen an.	Neben der Bewertung von Wirkungen im Zusammenhang mit den Adressaten der jeweiligen Hilfen spielt die systematische Erfassung von Strukturdaten eine große Rolle. Gemeint sind damit z. B. Hilfedauer, Anzahl- und Art von Hilfeabbrüchen, Fachleistungsstundenaufwand u.ä. Gerade solche Daten haben sich als wichtige Bestandteile einer reflektierten Wirkungsanalyse und einer effektiven Gestaltung von Organisationsentwicklung erwiesen
Die Träger der öffentlichen Jugendhilfe haben die anerkannten Träger der freien Jugendhilfe in allen Phasen ihrer Planung frühzeitig zu beteiligen	Wirkungsdialoge von öffentlichen und freien Trägern, welchen von den Modellpartnern trotz des erforderlichen Arbeitsaufwandes eine sehr hohe Bedeutung hinsichtlich der wirkungsorientierten Qualifizierung und Steuerung zugeschrieben wird

Jugendhilfeplanung ist demnach nicht nur zwingende Vorraussetzung für die Gestaltung der Kinder- und Jugendhilfe in den Kommunen, sie soll zudem auch die Wirksamkeit von Jugendhilfeleistungen berücksichtigen und das zentrale Steuerungsmoment der Jugendhilfepraxis darstellen. In diesem Zusammenhang sind auch die eingangs angeführten Mankos in der Bestimmung von Ergebnisqualität erzieherischer Hilfen zu sehen. Münder (1996, S. 223) verweist darauf, dass bereits zu Beginn einer Leistungserbringung eine Verständigung über zu erreichende Ergebnisse kaum stattfindet, und dies nicht nur angesichts der Komplexität und Schwierigkeit dessen, sondern weil die notwendige Auseinandersetzung schlicht nicht stattfindet (und das, obwohl die rechtliche Aufforderung mehr als deutlich ist). Bezogen auf die Kinder- und Jugendhilfe zeigt sich dies zudem im § 27 SGB VIII Abs. 1, in dem es heißt, dass die geeignete und notwendige Hilfe zu erbringen ist. Bezieht man die zentralen Erkenntnisse und Erfahrungen des Bundesmodellprogramms „Wirkungsorientierte Jugendhilfe" und die Aufgaben bzw. den Anspruch von Jugendhilfeplanung aufeinander, so ergibt sich das in der Tabelle 1 skizzierte Bild.

Eine grundsätzliche Herausforderung von Planungsprozessen in der Jugendhilfe besteht nach Maykus (vgl. 2006, S. 41) in der Kombination von Empirie, Reflexion und Kommunikation. Diese Herausforderung zeigt sich auch hinsichtlich der Fragestellung nach der Bedeutung von Wirkungsorientierung und Jugendhilfeplanung. Zugleich lassen sich vor dem Hintergrund aktueller empirischer Erkenntnisse zur Wirksamkeit von Jugendhilfeleistungen und den Erfahrungen mit einer wirkungsorientierten Qualifizierung Wege aufzeigen, wie sich unter reflexiver Nutzung von empirischen Erkenntnissen und durch verbindliche Kommunikation (Wirkungsdialoge) Hilfen nachweislich wirksamer gestalten lassen. Vor dem Hintergrund der Aufgaben und Ansprüche einer professionellen Jugendhilfeplanung kommt dieser auf dem Weg zu einer wirkungsorientierten Qualifizierung und Steuerung eine zentrale Rolle zu. Impulsgebend und koordinierend ist es Aufgabe der Jugendhilfeplanung, die entsprechenden Akteure für einen Einstieg in einen Wirkungsdiskurs zu gewinnen. Innerhalb dieses Diskurses sollten z. B. innerhalb einer Projektgruppe mit Vertretungen des öffentlichen und der freien Träger und ggf. mit externer Moderation Klärungen zu den in Kapitel 2 behandelten fünf Fragen erzielt werden. Berücksichtigung finden sollten in diesem Zuge insbesondere die empirisch nachgewiesenen Wirkfaktoren wie die Partizipation der Adressaten, die Regelungen von wesentlichen Verfahren und der Qualitäts- bzw. Wirkungsdialog zwischen öffentlichem und freiem Träger. Diese Klärungen lassen sich anschließend in wirkungsorientierten Vereinbarungen gemäß §§ 78a-g SGB VIII fixieren und zur Grundlage eines kontinuierlichen Wirkungsdialoges machen. Welches Potenzial in einer wohlverstandenen Wirkungsorientierung liegt, zeigen die Erkenntnisse aus dem hier beschriebenen Bundesmodellprogramm. Qualifiziert sich die Kinder- und Jugendhilfe dahingehend, dass sie die Beteiligung junger Menschen stärkt, dass sie angemessene Standards setzt und dass sie Wirkungsorientierung als Qualifizierung der Zusammenarbeit von öffentlichen und freien Trägern wie auch von Adressaten versteht, so befördert sie die Steigerung von Prozess- und Ergebnisqualität nachweislich. Einzelne Steuerungselemente oder Instrumente, die lediglich auf neue Finanzierungsformen oder die Einführung einer neuen Software abstellen, lassen für sich genommen dagegen keinen Impuls zur Verbessung der Wirkungen der Kinder- und Jugendhilfe erwarten (vgl. Albus u. a. 2009, S. 6 f.).

Literatur

Albus, S./Greschke, H./Klingler, B./Messmer, H./Micheel, H.-G./Otto, H.-U./Polutta, A. (2008): Zwischenbericht der Evaluation des Bundesmodellprogramms „Wirkungsorientierte Jugendhilfe". In: Institut für soziale Arbeit. Planung und Entwicklung GmbH (Hrsg.): Schriftenreihe Wirkungsorientierte Jugendhilfe Bd. 6: Zwischenberichte der Regiestelle und der Evaluation zum Modellprogramm Münster, S. 58-135

Albus, S./Greschke, H./Klingler, B./Messmer, H./Micheel, H.-G./Otto, H.-U./Polutta, A. (2009): Elemente Wirkungsorientierter Jugendhilfe und ihre Wirkungsweisen: Erkenntnisse der wissenschaftlichen Evaluation des Bundesmodellprogramms. In ISA Planung und Entwicklung GmbH (Hrsg.), Schriftenreihe Wirkungsorientierte Jugendhilfe Band 9: Praxishilfe zur Wirkungsorientierten Qualifizierung der Hilfen zur Erziehung. Münster, S. 24-60

Deutscher Bundestag 13. Wahlperiode (1998): Beschlussempfehlung und Bericht des Ausschusses für Arbeit und Sozialordnung vom 01.04.1998, Bundestagsdrucksache 13/10330, Bonn

Gabriel, T./Keller, S./Studer, T. (2007): Wirkungen erzieherischer Hilfen – Metaanalyse ausgewählter Studien. In: ISA Planung und Entwicklung GmbH (Hrsg.): Schriftenreihe „Wirkungsorientierte Jugendhilfe", Band 3. Münster.

Gottlieb, H.-D. (2003): Abschlussbericht. Rahmenverträge nach § 78 f. Achtes Buch Sozialgesetzbuch (SGB VIII/Kinder- und Jugendhilfe). Eine Untersuchung im Auftrag des Bundesministeriums für Familie, Senioren, Frauen und Jugend. Hildesheim/Holzminden/Göttingen

ISA Planung und Entwicklung GmbH (Hrsg.) (2008): Wirkungsorientierte Jugendhilfe, Band 6. Zwischenberichte der Regiestelle und der Evaluation zum Modellprogramm. Münster

ISA Planung und Entwicklung GmbH (Hrsg.) (2009): Schriftenreihe Wirkungsorientierte Jugendhilfe, Band 9. Praxishilfe zur Wirkungsorientierten Qualifizierung der Hilfen zur Erziehung. Münster

Jordan, E./Schone, R. (Hrsg.) (1998): Handbuch Jugendhilfeplanung. Münster

Krause, H.-U./Peters, F. (Hrsg.) (2006): Grundwissen Erzieherische Hilfen. Ausgangsfragen, Schlüsselthemen, Herausforderungen. Weinheim und München

Landschaftsverband Westfalen-Lippe/Landesjugendamt Westfalen: Jugendhilfeplanung und Organisationsangelegenheiten. Verfügbar unter: http://www.lwl.org/LWL/Jugend/Landesjugendamt/LJA/erzhilf/jugendhilfeplanung [Zugriff 04.09.2009]

Maykus, S. (2006): Hinwendung zum Empirischen bedeutet nicht Abwendung vom Kommunikativen. Anmerkungen zur Mehrdimensionalität von Planungsprozessen. In: Maykus, S. (Hrsg): Herausforderung Jugendhilfeplanung. Standortbestimmung, Entwicklungsoptionen und Gestaltungsperspektiven in der Praxis. Weinheim und München, S. 41-54

Merchel, J. (2006): § 78b SGB VIII als Instrument zur Qualitätsentwicklung in der Erziehungshilfe? Ergebnisse einer Inhaltsanalyse von Qualitätsentwicklungsvereinbarungen. In: ZKJ – Zeitschrift für Kindschaftsrecht und Jugendhilfe 2006 (H. 2), S. 78-90

Münder, J. (1996): Qualitätsstandards bei Sozialeistungen. Einige juristische Orientierungen angesichts neuer Unübersichtlichkeiten. In: Münder, J./Jordan, E. (Hg.): Mut zur Veränderung – Festschrift zum 60. Geburtstag von Dieter Kreft. Münster, S. 214-224

Münder, J./Tammen, B. (2003): Die Vereinbarungen nach §§ 78 a-g SGB VIII. Eine Untersuchung von Leistungs-, Entgelt-, und Qualitätsvereinbarungen. Eine Studie im Auftrag des Bundesministeriums für Familie, Senioren, Frauen und Jugend. In: Verein für Kommunalwissenschaften, Arbeitsgemeinschaft für Erziehungshilfe e.V. (Hrsg.): Die Vereinbarungen nach §§ 78 a-g SGB VIII. Bestandsaufnahme und Analyse der Leistungs-, Entgelt-, und Qualitätsvereinbarungen sowie der Rahmenverträge. Berlin

Nikles, B.W. (1995): Planungsverantwortung und Planung in der Jugendhilfe. Eine Einführung. Stuttgart

Nüsken, D. (2006): Alles, was Du machst, könnte auch extrem falsch sein. Hilfen für junge Volljährige aus Sicht von ehemaligen Nutzerinnen und Nutzern. In: Zeitschrift für Kindschaftsrecht und Jugendhilfe (ZKJ) 2006 (H. 12), S. 546-550

Nüsken, D. (2008): Wirkungsorientierte Qualifizierung. Hintergründe, Aspekte und Einblicke in das Bundesmodellprogramm Wirkungsorientierte Jugendhilfe. In: Zeitschrift für Kindschaftsrecht und Jugendhilfe (ZKJ) 2008 (H. 6), S. 232-238

Nüsken, D./Polutta, A. (2007): Wirkungsorientierte Jugendhilfe. Einblicke in das Bundesmodellprogramm. In: Dialog Erziehungshilfe 2007 (H. 2), S. 30-35

Schrödter, M./Ziegler, H. (2007): Was wirkt in der Kinder- und Jugendhilfe? Internationaler Überblick und Entwurf eines Indikatorensystems von Verwirklichungschancen. In: ISA Planung und Entwicklung GmbH (Hrsg.): Schriftenreihe „Wirkungsorientierte Jugendhilfe", Band 2. Münster

Struzyna, K.-H. (2007): Wirkungsorientierte Jugendhilfe – Hintergründe, Intentionen und Ziele des Bundesmodellprogramms. In: Institut für soziale Arbeit (Hrsg.): Wirkungsorientierte Jugendhilfe, Band 1. Beiträge zur Wirkungsorientierung von erzieherischen Hilfen. Münster, S. 5-13

Wolf, K. (2007): Metaanalyse von Fallstudien erzieherischer Hilfen hinsichtlich von Wirkungen und „wirkmächtigen" Faktoren aus Nutzersicht. In: ISA Planung und Entwicklung GmbH (Hrsg.): Wirkungsorientierte Jugendhilfe. Band. 4. Münster

Stephan Maykus

Bildung als kommunale Gestaltungsaufgabe – Gegenstand und Aufgabe von Jugendhilfeplanung!?

Noch vor wenigen Jahren hätte die Frage dieses Beitrages schwerpunktmäßig auf Schule und die Kooperation mit ihr als Gegenstand von Jugendhilfeplanung gezielt. Doch von dieser Frage der Kooperationsentwicklung in einzelnen Handlungsfeldern (allen voran in der Schulsozialarbeit) und mit Blick auf die sozialpädagogische Integration bestimmter Adressatengruppen wird nunmehr der Weg hin zu einer strukturellen Verankerung der Zusammenarbeit beider Felder beschritten. Diese Neujustierung der Kooperation und des Feldes von Bildung, Betreuung und Erziehung macht den Schwerpunkt der aktuellen fachtheoretischen Debatte aus (umfassend dargestellt in Otto/Coelen 2008). Dabei tritt das Thema Kooperation gegenwärtig nahezu automatisch an die Seite der Themenkomplexe Bildung, soziale Gerechtigkeit und Infrastrukturgestaltung der Bildungsförderung. Vor allem die Kinder- und Jugendhilfe ist in diesem Komplex, so Rauschenbach (vgl. 2008, S. 6), mit „Großbaustellen" des Zukunftsprojektes Bildung konfrontiert: Sie muss ihre sozialpädagogischen Konzepte schärfen, ihre Besonderheiten gegenüber der Schule und anderen Bildungspartnern behaupten und gleichzeitig Vernetzungen mit ihr eingehen. Dabei ist der Kinder- und Jugendhilfe abverlangt, ihre Rolle z. B. im Kontext der Ganztagsschulentwicklung zu bestimmen und einen aktiven Part beim Aufbau kommunaler Bildungslandschaften zu übernehmen (vgl. Maykus 2007a, Mack 2006). Kinder- und Jugendhilfe ist gefragt, nicht nur, um weitreichende und hoffnungsvolle Konzepte der Bildung mitzuentwickeln, sondern auch um an der nachhaltigen Veränderung des zwiespältigen Bildungssystems mitzuwirken. Die Eindämmung sozialer Selektion und Erhöhung der Chancengerechtigkeit in einem, die unterschiedlichen Bildungsqualitäten vernetzenden System der Förderung junger Menschen (vgl. Rauschenbach 2008, BMFSFJ 2005), ist unverändert ein zentrales Ziel. Der zweite Bildungsbericht für Deutschland (vgl. Autorengruppe Bildungsberichterstattung 2008, S. 80 ff.) belegt, dass die Verbindung zwischen sozialer Herkunft und den Kompetenzen der Schüler (bzw. dem Bildungserfolg) noch immer ausgeprägt ist. Der 13. Kinder- und Jugendbericht entwirft zusätzlich Perspektiven einer Kinder- und Jugendhilfe, die sich auf gesundheitsbezogene Herausforderungen bei jungen Menschen konzeptionell bezieht und dabei immer auch berücksichtigt, dass die praktischen Anforderungen und gelingende Praxiskonzepte vom sozialpolitischen und -strukturellen Kontext abhängig sind (vgl. BMFSFJ 2009, S. 247). Die Kommission betont, dass Kinder- und Jugendhilfe einen Beitrag zur Förderung positiver Lebensbedingungen leisten und damit Unterstützung bei der Identitätsarbeit und der Bewältigung von Risiken im Lebenslauf junger Menschen bieten sollte. Die hierfür benannten konzeptionellen Eckpfeiler (Akteursperspektive, Niedrigschwelligkeit, Sozialraumorientierung, Beteiligung, Lebensweltorientierung und Förderung von Inklusion) sind anschlussfähig an Gedanken der multiprofessionellen Vernetzung von Kinder- und Jugendhilfe mit angrenzenden Partnern, allen voran der Schule und – im Kontext dieses Berichtes systematisch entfaltet – zunehmend auch des Gesundheitswesens (vgl. ebd., S. 149 ff.). Damit Bildungs- und Befähigungsgerechtigkeit unterstützt wird, wie es im 13. Kinder- und Jugendbericht heißt (vgl. ebd., S. 250), wird eine interprofessionelle Vernetzung gefordert, die nicht nur die Etablierung von Gesundheitsförderung durch Kinder- und Jugendhilfe im Bereich der Ganztagsbetreuung und Schulen allgemein meint (institutionelle Verankerung der Kooperation), sondern auch Netzwerkbildung explizit in einen räumlich kommunal zu verantwortenden Zusammenhang stellt und unmittelbar Bezüge zu Überlegungen einer kommunalen Bildungslandschaft aufweist (ebd., S. 259). Diese aktuellen (und andere gesellschafts-, instutionen- und adressatenbezogene) Anforderungen, wie sie im Beitrag von Schrapper in diesem Band anklingen, werden die Kooperationsbeziehungen der Kinder- und Jugendhilfe verändern und haben ihre Kooperation mit der Schule bereits in den letzten Jahren verändert und weiterentwickeln lassen; sie ist durchaus in Ansätzen auch als Baustein kommunaler Bildungslandschaften – als zunehmend bewusst gestaltetes Geflecht aus Politik, Verwaltung, Planung und Fachlichkeit (vgl. Hebborn 2008, Schäfer 2008) – zu erkennen, hat jedoch einen erhöhten Implementierungsbedarf. Um eine qualitiative und strukturelle Entwicklung der netzwerkorientierten Bildungsförderung zu initiieren, müssen geeignete Steuerungs- und Planungsformen gefunden werden. In diesem Prozess wird sich die Kinder- und Jugendhilfe Einflüssen ausgesetzt sehen, die zu einem Wandel ihre Angebote und deren strukturellen Organisation führen werden (vgl. Maykus 2006c). Wie sich dieser Wandel äußern wird, ist erst in Ansätzen erahnbar, jedoch keineswegs verlässlich zu prognostizieren.

Bildung ist für die Kinder- und Jugendhilfe demnach in mehrfacher Hinsicht ein bedeutsamer und einflussreicher Referenzrahmen geworden, sie wirkt sich aus auf die kommunale Ausgestaltung und Organisation der Jugendhilfeangebote: Kinder- und Jugendhilfe ist herausgefordert, ihre Bildungskonzepte in den unterschiedlichen Arbeitsfeldern zu präzisieren, neue Formen der Kooperation mit der Schule und anderen Bildungspartnern einzugehen, ihren Ort in kommunalen Bildungslandschaften zwischen Kooperation, Konkurrenz und Ersatz zu bestimmen, Bildung als Lebenslagenmerkmal und Voraussetzung für soziale Teilhabe aus einer sozialpädagogischen Sicht zu thematisieren sowie ihren Anteil an der kommunalen Planung von Bildungsförderung zu leisten. Bildung als Gegenstand kommunaler Planung von Jugendhilfe heißt demnach in einer *internen Perspektive*, die Zukunft der Kinder- und Jugendhilfepraxis im Kontext von Bildung zu entwerfen (Jugendhilfeplanung) und in einer *externen Perspektive*, Grundlagen der Jugendhilfe in die Planung kommunaler Systeme von Bildung, Betreuung und Erziehung einzubringen (Bildungsplanung). Das Verhältnis beider Planungsperspektiven ist aus Sicht der Kinder- und Jugendhilfe noch nicht eindeutig geklärt: Sind es ergänzende oder konkurrierende Perspektiven, gleichen sie einem Über- oder Unterordnungsverhältnis, gestalten sie sich parallel oder werden sie in strukturell verankerten Schnittstellen aufeinander zu beziehen sein? Der Beitrag versucht Hinweise auf das Verhältnis dieser Perspektiven zu ermitteln, indem zunächst Bildung als Planungsgegenstand erörtert und Bildungsplanung, im Sinne der externen Perspektive von Planung, konturiert wird. Vor diesem Hintergrund werden Optionen für die Planungspraxis und Konsequenzen für Jugendhilfeplanung dabei abgesteckt. Im Ergebnis dieser Momentaufnahme zeigt sich ein Spannungsfeld zwischen fachpolitischem Gestaltungswillen und fachlichem Unbehagen einer bildungsorientierten Kinder- und Jugendhilfe – und damit letztlich auch eines der Jugendhilfeplanung.

1 Bildung und soziale Teilhabe als Planungsgegenstand in der Kommune

Die Kinder- und Jugendhilfe ist ein fester Bestandteil der sozialen Infrastruktur in Kommunen. Sie wirkt aktiv mit an der Gestaltung von Lebens- und Entwicklungsräumen junger Menschen und Familien, bietet Unterstützung in schwierigen Erziehungssituationen sowie Schutz und Hilfe in prekären Lebenslagen. Schaut man auf die aktuellen Entwicklungsthemen und -ziele von Kommunen, so fällt auf, dass sie vermehrt jugendhilfespezifische und -relevante Gestaltungsziele in ihre Programme und Leitbilder der Stadtentwicklung aufnehmen. Die Themen Familienförderung und -bildung, Bildung junger Menschen, Kinderfreundlichkeit oder Kommune als Bestandteil einer lernenden Region sind längst bedeutsame Maximen der Kommunalentwicklung geworden. Das mit der Formel der „sozialen Stadt" im Zuge des entsprechenden Bundesförderprogramms verbundene Ziel der Erneuerung von sozial belasteten Lebensräumen wird zunehmend um eine weitere, zweite Perspektive ergänzt: Während die erste eher negativ konnotiert ist (als Orientierung an der Veränderung des Belastenden, Schwierigen in sozialen Lebenslagen – wenngleich mit einem konstruktiv gewendeten, ganzheitlichen Gestaltungswillen), so hat die zweite eine positive Konnotation eingeführt: Das Soziale als, einerseits, Markierung von Lebensqualität und Inbegriff einer kommunal vernetzten, für alle erreichbaren und offenen Infrastruktur an sozialen Diensten bzw. Angeboten sowie, andererseits, als Kennzeichen von Lebensweisen, die das Miteinander, die Integration und Vielfalt sowie Engagement und Partizipation der Bürger in einer Kommune betonen. Das Soziale wird zum Gestaltungsanspruch von Kommunen und bezieht damit automatisch auch die Kinder- und Jugendhilfe als Akteurin mit ein – sie symbolisiert gar die grundlegenden Maximen und Werte einer derart agierenden Kommune. Denn soziale Probleme und Unterstützungsbedarfe müssen stets vor Ort, in den Kommunen, in denen die jungen Menschen und Familien leben, bearbeitet werden. Hierzu sind nicht nur sozialpolitische Maßnahmen und Prioritätensetzungen (auf Landes- und kommunaler Ebene) von Bedeutung, sondern auch die Etablierung sozialpädagogischer, personal vermittelter Hilfen. Aktuelle Herausforderungen, vor denen Kommunen momentan stehen, sind vor allem neben der aktiveren Rolle bei der Gestaltung von Bildungsbedingungen junger Menschen auch die Forcierung von Integration als Querschnittthema sowie die Begegnung der Jugendarbeitslosigkeit durch lokale Netzwerke der Bildung und Ausbildung (vgl. Brülle/Hock 2006, S. 55 ff. und den Beitrag von Brülle in diesem Band).

Neben diesen drei zentralen Einflüssen, „(…) bleibt es Aufgabe der Jugendhilfe – mit Blick auf die Bildungs- und Integrationsdiskurse – die Position der Kinder aus bildungsfernen Familien und Stadtteilen mit besonderen Unterstützungsbedarfen angemessen bei ihrer Chancenentwicklung zu fördern. Hier schließt sich durchaus der Kreis aus Bildungs-, Integrations-, Bevölkerungs- und Arbeitsmarktdiskursen" (Brülle/Hock 2006, S. 61). Dabei ist den Kommunen mit Blick auf sozialplanerische Anforderungen abverlangt:

- kontinuierlich eine Analyse der je vorfindbaren sozialen Verhältnisse vorzunehmen und die Angebotsstrukturen der Kinder- und Jugendhilfe damit in Beziehung zu setzen (vor allem im Sinne einer umfassenden Jugendhilfeplanung und Sozialberichterstattung),
- eine regelhafte, erreichbare und für alle jungen Menschen und Familien zugängliche soziale Infrastruktur zu etablieren, die der Gestaltungs- und Begleitungslogik einer offensiven und lebensweltorientierten Kinder- und Jugendhilfe folgt, statt einem Eingriffsdenken,

- den eigenen Anteil an der Gestaltung von Lebensbedingungen durch entsprechende Prioritätensetzungen in der kommunalen Sozialpolitik zu stärken sowie
- eine Gesamtstrategie zu entwickeln, die erkennen lässt, dass anhand verbindlicher Leitorientierungen auf der Grundlage sozialplanerischer Prozesse und ressortübergreifend das Aufwachsen junger Menschen gezielt befördert wird.

Vor diesem Hintergrund sind die Überlegungen zu einer kommunalen Bildungslandschaft als Gestaltungsziel durchaus richtungweisend (vgl. Maykus 2007a, Luthe 2009). Die notwendigen und auch schon erkennbaren Praxisentwicklungen müssen zunehmend ihre Entsprechung auf der Ebene von Kommunalverwaltungen haben und Teil einer lokalen Sozial- und Bildungspolitik sein. Es fehlt jedoch weithin eine solche kommunale Gesamtstrategie, die diese Aktivitäten systematisch an den Biografien junger Menschen ausrichtet und in (fach-) politische und fachplanerische Strukturen einbindet.

2 Kommunale Bildungsplanung – Zusammenführung von Schulentwicklungs- und Jugendhilfeplanung und mehr ...

Was ist der Planungsgegenstand einer kommunalen Bildungsplanung? In der Fachdiskussion trifft man am häufigsten auf einen methodischen denn einen gegenstandsbezogenen Zugang zu dieser Frage: Bildungsplanung kommt zustande, indem man Methoden und Konzepte der Schulentwicklungs- und Jugendhilfeplanung verzahnt, integriert. Man könnte sagen: Schulentwicklungs- und Jugendhilfeplanung addiert, das ergibt im Ergebnis Bildungsplanung. Die Verschränkung der Methodiken allein dürfte jedoch nicht zum Ergebnis führen. *Stattdessen soll hier von Bildungsplanung die Rede sein, wenn Methoden, Konzepte und Daten aus beiden Planungsverfahren mittels einer bildungstheoretischen Interpretationsperspektive eine Schnittstelle konstituieren und ein gemeinsames Produkt erstellen: eine kommunale Bildungsberichterstattung, die ihren Referenzrahmen in einer übergreifenden Sozialplanung hat.* Das Planungsziel ist dabei, fachliche und gestalterische Zielvorstellungen eines kommunalen Systems von Bildung, Betreuung und Erziehung zu erarbeiten, den Bestand und Bedarf an Infrastrukturen der Entwicklungsförderung junger Menschen zu beschreiben bzw. zu ermitteln, Entwicklungen zu dokumentieren und Maßnahmen zu empfehlen bzw. Strategien der Praxis vorzubereiten. Die Planungskonstellation einer kommunalen Bildungsplanung stellt sich als ressortübergreifend, multithematisch und -methodisch sowie partizipativ-kommunikativ dar. *Damit stellt kommunale Bildungsplanung in ihrer Planungsorganisation und -methodik ein notwendiges Passungsverhältnis zu ihrem Gegenstand her: Bildung bzw. ihre Förderung in einer kommunalen Angebotsstruktur.*

Die Kommission des 12. Kinder- und Jugendberichtes (vgl. BMFSFJ 2005) stellt die Fragen nach Bildung, Betreuung und Erziehung vor und neben der Schule in den Mittelpunkt ihrer Analysen. Die Ausgangsüberlegung dabei ist: Was lernen junge Menschen wo, wie, durch wen? Und die klare Antwort darauf lautet: Junge Menschen lernen überall in unterschiedlichster Weise. Man muss von einer Entgrenzung von Bildung ausgehen und davon, dass viele Akteure, Orte, Situationen und Gegebenheiten Bildungs- und Entwicklungsprozesse junger Menschen auslösen und fördern. Um diese Grundannahme zu veranschaulichen, hat die Kommission eine

Topografie der Lern- und Bildungswelten aus biografischer Sicht entwickelt (vgl. ebd., S. 95). Die Konsequenzen für eine kommunale Bildungsplanung lassen sich daraus unmittelbar ableiten: Sie muss

- Informationen zu den unterschiedlichen Bildungsorten und den Lebenslagen der Adressaten darin anbieten (Grunddaten),
- Informationen zu Zusammenhängen dieser Bildungsorte und ihren biografischen Auswirkungen darstellen können (Wechselwirkungen),
- Angebotsstrukturen aus dieser Perspektive vergegenwärtigen (Bestands- und Entwicklungsanalyse),
- in ihrer Planungsorganisation nicht nur Planungsverantwortliche, -methoden und Datenbestände integrieren, sondern auch Akteure dieser Bildungsorte in kommunikative Planungsprozesse einbeziehen (Integriertheit und Partizipation) sowie
- aufzeigen, welche kommunal verfügbaren Angebote außerschulische und schulbezogene Lernprozesse unterstützen können bzw. wie durch deren Verknüpfung und Ausbau eine für alle Kinder- und Jugendliche zugängliche Angebotsstruktur für Bildung, Betreuung und Erziehung entwickelt werden kann (Strategieentwicklung).

Ohne kommunale Bildungsplanung wird es eine solche abgestimmte kommunale Bildungsinfrastruktur nicht geben. Zu diesem Schluss kann man kommen, wenn man sich die Einschätzungen der Kommission des 12. Kinder- und Jugendberichtes (vgl. BMFSFJ 2005) vergegenwärtigt. Kommunale Bildungsplanung wird als wichtige Grundlage eines neuen Systems von Bildung, Betreuung und Erziehung angesehen. Der Weg dorthin wird laut 12. Kinder- und Jugendbericht durch eine zentrale Herausforderung begleitet – durch den Aufbau einer kommunalen Bildungsplanung als integrierte Fachplanung: „Erforderlich ist eine kommunale Bildungsplanung, die geeignet ist, die Vermengungen und Begrenzungen der Teilsysteme Kinder- und Jugendhilfe sowie Schule zu überwinden und ein konsistentes Gesamtsystem für Bildung, Betreuung und Erziehung im kommunalen Raum zu entwickeln. Dazu sind kommunale Jugendhilfeplanung und Schulentwicklungsplanung zu integrieren sowie mit der Sozialplanung und der Stadtentwicklungsplanung abzustimmen. Zentraler Akteur einer solchen Bildungsplanung muss die Kommune sein“ (ebd., S. 359). Diese Position ist mit weitreichenden Zielen und vor allem Konsequenzen für die Planungspraxis verbunden: Kommunale Bildungsplanung soll ein Mittel sein, um die unterschiedlichen Handlungsfelder Schule und Jugendhilfe, ihre vielfältigen Differenzen und systemischen Unterschiede, in Verbindung zu bringen; sie soll Grenzen pädagogischer Praxis überwinden helfen und einen Rahmen schaffen, der dazu geeignet ist, diese abgestimmt zwischen beiden herzustellen. Eine Integration von Schulentwicklungsplanung und Jugendhilfeplanung wäre demnach Grundlage für die Integration von Schule und Jugendhilfe in Kooperationszusammenhängen, es wäre die erzielte Planungswirkung.

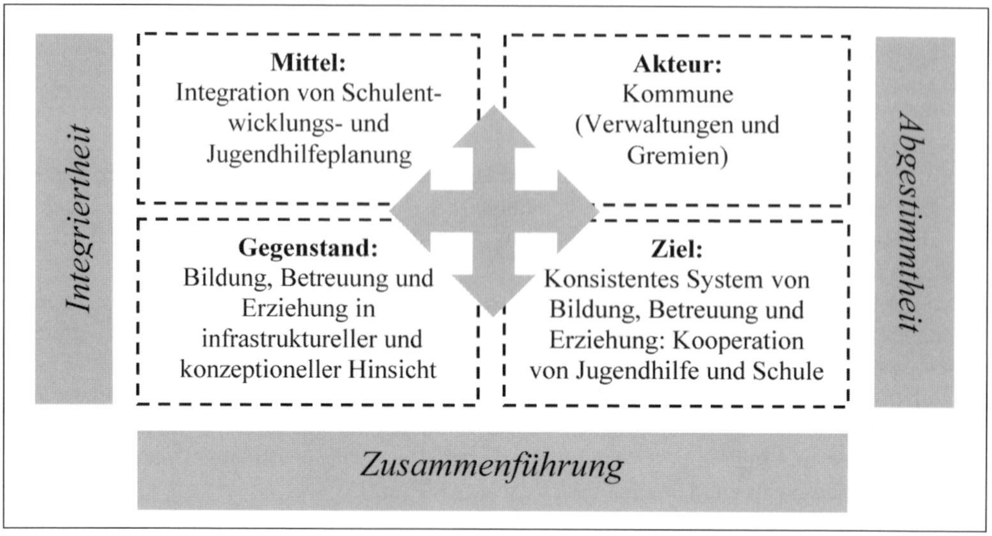

Abb. 1: Konstituenten einer kommunalen Bildungsplanung (Quelle: Maykus 2006a)

Dabei soll die integrierte Planung kommunal ausgerichtet und entsprechend verantwortet sein.

Mit dem Ziel einer solchen kommunalen Bildungsplanung sind vielfältige Fragen verbunden: Planung soll das Mittel sein, das Ziel ist ein konsistentes Praxissystem, Akteur die Kommune – worauf sind diese Aspekte konkret bezogen? Was macht den Planungsgegenstand aus (das abgestimmte System von Bildung, Betreuung und Erziehung), was kennzeichnet ihn? Inwiefern lassen sich hieraus Konsequenzen für die Planungsorganisation ableiten? Das Nachgehen dieser Fragen ist in der folgenden Schwerpunktsetzung wesentlich angeregt durch aktuelle Beiträge zur Verschränkung von Schulentwicklungs- und Jugendhilfeplanung (vgl. Maykus 2006b, Merchel 2004), die sich auf die Annäherung zweier Planungsverfahren der öffentlichen Träger konzentrieren, also auf einen Teilaspekt („Mittel") des in Abb. 1 genannten Bedingungsfeldes. Darüber hinaus sollen hier auch die anderen Teilaspekte aufgezeigt und abschließend ein spezifischer Blickwinkel ergänzt werden. Visionen einer neujustierten Planung bedeuten in ihrer Umsetzung von der gegebenen Planungspraxis auszugehen, hier von der Praxis der Jugendhilfeplanung: Ihr Beitrag zu einer kommunalen Bildungsplanung und Auswirkungen einer solchen Neuausrichtung auf sie sollen skizziert werden. Zunächst werden jedoch als Hintergrund Begründungslinien für eine stärkere Verschränkung von Schulentwicklungs- und Jugendhilfeplanung benannt.

2.1 Was sind Gründe für die Forderung nach einer kommunalen Bildungsplanung?

Die Praxis ist von etablierten Schnittstellen zwischen der Schul- und Jugendhilfeverwaltung, und damit zwischen ihren Planungsansätzen, jedoch weithin noch entfernt. Hier ist genauso eine Entwicklungszeit für Kooperation zu konstatieren wie es in der Schul- und Jugendhilfepraxis notwendig war und ist, zumal die Kooperation von Jugendhilfe und Schule bislang eher selten Gegenstand von Planung und entsprechender strategischer Steuerungskonzepte war (vgl.

Maykus 2006c). Was sind Gründe dafür, dass vermehrt die Rede von einer kommunalen Bildungsplanung ist? Die vermehrte Forderung nach einer abgestimmten Planung von Schule und Jugendhilfe erhält eine zunehmend breitere Basis ihrer Begründung und ihrer konkreten Umsetzung, es sind vor allem die folgenden Punkte (neben der oben benannten Positionsbestimmung im 12. Kinder- und Jugendbericht), die sich hier anführen lassen (vgl. Maykus 2006a, Maykus 2007b) und eine Reihe von Herausforderungen, gleichsam Schlüsselthemen von Planung in diesem Feld bedeuten:

- *ein erweitertes Bildungsverständnis als Leitmaxime etablieren*, das Brücke und gemeinsame fachliche Orientierung der Bildungspartner werden muss,
- *Schulentwicklung forcieren* und Schulen als Lern- und Lebensort gestalten, indem eine neue pädagogische Qualität des Lehrens und Lernens etabliert wird,
- *Ganztagsangebote ausbauen*, um dem Betreuungs-, Bildungs- und Erziehungsbedarf junger Menschen gerecht zu werden und Schulentwicklung zu initiieren,
- *Kooperation von Jugendhilfe und Schule strukturell verankern*, damit Zusammenarbeit verlässlich und zielorientiert geschehen kann,
- *sozialräumliche Strukturen der Bildungsförderung entwickeln* und über die Institutioneninteressen und -perspektiven hinweg Lebenslagen junger Menschen gestalten,
- *inhaltliche, organisationsstrukturelle und personelle Voraussetzungen für eine kommunale Bildungsplanung schaffen*, die für diese Ziele und Entwicklungsperspektiven wichtige fachliche Grundlagen entwickelt, empirische Informationen aufbereitet, Kommunikation in Planungsgruppen und Arbeitskreisen anregt, Entwicklungen beobachtet, dokumentiert und überprüft.

Zudem schreiben Gesetze und Erlasse vermehrt abgestimmte Planungsprozesse fest: Im Zuge eines stärker steuernden und strategischen Blicks auf die Kooperation von Jugendhilfe und Schule taucht die Forderung nach einer abgestimmten Planung beider Seiten in mehreren rechtlichen Bereichen auf:

a) Kinder- und Jugendhilfegesetz KJHG (SGB VIII): Im § 80 SGB VIII ist der öffentliche Träger der Jugendhilfe dazu verpflichtet, ein bedarfsgerechtes Angebot an Jugendhilfeleistungen zu planen und vorzuhalten, das dem Auftrag der Gestaltung und Erhaltung förderlicher Lebensbedingungen für junge Menschen und Familien gerecht werden soll (§ 1 SGB VIII). Im speziellen Bereich der Kooperation von Jugendhilfe und Schule soll es bedarfsgerechte Angebote für schulpflichtige Kinder geben (nach § 24 SGB VIII), schulbezogene Jugendarbeit (§ 11 SGB VIII) und Jugendsozialarbeit, die sich unter anderem Fragen der schulischen Integration benachteiligter junger Menschen widmet (§ 13 SGB VIII).
b) Schulgesetze der Länder (hier das Beispiel Nordrhein-Westfalen): Im Schulgesetz NRW ist im § 80 die Verpflichtung zur Schulentwicklungsplanung kodifiziert, die sich auf die Planung der Schulangebote nach Schulformen, Schularten und Schulstandorten bezieht, um ein wohnortnahes, gleichmäßiges und gleichwertiges Bildungs- und Abschlussangebot vorhalten zu können. Diese Planungsvorgabe, die anlassbezogen zum Tragen kommt (siehe Abschnitt 2), bekommt dann für Kooperation eine besondere Relevanz, wenn die Forderung nach Schulöffnung und Zusammenarbeit mit außerschulischen Partnern (§ 5 SchulG NRW) sowie die Möglichkeit, Schulen als Ganztagsschulen zu führen (§ 9 SchulG NRW) kommunale Praxis werden soll.

c) Landesausführungsgesetze SGB VIII: Die Perspektive einer abgestimmten Planung taucht z. B. auch im neuen Kinder- und Jugendfördergesetz des Landes Nordrhein-Westfalen von 2005 auf. Für den Bereich der Kinder- und Jugendförderung ist ein eigenständiger Paragraph handlungsleitend für die Kooperation von Jugendhilfe und Schule (§ 7 KJFöG NRW) und im 3. Absatz wird schließlich die Initiative des öffentlichen Trägers gefordert, „(...) im Rahmen einer integrierten Jugendhilfe- und Schulentwicklungsplanung ein zwischen allen Beteiligten abgestimmtes Konzept über Schwerpunkte und Bereiche des Zusammenwirkens und über Umsetzungsschritte (...)" zu entwickeln. Damit werden nicht nur ein Ergebnis (*Integriertheit* der Planungen), sondern auch Qualitäten des Planungsprozesses beschrieben, z. B. *Abstimmung*, damit Kommunikation, Aushandlung, Beteiligung auf der Grundlage eines Konzeptes (siehe hierzu auch § 8 Abs. 3 KJFöG NRW, Abstimmung von Jugendhilfeplanung mit anderen Bereichen von Planung) möglich werden.
d) Richtlinien zur Einführung von Ganztagschulen der Länder (hier wieder das Beispiel NRW): Der Erlass zur Einführung von offenen Ganztagsschulen des Ministeriums für Schule und Weiterbildung sieht bei der Umgestaltung einer Schule zu einer offenen Ganztagsschule das Zusammenwirken von Schule, Schulträger und Träger der Jugendhilfe (gemäß §§ 76 Nr. 7 SchulG und § 81 SGB VIII) vor, und dies auf der Grundlage einer *Zusammenführung* von Schulentwicklungsplanung und Jugendhilfeplanung.

Integriertheit, Abstimmung und Zusammenführung – das sind die formulierten Zielperspektiven in diesen Zusammenhängen, die Fragen nach der Koppelungsmöglichkeit, der Koordination und einer kooperativen Planungsstruktur und -organisation aufwirft, die wesentlich von Seiten der Schulentwicklungs- und Jugendhilfeplanung gleichermaßen gebildet wird.

2.2 Von der Segmentierung der Planungsbereiche zu einer kommunalen Bildungsplanung

Vergegenwärtigt man sich beide Planungsverfahren von Schule und Jugendhilfe, so fallen zunächst Unterschiede und weniger Hinweise auf eine kooperative Planung auf (vgl. dazu Hetz/Schnurr 2005, S. 11): Jugendhilfe- und Schulentwicklungsplanung sind institutionell unterschiedlich eingebunden. Jugendhilfe und ihre Planung ist kommunale Aufgabe, während Schule Ländersache ist und die Kommunen als Schulträger nur Verantwortung für äußere Schulangelegenheiten haben (wie z. B. schulbauliche und betriebliche Fragen). Zudem haben die Planungsverständnisse eine unterschiedliche Ausrichtung: Während Jugendhilfeplanung Wert auf ein partizipatorisches und prozessorientiertes Vorgehen legt und sich auf den komplexen Planungsgegenstand kommunaler Jugendhilfepraxis in ihrer Vielfalt bezieht, hat Schulentwicklungsplanung eher den Charakter einer Standortplanung, ist standardisiert und setzt Planungsvorgaben der Schulbehörde um. Schließlich unterscheiden sich Schulentwicklungsplanung und Jugendhilfeplanung in ihrer Methodik und Organisation. Erstere ist ausschließlich quantitativ ausgerichtet (z. B. Bestandsaufnahmen zu Schüler(innen)zahlen und Prognosen über deren Entwicklung) und findet in administrativen Kontexten statt, letztere verbindet qualitative mit quantitativen Elementen und hat häufig eine differenzierte Planungsorganisation in mehreren Gremien, um den Austausch, die Beteiligung und ihren Einfluss auf kommunalpolitische Entscheidungsprozesse zu realisieren (vgl. den kriterienorientierten Vergleich beider Planungsverfahren in der Abbildung 2). Die im Kapitel 2.1 benannten fachlichen und praktischen Anlässe für eine kommunale Bildungsplanung machen es unerlässlich, diese Unterschiede bislang weitgehend getrennt voneinander stattfindender Planungsprozesse und getrennt kommunizierter Planungsbefunde und -konsequenzen in den Hintergrund zu rücken. Vielmehr sind Rahmenbedingungen zu schaffen, die eine konzeptionelle und organisatorische Verknüpfung beider Planungsverfahren entwickeln helfen und ihre Planungslogiken in ein Ergänzungsverhältnis bringen, das der Entwicklung bildungsbezogener Angebotsstrukturen gerecht wird.

Ist Jugendhilfeplanung an den im SGB VIII formulierten Handlungsbereichen der Jugendhilfe orientiert und geht ferner sozialraum-, zielgruppen- oder auch themen- und problembezogen vor, und verfolgt Schulentwicklungsplanung eine demografieorientierte, planungsraumbezogene (schuleinzugs- bzw. schulbezirksbezogene) Angebotsplanung, so ist hier eine wichtige Brücke zu schlagen, denn: beide Planungskonzepte werden kommunal durchgeführt und beziehen sich daher auf die Gestaltung kommunaler Bildungsräume. Ein neues System von Bildung, Betreuung und Erziehung, das Partner aus Schule und Jugendhilfe vor Ort, in sozialen Räumen und Kommunen in ein neues Ergänzungsverhältnis bringen will, verlangt daher eine entsprechende Planungsgrundlage, einen neuen Auftrag an Planung.

Abb. 2: Schulentwicklungs- und Jugendhilfeplanung im Vergleich (Quelle: Maykus 2006b)

Merkmale	Schulentwicklungsplanung	Jugendhilfeplanung
Ziele	▪ wohnortnahes, gleichwertiges und -mäßiges Bildungs-/ Abschlussangebot	▪ bedarfsgerechtes, ausreichendes, rechtzeitiges Jugendhilfeangebot
Grundcharakter	▪ standardisierter Planungsgegenstand	▪ komplexer Planungsgegenstand
Vorgehen	▪ anlassbezogen ▪ eher formelle Beteiligung	▪ Prozessorientierung ▪ aktive Beteiligung
Methoden	▪ quantitativ	▪ qualitativ-quantitativ ▪ kommunikativ
Inhalte	▪ Bestandsaufnahme ▪ Prognose und Bedarf ▪ Empfehlungen	▪ Bestandsaufnahme ▪ Bedarfsklärung ▪ Empfehlungen
Grundlagen	▪ Planungsräume ▪ demografische Entwicklung ▪ Angebot/Raumbestand	▪ Handlungsbereiche/Angebote ▪ Zielgruppen ▪ Sozialräume ▪ Probleme/Themen
Maßnahmenempfehlungen	▪ schulorganisatorisch ▪ schulbaulich	▪ angebotsstrukturell ▪ konzeptionell
Anknüpfungspunkte für eine integrierte Bildungsplanung	Bildung und Entwicklungsförderung als entgrenzter Planungsgegenstand – Sozialraumorientierung – Praxisdruck – qualitativ-konzeptionelle Entwicklung	

Diese erweiterte, dem praktischen Ziel entsprechende institutionenübergreifende Planungsgrundlage kann weder von der Jugendhilfeplanung noch von der Schulentwicklungsplanung allein hergestellt werden; ihre aus den unterschiedlichen bisherigen Aufträgen resultierenden methodischen und planungsorganisatorischen Begrenztheiten können vielmehr durch Ansätze und Erfahrungen der anderen Seite erweitert werden und eine Schnittstelle bilden. Diese Schnittstelle kommt zustande, indem methodische, datenbezogene und planungsstrukturelle Aspekte beider Planungsgrundlagen in Verbindung gebracht werden. Es gibt demnach mindestens vier Brücken zwischen Schulentwicklungs- und Jugendhilfeplanung:

- der *soziale Raum als Bezugsgröße* für Schulentwicklungsplanung und Jugendhilfeplanung (beide Seiten sollten dies als zentrale Grundlage für die Bedarfsklärung und Konzipierung von Angebotsstrukturen nehmen und ihre Raumbezüge entsprechend aufeinander abstimmen),
- die bestehende *Kooperationspraxis mit einem Aufforderungs- und Koordinierungscharakter für Planung*: Schulsozialarbeit, schulbezogene Jugendarbeit, Übergänge vom Kindergarten in die Grundschule und Ganztagsangebote für Schulkinder verlangen nach Planungszugängen (Bedarfseinschätzungen, Konzeptentwicklungen, Vernetzungen) beider Seiten,
- die *Notwendigkeit einer empirischen Fundierung von bildungsbezogenen Planungsprozessen*: erstens im Sinne demografischer Vorausschätzungen, die in der Schulentwicklungsplanung bereits jetzt bedeutsam sind und in der Jugendhilfe zwar nicht in gleicher Weise, jedoch als Indikator für Bedarfsvorausschätzungen des Feldes schulbezogener Angebote der Jugendhilfe herangezogen werden können; zweitens durch die Erstellung sozialstruktureller Analysen – Sozialatlanten – als gemeinsame Informationsbasis, die eine einseitig an Schülerzahlen orientierte Schulentwicklungsplanung um Sozialdaten ergänzt, genauso wie sozialstrukturelle Analysen der Jugendhilfeplanung um bildungsrelevante Daten; drittens durch die Einführung einer kommunalen Bildungsberichterstattung, die Sozialstruktur-, Jugendhilfe- und Bildungsdaten in einem Berichtswesen bündelt und in eine interpretative Zusammenschau bringt (siehe Kapitel 3), sowie
- eine darüber hinaus *qualitativ ausgerichtete Planung* beider Seiten: was im Sinne von Beteiligung bereits in der Jugendhilfeplanung berücksichtigt wird, in der Schulentwicklungsplanung erst zu entwickeln wäre, in Form der Beteiligung weiterer Akteure wie z. B. Jugendamt, Jugendhilfeträger, Elternvertreter. Auf dieser Grundlage hätte Schulentwicklungsplanung auch eine Chance, Impulse für die pädagogische Entwicklung einzelner Schulen zu liefern. Umsetzungsfragen wie Schulautonomie, Schulprofilbildung und Schulöffnung können dann auch durch Planungsprozesse wesentlich mitangeregt werden.

Diese vier Brücken können die jeweiligen Planungskontexte bereits je für sich anreichern, aber vor allem sind es Verbindungslinien, die zu einer abgestimmten und neuen Qualität von Planung führen können – einer bildungsbezogenen Planung. Als Motor für die Betonung und Nutzung der Verbindungslinien braucht es konkrete praktische Anlässe und Praxiskontexte, die Planungsrelevanz haben und die die Planungsverfahren jeweils an ihre Grenzen führen, die eine Erweiterung und Ergänzung um Planungskonzepte der anderen Seite daher herausfordern und je vor Ort in den Kommunen plausibel werden lassen. Diese Plausibilität wird dann eben nicht nur in planungsmethodischer und -organisatorischer Hinsicht erkennbar, sondern darin wesentlich durch den Planungsgegenstand gesteuert (im Sinne der Abb.1): durch die Vision und das praktische Ziel, ein abgestimmtes kommunales System von Bildung, Betreuung und Erziehung aufzubauen. Dieses Ziel lässt sich in planungsrelevante Aspekte, in Themen einer kommunalen Bildungsplanung, die schul- und jugendhilfebezogene Planungen verbindet, übersetzen:

1. *Bestands- und Bedarfsklärung* einer bildungsbezogenen Angebots- und Infrastruktur (z. B. „flächendeckende“ und „bedarfsgerechte Ganztagsangebote“, „Ausbau“ öffentlicher Leistungen, „Erweiterung“ von Angebotsstrukturen),

2. *Empirisch fundierte Information* über bildungsbiografisch relevante soziale Lebenslagen, Bedingungen des Aufwachsens und sozialräumliche Charakteristika (z. B. kommunale Sozialberichterstattung als Referenz für Bildungsplanung, Abbau von Bildungsbenachteiligung und Eröffnung von Zugangschancen),
3. *Initiierung innovativer und vernetzender* institutioneller Angebotsformen (z. B. „Neujustierung“ bestehender Angebotsstrukturen, ihr „Zusammenfügen“, „Integration“ von Leistungsbereichen, ihre „Öffnung“ oder die mehrfach benannte „Abstimmung“),
4. *Initiierung einer neuen pädagogischen Qualität* und entsprechender Konzepte (z. B. hinsichtlich der „Reformierung“ von Schule, der „bildungsbiografischen“ Ausrichtung des Handelns und Konzipierens (sozial-) pädagogischer Angebote, der Kooperationsorientierung oder der als grundlegend angesehenen Multiprofessionalität in der Angebotserbringung),
5. *Herstellung einer fach- und kommunalpolitischen Sensibilisierung* für diese Entwicklungslinie ebenso von kommunaler Öffentlichkeit hierfür (z. B. bezüglich „kommunaler Leitbilder“ ableitbar, einer Politisierung der Entwicklungserfordernisse, einer Vergegenwärtigung öffentlicher Verantwortung für das Aufwachsen junger Menschen, die als Querschnittaufgabe eine umfassende kommunale Gestaltungsfrage ist),
6. *Schaffung ressortübergreifender Diskurse, Entscheidungsstrukturen und Planungskontexte* (z. B. angesprochen durch die Verbindung von „bildungs-, familien-, sozial- und jugendpolitischen Fragen“ in einer kommunalen Planung) sowie
7. *Entwicklung eines Anreiz-, Ermöglichungs- und Stabilisierungsrahmens* für ein abgestimmtes System von Bildung, Betreuung und Erziehung (z. B. angedeutet durch Fragen der Finanzierung, „kommunaler (Ressourcen-) Steuerung“, „Qualitätsstandards“ oder eines „fachlichen Wettbewerbs“ zwischen Anbietern).

Eine kommunale Bildungsplanung, die sich dieser Aufgaben verpflichtet sieht, entspricht letztlich dem Planungsgegenstand im Wortsinne: Sie thematisiert konzeptionelle Grundlagen eines abgestimmten Systems von Bildung, Betreuung und Erziehung (*Bildung* im erweiterten Verständnis ist Ausgangspunkt ihrer planerischen Ausrichtung, eine Subjektorientierung, das Fördern von Bildungsbedingungen und -biografien), orientiert sich an einem systemischen Zusammenspiel von Bildungsorten (Koordinierung, Kooperation, Integration von Angeboten), ist *kommunal* verantwortet und gestaltet, betont also einen klaren räumlichen Bezug, entsprechende politische und administrative Verankerungen sowie einen Lebenslagen- und Sozialraumbezug, und sie stellt als *Planungs*kontext ein Feld der Verbindung von Empirie, Reflexion und Kommunikation der Integration schul-, sozial- und jugendhilfeplanerischer Aspekte dar. Oder anders gesprochen: Kommunale Bildungsinfrastrukturen konstituieren eine kommunale Bildungsplanung und deren Organisation, und kommunale Bildungsplanung qualifiziert die Entwicklung kommunaler Bildungsinfrastrukturen durch empirisch fundierte Entwicklungsimpulse, durch die Schaffung kommunikativer Orte der Planung sowie die Fundierung und Versachlichung kommunalpolitischer Ressourcensteuerungen und Entscheidungsstrukturen (dokumentierte Beispiele aus der Praxis vgl. z. B. Landeshauptstadt Düsseldorf 2009, Tromp/Weber 2007 bezüglich der Stadt Osnabrück, Landeshauptstadt Hannover 2009).

3 Planungsorganisation und Datenkonzept kommunaler Bildungsplanung

3.1 Meilensteine und Verantwortungsbereiche im Planungsprozess

Bezüglich der Planungsorganisation sollten zunächst die bestehenden Strukturen von Schulentwicklungs- und Jugendhilfeplanung in ein stärkeres Koppelungsverhältnis gebracht werden, so dass die zuständigen Mitarbeiter/innen einen konkreten Bereich der Zusammenarbeit erhalten und mit dem Ziel gemeinsamer Planungsprozesse ausfüllen können. Wichtige Stützpfeiler für eine abgestimmte Planung sind vor allem (vgl. Maykus 2006b, S. 241):

- *Kongruente Planungsziele:* es werden gleiche Ziele verfolgt, es gibt einen gemeinsamen Nenner für Planung, z. B. die bedarfsgerechte Entwicklung von Ganztagsangeboten für Schulkinder, die Gestaltung von Übergängen zwischen Kindertagesstätten und Grundschule oder die Bedarfsplanung von Schulsozialarbeit,
- *Nutzenoptimierung:* beiden Planungskontexte bringen ihr Knowhow ein und bilden eine Eigenständigkeit in Kooperation – beide Seiten profitieren voneinander,
- *Organisation:* es werden Strukturen und organisatorische Grundlagen, mithin Verbindlichkeiten geschaffen,
- *Kommunikation:* Beteiligung ist abgesichert, unterschiedlichen Meinungen und Perspektiven wird Raum gegeben sowie
- *Kontinuität:* es wird mittel- und langfristig sowie prozesshaft geplant.

Hierbei sind die Fachbereiche bzw. Verwaltungen von Jugendhilfe und Schule wie auch deren Ausschüsse als vorrangige Ebenen der partiellen Verknüpfung zu nennen. Davon ausgehend sind Planungsgruppen auf der Ebene der Planungsfachkräfte (auch unter Beteiligung der Schulaufsicht) als auch auf der Ebene von Leitungen und Fachkräften aus dem Feld der Kooperation von Jugendhilfe und Schule zu bilden. Anknüpfungspunkte für entsprechende Planungsfragen bieten hier die Schulleiterkonferenzen, Arbeitsgemeinschaften nach § 78 SGB VIII und themenbezogene Planungsgruppen von Fachkräften. Die Planungsgremien übernehmen als Schaltstellen der Kommunikation eine wichtige Brückenfunktion zwischen Schule und Jugendhilfe und erfüllen wesentliche Voraussetzungen einer qualitativ aufgewerteten Bildungsplanung, indem sie:

- eine kleinräumig orientierte Diskussionsgrundlage bieten,
- die Beteiligung unterschiedlicher Akteure bei der Bestandsaufnahme ermöglichen,
- einen Rahmen für die Entwicklung von Bewertungskriterien und Leitbilder bei der Suche nach Entwicklungsbedarfen bilden,
- Ideen und Konzepte erarbeiten können und
- den Planungsfachkräften in der Schul- und Jugendhilfeverwaltung bei der Formulierung von kommunalpolitischen Handlungsbedarfen wichtige Hinweise liefern.

Vergegenwärtigt man sich vor diesem Hintergrund die potenziellen Partner für Aushandlungsprozesse in den Planungsgruppen und -gremien einer kommunalen Bildungsplanung, wird ein recht komplexes Geflecht erkennbar. Zu berücksichtigen sind vor allem:

- Kommunale Sozial-, Bildungs-, Familien-, Jugendhilfepolitik,
- Jugend- und Schulverwaltungsamt, Schulaufsicht,
- Angebotsträger, Institutionen, Schulen,

- Fachkräfte und Akteure sowie
- junge Menschen und Familien.

Damit unter Einbeziehung dieser Partner – und in Verantwortung der Jugendhilfe- und Schulverwaltung – Planungsprozesse gelingen und verstetigt werden, ist es wichtig, mögliche Fallen und *Stolpersteine* derart komplexer Vorgehensweisen zu beachten (angeregt von Schone 2000; vgl. auch den Beitrag von Schone in diesem Band):

1. *Zu hohe Ziele und Ansprüche.* Das gemeinsame Planungsvorhaben, das Ziel der Verschränkung beider Planungskonzepte, sollte nicht überfrachtet und überhöht werden. Kommunale Bildungsplanung ist ein wichtiges Instrument für entsprechende fachliche Entwicklungen, jedoch ist sie natürlich von der operativen Ebene (und der Verantwortung der Akteure dort) einer Ausgestaltung des Systems von Bildung, Betreuung und Erziehung zu unterscheiden.
2. *Ausgrenzungen von Planungspartnern.* Allen Beteiligten muss in gleicher Weise ein Zugang zu Informationen, Ergebnissen und geplanten Arbeitsschritten möglich sein.
3. *Fehlender Informationsfluss.* Transparenz im Planungsprozess ist immens wichtig: Schule und Jugendhilfe, Verantwortliche auf beiden Seiten müssen generell zunächst Hürden überwinden, die durch unterschiedliche fachliche Hintergründe und formelle Aufträge zustande kommen. Dieser allmähliche Prozess der Annäherung sollte nicht durch Ungleichverhältnisse im Informationsaustausch und in den Hierarchien erschwert, sondern durch Offenheit, Information und Gegenseitigkeit befördert werden.
4. *Ignorierung der Ausgangs- und Alltagsbedingungen.* Eine verschränkte Planung muss in ihrer Umsetzung vor dem Hintergrund der gegebenen Arbeitsbedingungen konzipiert werden, gerade dort, wo kaum Spielräume der Veränderung möglich sind (Zeit- und Personalressourcen). Wird dies nicht beachtet, können hohe Ziele und die realistisch gegebenen Chancen ihrer Umsetzung deutlich auseinanderklaffen – und Bildungsplanung bereits vor ihrem Wirksamwerden zum Erliegen bringen.
5. *Unklare Rollen und Zuständigkeiten.* Gerade in den Schnittstellenbereichen gemeinsamer Planung müssen Rollen, Aufträge, Befugnisse und die Verantwortung der Planungspersonen eindeutig geklärt werden. Reibungsverluste sind andernfalls vorprogrammiert, mithin ein weiterhin bestehendes Nebeneinander, das ja partiell, zum Zwecke der Gestaltung von Bildungsbedingungen in der Kommune, überwunden werden soll.
6. *Zielstarrheit.* Prioritätensetzungen und definierte Zielvorgaben sind zwar für gemeinsame Planungsprozesse unerlässlich, damit diese nicht beliebig und ergebnislos sind; trotzdem sollte einer verknüpften Planung Offenheit und Prozessorientierung zugestanden werden. Nur so kann eine Auseinandersetzungs- und Entwicklungskultur entstehen, die Kommunikationsprozesse als Merkmal integrierter Planung betont. Rigide Vorgaben würden Planung funktionalisieren und fachliche Diskussionsprozesse behindern.

Ein gemeinsamer Planungsprozess von Schule und Jugendhilfe, der diese Aspekte berücksichtigt und positiv in ein systematisches Vorgehen übersetzt, könnte vor diesem Hintergrund auf Strukturen der Organisation von Planungsprozessen in der Jugendhilfeplanung aufbauen und wie in der Abbildung 3 dargestellt aussehen (verändert nach Schone 2000, S. 162 ff. und übertragen auf Bildungsplanung):

Abb. 3: Ein möglicher modellhafter Ablauf integrierter Schulentwicklungs- und Jugendhilfeplanung: Meilensteine (Quelle: Maykus 2007b, S. 84)

Vorphase	▪ Problembewusstsein für die Entwicklung eines abgestimmten Systems von Bildung, Betreuung und Erziehung in der Kommune entwickeln ▪ Gestaltungswille und Wunsch nach Veränderung der bisherigen Praxis in der Kommune als Ausgangspunkt aufnehmen; erste Visionen ▪ Gesetzliche Grundlagen (SchulG, SGB VIII, Kinder- und Jugendförderungsgesetze, Richtlinien für ganztägige schulische Angebote) einlösen
Kommunal-politische Basis	▪ Beschluss von Schul- und Jugendhilfeausschuss über eine integrierte Planung ▪ Entwicklung und Festschreibung von Grundsätzen der Planung, erste Aufgabenformulierung anhand von Grobzielen ▪ Entwicklung eines Leitbildes als Gestaltungsrahmen ▪ Offizieller Auftrag für eine integrierte Planung an beide Verwaltungen
Planungs-organisation	▪ Planungsgruppen bilden (verwaltungsinterne Planungsgruppe und trägerübergreifende Arbeitsgemeinschaft zum Thema Bildungsplanung) ▪ Planungskoordination festlegen, Aufgaben, Rollen, Zuständigkeiten klären ▪ Ziele und Arbeitsweise von Planungsgremien/-gruppen definieren ▪ Auftakt gestalten, Zeitplanung, Feinziele beschreiben, Maßnahmen planen
Daten-erhebung	▪ Basisdatenbestand einer kommunalen Bildungsberichterstattung erstellen (Sozialstruktur-, Jugendhilfe-, Schul- und Bildungsdaten) ▪ Bestandserhebung der Angebote/Institutionen im Bereich von Bildung, Betreuung und Erziehung ▪ Analyse anhand von zentralen Leitfragen, Zielgruppen- und/oder Themenspezifik, des Leitbildes in der Kommune etc.
Soll-Konzepte	▪ Betroffenenbeteiligung, Kommunikation in Planungsgruppen/-gremien ▪ Sozialraumkonferenzen, gemeinsame Ausschusssitzungen von Schul- und Jugendhilfeverwaltung ▪ Entwurf von Praxisentwicklungen, Innovationen, Veränderungsbedarf ▪ Prioritätensetzung und Zeitplan, Ressourcenprüfung/-entscheidung ▪ Erstellung eines kommunalen Bildungsplanes/-berichtes
Praxis-veränderung	▪ Vorlage eines Bildungsberichtes/Bildungsplanes für die Kommune ▪ Entwicklungsoptionen in der Praxis aufzeigen (z. B. Vernetzung bestehender Angebote, Übergänge zwischen Angeboten optimieren, neue Bildungs- und Förderangebote schaffen, Kooperation mit Schulen verankern, Ganztagsbetreuung als gemeinsame Aufgabe von Schule und Jugendhilfe gestalten) ▪ Verabschiedung der Planungsergebnisse in Schul- und Jugendhilfeausschuss ▪ Prioritätensetzung und Stufenplan zur schrittweisen Umsetzung der Ziele und Vorhaben
Evaluation	▪ Überprüfung der Praxisveränderungen in den Planungsgruppen und durch die Verwaltungen ▪ definierter Zeitplan für die Überprüfung der Praxisschritte, ggf. Neujustierungen der Vorhaben in diskursiven Prozessen ▪ fortwährende und prozessorientierte Durchführung kommunaler Bildungsplanung

Abb. 4: Meilensteine der Schnittstellenbildung von Jugendhilfe- und Schulentwicklungsplanung nach Verantwortungsbereichen/Partnern (Ausdifferenzierung der Abbildung 1) (Quelle: Maykus 2007b)

	Jugendhilfe- und Schulverwaltung	Schulaufsicht	Angebotsträger Institutionen	Fachkräfte in der Praxis	Kommunale Politik	Junge Menschen und Familien
Vorphase	▪ Kommunale Bildungsdiskurse initiieren ▪ Gestaltungswillen und Bereitschaft formulieren ▪ fachliche und gesetzliche Grundlagen für Planungsfragen aufbereiten	▪ Beratend-initiierender Kontakt mit Schulträger	▪ Teilnahme an Arbeitskreisen und Planungsgruppen		▪ Offenheit für Bildungsthematik in Ausschüssen und Ratssitzungen ▪ Sensibilisierung durch grundlegende Beschäftigung mit der Thematik	▪ Befragungen und Feedback
Kommunalpolitische Basis	▪ Begründungen und Grundlagen kommunaler Bildungsplanung entwickeln ▪ Leitbilder und Konzepte entwerfen	▪ Abstimmung, gemeinsame Beratung von Konzepten und Leitbildern ▪ Referate in Gremien	▪ Beteiligung in Ausschüssen		▪ Diskussion und gemeinsame Beschlüsse ▪ Grundsätze der Planung festlegen und Auftrag an Verwaltungen erteilen	▪ Beteiligung an öffentlichen Ausschusssitzungen ▪ Teilnahme an öffentlichen Diskussionsveranstaltungen
Planungsorganisation	▪ Gründung und Federführung einer verwaltungsinternen Planungsgruppe ▪ Initiierung und Moderation eines trägerübergreifenden Steuerungsgremiums ▪ Aufgabenbeschreibungen, Rollen- und Zielklärungen, Vereinbarungen abgestimmter Planung	▪ Beteiligung in trägerübergreifende Planungsgruppe/ Steuerungsgremium	▪ Thematik in Schulleiterkonferenzen und AG's nach § 78 SGB VIII verhandeln		▪ Turnusmäßige Beschäftigung mit kommunaler Bildungsplanung in Ausschüssen ▪ Unterausschuss Planung mit Begleitung der Planung beauftragen	

	Jugendhilfe- und Schulverwaltung	Schulaufsicht	Angebotsträger Institutionen	Fachkräfte in der Praxis	Kommunale Politik	Junge Menschen und Familien
Datenerhebung	▪ Basisdatenbestand einer kommunalen Bildungsberichterstattung erstellen ▪ Bestandserhebung der Angebote/Institutionen im Bereich von Bildung, Betreuung und Erziehung ▪ Analyse anhand von zentralen Leitfragen, Zielgruppen- und/oder Themenspezifik, des Leitbildes in der Kommune etc.	▪ Beteiligung bei Interpretation von Daten	▪ Diskussion von Befunden in trägerübergreifender AG Bildungsplanung + Schulleiterkonferenzen/AG's ▪ § 78 SGB VIII			
Sollkonzepte	▪ Moderation von Aushandlungsprozessen zu Praxisentwicklungen ▪ Prioritätensetzung ▪ Ressourcenprüfung und -entscheidung ▪ Erstellung eines kommunalen Bildungsplanes	▪ Beratung von Konsequenzen aus der Datenanalyse, Entwicklung von Empfehlungen ▪ Beratung des Schulträgers über Entwicklungsstrategien ▪ erweiterte Schulträgerschaft befördern	▪ Kooperation mit Fachberatern und Verwaltungen zur Umsetzung von Praxisstrategien ▪ Initiierung von Schul- und Jugendhilfeentwicklung im eigenen Wirkungsbereich ▪ Qualitätsentwicklung in den Institutionen initiieren und durchführen ▪ an kommunalen Qualitätsdialogen teilnehmen		▪ Verabschiedung der Planungsergebnisse in Schul- und Jugendhilfeausschuss ▪ Stufenplan zur Umsetzung der Schritte	▪ Beteiligung z. B. an Aktionstagen, öffentlichen Foren und Informationsbörsen
Praxisveränderung	▪ Moderierende Begleitung von Praxisentwicklungen	▪ Schulprogrammarbeit und Qualitätsdialoge anregen				
Evaluation	▪ Überprüfung der Praxisveränderungen in den Planungsgruppen und durch die Verwaltungen ▪ definierter Zeitplan für die Überprüfung der Praxisschritte, ggf. Neujustierungen der Vorhaben in diskursiven Prozessen ▪ fortwährende und prozessorientierte Durchführung kommunaler Bildungsplanung				▪ Überprüfung der beschlossenen Zielvereinbarungen nach Vorlage der Verwaltungen, ggf. Neujustierung von Zielperspektiven	

Wesentliche Motivation wäre die Gestaltung von Bildungsbedingungen für junge Menschen in der Kommune. Auf dieses Ziel hin müssen die gegenwärtigen Planungsstrukturen und Informationsgrundlagen geprüft und gegebenenfalls erweitert werden. Neben der Planungsorganisation ist daher auch ein explizites bildungsbezogenes Datenkonzept wichtig.

3.2 Das „Drei-Säulen-Modell" als Datenkonzept

Das Datenkonzept soll Daten in ihrem Umfang, die Frage der Zusammenschau von Datenbereichen und der Interpretation sowie hinsichtlich der Periodizität ihrer Erhebung und Dokumentation klären (wichtige Eckpfeiler: Kleinräumigkeit, Kontinuität, Kombination quantitativer und qualitativer Daten). Hier fließen fachliche Grundlagen über Bildungsorte, -qualitäten, ihres Zusammenspiels und zu ihrer Gestaltung und Organisation ein und werden übersetzt in eine Planungsstrategie, die sich als Verknüpfung von Empirie (Informationen), Kommunikation (Interpretation) und Reflexion (Einordnung und Irritation der bestehenden Praxis) darstellt und diese Elemente in ein systematisches Ergänzungsverhältnis bringt (vgl. Maykus 2006b). Die entscheidende Grundlage einer kommunalen Bildungsplanung ist ein Datenkonzept, das aus drei Säulen besteht: Schul-/Bildungsdaten, Sozialstrukturdaten sowie Jugendhilfedaten (siehe Abb. 5), sie in kleinräumiger Aufbereitung in eine interpretative Zusammenschau bringt und darin Impulse für die Gestaltung kommunaler Bildungsräume, in der Breite des Feldes der Kooperation von Jugendhilfe und Schule verstanden, liefert (vgl. dazu die Anregungen einer „Integrierten Jugendhilfe- und Sozialberichterstattung" bei Berner/Maykus 2002/2003). Das Produkt einer kommunalen Bildungsplanung (als Planungsorganisation und -prozess) wäre eine kommunale Bildungsberichterstattung (als empirische Planungsgrundlage), die zum Ausgangspunkt der Kommunikation in Gremien und Arbeitskreisen werden, Anregungen für die Weiterentwicklung der bisherigen Praxis liefern kann.

Abb. 5: Kerndatenstruktur einer kommunalen Bildungsberichterstattung (Quelle: Maykus 2006a)

Kommunale Bildungsberichterstattung		
Schul- und Bildungsdaten	Sozialstrukturdaten	Jugendhilfedaten
z. B. Schüler(innen)zahlen, Prognosen, Bildungsabschlüsse, Übergänge, Bildungsniveaus, Förderverfahren, Ganztag	z. B. soziale Indikatoren wie Bevölkerungsstrukturen, Arbeitslosigkeit, Einkommen, Familienstrukturen, Wohnverhältnisse, Bildungs- und kulturelle Angebote; Sozialatlas	z. B. Horte, Kindertagesstätten, Schulsozialarbeit, Jugend(sozial)arbeit, Ganztagsangebote, Hilfen zur Erziehung, Familien- und Erziehungsberatung
Bilden in ihrer kleinräumigen Zusammenschau und wechselseitigen Interpretation die Grundlage für bildungs-, jugendhilfe- und sozialplanerische Prozesse		

Beide Fundamente, Planungsorganisation und Datenkonzepte, müssen je vor Ort entwickelt und ausdifferenziert werden, hängen von gegebenen Planungszielen und -bedingungen ab, von kommunalpolitischen Schwerpunktsetzungen und verwaltungsbezogenen Rahmenbedingungen. Eine abgestimmte Struktur von Schulentwicklungs- und Jugendhilfeplanung sollte durch einen klaren kommunalpolitischen Auftrag gestützt und vorangetrieben werden. Kommunale Bildungsplanung erhielte damit einen verbindlichen Rahmen und kann ihr Potenzial in mehrfacher Hinsicht entfalten: die Qualifizierung kommunalpolitischer Entscheidungsstrukturen und Ressourcenverteilungen anhand einer fundierten empirischen Datenbasis (die Aufschluss gibt über den Bestand und Entwicklungsmöglichkeiten lokaler bildungsbezogener Angebotsstrukturen), die Anregung konzeptioneller Innovationen und Veränderungen seitheriger Kooperationspraxis zwischen Schule und Jugendhilfe (im Sinne reflexiver Impulse mit Anregungen für Organisations- und Strukturentwicklungen) sowie die Optimierung von kommunalen und ämterübergreifenden Planungsprozessen und -strukturen. Die dabei entstehenden kooperativen Planungskontexte von Schule und Jugendhilfe müssen auf einem gemeinsamen Planungsverständnis beruhen, möglichst angeregt durch ein kommunales Leitbild „Bildung in unserer Region", das den Planungsverfahren ein gemeinsames fachliches Ziel gibt und notwendige Erweiterungen der bisherigen Planungsroutinen augenscheinlich werden lässt, mithin eine qualitativ wie quantitativ orientierte Bildungsplanung begründen lässt. Eine derart abgestimmte Planung muss auf der kommunalen Ebene als Querschnitt- und Daueraufgabe verstanden und durch die notwendigen Planungsressourcen (vor allem Personal und Ausstattung) gestützt werden. Weitere Gelingensbedingungen für eine abgestimmte Planung sind:

- Ressort- und verwaltungsübergreifende Abstimmungen (v.a. gemeinsame Sitzungen von Schul- und Jugendhilfeausschuss, koordinierte Budgets, erweiterte Schulträgerschaften im Sinne einer qualitativen Orientierung),
- Initiierung und Durchführung eines kommunalen Qualitätszirkels relevanter Akteure der Ebenen Steuerung, Planung und Praxis,
- Einrichtung einer Koordinierungsstelle, z.B. In Form eines kommunalen Bildungsbüros, das aus Fachkräften von Schule und Jugendhilfe zusammengesetzt ist.

Die Abstimmung der Planungsverfahren betrifft viele Ebenen und verlangt Raum und Entwicklungszeit für einen Wandel der Planungsstrukturen durch ihre Annäherung. Es braucht ferner Offenheit, Freiräume und eine Auseinandersetzungskultur der Beteiligten in diesem Prozess, damit nicht nur abgestimmt, sondern vielmehr ein drittes, gemeinsames Projekt eingegangen wird, etwa als kommunale Bildungsberichterstattung (siehe Abb. 5). Schließlich würde ein solches gemeinsames Projekt verdeutlichen, dass Integriertheit nicht das Verschmelzen der bisherigen Schulentwicklungsplanung und Jugendhilfeplanung bedeutet, nicht ihr Aufheben (gerade die Jugendhilfeplanung hat weiter reichende Aufgaben, die über diese Fragstellung hinausgehen); vielleicht sollte man daher, um Missverständnissen vorzubeugen, statt von Integriertheit von einer *organisatorisch und strukturell abgesicherten Schnittstellenbildung* beider Planungsverfahren sprechen, die ihre Sinnstiftung in mehrfacher Hinsicht bekäme. Sie würde die je eigene Planungstätigkeit bereichern und verbessern, die Praxisstrukturen von Schule und Jugendhilfe verändern, ihr Kooperationsfeld gestalten helfen, vor allem aber auch die Planungsergebnisse optimieren: eine sozialräumlich verankerte, bedarfsgerechte und attraktive Angebotsstruktur der Bildungs- und Entwicklungsförderung junger Menschen in einer Kommune.

4 Fazit: Auswirkungen auf die Jugendhilfeplanung – ihr Beitrag, Ambivalenzen und Entwicklungserfordernisse im Kontext einer kommunalen Bildungsplanung

Für die Jugendhilfeplanung bedeutet diese Zielperspektive ein Dilemma zwischen zwei sich widersprechenden aber auch gegenseitig bestärkenden wie bedingenden Anforderungen: Sie steht einerseits vor einem Wandel und einer Erweiterung ihrer Aufgaben, Organisation und Methoden (vgl. Merchel 2006), andererseits vor der Notwendigkeit ihrer Konsolidierung und Profilschärfung, um die benannte Schnittstellenbildung eingehen zu können, ihren Stellenwert verdeutlichen und ihre genuinen, nicht veränderbaren und zu erhaltenden Aufgaben, im Sinne der internen Perspektive von Jugendhilfeplanung, zu positionieren. Im Einzelnen und pointiert ausgedrückt (vgl. Maykus 2006a):

Jugendhilfeplanung kann Pate und wichtiger Motor sein für das Planungsverständnis einer kommunalen Bildungsplanung: Die beschriebenen Aufgaben einer kommunalen Bildungsplanung sind nur im Rückgriff auf Erfahrungen und Methoden der Jugendhilfeplanung möglich. Dem komplexen Planungsgegenstand sollte eine entsprechend erweiterte, prozesshafte, kommunikative und empirische fundierte Planungsorganisation zugrunde liegen. Hierzu liegen in der Jugendhilfeplanung umfassende Erfahrungen und Praxiskonzepte vor.

Jugendhilfeplanung muss ihr Selbstverständnis öffnen und den Blick erweitern: Die Betonung des Kontrastes zur Schulentwicklungsplanung ist nicht länger zielführend, sondern muss vielmehr in ein Verständnis einer komplementären Planung münden, die eine aktive Schnittstellenbildung begründet – was zum nächsten Aspekt führt:

Jugendhilfeplanung muss ihre Organisation, ihren Gegenstand und Methodiken erweitern: Die Außenbezüge nehmen zu (zu Gremien, Daten, Interpretationskontexten der Schule z. B.) und verlangen die Herausbildung eines neuen, dritten Ganzen, etwa ein gemeinsam erstellter Sozialbericht zu Bildungsteilhabe (vgl. Brülle/Hock 2006) oder ein kommunaler Bildungsbericht (vgl. Landeshauptstadt Düsseldorf 2009, Stadt Dortmund 2008 oder Landeshauptstadt Hannover 2009).

Jugendhilfeplanung muss sich profilieren und stabilisieren: um bei dieser Zielperspektive weiter als eigenständige Fachplanung erkennbar zu sein; sie geht nicht in kommunaler Bildungsplanung auf. Der Gefahr, dass bei aller Aktualität der Bildungsplanung die Fachplanungen wie in der Kinder- und Jugendhilfe überdeckt und vielleicht sogar beschränkt werden, ist entgegenzuwirken. Nur eine profilierte Jugendhilfeplanung kann Teil einer übergreifenden Bildungsplanung sein und zur Realisierung ihrer Ansprüche beitragen.

Jugendhilfeplanung muss förderliche Rahmenbedingungen und klare Aufträge für sich selbst fordern: Die Aufgaben einer kommunalen Bildungsplanung sind ohne basale Rahmenbedingungen nicht realisierbar (werden gar illusorisch): Zeit, Personalressourcen, Planungsstruktur und -kultur im Amt, Qualifizierung der Planer(innen). Die gestiegenen und komplexer werdenden Planungsanforderungen und die dafür zur Verfügung stehenden Planungsressourcen in den Kommunen dürfen nicht auseinanderdriften.

Jugendhilfeplanung steckt im Zwiespalt zwischen fachlicher Aufwertung und Gestaltungszuschreibung und der Verwaltung von infrastrukturellen Konsequenzen fiskalischer Zwänge: Von kommunaler Bildungsplanung geht nicht nur Innovationskraft aus, sondern auch die Anforderung, bei knappen Ressourcen Infrastrukturen zu gestalten. Die ressortübergreifende Sicht kann hierbei jedoch zu effektiveren Lösungen führen als eine segmentierte Planungspraxis.

Jugendhilfeplanung steckt im Zwiespalt zwischen der Mitgestaltungsoption des Bildungssystems und der Planung von Konsequenzen für das Jugendhilfesystem: Die Auswirkungen z. B. des Ausbaus von Ganztagsangeboten an Schulen wirkt sich auf das Jugendhilfesystem aus, zwischen Ergänzung, Kooperation und Auflösung von Leistungsbereichen – ein Spannungsfeld einer Fachplanung, die bewährte Strukturen systemintern erhalten soll, sich jedoch gleichzeitig für angrenzende öffnet und sie in ihre Planungslogik (partiell) übernimmt.

Diese Herausforderungen für Jugendhilfeplanung entsprechen (konsequenterweise) denen der Kinder- und Jugendhilfe generell: Denn die Kinder- und Jugendhilfe befindet sich im Kontext der bildungs- und schulbezogenen Debatte in einer fachpolitischen Situation, die zunächst schier unbewältigbar erscheint, wenn man sich die Anforderungen vergegenwärtigt: ihr wird im Einzelnen abverlangt,

- das Bestehende gemäß den gesetzlichen Aufträgen und fachlicher Überzeugungen aufrechtzuerhalten, denn Schule und Bildung ist für Jugendhilfe nur ein Referenzrahmen, nicht der einzige (*Stabilisierung von Angeboten und Strukturen*), ferner die
- Neujustierung und Vernetzung des Bestehenden, z. B. Kindertagestätten und Erziehungshilfe, Jugendsozialarbeit, Jugendarbeit und Erziehungshilfe, Beratungsstellen (*innerinstitutionelle Optimierungen*) als Voraussetzung für Kooperation sowie die Entwicklung
- neuer Kooperationsformen, Intensitäten und Orte der Zusammenarbeit (*Innovationen*), etwa in Ganztagsschulen oder Familienzentren, schließlich muss sie
- neue Konzepte entwickeln und professionellen Anforderungen in erweiterter Weise gerecht werden, „dazu lernen" (*Orientierungen*) – und das alles
- ohne ihren Eigensinn zu verlieren, ihn auch am Ort Schule und in Zusammenarbeit mit ihr fachlich adäquat zu organisieren (*Bewahrung der fachlichen Identität*).

Die Vision des 12. Kinder- und Jugendberichtes – ein abgestimmtes System von Bildung, Betreuung und Erziehung – bedeutet vor diesem Hintergrund zunächst eine kommunale Gestaltungsaufgabe, es bedeutet anzufangen, Konturen zu entwickeln, Neues zu erproben – in einem Rahmen, der landes- und bundesweit geschaffen werden muss. Jedoch ist die Vision kein systemischer Selbstzweck: sie transportiert die Einsicht darin, dass Bildungsprozesse junger Menschen an vielen Orten stattfinden und stets ein Selbstbildungsprozess sind, ein Austausch zwischen Individuum und Umwelt. Hierfür muss Jugendhilfe ihren Part, ihre Stärken verdeutlichen, aber auch vertreten, dass sie mehr und andere Leistungen verfolgt, als nur auf Schule bezogen zu sein, und darin ihre Potenziale hat – und, so paradox es ist, erst damit auch zum attraktiven Partner von Schulen und anderer Bildungspartner wird. Jugendhilfeplanung hat das Potenzial, ihre Erfahrungen in diesen Prozess der Praxisentwicklung einzubringen, mithin dafür zu sorgen, dass eine kommunale Bildungsplanung unter Einbeziehung der Kinder- und Jugendhilfe entsteht, die diesen weitreichenden und anspruchsvollen Entwicklungserfordernissen damit erst gerecht wird.

Literatur

Autorengruppe Bildungsberichterstattung (2008): Bildung in Deutschland 2008. Berlin

Berner, R./Maykus, S. (2002/2003): Kommunale Jugendhilfe- und Sozialberichterstattung – Baustein einer modernisierten Kinder- und Jugendhilfe. In: Nachrichtendienst des Deutschen Vereins 2002 (Teil I: H. 12, S. 441-445) und 2003 (Teil II: H. 1, S. 21-24)

BMFSFJ (Hrsg.) (2005): Zwölfter Kinder- und Jugendbericht. Berlin

BMFSFJ (Hrsg.) (2009): Dreizehnter Kinder- und Jugendbericht. Berlin

Brülle, H./Hock, B. (2006): Kommunale Sozialpolitik im Wandel – Konsequenzen für Jugendhilfeplanung und Sozialberichterstattung. In: Maykus, S. (Hrsg.) (2006): Herausforderung Jugendhilfeplanung. Weinheim/München

Hebborn, K. (2008): Städtische Bildungspolitik. In: Coelen, T./Otto, H.-U. (Hrsg): Grundbegriffe Ganztagsbildung. Das Handbuch. Wiesbaden 2008, S. 958-967

Hetz, H./Schnurr, J. (2005): Perspektiven für die Kooperation von Jugendhilfeplanung und Schulentwicklungsplanung auf örtlicher Ebene. Münster (unveröffentlichte Expertise im Rahmen des BLK-Verbundprojektes „Lernen für den Ganztag")

Landeshauptstadt Düsseldorf (2009): 1. Integrierte Jugendhilfe- und Schulentwicklungsplanung. Hauptband 2008. Düsseldorf

Landeshauptstadt Hannover (2009): Bildung, Betreuung, Erziehung. Kommunale Bildungsplanung in der Landeshauptstadt Hannover. Hannover

Luthe, E.-J. (2009): Kommunale Bildungslandschaften. Rechtliche und organisatorische Grundlagen. Berlin

Mack, W. (2006): Neue Perspektiven für das Zusammenspiel von Schule und Jugendhilfe. Das Bildungskonzept des Zwölften Kinder- und Jugendberichtes und seine Implikationen für Schule und Jugendhilfe. In. Die Deutsche Schule 2006 (H. 2), S. 162-177

Maykus, S. (2006b): Kommunale Bildungsberichterstattung – Basis der Planung kommunaler Bildungsräume. In: Deinet, U./Icking, M. (Hrsg.): Kooperation von Jugendhilfe und Schule. Opladen 2006, S. 231-247

Maykus, S. (2006c): Bildung und Kooperation konsequent gedacht: Kinder- und Jugendhilfe steht vor einem tiefgreifenden Wandel. In: Bundesverband der Arbeiterwohlfahrt (Hrsg.): Sozialbericht 2006. Bonn, S. 160-178

Maykus, S. (2007a): Lokale Bildungslandschaften – Entwicklungs- und Umsetzungsfragen eines (noch) offenen Projektes. In: Zeitschrift für Kindschaftsrecht und Jugendhilfe 2007 (H. 7/8), S. 294-303

Maykus, S. (2007b): Gemeinsame Planungspraxis konkret. Themen, Fragen und Schritte auf dem Weg zur integrierten Planung. In: LWL-Landesjugendamt Westfalen/Institut für soziale Arbeit e.V. (Hrsg.): Den Wandel gestalten. Gemeinsame Wege zur integrierten Jugendhilfe- und Schulentwicklungsplanung. Münster, S. 81-88

Merchel, J. (2004): Kooperation auf der Planungsebene: Schulentwicklungs- und Jugendhilfeplanung. In: Hartnuß, B./ Maykus, S. (Hrsg.): Handbuch Kooperation von Jugendhilfe und Schule. Berlin

Merchel, J. (2006): Jugendhilfeplanung als Instrument kommunaler Infrastrukturpolitik? Anmerkungen zu Spannungsfeldern und Perspektiven infrastrukturbezogenen Planungshandelns in der Jugendhilfe. In: Maykus, S: (Hrsg.): Herausforderung Jugendhilfeplanung. Weinheim/München, S. 119-208

Otto, H.-U./Coelen, T. (Hrsg.) (2008): Grundbegriffe der Ganztagsbildung. Ein Handbuch. Wiesbaden

Rauschenbach, T. (2008): Gerechtigkeit durch Bildung? In: DJI Bulletin 81, 2008 (H. 2)

Schäfer, K. (2008): Bezüge zwischen Politik, Verwaltung und Wissenschaft. In: Coelen, T./Otto, H.-U. (Hrsg): Grundbegriffe Ganztagsbildung. Das Handbuch. Wiesbaden 2008, S. 968-974

Schone, R. (2000): Organisation von Planungsprozessen. In: Jordan, E./Schone, R. (Hrsg.): Handbuch Jugendhilfeplanung. Grundlagen, Bausteine, Materialien. Münster, S. 121-206

Stadt Dortmund (2008): Erster kommunaler Bildungsbericht für die Schulstadt Dortmund. Dortmund

Tromp, U./Weber, J. (2007): In Osnabrück findet kommunale Bildungsplanung statt. Bildungsverlierer stehen dabei im Mittelpunkt. In: Deutsche Kinder- und Jugendstiftung (Hrsg.): Bildungslandschaften in gemeinschaftlicher Verantwortung gestalten. Berlin, S. 60-76

Holger Wunderlich | Gregor Hensen

Familienberichterstattung als Instrument kommunaler Familienpolitik

1 Örtliche Familienpolitik vor neuen Steuerungs- und Planungsaufgaben

Die Städte, Kreise und Gemeinden sind vor dem Hintergrund demographischer Veränderungen mit unterschiedlichen Herausforderungen und Anforderungen im Bereich der Sozial- und Familienpolitik (im weitesten Sinne) konfrontiert. Deutlich werden signifikante Unterschiede im Hinblick auf die Alterstruktur und Wanderungsbewegungen von Familien, die für die zukunftsfähige Gestaltung der Kommune eine bedeutende, steuerungsrelevante Größe darstellen (vgl. Birg 2004; Schmidt/Große Starmann 2006). Einige Kommunen verzeichnen massive Bevölkerungsverluste, während andere (noch) steigende Zuzugs- und Geburtenraten zu verzeichnen haben. Die Gewinner dieser Entwicklung sind einige wenige Kreise und Städte, insbesondere die günstig gelegenen Städte an den Randgebieten von Ballungszentren. Hier ziehen vor allem bürgerliche junge Familien mit kleinen Kindern zu, die verstärkt die urbanen Zentren verlassen (z.B. Berlin-Institut 2006). Aber auch diese Zuzugskommunen haben Herausforderungen zu bewältigen: Häufig müssen die vorhandenen Plätze in Tageseinrichtungen für Kinder, das Schulangebot, kulturelle Einrichtungen oder die medizinische Versorgung ausgebaut werden, obwohl abzusehen ist, dass diese junge Generation insgesamt zukünftig (wieder) kleiner wird (vgl. Strohmeier et al. 2009). Der in diesen Kommunen registrierte Bevölkerungsanstieg ist nicht auf Geburtenüberschüsse zurückzuführen, sondern vielmehr unmittelbare Folge von Wanderung. Insgesamt ist aber vorhersehbar, dass rückläufige Geburtenzahlen und ein Anstieg der älteren Bevölkerung grundlegende Veränderungen mit sich bringen, die zum Teil heute schon ins Gewicht fallen (z.B. bei der Kindertagesstättenbedarfsplanung und der Altenhilfeplanung) (vgl. Hensen et al. 2005). Dies macht deutlich, dass nicht nur die Jugendhilfe vor großen Herausforderungen des Wandels steht. Die örtliche Sozial- und Familienpolitik steht vor dem Hintergrund dieser Entwicklungen unter Druck, zukunftsweisende Entscheidungen für das gesamte kommunale Gemeinwesen treffen zu müssen.

Die Planungsverantwortlichen in den Bereichen der örtlichen Jugendhilfeplanung, Altenhilfeplanung, Sozialplanung, Verkehrs- oder Schulentwicklungsplanung agieren häufig partikulär und isoliert einer internen Verwaltungslogik und unterschiedlichen Gesetzgebungen folgend. Eine den sektoralen Aufgabenvollzug der Verwaltung überwindende Planung und Steuerung ist bisher die absolute Ausnahme. Aber auch innerhalb der einzelnen Handlungsfelder – wie z.B. in der Kinder- und Jugendhilfe – ist eine umfassende Planung, die alle Arbeitsfelder einbezieht, zurzeit noch die Ausnahme (z.B. Bürger/Maykus 2006). Die Sachverständigenkommission des 11. Kinder- und Jugendberichts wies bereits in Anlehnung an eine Studie des Deutschen Jugendinstituts darauf hin, dass bis dato nur 14 % der befragten Jugendämter angaben, über eine

Jugendhilfeplanung für alle wesentlichen Bereiche des SGB VIII zu verfügen (BMFSFJ 2002, S. 255). Die Planungsschwerpunkte liegen hier vor allem in den bereichsspezifischen Teilplanungen für die Bereiche Tageseinrichtungen für Kinder und Hilfen zur Erziehung und erschweren den Blick auf familienrelevante Zusammenhänge.

Die Akteure kommunaler Sozial- und Familienpolitik werden in den Städten, Gemeinden und Kreisen zukünftig ganz unterschiedliche Schwerpunkte setzen müssen. Dabei werden Spannungsfelder sichtbar, die die jeweiligen Kommunen und die dort lebenden Familien in unterschiedlichem Maße betreffen. Dies bedeutet auch eine neue Herausforderung an die etablierten Planungsinstrumente. Es gilt, die übergreifend geforderten kooperativen Planungsansätze vor dem Hintergrund demographischer Entwicklungen zu realisieren. Die einzelnen Bereiche arbeitsfeldumfassend und -übergreifend in eine Form integrierter Planung und Berichterstattung einzubeziehen setzt voraus, die Institution Familie in all ihren Facetten in den Blick zu nehmen. Zur Ermittlung und Umsetzung kommunaler Familienprogramme und Entwicklungsmaßnahmen der sozialen Infrastruktur muss daher eine breite Informations- und Datenbasis zur Verfügung stehen. Kommunale Familienberichterstattung kann hierfür das geeignete Instrument sein.

2 Berichterstattung als Steuerungs- und Planungsinstrument

Um die Rolle von Berichterstattung im Rahmen kommunaler Sozialplanungsprozesse zu definieren, gilt es vorab Verständigung darüber zu erzielen, welche Funktionen kommunale Sozialplanungsprozesse insgesamt erfüllen müssen. Sie lassen sich zu fünf Elementen zusammenfassen, die für alle Sozialplanungsprozesse konstitutiv sind (vgl. Abbildung 1):

- Ziel- und Konzeptentwicklung,
- Bestandserhebung,
- Bedarfsermitlung,
- Maßnahmenplanung- und durchführung,
- Evaluation und Fortschreibung.

Abb. 1: Elemente von Sozialplanungsprozessen

Die einzelnen Elemente sind „nicht als fest umrissene, voneinander abgetrennte Phasen, sondern als sich situativ verschiebende und überlagernde Orientierungsgrößen" (Merchel 1994, S. 37) zu verstehen. Daher wird auch nicht von Phasen, sondern von Elementen des Planungsprozesses gesprochen, in dem Rückkoppelungsschleifen, Überschneidungen und Korrekturen in allen Phasen stattfinden können (vgl. Kuhn/Wandrey 1995, S. 192). Dieses prozessorientierte Planungsverständnis betrifft die Jugendhilfeplanung ebenso wie die Familien- und Sozialberichterstattung. Ohne dass im vorliegenden Beitrag ausführlicher auf die verschiedenen Ansätze und Konzepte von Planungsprozessen eingegangen wird[1], soll kurz auf die von Jordan und Schone (vgl. 2000) mit Blick auf die Jugendhilfeplanung formulierte Notwendigkeit

1 Vgl. dazu beispielsweise: Feldmann/Reis 1986, Jordan/Schone 2000 sowie die Beiträge von Schone sowie Brülle/Hock in diesem Band.

einer integrierten Perspektive, die aufgrund der Komplexität der Planungsaufgaben im Bereich der Familien- und Sozialpolitik auch für familienbezogene Sozialplanungsprozesse angezeigt ist, hingewiesen werden (vgl. auch Stadt Gladbeck 1997, S. 15): „Die Planungsfrage 'Warum (Zielorientierung) soll oder muss was (Bereichsorientierung) wo (Sozialraumorientierung) für wen (Zielgruppenorientierung) angeboten werden?' erzwingt geradezu eine integrierte Perspektive. Die verschiedenen Orientierungen sind Teile eines Ganzen, die jeweils spezifische Dimensionen und Perspektiven in den Blick nehmen"; Jordan/Schone 2000, S. 95, vgl. auch die Abbildung 2).

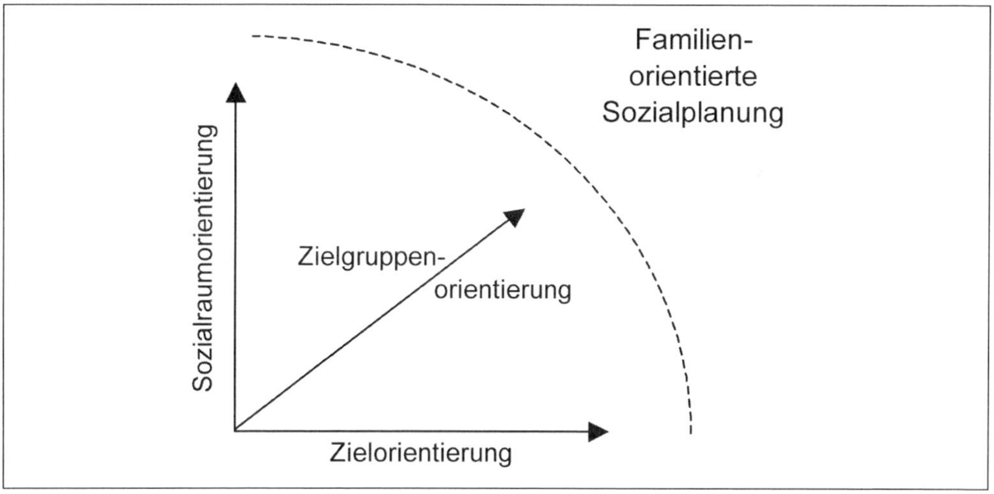

Abb. 2: Integrierte Perspektive familienorientierter Sozialplanung (Quelle: Jordan/Schone 2000, S. 95)

3 Grundlagen der Familienberichterstattung

Da Familienberichterstattung grundsätzlich weder spezifische Bevölkerungsgruppen (wie z. B. Frauen, Kinder etc.) oder spezifische Lebensbereiche (wie z. B. Gesundheit, Armut etc.) zum Gegenstand hat und auch nicht als funktionale Sozialberichterstattung betrachtet werden kann (und zwar in dem Sinne, dass über ein Problem wie Armut zu berichten wäre, welches ein allgemeines Risiko ist und auch keine Bevölkerungsgruppe alleine betrifft[2]), bezeichnet Rothenbacher (2000, S. 166) Familienberichterstattung als sektorale Sozialberichterstattung und betont die integrale Funktion von Familie sowie die damit verbundenen Querverbindungen zu anderen Bereichen und möglichen berichtsrelevanten Inhalten: Bei Familie „handelt es sich (...) um eine Institution, welche integral für den Gesellschaftsaufbau ist. Familie greift weiterhin in alle möglichen anderen Lebensbereiche hinein, wie z. B. das Bildungssystem, das Gesundheitssystem usw. Daher ist es denkbar, diese Querverbindungen zu anderen Institutionenbereichen zu thematisieren. Eben dies ist häufig Gegenstand der Familienberichte."

2 Dabei sollte aber betont werden, dass Familienberichterstattung ohne den Blickwinkel der Armut zu kurz greift (vgl. Schmid-Urban 2000, S. 162).

Dabei gilt es für eine problemorientierte Familienberichterstattung jedoch nicht nur, die soziale Umwelt der Familien zu beobachten, sondern theoretisch bedeutsame Lebenslagen, Lebensphasen und Lebensstile von Familien in den Vordergrund zu stellen und auf diese synthetisch die Quantitäten, also quer zu den einzelnen Fachstatistiken, zu beziehen (vgl. Eggen 2000). Familienberichterstattung ist demnach zielgruppenspezifisch angelegt (und damit auch einem sektoralen Ansatz folgend). Die Komplexität, die mit der Bestimmung und Operationalisierung des zugrunde gelegten Familienbegriffs verbunden ist, stattet die Familienberichterstattung implizit mit einem derart weitreichenden Aufgabenfeld aus, das sich im Bereich planerischer, kommunaler Prozesse kaum in seiner Gesamtheit niederschlagen kann. Diese Komplexität erfordert zu Beginn des Planungsprozesses daher fachlich bestimmte Priorisierungen hinsichtlich a) der Bestimmung des operationalisierten Verständnisses von Familie, b) der Erfassung amtlicher, prozessproduzierter oder qualitativer Daten über Familie, c) der Realisierungsmöglichkeiten des politischen Auftrags (Wie lässt sich bspw. Familienfreundlichkeit als politisches Ziel in Daten umsetzen?) sowie d) eine Bestimmung auf den Adressatenkreis der Berichterstattung.

3.1 Die Entwicklung kommunaler Familien- und Sozialberichterstattung

Kommunale Familienberichterstattung – also Berichterstattung mit Konzentration auf Familie und einem (räumlich begrenzten) lokalen Bezug – war über lange Zeit nicht mehr als ein „Nebenschauplatz" der Sozialberichterstattung (vgl. Wunderlich 2003). In den letzten zehn Jahren jedoch sind zunehmend Familienberichterstattungsaktivitäten auf kommunaler Ebene zu verzeichnen[3], was einerseits mit dem durch die Diskussion um den demographischen Wandel verbundenen Bedeutungszuwachs von Familien als auch mit der Entwicklung kontinuierlicher kommunaler Berichterstattungsaktivitäten im Allgemeinen zu tun hat. Im Gegensatz zur Jugendhilfeplanung, die sich vor allem in den 1990er Jahren enorm weiterentwickelt hat und in den meisten Jugendämtern mittlerweile organisational verortet ist (vgl. hierzu auch den Beitrag von Schnurr/Jordan/Schone in diesem Band), begann die Etablierung der Familienberichterstattung in den meisten Kommunen erst mit dem Beginn des neuen Jahrtausends und ist nicht zu trennen von den Zielen, die mit kommunaler Sozial- und Familienpolitik mittlerweile verknüpft werden (vgl. Wunderlich 2007). Erst seit Beginn der 1990er Jahre werden kommunale Sozialberichte überhaupt als Instrument kommunaler Planungs- und Gestaltungsprozesse wahrgenommen. Dies ist einerseits eine Folge der wachsenden Anforderungen an die kommunale Sozialpolitik, andererseits das Resultat gesetzlicher Vorgaben, insbesondere im Bereich der Jugendhilfeplanung seit der Einführung des Kinder- und Jugendhilfegesetzes (vgl. Hanesch 1999, S. 54). Zwar verfolgten noch 1995 „rund drei Viertel der kommunalen Sozial- und Armutsberichte (...) eine ‚Skandalisierung' der örtlichen Armutssituation als Zielrichtung der Öffentlichkeitsarbeit" (Schubert 1995, S. 105), allerdings gewinnen Planungs- und Evaluationsfunktionen – und damit die Anerkennung von Sozialberichterstattung als Managementinstrument – zunehmend an Bedeutung. Verbunden mit diesem Funktionswandel ist in den 1990er Jahren ein „Trend zur Professionalisierung" (Bartelheimer 2001, S. 31) zu beobachten. Wurde in der Vergangenheit kommunale Sozialplanung zum Großteil nebenher durch Dezernenten und Amtsleiter, Abteilungsleiter oder auch einzelne Sachbearbeiter erledigt, ist dies seit

3 Als verwaltungsexterner Akteur hat das Team Familienberichterstattung, früher angesiedelt beim Zentrum für interdisziplinäre Regionalforschung (Ruhr-Universität Bochum) und heute Bestandteil der Faktor Familie GmbH, zwischen 2006 und 2009 für und mit 17 Kommunen Familienberichte erstellt (vgl. www.faktor-familie.de).

Beginn der 1990er Jahre zunehmend die Aufgabe verwaltungsinterner Sozialplaner oder verwaltungsexterner Experten geworden (vgl. auch den Beitrag von Schnurr/Jordan/Schone in diesem Band). Jugendhilfeplanung ist in den meisten Kommunen als besondere organisationale Einheit im Jugendamt oder als Stabstelle verortet. Dagegen zeigt sich der Querschnittscharakter von Familienberichterstattung (der einerseits in seiner Vielfalt die besondere Stärke dieses Instruments ausmacht) gleichzeitig als eine Schwäche, wenn es darum geht, den Aufgabenbereich von Familienberichterstattung institutionell vor Ort zu identifizieren: Die Durchführung und Erstellung von Familienberichten verbleibt in der Regel als Zusatzaufgabe der Jugendhilfe- oder Sozialplanung oder wird an externe Institute delegiert.

Die fehlende „Beheimatung" dieses Aufgabenfeldes innerhalb der kommunalen Organisation ist ebenso ein Kennzeichen kommunaler Familienpolitik, die sich im kommunalen Kontext eher als eine Art „versteckte" Politik äußert (vgl. Zander/Dietz 2003). Obwohl Familienpolitik in nahezu alle kommunalen Politikbereiche hineinragt, ist Ihre Wirksamkeit häufig durch die mangelnde örtliche Institutionalisierung eingeschränkt und wird sichtbar durch eine ausgeprägte Familienmitgliederpolitik (vgl. hierzu auch Dienel 2002, S. 44f.). Aufgrund der fehlenden institutionellen Verortung ist der Einfluss von Interessenvertretern für Familienbelange immer auf ein gelingendes Zusammenspiel der etablierten Ressorts und Politikbereiche angewiesen. Eine prozess- und beteiligungsorientierte Familienberichterstattung kann dazu beitragen, dieses Zusammenspiel zu befördern (vgl. Wunderlich 2003).

3.2 Kennzeichen und Funktionen kommunaler Familienberichterstattung

Die kommunale Familienberichterstattung ist eine auf die Institution Familie bezogene Variante der Sozialberichterstattung und somit eine – der Soziologie entliehene – Methode zur systematischen Erfassung gesellschaftlicher Strukturen und Veränderungen. Hierbei handelt es sich grundsätzlich „(...) um die Erstellung von Dokumenten (...), welche die Situation der Familie in einem bestimmten politisch-geographisch und historisch eingegrenzten Bereich beschreiben, deren wesentliche Entwicklungstendenzen und die Wirkungen der Familienpolitik analysieren sowie soziale Probleme identifizieren und gegebenenfalls Empfehlungen formulieren" (Walter 1993, S. 3).

Mit Blick auf Sozialberichterstattungsaktivitäten auf kommunaler Ebene definieren Schmid-Urban u.a. (1992, S. 14) Sozialberichterstattung als „systematische, kontinuierlich fortzuschreibende Erfassung eines Sets sozialer Strukturen und Problemindikatoren sowohl global als auch teilräumig differenziert, bezogen auf eine bestimmte Gebietskörperschaft" und fügen hinzu, dass sie dabei „durch die Dokumentation, Analyse und Vernetzung relevanter Daten Problemkonstellationen, Problementwicklungen global und teilräumlich aufzeigen und Zusammenhänge verdeutlichen" soll (ebd.).

Politik auf lokaler Ebene braucht umfassende Informationen über die Lebenssituation und die Lebenslagen ihrer Bürger und Familien, d.h. differenzierte und regionalisierte Daten über Sozialisationsbedürfnisse, Handlungspotentiale und Defizitlagen von Kindern, Jugendlichen und ihren Familien. Notwendig erscheint die Erarbeitung aktueller und praxisrelevanter Informationen als Grundlage für die Arbeit aller Beteiligten in der örtlichen Familienpolitik. Bader und Wunderlich (2005, S. 62) fassen zentrale Aufgaben der kommunalen Familienberichterstattung wie folgt zusammen:

1. Informationsfunktion: Kommunale Familienberichte sollen frühzeitig soziale und strukturelle Veränderungen in der Kommune erkennen und evtl. auf daraus entstehende Problemlagen hinweisen („Frühwarnsystem").
2. Planungsfunktion: Sie bilden eine empirische Basis für die Entwicklung familienpolitischer Maßnahmen. Aufgrund der Analyse und Veröffentlichung der Daten können Handlungsoptionen und -alternativen formuliert werden und im Zusammenhang mit einer kommunalen Prioritätensetzung umgesetzt werden.
3. Evaluationsfunktion: Im Sinne einer Erfolgskontrolle können durch dieses Instrument kommunalpolitische Ziele beobachtet sowie die Wirkung der Maßnahmen kontrolliert werden. Dabei geht es nicht nur um die Überprüfung der Zielgenauigkeit von eingeleiteten Programmen, sondern auch um die Erfassung impliziter Ziele und eventueller Planungslücken (vgl. auch die Abbildung 3).

Weiterhin kann die Berichterstattung der Politik bzw. der Verwaltung „als wirkungsvolles Instrument zur Absicherung der sozialpolitischen Etats" bzw. in Verbindung mit Sozialplanung „zumindest als Mittel eines konsequenteren, problemgerechteren Mitteleinsatzes" (Hanesch 1999, S. 52) dienen. Kommunale Sozialberichterstattung im Allgemeinen und Familienberichterstattung im Besonderen ist also nicht nur ein allgemeines Informationsinstrument, sondern kann darüber hinaus auch eine wesentliche Grundlage für eine präventiv orientierte und nachhaltig angelegte Sozialpolitik und -planung darstellen.

3.3 Adressaten und Beteiligte

Der kommunale Familienbericht richtet sich an die politischen Entscheidungsträger und alle örtlichen Akteure in Sozialverwaltung und Verbänden (Freie Träger der Wohlfahrtspflege, Interessenverbände, Sportvereine etc.), die durch ihr Handeln Einfluss auf die Lebenssituation und Lebenslagen von Kindern, Jugendlichen und Familien nehmen (können). Es sind nicht nur professionelle oder ehrenamtliche Fachleute angesprochen, die in den Sozial- und Lebensräumen von Familien tätig sind, sondern die Öffentlichkeit im Allgemeinen. Gemeint sind damit v.a. auch die Adressaten lokaler Familienpolitik: die Bürgerinnen und Bürger (vgl. Strohmeier 2003, S. 44). Üblicherweise werden vier Adressatenkreise unterschieden: Stadtöffentlichkeit, Politik und Verwaltung, Akteure sozialer Arbeit, Adressaten sozialer Hilfen.

Im Gegensatz zu konkreten Sozialplanungsaktivitäten gilt es zu berücksichtigen, dass Familienberichte keine reinen Expertenberichte sind. Im Unterschied zu den bundesweiten Familienberichten der Bundesregierung, die in erster Linie durch Sachverständige bzw. Experten erstellt werden, sollte die Beteiligung der Adressaten ein wichtiges Strukturmerkmal der kommunalen Berichterstattung sein, denn nur sie können – ergänzend zur quantitativen Datenanalyse – wertvolle Hinweise auf Problem- und soziale Schieflagen geben.

Kommunale Sozial- und Familienberichterstattung soll zum einen zu einer Aufklärung der gesamten interessierten Öffentlichkeit beitragen und zugleich entscheidungsrelevante Informationen bereitstellen (vgl. Noll 1997, S. 7). Darüber hinaus können solche Berichte für alle angeführten Adressaten „Ansatzpunkte für politische Initiativen bieten" (Schmid-Urban u. a. 1992, S. 15). Die Bereitstellung von Informationen zur Aufklärung der gesamten interessierten Öffentlichkeit erfüllt – je nach Adressat – unterschiedliche Funktionen. Allgemein sollen die Beteiligten in einen Gesprächszusammenhang über lokale Politik eingebunden werden (vgl. Schütte 1998, S. 101) und so zum „Nachdenken über Aufbau, Arbeitsweise und Ziele des kommunalen Sozialstaats ein[ge]laden [werden] und dessen verschiedenen Akteuren helfen, sich ihrer besonderen Lage bewusst zu werden, sich gemeinsame Ziele zu setzen und sich als Teil des stadtpolitischen Ganzen zu verstehen“ (Bartelheimer 1996, S. 11).[4] In diesem Zusammenhang kann kommunale Familienberichterstattung als Teil der Sozialberichterstattung als „Instrument einer offensiven Öffentlichkeitsarbeit dazu genutzt werden, die in großen Teilen der Öffentlichkeit nach wie vor vorherrschende Verdrängung und Tabuisierung [von Problemen] zu durchbrechen und die Bereitschaft für solidarische Lösungs- und Bewältigungsformen zu fördern“ (Hanesch 1990,S. 69f.). Die Präsentation des Berichts vor wissenschaftlichem Fachpublikum dient dem Erfahrungsaustausch, soll die Möglichkeit der Weiterentwicklung von Methoden und Instrumentarien gewährleisten und somit auch die Intensivierung der fachlichen Debatte sicherstellen (vgl. Finke 1998, S. 13).

Kommunale Familien- und Sozialberichterstattung ist also nicht nur ein allgemeines Informationsinstrument, sondern kann darüber hinaus auch eine wesentliche Grundlage für eine präventiv orientierte Sozialpolitik und -planung darstellen. Dabei ist es für die Planung und Leistungserstellung im Sinne einer effektiven Familienpolitik erforderlich, möglichst viele relevante Akteure außerhalb von Politik und Verwaltung einzubinden (Familienpolitik als Beteiligungspolitik, vgl. auch Jordan/Hensen 2006).

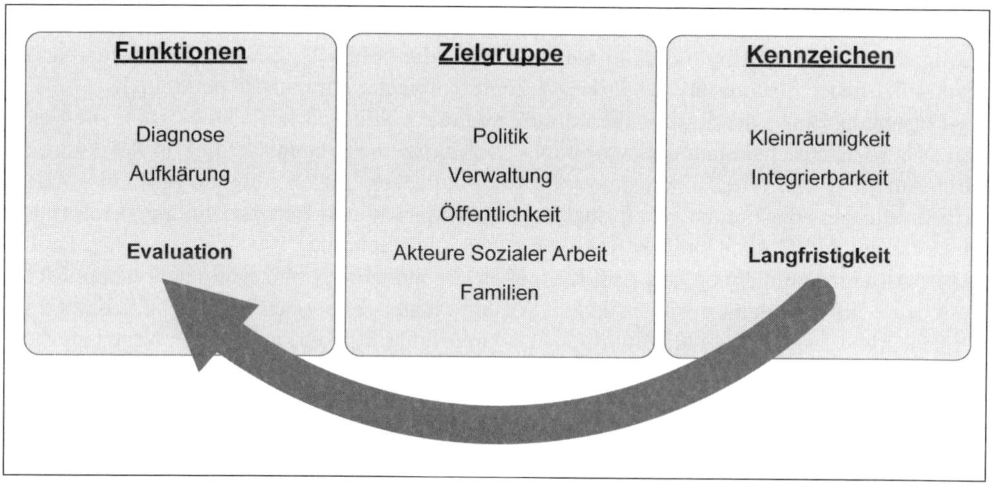

Abb. 3: Zusammenfassende Darstellung von Aufgaben der kommunalen Familienberichterstattung (Quelle: Eigene Darstellung)

4 Schütte formuliert in diesem Zusammenhang, dass die zentrale Aufgabe der Sozialberichterstattung weniger darin liegt, „zu dokumentieren, welche Quote der Arbeitslosigkeit und Sozialhilfebedürftigkeit in welchem Stadtteil statistisch anzutreffen ist. Vielmehr sollte man die Funktion der Sozialberichterstattung sinnvollerweise unter dem Aspekt suchen, ob und wie gesellschaftliche Akteure, Betroffene wie überregional und lokal verantwortliche Repräsentanten, mit den Auswirkungen des sozialen Wandels umgehen“ (Schütte 1998, S. 101f.).

4 Kommunale Familienberichterstattung als Planungsinstrument

Sozial- und Familienberichterstattung wird auf kommunaler Ebene zunehmend als Planungs- und Steuerungsinstrument wahrgenommen. Dieser zunehmende Planungsanspruch kommunaler Sozial- und Familienberichterstattung verläuft parallel zu einer Neuorientierung kommunaler Sozial- und Familienpolitik. Gewann das Instrument der Sozialberichterstattung in einer Zeit an Popularität, als die Sozialpolitik durch einen Orientierungswechsel von der Input- zur Outputorientierung gekennzeichnet war, ist die aktuelle Aufwertung kommunaler Sozialberichte als Planungsinstrument vor dem Hintergrund einer genau entgegengesetzt verlaufenden Entwicklung zu verstehen. Nicht reformpolitischer Gestaltungswille, sondern eine „eher pragmatische Orientierung auf Bestandssicherung" (Bartelheimer 2001, S. 35) charakterisiert häufig die Situation kommunaler Sozial- und Familienpolitik. Mit der Entdeckung der Familienpolitik als kommunalpolitische Bevölkerungs- und Stadtentwicklungspolitik erlangt die Familie den Status einer ökonomischen Größe (Familie als „Humanvermögen"), um die ein zunehmender interkommunaler Wettbewerb zu beobachten ist. Es geht also nicht mehr allein darum, Bedürfnisse und deren Lösungsmöglichkeiten aufzuzeigen, sondern es müssen Prioritätensetzungen vorbereitet und Entscheidungsalternativen sowie deren entsprechenden Folgewirkungen auf das Gemeinwesen aufgezeigt werden, die von Kommune zu Kommune unterschiedlich sind.

Allgemein, so muss eingeschränkt werden, wird „die politische Gestalt- und Steuerbarkeit gesellschaftlicher Strukturen und Prozesse heute weniger optimistisch beurteil[t] (...) als in der Entstehungsphase der Sozialindikatorenbewegung" (Noll/Schröder 1994, S. 5). Die Funktion von Sozialberichterstattung[5] wird daher auch nicht mehr hauptsächlich in der unmittelbaren Anleitung und Wirksamkeitskontrolle von politischen Entscheidungen gesehen, sondern darüber hinaus in der breiten gesellschaftlichen Aufklärung und Bereitstellung von Informationen, die die Politik eher indirekt unterstützt (vgl. Noll/Schröder 1994, S. 8f.). Dazu Brülle: „Es ist Abschied zu nehmen von dem Irrglauben der Steuerungslogik von Fachplänen, Richtwerten und aufwendigen Prioritätenskalen. Sozialberichterstattung wird vielmehr zu einer tragfähigen Grundlage für rationale öffentliche Diskurse und Entscheidungen über Wege und Ziele einer sozialen Kommunalpolitik" (Brülle 1990, S. 214; vgl. auch den Beitrag von Brülle/Hock in diesem Band).

Diese veränderte Perspektive von (kommunaler) Sozialberichterstattung wird vielfach beschrieben. Grundlegend ist dabei eine Sichtweise, die kommunale Sozialberichterstattung als „konzeptionelle Weiterentwicklung einer bisher häufig schon vorhandenen kommunalen Sozialstatistik und -dokumentation" (Lukas 1998, S. 269) versteht. Kommunale Sozialberichterstattung – so Lukas (1998, S. 276) – soll durch die Auswahl, Dokumentation, Beschreibung, Analyse und Interpretation der Daten Problemlagen und Problemkonstellationen aufdecken und durch vergleichende Darstellungen von einzelnen Sozialräumen Hinweise und Grundlagen für planerische Entscheidungen liefern. Damit haben kommunale Sozialberichte einerseits die Aufgabe, möglichst frühzeitig Tendenzen des Strukturwandels zu erkennen und auf sich andeu-

5 Die im Folgenden angeführte Literatur zu den Funktionen kommunaler Berichterstattung bezieht sich in der Regel ganz allgemein auf kommunale Sozialberichterstattung, was daran liegt, dass zu der Zeit intensiver fachlicher Auseinandersetzung mit dem Thema Berichterstattung in den 1990er Jahren Familienberichterstattung als spezielle Form der Sozialberichterstattung noch nicht so weit verbreitet war wie heute (vgl. Kapitel 3.1). Selbstverständlich gelten die Charakteristika nicht nur für (allgemeine) kommunale Sozialberichterstattung, sondern in gleicher Weise auch für kommunale Familienberichterstattung.

tende Defizite und Probleme hinzuweisen (vgl. Schmid-Urban u. a. 1992, S. 15; Noll/Schröder 1994, S. 39) und erhalten für die örtliche Sozialplanung bei entsprechender qualifizierter und differenzierter Entwicklung den Charakter eines Frühwarnsystems (vgl. Schmid-Urban u. a. 1992, S. 15). Andererseits sollen kommunale Sozialberichte kontinuierlich eine empirische Basis für die Entwicklung konkreter Maßnahmen bereitstellen, diese Daten analysieren und veröffentlichen, Entwicklungs- und Handlungsperspektiven formulieren und Entscheidungsalternativen vorstellen sowie von ihrem Standpunkt aus Prioritätensetzungen vorbereiten. Ferner sollte es Aufgabe der Sozialberichterstattung sein, „rechtliche und organisatorische Entwicklungstrends sowie interessante Modelle und Lösungsmuster anderer Träger und Kommunen in den verschiedenen Fachbereichen darzustellen und zu bewerten" (Brülle 1998,S. 99).

Darüber hinaus betonen zahlreiche Autoren (vgl. beispielsweise Hanesch 1999, S. 56; Noll/Schröder 1994, S. 39), dass kommunale Sozialberichte – im Sinne einer Erfolgskontrolle – das Erreichen kommunalpolitischer Ziele beobachten und die Wirkung spezifischer Programme und Maßnahmen kontrollieren sollen. Dabei geht es aber nicht nur darum, zu überprüfen, „inwieweit es gelungen ist, die mit der Planung und Realisierung von Maßnahmen und Angeboten intendierten Wirkungen zu erzielen" (Hanesch 1999, S. 56), sondern auch darum, nicht-intendierte Folgen durchgeführter und/oder unterlassener familienpolitischer Maßnahmen zu überprüfen und zu bewerten.

Damit erfüllt familienbezogene Sozialberichterstattung (also Familienberichterstattung) innerhalb der Jugendhilfe- und Sozialplanung folgende anwendungsbezogene Funktionen:

- „Sozialberichterstattung ist ein politisch-strategisches Instrument zur Neustrukturierung, zur Bestimmung, sowie zur konzeptionellen Fundierung von sozialen, pädagogischen und staatlichen Leistungen und Verteilungsmodellen" (konstruktive Funktion);
- Sozialberichterstattung ermöglicht einen 'Perspektivenwechsel von der individuellen prekären Lebenslage zu den Verursachungszusammenhängen, zu denen die sozialpolitischen Investitionen, Leistungen, Programme und Maßnahmen selbst mitgehören' (Karsten/Otto 1990: 14f.) (reflexive Funktion);
- Sozialberichterstattung beinhaltet eine Entkoppelung von Situationsanalyse und Situationsbewertung einerseits und einen rationalen gesellschaftlichen Diskurs über Voraussetzungen und Ziele sozialpolitischer Handlungsprogramme andererseits (diskursive Funktion)" (Brülle 1998, S. 99; vgl. Brülle/Altschiller 1992, S. 68 sowie den Beitrag von Brülle/Hock in diesem Band).

Brülle verdeutlicht auch sehr anschaulich den Unterschied zwischen Berichterstattung auf der einen und Maßnahmenplanung auf der anderen Seite: „Sozialberichterstattung ist gebunden an die Deskription und Definition konkreter sozialer Tatbestände, sie ist damit Voraussetzung zur Entwicklung und Umsetzung konkreter politischer und administrativer Handlungsprogramme" (Brülle 1990, S. 212). Weiter bedeutet der Vollzug auf der Handlungsebene nicht das Ende dieses Prozesses, sondern ist stets verbunden mit der Überprüfung und Bewertung kommunaler Maßnahmen für Familien (vgl. die Abbildung 4). Da die Entwicklung von Familien im Gemeinwesen kaum vorhersehbar ist, bleiben auch die kommunalen Umsetzungen abhängig von den Ergebnissen kontinuierlicher Berichterstattung.

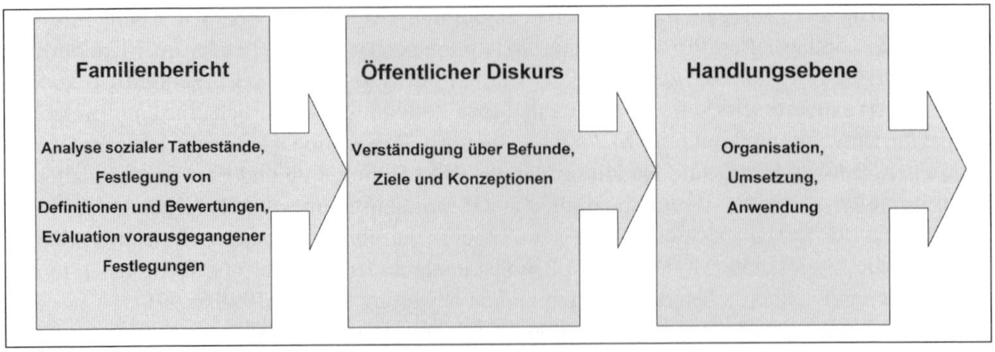

Abb. 4: Entkoppelung von Bericht und Umsetzung (Quelle: Brülle 1990, S. 218)

„Die Phase der Sozialberichterstattung endet mit einer Dokumentation und anschließend möglichst breit geführten Diskussion dieser Ergebnisse in der Öffentlichkeit. Erst nach diesen Diskussionen, die zu spezifischen sozialpolitisch strategischen Richtungsentscheidungen der politisch und administrativ Verantwortlichen führen sollten, beginnt die zweite Phase der Sozialplanung. (...) Durch diese Strukturierung des Planungsprozesses gelingt es, eine vorbehaltlose sozialpolitische Bewertung der sozialstrukturellen und sozialökologischen Entwicklungen in der Kommune zunächst ohne die später notwendigen konkreten Ressourcenentscheidungen und Maßnahmenprogrammierungen vorzunehmen" (Brülle 1998, S. 99).

Orientiert man sich an dieser Perspektive von Berichterstattung und betrachtet Familienberichterstattung als Instrument zur Beschreibung und Definition sozialer Tatbestände, auf deren Grundlage konkrete politische und administrative Handlungsprogramme entwickelt und umgesetzt werden können, folgt daraus, dass kommunale Familienberichte sich auf die Erfassung soziodemografischer Daten zur Lage der Familien und die Bestandsaufnahme familienrelevanter Dienste und Leistungen (Bestandserhebung) sowie die Ermittlung der Bedürfnisse der Familien im Untersuchungsgebiet konzentrieren sollten. Anhand dieser Komponenten sind Familienberichte in der Lage, umfassend die Situation von Familien zu beschreiben, zu analysieren und zu bewerten und können damit den am Sozialplanungsprozess beteiligten Akteuren eine Diskussionsgrundlage für die Auseinandersetzung über sozialpolitische Grundpositionen und Richtungsentscheidungen bereitstellen.

Über diese „allgemeine" Informationsfunktion hinaus können Familienberichte aber auch intendierte und/oder nicht-intendierte Folgen durchgeführter und/oder unterlassener familienpolitischer Maßnahmen überprüfen und bewerten (Evaluationsfunktion). Damit – und durch das Aufzeigen von Handlungsperspektiven sowie die Vorbereitung von Prioritätensetzungen (Planungsfunktion) – können kommunale Familienberichte weitere entscheidungsrelevante Informationen für Politik und Verwaltung bereitstellen.

Kommunale Familienberichte können somit einerseits den eigentlichen kommunalen Sozialplanungsprozess vorbereiten (Bestandsaufnahme, Bedürfnisanalyse) und unterstützen (Handlungsperspektiven und Prioritätensetzung bezüglich aufzugreifender Defizite und Probleme) und andererseits die aus diesen Sozialplanungsprozessen resultierenden oder ausbleibenden Wirkungen beschreiben und bewerten (Evaluation). Die konkrete Maßnahmenplanung und -durchführung allerdings kann nicht Aufgabe kommunaler Familienberichterstattung sein, sondern ist Aufgabe der kommunalen Fachplanung.

Eine handlungsorientierte Familienberichterstattung sollte sich jedoch nicht auf das Sammeln und Auswerten statistischer (quantitativer) Daten beschränken. Hinzukommen muss – zumindest in den Regionen, die aufgrund der Strukturanalysen besondere Aufmerksamkeit verdienen – eine methodenvielfältig angelegte qualitative Analyse. Diese Herangehensweise ist in der empirischen Sozialforschung auch schon seit langem neben der Datenanalyse erprobt und hat in der Regel interessante Einblicke in das „Eigenleben" einer Region, eines Stadtteils und in die Lebenswelt der Bewohner erbracht (vgl. ISA 2001, S. 35). Das Erkenntnisinteresse liegt hier nicht ausschließlich in der wissenschaftlich empirischen Erfassung von kommunalen Sozialstrukturen. Es geht darum, die empirische Datenlage mit qualitativen Verfahren und Methoden (Betroffenen- und Adressatenbeteiligung) zu erweitern, die im Prozess der Familienberichterstattung einen erweiterten Zugang zu Familien und ihren besonderen Lebenslagen zulassen (vgl. Maykus 2006). Letztlich geht es in diesem Stadium der Berichterstattung auch darum, die vielfältigen Akteure, die tagtäglich mit und für Familien arbeiten, in die Maßnahmenplanung einzubeziehen.

5 Planungsgruppen als ein möglicher Schritt vom Bericht zur Maßnahmenumsetzung

Der Familienbericht soll die Lebenssituation und Bedürfnislage von Familien aufgrund von Zahlen und Daten beschreiben, er soll die subjektive Befindlichkeit und Bedürfnislage der Familie thematisieren und gleichzeitig die Einschätzung von Experten nutzen. Auf der Grundlage dieser Informationen und deren Interpretation soll dann ein Maßnahmeplan entwickelt werden, der Grundlage für Beschlüsse der politischen Gremien sein soll. Zeitlich lassen sich damit drei Phasen der Familienberichterstattung unterscheiden:

1) Datenerhebung,
2) Interpretation der Daten und
3) Entwicklung von Handlungsempfehlungen.

Diese drei Phasen gilt es durch geeignete Methoden und eine angemessene Gremienstruktur gewissermaßen „mit Leben" zu füllen (vgl. Jordan 2000; ISA 2001). Genau genommen geht die dritte Phase (Maßnahmenentwicklung/Familienförderplan) über das oben skizzierte Verständnis einer „reinen" Berichterstattung hinaus, knüpft logisch aber genau an diesem Verständnis einer handlungsorientierten Berichterstattung an.

Die Kommune ist zu einem bestimmten Zeitpunkt gefordert, im Prozess der Berichterstattung alle ihr zugänglichen Informationen zu bündeln und unter gesamtkommunalen Gesichtspunkten auszuwerten (vorbehaltlose Beschreibung der Ist-Situation). Die Datenerhebung und -darstellung sollte zu diesem Zeitpunkt abgeschlossen sein, das heißt, alle relevanten sozialräumlich gegliederten Informationen sollten zu diesem Zeitpunkt der Berichterstattung vorliegen. Im Anschluss dieser Informationssammlung wird ein Gremium notwendig, um die gewonnenen Daten und Informationen an die Entscheidungsträger in Politik und Verwaltung zu transportieren. Hier gibt es verschiedene Möglichkeiten. Eine Möglichkeit von vielen ist die Bildung so genannter Planungsgruppen, die nicht sozialräumlich angelegt, sondern vor dem Hintergrund der vorher festgelegten familienbezogenen Schwerpunktthemen (Wohnen, Gesundheit, Betreuungsangebote für Kinder, Erwerbs- und Familienarbeit etc.) aufgestellt werden. Diese Planungsgruppen (hier in Anlehnung an den Familienbericht des Kreises Warendorf 2004, vgl. die Abbildung 5) haben zur Aufgabe, nach Vorliegen der ersten Ergebnisse aus der Datenerhebung, diese zu kommentieren, ggf. zu ergänzen und später Handlungsempfehlungen dazu zu formulieren. Sie erstellen je Planungsgruppe einen so genannten Ergebnisbericht, der später von den Mitgliedern der zentralen Steuerungsgruppe zu einem Familienbericht zusammengefügt wird. Dabei ist zu beachten, dass Familien zu unterschiedlichen Zeitpunkten unterschiedliche Bedarfe äußern. Deshalb ist bei der Formulierung von Handlungsempfehlungen zu unterscheiden zwischen a) Familien in der Gründungsphase und mit Kleinkindern, b) Familien mit Kindern im Kindergartenalter, c) Familien mit Kindern im Schulalter, d) Familien mit Kindern im Erwachsenenalter und schließlich e) Familien in der Altersphase oder solche, die Fürsorge tragen für ältere Personen. Diese Unterscheidung soll nach Möglichkeit von allen Gruppen bei der Bearbeitung berücksichtigt werden (vgl. ausführlich Jordan/Hensen 2004 und zur Bedeutung von Planungsgruppen im Planungsprozess den Beitrag von Schone in diesem Band).

Ein wichtiger Bestandteil dieser abschließenden Planungsphase ist eine (objektive) Bestandserhebung der bereits vorgehaltenen familienbezogenen Angebote und Maßnahmen in der Kommune. Diese Aufgabe kann am besten in den Planungsgruppen erfolgen, da dort sowohl Fachkräfte der sozialen Arbeit, Vertreter/innen der Verwaltung bzw. aus Interessen- und Initiativgruppen, ggf. Bürgervertreter anwesend sind, die ein umfassendes Bild der sozialen Infrastruktur aufzeichnen können. Hier gilt es zu untersuchen, ob subjektiv artikulierte Bedarfe und Bedürfnisse von Bürger/innen tatsächlich auf Strukturschwächen zurückzuführen sind oder lediglich daraus resultieren, dass entsprechende Angebote zwar vorhanden sind, sie aber aus Gründen der Unkenntnis oder hoher Zugangsschwellen von Familien nicht erreicht werden.

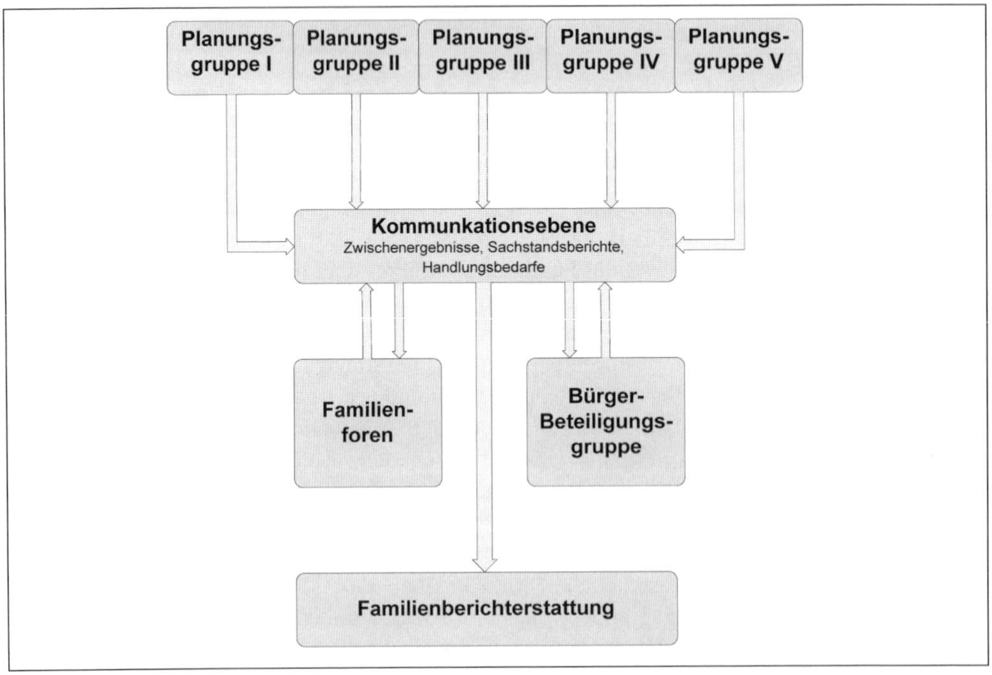

Abb. 5: Bausteine „Planungsgruppen" und „Beteiligung" am Beispiel des Familienberichts Warendorf (Quelle: Jordan/Hensen 2004, S. 28)

Obwohl kommunale Familienberichterstattung einen dauerhaften und diskursiven Prozess zur Unterstützung familienpolitischer Entscheidungsfindung darstellt, sollten Planungsgremien nur auf Zeit wirksam sein, d. h., sie finden sich lediglich zu den bestimmten Anlässen zusammen. Sollte tatsächlich Bedarf bestehen, diese Gremien weiterhin zur Kopperation zu nutzen, sollten im Vorfeld klare Absprachen über Zielsetzung, Dauer, Zusammensetzung, Moderation und Ablauf der Sitzungen getätigt werden, um inhaltslose Dauergremien zu vermeiden.

Abgerundet werden kann diese letzte Phase der Berichterstattung durch die Organisation von Familien-Hearings bzw. Familienforen mit dem Ziel, Zwischenergebnisse der Familienberichterstattung vorzustellen. So kann die Relevanz bestimmter Aussagen geprüft werden und den betroffenen Bürgern und Familien die Möglichkeit gegeben werden, mit Politikern Kontakt aufzunehmen. Darüber hinaus besteht im Verlauf des Prozesses die Möglichkeit, örtlich vorhandene Strukturen und Kompetenzen so weiterzuentwickeln, dass dort in eigener Regie weitere Formen der Bürgerbeteiligung durchgeführt werden können (z. B. Zukunftswerkstätten mit Familien, Planungszellen, Bürgerforen). Dies hätte u. a. den Vorteil, dass hierdurch die in den thematischen Planungsgruppen entwickelten Empfehlungen noch ein weiteres Mal auf ihre Relevanz und Angemessenheit hin geprüft und ggf. weiterentwickelt werden könnten. Diese Veranstaltungen müssen nicht unbedingt von Mitgliedern der zentralen Steuerungsgruppe durchgeführt werden, sondern können auch durch andere engagierte Mitarbeiter der Kommune oder aus lokalen Initiativen moderiert werden.

Für den weiteren Ablauf – in Richtung Umsetzung bzw. Realisierung – ist die Auswertung und Dokumentation der quantitativen (Sozialraum- und Strukturdaten) und qualitativen Daten (unmittelbare Aussagen und Wünsche der ggf. erfolgten Adressatenbeteiligung) für die Ergebnisse der Planungsgruppen von Bedeutung. Aufgabe der Planungsgruppen ist es hier – neben der Rückmeldung der Ergebnisse an die im Sozialraum tätigen Fachkräfte und die Bewohner/innen und Familien – Verwaltung und Politik Informationsgrundlagen und Vorschläge für Entwicklungsentscheidungen zu geben. Ohne diese Informationengrundlage gleicht Familienpolitik vor Ort einem „Blindflug und ist bei knappen Mitteln eine extrem ineffiziente Strategie. Eine nachhaltige und passgenaue örtliche Familienpolitik wird sich konsequenterweise an den (kleinräumigen) Differenzierungen der Lebenslagen von Familie orientieren müssen“ (Schultz/Strohmeier/Wunderlich 2009, S. 201).

6 Herausforderungen und Grenzen kommunaler Familienberichterstattung

Eine schnelle, flächendeckende Versorgung mit sozialen Dienstleistungen bzw. ein breiter Ausbau einer familienfreundlichen Infrastruktur kann kurz- und mittelfristig kaum realisiert werden (Gerlach 2004, S. 126). Familienberichterstattung kann Hinweise geben, welche Regionen oder Quartiere in einem Planungsraum besonders unterversorgt sind (z. B. ein auffallend großer Mangel an Betreuungsplätzen für Kinder) oder welchen Stellen eine besondere Gewichtung in der Leistungserstellung zukommen muss. Der Einsatz analytischer Methoden, bei denen die Familien als Adressat und Gestalter von sozialpolitischen Entscheidungen einbezogen werden, bedeutet aber immer nur den Beginn einer familienbezogenen kommunalen Neuorientierung. Hiermit kann die Basis für familienpolitische Schwerpunktprogramme gelegt werden, in denen gezielt und konzentriert zusätzlich Leistungen und Mittel bereitgestellt oder die (knapper werdenden) vorhandenen Leistungen und Mittel effektiver und effizienter eingesetzt werden können.

Allerdings ist auf kommunaler Ebene der Wert einer so ausgerichteten Familienberichterstattung bislang nur in den seltensten Fällen erkannt worden. Dies hängt damit zusammen, dass die Strukturen lokaler Sozial- und Familienpolitik insgesamt nicht mit ihrem Bedeutungszuwachs Schritt gehalten haben. Die veränderten Rahmenbedingungen wirken auf ein Politikfeld ein, „in dem es den verschiedenen Akteuren an gemeinsamer Identität, an Koordinationskompetenz und an einer gemeinsamen 'Kultur' der Planung und Steuerung fehlt" (Bartelheimer (o.A.), S. 4). Dazu Walter (1993, S. 35): „Familienberichterstattung kann nicht effektiver als die Familienpolitik sein, die sie berät; sie operiert in den Grenzen des institutionellen Gefüges und der kommunikativen Organisation ihres Politikfelds." In diesem Sinne ist das Ergebnis kommunale Familienberichterstattung abhängig von den Strukturen und den politischen Verhältnissen vor Ort. Allerdings kann Familienberichterstattung, die stärker als bisher prozessorientiert ausgerichtet und zudem um Kommunikations-, Partizipations- und Moderationskompetenzen ergänzt ist, nicht nur die Öffentlichkeit im weitesten Sinne informieren und entscheidungsrelevante Informationen für Politik und Verwaltung bereitstellen, sondern sie kann auch einen wichtigen Beitrag zur Neustrukturierung kommunaler Sozial- und Familienpolitik leisten.

Wird Familienberichterstattung als ein auf die gesamte Familie erweiterter Planungsansatz verstanden, ist damit zu rechnen, dass alle Facetten des familialen Lebens in einem Gemeinwesen bzw. einer Kommune nicht erfasst werden können. Insofern steht Familienberichterstattung vor der gleichen Herausforderung wie die Jugendhilfeplanung, Priorisierungen und Planungsgrenzen vornehmen zu müssen, die sich häufig vielmehr an dem methodisch und fiskalisch Realisierbaren orientieren als an den Wünschen der Familien. Eingesetzt als Instrument zur Gestaltung von familienpolitischen Zielsetzungen (z. B. familienfreundliche Kommune) werden die Grenzen dieses Planungsansatzes an der Stelle deutlich, wo einerseits soziale Belastungen identifiziert werden, die erhebliche kommunale „Anstrengungen" hinsichtlich Ausgleich und Kompensation erfordern, und andererseits die Werbung um den Zuzug von (kinder-) reichen Familien, die ohne finanzielle Transferleistungen auskommen, eine hochgradig familienpolitische Priorität besitzt. Dieser Spagat zwischen der Bewältigung alltäglicher Probleme im Gemeinwesen und der Umsetzung von notwendigen Zukunftsentscheidungen und Visionen wird durch die Komplexitätszunahme der Datenlage von Familienberichten für die politischen Entscheidungsträger nicht einfacher. Daher bedarf es gerade im Vorfeld der Familienberichterstattung eines politischen und fachlichen Diskurses hinsichtlich der Zielsetzung und der Frage nach dem Umgang mit Daten und Berichten.

Die Etablierung von Familienberichterstattung kann nur als fach- und politikübergreifendes Kooperationsprojekt gelingen. Das bedeutet, dass sowohl bei der Implementierung als auch bei der Überführung dieses Instruments in die kommunale Regelpraxis intersektoral und intrasektoral eine verbindliche Kommunikationsstruktur geschaffen werden muss, die im Weiteren die Beteiligung von Familien als festes Planungselement für die Ergebnis- und Angebotssteuerung und Ressourcenallokation von Beginn an berücksichtigt. Entgegen traditionellen Planungsansätzen, die vorwiegend durch Ressortierungen, Trägerspezialisierungen und Trägerkonkurrenzen geprägt sind, eröffnet eine quer angelegte regional- und sozialraumbezogene Betrachtungsweise produktive Perspektiven für kommunale Familienplanung und Familienberichterstattung und kann damit Chancen für den Aufbau regionaler Verbundsysteme und flächendeckender Versorgungsstrukturen bieten (vgl. Jordan 2000). So kann die Implementierung einer kommunalen Familienberichterstattung die Jugendhilfeplanung zwar nicht ersetzen[6]; von der Familienberichterstattung als dialogischer, überfachlicher und beteiligungsorientierter Prozess können aber wichtige Impulse für die Weiterentwicklung des kommunalen Gemeinwesens ausgehen: Sie agiert quasi als Vermittler zwischen einer expliziten kommunalen Familienpolitik, Adressaten und Beteiligten. Dabei muss aber berücksichtigt werden, dass die Forderungen nach integrierten Planungsansätzen zwar fachlich und fachpolitisch plausibel erscheinen, in der Umsetzung allerdings – und das zeigen die Erfahrungen aus der Jugendhilfeplanung – am enormen Komplexitätszuwachs der Daten sowie an den nach wie vor unzureichenden organisationalen Einbindungen der planerischen Bereiche scheitern. Dies führt dazu, dass „der einzelnen Planungsfachkraft zugemutet wird, die Komplexität irgendwie zu bewältigen, ohne dass das strukturelle Element als eine Herausforderung an die Organisation anerkannt wird" (Merchel 2006, S. 205).

Nicht zuletzt benötigt dieser zielgruppenspezifische Einbezug Verfahrenssicherheit für alle Beteiligten. Im Kern wird damit eine Diskussion befördert, die – ausgehend von strategischen und operativen Zielen der kommunalen Sozial- und Familienpolitik – Einfluss auf das quantitative und qualitative Angebotsprofil ausübt. Zwischen Familien, verantwortlichen Fachkräften und Politikern können Diskussionsprozesse angestoßen werden, die Ergebnisse und Umsetzungsvorschläge hinsichtlich der verschiedenen Handlungsebenen liefern.

Vieles von dem, was die Lebenssituation von Familien beeinflusst, liegt dennoch außerhalb des Einflusses der Städte, Kreise und Gemeinden. Der direkte Einfluss staatlicher Politik auf eine Anhebung der Geburtenrate beispielsweise bleibt sehr begrenzt, vor allem, wie Kaufmann (2005, S. 186) konstatiert, wenn die gleichzeitige gesellschaftliche Unterstützung ausbleibt. Dennoch können sich die Kommunen ihrer Verantwortung für eine gute Familienförderung nicht entziehen. Denn nur an den Orten, an denen sich Familien wohlfühlen, gute Bildungschancen und positive Lebensbedingungen vorfinden, werden sie bleiben bzw. sich langfristig ansiedeln.

Literatur

Bader, S./Wunderlich, H. (2005): Kommunale Familienberichterstattung in Nordrhein-Westfalen. In: Deutscher Verein für öffentliche und private Fürsorge (Hrsg.): Steuerungsunterstützung durch Sozialplanung und Controlling auf kommunaler Ebene (zusammengestellt von D. Kühn/U. Feldmann). Berlin

Bartelheimer, P. (1996): Bericht von der Basis. Armuts- bzw. Sozialberichterstattung im Feld lokaler Sozialpolitik. In: Alternative Kommunalpolitik (AKP) – Sonderdruck zum Kongress „Die Kommune – Brennpunkte der Sozial und Beschäftigungspolitik". Gera

Bartelheimer, P. (2001): Sozialberichterstattung für die Soziale Stadt. Methodische Probleme und politische Möglichkeiten. Frankfurt/New York

Berlin Institut für Bevölkerung und Entwicklung (2006): Die demografische Lage der Nation. Wie zukunftsfähig sind Deutschlands Regionen (Kurzfassung). Berlin

Bien, W./Rathgeber, R. (2000): Was ist Familiensozialberichterstattung? Einführung in diesen Band. In: Bien, W./Rathgeber, R. (Hrsg.): Die Familie in der Sozialberichterstattung. Ein europäischer Vergleich. Opladen

Birg, H. (2004): Soziale Auswirkungen der demographischen Entwicklung. In: Informationen zur politischen Bildung 282 (hrsg. durch die Bundeszentrale für politische Bildung), S. 35-51.

6 Dies wäre durch die Weisung des § 80 SGB VIII gesetzlich nicht möglich.

(BMFSFJ) Bundesministerium für Familie, Senioren, Frauen und Jugend (Hrsg.) (2002): Elfter Kinder- und Jugendbericht. Bericht über die Lebenssituation junger Menschen und die Leistungen der Kinder- und Jugendhilfe in Deutschland. Berlin

Brülle, H. (1990): 15 Jahre Sozialberichterstattung in einer Kommune – Möglichkeiten für eine gestaltende soziale Kommunalpolitik anhand von Praxiserfahrungen in Wiesbaden. In: Otto, H.-U./Karsten, M.-E. (Hrsg.): Sozialberichterstattung. Lebensräume gestalten als neue Strategie kommunaler Sozialpolitik. Weinheim und München

Brülle, H./Altschiller, C. (1992): Sozialmanagement – Dienstleistungsproduktion in der kommunalen Sozialverwaltung. In: Flösser, G./Otto, H.-U. (Hrsg.): Sozialmanagement oder Management des Sozialen. Bielefeld

Brülle, H. (1998): Sozialplanung und Verwaltungssteuerung – Dienstleistungsproduktion in der kommunalen Sozialverwaltung. In: Reis, C./Schulze-Böing, M. (Hrsg.): Planung und Produktion sozialer Dienstleistungen: die Herausforderung 'neuer Steuerungsmodelle'. Berlin

Bürger, U./Maykus, S. (2006): Integrierte Berichterstattung zu Jugendhilfebedarf und sozialstrukturellem Wandel. Der Stellenwert systematischer Basisdaten für die kommunale Jugendhilfeplanung. In: Maykus, S. (Hrsg.): Herausforderung Jugendhilfeplanung. Standortbestimmung, Entwicklungsoptionen und Gestaltungsperspektiven in der Praxis. Weinheim und München, S. 93-115

Deutscher Bundestag (1965): Bericht über die Lage der Familien in der Bundesrepublik Deutschland, Drucksache V/2532. Bonn

Dienel, C. (2002). Familienpolitik. Eine praxisorientierte Gesamtdarstellung der Handlungsfelder und Probleme. Weinheim und München

Eggen, B. (2000): Familienberichterstattung in der amtlichen Statistik. In: Bien, W./Rathgeber, R. (Hrsg.): Die Familie in der Sozialberichterstattung. Ein europäischer Vergleich. Opladen

Feldmann, U./Reis, C. [Bearb.] (1986): Sozialplanung – ein Instrument kommunaler Sozialpolitik oder sozialer Kommunalpolitik? Dokumentation einer Studientagung des Fortbildungswerkes für Sozialarbeiter und Verwaltungsfachkräfte des Deutschen Vereins für öffentliche und private Fürsorge. Stuttgart/Köln/Mainz

Finke, R. (1998): Schritte zur Erarbeitung eines kommunalen Familienberichts. Organisatorische Rahmenbedingungen. In: Netzwerk für örtliche und regionale Familienpolitik, Institut für Entwicklungsplanung und Strukturforschung GmbH an der Universität Hannover (IES) im Auftrag des Bundesministeriums für Familie, Senioren, Frauen und Jugend (Hrsg.) (1998): Der Familienbericht – ein wichtiges Instrument zur Verstetigung der örtlichen und regionalen Familienpolitik. Netzwerk-Rundbrief (Dezember 1998). Hannover, S. 13-15

Gerlach, I. (2004). Familienpolitik. Wiesbaden

Hanesch, W. (1990): Armut und Armutsberichterstattung in Kommunen. In: Otto, H.-U./Karsten, M.-E. (Hg.) (1990): Sozialberichterstattung. Lebensräume gestalten als neue Strategie kommunaler Sozialpolitik. Weinheim/München

Hanesch, W. (1999): Strategische Dimensionen kommunaler Sozialberichterstattung und Sozialplanung. In: Dietz, B. u. a. (Hrsg.): Handbuch der kommunalen Sozialpolitik. Opladen

Hensen, G./Schneider, K./Schone, R. (2005). Zukunft der Kinder- und Jugendhilfe. Demo-grafiebasierte Jugendhilfeplanung als Instrument der strategischen Steuerung. In: Archiv für Wissenschaft und Praxis der sozialen Arbeit 2005 (H. 2), S. 4-19

(IES) Institut für Entwicklungsplanung und Strukturforschung GmbH an der Universität Hannover (2000): „Familien- und Kinderberichte" – Fachlicher Zirkel am 05.09.2000 in Wolfsburg

(ISA) Institut für soziale Arbeit e.V. (Hrsg.) (2001): Sozialraumorientierte Planung. Begründungen, Konzepte, Beispiele (im Auftrag der Regiestelle E&C der Stiftung SPI Sozialpädagogisches Institut Berlin). Münster

Jordan, E. (2000). Sozialraum und Jugendhilfeplanung. In: Jordan, E./Schone, R. (Hrsg.): Handbuch Jugendhilfeplanung. Grundlagen, Bausteine, Materialien. Münster, S. 331-388

Jordan, E./Schone, R. (Hrsg.) (2000): Handbuch Jugendhilfe Planung. Grundlagen, Bausteine, Materialien (2. Aufl.). Münster

Jordan, E./Hensen, G. (2004): Kommunale Familienberichterstattung. Ein Baustein zur Fundierung der Aktivitäten lokaler Bündnisse für Familien. Arbeitshilfe im Auftrag des Bundesministeriums für Familie, Senioren, Frauen und Jugend im Rahmen der Initiative „Lokale Bündnisse für Familien". Berlin

Jordan, E./Hensen, G. (2006): Kommunale Familienpolitik. In Schmidt, N. (Hrsg.): Handbuch Kommunale Familienpolitik. Ein Praxishandbuch für mehr Familienfreundlichkeit in Kommunen. Berlin, S. 60-69

Karsten, M.-E./Otto, H.-U. (1990): Lebensräume gestalten statt verwalten – Der Beitrag der Sozialberichterstattung. In: Otto, H.-U/Karsten, M.-E. (Hrsg.): Sozialberichterstattung. Lebensräume gestalten als neue Strategie kommunaler Sozialpolitik. Weinheim und München

Kaufmann, F.-X. (2005): Schrumpfende Gesellschaft. Vom Bevölkerungsrückgang und seinen Folgen. Frankfurt a.M.

Klatt, W.D. (1990): Sozialberichtstypen – Anlässe und Zielsetzungen für verschiedene Handlungsebenen der Sozialpolitik: In: Otto, H.-U./Karsten, M.-E. (Hrsg.): Sozialberichterstattung. Lebensräume gestalten als neue Strategie kommunaler Sozialpolitik. Weinheim und München

Kreis Warendorf (2004). Familienbericht und Familienprogramm für den Kreis Warendorf. Warendorf

Kuhn, A./Wandrey, M. (1995): Vom Umgang mit Konflikten in Planungsprozessen. Mediation als Methode sachgerechten Verhandelns. In: Bolay, E./Hermann, F. (Hrsg.) (1995): Jugendhilfeplanung als politischer Prozess. Beiträge zu einer Theorie sozialer Planung im sozialen Raum. Neuwied/Kriftel

Lukas, H. (1998): Sozialberichte und Sozialplanung. In: Lutz, R./Zeng, M. (Hrsg.): Armutsforschung und Sozialberichterstattung in den neuen Bundesländern. Opladen

Lüscher, K. (2000): Familienberichte: Aufgabe, Probleme und Lösungsversuche der Sozialberichterstattung über die Familie. In: Bien, W./Rathgeber, R. (Hrsg.): Die Familie in der Sozialberichterstattung. Ein europäischer Vergleich. Opladen

Merchel, J. (1994): Kooperative Jugendhilfeplanung. Eine praxisbezogene Einführung. Opladen

Merchel, J. (2006): Jugendhilfeplanung als Instrument kommunaler Infrastrukturpolitik? Anmerkungen zu Spannungsfeldern und Perspektiven infrastrukturbezogenen Planungshandelns in der Jugendhilfe. In: Maykus, S. (Hrsg.): Herausforderung Jugendhilfeplanung. Standortbestimmung, Entwicklungsoptionen und Gestaltungsperspektiven in der Praxis. Weinheim und München, S. 191-208

Maykus, S. (2006): Hinwendung zum Empirischen bedeutet nicht Abwendung vom Kommunikativen. Anmerkungen zur Mehrdimensionalität von Planungsprozessen. In: ders. (Hrsg.): Herausforderung Jugendhilfeplanung. Standortbestimmung, Entwicklungsoptionen und Gestaltungsperspektiven in der Praxis. Weinheim und München, S. 41-54

Noll, H.-H. (1997): Sozialberichterstattung: Zielsetzungen, Funktionen und Formen. In: Noll, H.-H. (Hrsg.) (1997): Sozialberichterstattung in Deutschland: Konzepte, Methoden und Ergebnisse für Lebensbereiche und Bevölkerungsgruppen. Weinheim und München

Noll, H.-H./Schröder, H. (1994): Sozialberichterstattung in der Bundesrepublik Deutschland. Bestandsaufnahme und konzeptionelle Empfehlungen für einen Bericht zur sozialen Lage in Baden-Württemberg. Mannheim

Rothenbacher, F. (2000): Ähnlichkeiten und Unterschiede der Familiensozialberichterstattung in Europa. In: Bien, W./Rathgeber, R. (Hrsg.): Die Familie in der Sozialberichterstattung. Ein europäischer Vergleich. Opladen

Schmid-Urban, P./Dilcher, R./Feldmann, U./Hanesch, W./Spiegelberg, R. (1992): Kommunale Sozialberichterstattung (Arbeitshilfen des Deutschen Vereins für öffentliche und private Fürsorge, Heft 41). Stuttgart

Schmid-Urban, P. (2000): Armutsberichterstattung im Umfeld junger Familien. In: Bien, W./Rathgeber, R. (Hrsg.): Die Familie in der Sozialberichterstattung. Ein europäischer Vergleich. Opladen

Schmidt, K./Große Starmann, C. (2006): Kommunen im demographischen Wandel. In: APUZ 21,22, S. 10-17

Schneider, H.R. (1992): Entwicklungsstand und -perspektiven der kommunalen Sozialberichterstattung und indikatorgestützten Sozialplanung. In: Theorie und Praxis der sozialen Arbeit 1992 (H. 7), S. 258-567

Schubert, H.J. (1995): Sozial- und Armutsberichte als neues Instrument der kommunalen Sozialverwaltung. In: Nachrichtendienst des deutschen Vereins für öffentliche und private Fürsorge 1995 (H. 3), S. 101-107

Schultz, A./Strohmeier, K.-P./Wunderlich, H. (2009): Örtliche Familienpolitik – warum und wie? In: der moderne staat – Zeitschrift für Public Policy, Recht und Management 2009 (H. 1), S. 185-206

Schütte, W. (1998): Sozialberichterstattung. Barrieren, Chancen, Risiken und Anforderungen. In: Alisch, M. (Hrsg.): Stadtteilmanagement. Voraussetzungen und Chancen für die soziale Stadt. Opladen

Stadt Gladbeck (Hrsg.) (1997): Sozial-/Familienbericht der Stadt Gladbeck. Gladbeck

Strohmeier, K. P. (2003): Kommunale Familienberichterstattung: familienpolitisches Informationssystem für Kreise und kreisfreie Städte. In: Ministerium für Gesundheit, Soziales, Frauen und Familien NRW (Hrsg.): Örtliche und Regionale Familienpolitik – Von den Nachbarn lernen. Dokumentation der Fachtagung am 28. Mai 2003 im Wissenschaftspark Gelsenkirchen, S. 41-48

Strohmeier, K.-P./Wunderlich, H./Lersch, P. (2009): Kindheiten in Stadt(teil) und Familie. In: APUZ 21,22, S. 25-32

Walter, W. (1993): „Ich bin nur mäßig enttäuscht“: Zur Interpretation der Familienberichterstattung und der Sachverständigen-Rolle im Lichte von Experteninterviews. Universität Konstanz, Sozialwissenschaftliche Fakultät, Forschungsschwerpunkt „Gesellschaft und Familie“, Arbeitspapier Nr. 1. Konstanz

Wunderlich, H. (2003): Kommunale Familienberichterstattung zwischen Anspruch und Wirklichkeit (unveröffentlichtes Manuskript)

Wunderlich, H. (2007): Kommunale Familienberichterstattung in Theorie und Praxis – Eine Bestandsaufnahme. In: Theorie und Praxis der Sozialen Arbeit 2007 (H. 4), S. 4-11

Zander, M./Dietz, B. (2003). Kommunale Familienpolitik. Expertise für die Enquetekommission „Zukunft der Städte in NRW“ des Landtages von Nordrhein-Westfalen. Düsseldorf

Andreas Hopmann

Controlling, Planung und Steuerung

Dieser Beitrag skizziert Strukturen und Prozesse eines Steuerungssystems für die kommunale Jugendhilfe, in dem die Jugendhilfeplanung eine zentrale Rolle spielt. Es zeigt sich, dass eine Steuerung, ausgehend von der strategischen Ebene des Jugendhilfeausschusses bis in die operative Handlungsebene der Jugendhilfe, möglich und sinnvoll ist.

1 Steuerung in Verwaltung und Jugendhilfe

Die Anforderungen an die Steuerung der Jugendhilfe haben seit der Einführung des SGB VIII stetig zugenommen. Zunächst – Mitte der 1990er Jahre – durch die Überlegungen der KGSt zu einem „Neuen Steuerungsmodell" (KGSt 1993) für die kommunale Verwaltung. Später mit der Umstellung der kommunalen Buchführung von der früheren Kameralistik auf Verfahren, die stark an die die betriebswirtschaftliche Buchhaltung angelehnt sind (vgl. u. a. Innenministerium NRW 2008). Gleichzeitig sind die finanziellen Spielräume auf kommunaler Ebene – vermeintlich oder tatsächlich – ständig kleiner geworden. Die Diskussion um eine verbesserte Steuerung der Jugendhilfe geht daher in der Regel mit dem Wunsch nach Kostenreduzierungen einher. Das ist grundsätzlich nicht zu beanstanden, kann aber nicht das einzige Steuerungsinteresse in der Jugendhilfe sein. Darüber hinaus sind bei gesetzlich gewährleisteten Hilfeansprüchen Kostensenkungspläne nicht immer umsetzbar. Daher rührt unter Umständen auch eine gewisse Enttäuschung gegenüber eingeführten Steuerungskonzepten, die die gewünschten Einsparungen nicht erbracht haben. Die Steuerung von Verwaltungen und Jugendämtern ist ein sehr komplexes Geschäft mit vielen sich gegenseitig beeinflussenden Beziehungen. Und nicht zuletzt besteht auch in der Jugendhilfe selber der Anspruch, die Qualität der eigenen Leistungen zu steuern, bis hin zur Frage einer Steuerung über die Wirkungen der Hilfen, die aber ebenfalls auch das Ziel der Steuerung der Ressourcen umfasst (vgl. Schrödter/Ziegler 2007, siehe auch den Beitrag von Nüsken in diesem Band). Für die sinnvolle und notwendige fachliche Steuerung der Jugendhilfe dürfen Steuerungserfolge nicht vornehmlich an den Einsparungseffekten gemessen werden. Die positiven Effekte einer guten fachlichen – und auch an Ressourcen orientierten – Steuerung der Jugendhilfe sind umfassender und bürgen auch und vor allem für eine angemessene Qualität der Hilfen und Leistungen für junge Menschen und ihre Familien.

1.1 Steuerungssystem für die Jugendhilfe

Das Steuerungssystem der Jugendhilfe umfasst vier Bereiche: Steuerung (im Sinne von Führung), Jugendhilfeplanung, Controlling, interne Planung. Die Steuerung verteilt sich in der Jugendhilfe auf mehrere Ebenen. Die strategische Steuerung geht vom Jugendhilfeausschuss aus, daneben steht die ebenfalls strategische Ebene der Verwaltungs- oder Dezernatsleitung. Es schließen sich in unterschiedlicher Ausprägung mehrere Hierarchieebenen an (z.B. Amtsleitung, Abteilungsleitung, Sachgebietsleitung). Aufgabe der Steuerungsebenen ist die Vorgabe von Zielen für ihren jeweiligen Verantwortungsbereich, immer operationaler bis hin zur ausführenden Mitarbeiterebene. Daneben stehen weitere Steuerungsinstrumente – genauer der Steuerungsunterstützung: Die Jugendhilfeplanung, in deren Prozessen Ziele und Rahmenbedingungen für diese Leistungsbereiche erarbeitet und vorgeschlagen werden. Das Controlling überwacht die Einhaltung der Ziele im laufenden Geschäft und gibt Rückmeldungen zu Korrekturbedarfen. Die interne Planung umfasst Prozesse, die für jede Organisation notwendig sind, hier aber in der Regel nicht in der Jugendhilfeplanung umfassend bearbeitet werden (z.B. Personalplanung, interne Organisation etc.) (vgl. dazu ausführlicher Hopmann 2005).

1.2 Herausforderungen der Implementierung neuer Steuerungsinstrumente in der Verwaltung

Bei der Einführung neuer Steuerungskonzepte wurde – als sinnvolle oder notwendige Ergänzung – auch jeweils die Einführung ergänzender Steuerungsinstrumente wie Controlling oder Kosten- und Leistungsrechnung empfohlen.
Im Zuge der Umsetzung der neuen Steuerungskonzepte wurde dann oft ein Instrument nominell eingeführt („Controlling? – Machen wir auch!"). Eigene Überlegungen zu Notwendigkeit, Zielsetzung und Umsetzung des Verfahrens in der eigenen Verwaltung wurden dabei im Vorfeld gelegentlich zu wenig angestellt. In der Folge begann man oft mit der Einführung von Instrumenten, deren Funktion und konkrete Ausgestaltung keinem der Beteiligten klar war. Die Frage des „Warum" – Wozu benötigen wir das Instrument, was bezwecken wir damit? – ist oftmals bis heute nicht geklärt. Ohne eine vorgegebene Zielrichtung laufen Instrumente wie Controlling und Kostenrechnung ins Leere. Im Gegenteil, sie fordern Widerstände heraus, verunsichern Mitarbeiter, absorbieren finanzielle und personelle Ressourcen und bewirken wenig Positives. Im Rückblick ist die diffuse Umsetzung teilweise nachvollziehbar. Die Unterschiede zwischen Wirtschaftsunternehmen und Verwaltung wurden einfach unterschätzt und damit die Anforderungen an die Anpassung der entsprechenden Instrumente, ihre Umsetzung zu sehr als „Selbstläufer" betrachtet. Hier fehlte und fehlt oft das notwendige Wissen, um diese Instrumente in der Verwaltung erfolgreich umzusetzen – wobei der wahrscheinlich wesentlichste Aspekt das Wissen um die Steuerung der Jugendhilfe ist, und kein betriebswirtschaftliches Wissen. In einer Verwaltung sind in den verschiedenen Leistungsbereichen sehr unterschiedliche Ziele zu verfolgen. Ein einheitliches System, das für alle gilt, ist nur schwer darstellbar – und wäre wahrscheinlich nicht sinnvoll – und die Aggregation in hierarchische Zielbäume verliert spätestens an Fachbereichsgrenzen oft ihre Schlüssigkeit. Der neidische Blick auf die scheinbar wirksame Steuerung von Unternehmen, die sich täglich auf einem Markt beweisen müssen, z.B. über (Finanz-) Kennzahlen, legt den Gedanken nahe, dass Steuerungsinstrumente, die in der Wirtschaft so erfolgreich sind, für die Verwaltung nur hilfreich sein können. Da aber die Ziele und auch viele Mechanismen sich in der Verwaltung von Unternehmen stark unterscheiden, ist eine einfache Übertragung in der Regel nicht erfolgreich. Viele Instrumente sind adaptierbar, sie müssen aber mit den Zielen der Jugendhilfe versehen werden. Da diese vieldimensional sind, ist die Adaption ein aufwendiger Vorgang. Es ist jeweils eine intensive Auseinandersetzung über den konkreten Nutzen des konkreten Instruments notwendig und eine sorgfältige Beschreibung der Intentionen. Der größte Unterschied besteht in den Zielsystemen von Unternehmen und Verwaltungen. Während ein Unternehmen über die Messung des Formalziels

Rentabilität seinen Erfolg – nicht dessen Ursachen – leicht feststellen kann, stellt in der Verwaltung das Kriterium Wirtschaftlichkeit nur eine Nebenbedingung zu den vielfältigen Sachzielen dar, die hier verfolgt werden. Eine Kommune mit guten Finanzkennzahlen ist noch nicht erfolgreich. Zentral für die Steuerung in der Verwaltung ist die Formulierung von stimmigen Zielen, die tatsächlich die Richtung vorgeben, in die der jeweilige Leistungsbereich gesteuert werden soll. Dieses sind in der Regel mit den kommunalen Aufgaben verknüpfte politisch oder gesetzlich formulierte Sachziele (z. B. Bürgerfreundlichkeit, bessere Integration/Inklusion von Menschen mit Behinderungen, verbesserter Kindesschutz). Nebenbedingung ist immer, diese – unter in der Regel gegebenen Ressourcen – wirtschaftlich umzusetzen. Damit gestaltet sich die Messung und Steuerung von Erfolg anders als im Unternehmen. Kennzahlen z. B. sind sehr hilfreich, wenn sie abbilden, was tatsächlich gemessen werden soll. Die Gefahr besteht darin, das Zählbare zum Maßstab zu machen. Während im betriebswirtschaftlichen (Finanz-) Controlling diese Kennzahlen sehr schlüssig zu bilden sind, da sie sich immer auf monetäre Größen beziehen, ist es in der Jugendhilfe oft schwierig, passende Kennzahlen für die z. B. pädagogischen Ziele zu finden. Es besteht dabei die Gefahr, in falsche, nicht intendierte Richtungen zu steuern, wenn die falschen – oder zu oberflächliche – Indikatoren als Kennzahlen genutzt werden (z. B. die Zahl der Großveranstaltungen in einer Jugendeinrichtung oder reine Besucherzahlen – beide Größen sagen nichts über den fachlichen Erfolg der Einrichtung aus).

Erfolg in der Jugendhilfe ist immer die wirksame Umsetzung von Leistungen und Hilfen für oder im Sinne der Adressaten. Hilfen, die gewährt oder geleistet werden, müssen eine Ausgestaltung haben, die geeignet ist, diese Ziele zu erreichen. Damit verbunden sind bestimmte Struktur- und Prozessqualitäten. Im Vordergrund steht also immer die Auftragserfüllung – im weitesten Sinne die Gewährleistung des Kindeswohls. Diese Leistungen steuern zu wollen, auf die genannten Qualitäten Einfluss zu nehmen und dabei auch auf Ressourcen zu achten, ist legitim, genau betrachtet sogar die Pflicht der öffentlichen Verwaltung und richtig auch im Sinne der Adressaten.

2 Controlling

Controlling ist im Kern ein Mechanismus, der die Erreichung oder die Abweichung von vorgegebenen Zielen überprüft. Der Mechanismus umfasst vier Schritte: Die Formulierung von Zielen, die Überprüfung der Zielerreichung im Prozess (Soll-Ist), die Analyse von Ursachen für mögliche Abweichungen von den Zielvorgaben und schließlich die Korrektur von Vorgehensweisen oder Zielen (vgl. Abbildung 1).

Mit diesem Mechanismus lassen sich unter anderem Prozesse der Waren- und Leistungserstellung überprüfen (Fachcontrolling), der wirtschaftliche Erfolg feststellen (betriebwirtschaftliches Controlling/Finanzcontrolling) oder die Wirksamkeit strategischer Vorgaben kontrollieren (strategisches Controlling). Immer dient das Controlling der Steuerungs-Unterstützung, d. h. Controlling kann nie autark funktionieren, sondern ist immer in ein Steuerungssystem eingebunden. Das bedeutet auch, dass der Controller bzw. die Controllerin nie alleine für den Gesamtprozess des Controllings verantwortlich sein kann. Es ist immer ein Ineinandergreifen verschiedener Funktionen notwendig. Im Mittelpunkt steht dabei die Formulierung von Zielvorgaben, bei der das Controlling nur eine unterstützende Funktion haben kann. Die Zielvorgaben sind immer von den Steuerungsverantwortlichen auf den verschiedenen Ebenen zu formulieren, die in geeigneter Form bei der Zielfindung und –formulierung unterstützt werden müssen. Zu diesen „Steuerungsverantwortlichen“ zählt in der Jugendhilfe in besonderer Weise der Jugendhilfeausschuss mit seinen Beschlüssen. Wesentlich für jede Form des Controllings ist die Formulierung der Steuerungsfrage: Was wollen wir steuern (welchen Leistungsbereich, wie intensiv), wohin wollen wir steuern, welche Ziele und Zielgrößen sollen erreicht werden – inhaltlich, fachlich und wirtschaftlich? Diese Fragen zu beantworten ist ein aufwendiges Unterfangen, ohne das aber keine Steuerung möglich und kein Controlling sinnvoll ist. Die Beantwortung dieser Fragen ist nicht an „das Controlling“ zu delegieren. Die Steuerungsverantwortlichen müssen sie beantworten und benötigen dabei Unterstützung aus der operativen Ebene der Mitarbeiterinnen und Mitarbeiter und der steuerungsunterstützenden Funktionen. In der Jugendhilfe ist dabei ganz zentral: die Jugendhilfeplanung. Die Jugendhilfeplanung verfügt über Strukturen und Prozesse, die die Entscheidung über Zielrichtungen und Zielgrößen sehr gut vorbereiten.

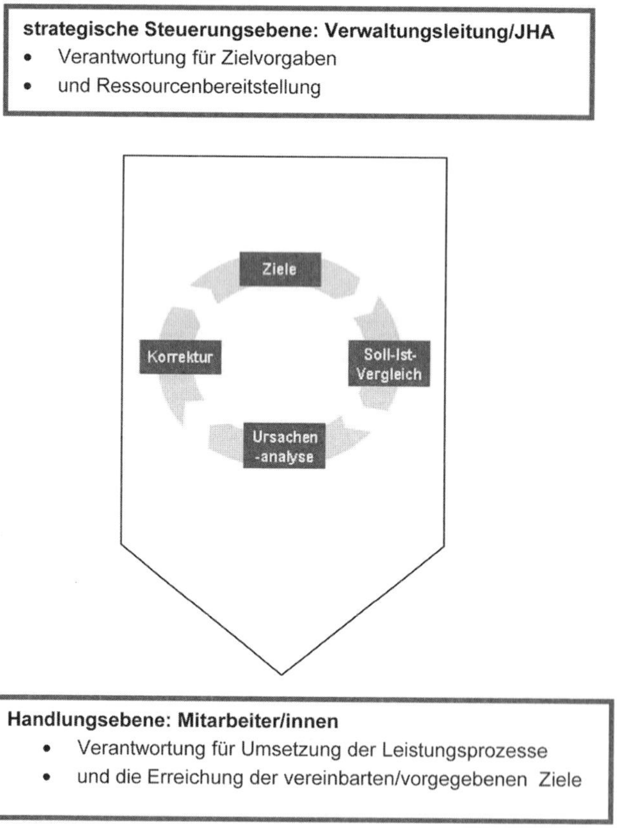

Abb. 1: Regelkreis des Controlling (Quelle: Eigene Darstellung)

2.1 Strategisches und operatives Controlling

Das strategische Controlling ist ein kleiner Teilaspekt der strategischen Steuerung. Die klassische Differenzierung zwischen strategischer und operativer Steuerung liegt in den Fragen „Tun wir die richtigen Dinge?“ (Strategie) gegenüber „Tun wir die Dinge richtig?“ (operatives Geschäft). Die strategische Steuerung gibt also die großen Linien vor. In der kommunalen Verwaltung geht das idealtypisch von der Politik (Rat, Kreistag, Jugendhilfeausschuss) oder der jeweiligen Leitungsebene der Verwaltung (Verwaltungsleitung, Dezernatsleitung) aus. Das strategische Controlling hat die Aufgabe, zu überprüfen, inwieweit diese vorgegeben Linien tatsächlich umgesetzt werden und welche Erfolge das zeitigt – bzw. wo Korrekturbedarf besteht. Hier spielt die Jugendhilfeplanung als Vorbereitung von Beschlüssen eine wesentliche Rolle. Das operative Controlling bezieht sich demgegenüber auf die Prozesse der Leistungserbringung – „Tun wir die Dinge richtig?“ und nimmt mehr Raum und Ressourcen in Anspruch, als das strategische Controlling. Das operative Controlling stellt die Verbindung zwischen den strategischen Vorgaben und der Handlungsebene, also den Mitarbeiterinnen und Mitarbeitern, her. Die folgenden Ausführungen beziehen sich im Wesentlichen auf das operative Controlling in der Jugendhilfe.

2.2 Finanzcontrolling und Fachcontrolling

Beim Transfer des Controllings in die Verwaltung wurde deutlich, dass die Ausrichtung auf Finanzkennzahlen und Finanzziele den Aufgaben in der Verwaltung nicht gerecht wird. Da Wirtschaftlichkeit nur eine Nebenbedingung bei der Erfüllung gesetzlicher und politischer Aufträge ist, hat sich daher in der Diskussion und der Ausgestaltung des Verwaltungscontrollings eine Differenzierung ergeben, die neben das „Finanzcontrolling“ ein „Fachcontrolling“ stellt. Während das Finanzcontrolling sich im Schwerpunkt mit Budgetfragen im weitesten Sinne befasst, bezieht sich das Fachcontrolling auf die inhaltlichen und fachlichen Ziele der Leistungserbringung. Entsprechend der Zielhierarchie in der Jugendhilfe ist das Fachcontrolling nicht nur deutlich anspruchsvoller als das Finanzcontrolling, sondern für die Steuerung der Leistungen der Jugendhilfe deutlich wichtiger. Die Frage, ob der Ressourceneinsatz für die Leistungen der Jugendhilfe angemessen ist, lässt sich ohne fachliche Ziele und ihre Überprüfung nicht beantworten. Gleichzeitig muss auch im Fachcontrolling die Wirtschaftlichkeit der Leistungserbringung eine Rolle spielen. Erst die Verbindung von fachlichen Zielen mit der Bewertung der dafür eingesetzten Ressourcen bildet eine angemessene Steuerungsgrundlage. Es wird deutlich, dass die Unterscheidung Finanz- und Fachcontrolling einen künstlichen Gegensatz erzeugt. Zunächst erscheint das Thema „Finanzen“ wichtiger zu sein, als alles andere. Genau betrachtet geht es bei der Frage Finanz- oder Fachcontrolling aber nicht um ein Entweder-Oder, sondern jedes Fachcontrolling muss ein Finanzcontrolling enthalten. Die entscheidenden Fragen sind (in dieser Reihenfolge!): Haben wir das fachliche Ziel (auch im Sinne der Adressaten) erreicht? War der Aufwand dafür angemessen? Können wir es zukünftig fachlich besser machen? Können wir es wirtschaftlicher gestalten? Fachcontrolling ist also nicht die Kür, sondern die Königsdisziplin!

2.3 Handlungsorientierung als Maxime

Controlling kann nur wirksam werden, wenn es bei den Mitarbeiterinnen und Mitarbeitern ankommt. Nur wenn diese ihr Handeln auf Grund der Controlling-Informationen verändern, wird Steuerung wirksam. In der Umsetzungspraxis des Controllings in den Verwaltungen und Jugendämtern ist zu beobachten, dass in der Regel ein zahlenorientiertes Berichtswesen der Ausgangspunkt aller Controlling-Bemühungen ist. Diese Stufe lässt sich eher als „Monitoring" bezeichnen, da hier der Versuch unternommen wird, relevante Aspekte der Jugendhilferealität in einem Zahlenwerk abzubilden. Eine Bewertung und Einschätzung dieser Zahlen erfolgt oft eher abstrakt. Es besteht die Tendenz, nach Rechtfertigungen für vordergründig „schlechte" Zahlen – da es im Vorfeld keine Zieldefinition gab, sind Bewertungen schwierig – zu suchen und diese zu finden. Konkrete Handlungsänderungen sind selten feststellbar.

Die nächste Entwicklungsstufe ist eine einfache Form des Controllings, wo auf Grundlage der vorgefundenen Informationen aus dem Monitoring Bewertungen vorgenommen werden, die das zukünftige Handeln des Jugendamtes bestimmen sollen. Auch hier fehlt aber in der Regel der systematisierte Transfer auf die Handlungsebene. Ein handlungsorientiertes Controlling, das dem Regelkreis folgt, basiert auf vorher von Steuerungsverantwortlichen festgelegten Zielen und Zielgrößen, die Ergebnis fachlicher Diskurse und Erwägungen sein sollten. Diese Erwägungen umfassen auch Wirtschaftlichkeitsaspekte. Die vollständige Bearbeitung des Regelkreises gewährleistet die strukturierte Rückbindung der Controllinginformationen an die Handlungsebene und damit die Wirksamkeit des Controllings (vgl. die Abb. 2).

Ein Berichtswesen macht noch kein Controlling: Das Controllingsystem muss neben dem Informationssystem, in dem die Daten aufbereitet werden, ein Transfersystem enthalten, das die Verbindung zwischen den handelnden Mitarbeiterinnen und Mitarbeitern und der Steuerungsebene sicherstellt (vgl. auch Horváth 2006, S. 11). Nur durch die Kombination eines Berichtswesens mit Rückkoppelungsprozessen in die Handlungsebene des Jugendamtes kann das Controlling tatsächlich wirksam werden. Ein Bericht voller Kennzahlen – ob er gelesen wird oder nicht – macht noch keine Verhaltensänderung auf der Mitarbeiterebene aus. Nur wenn die Controllinginformationen (z.B. Kennzahlabweichung) strukturiert über die fachverantwortliche Leitungsebene mit den Mitarbeitern thematisiert werden und Lösungen zur Korrektur erarbeitet werden, kann Controlling Erfolg haben. Damit kommt der mittleren und unteren Leitungsebene (z.B. Abteilungs- und Sachgebietsleitungen) eine sehr wesentliche Rolle im erfolgreichen Controlling-Prozess zu. Ein sinnvolles und wirksames Controlling im Jugendamt muss also ein handlungsorientiertes ressourcenorientiertes Fachcontrolling sein, das in strukturierten Abläufen dem Regelkreis folgt und so eine Verbindung von der Steuerungsebene zur Handlungsebene herstellt.

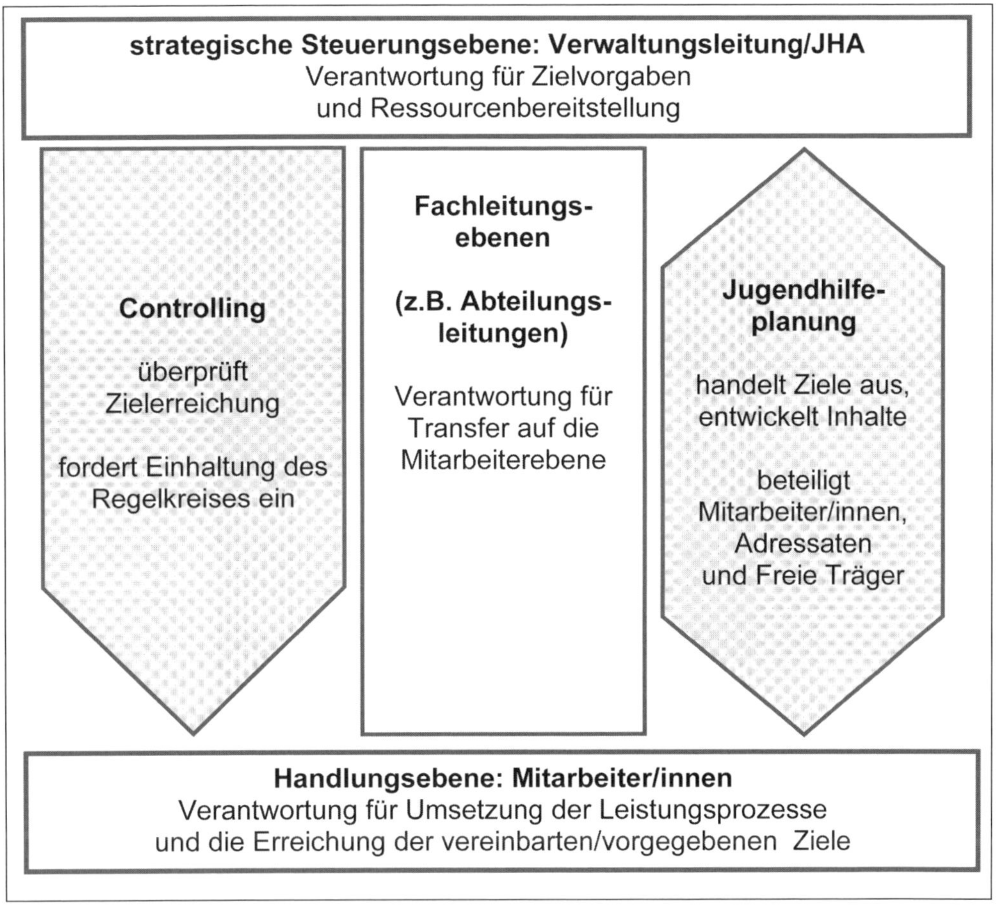

Abb. 2: Monitoringprozess (Quelle: Eigene Darstellung)

2.4 Umsetzung von Controlling im Jugendamt

Für die Einführung des Controllings ist es notwendig, die einzelnen Leistungen und Teilleistungen in den verschiedenen Aufgabenbereichen des Jugendamtes in Leistungsbeschreibungen zu definieren. Da es sich um relativ viele Einzelleistungen handelt, kann für den Anfang eine Konzentration auf besonders wesentliche Leistungen hilfreich sein. Die Leistungsbeschreibungen müssen Informationen zu den mit der Leistung verknüpften Zielen und entsprechenden Kennzahlen enthalten. Hilfreich ist es, wenn unterstützende Maßnahmen formuliert sind, die zur Zielerreichung beitragen. Hier sollten auch die verantwortlichen Personen benannt sein, die im Falle einer Zielabweichung terminiert die Transferschritte Ursachenanalyse und Korrekturvorschläge durchlaufen. Eine solche Leistungsbeschreibung verbindet die Informationsaspekte des Controllings mit dem notwendigen Transfer. Auf diese Weise wird die vollständige Bearbeitung des Controlling-Regelkreises gewährleistet. Aus den einzelnen Leistungsbeschreibungen lässt sich ein Berichtswesen verdichten, das einen Überblick über Ziele und Zielereichung in den Aufgabenbereichen des Jugendamtes gibt.

Dieses Berichtswesen ist zunächst ein Instrument der operativen Steuerung, das für die internen Steuerungsverantwortlichen gedacht ist (Leitungen von Sachgebieten, Abteilungen, Fachbereichen). Für die Unterstützung der strategischen Leitung, auch der politischen Steuerungsebene, ist eine Auswahl relevanter und verdichteter Informationen notwendig. Es ist nicht sinnvoll, Informationen, die der operativen Steuerung dienen, vollständig öffentlich zugänglich zu machen. Auch wäre der Umfang der Informationen für diese Ebene nicht mehr angemessen. Sind die operativen Controlling-Informationen vollständig öffentlich, besteht die Gefahr, dass ein reines Alibi-Instrument entsteht, in dem alle Ziele so formuliert werden, dass sie jederzeit erreicht werden können, um so unangenehmen Diskussionen über Ursachen von Zielabweichungen zu entgehen. Die Trennung des internen vom externen Rechnungswesen hat sich in der Wirtschaft bewährt (vgl. Wöhe 2002, S. 821 ff.). Dort wird die Bilanz als externes (öffentliches) Rechnungswesen gehandhabt, während Kostenrechnung und Controlling zum internen Rechungswesen zählen. Für das Controlling in der Jugendhilfe muss hier ein ausgewogener Kompromiss gefunden werden. Nicht jede Detailkennzahl zu jeder Leistung muss auch im Jugendhilfeausschuss diskutiert werden. Andererseits muss deutlich werden, wo Steuerungsbedarfe liegen und ob das Jugendamt in seinen Leistungsbereichen das Richtige tut. Über die Jugendhilfeplanung ist der Jugendhilfeausschuss sehr eng in die Prozesse der strategischen Zielentwicklung eingebunden. Die operative Umsetzung und das dazugehörige Controlling sollten in der Verantwortung der dort Steuerungsverantwortlichen bleiben.

3 Jugendhilfeplanung im Steuerungssystem der Jugendhilfe

Die Einbindung der Jugendhilfeplanung in ein Steuerungssystem der Jugendhilfe ist aus der Konstellation des SGB VIII unabdingbar. Eine Aufteilung – überzogen gesprochen – zwischen denen, die steuern (gemeint: Controller) und denen, die „immer zu viel verlangen“ (gemeint: Jugendhilfeplanung) wäre fatal. Da es in der Steuerung und im Controlling der Jugendhilfe nicht primär um Zahlen, sondern um Ziele geht, ist es sehr wesentlich, wo diese Ziele entwickelt werden und wer sie verantwortet. Dabei muss die Jugendhilfeplanung eine zentrale Rolle spielen, da letztendlich alle Ziele in der Jugendhilfe – direkt oder abgeleitet – aus der (vom Jugendhilfeausschuss beschlossenen) Jugendhilfeplanung stammen (vgl. Tabelle 1). Das leitet sich aus dem umfassenden Gestaltungsauftrag für die Aufgaben der Jugendhilfe ab, den das SGB VIII der Jugendhilfeplanung zuweist. Mit der Einbindung in ein Steuerungssystem der Jugendhilfe ist für die Jugendhilfeplanung auch eine Einbindung in die kommunale Finanzräson verbunden, die das SGB VIII so nicht vorsieht – das Gesetz kennt nur Bedarfe, keine Ressourcenbeschränkungen. Darüber mögen sich die Geister scheiden. Betrachtet man die Praxis, zeigt sich aber, dass eine Jugendhilfeplanung, die Ressourcen nicht berücksichtigt, entweder nicht beschlossen – und damit nicht gültig – wird oder aber als weitgehend nicht umgesetzte Willenserklärung endet. Hier wird die Auffassung vertreten, dass Jugendhilfeplanung mit Augenmaß, aber ohne willfährige Ressourcenbeschränkung stattfinden muss. Gleichzeitig ist es Aufgabe der Politik, v.a. des Jugendhilfeausschusses, das Notwendige zu beschließen – auch wenn das hinter den Anforderungen der Planungsergebnisse zurückbleibt.

Tabelle 1: Ziele in der Jugendhilfe (Quelle: Eigene Darstellung)

Strategische Ziele	Aufgabe des Jugendhilfeausschusses und damit der Jugendhilfeplanung
Ziele auf Leistungsbereichsebene (z. B. Jugendförderung, Sozialer Dienst)	Kompetenz der Abteilung mit Bezug zu Vorgaben der strategischen Ebene (Jugendhilfeausschuss/Jugendhilfeplanung)
Ziele auf Einzelhilfeniveau	Hilfeplanverfahren in der Kompetenz der verantwortlichen Fachkräfte (orientiert an Rahmenbedingungen der strategischen Ebene und der Jugendhilfeplanung)

Damit die Jugendhilfeplanung tatsächlich einen Beitrag zu Steuerung der Jugendhilfe leistet, muss als Ergebnis der Planungsprozesse immer auch die Intention formuliert werden, die mit den beschriebenen Leistungen in Zusammenhang steht. Diese Intention ist letztendlich Zielvorgabe für das operative Leistungsgeschehen und damit für das Controlling. Nicht das Controlling bestimmt die Ziele, sie werden im Planungsprozess definiert und bekommen durch den Jugendhilfeausschuss-Beschluss Gültigkeit. Dabei sind die Ziele, die sich aus der Jugendhilfeplanung ergeben oft eher grundsätzlich und strategischer Natur. Sie müssen für die Leistungserbringung gegebenenfalls operationalisiert werden. Auch hier ist nicht das Controlling verantwortlich, sondern die jeweiligen Leitungsebenen (Abteilungsleitung Allgemeiner Sozialer Dienst) und im konkreten Einzelfall (Hilfeplanung) die Fachkräfte, ggf. als Team. In der Jugendhilfeplanung erfolgt auch die Einbindung der freien Träger der Jugendhilfe. Sie sind damit an der Ausgestaltung der Ziele des Jugendamtes beteiligt, denen sie im laufenden Leistungsgeschäft u. a. durch Qualitäts- und Leistungsvereinbarungen verpflichtet sind. Auch für das interne Fachcontrolling der Träger sind die hier formulierten Ziele eine gute Grundlage.

Die in der Jugendhilfeplanung durchlaufenen Prozesse bieten die Gewähr dafür, dass bei der Zielformulierung die relevanten Perspektiven berücksichtigt werden (u. a. von freien Trägern der Jugendhilfe und von Adressaten) und dass das vorhandene Wissen um Fachlichkeit und Ausgestaltung der örtlichen Jugendhilfe einbezogen wird. Dass die Beteiligten dabei jeweils auch eigene Interessen verfolgen ist legitim. Letztendlich bedarf es einer Steuerungsentscheidung, in diesem Falle durch den Jugendhilfeausschuss, über konkrete Maßnahmen und Zielsetzungen, die Ergebnis der Jugendhilfeplanung und politischer Abwägungsprozesse sind. Ein funktionierendes Steuerungssystem setzt neben dem Wunsch nach Steuerung auch die Übernahme von Verantwortung für Entscheidungen voraus. Damit ergibt sich eine stringente Steuerung aus der strategischen Ebene, die bis in die Handlungsebene hinein wirkt. Das darf sich die Jugendhilfe (einschließlich des Jugendhilfeausschusses) nicht aus der Hand nehmen lassen. Die Gefahr besteht, dass Querschnittsbereiche der Verwaltung das versuchen. Hilfreich ist, wenn die Politik bewusst und transparent das tut, was ohnehin geschieht: eine Priorisierung der Ziele und Maßnahmen vorzunehmen. Wird darauf verzichtet, entstehen Planungswerke mit großem Umfang an Seiten und geringer Wirkung in der tatsächlichen Jugendhilfe. Diese Werke dienen nicht der Steuerung. Diese geschieht dann eher zufällig, nach persönlichen Vorlieben von Leitungskräften und Mitarbeitern oder über implizite Ziele, die nicht steuerbar sind.

Steuerung und Jugendhilfeplanung sind kein Gegensatz, sondern passen gut zusammen. Die Jugendhilfeplanung ist notwendig, um die Jugendhilfe zu gestalten und das vom Gesetzgeber geforderte abgestimmte Leistungsangebot bereit zu stellen. Controlling ist eine hilfreiche Funktion, um die Vorgaben, die aus der beschlossenen Jugendhilfeplanung kommen, möglichst wirksam umzusetzen. Zusammen mit den Entscheidungen der Steuerungsebenen ergibt sich ein schlüssiges Steuerungsinstrumentarium für die Jugendhilfe.

Literatur

Hopmann, A. (2005): Jugendhilfeplanung als Funktion. In: Jugendhilfe 2005 (H. 2)

Hopmann, A. (2006): Controlling und Steuerung – Elemente oder neues Verständnis von Planung? In: Maykus, S. (Hrsg.): Herausforderung Jugendhilfeplanung. Weinheim/München 2006

Hopmann, A (2009): Fachcontrolling: erfolgreiche Steuerung – nicht nur in der Jugendhilfe, in: SOZIALwirtschaft 2009 (H. 5)

Horváth & Partners (2006): Das Controllingkonzept. 6. Aufl.. München

Innenministerium des Landes Nordrhein-Westfalen (2008): Neues Kommunales Finanzmanagement in Nordrhein-Westfalen Handreichung für Kommunen. 3. Auflage. Düsseldorf

KGSt (1993): Das neue Steuerungsmodell (KGSt-Bericht 05/1993). Köln

KGSt (1994): Verwaltungscontrolling im Neuen Steuerungsmodell (KGSt-Bericht 15/1994), Köln

Schrödter, M./Ziegler, H. (2007): Was wirkt in der Kinder- und Jugendhilfe? Internationaler Überblick und Entwurf eines Indikatorensystems von Verwirklichungschancen (Reihe: Wirkungsorientierte Jugendhilfe hrsg. vom ISA e.V.). Münster

Wöhe, G. (2002): Einführung in die Allgemeine Betriebswirtschaftslehre. 21. Aufl. München

Ulrich Bürger

Integrierte Berichterstattung

1 Gegenstand von Integrierter Berichterstattung im Rahmen von Jugendhilfeplanung

Jugendhilfeplanung ist ohne eine kontinuierliche, datenbasierte Abbildung des Jugendhilfegeschehens nicht denkbar. Der in § 80 SGB VIII angelegte Dreiklang von Bestandsfeststellung, mittelfristiger Bedarfsermittlung unter Einbezug der Wünsche, Bedürfnisse der jungen Menschen und der Personensorgeberechtigten sowie die Planung der zur Befriedigung des Bedarfs notwendigen Vorhaben macht eine zuverlässige empirische Erfassung der Angebotsstrukturen sowie der Nachfrage bzw. der Inanspruchnahme von Jugendhilfeleistungen zu einem unverzichtbaren Element des Planungshandelns. Dabei darf die Abbildung von Bestand, Bedarf und Handlungserfordernissen nicht statisch sein, sondern sie muss die Dynamik von veränderten Angebots- und Leistungsstrukturen und verändertem Nachfrage- und Inanspruchnahmeverhalten (potenzieller) Adressaten aufnehmen und in die weiteren Planungsprozesse einfließen lassen.

Bereits in dieser Funktion ist eine Berichterstattung über diese Entwicklungen in den Arbeitsfeldern der Kinder- und Jugendhilfe ein unverzichtbarer Baustein der Jugendhilfeplanung. Gleichwohl bliebe eine Berichterstattung, die sich in der Herleitung und Begründung notwendiger Vorhaben auf die Abbildung des Bestands und die Bedarfsfeststellung unter Einbezug der Betroffenen beschränkte, in ihrer konzeptionellen Anlage unzureichend. Der Wandel von Angebotsstrukturen und Veränderungen in der Inanspruchnahme von Jugendhilfeleistungen stehen stets auch in einem engen Zusammenhang zum Wandel gesellschaftlicher und sozialer Verhältnisse und Rahmenbedingen. Erst der systematische Einbezug von Informationen und Daten hinsichtlich der Lebenslagen von jungen Menschen und deren Familien erschließt sachgerechte Perspektiven auf die Entwicklungsbedingungen und die Handlungserfordernisse der Kinder- und Jugendhilfe. Eine qualifizierte Berichterstattung muss deshalb auch diese Gegebenheiten und deren Veränderungsdynamik regelmäßig mit berücksichtigen, um so fundierte empirische Grundlagen für jugendhilfeplanerisches wie auch jugendhilfepolitisches Handeln bereit zu stellen. Berichtskonzepte mit einem derart erweiterten Fokus lassen sich unter dem Begriff der Integrierten Berichterstattung fassen und damit im Grundverständnis eines Berichtswesens, das die Abbildung der Strukturen und Leistungen in den Arbeitsfeldern der Kinder- und Jugendhilfe in einen untrennbaren Sach- und Berichtszusammenhang mit der Beobachtung und Beschreibung des Wandels in den Lebenslagen von Kindern und Familien in den planungsrelevanten Räumen stellt.

2 Konzepte und Zielsetzungen Integrierter Berichterstattungen in der Praxis von Jugendhilfeplanung

Konzepte Integrierter Berichterstattungen haben sich inzwischen in vielen Bundesländern als ein wichtiger Baustein von örtlicher und insbesondere überörtlicher Jugendhilfeplanung etabliert. Während es im Kontext der Jugendhilfeplanung auf der örtlichen Ebene primär darum geht, die Angebots- und Inanspruchnahmestrukturen von Jugendhilfeleistungen und sozialstrukturellen Gegebenheiten nach unterschiedlichen Raumschaften innerhalb einer Stadt, etwa nach Stadtteilen, oder eines Landkreises, etwa nach Planungsräumen, zu analysieren (vgl. Berner/Maykus 2003/2004, Maykus 2006), zielen Integrierte Berichterstattungen auf überörtlicher Ebene darauf, die Strukturen und Rahmenbedingungen des Jugendhilfehandelns der Jugendämter in den Städten und Landkreisen innerhalb eines Bundeslandes vergleichend zu beschreiben, um den einzelnen Jugendämtern darüber empirisch fundierte Standortbestimmungen und reflexive Impulse bezüglich der Ausrichtung ihrer seitherigen Angebots- und Leistungsstrukturen sowie der Ausgestaltung ihrer Jugendhilfepraxis zu erschließen. Überörtliche Berichterstattungen in langjähriger Kontinuität liegen beispielsweise in den Bundesländern Rheinland-Pfalz, Nordrhein-Westfalen und Baden-Württemberg vor. Nach aktuellem Sachstand werden landesspezifisch ausgeformte Ansätze Integrierter Berichterstattungen inzwischen (Stand 2010) in den in Tabelle 1 genannten Bundesländern umgesetzt.

Tab. 1: Integrierte Berichterstattung in Bundesländern (Quelle: Eigene Darstellung)

Bundesland	Titel	Quellen zur Konzepterläuterung und/oder aktueller Bericht
Baden-Württemberg	Bericht zu Entwicklungen und Rahmenbedingungen der Inanspruchnahme erzieherischer Hilfen in Baden-Württemberg	Bürger 2002 Bürger/Gerstner 2008
Bayern	Jugendhilfeberichterstattung Bayern	Landesjugendamt Bayern 2007
Mecklenburg-Vorpommern	Integrierte Berichterstattung Mecklenburg-Vorpommern	GEBIT (div.)
Niedersachsen	Integrierte Berichterstattung Niedersachsen	Bruckner/Meyer 2006 Härdrich 2007 GEBIT (div.)
Nordrhein-Westfalen	Bericht Hilfen zur Erziehung in Nordrhein-Westfalen	Schilling u. a. 2009
Rheinland-Pfalz	Landesbericht Hilfen zur Erziehung Rheinland-Pfalz	Müller 2006 Müller u. a. 2010
Saarland	Erziehungshilfebericht Saarland	Müller u. a. (voraussichtlich 2011)
Thüringen	Integrierte Berichterstattung Thüringen	GEBIT (div.)

Die Titel einiger Berichtskonzepte verweisen darauf, dass das Arbeitsfeld der Hilfen zur Erziehung eine bedeutsame Rolle spielt. Gleichwohl umfassen auch diese Konzepte nahezu durchgängig eine breit angelegte integrierte Perspektive, in der neben den erzieherischen Hilfen und den sozialstrukturellen Gegebenheiten auch die anderen Arbeitsfelder der Kinder- und Jugendhilfe empirisch mit abgebildet und in eine interpretative Gesamtschau gestellt werden. Die Ausarbeitung der Berichte und die Aufarbeitung ihrer Ergebnisse in enger Kooperation mit den örtlichen Jugendhilfeträgern liegen je nach Bundesland in den Händen des Landesjugendamtes (Baden-Württemberg, Bayern) oder von Landesministerien und/oder den Landesjugendämtern (Nordrhein-Westfalen, Rheinland-Pfalz, Saarland, Mecklenburg-Vorpommern, Thüringen) beauftragen Instituten.

Wenngleich sich die landesspezifischen Berichtskonzepte in ihren methodischen Anlagen und fachplanerischen Schwerpunktsetzungen partiell unterscheiden, so basieren sie letztlich doch auf der gemeinsamen Grundannahme, dass sowohl die Angebots- und Inanspruchnahmeentwicklungen insgesamt wie insbesondere aber auch regionale Disparitäten in der Inanspruchnahme von Jugendhilfeleistungen nur im Zusammenwirken und damit in einer Gesamtschau von Einflüssen mehrerer Einflussfelder sachgerecht erfasst werden können. Diesem Grundverständnis folgend berücksichtigen Integrierte Berichterstattungen in der Regel

- die sozialen Lebenslagen von Familien mit Kindern und den Wandel von Familienstrukturen,
- die Verfügbarkeit (bzw. das Fehlen) primär präventiver Leistungsstrukturen der Kinder- und Jugendhilfe in den Städten bzw. Kreisen, etwa in den Bereichen Jugendarbeit, Jugendsozialarbeit, Krippe und Hort; dabei zunehmend bedeutsam auch die Schnittstellenbereiche zwischen den Systemen Jugendhilfe und Schule,
- die Inanspruchnahmeprofile der Hilfen zur Erziehung nach Häufigkeiten und Ausschöpfung der im SGB VIII angelegten Hilfeoptionen,
- die Arbeitsweisen und Arbeitsbedingungen innerhalb der Jugendämter hinsichtlich ihrer jeweiligen personellen Ressourcen, ihrer sozialpädagogisch-konzeptionellen Ausrichtungen sowie der Organisation und Ausgestaltung der Planungs- und Entscheidungsprozesse im Kontext von Hilfegewährung und Hilfeplanung (insgesamt geht es dabei um die Wahrnehmungs-, Definitions- und Entscheidungsprozesse der Professionellen),
- die politisch-fiskalischen Einflussnahmen auf die Arbeit der Jugendämter,
- die Veränderungen in den Rechtsgrundlagen der Kinder- und Jugendhilfe, und schließlich
- die demografischen Strukturen und deren Veränderung (vgl. Bürger u. a. 1994).

Auch in ihren Zielsetzungen lassen sich trotz zum Teil unterschiedlicher Akzentuierungen vier weitgehend kongruente Ausrichtungen bestimmen, die so auch für die örtliche Integrierte Berichterstattung gelten beziehungsweise bedeutsam sind.

Zunächst geht es im Sinne grundlegender Anforderungen an Berichterstattungen im Rahmen von Jugendhilfeplanung darum, einen verlässlichen Kerndatenbestand zu Angebotsstrukturen, Inanspruchnahmedaten von Jugendhilfeleistungen und Lebenslagenmerkmalen der Bevölkerung in den jeweiligen Raumschaften zu etablieren. Eine besondere Bedeutung kommt den überörtlichen Berichterstattungen dabei insofern zu, als sie eine landesweit einheitlich standardisierte Datenstruktur definieren, auf deren Grundlage auch kreisvergleichende Standortbestimmungen, wie sie im Kontext fachplanerischen Austausches über Kreisgrenzen üblich, aber auch aus dem Blickwinkel kommunalpolitischer Akteure inzwischen gang und gäbe sind, überhaupt erst vertretbar werden.

Auf einer zweiten Ebene zielen Integrierte Berichterstattungen als nicht nur deskriptive, sondern zugleich auch auf die Analyse des Bedingungsgefüges der vorgefundenen Verhältnisse ausgerichtete Konzeptionen auf die Gewinnung von Erkenntnissen zu grundlegenden Tendenzen in der Inanspruchnahmeentwicklungen und zu den Ursachen regionaler Disparitäten bei den Angebots- und Inanspruchnahmeprofilen von Jugendhilfeleistungen. Die darüber erarbeiteten Einsichten werden als eine wichtige Voraussetzung für ein adäquates fachlich-analytisches Verstehen der beobachteten Entwicklungen erachtet, das seinerseits zielgerichtete Ansatzpunkte für eine qualifizierte Weiterentwicklung der Jugendhilfestrukturen und damit auch einen möglichst effizienten Einsatz der finanziellen Ressourcen erschließen soll.

Eine weitere Zieldimension hebt darauf ab, reflexive Impulse bezüglich der Arbeitsweisen der Akteure in den Handlungsfeldern der Kinder- und Jugendhilfe im Sinne einer konstruktiven Irritation ihrer seitherigen Routinen zu erschließen. Diese Ausrichtung betrifft insbesondere die Leistungsbereiche der Hilfen zur Erziehung, bezüglich derer sich im Vergleich von Städten und Kreisen, aber auch von ASD-Bezirken innerhalb eines Kreises zum Teil gravierende Unterschiede in der Ausschöpfung der in den §§ 27 ff SGB VIII angelegten Hilfeoptionen zeigen, die vielfältige Fragen an die dahinter liegenden Ursachen aufwerfen. Dabei zielt die Berichterstattung nicht auf eine bewertende Einschätzung von „guter" versus „schlechter" Hilfepraxis in einer vorschnellen Interpretation der Daten. Vielmehr geht es darum, auf der Grundlage solcher Vergleichsbetrachtungen nach regionalen Besonderheiten von Angebots- und Inanspruchnahmeprofilen zu fragen, die solche Unterschiede begründen könnten, weil in dieser Fragerichtung Chancen liegen, seitherige Routinen bewusst zu machen. Das Thematisieren solcher Routinen ist keineswegs despektierlich, da Routinen (nicht nur) im professionellen Handeln unerlässlich sind, um den Alltag zu bewältigen. Entscheidend kommt es darauf an, vernünftige Ansatzpunkte und Verfahren zu finden, aus denen heraus die bestehenden Routinen regelmäßig fachlich qualifiziert befragt und gegebenenfalls in neue Denkrichtungen hinein entwickelt werden können. Hinsichtlich der Arbeitsweisen der Allgemeinen Sozialdienste ist es beispielsweise sinnvoll, an ihrer spezifischen Fachlichkeit anzusetzen und ihnen empirisch fundiert offen zu legen, welche Wirklichkeit von Hilfegeschehen sie hervor bringen, in welcher Weise sich diese von der anderer Kreise oder Bezirke unterscheidet oder auch durch auffällige Besonderheiten gekennzeichnet ist. Diskursiv zu verhandeln ist dann in der Aufarbeitung der Berichtsergebnisse mit den Sozialen Diensten die Frage, welche Hypothesen oder Einschätzungen dort hinsichtlich der Ursachen für Besonderheiten bestehen, wo also das Originäre des Bezirks verortet wird, und wo es – auch im vergleichenden Blick darauf, was andernorts geschieht – Möglichkeiten geben könnte, seitherige Praxis zu optimieren. Solche aus der Berichterstattung abgeleiteten Fragen tragen also keine Wertung über gute oder schlechte Praxis in sich, und es kann sein, dass sich das auf den ersten Blick Auffällige als das Notwendige und Richtige erweist. Dies aber muss im Ergebnis eines qualifiziert initiierten Reflexionsprozesses eingeschätzt werden, zumal kritische Fragen gelegentlich auch auf problematische Aspekte seitheriger Praxis stoßen können. Sie offen zu legen ist gerade auch aus der Verantwortung gegenüber den Leistungsadressaten wichtig, um sicherzustellen, dass beispielsweise innerhalb eines Kreises jede Familie, unabhängig davon, in welcher Gemeinde sie wohnt, im Prinzip die selben Chancen auf eine gleichermaßen qualifizierte und individuell ausgestaltete Jugendhilfeleistung hat und dies nicht irgendwelchen Zufälligkeiten überlassen ist. In dieser Zieldimension geht es somit um Impulse und Effekte, die zunächst nach Innen, also auf die Qualifizierung des Handelns der Professionellen in den Jugendämtern gerichtet sind. Ebenso wichtig erschließen sich nahezu identische Fragestellungen und Optionen aber auch als Basis gemeinsamer reflexiver Prozesse von Leistungsanbietern und öffentlichen Träger mit dem Ziel der Optimierung der gemeinsam gestalteten Angebots- und Hilfestrukturen.

Bei der vierten Zielebene geht es der Integrierten Berichterstattung darum, die jugendhilfe- und kommunalpolitischen Diskussionen um die Handlungs- und Ressourcenbedarfe der Kinder- und Jugendhilfe mittels empirischer Daten und Analysen zu fundieren und zu qualifizieren, um darüber letztlich die Politikfähigkeit der Kinder- und Jugendhilfe zu stärken. Im Vordergrund steht die Qualifizierung der Vertretung der Belange der Kinder- und Jugendhilfe im kommunalpolitischen Raum und damit auch eine Versachlichung der Debatten um ihre Handlungsbedarfe. Dem Grunde nach ist es völlig normal, allemal legitim und im Übrigen auch gut nachvollziehbar, wenn Verwaltungsspitzen und politische Gremien die Jugendhilfe bzw. die in ihr tätigen Akteure nach den Gründen etwa steigender Fallzahlen im Bereich der erzieherischen Hilfen, kontinuierlicher Ausgabenanstiege oder danach fragen, warum man denn im eigenen Kreis eine so deutlich höhere Inanspruchnahme von Jugendhilfeleistungen habe als im Nachbarkreis. Entscheidend kommt es darauf an, dass die Jugendhilfe in der Lage ist, diese berechtigten Fragen möglichst fundiert zu beantworten. Auf der Grundlage empirisch basierter Beschreibung und nüchterner Analyse kann es besser gelingen, die zur Ausgestaltung bedarfsgerechter Leistungsstrukturen benötigten Ressourcen zu begründen, und damit die Kinder- und Jugendhilfe gegenüber dem immer wieder anzutreffenden Verdacht des Zufälligen und des Beliebigen in der Begründung ihrer Handlungserfordernisse zu entlasten. Vor allem im Blick auf diese politische Dimension erschließt sich die Sinnhaftigkeit der Integrierten Berichterstattung noch einmal in besonderer Weise, indem die Veränderungsdynamik im Handlungsbedarf stets auch in einem untrennbaren Zusammenhang zu sozialstrukturellen Entwicklungen und damit dem Wandel der Lebenslagen der jungen Menschen und ihrer Familien in den Städten und Kreisen dargestellt wird, wodurch die Integrierte Berichterstattung einen gezielten Blick auf die Lebensverhältnisse der Bürgerinnen und Bürger auch zu einem regelmäßigen Thema kommunalpolitischer Auseinandersetzung macht. Die Befassung von Ausschüssen und Gremien mit der Berichterstattung ist darüber hinaus ein zentraler Ort der Einbindung von freien Trägern und weiteren Akteuren der Kinder- und Jugendhilfe mit der Zielsetzung gemeinsamer Diskurse und Entscheidungsfindungen zur weiteren Ausgestaltung der als notwendig erachteten Angebots- und Leistungsstrukturen. Dies gilt insbesondere für die Arbeit in den Jugendhilfeausschüssen und in Arbeitsgemeinschaften nach § 78 SGB VIII, kann aber je nach örtlichen Kooperationskulturen auch in anderen Arbeitszusammenhängen von öffentlichen und freien Trägern sowie anderweitig engagierten Trägern, Initiativen etc. erfolgen.

3 Exemplarische Darstellung von Datenstrukturen und Wechselbezügen Integrierter Berichterstattung auf örtlicher und auf überörtlicher Ebene

Die Anlage der Datenstrukturen der Berichtskonzepte variiert landesspezifisch in Abhängigkeit von den jeweils besonders akzentuierten Fragestellungen. Im Sinne einer exemplarischen Betrachtung wird im Folgenden die Datenstruktur der Berichterstattung in Baden-Württemberg skizziert. Die Heranziehung dieses Beispiels bietet sich deshalb an, weil die dortige Berichtspraxis in einem Gesamtkonzept von sehr eng aufeinander bezogener örtlicher und überörtlicher Berichterstattungen entwickelt wurde, so dass sich nahezu kongruente empirische Abbildungen wie auch erkenntnisleitende Fragestellungen aus dem Blickwinkel der vergleichenden

Betrachtung der 44 Stadt- und Landkreise des Bundeslandes einerseits und der kleinräumigeren Verhältnisse innerhalb der einzelnen Stadt- und Landkreise (Stadtteile bzw. Städte und Gemeinden, Planungsräume etc.) anderseits ergeben (vgl. Bürger 2008). Dabei sind die Zuständigkeiten für die beiden Ebenen der Berichterstattung so zugeschnitten, dass die überörtliche Berichterstattung von Seiten des Landesjugendamtes im Sinne einer Dienstleistung des überörtlichen Jugendhilfeträgers in regelmäßigen Zyklen für die Stadt- und Landkreise erarbeitet wird. Die Erstellung der örtlichen Berichte liegt dagegen in der originären Verantwortung der Jugendämter, die sich dafür entschieden haben, die örtliche Berichterstattung in ihrer Stadt bzw. ihrem Landkreis umzusetzen. Für diese moderiert das Landesjugendamt einen ständigen Arbeitskreis zum fachlichen Austausch und zur Fortentwicklung von Berichtskonzeption und Datenstrukturen, aus dem heraus, soweit notwendig, auch Abstimmungserfordernissen zwischen überörtlicher und örtlicher Berichterstattung Rechnung getragen wird.

Die Berichterstattung umfasst im je raumspezifischen Zuschnitt Informationen zur Bevölkerungs- und Siedlungsstruktur, zur Sozialstruktur, zum Inanspruchnahmeprofil erzieherischer Hilfen und zur je kreisspezifischen Ausschöpfung der im SGB VIII angelegten Hilfeoptionen unter altersklassen- und geschlechtsspezifischen Aspekten, zu weiteren Leistungsprofilen der Jugendämter, zu primär präventiven sozialen Infrastruktur in den kreisangehörigen Städten und Gemeinden und zu Merkmalen im Schnittstellenbereich von Jugendhilfe und Schule. Um einen groben Überblick zu vermitteln, bildet die in der Tabelle 2 gezeigt Matrix die Datenstruktur, wie sie zwar nicht völlig kongruent, aber doch weitgehend übereinstimmend für die örtliche und die überörtliche Berichterstattung gilt, in verdichteter Form ab. Die Darstellung unterscheidet in originäre Aufgaben in Verantwortung der Kreise einerseits und Leistungen in gemeinsamer Verantwortung von Kreis und Gemeinden andererseits und trägt damit den verschiedenen Zuständigkeiten in Landkreisen Rechnung. Diese Zuständigkeitsabgrenzung gilt somit nicht für die Stadtkreise, da dort das gesamte Aufgabenspektrum der Kinder- und Jugendhilfe kommunalpolitisch in einer Hand liegt.

Die Matrix zur Datenstruktur in der Tabelle 2 zeigt im Übrigen sehr deutlich, dass die Integrierte Berichterstattung trotz des expliziten Einbezugs sozialstruktureller Aspekte keinen Merkmalskanon entfaltet, wie man ihn in einer Sozialberichterstattung (vgl. dazu den Beitrag von Brülle/Hock in diesem Band) erwarten würde. Dieser Sachverhalt verweist darauf, dass sich die Integrierte Berichterstattung nicht im Sinne einer klassischen Sozialberichterstattung versteht, zumal sie damit den Anspruch auf eine Komplexität erheben würde, den sie nicht erfüllen kann. Gleichwohl werden die Datenstrukturen durchaus als ein Kerndatenbestand verstanden, der in seiner vorliegenden Struktur eine Reihe von Merkmalen beinhaltet, die unmittelbar brauchbar und damit auch anschlussfähig für andere kommunale Berichterstattungen sind, so dass sich potenzielle Schnittmengen und Anknüpfungspunkte zu anderen sozialplanerischen Analysen und damit auch zur Sozialberichterstattung ergeben.

Tab. 2: Datenstruktur der Integrierten Berichterstattung (Quelle: Eigene Darstellung)

Jugendhilfestrukturdaten		Sozialstrukturdaten
Originäre Leistungen auf Kreisebene (VK = Vollkräfte)	Leistungen in gemeinsamer Verantwortung von Kreis und Gemeinden („primär präventive Strukturen")	
Fallzahlen erzieherischer Hilfen nach §§ 27-35, 41 und 35a SGB VIII ▪ absolute Zahlen und Eckwerte ▪ jüngster Sachstand und ▪ Veränderungsdynamik ▪ Analysen nach Teilleistungsfeldern ▪ altersklassen- und geschlechterdifferenzierte Inanspruchnahme **Ausgaben für HzE** ▪ gesamt je Jugendeinwohner ▪ (0-u21-J.) ▪ nach Teilleistungsfeldern ▪ einschließlich (und binnendifferenziert nach) § 27, § 41, § 35a SGB VIII **Personelle Ressourcen in Sozialen Diensten der Jugendämter** ▪ VK je 1000 der 0- u. 21-Jährigen **Jugendgerichtshilfefälle** **Sorgerechtsentzüge**	**Versorgung Tagesbetreuung** ▪ Krippenplätze/Tagespflege ▪ Ganztagesplätze in Kindergärten ▪ Hortplätze **Personelle Ressourcen Jugendarbeit/Jugendsozialarbeit** ▪ VK in offener und verbandlicher Jugendarbeit ▪ VK in mobiler Jugendarbeit **Schnittstelle Jugendhilfe/Schule** ▪ VK in Schulsozialarbeit ▪ VK am Übergang Schule/Beruf ▪ Plätze an gebundener Ganztagsschule ▪ Häufigkeiten von Umschulungen in Schulen für Erziehungshilfen	**Bevölkerungs- und Siedlungsstruktur, u. a.** ▪ Bevölkerungsdaten ▪ Wanderung/Fluktuation ▪ Verdichtung **Lebenslagenindikatoren, u. a.** ▪ Arbeitslosenquote ▪ ALG I-Quote ▪ ALG II-Quote ▪ Sozialgeld-Quote **Familiale Strukturen, u. a.** ▪ Quote Kinder bei alleinstehendem Haushaltsvorstand ▪ Quote der von Scheidung ihrer Eltern betroffenen Kinder

Ein anderes Beispiel für Anschlussfähigkeit zu anderen Formen der Berichterstattung ist der Merkmalsbereich an der Schnittstelle von Jugendhilfe und Schule. Wie Maykus in seinem Beitrag in diesem Band ausführlicher dargelegt, ist eine integrierte Jugendhilfe- und Schulentwicklungsplanung mit der programmatischen Idee einer von beiden Systemen gemeinsam getragenen Verantwortung für die Bildung, Betreuung und Erziehung der jungen Menschen letztlich nur dann realisierbar, wenn genau solche Schnittstellendaten, aber auch die für beide Felder letztlich gleichermaßen relevanten Merkmale sozialstruktureller Gegebenheiten auf planungs- und sozialräumlicher Ebene zusammengeführt werden. Gerade hier bietet die Integrierte Berichterstattung auf örtlicher Ebene einen reichen Daten- und Wissensfundus, mit dem sich die Kinder- und Jugendhilfe fundiert und profiliert in solche gemeinsamen Planungsvorhaben einbringen kann.

Hinsichtlich der Datenstrukturen ist auf zwei latente Problemstellungen in der Entwicklung und Umsetzung von Konzepten Integrierter Berichterstattung hinzuweisen. Die Erfahrung zeigt zum einen, dass es sowohl in der Phase der Konzeptionsentwicklung, die zwingend in enger Kooperation zwischen örtlicher Planung und überörtlichem Träger betrieben werden muss, wie auch bei Fortschreibungen und Modifizierungen der Datenstrukturen aus den Blickwinkeln der vielen Beteiligten eine enorme Fülle von Ideen und Überlegungen gibt, welche Merkmale doch auch noch interessant wären und deshalb in die Berichterstattung aufgenommen werden sollten. Verstärkt wird dieser Impuls inzwischen noch dadurch, dass es keiner besonderen Kompetenzen und Zeit bedarf, um im Internet diverse Kennzahlen unterschiedlichster Art etwa auf Ebene der Kreise oder auch der Städte und Gemeinden in der BRD zu recherchieren. Vor dem Hintergrund dieser Ausgangslage besteht die handwerkliche Kunst in der Aushandlung und Gestaltung der von allen Beteiligten mit getragenen Berichtskonzeptionen oftmals gerade darin, eine Beschränkung auf eine eher knapper gehaltene Datenstruktur zu erzielen. Grundsätzlich sollten nur solche Merkmale berücksichtigt werden, deren Relevanz für die Arbeitsfelder und Aufgabenstellungen der Kinder- und Jugendhilfe sich im Kontext einer theoriegeleiteten Hypothesenbildung gut begründen lässt. Andernfalls liefe die Berichterstattung Gefahr, letztlich unüberschaubare und in ihrer Aussagekraft zweifelhafte Datenberge zu produzieren, die dem Gebrauchswert und der Akzeptanz der Ausarbeitungen eher schaden als nützen.

Eine zweite Problemstellung kann erfahrungsgemäß gerade in Phasen bereits gut etablierter Berichtspraxis auftreten, und zwar insbesondere dann, wenn die Berichte und ihre Ergebnisse – gerade auch wegen ihrer empirischen Fundierung – als konstruktive Bereicherung fachlicher und fachpolitischer Diskurse geschätzt werden. Vor diesem Hintergrund kommt es immer wieder zu Anregungen und Anfragen, ob die Berichterstattung nicht auch weitere wichtige Fragestellungen mit aufnehmen könnte – etwa die Dimension des Erfolges beziehungsweise der Wirkung von Jugendhilfeleistungen. Bezüglich solcher Denkrichtungen sollte stets im Blick bleiben, dass Berichtskonzepte sowohl in ihrer inhaltlichen und damit auch methodischen Anlage als auch hinsichtlich des Umfangs und damit der Akzeptanz der vorgelegten Berichte nicht überfrachtet werden dürfen. Sinnvoll ist es oftmals, diese Denkrichtungen in der Sache aufzugreifen, ihre Realisierung aber in die Etablierung komplementärer Untersuchungs- oder Berichtskonzepte münden zu lassen, die dann in ihren Anlagen und Datenstrukturen, je nach Themen- und Fragestellungen, durchaus in wechselseitiger Anschlussfähigkeit zu Aspekten der Integrierten Berichterstattung stehen können und sollten. Dass im Rahmen solcher Gestaltungsfragen von Arbeits- und Aufgabenprofilen von Jugendhilfeplanung natürlich stets auch Ressourcenfragen der Jugendhilfeplanung selbst eine wichtige Rolle spielen, gilt selbstredend.

Hinsichtlich der Wechselbezüge von örtlicher und überörtlicher Integrierter Berichterstattung in Baden-Württemberg bestehen die Schnittmengen nicht nur in der weitgehenden Kongruenz der Datenstrukturen, sondern auch in der Verknüpfung von Befunden in der Kombination der Datenaufbereitungen auf kreisvergleichender und auf kreisspezifisch kleinräumiger Ebene. Die aus den kreisvergleichenden Analysen der landesweiten Berichterstattung abgeleiteten und durch das Landesjugendamt in die einzelnen Kreise transferierten Standortbestimmungen, reflexiven Impulse und fachpolitischen Diskurse können auf fachplanerischer und kommunalpolitischer Ebene in der kleinräumigeren Perspektive innerhalb des Kreises aufgenommen und dort weiter verfolgt werden. Anderseits können Erkenntnisse und möglicherweise auch neue Fragestellungen aus den örtlichen Berichterstattungen auf die Weiterentwicklung der überörtlichen Berichterstattung zurück wirken, so dass beide Konzepte in einem stetigen Verhältnis fachlichen Austausches stehen. Die Voraussetzung dafür, dass dies gelingt, ist eine Transferstrategie zur Aufbereitung der Ergebnisse der komplexen landesweiten Berichte für die einzelnen Kreise als einem zentralen Baustein der Berichtskonzeption.

4 Zur Bedeutung des Transfers der Berichtsergebnisse

Der Transfer der Berichtsergebnisse ist in den meisten überörtlichen und örtlichen Berichterstattungen ein ganz wesentlicher Bestandteil der Gesamtkonzeption. Transfer meint Strategien und Angebote der jeweils berichterstattenden Institutionen zur Aufarbeitung und „Kleinarbeitung" der Berichte für die und mit den einzelnen Kreisen beziehungsweise den Städten und Gemeinden innerhalb eines Kreises. Die Ausgestaltung der Transferphasen unterscheidet sich in den Bundesländern hinsichtlich der Palette der jeweiligen Transferleistungen. Im Kontext überörtlicher Berichterstattungen reicht sie von umfassend ausgearbeiteten kreisspezifischen Analysen zur kreisvergleichenden Standortbestimmung über Auswertungs- und Fachgespräche auf Ebene von Jugendamtsleitung und -mitarbeitern, Erörterungen in Planungsgremien von öffentlichen und freien Trägern und Fachvorträgen in Jugendhilfeausschüssen, Sozialausschüssen und Kreistagen bis hin zu Arbeitszusammenschlüssen strukturell vergleichbarer Kreise innerhalb eines Bundeslandes, in denen ausgewählte Aspekte und Befunde der Berichterstattung gemeinsam bearbeitet werden. Im Rahmen örtlicher Berichterstattungen werden neben der ausführlichen Befassung des Jugendhilfeausschusses und anderer Gremien Auswertungen und fachliche Erörterungen innerhalb der Jugendämter, ihren Sozialen Diensten und in den regionalen Untergliederungen der Kreise (Stadtteile bzw. Städte und Gemeinden, Sozialräume etc.) unter Einbezug der lokalen Akteure durchgeführt. Manche Jugendämter machen gute Erfahrungen damit, die Ergebnisse der örtlichen Integrierten Berichterstattung mit den Bürgermeistern und/oder in den Gemeinderäten der kreisangehörigen Städten und Gemeinden unter den Aspekten der Lebenslagen der jungen Menschen und Familien, der darauf bezogenen Jugendhilfeleistungen in den Gemeinwesen sowie möglicher Handlungsbedarfe zu erörtern (vgl. Trede 2004).

Letztlich wird und muss die konkrete Ausgestaltung der Transferphase in den einzelnen Bundesländern und Kreisen in Orientierung an den primär akzentuierten Fragestellungen der Integrierten Berichterstattungen wie auch in Anknüpfung an die jeweiligen Kooperationskulturen erfolgen. In jedem Falle ist es jedoch wichtig, alle Transferleistungen in der Darstellung von Ergebnissen, in der Hervorhebung spezifischer Fragestellungen und Befunde wie auch in fachplanerischen Folgerungen stets zielgruppenspezifisch aufzubereiten, so dass unterschiedlichen Vorverständnissen und thematischen Interessen letztlich auch didaktisch angemessen Rechnung getragen wird. Integrierte Berichterstattungen bringen wegen der Breite ihrer inhaltlichen Anlage in der Regel recht umfangreiche Berichte hervor, die deshalb prinzipiell Gefahr laufen, vielleicht mit durchaus freundlich wertschätzender Anerkennung etwa in Gremien bedacht, letztlich aber doch in einem Schubladendasein zu enden. Um dies zu verhindern und die erheblichen fachplanerischen wie fachpolitischen Chancen solcher Berichterstattungen systematisch zu erschließen, muss einem umfassenden und differenzierten Transfer ein hoher Stellenwert beigemessen werden.

Literatur

Berner, R./Maykus, S. (2003/2004): Kommunale Jugendhilfe- und Sozialberichterstattung – Baustein einer modernisierten Kinder- und Jugendhilfe. Beispiel eines Berichtswesens in Jugendämtern Württemberg-Hohenzollern. In: Nachrichtendienst des Deutschen Vereins; Teil 1: Heft 12/2002, S. 441-445; Teil 2: Heft 1/2003, S. 21-24

Bruckner, E./Meyer, F.-W. (2006): Integrierte Berichterstattung Niedersachsen. Hannover (GEBIT)

Bürger, U. (2002): Konzepte einer Integrierten Berichterstattung zur Entwicklung von Jugendhilfebedarf und sozialstrukturellem Wandel – Entstehungshintergründe, methodische Anlage, Zielsetzungen. In: Zentralblatt für Jugendrecht, Heft 1/2002, S. 1-10

Bürger, U. (2008): Integrierte Berichterstattung zur Entwicklung von Jugendhilfebedarf und sozialstrukturellem Wandel – Ein Beispiel feldbezogener Sozialberichterstattung in einem Gesamtkonzept landesweiter und kommunaler Berichterstattung. In: Gottschalk, Ingo/Hellwig, Uwe/Lutz, Ronald/Walter, Werner (Hg.): Integrierte Sozialberichterstattung. Grundlage für politische Steuerung. Oldenburg, S. 75-101

Bürger, U./Gerstner, M. (2008): Bericht zu Entwicklungen und Rahmenbedingungen der Inanspruchnahme erzieherischer Hilfen in Baden-Württemberg 2008. Stuttgart (Kommunalverband für Jugend und Soziales/Landesjugendamt) Downloads: http://www.kvjs.de/692.0.html

Bürger, U./Lehning, K./Seidenstücker, B. (1994): Heimunterbringungsentwicklung in der Bundesrepublik Deutschland. Theoretischer Zugang, Datenlage und Hypothesen. Frankfurt/M.

GEBIT (div.): unter der Internetadresse www.gebit-ib.de/finden sich Grundlageninformationen und landesspezifische Berichte bezüglich der IB Niedersachsen, Mecklenburg-Vorpommern und Thüringen

Härdrich, D. (2007): Kennzahlen und Ziele zur Steuerung der Jugendhilfe – die integrierte Berichterstattung in Niedersachsen (IBN). Ein Berichtswesen als Instrument der Qualitätsentwicklung in der Jugendhilfe. In: Dialog Erziehungshilfen, Heft 3/2007 S. 16-22

Landesjugendamt Bayern (2007): JUBB – Jugendhilfeberichterstattung in Bayern – Entwicklungen und erste Ergebnisse. In: Zentrum Bayern Familie und Soziales/Bayerisches Landesjugendamt: Jahresbericht 2007. München

Maykus, S. (Hg.) (2006): Herausforderung Jugendhilfeplanung. Standortbestimmung, Entwicklungsoptionen und Gestaltungsperspektiven in der Praxis. Weinheim und München

Müller, H./ Baas, S./Mutke, B. (2009): 3. Landesbericht Hilfen zu Erziehung in Rheinland-Pfalz. Mainz (Institut für sozialpädagogische Forschung Mainz e.V.) Downloads: http://ism-mainz.de/frameset/mainframeset.htm

Müller, H. (2006): Die Hilfen zur Erziehung im Spiegel einer landesbezogenen integrierten Berichterstattung. Umsetzungserfahrungen aus Rheinland-Pfalz. In: Maykus 2006

Müller, H./ Baas, S./Mutke, B. (2009): 3. Landesbericht Hilfen zu Erziehung in Rheinland-Pfalz. Mainz (Institut für sozialpädagogische Forschung Mainz e.V.) Downloads: http://ism-mainz.de/frameset/mainframeset.htm

Schilling, M./Fendrich, S./Pothmann, J./Wilk, A. (2009): HzE Bericht 2009. Hilfen zur Erziehung in Nordrhein-Westfalen. Köln (Landschaftsverband Rheinland) und Münster (Landschaftsverband Westfalen-Lippe) Downloads: http://www.lwl.org/LWL/Jugend/Landesjugendamt/LJA/erzhilf/jugendhilfeplanung/jhp_material/index2_html

Trede, W. (2004): Erzieherische Hilfen zwischen fachlichen Herausforderungen und begrenzten Ressourcen. In: Forum Erziehungshilfen, Heft 2/2004, S. 72-82

Gregor Hensen | Reinhold Schone

Kinderschutz und Frühe Hilfen für Familien als Planungsthema

Kein Thema hat die Jugendhilfe in den letzten Jahren derartig bestimmt wie die Frage nach geeigneten Verfahren und Strategien für den Kinderschutz. Als Meilenstein sind die rechtlichen Konkretisierungen zum Schutzauftrag durch das Kinder- und Jugendhilfeweiterentwicklungsgesetz (KICK) im Jahr 2005 zu werten, weisen sie doch – in der Form als Bundesgesetz – erstmalig auf konkrete Verfahrensregeln in der Jugendamtspraxis und hinsichtlich der Rolle freier Träger hin. Auch wenn diese Gesetzesänderungen an vielen Stellen Fragen – vor allem hinsichtlich nicht eindeutiger Anforderungen wie die Abschätzung von Gefährdungsrisiken oder die Qualifikationsanforderungen der „insoweit erfahrenen Fachkraft" – aufwerfen, die auch nach vier Jahren noch Bestandteil fachlicher Auseinandersetzungen sind, kann doch von einem „kulturellen" Wandel gesprochen werden, der die Jugendhilfe in ihrem Kern berührt. Der mit dem Übergang vom JWG zum KJHG verbundene Perspektivwechsel von einem fürsorgerischen und ordnungsrechtlichen Charakter vergangener Tage hin zu einer modernen und dienstleistungsorientierten Jugendhilfe erhält eine Korrektur, indem staatliche Aufsichts- und Kontrollfunktionen im Bereich der Jugendhilfe eine neue Gewichtung erfahren (vgl. z.B. Schone 2008; Schimke 2009).

Grund für die bisher beispiellose Anzahl von kommunalen, landes- und bundespolitischen Aktivitäten für eine Verbesserung des Kinderschutzes waren skandalöse Fälle von Kindstötungen, die Fehlsteuerungen, individuelles und organisationales Versagen aller beteiligten Hilfesysteme schmerzhaft offenbarten. Deutlich wurden dabei auch erhebliche Mängel in der Zusammenarbeit zwischen den öffentlichen Leistungsbereichen der Kinder- und Jugendhilfe und dem Gesundheitswesen. Allen veröffentlichten praktischen Schwierigkeiten, die sich in den Einzelfällen abbildeten (vgl. z.B. Merchel 2007; Emig 2007) und die beispielhaft für ein offensichtliches Systemversagen stehen, folgte der Ruf nach verbesserten Handlungskonzepten im Kinderschutz.

Dieser Ruf bezog sich sowohl direkt auf die Jugendhilfepraxis, als auch auf eine Verbesserung der interdisziplinären Zusammenarbeit insbesondere mit dem Gesundheitswesen. Der Bereich der Kinder unter drei Jahren bildet bis heute für die Kinder- und Jugendhilfe einen „blinden Fleck"[1]. Gleichzeitig scheinen aber auch in der frühkindlichen medizinischen Vorsorgepraxis Informationsdefizite und Handlungsunsicherheiten zu existieren (vgl. Münder/Smessaert 2009, S. 63). Mit der Implementierung von Frühen Hilfen und interdisziplinären Netzwerken wird zurzeit vielerorts der Versuch unternommen, die organisationsspezifischen Kooperationshürden zu überwinden sowie einen möglichst frühzeitigen Hilfezugang zu Familien und neugeborenen Kindern zu gewährleisten.

---

1 Enthielt das alte Jugendwohlfahrtsgesetz bis 1990 noch die Verpflichtung der Jugendhilfe zu Hilfen für Mütter vor und nach der Geburt, so sind solche spezifischen Leistungen im Kinder- und Jugendhilfegesetz nicht mehr zu finden.

Beide Strategien, intervenierender Kinderschutz und die Schaffung von Strukturen Früher Hilfen, haben unterschiedliche Ansätze hinsichtlich der Zielrichtung, des Zeitpunkts, der Handlungsanforderungen und der Intensität der Interventionen. Sie sind beide relevant für Jugendhilfeplanungsprozesse, da auf der einen Seite die Gewährleistung eines wirksamen Schutzes von Kindern und Jugendlichen vor Gefährdungen vom öffentlichen Jugendhilfeträger verlangt wird, auf der anderen Seite Zukunftsentscheidungen in Richtung der Ausgestaltung neuer, „früher" Hilfeformen anstehen. Letzteres ist deshalb als Planungsaufgabe besonders herausfordernd, weil die damit angesprochene Zielgruppe (Familien mit Kindern im Alter unter drei Jahren sowie Familien, in denen eine Geburt des Kindes bevor steht) bislang wenig Beachtung in der Jugendhilfe gefunden hat.

1 Kinderschutz als Aufgabe der Jugendhilfe

Jugendhilfeplanung darf das Thema Kinderschutz nicht nur unter dem eingeschränkten Blickwinkel des Schutzauftrages bei Kindeswohlgefährdung betrachten. Alle Leistungen der Jugendhilfe sind in ihrer Gesamtheit dem Kinderschutz verpflichtet, wie es u.a. auch in § 1 Abs. 2 SGB VIII formuliert wird. Die Abbildung 1 macht unter diesem Blickwinkel zunächst einmal die zentralen Aufgabenbereiche der Förderung, der Hilfe und des Schutzes deutlich.

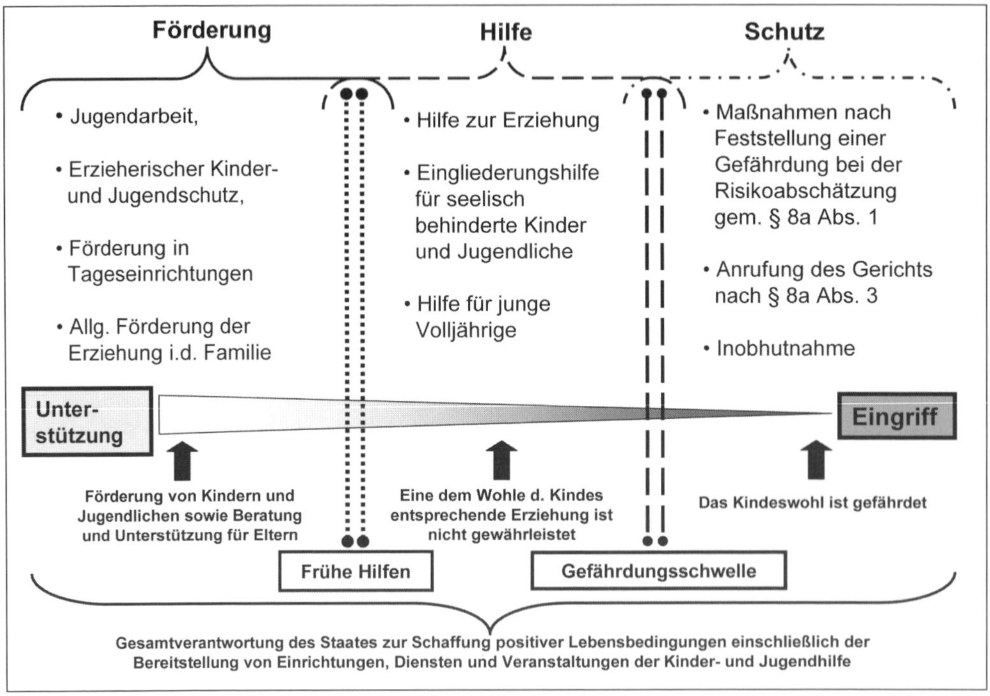

Abb. 1: Leistungen und Maßnahmen der Jugendhilfe im Kontext des Kinderschutzes (Quelle: vgl. Jakob 2006; eigene veränderte Darstellung)

Angebote der Kindertageseinrichtungen oder der Jugendarbeit richten sich an alle jungen Menschen bzw. Familien. Sie haben einen allgemein fördernden und unterstützenden Charakter. Spezifische Aufgaben der Gefährdungsanalyse und -abwehr waren bisher diesen Arbeitsbereichen nicht zugeschrieben. Auch innerhalb des erzieherischen Kinder- und Jugendschutzes – als Aufgabengebiet der Jugendhilfe (§ 14 SGB VIII) – stehen keine konkreten und unmittelbar zu erwartenden Gefährdungen von Kindern und Jugendlichen im Mittelpunkt, sondern dieses Arbeitsfeld ist vielmehr gekennzeichnet durch allgemeine Aufklärungsleistungen für Eltern und Kinder über allgemeine Gefährdungslagen (Gewalt, Rechtsextremismus, Alkoholabusus, Medienschutz etc.).

Der Bereich der Hilfen zur Erziehung setzt sich dagegen explizit mit der zweiten Ebene auseinander. Bei nicht gewährleistetem Kindeswohl haben Eltern nach § 27 SGB VIII einen individuellen Rechtsanspruch auf Hilfe (Hilfe zur Erziehung). Dieser ist durch die Gewährung von ambulanten (z. B. Erziehungsbeistand, Sozialpädagogische Familienhilfe), teilstationären (Tagesgruppe) oder stationären (Heim, Pflegefamilien) Hilfen zur Erziehung einzulösen. Der Anspruch richtet sich gegen das Jugendamt, das in der Regel durch den Organisationsbereich des Allgemeinen Sozialen Dienstes (ASD) über notwendige und geeignete Hilfen im Zusammenwirken mit den Adressaten entscheidet.

Der dritte Bereich markiert die ordnungsrechtlichen Aufgaben des Jugendamtes, die durch das staatliche Wächteramt markiert sind. Mit dem Einfügen des § 8a SGB VIII werden – auch in der Vergangenheit bereits bestehende – Schutzpflichten der Jugendhilfe im Allgemeinen und des Jugendamtes als Vertreter des staatlichen Wächteramtes im Besonderen neu gefasst und insbesondere verfahrenstechnisch eindeutiger normiert. Dabei weist die Norm u. a. auf ein Kernproblem aktueller Diskussionen, nämlich auf die Frage, wie sich potenzielle Gefährdungen von Kindern und Jugendlichen zuverlässig und rechtzeitig so feststellen lassen, dass sowohl das Recht von Eltern zur Pflege und Erziehung ihrer Kinder nach ihren Vorstellungen (vgl. Art. 6 Absatz 2 GG; § 1 Abs. 2 SGB VIII) gewahrt ist, als auch bei Gefährdungen der Schutz der Kinder/Jugendlichen so frühzeitig und nachhaltig sichergestellt werden kann, dass befürchtete Schädigungen ihres körperlichen, geistigen und seelischen Wohls nicht eintreten[2].

Grundsätzlich haben Eltern einen Rechtsanspruch auf Hilfe (gefährdende Lebenslagen sind mindestens auch das Kindeswohl nicht gewährleistende Lebenslagen), gleichzeitig hat der Staat aber auch die Verpflichtung einzugreifen, wenn Eltern nicht bereit oder in der Lage sind, Hilfe zur Abwendung von Gefährdungen in Anspruch zu nehmen. Dieser Ebene ist insbesondere die Inobhutnahme als sozialpädagogischer Arbeitsbereich zuzuordnen (vgl. Hensen 2005). Ansonsten war und ist hier in aller Regel der ASD in seiner staatlichen Wächterfunktion tätig, die sich insbesondere in der Organisation von Hilfsangeboten und in der Mitwirkung in familiengerichtlichen Verfahren niederschlägt.

Zentrale Frage für die Jugendhilfe und damit für ihre Planung ist nun die Frage nach der Gestaltung der Grenzen und Übergänge zwischen diesen Kernaufgaben. Während die Grenzlinie zwischen der ersten und der zweiten Ebene durch die Existenz und die Formulierung indivi-

2 Ein auch nur annähernd bundesweit anerkannter oder gar verbindlicher Fachstandard zur Ausgestaltung des staatlichen Wächteramtes bei Kindeswohlgefährdung hat sich in Deutschland bislang nicht herauskristallisiert. Die aktuelle Diskussion um die Verschärfung von Maßnahmen der Kontrolle und des Eingriffs ist sicherlich eine Konsequenz der dramatisch verlaufenden Fälle, in denen Kinder durch dauerhafte Formen von Vernachlässigung und Misshandlung zu Tode gekommen sind. Diese Fälle sind aber auch daraufhin zu befragen, ob sie nicht auch ein Symptom für nicht hinreichende und zu wenig attraktive Angebotsstrukturen der Jugendhilfe sind, oder ob Inanspruchnahme- und Kooperationsschwellen zwischen den Systemen der Jugendhilfe, des Gesundheitswesens oder der Justiz zu hoch sind.

dueller Rechtsansprüche von Eltern bei einer defizitären Erziehung markiert ist, ist die Grenzlinie zwischen der zweiten und der dritten Ebene dadurch gekennzeichnet, dass hier nicht in Anspruch genommene Rechte von Eltern in Eingriffsverpflichtungen des Staates (des Jugendamtes) umschlagen (vgl. ISA 2006; Schone 2008). Es lassen sich also zwei Schwellen charakterisieren, die ganz unterschiedliche Aspekte der Jugendhilfe erfassen, beide jedoch von zentraler Bedeutung für die Leistungskraft und Aufgabenwahrnehmung der örtlichen Jugendhilfe sind.

Für die Jugendhilfeplanung liegt eine Aufgabe in der durch Daten unterfütterten Analyse dieser beiden Schwellen in der örtlichen Praxis, um daraus Folgerungen für die Ausgestaltung von Einrichtungen und Diensten ziehen zu können. Die Befragung der Jugendämter zeigt, dass sie diesen Fragen im Rahmen der Jugendhilfeplanung aktuell eine erhebliche Aufmerksamkeit widmen. Von allen Aufgaben der Jugendhilfeplanung wurde dieser Frage aktuell die größte Wichtigkeit und höchste Priorität zugeschrieben (vgl. den Beitrag von Adam/Kemmerling/Schone in diesem Handbuch). Im Folgenden sollen daher diese beiden Schwellen näher in den Blick genommen und deren spezifische Anforderungen an die Jugendhilfeplanung skizziert werden.

2 Frühe Hilfen als Gegenstand der Planung

Die frühe Kindheit stellt für die Kinder- und Jugendhilfe eine besondere Herausforderung dar. Zurzeit befindet sich ein Großteil der Kinder zwischen 3 und 6 Jahren wenigstens halbtags in einer öffentlich geförderten Betreuungseinrichtung der Jugendhilfe (vgl. Lange/Schilling 2007). Dagegen sind öffentliche Angebote für unter Dreijährige und ihre Familien nach wie vor eher selten. Die Zahl der Betreuungsplätze für unter Dreijährige befindet sich zwar derzeit im Aufbau, im Vergleich zu anderen europäischen Ländern hat Deutschland jedoch eine geringe Betreuungsdichte für diese Lebensphase zu verzeichnen (vgl. OECD 2006, S. 76). Gleichzeitig ist die Bereitstellung allgemeiner Hilfs- und Unterstützungsmaßnahmen für Eltern mit kleinen Kindern gesetzlich eher marginal geregelt (z. B. §§ 17 ff. SGB VIII) und damit gleichsam einem kommunalpolitischen „Willensprinzip“ unterworfen.

Dabei stellt gerade die frühe Kindheit auch für die Jugendhilfe eine besondere Herausforderung dar, handelt es sich doch hier um eine Lebensphase, in der zentrale Weichenstellungen für die Entwicklung von Kindern erfolgen. Keine Phase des Lebens ist von so schnellen und existenziellen Entwicklungsschüben geprägt wie die frühe Kindheit. Gleichzeitig ist auch in keiner anderen Lebensphase die Abhängigkeit von betreuenden und versorgenden Menschen (zumeist der Eltern) dermaßen hoch. Wenn Eltern in dieser Phase nur begrenzt leistungsfähig sind, wenn sie Bedürfnisse von Kindern nicht erkennen oder nicht angemessen interpretieren können, schlagen solche Wahrnehmungs- und Beziehungsstörungen unmittelbar auf das Kind durch. Hier zeigt sich der besondere Auftrag an die Jugendhilfe und andere Hilfesysteme (wie bspw. das Gesundheitswesen), Eltern unterstützend und helfend beiseite zu stehen (vgl. Schone 2007).

Im Rahmen der Kinderschutzdiskussion nimmt die Idee von Frühen Hilfen in den letzten Jahren ebenso wie der Begriff des „Sozialen Frühwarnsystems“ einen zentralen Stellenwert ein. Neben vielfältigen Initiativen einiger Bundesländer (vgl. u. a. MGSFF NRW 2005a; 2005b) hat die Bundesregierung ein „Nationales Zentrum Frühe Hilfen“ errichtet, dessen Aufgabe es ist, die vielfältigen Aktivitäten in den verschiedenen Bundesländern zu bündeln und den wechselseitigen Austausch sicher zu stellen (vgl. BMFSFJ 2007). Dies verdeutlicht, dass es hier um ein Thema mit hoher sozial- und gesellschaftspolitischer Aufmerksamkeit geht. Im Kern geht es bei diesen Aktivitäten um den Auf- und Ausbau von Handlungskonzepten, die sich auf zwei Grundüberlegungen stützen.

- Es sollen Problemzugänge zu Kindern und Familien geschaffen werden, die es ermöglichen, frühzeitig riskante Entwicklungen zu erkennen und zu bearbeiten, womit einer Verfestigung dieser Problemlagen entgegen gewirkt bzw. diese abgemildert werden sollen. Einerseits gilt dieses „frühzeitig" bezogen auf den Entstehungsprozess von Krisen allgemein, indem schon zu einem frühen Zeitpunkt einer Problementstehung/-entwicklung angemessene und wirksame Hilfsangebote formuliert werden. Andererseits bezieht sich das „frühzeitig" auf eine biographische Perspektive, also auf die Entwicklungsphasen von Kindern. Waren diese Konzepte anfänglich noch auf viele unterschiedliche Zielgruppen und Problemlagen anwendbar, kristallisiert sich zurzeit ein Trend heraus, Frühwarnsysteme vor allem im Bereich von Unterstützungsleistungen für Familien mit Kindern zwischen 0 und drei Jahren bzw. auch schon vorgeburtlich anzulegen.
- Die zweite Grundüberlegung bezieht sich auf die Herstellung verbindlicher disziplinärer und interdisziplinärer Netzwerke von Fachkräften und Institutionen innerhalb der Jugendhilfe (soziale Dienste, Kindertageseinrichtungen, Einrichtungen der Jugendarbeit) und zu anderen professionellen Systemen (insbesondere Gesundheitswesen, Schule, zunehmend auch ARGE'n), die mit unterschiedlichsten Lebenslagen von Eltern und Kindern konfrontiert sind.

Die Diskussion zur Ausgestaltung von Frühen Hilfen wird – anders als beim intervenierenden Kinderschutz – getragen durch den Gedanken primärer und sekundärer Prävention. Es geht hier kurz gesagt darum, nicht erst zu reagieren, wenn Hilfebedarfe offensichtlich und unabweisbar zutage liegen: Schwache Signale riskanter Entwicklungen sollen frühzeitig erfasst und im Zusammenwirken verschiedener Institutionen gebündelt werden, um ungünstigen Entwicklungen durch den Einsatz abgestimmter Hilfeformen entgegenzuwirken (vgl. Schone 2008).

Sollen Unterstützungsangebote so früh wie möglich in der Lebensphase eines Kindes ansetzen, so zeigt sich, dass es häufig das Krankenhauspersonal oder der/die niedergelassene Gynäkologe/in ist, mit denen Eltern den ersten Kontakt haben. Alle von dieser Institution ausgehenden Hilfen und Unterstützungen sind in der Regel medizinisch indiziert und unterliegen dem Vergütungsrahmen der gesetzlichen Krankenversicherung (GKV). Die Koordination von Unterstützungsleistungen unterliegt hier zum großen Teil der Beurteilungspraxis medizinischen Personals, die über eine Primäreinschätzung hinsichtlich des Zustands der Lebenssituation hinaus gefordert sind, prognostisch orientierte Fragestellungen für das Zusammenleben der Familie vorzunehmen. Gerade dieser Blick in die Zukunft von Familien erfordert die Berücksichtigung einer interdisziplinären Perspektive bei der Einschätzung durch Fachkräfte der Jugendhilfe (vor allem aus dem ASD und der Tagesbetreuung).

Das vom Bundesfamilienministerium im Jahre 2007 begonnene Programm „Frühe Hilfen für Eltern und Kinder und soziale Frühwarnsysteme“ hat das Ziel, „Kinder durch eine möglichst wirksame Vernetzung von Gesundheitshilfe (Gynäkologen, Schwangerschaftsberatungsstellen, Hebammen, Geburtskliniken, Kinderkliniken, Kinderärzte) und Kinder- und Jugendhilfe früher und besser vor Gefährdungen zu schützen. Das Aktionsprogramm soll dazu beitragen, effektive Verfahrensstandards für die Kooperation dieser beiden Hilfesysteme und Methoden einer partnerschaftlichen Beteiligung der Eltern am Hilfeprozess von Anfang an zu entwickeln“ (www.fruehehilfen.de). Das Programm verfolgt ein breites Ansatzspektrum, und zwar von dem Beginn von beobachtbaren Entwicklungsrisiken an bis hin zu konkreten Hinweisen auf eine Kindeswohlgefährdung. Methodisch sollen dabei folgende Ansätze verfolgt werden:

- Prävention von Vernachlässigung und Misshandlung bei Säuglingen und Kleinkindern, beginnend mit der Schwangerschaft bis zum Ende des dritten Lebensjahres,
- Früherkennung von familiären Belastungen und Risiken für das Kindeswohl,
- frühzeitige Unterstützung der Eltern zur Stärkung ihrer Erziehungskompetenz

(vgl. Sann/Schäfer 2008, S. 109).

Unter dem Begriff von Frühen Hilfen findet sich eine Vielzahl von Maßnahmen (u.a. das Modell des „Besuchsdienstes“ bei Neugeborenen, das Modell Familienhebammen, verschiedenste Kooperationsmodelle im Kontext psychisch erkrankter Eltern etc., die meist ganz unterschiedliche Zielsetzungen verfolgen. Ihnen allen gemein ist aber der Anspruch, möglichst frühzeitig Hilfeformen zu vermitteln und zur Verfügung zu stellen. Eingebunden in diese Diskussion um Frühwarnsysteme ist auch die in vielen Ländern eingeführte Meldepflicht der Inanspruchnahme von Vorsorgeuntersuchungen für Kinder (vgl. Notthaft 2008), die z.T. zu erheblichen logistischen Problemen bei den letztlich eingeschalteten Jugendämtern führt und von daher auch von hoher Planungsrelevanz für die Jugendhilfe ist. In jedem Land gibt es darüber hinaus verschiedene Projekte der Koordination und Verzahnung verschiedener sozialer Dienstleistungen. Beispielhaft seien hier nur die Familienzentren in NRW benannt, die Aspekte der Familienbildung, Familienberatung, Sozialberatung etc. an Tageseinrichtungen für Kinder koppeln bzw. sie hier integrieren. Auch dies ist ein noch nicht abgeschlossener Prozess mit erheblichen jugendhilfeplanerischen Anforderungen in den jeweiligen Kommunen.

Frühe Hilfen weisen eine große Heterogenität hinsichtlich der zu erfassenden Gegenstandsbereiche, Methodik und der zugrunde gelegten Theorie auf. Die sachliche und organisationale Zuständigkeit für die Bereitstellung von Hilfen und Unterstützungsleistungen für Kinder bis drei Jahre und ihre Mütter und Väter, die sich in sich abzeichnenden Problemlagen befinden, ist dabei häufig noch ungeklärt und befindet sich in vielen Kommunen in einer Art „Erprobungsphase“.

Alle bestehenden und in der Entwicklung begriffenen Modelle zeichnen sich durch Interdisziplinarität und durch Vernetzung aus (vgl. bspw. Bastian et al. 2008, S. 123 ff.). Vernetzungsmanagement kann als eine Kernaufgabe des örtlichen Jugendhilfeträgers gesehen werden, der sich verantwortlich für den Aufbau und die Begleitung der erforderlichen Beratungssettings im Einzelfall und einrichtungsübergreifender Arbeitsgruppen zeigt. Damit die Steuerung dieser Vernetzungsaufgaben gelingen kann, werden im Folgenden notwendige Aspekte benannt, die zu berücksichtigen sind:

- *Akzeptanz* der spezifischen Kompetenzen der beteiligten Berufsgruppen und Institutionen in einem gleichberechtigten Kommunikationsprozess mit hierarchiefreien Kommunikationsformen,
- *hinreichender Informationsstand* aller Beteiligten über Auftrag, Arbeitsweise und „handelnde Personen" sämtlicher in der Region tätigen Institutionen,
- *regionale Verankerung* der Kooperation, der Bezugsraum muss ein für alle Beteiligten überschaubarer Sozialraum sein.
- Der *zeitliche Aufwand* für Kooperation und Vernetzung muss in einem angemessenen Verhältnis zum insgesamt zur Verfügung stehenden Zeitbudget der Beteiligten stehen.
- Die *Motivation zur Beteiligung* an Netzwerken hängt entscheidend von Verlässlichkeit und Kontinuität bei gleichzeitiger Flexibilität der beteiligten Personen ab. In regelmäßigen Abständen sind Ziele, Inhalte, Form und Organisation der Kooperation zu reflektieren.

Im Kontext Früher Hilfen gibt es keine einfachen, monoprofessionellen Handlungs- und Lösungskonzepte. Eine Hilfe kann nur dann wirksam sein, wenn diese Hilfe alle Verursachungsdimensionen von Problemen gleichermaßen in den Blick nimmt und sich nicht auf eindimensionale Perspektiven bzw. Handlungsweisen verengt (vgl. Rietmann/Hensen 2008). Dies erfordert von einer familienbezogenen sozialen Arbeit eine Perspektivenerweiterung und den Einbezug anderer Fachkräfte, Dienste und Disziplinen. Aufgabe der Jugendhilfeplanung ist es, die örtlichen Konzepte durch entsprechende Planungsaktivitäten zu befördern und zu bündeln. Dabei wird in nächster Zeit eine zentrale Herausforderung darin bestehen, wie es gelingen kann, Frühe Hilfen nicht als eine neue Hilfeform zwischen einzelnen Hilfeangeboten und Fachsystemen zu implementieren, sondern sie in die bestehende Angebotsstruktur der Jugendhilfe einzubinden.[3]

3 Schutzauftrag bei Kindeswohlgefährdung

Der Schutzauftrag bei Kindeswohlgefährdung kennzeichnet die zweite Schwelle der eingangs skizzierten Aufgaben der Jugendhilfe im Kontext des Kinderschutzes. Zentraler Bezugspunkt ist hier der seit dem Jahr 2005 geltende § 8 a SGB VIII, der die hoheitlichen Aufgaben in diesem Zusammenhang präzisiert und eine eindeutige Ausweitung des Schutzauftrages durch die Verpflichtung zum Abschluss von Vereinbarungen mit freien Trägern trifft. Verbunden mit

3 Begrüßenswert wäre bei der gesetzlichen Reform die Schaffung von zusätzlichen Leistungsangeboten mit Rechtsanspruchqualität im Kontext früher Hilfen. Dies müsste im Zusammenhang der Erweiterung der Palette der Hilfen zur Erziehung geschehen. Hierzu würden dann auch Hilfen vor und nach der Geburt gehören, wie es sie im JWG schon gab. („*Aufgabe des Jugendamtes ist ferner, die für die Wohlfahrt der Jugendlichen erforderlichen Einrichtungen und Veranstaltungen anzuregen, zu fördern und ggf. zu schaffen, insbesondere für [...] 2. Hilfen für Mutter und Kind vor und nach der Geburt, 3. Pflege und Erziehung von Säuglingen, Kleinkindern [...], 4. erzieherische Betreuung von Säuglingen, Kleinkindern [...].*" § 5 JWG). Sinnvoll wäre im Zuge solcher Gesetzesinitiativen, Rechtsansprüche im Sinne von Komplexleistungen in der Jugendhilfe zu verankern (Frühförderung, Familienhebammen u. a.). Hierbei besonders hervorzuheben sind Familienhebammen, die inzwischen auf eine über 20-jährige Geschichte immer wieder neu aufgelegter „Modellprojekte" zurückblicken können. Die gesetzliche Verankerung solcher (Komplex-) Leistungen zur Sicherung und Ausweitung der Praxis in diesem Feld ist in der Tat seit vielen Jahren überfällig. Die Entwicklung einer eigenen Infrastruktur für Frühe Hilfen würde indes nur einer weiteren Versäulung der Jugendhilfe Vorschub leisten und wäre damit kontraproduktiv.

den Novellierungen des Kinder- und Jugendhilfegesetzes wird das Staatliche Wächteramt der Kinder- und Jugendhilfe sowie die exponierte Verantwortung der öffentlichen Jugendhilfeträger besonders betont und zusätzlich gestärkt. Alle Änderungen haben vorrangig zum Ziel, den Schutz von Kindern und Jugendlichen bei Gefahren für ihr Wohl zu verbessern sowie bestehende Hilfeleistungen so zu optimieren, dass Gefahrensituationen früher erkannt und erfasst werden. Nicht zuletzt geht es darum, durch eine wirksame Steuerung angebotener Hilfemaßnahmen und eine verbindliche Form interinstitutioneller Zusammenarbeit die Verfestigung von Gefährdungslagen für das Kindeswohl zu verhindern. Gleichzeitig treten auch Neuerungen in Kraft, in denen Fachkräfte freier Träger in besonderer Weise verpflichtet werden, bei Hinweisen auf Gefährdungen für das Wohl von Kindern und Jugendlichen tätig zu werden. Im Kern fordert der § 8a SGB VIII, dass bei Bekanntwerden gewichtiger Anhaltspunkte für eine Gefährdung eine Risikoabschätzung im Team vorzunehmen ist, dabei Eltern und Kinder/Jugendliche einzubeziehen und ggf. Hilfen zur Beseitigung der Gefährdung anzubieten sind sowie das Familiengericht bei Hinweisen auf eine Gefährdung anzurufen als auch freie Träger über Vereinbarungen in diese Verantwortung einzubinden sind (vgl. ausführlich ISA 2006).

Als Planungsherausforderung ist vor diesem Hintergrund u. a. die Frage nach der angemessenen personellen und sachlichen Ausstattung des ASD zu sehen, die eine Fülle an neuen und alten Aufgaben bewältigen müssen. Die Rolle als Koordinator und Initiator von Hilfen weist ihm eine Schlüsselposition im Kinderschutz zu.

Deutlich werden an der durch den § 8a SGB VIII definierten Interventionsschwelle hoheitlichen Handelns im Kinderschutz („gewichtige Anhaltspunkte") eine Vielzahl von Planungsanforderungen, die sowohl die Binnenorganisation des Jugendamtes betreffen als auch Gestaltung von Kommunikationsprozessen des öffentlichen Trägers mit Einrichtungen und Diensten in freier Trägerschaft. Im Folgenden werden beispielhaft zwei Handlungsfelder der ASD im Aufgabenspektrum des Kinderschutzes näher beleuchtet und hinsichtlich der Relevanz für die Jugendhilfeplanung erörtert:

a) Eine Intervention in Form der Inobhutnahme stellt sich meist als die einzige Möglichkeit des Jugendamtes dar, bei sichtbaren, akuten Gefährdungsfällen für Kinder und Jugendliche unmittelbar und schützend zu handeln. Bei den vielen Schnittstellen der Jugendhilfeplanung zur Kinderschutzarbeit im ASD erlangt die Inobhutnahme eine zusätzliche besondere Bedeutung, da im Interventionsfall („Gefahr im Verzug") geeignete und ausreichende Platzzahlen zur Verfügung stehen müssen.
b) Verbunden mit der Einführung des § 8a SGB VIII ist eine „neue" Verbindlichkeit an die Verfahrensabläufe im Jugendamt bei Hinweisen von Gefährdungen, die das Wohl von Kindern und Jugendlichen betreffen. Ebenso soll die Zusammenarbeit zwischen dem öffentlichen und den freien Trägern gem. § 8a Abs. 2 SGB VIII über das Instrument der „Vereinbarung" hergestellt werden. Die Jugendhilfeplanung kann bei der Einbindung von freien Trägern in diesen Aushandlungsprozess eine moderierende bzw. vermittelnde Rolle einnehmen.

Inobhutnahme als Krisenintervention und Planungsherausforderung: Die Inobhutnahme gemäß § 42 SGB VIII ist eine Maßnahme, in der der örtliche öffentliche Jugendhilfeträger sein Interventionsrecht und die Pflicht zum Schutz von Kindern und Jugendlichen wahrnimmt. Zum einen wird das Jugendamt mit dieser Rechtsvorschrift verpflichtet, ein Kind oder eine/n Jugendliche/n in seine Obhut zu nehmen, wenn es darum bittet. Mädchen und Jungen, die eine dringende Bitte auf Inobhutnahme äußern, befinden sich in Krisen- und Konfliktsituationen, denen sie sich hilflos ausgeliefert sehen und nicht in der Lage sind, aus eigener Kraft eine Lösung herbeizuführen. Zum anderen sind Mitarbeiter des Jugendamtes verpflichtet, Minderjährige in Obhut zu nehmen, um eine akute Krise bzw. Notsituation abzuwehren. Dies kann im Einzelfall auch ohne die Zustimmung des Personensorgeberechtigten geschehen. Somit stellt eine unmittelbare Gefahr für das Wohl der Minderjährigen für das Jugendamt einen Imperativ zum Handeln dar, d. h. es ist gesetzlich zur Krisenintervention und zur Abwendung der Gefährdungslage verpflichtet. Im Falle der Inobhutnahme soll die/der Minderjährige kurzfristig in einer entsprechenden und passenden Einrichtung oder bei einer geeigneten Person untergebracht werden. Die Änderungen und Erweiterungen des § 42 SGB VIII durch das KICK sehen nun auch die Situation von unbegleiteten ausländischen Jugendlichen per se als Krisen- und Notsituation an, die eine Inobhutnahme rechtfertigt.

Anlässe der Krisenintervention sind in der Regel zugespitzte familiäre Überforderungssituationen, in denen Mädchen und Jungen meistens (dauerhaften) Gewalterfahrungen ausgesetzt sind wie körperlicher und seelischer Misshandlung, Vernachlässigung oder auch Fälle von sexuellem Missbrauch. Gründe können aber auch Autonomiekonflikte oder Konflikte zwischen den Eltern bzw. Erwachsenen sein (vgl. Münder et al. 2000). Ein begründeter Verdacht von Misshandlung innerhalb der Familie oder eine elterliche Überlastungssituation, die sich in Form von Gewalt äußert oder in eine Vernachlässigung mündet, sind häufige Hilfeanlässe, die eine schnelle und intensive Beratung und Unterstützung von Mädchen, Jungen und ihren Familien notwendig machen. Reicht das Angebot öffentlicher Hilfeangebote nicht aus oder spitzt sich die Gefahrensituation für das Kind oder die/den Jugendliche/n zu, ist eine Herausnahme oft unumgänglich.

Die Planungsverantwortung gem. § 80 SGB VIII verpflichtet das Jugendamt zur Sicherstellung personeller und fachlich ausreichender Angebote zur Inobhutnahme im notwendigen Umfang. Hierbei können zwar mehrere öffentliche und freie Träger beteiligt sein, die sachliche und örtliche Zuständigkeit des Jugendamtes gemäß § 85 ff. SGB VIII bleibt davon jedoch unberührt. Ebenso haben öffentliche Träger von der Errichtung eigener Einrichtungen der Inobhutnahme abzusehen, wenn diese von freien Trägern geschaffen werden können oder bereits von ihnen betrieben werden. Da die Inobhutnahme gesetzessystematisch den anderen Aufgaben des Kinder- und Jugendhilfegesetzes zugeordnet ist, ist sie formal von den Leistungen der Jugendhilfe getrennt zu sehen. Münder et al. (2006, FK-SGB VIII § 42 Rz 4) weisen allerdings darauf hin, dass diese Einordnung nicht ganz widerspruchsfrei gesehen wird, da Abs. 2 der/dem Minderjährigen einen subjektiv-öffentlichen Rechtsanspruch auf eine vorläufige Unterbringung gewährt (und somit theoretisch einklagbar wäre) und sie aus diesem Grund gleichermaßen dem Bereich der Leistungen zuzurechnen wäre. An dieser Stelle wird der besondere Doppelcharakter der Inobhutnahme deutlich, da ordnungsrechtliche und hoheitliche Aufgaben des Jugendamtes durch einen eigenen Leistungsanspruch der Adressaten/innen bzw. durch einen sozialpädagogischen Auftrag ergänzt werden, die unmittelbar und untrennbar miteinander verbunden sind (ebd.).

Seit dem Jahr 1995 führt das Statistische Bundesamt für den Aufgabenbereich der Inobhutnahme gemäß § 42 SGB VIII Erhebungen durch, die jährlich fortgeschrieben werden. Der janusköpfige Charakter der Inobhutnahme, welcher in der Doppelstrategie staatlichen Eingriffshandelns und pädagogischer Hilfeleistung deutlich wird, ist bei der Erhebung berücksichtigt worden. Die amtliche Kinder- und Jugendhilfestatistik unterscheidet demnach zwischen „Inobhutnahme auf eigenem Wunsch“ und „Inobhutnahme wegen Gefährdung“. So bietet die Statistik einen ersten differenzierten Gesamtüberblick über die Inanspruchnahme (siehe Abbildung 2).

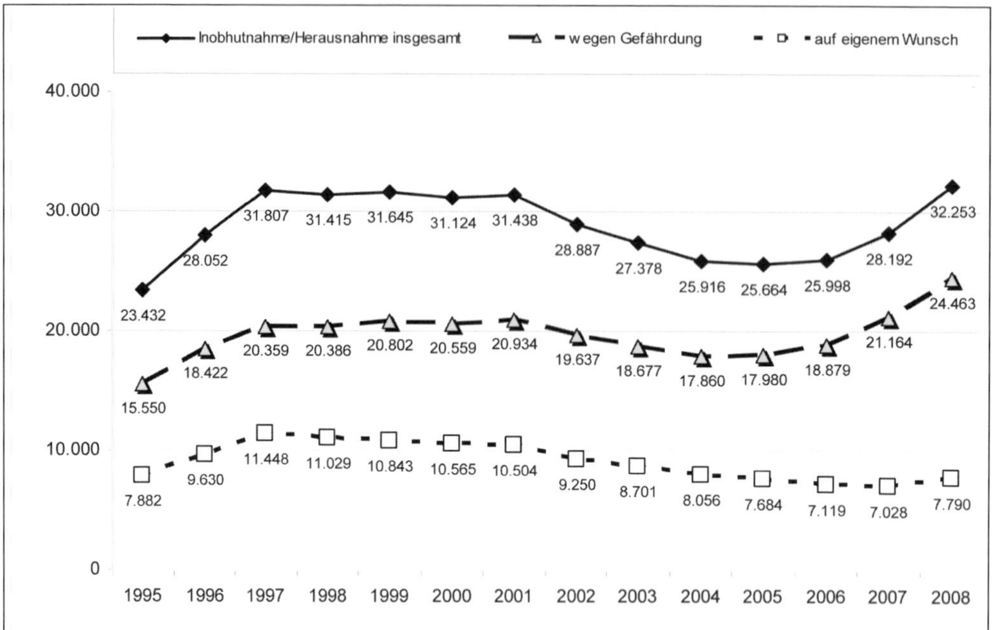

Datenquelle: Statistisches Bundesamt (2009): Statistiken der Kinder- und Jugendhilfe - Vorläufige Schutzmaßnahmen 2008

Abb. 2: Anzahl der Inobhutnahmen (mit Herausnahmen) und Zugangsformen in den Jahren 1995 bis 2008

Im Jahr 2008 wurden in Deutschland 32.253 Kinder und Jugendliche von Jugendämtern und anderen Einrichtungen in Obhut genommen. Davon erfolgte die Maßnahme deutlich häufiger auf Grund von Gefährdungslagen. Während in der differenzierten jährlichen Betrachtung die Zahl der Selbstmelder zwischen 1997 bis 2007 kontinuierlich rückläufig ist[4], sind die Fallzahlen der Inobhutnahmen bei Gefährdungen – nach einem Einbruch in den Jahren 2001 bis 2004 – bis 2008 deutlich angestiegen. Diese Zahlen lassen Rückschlüsse zu, dass der Leistungscharakter dieser Maßnahme im Sinne des Rechtsanspruchs für Selbstmelder in praxi tendenziell dem eingriffsorientierten Handeln der Jugendämter gegenüber an Bedeutung verliert. Sie weisen aber auch auf einen möglichen Zusammenhang mit einer veränderten (fach-) öffentlichen Sensibilität gegenüber möglichen Gefahren für Kinder und Jugendliche durch Vernachlässigung und Misshandlung hin (vgl. Pothmann 2009). Auffällig sind aber nicht nur die gestiegenen Zahlen insgesamt. Obwohl es vor allem Jugendliche sind, die am meisten in Obhut genommen werden, haben sich die Fallzahlen für die Gruppe der unter 3- und unter 6- Jährigen in den letzten Jahren deutlich erhöht (vgl. ebd.). Beobachtbar ist ebenso ein deutlicher Anstieg gerichtlicher Maßnahmen zum vollständigen oder teilweisen Sorgerechtsentzug sowie die gerichtliche Anrufung in diesen Fällen in den letzten Jahren (vgl. die Abbildung 3). Ein Zusammenhang mit der deutlich gewachsenen öffentlichen Aufmerksamkeit des Themas Kinderschutz kann allerdings ebenso wie bei den Daten zur Inobhutnahme nur vermutet werden. Planungsrelevant sind diese Daten dahingehend, da sie auf einen möglichen steigenden Bedarf an

4 Zu den anfänglichen Schwierigkeiten der Fallzahlenerhebung der Jahre 1995 bis 1997 und den sich daraus ergebenen Unschärfen vgl. Pothmann (2001) und Busch (1997).

bestellten Amtsvormundschaften und Amtspflegschaften hinweisen. Dass diese in den letzten drei Jahren ebenso gestiegen sind, zeigt die weit reichenden Konsequenzen auch für die Jugendhilfepraxis, die mit familiengerichtlichen Entscheidungen im Zusammenhang stehen (vgl. Statistisches Bundesamt 2009b).

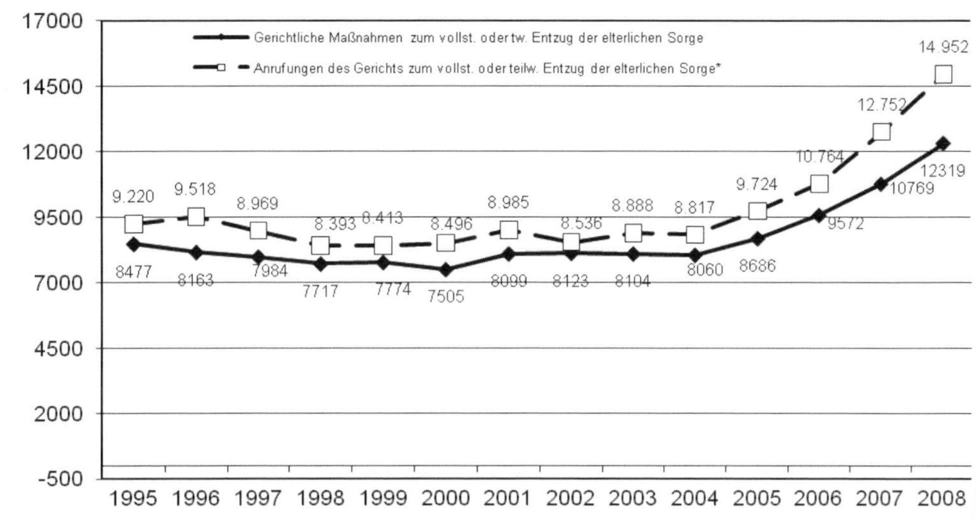

Datenquelle: Statistisches Bundesamt (2009): Statistiken der Kinder- und Jugendhilfe - Pflegschaften, Vormundschaften, Beistandschaften, Pflegeerlaubnis, Sorgerechtsentzug, Sorgeerklärungen (revidierte Ergebnisse) 2008

* Bis 2007 Anzeigen zum vollständigen oder teilweisen Entzug der elterlichen Sorge.

Abb. 3: Entwicklung der gerichtlichen Maßnahmen bzw. Anrufungen des Gerichts zum vollständigen oder teilweisen Entzug der elterlichen Sorge für Kinder und Jugendliche in den Jahren 1995 bis 2008

Dieser grobe Überblick über die zahlenmäßige Erfassung der Inanspruchnahme zeigt die quantitative Bedeutung eingriffsorientierten Handelns, die nach wie vor mit dieser Maßnahme verbunden ist. Rein statistisch stellt sich die Inobhutnahme insgesamt als sozialpädagogisches Krisenangebot (vor allem als Angebot für Selbstmelder) nur randständig dar, was der Bedeutung, die diese Maßnahme für Kinder und Jugendliche in Not-, Konflikt- und Krisensituationen hat, nicht gerecht wird. Offenbar fehlt es innerhalb der Kinder- und Jugendhilfe nach wie vor an der Passung geeigneter Präventivmaßnahmen, die die verschiedenen sozialisatorischen Bedingungen von Mädchen und Jungen und damit auch ihre unterschiedlichen Bewältigungsstrategien in notwendiger Weise beachten.

Die öffentliche Jugendhilfe hat gemäß ihrer gesetzlichen Gewährleistungspflicht (§ 79 SGB VIII) und im Rahmen der Jugendhilfeplanung (§ 80 SGB VIII) zu überprüfen, ob der sozialpädagogische Anspruch bei der Umsetzung der Inobhutnahme in angemessener Weise realisiert wird, d.h. ob neben der Bereitstellung materieller Grundbedürfnisse Beratung und Betreuung zur Klärung der Sachlage und weiterer Perspektiven erfolgt (vgl. Merchel 2000, S. 429).

Vereinbarungen mit freien Trägern: Der § 8a SGB VIII schafft auch für freie Träger der Jugendhilfe eine neue gesetzliche Grundlage im Umgang mit Fragen der Kindeswohlgefährdung. Durch die Verpflichtung der öffentlichen Träger zum Abschluss von Vereinbarungen mit freien Trägern werden diese konkreter als in der Vergangenheit mit in die Verantwortung zur Abwendung von Kindeswohlgefährdungen eingebunden. Die Vereinbarungen sollen sicherstellen, dass alle freien Träger der Jugendhilfe bei gewichtigen Anhaltspunkten für eine Kindeswohlgefährdung tätig werden und eine Risikoeinschätzung vornehmen. Mit dieser Regelung werden freie Träger in einem bislang nicht praktizierten Ausmaß in die Wahrnehmung des staatlichen Wächteramtes einbezogen. Die Verpflichtung zu einer eigenständigen Risikoeinschätzung verlangt von ihnen eine Kontrolltätigkeit in einem erheblichen Umfang, ist doch die Risikoeinschätzung zum einen auf das Vorliegen von Fakten und Sachverhalten begründet und zielt sie zum anderen darauf ab, zu klären, ob ein Schutz des Kindes vor einer potenziellen Schädigung durch staatlichen Eingriff erforderlich ist (Gefährdungsgrenze).

Dass diese Grundüberlegung erhebliche Schwierigkeiten verursacht, lässt sich an dem schleppenden und auch nach über zwei Jahren noch nicht abgeschlossenen Prozess des Abschlusses solcher Vereinbarungen sehen. Mitarbeiter von freien Trägern sind in hohem Maße angesichts der auf sie zukommenden Erwartungen verunsichert. Die Fortbildungsnachfrage (Qualifizierungs- und Zertifizierungskurse zur Kinderschutzfachkraft) ebbt nicht ab, sondern wächst zusehends. Dies macht deutlich, dass sich die Fachkräfte der meisten freien Träger auf den ihnen über Vereinbarungen zugewiesenen Kontrollauftrag (Risikoeinschätzung, Angebote zur Gefährdungsabwehr, ggf. Information des Jugendamtes) nicht angemessen vorbereitet sehen.

Kindertagesbetreuung oder Jugendarbeit standen bisher nicht im Kontext ordnungsrechtlicher Aufgaben. Ein Schutzauftrag im engeren Sinne des § 8a SGB VIII ist für diese Handlungsfelder neu und muss erst über Verträge (bei freien Trägern) oder über Dienstanweisungen (bei öffentlichen Trägern) institutionalisiert werden. Dabei geht es nicht um Fortschreibung einer immer schon bestehenden – mehr oder weniger gut funktionierenden – Kooperation, sondern um eine neue Dimension der Zusammenarbeit, die ordnungsrechtliche Pflichten des Staates – bei freien Trägern via Vertrag – auf diese Arbeitsbereiche überträgt (vgl. dazu ausführlich Merchel/Schone 2007).

Die Einbindung der außerhalb der Erziehungshilfe tätigen Träger und Einrichtungen in den Kontroll- und Schutzauftrag des öffentlichen Jugendhilfeträgers reibt sich nicht selten mit dem Selbstverständnis dieser Träger. Es ist möglich, dass der jeweilige spezifische sozialpädagogische Charakter einer Einrichtung und der jeweilige konzeptionelle Auftrag durch eine zu weit gehende Orientierung am Schutzauftrag überlagert werden könnte. Wenn sich aber die konzeptionelle Identität einer Einrichtung in die Richtung eines vorwiegend vom Schutzauftrag her definierten Aufgabenverständnisses verschiebt, erleiden möglicherweise die präventiv orientierten sozialpädagogischen Förder- und Unterstützungsleistungen Einschränkungen, die dem Ziel optimierten Kinderschutzes eher entgegenstehen könnten (z. B. durch ängstlichen Rückzug von Eltern und Kindern, die der Unterstützung am ehesten bedürften). Auch dem ASD kann an einer solchen Entwicklung in keiner Weise gelegen sein.

Bezogen auf die komplexe Aufgabe der Risikoeinschätzung im Zuge der abzuschließenden Vereinbarungen ist eher ein Anstieg an Verunsicherung (statt an positiv wahrgenommener Verantwortung) zu verzeichnen, der einen wirksamen Kinderschutz möglicherweise zeitweise – bei nicht fachgerechter Umsetzung – eher behindert und durch das den Eltern entgegengebrachte Misstrauen (gewichtige Anhaltspunkte für eine Kindeswohlgefährdung) deren ggf. nur schwach ausgeprägte Bereitschaft, Hilfe im Interesse ihres Kindes anzunehmen, weiter reduziert.

4 Kinderschutz und Frühe Hilfen als interdisziplinäre Herausforderung

Eine wesentliche Erkenntnis bei der Beschäftigung mit dem Thema ist, dass an beiden Nahtstellen (Zugang zu frühen Hilfen und Schutzmaßnahmen zur Abwendung von Kindeswohlgefährdungen) monoprofessionelle Handlungskonzepte nicht hinreichend sind. Daher erfordert Jugendhilfeplanung in diesem Feld von vorneherein die Beteiligung aller relevanten Handlungssysteme und Disziplinen.

Es ist dabei die Aufgabe von Jugendhilfeplanung, diese Kooperation stets im Auge zu haben. Die Qualität der Infrastruktur der Jugendhilfe in einer Kommune bestimmt sich nämlich nicht nur danach, wie sie ihre internen, ureigenen Aufgaben gelöst bekommt, sondern maßgeblich auch danach, welche Schnittmengen es mit anderen Diensten und Handlungssystemen (Grundsicherung, Gesundheitswesen etc.) gibt. Jugendhilfeplanung muss solche Grenzstellen zwischen den Systemen im Auge behalten, um einerseits

- Überschneidungen und damit verbundene Ressourcenverschwendung zu vermeiden,
- Lücken zwischen den Systemen zu entdecken und darauf zu reagieren,
- das Wissen der Fachkräfte der anderen Systeme systematisch (z. B. in den Planungsgruppen, siehe den Beitrag von Jordan/Schone in diesem Band) zu nutzen,
- gleichfalls in den anderen Systemen ein Grundverständnis für die Aufgaben, die Handlungsmöglichkeiten, aber auch die Handlungsgrenzen der Jugendhilfe herzustellen.

Die Jugendhilfe respektive die Jugendhilfeplanung hat dabei mit einer Vielzahl ganz unterschiedlicher Systeme zu kooperieren, wie es in der Abbildung 4 grafisch verdeutlicht wird.

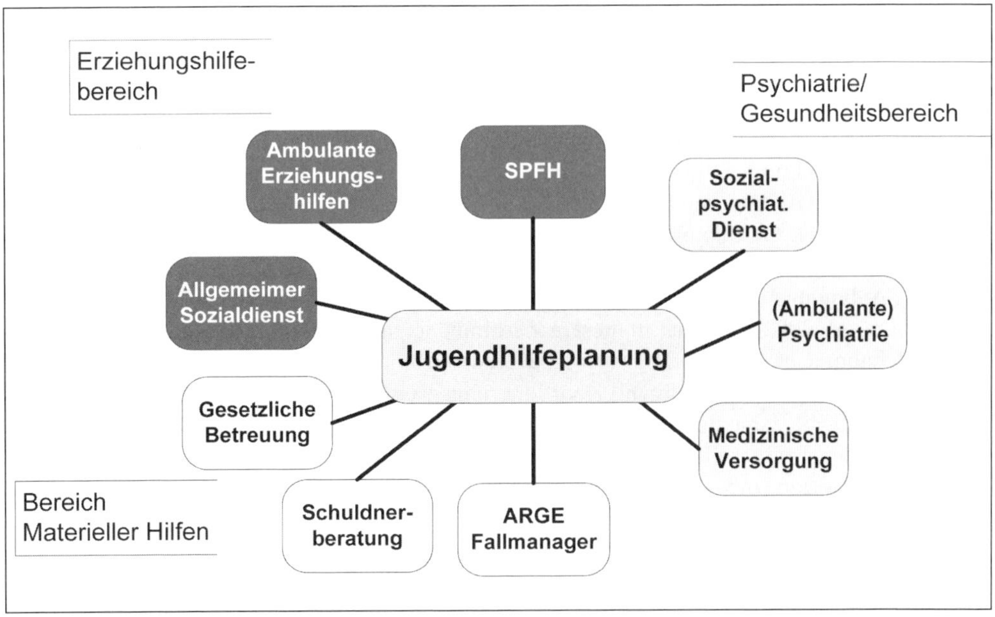

Abb. 4: Schnittstellen der Jugendhilfeplanung zu Hilfesystemen und Organisationen (Quelle: Eigene Darstellung)

Mit all diesen Organisationen müssen im Alltag der Fachkräfte (insbesondere des ASD) spezifische Kooperationsbeziehungen gepflegt werden. Dabei ist in der Praxis festzustellen, dass diese Kooperationen sich sehr oft nur um Einzelfälle ranken, immer wieder mühsam neu aufgebaut werden müssen, sehr fragil sind und oft auch wieder zusammenbrechen. Dies hat damit zu tun, dass bei der Forderung nach Kooperation oftmals implizit davon ausgegangen wird, dass Kooperation keiner speziellen Ressourcen und Voraussetzungen bedarf und lediglich vom ‚guten Willen der Beteiligten' abhängt. Mit Kooperation ist in der öffentlichen Diskussion per se ein positiver Handlungsmodus verbunden, der darauf abzielt, vielfältige Kräfte zu bündeln und Synergieeffekte zu fördern. Vergessen wird hierbei, dass Kooperation eben nicht voraussetzungslos ist, sondern stets im Kontext seiner strukturellen Grenzen, systeminternen und systemexternen Besonderheiten sowie den spezifischen Rahmenbedingungen zu betrachten ist. Die Bereitschaft zur Teilnahme am Kooperationsvorhaben wird wesentlich durch die Erwartung begründet, dass es durch gemeinsame Risikoeinschätzungen oder durch qualifizierte kooperative Hilfeplanung gelingen soll, bei komplexen Fällen zu effektiven Lösungen zu kommen, die durch ihre besondere Problemlage die personellen und materiellen, vor allem zeitlichen Ressourcen belasten und die in der Regel von vorneherein die Kompetenz und Zuständigkeit der einzelnen Fachdienste überschreiten (vgl. Schone 2007). Kooperation kann dann im Sinne des Kindeswohls erfolgreich sein, wenn

- alle beteiligten Institutionen ihr Leistungsspektrum wechselseitig transparent machen;
- jede Institution ihre eigenen Problemerkennungs- und Problemlösungsmechanismen thematisiert und definiert;
- jede Institution ihre Möglichkeiten zur Unterstützung/zum Schutz des Kindes ausschöpft;
- die Einschaltung der anderen Institution nicht als Abgabe eigener Verantwortung gesehen wird, sondern als Hinzuziehung weiterer Verantwortung und zusätzlicher Kompetenzen;
- verbindliche Handlungsschritte zwischen den Institutionen für die Kooperation im Einzelfall konzipiert und verabredet (Kontrakt) werden.

Dieses Verständnis umzusetzen ist natürlich eine Aufgabe der beteiligten Dienste selbst (allen voran des ASD). Jugendhilfeplanung hat hier aber auch ein grundsätzliches Interesse, da es darum geht, die Funktionsfähigkeit des Systems im Blick zu behalten. Jugendhilfeplanung kann einen deutlichen Beitrag zur Entwicklung einer Kooperationskultur leisten, da es auch ihre Aufgabe ist, an der Gestaltung von Schnittstellen mitzuwirken. Sie trägt mit dazu bei, auf der Ebene der Infrastruktur Ziele und Handlungsprogramme der Jugendhilfe zu verdeutlichen. Hier wird ihre Anbindung an eine umfassende kommunale Sozialplanung evident.

Böttcher (vgl. 2002) verweist in diesem Zusammenhang auf die Erfahrungen der Organisationsforschung, dass diese Formen von „lockeren Beziehungen"[5] zwischen den hier beschriebenen Kooperationspartnern häufig mit Koordinierungsproblemen verbunden sind und eine hochkomplexe Aufgabe darstellen. Kooperationsbeziehungen sind nur erschwert zentral steuerbar, da die einzelnen Organisationsformen autonom agieren und anderen System- und Handlungslogiken unterworfen sind. Die Herausforderung an eine zentral agierende Jugendhilfeplanung ist daher die Schaffung von Kontinuität, Transparenz und Standards für einen „geplanten" Kooperationsprozess.

---

5 Das Modell der Loosly-Coupled Systems von Weick (vgl. 1976) wird von Böttcher (vgl. 2002) als ein Kennzeichen der Organisationsform „Schule" identifiziert und liefert Hinweise auf die Schwierigkeiten und Herausforderungen der Steuerung von dezentralen Organisationsformen.

5 Konsequenzen für die Jugendhilfeplanung

Obwohl frühe Unterstützungsangebote für Familien vorhanden sind und – das zeigen aktuelle Zahlen der Inanspruchnahme von Erziehungshilfen (vgl. Pothmann 2007) – verstärkt wahrgenommen bzw. bewilligt werden, zeigen sich die Angebotsdichte, Programmatik und Zielführung von frühen Hilfen nach wie vor sehr unterschiedlich und weisen regionale Disparitäten auf. Anders als z. B. erzieherische Hilfen oder Angebote zur Förderung von Kindern und Jugendlichen, die im Kinder- und Jugendhilfegesetz rechtlich fixiert sind und den öffentlichen örtlichen Träger als zuständige und gesamtverantwortliche Organisation (§§ 69, 79 SGB VIII) kennzeichnet, ist die sachliche Zuständigkeit für die Bereitstellung von Hilfen und Unterstützungsleistungen für Kinder bis drei Jahre und ihre Mütter und Väter, die sich in sich abzeichnenden Problemlagen befinden, häufig noch nicht verbindlich geklärt.

An dieser Stelle erweisen sich die vertieften Kenntnisse der Jugendhilfeplanung hinsichtlich der Bedarfs- und Bedürfnissituation, aber auch hinsichtlich der infrastrukturellen Gegebenheiten als wertvolle Informationsquelle. Da die Jugendhilfe in ihrer institutionalisierten Form als Jugendamt federführend im Hilfeplanverfahren und beim Management des Kinderschutzes ist, sollten jeweils örtlich im Rahmen der Jugendhilfeplanung die Möglichkeiten und Voraussetzungen einer wirksamen Kooperation und Vernetzung mit anderen Institutionen geprüft und die notwendigen Strukturen geschaffen werden. Weiter ist es Aufgabe von Jugendhilfeplanung, den Hilfeprozess im Hinblick auf Prävention und Hilfen bei möglichen Gefährdungen in dem Maße weiterzuentwickeln, dass die erforderlichen und geeigneten Einrichtungen zur Verfügung stehen.

Zentrale Adressaten des ASD sind Familien, die aufgrund unterschiedlicher Faktoren auf Unterstützung und Hilfe angewiesen sind. Dabei spielen Armutslagen, Bildungsbenachteiligungen und Folgen gesundheitlicher Ungleichheit bei Eltern oft eine erhebliche Rolle. Diese Konstellationen und Lebenslagen, die sich zumeist der Steuerungsmöglichkeit der Eltern entziehen, machen Unterstützungs-, Hilfs- und Kompensationsangebote durch die öffentliche Jugendhilfe erforderlich, um den Kindern Chancen auf gesellschaftliche Teilhabe zu erhalten oder zu erschließen. In dieser Situation ist es eine zentrale Aufgabe des ASD – noch vor jeglicher Intervention im Einzelfall – solche Lebenslagen und daraus abzuleitende Bedarfslagen zu thematisieren und in die kommunale Jugendhilfeplanung und Jugendhilfepolitik (Jugendhilfeausschuss) einzuspeisen (vgl. Jordan/Schone 2000). Dies wäre ein erster Schritt, um der individualisierten Zuschreibung von Verantwortung (vgl. Richter 2007) bei überforderten und sozial benachteiligten Eltern entgegenzutreten. Gleichzeitig ist es erforderlich, dass die Jugendhilfe auch mit den Grundbedingungen (Ausstattung, Arbeitsbedingungen, Infrastruktur etc.) ausgestattet ist, um ihren Auftrag angemessen erfüllen zu können.

Die Ursachen, die dazu führen, dass Familien in Krisen und Kinder und Jugendliche in Gefährdungssituationen kommen, sind komplex und vielfältig. Neben subjektiver Überforderung von Eltern sind es objektive gesellschaftliche Mangelsituationen wie Arbeitslosigkeit, Armut, Wohnungsprobleme und damit verbundene soziale Verwerfungen, die als „Risikofaktoren" der Vernachlässigung zu identifizieren sind. Solche gesellschaftlichen Mangelsituationen lassen sich nur sehr eingeschränkt sozialpädagogisch bearbeiten: Sie erfordern vor allem eine Familien- und Sozialpolitik, deren Anspruch es ist, soziale Benachteiligung abzubauen und die Lebensbedingungen für alle Familien mit Kindern positiv zu gestalten.

Unter Anerkennung dieser gesamtpolitischen Aufgabe bleibt aber auch die kommunale Sozial- und Jugendpolitik in der Pflicht, dafür zu sorgen, dass in der jeweiligen Kommune ein qualitativ und quantitativ bedarfsgerechtes Jugendhilfeangebot rechtzeitig und ausreichend zur Verfügung steht. Dies gilt natürlich auch bezogen auf Hilfs- und Unterstützungsangebote für Familien mit kleinen Kindern. Ein wesentliches Instrument hierfür ist die Jugendhilfeplanung. Im Rahmen fachlicher, fachpolitischer und letztlich kommunalpolitischer Willensbildungs- und Entscheidungsprozesse werden hier die kommunalen Gestaltungsspielräume (Ressourcenzuweisungen) festgelegt.

Hinsichtlich der Themen a) Intervenierender Kinderschutz und b) Aufbau einer Infrastruktur Früher Hilfen lassen sich für die kommunale Sozial- und Jugendhilfeplanung sowie für die kommunale Sozial- und Familienpolitik insbesondere folgende Anforderungen ableiten (vgl. auch Schone 2007):

- Gewährleistung einer qualifizierten kommunalen Infrastruktur im Bereich der Jugend-, Sozial- und Gesundheitshilfe. Familien in Schwierigkeiten brauchen im Regelfall eine länger andauernde und verlässliche Unterstützung und Entlastung bei ihrem Alltagsmanagement. Kinder in Vernachlässigungssituationen brauchen Betreuung, Versorgung und pädagogische Förderung, damit ihre in der Familie nicht eingelösten Bedürfnisse und Interessen nicht auf der Strecke bleiben. Dies setzt aber voraus, dass die Fachkräfte Sozialer Arbeit vor Ort über ein hinreichend differenziertes Repertoire an Hilfsangeboten verfügen können, so z. B.
- alltagspraktische Hilfen mit hohem Präventionsanteilen (Unterstützung bei Pflege und Versorgung der Kinder, Beseitigung von Gefahrenquellen, Vermittlung von Tagesbetreuung, Mütterberatung, Familienhebammen, Schuldnerberatung etc.),
- kompensatorische Angebote (alle Formen der Hilfe zur Erziehung, Familientherapie, betreute Wohnformen für Väter/Mütter und Kinder, integrative Kindereinrichtungen, Frühförderung etc.),
- Möglichkeiten der Krisenintervention (Bereitschaftspflegestellen, Kinderschutzzentren, Betreuungs- und Versorgungsangebote für Kinder in Notsituationen, Unterstützung und Hilfe zur Vermeidung akut drohender Obdachlosigkeit, Kinderambulanzen etc.).

Kommunale Politik hat dafür Sorge zu tragen, dass solche – zum Teil im SGB VIII und im SGB II und SGB XII geforderten – Unterstützungsangebote im Rahmen einer aufeinander abgestimmten Infrastruktur konsequent umgesetzt werden, damit sich ein familienunterstützendes Handlungskonzept der Fachkräfte sozialer Arbeit auch tatsächlich entwickeln und realisieren lässt.

Eine umfassende Jugendhilfe- und Sozialplanung muss auch dazu beitragen, die Handlungsstrategien sozialer Dienste zu optimieren. Dabei muss eine zielgruppenorientierte Planung für Kinder in Vernachlässigungssituationen die Tatsache berücksichtigen, dass Vernachlässigung zumeist aus hochkomplexen Verursachungszusammenhängen entsteht und dementsprechend monoprofessionelle Lösungskonzepte in der Regel nicht hinreichen. Erforderlich ist es hier, interdisziplinäre und gemeinwesenorientierte Arbeitsansätze auf- bzw. auszubauen. Wichtige Elemente dabei sind

- Aufbau stützender interdisziplinärer Netzwerke – Im Rahmen einer solchen Kooperation müsste es zunächst einmal darum gehen, die Zusammenarbeit zwischen den allgemeinen und den speziellen Diensten – öffentlicher und freier Träger – unter dem Dach der Jugendhilfe zu verbessern. Zum anderen sind andere Fachdisziplinen, die mit vernachlässigenden Familien und vernachlässigten Kindern zu tun haben (Gesundheitssystem, Familien- und Vormundschaftsgerichte, psychologische und therapeutische Dienste) für dieses Problemfeld zu sensibilisieren, zu informieren und zu qualifizieren.

- Flexibilisierung von Hilfsangeboten – Allein innerhalb der Jugendhilfe erweist sich die "Versäulung" der Angebote der Kindertagesbetreuung, der Familienförderung, des Allgemeinen Sozialdienstes als kontraproduktiv für eine rasche und angemessene Hilfeleistung in Vernachlässigungssituationen. Anknüpfungspunkte zu Leistungen der Sozial- und Gesundheitshilfe gestalten sich oft schwierig. Hilfreich wären hier konzeptionelle Flexibilisierungen und Bündelungen von Leistungen, z. B. im Rahmen von Stadtteilzentren oder Jugendhilfestationen.
- Stärkung der Gesundheitsförderung – Bei solchen interdisziplinären Konzepten spielt die Gesundheitsförderung eine besondere Rolle. Einmal geht Vernachlässigung einher mit der Beeinträchtigung der Gesundheit von Kindern, zum anderen haben die Akteure des Gesundheitssystems (Ärztinnen und Ärzte, Hebammen, Kinderkrankenschwestern etc.) im Regelfall einen früheren und leichteren Zugang zu den Familien und den Kindern. Ihr Auftrag scheint eindeutiger, weniger stigmatisierend und weniger Angst auslösend als dies bei der behördlichen Sozialarbeit heute noch der Fall ist. Die rechtlichen Voraussetzungen für eine umfassende und soziale Aspekte einschließende Gesundheitsvorsorge – sei es im Rahmen des öffentlichen Gesundheitsdienstes oder der Dienstleistungen der niedergelassenen Ärzte – sind durchweg vorhanden, werden aber bislang nicht ausgefüllt.

Vor diesem Hintergrund bekommt die Diskussion um die Novellierungen des § 8a SGB VIII und um das erweiterte Tätigwerden der Jugendhilfe (vgl. BMFSFJ 2008) an der Schwelle zur Kindeswohlgefährdung und zur staatlichen Schutzverpflichtung für Kinder eine besondere Bedeutung.

6 Fazit

Jugendhilfeplanung ist für die kommunale Jugendpolitik ein Instrument zur Steuerung der gesetzlich fixierten Aufgaben. Sie ist ein wichtiger Bestandteil im Gesamtgeflecht geeigneter Hilfen bei vernachlässigten oder gewaltbelasteten Mädchen und Jungen, weil sie ihre Planung präventiv, bedarfsgerecht und zielgruppenorientiert ausrichtet. Die politische Ebene des Jugendamtes nutzt dieses Steuerungsinstrument für Bestandsaufnahmen, Korrekturen und das Durchsetzen von Zielvorgaben zur Verbesserung der Lebenssituation von Kindern und Jugendlichen. In der Jugendhilfeplanung liegen zentrale Aufgaben zur Schaffung von Rahmenbedingungen und Kooperationsstrukturen innerhalb des Kinderschutzes. Eine gezielte Ausrichtung der Gesamtplanung auf mögliche Gefährdungslagen ist grundsätzlich schwierig, da der Bedarf an Hilfen völlig unbestimmt ist und temporären Schwankungen unterliegt.

Die Diskussion um Frühe Hilfen darf nicht zu einer Verengung des Blickfeldes führen. Es sind nicht nur Kinder unter sechs Jahren, die Frühe Hilfen benötigen. Auch ältere Kinder und Jugendliche haben zum Teil mit gravierenden – auch existenzbedrohenden – Lebenssituationen zu kämpfen und brauchen die Hilfe und den Schutz durch den Staat. Fast zwei Drittel der Eingriffe zum Schutz von Kindern und Jugendlichen beziehen sich auf junge Menschen, die älter als 6 Jahre sind. Man wird sehr achtsam sein müssen, damit Kleinkinderschutz nicht auf Kosten der Hilfe und des Schutzes für ältere Kinder und Jugendliche geht.

Jugendhilfeplanung hat die Aufgabe, über eine systematische Bestandsaufnahme der bestehenden Angebote notwendige Bedarfe zu ermitteln, in dem die vor Ort zur Verfügung stehenden Unterstützungssysteme kritisch reflektiert werden. Sozialräumliche Analysen könnten qualitativ auf Fachkräfteebene und quantitativ durch Hinzuziehung ausgewählter Strukturdaten erfolgen. Schließlich können die Auswertungen der Bestandserhebung und die formulierten Anforderungen zu einer prognostischen und vorläufigen Bedarfsermittlung führen. Gerade weil sich Gefährdungen bei Kindern und Jugendlichen selten ankündigen (u. a. auch, weil Hilfe- und Bezugssysteme vielfach nicht in der Lage sind, frühzeitig Gefahren zu erkennen bzw. Hinweise richtig zu deuten) sollten Angebote zur Krisenintervention grundsätzlich vorgehalten werden. Das bedeutet in der Praxis einer bedarfsgesteuerten Leistungsgewährung, dass die Bereitstellung von Notaufnahme- und Kriseninterventionsstellen residual, d. h. unter Berücksichtigung so genannter Reservekapazitäten apriorisch zu erfolgen hat. Das Kinder- und Jugendhilfegesetz liefert mit dem § 80 SGB VIII nicht nur den prozessualen Rahmen für die Jugendhilfeplanung, sondern bestimmt ausdrücklich, dass eine ausreichende Vorsorge in Bezug auf unvorhergesehene Bedarfe zu treffen ist.

Literatur

Bastian, P./Diepholz, A./Lindner E. (Hrsg.) (2008): Frühe Hilfen für Familien und Soziale Frühwarnsysteme. Münster u. a.

Böttcher, W. (2002): Kann eine ökonomische Schule auch eine pädagogische sein? Schulentwicklung zwischen Neuer Steuerung, Organisation; Leistungsevaluation und Bildung. München und Weinheim

Busch, M. (1997): Vorläufige Schutzmaßnahmen. Die Inobhutnahme und ihre Statistik. In: Rauschenbach, T./Schilling, M. (Hrsg.): Die Kinder- und Jugendhilfe und ihre Statistik. Band 2: Analysen, Befunde und Perspektiven. Neuwied, Kriftel, S. 115-125

(BMFSFJ) – Bundesministerium für Familie, Senioren, Frauen und Jugend (Hrsg.) (2008): Änderungsvorschlag BMFSFJ/BMJ, § 8a SGV III Schutzauftrag bei Kindeswohlgefährdung, Stand: 04.03.2008.

Emig, O. (2007): Der vermeidbare Tod eines Kleinkindes unter staatlicher Fürsorge. In: neue praxis 2007 (H. 5), S. 445-464

Hensen, G. (2005): Inobhutnahme als sozialpädagogische Krisenintervention. In: Deegener, G./Körner, W. (Hrsg.): Kindesmisshandlung und Vernachlässigung. Ein Handbuch. Göttingen, S. 533-560.

Jakob, M. (2006): Soziale Arbeit zwischen Hilfe und Kontrolle – Mögliche Auswirkungen des § 8a SGB VIII auf die Träger der Jugendhilfe (unveröffentlichte Diplomarbeit an der Fachhochschule Münster, Fachbereich Sozialwesen). Münster

Jordan, E. (2005): Kinder- und Jugendhilfe. Einführung in Geschichte und Handlungsfelder, Organisationsformen und gesellschaftliche Problemlagen (Erstausgabe 1988 gemeinsam mit Dieter Sengling). Weinheim und München

(ISA) Institut für soziale Arbeit e.V. (2006): Der Schutzauftrag bei Kindeswohlgefährdung – Arbeitshilfe zur Kooperation zwischen Jugendamt und Trägern der freien Kinder- und Jugendhilfe. Münster.

Lange, J./Schilling, M. (2007): Neu sichtbar werdende Realitäten. Kindertagesbetreuung in Deutschland. In: KOMDAT Jugendhilfe 2007 (H. 1), S. 2-5

Merchel, J. (2000): Jugendhilfeplanung in den einzelnen Arbeitsfeldern der Jugendhilfe. In Jordan, E./Schone, R. (Hrsg.): Handbuch Jugendhilfeplanung. Grundlagen, Bausteine, Materialien (2. Aufl.). Münster, S. 389-436

Merchel, J. (2007): Mängel des Kinderschutzes in der Jugendhilfe. In: Sozialmagazin 2007 (H. 2), S. 11-18

Merchel, J./Schone, R. (2006): Vereinbarungen mit Trägern von Einrichtungen und Diensten der Jugendhilfe gemäß § 8a SGB VIII. In: Forum Erziehungshilfen 2006 (H. 2), S. 109-113

(MGSFF) – Ministerium für Gesundheit, Soziales, Frauen und Familie NRW (Hrsg.) (2005a): Soziale Frühwarnsysteme – Frühe Hilfen für Familien. Arbeitshilfe zum Aufbau und zur Weiterentwicklung lokaler sozialer Frühwarnsysteme. Münster

(MGSFF) – Ministerium für Gesundheit, Soziales, Frauen und Familie NRW (Hrsg.) (2005b): Soziale Frühwarnsysteme in NRW – Ergebnisse und Perspektiven eines Modellprojektes. Münster

Münder, J./Baltz, J./Kreft, D./Lakies, T./Meysen, T./Proksch, R./Schäfer, K./Schindler, G./Struck, N./Tammen, B./Trenczek, T. (2006): Frankfurter Kommentar zum SGB VIII: Kinder- und Jugendhilfe. Weinheim und München

Münder, J./Mutke, B./Schone, R. (2000): Kindeswohl zwischen Jugendhilfe und Justiz. Professionelles Handeln in Kindeswohlverfahren. Münster

Münder, J./Smessaert, A. (2009): Frühe Hilfen und Datenschutz. Münster u. a.

Nothhafft, S. (2008): Landesgesetzliche Regelungen im Bereich des Kinderschutzes bzw. der Gesundheitsvorsorge. Informationszentrum Kindesmisshandlung/Kindesvernachlässigung. München

(OECD) – Organisation for Economic Cooperation and Development (2006): Starting Strong II. Early Childhood Education and Care

Pothmann, J. (2001): Sozialpädagogische Krisenintervention im Spiegel der Statistik. In: Forum Jugendhilfe 2001 (H. 4), S. 47-50

Pothmann, J. (2007). Konkretisierung des Schutzauftrages und die Folgen für die Fallzahlen. In: KomDat Jugendhilfe 2007 (H. 2), S. 1-2

Pothmann, J. (2009): Fallzahlenzunahme für die Inobhutnahme im Kontext einer Kinderschutzdebatte und sich verändernder rechtlichen Rahmenbedingungen. In: Forum Jugendhilfe 2009 (H. 3), S. 43-46

Richter, M. (2008): Familie und Bildung. In: Böllert, K. (Hrsg.) (2008): Von der Delegation zur Kooperation. Bildung in Familie, Schule, Kinder- und Jugendhilfe. Wiesbaden, S. 33-46

Rietmann, S./Hensen, G. (2008): Perspektivendifferenz und Interessenanalyse – Koordination Früher Hilfen als Systemischer Diskurs. In: Kindesmisshandlung und -vernachlässigung 2008 (H. 1), S. 33-46

Sann, A./Schäfer, R. (2008): Das Nationale Zentrum Frühe Hilfen – eine Plattform zur Unterstützung der Praxis. In: Bastian, P./Diepholz, A./Lindner, E. (Hrsg.): Frühe Hilfen für Familien – Soziale Frühwarnsysteme. Münster u. a., S. 103-122

Schimke, J. (2009): Brauchen wir eine neu Konzeption des Kinderschutzes? Neue Entwicklungen im Rechtsverständnis zwischen Eltern, Kindern und Staat. In: ISA-Jahrbuch zur Sozialen Arbeit. Münster u. a., S. 58-70

Schone, R./Gintzel, U./Jordan, E./Kalscheuer, M./Münder, J. (1997): Kinder in Not. Vernachlässigung im frühen Kindesalter und Perspektiven sozialer Arbeit. Münster

Schone, R. (2007): Frühe Kindheit in der Jugendhilfe – Präventive Anforderungen und Kinderschutz. In: Ziegenhain, U./Fegert, J.M. (Hrsg.): Kindeswohlgefährdung und Vernachlässigung. München, S. 52-65

Schone, R. (2008): Kontrolle als Element von Fachlichkeit in den sozialpädagogischen Diensten der Kinder- und Jugendhilfe. Expertise im Auftrag der Arbeitsgemeinschaft für Jugendhilfe (AGJ). Berlin

Statistisches Bundesamt (2009a): Statistiken der Kinder- und Jugendhilfe – Vorläufige Schutzmaßnahmen 2008. Wiesbaden

Statistisches Bundesamt (2009b): Statistiken der Kinder- und Jugendhilfe – Pflegschaften, Vormundschaften, Beistandschaften, Pflegeerlaubnis, Sorgerechtsentzug, Sorgeerklärungen (revidierte Ergebnisse). Wiesbaden

Weick, K. E. (1976): Educational organizations as loosely coupled systems. In: Administrative Science Quarterly 21, S. 1-19

Sabine Wagenblass

Frühe Förderung und Bildung als Planungsaufgabe

Im Sinne der UN-Kinderrechtskonvention haben alle Kinder, unabhängig von ihrem Rechtsstatus, ein Recht auf Bildung (vgl. Art. 28 und 29 UN-Kinderrechtskonvention). Betont wird dabei, dass dieses Recht nicht erst mit Eintritt in die Schule, sondern bereits mit der Geburt des Kindes wirksam wird. Obwohl die Kinderrechtskonvention bereits *am 5. April 1992 in Deutschland in Kraft getreten* ist, war das Thema frühe Förderung und Bildung lange Zeit kein zentrales Thema in der Jugendhilfeplanung. Dies hat sich inzwischen geändert und Einigkeit herrscht darüber, dass „Bildung mit der Geburt beginnt" und dass „Bildung mehr als Schule ist"; während erstere Position die Bedeutung der Bildung in den ersten Lebensjahren in den Mittelpunkt stellt, verweist die zweite Position auf die Bedeutung der außerschulischen Institutionen und Erfahrungen bei kindlichen Bildungsprozessen. Beide Positionen sind für die Jugendhilfeplanung relevant; zum einen gerät die Altersgruppe der Kinder unter 6 Jahren mehr in das Zentrum der Angebotsplanung, zum anderen müssen sich die Einrichtungen der Kinder- und Jugendhilfe verstärkt mit ihrem Bildungsbegriff und Bildungsauftrag auseinandersetzen und diesen in ihren Konzepten und Angeboten realisieren. Warum das Thema frühe Förderung und Bildung an Bedeutung gewonnen hat, soll im Folgenden aus einer gesellschaftlichen, politischen und wissenschaftlichen Perspektive skizziert werden, um auf dieser Basis die Akteure und Aufgaben einer modernen Jugendhilfeplanung zu bestimmen.

1 Frühe Förderung und Bildung als Thema in Gesellschaft und Politik

Nach dem Bundesjugendkuratorium (2004, S. 1) kommt in der aktuellen Debatte um frühkindliche Bildungsprozesse eine neue gesellschaftliche Tendenz zum Ausdruck, nach der die Bedürfnisse und Entwicklungsmöglichkeiten der Kinder ernster genommen und anerkannt werden sowie höhere politische Priorität erfahren. Verantwortlich dafür sind maßgeblich drei Entwicklungen:

1. Kinder sind zu einem knappen Gut in unserer Gesellschaft geworden, gleichzeitig liegt die Zukunft Deutschlands mit der Entwicklung zur Wissensgesellschaft in den Händen seiner (gut ausgebildeten) Kinder – Bildung als Zukunftsressource: Die Geburtenrate in Deutschland sinkt und insbesondere gut ausgebildete Frauen entscheiden sich spät für ein Kind oder immer häufiger auch für ein Leben ohne Kinder. Da eine schrumpfende Bevölkerung ein geringeres Potenzial an verfügbaren Fähigkeiten hat, ist eine gute Qualifikation und frühe Förderung der wenigen Kinder, die geboren werden, für die Zukunftsfähigkeit und den Standortfaktor Deutschland besonders wichtig. Hinzu kommt, dass nicht nur die Zahl der

geborenen Kinder von Bedeutung ist, sondern auch die Struktur des Bevölkerungsaufbaus, insbesondere das Verhältnis erwerbstätiger bzw. gut ausgebildeter und nicht erwerbstätiger bzw. nicht ausgebildeter Menschen. In den frühen Lebensjahren sollen in dieser Argumentation rechtzeitig die Grundlagen für Qualifikation, Kompetenzen und Selbsttätigkeit gelegt werden, die in modernen Gesellschaften zunehmend erforderlich sind

2. Fehlende Kinderbetreuungsmöglichkeiten erschweren die Vereinbarkeit von Familie und Beruf – Bildung als familienpolitisches Instrument: Die meisten Paare wünschen sich Modelle der Elternschaft, die beiden Elternteilen eine Berufstätigkeit ermöglicht. Tatsächlich können aber nur 23 % dieses Modell realisieren (vgl. Monitor Familiendemografie 1, 2005: Kinderlos trotz Kinderwunsch). In politischen Programmen wird eine Reform der frühkindlichen Bildung nicht selten einseitig auf den Aspekt der Betreuung, d. h. auf den flächendeckenden Ausbau von Betreuungsplätzen reduziert.
3. Die ungleiche Verteilung von Lebenschancen durchbrechen – Bildung als Schlüssel zur Förderung der Chancengleichheit: Und schließlich hat das schlechte Abschneiden der deutschen Schüler und Schülerinnen bei der PISA-Studie im Jahre 2001 (Baumert, J. u. a. 2001) dazu geführt, das deutsche Bildungssystem zu überdenken. Die PISA-Ergebnisse haben bestätigt, dass in Deutschland von Chancengleichheit im Bildungswesen keine Rede sein kann: Kompetenzen, Schulerfolg, und Bildungsperspektiven sind in hohem Maße durch die soziale Herkunft bestimmt. Bildungskarrieren werden in Deutschland, überspitzt formuliert, in die Wiege gelegt. Ergebnisse aus anderen Ländern[1] zeigen, dass eine Entkoppelung von sozialer Herkunft und Bildungschance durchaus möglich ist. Und zwar dann, wenn benachteiligte Kinder frühzeitig (vor dem Kindergartenalten) qualitativ gute Einrichtungen (gutes Personal, gute Rahmenbedingungen (wie Personalschlüssel) und Einbeziehung von Eltern) besuchen. Kinder aus sozial benachteiligten Milieus profitieren am meisten von vorschulischer, außerfamiliärer Betreuung (Sylva et al. 2003). Länder, die die vordersten Rangplätze bei der PISA-Studie belegen, räumen der frühen Kindheit und dem Elementarbereich ein besonderes Gewicht ein und verfügen über Bildungssysteme, die von unten her aufgebaut und im Stufenverlauf miteinander verzahnt und aufeinander abgestimmt sind.

Diese Entwicklungen haben zu einer gesellschaftlichen, politischen und fachlichen Neubewertung der Förderung und Bildung für Kinder im vorschulischen Alter geführt. War bislang noch die Kindertageseinrichtung als erste Stufe des deutschen Bildungssystems im Blick, so gewinnen im Moment auch Betreuungsangebote für unter 3-Jährige an Beachtung. Ein Grund hierfür ist das Kinderförderungsgesetz, das seit dem 16. Dezember 2008 in Kraft ist. Ab 2013 sollen alle Kinder nach dem vollendeten ersten Lebensjahr einen Rechtsanspruch auf ein frühkindliches Bildungs- und Betreuungsangebot erhalten. Damit das Ziel einer Bereitstellung von Betreuungsplätzen für 35 Prozent aller unter Dreijährigen in den Tageseinrichtungen und der Tagespflege erreicht wird, müssen die Kommunen aktiv den Betreuungsausbau vorantreiben. Neben quantitativen Aspekten geht es hierbei auch um die Frage nach fachlichen Standards sowie angemessener Förderung und Bildung der Kinder. Antworten dazu, wie eine solch angemessene Förderung und Bildung gestaltet sein muss, finden sich in den aktuellen wissenschaftlichen Diskursen.

---

1 Eine der bekanntesten Studien, „The Effective Provision of Pre-School Education" (EPPE), untersucht seit 1997 die Wirkung verschiedener Formen der außerfamiliärer Betreuung, Bildung und Erziehung auf die Entwicklung von Kindern in England (vgl. Sylva et al. 2003).

2 Frühe Förderung und Bildung als Thema in der Wissenschaft

2.1 Sozialisationstheoretische Forschungsbefunde

Wurden in der anthropologischen Sozialisationsforschung Säuglinge lange Zeit als „Mängelwesen" (Gehlen 1940) „hilflose Nestflüchter" oder „sekundäre Nesthocker" (Portmann 1973, S. 49 ff.) bezeichnet, so dominiert heutzutage das Bild vom „kompetenten Säugling" (bspw. Dornes 2001). Die moderne Kindheits- und Sozialisationsforschung geht davon aus, dass die Entwicklung von Kindern von drei zentralen Faktoren beeinflusst wird: Neben der genetischen Ausstattung und den Umweltbedingungen gestalten die Kinder ihre eigene Entwicklung von Geburt an mit, setzen Impulse und agieren aktiv. So zeigen Untersuchungen, dass bereits Säuglinge und Kleinkinder durch Verhaltensweisen und Temperamenteigenschaften schon früh aktiv zur Beziehungsgestaltung mit wichtigen Bezugspersonen beitragen (Klitzing 1998, S. 11). Säuglinge sind in der Lage, Aufmerksamkeit auf ihre Umwelt zu richten, sie ihr zu entziehen, durch Zu- oder Abwendung den Kontakt zu ihr zu regulieren und mit ihr in Austausch zu treten. Die Kinder sind also von Geburt an Individuen, die mit einer Vielzahl von Möglichkeiten und Kompetenzen ihre Bildung und Entwicklung mitgestalten. Sie erlauben ihm, von Anfang an Beziehungen einzugehen. Die moderne Kindheitsforschung stellt das Kind als menschliches Subjekt in den Mittelpunkt und akzeptiert es als vollwertiges Mitglied der Gesellschaft (Hurrelmann/Bründel 2003, Schäfer 2005). Kinder werden als Akteure wahrgenommen, die sich die Welt aneignen und sie nach eigenen Bedürfnissen zu gestalten versuchen. Sie sind von Geburt an neugierig und „bildungshungrig" und setzen alle Energie dafür ein, die Welt zu verstehen und handlungsfähig zu sein. Kinder sind nach Hurrelmann/Bründel (2003, S. 44) „Konstrukteure" ihrer Persönlichkeiten, die im Rahmen ihrer entwicklungsbedingten Möglichkeiten eine eigenständige Gestaltung ihrer Lebensbedingungen vornehmen. Kinder werden dabei nicht mehr als unfertige Persönlichkeiten verstanden, die erst erwachsen werden, um reif und selbstständig zu sein. Vielmehr werden sie als Menschen gesehen, die den ersten Abschnitt einer langen Lebensspanne durchleben und hierbei in und durch soziale Beziehungen eine entwicklungsangemessene Förderung erfahren wollen. Bildungsprozesse von Kindern können folglich nur in der Interaktion und Auseinandersetzung mit andern Menschen und in einer Umgebung, die sich ausreichend auf ihn einstellt, geschehen.

2.2 Bindungstheoretische Forschungsbefunde

Auf die Bedeutung der frühen Kindheit weisen auch Erkenntnisse der Entwicklungspsychologie und Bindungsforschung hin. Bindung beschreibt nach Bowlby (1969) die angeborene Motivation, Beziehungen zu anderen, emotional nahe stehenden Menschen einzugehen. Bindungsbedürfnisse gelten als biologische Grundbedürfnisse. Den Bindungsbedürfnissen gegenüber stehen ebenfalls als biologische Grundbedürfnisse Erkundungs- und Autonomiebestrebungen. Bindungs- und Erkundungsbedürfnisse stehen in einer wechselseitigen Beziehung. Für die Pädagogik der frühen Kindheit ist nach Liegle (2003, S. 17) das Erkundungsverhalten besonders von Bedeutung, denn es lässt sich zeigen, dass die Bildungsprozesse in der frühen Kindheit in stärkerem Maße als in späteren Lebensphasen durch Eigeninitiative des Subjektes initiiert werden.

Untersuchungen belegen Entwicklungsvorteile sicher gebundener Kinder. Sicher gebundene Kinder zeigen ein aktives Erkundungsverhalten, probieren sich und ihre Umwelt aus. Sie vergewissern sich bei Überforderung und Unsicherheit der Unterstützung ihrer Bezugspersonen und entwickeln eine große Bereitschaft ihre Umwelt zu erkunden. Umgekehrt zeigen unsicher gebundene Kinder ein geringes Erkundungsverhalten, in unsicheren Situationen neigen sie zu Rückzug. Indem das Kind wahrnimmt, erkundet und nachahmt oder spielt, bildet es sich selbst. Sichere Bindungen können in solchen Beziehungen entstehen, in denen Eltern feinfühlig auf die Kinder eingehen. Feinfühligkeit meint dabei, dass Eltern die Signale ihres Kindes wahrnehmen, diese richtig zu interpretieren sowie angemessen und direkt darauf zu reagieren (Sehen – Verstehen – Handeln). In den ersten Lebensjahren werden somit wichtige Grundlagen gelegt, welches Selbstbild Menschen entwickeln, wie sie sich und andere wahrnehmen und in welchem Ausmaß sie sich und ihre Umwelt erkunden. Die Befunde der Bindungsforschung sind in den letzten Jahren durch biomedizinische Forschungen bestätigt worden: Gefühle von Sicherheit und Geborgenheit scheinen den Aufbau neuronaler Netzwerke zu begünstigen.

2.3 Neurobiologische Forschungsbefunde

Durch die Neurobiologie wird hervorgehoben, dass in den ersten Lebensjahren die Entwicklung des Gehirns so schnell wie sonst zu keinem Zeitpunkt in der Lebensspanne verläuft. Gehirn und Denken des Kindes folgen dabei nicht einfach einer vorgegebenen Entwicklungslinie, sondern spiegeln die Erfahrungen wider, die ein Kind in seiner Umwelt macht. So sind nach Wolf Singer (2002) die Nervenzellen zum Zeitpunkt der Geburt im Wesentlichen alle angelegt, aber in bestimmten Bereichen des Gehirns noch nicht miteinander verbunden. Welche Verbindungen entstehen, hängt von der Art und Intensität der Aktivierung einzelner Hirnstrukturen ab. Hierbei spielen Anregungen aus der Umwelt und Kommunikation mit der Umwelt eine bedeutsame Rolle. „In den ersten beiden Lebensjahren bildet sich eine große Anzahl an Verbindungen zwischen den Nervenzellen im Gehirn aus – wesentlich mehr, als später benötigt werden. Danach wird ausgelichtet: Nur die Kontakte bleiben erhalten und verstärken sich, die immer wieder benötigt werden, die anderen verkümmern. Der Höhepunkt der Hirnentwicklung liegt um das 4.-6. Lebensjahr. Mit der Pubertät ist dieser Prozess im Wesentlichen abgeschlossen: Dem Erwachsenen steht ein gut eingefahrenes, aber auch weniger anpassungsfähiges Nervennetz zur Verfügung“ (Hüther 2005; vgl. die Abbildung 1).

Verschiedene Bereiche der Hirnrinde entwickeln sich mit unterschiedlicher Geschwindigkeit, entsprechend benötigt das Gehirn in verschiedenen Entwicklungsphasen unterschiedliche Impulse und Erfahrungen, um seine Entwicklung optimieren zu können (Selbstorganisation). Die beste Voraussetzung hierfür ist eine an Anreizen reichhaltige, aber nicht überfordernde Umwelt. Fehlen solche Anreize und Erfahrungen in bestimmten Entwicklungsphasen, dann werden Verbindungen, die eigentlich gefestigt werden müssen, eingeschmolzen. Nach Singer (2002) kann dieser Prozess mikroskopisch beobachtet werden: Nervenzellen schrumpfen, ihre Fortsätze, mit denen sie Signale von anderen Zellen aufnehmen, bilden weniger Verzweigungen aus und die Zahl der Kontakte zwischen den Nervenzellen, den Synapsen, nimmt drastisch ab. Die Neurobiologie spricht deshalb auch von den „sensiblen Perioden" in der frühen Kindheit, d.h. es existieren Zeitfenster, in denen spezifische Erfahrungen und kommunikative Prozesse notwendig sind, damit bestimmte Fertigkeiten und Fähigkeiten erworben werden können (vgl. Spitzer 2002, S. 240). Die neusten Erkenntnisse der Sozialisations-, Bindungs- und Hirnforschung fließen in die Debatte um den Bildungsbegriff in der frühen Kindheit ein und finden auch ihren Niederschlag in den Angeboten der Kinder- und Jugendhilfe, wie Familienbildung, Tagespflege, Kindertageseinrichtungen usw.

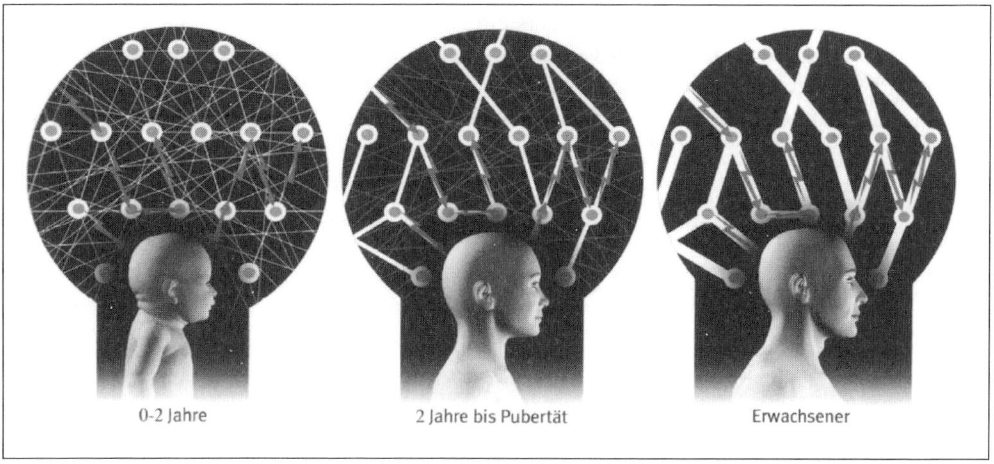

Abb. 1: Neuronale Netzwerke in verschiedenen Entwicklungsphasen (Quelle: Hüther 2005)

3 Was wird unter frühkindlicher Förderung und Bildung verstanden?

Bildung bedeutet längst nicht mehr nur den Erwerb von Kompetenzen, sondern umfasst weit mehr. Bildung bezieht sich auf die Entwicklung von Subjekten in einem umfassenden Sinne: Neben dem Erwerb von Kompetenzen impliziert Bildung auch Orientierungen, Einstellungen, Wahrnehmungs- und Denkmuster. Das Bundesjugendkuratorium (2004) hat – in Anlehnung an Hartmut von Hentig – Bildung als einen umfassenden Prozess definiert, in dessen Verlauf alle Kräfte mit dem Ziel angeregt werden, sich die Welt anzueignen und die Persönlichkeit zu einer sich selbst bestimmenden Individualität zu entfalten. Liegle (2003, S.17) fasst Bildung in Anlehnung an Alexander von Humboldt „als aneignende Tätigkeit des Subjektes, kraft derer sich das Subjekt in ein Verhältnis setzt zur Welt der Dinge und Personen und zu inneren Vorstellungen über die Welt sowie über sein Verhältnis zur Welt und sich selbst gelangt“. Der 12. Kinder- und Jugendbericht (BMFSFJ 2005, S.107) definiert Bildung als einen aktiven Prozess, in dem sich das Subjekt eigenständig und selbsttätig in der Auseinandersetzung mit der sozialen, kulturellen und natürlichen Umwelt bildet. Bildung des Subjekts in diesem Sinne braucht folglich Bildungsgelegenheiten durch eine stimulierende Umwelt, insbesondere bedarf es aber der Kommunikation und Interaktion mit anderen Menschen. Bildung erfolgt dabei in einem Ko-Konstruktionsprozess zwischen einem lernwilligen Subjekt und seiner sozialen Umwelt. In diesem Sinne sind Kinder und Jugendliche als Ko-Produzenten ihres eigenen Bildungsprozesses zu begreifen. Bildung in den ersten Lebensjahren ist somit als ein vom Kind ausgehendes, komplexes und vielgestaltiges Geschehen zu betrachten, bei dem soziale Beziehungen ebenso wie anregende Umweltbedingungen eine zentrale Rolle spielen.

4 Akteure frühkindlicher Bildungsprozesse

Ausgehend von einem solchen umfassenden Verständnis zeigt sich, dass frühkindliche Bildungsprozesse hoch komplexe Prozesse darstellen, die im Spannungsfeld von Kind, Gleichaltrigengruppe, Eltern und Familien sowie öffentlichen Institutionen wie Kindertageseinrichtungen, Tagespflege, Familienbildung usw. stattfinden. Beeinflusst wird dieses Spannungsfeld durch gesellschaftliche Rahmenbedingungen (z. B. Stellenwert von Kindheit und Kindern), politische Prioritätensetzung (z. B. Bildungspolitik, Ressourcenvergabe) und kommunale bzw. sozialräumliche Bedingungen (z. B. finanzielle Mittel, Infrastruktur; vgl. die Abb. 2).

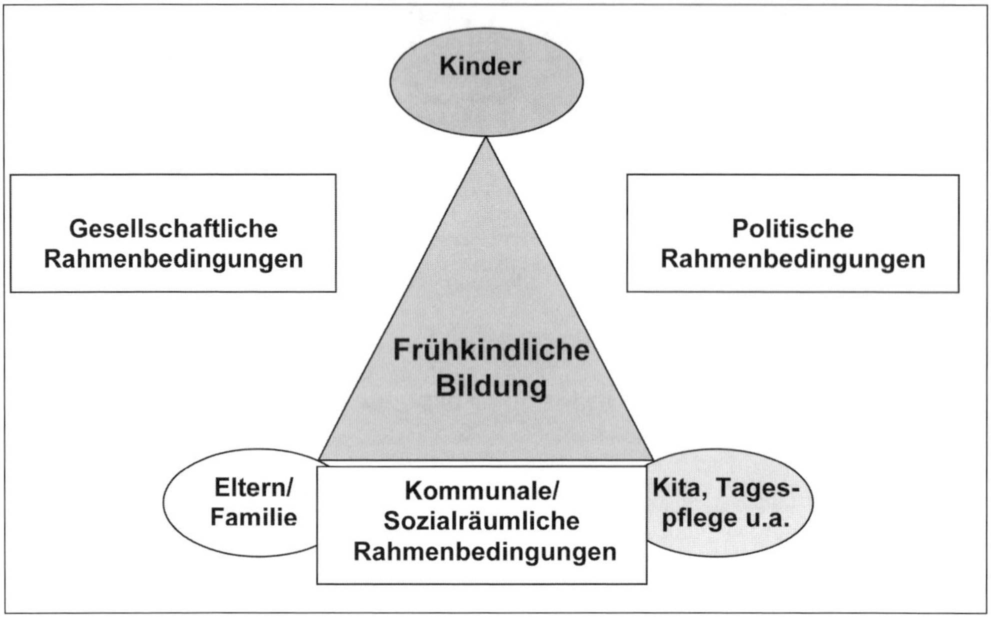

Abb. 2: Kontext frühkindlicher Bildungsprozesse (Quelle: Eigene Darstellung)

Diese komplexe Beziehungsstruktur muss berücksichtigt werden, wenn über frühkindliche Förderung und Bildung diskutiert wird, denn Veränderungen an einem Punkt des Spannungsfeldes bergen auch immer Konsequenzen auf den anderen Ebenen bzw. sollen Veränderungen bewirkt werden, reicht es nicht aus, nur eine Perspektive in den Blick zu nehmen. Frühe Förderung und Bildung als Planungsaufgabe muss folglich unterschiedliche Perspektiven, Interessen, Bedarfe und Ressourcen integrieren, und zwar die der

- Kinder,
- Eltern bzw. anderen relevanten Bezugspersonen,
- beteiligten Fachkräfte und Institutionen,
- Kommune und des Sozialraums sowie die der
- Gesellschaft, Politik und Öffentlichkeit.

Neben der Ermittlung des Bedarfs unter Berücksichtigung der Wünsche und Interessen der Adressaten und Adressatinnen ist es nach § 80 Abs. 1 SGB VIII zentrale Aufgabe der Jugendhilfeplanung, den ermittelten Bedarf in Beziehung zu dem vorhandenen Bestand und den Ressourcen zu setzen und ggf. Angebote und Maßnahmen, die zur Befriedigung der ermittelten Bedarfe benötigt werden, rechtzeitig und ausreichend zu planen sowie deren Wirksamkeit zu prüfen.

5 Aktuelle Anforderungen an die Jugendhilfeplanung im Kontext frühkindlicher Bildung

Bezogen auf das Thema frühe Förderung und Bildung ergeben sich für die Jugendhilfeplanung eine Vielzahl von Aufgaben und Herausforderungen, insbesondere sind dies aber die Bereiche

- quantitativer und qualitativer Ausbau frühkindlicher Bildungs- und Betreuungsangebote,
- Bildungsbenachteiligungen abbauen – Unterstützung frühzeitig und gezielt anbieten sowie
- Bildungswege ohne Brüche ermöglichen – Übergänge gestalten.

5.1 Quantitativer und qualitativer Ausbau frühkindlicher Bildungs- und Betreuungsangebote

Um das Ziel des gegenwärtigen Ausbauprogramms von Bund und Ländern zu erreichen, mit dem bis zum Jahre 2013 für 35 % der Kinder unter drei Jahren ein Platz geschaffen und zeitgleich ein Rechtsanspruch für ein- und zweijährige Kinder umgesetzt werden soll, müssen bis 2013 750.000 Plätze für Kinder unter drei Jahre bereitgestellt werden. Um dieses Ziel zu erreichen ist eine enorme Beschleunigung des bisherigen Ausbautempos notwendig. Nach Schätzungen von Rauschenbach/Schilling (2009, S. 1) sind allein in Westdeutschland noch zusätzlich 407.000 Plätze zu schaffen. Die aktuellen Überlegungen gehen davon aus, dass dazu 260.000 Plätze in Kindertageseinrichtungen und 147.000 Plätze in der Kindertagespflege eingerichtet werden müssen. Allein um die 260.000 Plätze in Tageseinrichtungen für unter 3-Jährige zu realisieren, müssen bei einem angenommenen Personalschlüssel von 1:5 ca. 52.000 Vollzeitstellen bereitgestellt werden (ebd.). Trotz der zunehmenden Etablierung von Studiengängen „Frühe Kindheit" an den Hochschulen ist der Akademisierungsgrad in den Kindertageseinrichtungen im Vergleich zum Personal in den anderen Bildungseinrichtungen mit rund 5 % gering. Erzieherinnen stellen nach wie vor in Westdeutschland mit 66 % und in Ostdeutschland mit 90 % die Mehrheit des pädagogischen Personals (Autorengruppe Bildungsbericht 2008, S. 55). Im Bereich der Tagespflege zeigt sich ein deutlich anderes Bild: Nur ein Drittel der in diesem Bereich tätigen Personen verfügt überhaupt über eine pädagogische Ausbildung. 7 % haben einen Qualifizierungskurs im Umfang von 160 Stunden absolviert. Dies ist nach einer Studie des Deutschen Jugendinstituts die Anzahl von Stunden, die den Mindeststandard in der Ausbildung der Tagespflegepersonen darstellen sollte. Knapp 60 % verfügen nicht über diesen Mindeststandard an entsprechender Qualifikation (vgl. auch die Abbildung 3).

Abb. C3-2: Qualifikationsstruktur von Kindertagespflegepersonen 2006 und 2007 (in %)

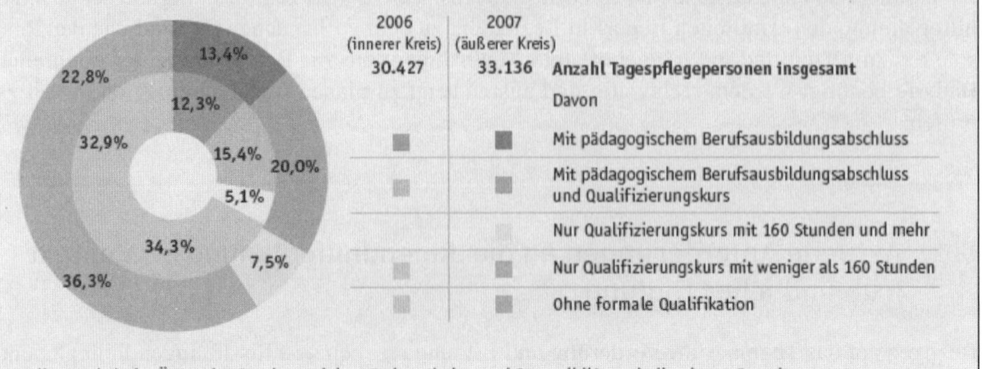

Quelle: Statistische Ämter des Bundes und der Länder, Kinder- und Jugendhilfestatistik, eigene Berechnungen

Abb. 3: Qualifikation von Kindertagespflegepersonen (Quelle: Autorengruppe Bildungsbericht 2008, S.56).

Die Ergebnisse der Sozialisations- und Bindungsforschung sowie der Neurobiologie haben deutlich gemacht, wie zentral eine anregende Umgebung und die Interaktion mit den Bezugspersonen für die Bildungsprozesse im Säuglings- und Kleinkindalter sind. Die Kindertagespflegepersonen müssen für diese sensiblen Perioden in der kindlichen Entwicklung entsprechend qualifiziert und vorbereitet sein. Der quantitative Ausbau und die Professionalisierung der Angebote für unter 3-Jährige wird ein Schlüsselthema der Jugendhilfeplanung der nächsten Jahre sein.

5.2 Bildungsbenachteiligungen abbauen – Unterstützung frühzeitig und gezielt anbieten

Ein weiteres zentrales Thema der Kinder- und Jugendhilfeplanung ist die Heterogenität der Lebensbedingungen von Kindern in den Kommunen. Die regionalen Disparitäten und die Spaltung von Armut und Reichtum nehmen zu, in einigen Sozialräumen bündeln sich kritische Problemlagen wie Arbeitslosigkeit, hohe Anteile von Sozialhilfeempfängern, Armut, unterschiedliche kulturelle Milieus und hohe Zahlen an nicht-deutschsprachigen Kindern sowie ein geringes Bildungsniveau der Eltern (vgl. Strohmeier 2002). Insbesondere Kinder sind die am häufigsten von Armut und Benachteiligung betroffene Altersgruppe. Nach der Statistik der Agentur für Arbeit erhielten im August 2008 1.821.358 Kinder unter 15 Jahren Leistungen zum Lebensunterhalt nach dem SGB II (http://statistik.arbeitsagentur.de), dies entspricht einer Quote von 16,1 % aller Kinder dieser Altersgruppe. Schätzungen gehen davon aus, dass der Anteil von verdeckter/latenter Armut fast so hoch ist wie der von bekämpfter Armut. Die Auswirkungen von Armut bei Kindern auf Gesundheit, Bildungschancen und soziale Teilhabe wurden inzwischen vielfach belegt (vgl. BMFSFJ 2009, S. 250). Die Veränderung der finanziellen Situation in den Familien und die Verbesserung der Infrastruktur ist ein wichtiger Ansatz einer umfassenden Strategie zur Bekämpfung der Kinderarmut. Um diesen Negativkreislauf von Benachteiligungen in der kindlichen Entwicklung entgegenwirken zu können, ist es aus Sicht der Jugendhilfeplanung dringend erforderlich, in einem ersten Schritt Erhebungs- und Steuerungsinstrumente zu entwickeln, die die ungleichen Lebenssituationen von Kindern sowie die Chancen und Risiken für ihr Aufwachsen sozialräumlich transparent machen. Auf Grundlage dieser Daten gilt es dann in zweiten Schritt Maßnahmen und Angebote frühkindlicher Bildung zu planen, um benachteiligte Kindern und ihre Familien zu fördern. Diese Angebote müssen weit vor dem Eintritt in den Kindergarten ansetzen. Studien (Schrödter und Ziegler 2007, S. 11) kommen zu dem Ergebnis, dass Angebote der frühen Förderung und Bildung insbesondere dann die höchste Erfolgswahrscheinlichkeit haben, wenn sie sich „intensiv um eine aktive Einbindung der Eltern kümmerten (getting, keeping and engaging parents), auf ein breites Methodenrepertoire zurückgreifen konnten, gleichzeitig mit den Eltern, den Kindern und den Familien arbeiteten, von gut ausgebildeten Professionellen durchgeführt wurden, die durch ihre Trägerorganisation hinreichenden Rückhalt und Unterstützung bekamen".

Wenn die Jugendhilfeplanung konsequent das Ziel des Abbaus von Bildungsbenachteiligung verfolgt, erfordert dies in einem dritten Schritt die vorhandenen Ressourcen gezielt und bedarfsorientiert einzusetzen und nicht nach dem Gießkannenprinzip in der Kommune zu verteilen. Weiterhin muss in diesem Bereich eine Abkehr von der vorherrschenden Modellförderung und eine Hinwendung zu einer Regelförderung stattfinden. Angebote zur frühen Förderung und dem Abbau von Bildungsbenachteiligung müssen finanziell abgesichert und als Regelangebot installiert sein. Einzelaktionen und die Installation immer neuer befristet angelegter Modellprojekte bringen langfristig wenig Erfolge. Und nicht zuletzt ist die frühe Förderung und Bildung keine isolierte Aufgabe einzelner Einrichtungen, sondern sie bedürfen der Kooperation aller verantwortlichen Akteure von Politik, Kommune, Kinder- und Jugendhilfe, Gesundheitswesen, Schule und Familie. Hier sind eine integrierte Gesamtperspektive und die Gestaltung von Übergängen in der kindlichen (Bildungs-) Biografie erforderlich.

5.3 Bildungswege ohne Brüche – Übergange gestalten

Tagespflege, Kindergarten bzw. Kindertagesstätten und Grundschule bilden im deutschen Erziehungs- und Bildungssystem getrennte Bildungsinstitutionen mit unterschiedlichen gesetzlichen Regelungen, Zuständigkeiten, Qualifikationen des Personals und pädagogischen Prinzipien. Der Wechsel von der Tagespflege in die Kindertagesstätten oder von den Kindertagesstätten in die Grundschule ist für viele Kinder, aber auch für die Eltern, mit Unsicherheiten verbunden. Von daher wird diesen Übergängen ein besonderer Stellenwert zugesprochen. Die individuelle Begleitung und Unterstützung der kindlichen Bildungsbiografien stehen im Mittelpunkt gelingender Übergänge zwischen den Systemen Kinder- und Jugendhilfe und Schule. Neben einer besseren Kooperation der Akteure und Professionellen in den Einrichtungen erfordert dies auf Planungsebene eine bessere Abstimmung zwischen Schulentwicklungsplanung und Jugendhilfeplanung auf kommunaler Ebene (vgl. hierzu den Beitrag von Maykus in diesem Band): „Erforderlich ist eine kommunale Bildungsplanung, die geeignet ist, die Verengungen und Begrenzungen der Teilsysteme Kinder- und Jugendhilfe sowie Schule zu überwinden und ein konsistentes Gesamtsystem für Bildung, Betreuung und Erziehung im kommunalen Raum zu entwickeln (BMFSF 2005, S. 566).

Literatur

Autorengruppe Bildungsberichterstattung (im Auftrag der Ständigen Konferenz der Kultusminister der Länder in der Bundesrepublik Deutschland und des Bundesministeriums für Bildung und Forschung) (2008): Bildung in Deutschland. Ein indikatorengestützter Bericht mit einer Analyse zu Übergängen im Anschluss an den Sekundarbereich I. Bielefeld

Baumert, J. u. a. (2001): PISA 2000. Basiskompetenzen von Schülerinnen und Schülern im internationalen Vergleich. Deutsches PISA-Konsortium. Opladen

Bertelsmann Stiftung (o.J.): KECK: Kommunale Entwicklung – Chancen für Kinder. Informationspapier. Gütersloh

Bertelsmann Stiftung (Hrsg.) (2008): Chancen ermöglichen – Bildung stärken. Zur Lebenssituation sozial benachteiligter Kinder in Deutschland. Gütersloh

Bowlby, J. (1969): Attachment and loss. Vol. 1: Attachment. New York: Basic Books.

Bundesjugendkuratorium (2004): Positionspapier „Bildung fängt vor der Schule an". Berlin

Bundesministeriums für Familie, Senioren, Frauen und Jugend (BMFSFJ) (2005): Bericht über die Lebenssituation junger Menschen und die Leistungen der Kinder- und Jugendhilfe in Deutschland – 12. Kinder- und Jugendbericht. Berlin

Bundesministeriums für Familie, Senioren, Frauen und Jugend (BMFSFJ) (2009): Bericht über die Lebenssituation junger Menschen und die Leistungen der Kinder- und Jugendhilfe in Deutschland – 13. Kinder- und Jugendbericht. Berlin

Dornes, M. (2001): Der kompetente Säugling. Die präverbale Entwicklung des Menschen. Frankfurt

Fröhlich-Gildhoff, K. (2007): Verhaltensauffälligkeiten bei Kindern und Jugendlichen. Stuttgart. Download: http://www.erzieherin.de/assets/files/paedagogischepraxis/Froehlich-Gildhoff-Was-brauchen-Kinder.pdf (letzter Zugriff am 14.09.09)

Gehlen, A. (1940): Der Mensch. Seine Natur und seine Stellung in der Welt. Berlin

Hüther, G. (2005): Die Macht der inneren Bilder. Wie Visionen das Gehirn den Menschen und die Welt verändern. Göttingen

Hurrelmann, K,/Bründel, H. (2003): Einführung in die Kindheitsforschung. Weinheim/Basel. 2., vollständig überarbeitete Auflage.

Klitzing, K. von (Hrsg.) (1998): Psychotherapie in der frühen Kindheit. Göttingen

Liegle, L. (2003): Kind und Kindheit. In L. Fried, B. Dippelhofer-Stiem, M.-S. Honig & L. Liegle (Hg.), Einführung in die Pädagogik der frühen Kindheit. Weinheim, S. 14-53

Portmann, A. (1973): Biologie und Geist. Frankfurt

Rauschenbach, T./Schilling, M. (2009): Steigerung der Ausbildungskapazitäten für frühpädagogische Fachkräfte notwendig. Absehbarer Personalbedarf in Westdeutschland aufgrund des U3-Ausbaus. In KomDat 2009 (H. 2)

Schäfer, G. E. (2005): Bildungsprozesse im Kindesalter. Selbstbildung, Erfahrung und Lernen in der frühen Kindheit. Weinheim. 3. Auflage.

Schrödter, M./Ziegler, H. (2007): Was wirkt in der Kinder- und Jugendhilfe? Internationaler Überblick und Entwurf eines Indikatorensystems von Verwirklichungschancen. ISA Schriftenreihe „Wirkungsorientierte Jugendhilfe", Band 02. Münster

Singer, W. (2002): Was kann ein Mensch wann lernen? In N. Killius, J. Kluge & l. Reisch (Hrsg.): Die Zukunft der Bildung. Frankfurt, S. 78-100

Spitzer, M. (2002): Lernen. Gehirnforschung und die Schule des Lebens. Heidelberg

Strohmeier, K. P. (unter Mitarbeit von Neubauer, J. und Prey, G.) (2002): Bevölkerungsentwicklung und Sozialraumstruktur im Ruhrgebiet. Essen

Sylva, K. et al. (2003): The Effective Provision of Pre-School Education Project. Findings from the Preschool Period. London: Institute of Education/University London

Heinz Müller | Eva Stauf | Ursula Teupe

Migrationssensible Jugendhilfeplanung

1 Die Kinder- und Jugendhilfe in der Migrationsgesellschaft

Am 1.1.2005 trat das „neue“ Zuwanderungsgesetz in Kraft. Diese Tatsache ist nicht nur unter juristischen Gesichtspunkten erwähnenswert, sondern weil damit in Deutschland eine mehr als fünf Jahrzehnte währende Epoche beendet wurde, die konsequent die Zu- und Einwanderungstatsache leugnete. Obwohl Deutschland seit dem Ende des zweiten Weltkriegs eines der größten Einwanderungsländer der Welt ist, galt die Parole vom „Nicht-Einwanderungsland“ jenseits der unterschiedlichen Migrationsbewegungen, die in der zweiten Hälfte des 20. Jahrhunderts die Zusammensetzung der Bevölkerung erheblich verändert haben.

Mit dem Inkrafttreten des Zuwanderungsgesetzes erfolgte ein politischer Dammbruch. Über alle demokratischen Parteien und staatlichen Ebenen des föderalen Systems hinweg werden nun die Gestaltungsaufgaben der Zu- und Einwanderungstatsache anerkannt. Der 2008 von der Bundesregierung verabschiedete „Nationale Integrationssplan“ (vgl. Die Bundesregierung 2008) ist Ausdruck für diesen Politik- und Paradigmenwechsel. Bund, Länder und Kommunen gehen die freiwillige Selbstverpflichtung ein, an zentralen Integrationsaufgaben systematisch und nachhaltig zu arbeiten. Integrationspolitik erhält einen neuen Stellenwert, wird als Querschnittsaufgabe anerkannt und zuweilen gar zur „Schicksalsfrage für unser Land“ erklärt (Maria Böhmer, Pressemitteilung Nr. 22, 26.01.2010).

Auf diese paradigmatische Veränderung gilt es einleitend hinzuweisen, weil sich hierdurch die politischen Rahmenbedingungen für die Kinder- und Jugendhilfe in der Einwanderungs- und Migrationsgesellschaft verändert haben. Wenn die Ausgestaltung der Einwanderungstatsache in einer durch Migration geprägten Gesellschaft erklärtes Ziel ist, dann lassen sich daraus auch Aufgaben und Rahmenbedingungen für alle Handlungsfelder der Kinder- und Jugendhilfe ableiten, Anforderungen an die Jugendhilfeplanung benennen, sowie Querschnittsthemen und Einmischungsstrategien in andere Politikfelder identifizieren.

Im Rahmen der Ausgestaltung kommunaler Integrationskonzepte muss die Kinder- und Jugendhilfe einen zentralen Stellenwert einnehmen, da sie sich mit ihren Angeboten und Leistungen an alle jungen Menschen und Familien richtet und damit an Zu- und Eingewanderte ebenso wie an Einheimische ohne Migrationserfahrung. Im Kontext der Ausgestaltung der Zu- und Einwanderungstatsache kommt ihr auch deshalb eine zentrale Bedeutung zu, weil sich ihre Funktionsbestimmung auf einen erweiterten Integrationsbegriff bezieht, der in besonderer Weise fachpolitisch wie fachlich-konzeptionell Aufgabenfelder und Handlungsansätze rahmen kann. In § 1 des Kinder- und Jugendhilfegesetzes (SGB VIII) heißt es u.a., dass jeder junge Mensch ein Recht auf Förderung seiner Entwicklung und auf Erziehung zu einer eigenverantwortlichen und gemeinschaftsfähigen Persönlichkeit hat. Dazu soll die Jugendhilfe beitragen, indem junge Menschen in ihrer individuellen und sozialen Entwicklung gefördert, Benachteiligungen vermieden oder abgebaut werden. Ihr Auftrag besteht auch darin, positive Lebensbedingungen für die nachwachsende Generation und ihre Eltern zu erhalten oder zu schaffen.

Von dieser grundlegenden Zielbestimmung der Kinder- und Jugendhilfe aus, lässt sich ein Integrationsverständnis ableiten, das Bezug nimmt auf allgemeine Entwicklungs- und Bewältigungsaufgaben junger Menschen in bestimmten gesellschaftlichen Kontexten. Die Analyse des gesellschaftlichen Kontextes muss sich dabei auch auf die Prozesse bezieht, die durch Migration hervorgebracht werden wie bspw. die kulturelle Pluralisierung, die Ausdifferenzierung soziokultureller Milieus und die Transformation des Schichtungsgefüges (vgl. Otto, Schrödter 2006). Daraus lassen sich dann allgemeine Anforderungen an die Ausgestaltung der sozialen Infrastruktur ebenso ableiten wie spezifische Handlungsansätze zum Abbau von Benachteiligungen bestimmter Bevölkerungsgruppen und zur Ausgestaltung von Angeboten, die ein gewaltfreies und tolerantes Miteinander in einer pluralen und weltoffenen Gesellschaft fördern.

Dieses erweiterte Integrationsverständnis unterscheidet sich erheblich von einer Integrationspolitik, die davon ausgeht, dass Einheimische automatisch integriert seien und wer als Migrant oder Migrantin dazu kommt, sich anstrengen müsse, um integriert zu werden. Auch die „neue" Integrationspolitik orientiert sich an überkommenen Vorstellungen einer Assimilationspolitik, die sich auf historisch überdauernde allgemeine Werte einer spezifischen Vorstellung von Kultur bezieht. Integriert ist der, der „Wie-ein-Deutscher-ist". Daraus ergibt sich in mehrfacher Hinsicht eine Assimilations- und Integrationsfalle. Zum einen lässt sich nicht bestimmen was „Deutsch-sein" bedeutet, will man nicht völkischen, nationalistischen oder rassistischen Gesellschaftsbildern aufsitzen. Insofern lässt sich auch vortrefflich darüber streiten, welche Indikatoren als Maßstab für Integration herangezogen werden können. Im Rahmen des ersten Integrationsindikatorenberichtes der Beauftragten der Bundesregierung für Migration und Integration wurden dazu 100 Indikatoren in 14 Lebensbereichen ausgewiesen (2009). Zum anderen verkennt die Einengung von Integrationsmaßstäben auf Migrationsaspekte bedeutsame Hürden im Zugang zu gesellschaftlichen Teilhabechancen. Desintegriert und gesellschaftlich ausgegrenzt ist vor allem, wer nicht über entsprechende Bildungsabschlüsse, Arbeit oder Einkommen und soziale Netze verfügt – unabhängig von seiner Migrationsgeschichte.

Die Verleugnung der Einwanderungstatsache über fünf Jahrzehnte hat mit dazu geführt, dass Menschen mit Migrationshintergrund in mehrfacher Weise benachteiligt sind. Seit Beginn der Ausländer- bzw. Migrationsforschung in den 1960er Jahren des letzten Jahrhunderts lassen sich Benachteiligungen, Belastungen, Ausgrenzungen und auch Stigmatisierungen in allen Lebens- und Gesellschaftsbereichen nachweisen. Diese wirken oft unverschuldet, lebenslang und zumeist verfestigt über Generationen hinweg. Hierhin liegt das eigentliche Integrationsproblem (vgl. Bade 2007). Auch durch begriffliche Zuschreibungen und vermeintlich wissenschaftliche Erklärungsansätze werden Benachteiligungen und Ausgrenzungen gefördert oder verfestigt. Vom „Ausländerproblem" in den 1970er Jahren über verkürzte „Kulturalisierungen" (vgl. Auernheimer 1995) oder „Ethnisierungen" (vgl. Dittrich/Radtke 1990) als Erklärungsmodelle für Differenzerfahrungen und den Umgang damit, bis hin zu religiösen Stigmatisierungen (Islam) lassen sich bis heute eine Vielzahl von politischen, wissenschaftlichen und pädagogischen Ansätzen benennen, die vor allem eines erreicht haben, das Besondere als Besonderes hervorzuheben und damit gewollt oder ungewollt in Verbindung mit Macht und Dominanzansprüchen Exklusionen zu fördern.

Die Kinder- und Jugendhilfe und damit auch die Jugendhilfeplanung muss sich also dem Migrationsthema in mehrfacher Weise stellen: (1) Um bedarfsgerechte Angebote rechtzeitig und ausreichend vorhalten zu können, muss sie die sozialstrukturellen Rahmenbedingungen und Lebenslagen von jungen Menschen und Familien kennen. Migration ist dabei ein Merkmal, um den sozialen Wandel und die damit verbundenen Veränderungen in der Gesellschaft beschreiben und erklären zu können (vgl. Treibel 1990). (2) Des Weiteren sind spezifische Wissensbestände, Konzepte und Kompetenzen erforderlich, die bspw. den migrationsbezogenen rechtlichen oder sprachlichen Anforderungen Rechnung tragen und je nach Handlungsfeld und Zielgruppe durch integrationsspezifisches Wissen erweitert werden. (3) Im Wesentlichen geht es aber darum, für alle jungen Menschen und Familien eine gut ausgebaute Infrastruktur zur Verfügung zu stellen, die den individuellen wie lebensweltlichen Anforderungen Genüge tut. Dem Abbau und Ausgleich von Benachteiligungen kommt dabei ebenso eine besondere Bedeutung zu wie der Dekonstruktion von Vorurteilen, kulturellen oder ethnischen Stereotypen. (4) Eine migrationssensible Kinder- und Jugendhilfe und darauf bezogen Jugendhilfeplanung zeichnet sich in besonderer Weise in der Arbeit mit Migranten und Migrantinnen sowie der einheimischen Bevölkerung dadurch aus, das die allgemeinen rechtlichen und fachlichen Anforderungen einer guten Kinder- und Jugendhilfe und darauf bezogenen Jugendhilfeplanung auch besonders gut umgesetzt werden (vgl. Hamburger 2002, S. 41 ff.)

2 Migration, Migranten und Migrationshintergrund als Gegenstand der Jugendhilfeplanung

Eine migrationssensible Jugendhilfeplanung hat es also in erster Linie mit den allgemeinen Anforderungen zu tun, die rechtlich im SGB VIII normiert und mittlerweile in vielfältiger Weise praktisch erprobt und umgesetzt werden. Sie hat es aber auch mit einem spezifischen Aufgaben- und Gegenstandsbereich zu tun, der sich schon begrifflich nicht einfach und eindeutig fassen lässt. Deshalb sollen nachfolgend die Begriffe Migration, Migranten und Migrationshintergrund kurz erläutert sowie in ihrer Reichweite bzw. den Nebenfolgen beschrieben werden.

„Migration" ist der Überbegriff zur Beschreibung des Wohnortwechsels von Personen für einen bestimmten oder unbegrenzten Zeitraum. Der Begriff bezieht sich nicht nur auf die räumliche Mobilität von Personen, sondern impliziert auch die sozialen und gesellschaftlichen Folgen (vgl. Treibel 1990, S. 17 ff.). Migration beschreibt zudem ein universelles Phänomen, das zu allen Zeiten der Menschheitsgeschichte vorzufinden war. Schon der Blick auf die jüngere Migrationsgeschichte nach dem Zweiten Weltkrieg verweist auf ganz unterschiedliche Ursachen, Motive, Ausprägungen und Erscheinungsformen von Migration. Rekonstruiert man die großen Migrationsbewegungen der vergangenen sechs Jahrzehnte, so lassen diese sich unterschieden in:

- Flucht und Vertreibung in Folge des Zweiten Weltkriegs,
- die Anwerbung von Gastarbeitern; beginnend Mitte der 1950er Jahre und der sich anschließende Familiennachzug (Arbeitsmigration),
- Flucht und Vertreibung in Folge von Kriegen, Bürgerkriegen und Naturkatastrophen
- sowie die Ost-West-Migration nach dem Fall des „Eisernen Vorhangs".

Von 1991 bis 2007 wurden etwa 15,8 Millionen Zuzüge vom Ausland nach Deutschland registriert (vgl. BMI/BaMF 2007, S. 15) sowie 11,6 Millionen Fortzüge. Migrationsprozesse umfassen gleichermaßen Zu- und Fortzüge (in der Regel über die Staatsgrenze) und lassen sich zudem danach unterschieden, ob sie „freiwillig" sind (z. B. Arbeitsmigration) oder „erzwungen" (z. B. Flucht) werden.

Der Begriff „Migrant" stellt eine sozialwissenschaftliche Kategorie zur Kennzeichnung der wandernden Personengruppen dar. Davon zu unterscheiden ist der Begriff „Ausländer", der einen politischen Rechtsbegriff darstellt, im dem er auf die Staatsangehörigkeit abhebt. Wenn Migranten über eine Staatsgrenze wechseln und nicht über die Staatsangehörigkeit des Ziellandes verfügen, werden sie automatisch zum Ausländer.

Seit geraumer Zeit findet ein Wandel in der Begriffsverwendung statt. Bezeichnungen wie „Ausländer", „Aussiedler" und „Migrant" werden heute durch „Menschen mit Migartionshintergrund" ersetzt. Hierbei handelt es sich um eine Sammelbezeichnung, die möglichst alle Migrantengruppen umfassen soll. Diese Begriffsneuschöpfung beschreibt zugleich eine neu eingeführt statistische Kategorie, die neben dem bislang dominierenden Merkmal „Ausländer" eine Vielzahl unterschiedlicher Migrationsindikatoren von Personengruppen umfasst. Bislang gibt es allerdings noch keine einheitliche Definition und Erfassung des Migrationshintergrundes bei den Bundesstatistiken oder den Schulstatistiken der Länder. Dem Mikrozensus liegen andere Erhebungsmerkmale zugrunde als der amtlichen Kinder- und Jugendhilfestatistik und auch bei den kommunalen Statistikämtern oder der Bundesagentur werden höchst unterschiedliche Ausprägungen des Migrationshintergrundes erhoben (vgl. BMBF 2005). Wenn der Migrationshintergrund statistisch erfasst werden soll, dann handelt es sich häufig um:

- Ausländer mit eigener Migrationserfahrung (Zugewanderte, Arbeitsmigranten, Flüchtlinge),
- Ausländer ohne eigene Migrationserfahrung (in Deutschland geborene, mit ausländischen Eltern),
- Deutsche, die zugewandert sind (z. B. Spätaussiedler, Flüchtlinge und Vertriebene mit deutscher Volkszugehörigkeit),
- Deutsche, die nicht zugewandert sind, aber von zugewanderten Deutschen (Spätaussiedlern) abstammen sowie
- Kinder von Ausländern, die unter bestimmten Bedingungen die deutsche Staatsbürgerschaft erhalten haben.

Die statistische Kategorie „Menschen mit Migrationshintergrund" erfasst vielfältige Kriterien, die von der Staatszugehörigkeit über die Volkszugehörigkeit bis hin zum Geburtsland reichen können. Je nach Erfassungsmodus kann das Merkmal „Migrationshintergrund" über mehrere Generationen „vererbt" werden oder mit mehr oder weniger validen Einschätzung der vermeintlich in der Familie vorherrschenden Sprache kombiniert werden.

In Deutschland leben zurzeit (2007) etwa 7,3 Millionen Ausländer und ca. 15,1 Millionen Menschen mit Migrationshintergrund (vgl. BMI/BaMF 2007, S. 188). D.h. über die Sammelkategorie „Migrationshintergrund" verdoppelt sich die Migrantenpopulation in der Bundesrepublik. Dabei wird deutlich, dass diese Kategorie sozialwissenschaftlich völlig unbrauchbar ist (vgl. Hamburger 2009, S. 41 ff.). Aufgrund der Heterogenität der erfassten Personengruppen lässt sich weder die Zusammensetzung der Bevölkerung aussagekräftig beschreiben, noch können daraus tragfähige Erklärungsmodelle zu Lebenslagen abgeleitet werden. Unter diese Sammelkategorie fallen jüngst zugewanderte minderjährige unbegleitete Flüchtlinge ebenso wie mehrere Generation von Arbeitsmigranten und deren Nachkommen und die mehrsprachig aufwachsenden Kinder einer international mobilen Bildungselite.

Allerdings ist die Verwendung des Begriffes folgenreich. Eine große Gruppe von Menschen wird mit einem Etikett belegt, das nicht nur sachlich-objektiv in irgendeiner Form staatsgrenzenüberschreitende Mobilität erfassen soll. Vielmehr werden mit dieser Sammelkategorie Zuschreibungen transportiert, die auch zuvor mit dem Ausländer-, Flüchtlings- oder Aussiedlerbegriff (z. B. Ethnizität, kulturelle Differenz, Religion, Marginalität, Kriminalität) verbunden waren. Das größte Risiko für Kinder und Jugendliche „mit Migrationshintergrund" ist, als solche identifiziert zu werden. Dadurch werden sie als „anders" wahrgenommen, einer Kategorie, Kultur oder Religion zugeordnet, dabei nicht mehr als unverwechselbare und einmalige Individuen erkannt, sondern als Angehörige einer Kategorie behandelt (vgl. Hamburger 2009, S. 50 ff.). Zu Wahlkampfzwecken oder nach besonderen medial vermarkteten Ereignissen (z. B. Gewalt „ausländischer" Jugendlicher) wird im politischen Raum nicht selten daraus ein Kampfbegriff in der Auseinandersetzung um kulturelle Dominanz (Leitkultur), Ressourcen (Abbau von sozialstaatlicher Leistungen) oder der Ausweitung staatlicher Kontrolle (z. B. Verschärfung von Gesetzen).

Vor diesem Hintergrund steht auch die Jugendhilfeplanung vor einer Dilemmasituation. Sie benötigt empiriegestützte Informationen zu Lebenslagen, sozialstrukturellen Rahmungen oder auch zur Inanspruchnahme von Jugendhilfeleistungen, die der Migrationstatsache gerecht werden. Insofern muss sie sich auch aus pragmatischen Erwägungen heraus vorhandener Statistiken bedienen. Bei der Nutzung der Merkmale „Ausländer" bzw. „Migrationshintergrund" werden dabei komplexe und vielschichtige Sachverhalte so vereinfacht, das nur wenig Erklärungskraft übrig bleibt. Gleichzeitig werden über diese Kategorien soziale Konstruktionen von Wirklichkeit vorgenommen, die wiederum Auswirkungen auf die entsprechenden Gruppen oder Sozialräume haben können. Daraus ergibt sich für eine migrationssensible Jugendhilfeplanung die Anforderung einer reflexiven und sachlich-differenzierten Verwendung der Begriffe und der darüber zutage geförderten Daten.

3 Migration und Integration als Querschnittsaufgabe der Kinder- und Jugendhilfe im Kontext einer kommunalen Gesamtstrategie

Die alltägliche Gestaltung des Zusammenlebens in der Migrationsgesellschaft findet in den erfahrbaren Nahräumen und damit überwiegend auf kommunaler Ebene statt. Ein nüchterner Blick auf die größtenteils friedliche Entwicklung der Einwanderungsgesellschaft verweist auf die Integrationskraft sozialer Netze, personaler Beziehungen und gemeinschaftlicher Aktivitäten, jenseits immer wiederkehrender Beschwörungen einer allgemeinen Integrationskrise. Eine gelingende Integration zeichnet sich gerade dadurch aus, dass sie unauffällig bleibt (vgl. Bade 2007, S. 5). Die Migrations- und Integrationsforschung konzentriert sich dagegen mehr auf Konflikte und die Analyse von Desintegrations- und Exklusionsprozessen. Hier ist die Datenlage eindeutig. Bei aller Differenzierung der Migrantenpopulationen zeigen sich vielfältige soziale Merkmale, die auf soziale Benachteiligungen in fast allen Lebens- und Gesellschaftsbereichen aufmerksam machen. Der Blick in den kommunalen Raum verweist auf erhebliche und stetig wachsende Disparitäten, Formen von Segregation und infrastrukturellen Versorgungsproblemen. Die Gestaltung der Migrationsgesellschaft ist damit auch eine zentrale Aufgabe der Kommunalpolitik.

Diese Erkenntnis ist keineswegs neu oder originell, da die kommunale Ebene für die staatliche Daseinsfürsorge und soziale Infrastrukturplanung zuständig ist. Generell wird auf kommunaler Ebene der Einwanderungsprozess zur Kenntnis genommen und als Gestaltungsaufgabe anerkannt. Eine repräsentative Trendanalyse von Integrationskonzepten der hundert größten Städte zeigt allerdings, dass von einer gleichwertigen Realisierung dieser Verantwortung nicht die Rede sein kann (vgl. Filsinger 1998). Integrationsmaßnahmen sind vor allem projektförmig organisiert und nicht dauerhaft finanziell abgesichert. In bestimmten Stadtteilen mit hohem Migrantenanteil finden sich in der Regel Unterstützungsangebote, die sich mehr oder weniger spezialisiert an bestimmte Migrantengruppen (z. B. Sprachförderung, Hausaufgabenhilfe, Integrationskurse) richten. Migrantenjugendliche finden sich zudem überproportional häufig in dem komplexen System von Übergangshilfen in Ausbildung und Beruf (vgl. BMBF 2008). Besondere Aufmerksamkeit wird in fast allen Bundesländern der Sprachförderung in Kindertagesstätten beigemessen. Die offene Jugendarbeit ist in vielen Stadtteilen zu einem zentralen Raum für Migrantenjugendliche geworden und hat sich auch konzeptionell darauf eingestellt. In den großen Städten gibt es in der Regel Fachstellen für Jugendhilfeplanung, die mehr oder weniger intensiv mit den kommunal verantwortlichen Migrationsbüros oder -beauftragten zusammenarbeiten (vgl. Hamburger 2009, S. 182 ff.). Trotz all dieser Aktivitäten kann bislang noch nicht von abgestimmten kommunalen Gesamtstrategien gesprochen werden, wenn auch durch den nationalen Integrationsplan und die Selbstverpflichtung der kommunalen Spitzenverbände einiges in Bewegung gekommen ist.

Auch die Kinder- und Jugendhilfe hat Migrantenfamilien und die Kinder und Jugendlichen bislang nicht im gleichen Umfang und in der gleichen Qualität wie einheimische Deutsche erreicht und versorgt. Unterversorgungen zeigen sich in allen Bereichen, etwa bei Sucht- und Gewalterfahrungen, bei präventiven Maßnahmen, bei der Beratung oder der Inanspruchnahme von Gesundheitsdiensten. Untersuchungen belegen, dass Kinder und Jugendliche mit einem geringen sozioökonomischen Status und mit Migrationshintergrund einen schlechteren Gesundheitszustand und auch ein schlechteres subjektives Gesundheitsbefinden aufweisen. Das Armutsrisiko bei Menschen mit Migrationshintergrund liegt mit 28 % mehr als doppelt so hoch wie bei einheimischen Deutschen (12 %). Noch drastischer fällt der Unterschied bei der Armutsrisikoquote von Kindern und Jugendlichen aus. Diese liegt bei einheimischen deutschen Kindern und Jugendlichen bei 14% und bei jungen Menschen mit Migrationshintergrund bei 33 % (vgl. Boos-Nünning 2009, S. 123 ff.).

Diese Benachteiligungen setzen sich im Bildungssystem fort. Kinder aus Migrantenfamilien besuchen doppelt so häufig wie deutsche eine Förderschule. Eine Analyse von Bildungsverläufen zeigt, dass Schüler mit Migrationshintergrund nicht nur mehr Schwierigkeiten haben auf höhere Schularten zu gelangen, sondern auch sich dort zu halten. Sie besuchen am häufigsten eine Hauptschule, während der Schwerpunkt bei deutschen Kindern auf dem Realschul- und Gymnasialbesuch liegt. Diese schulischen Benachteiligungen wirken sich unmittelbar auf die Übergänge in Ausbildung und Beruf aus. Der Anteil der ausländischen Jugendlichen im dualen Schulsystem ist seit 1994 rückgängig. Dafür steigt ihr Anteil an den Maßnahmen im Übergangssystem, die nicht zu einem qualifizierten Abschluss führen. Die Schlechterstellung im Bildungssystem hängt nicht nur mit der sozialen Lage zusammen. Vielmehr zeigen Untersuchungen, dass Schüler mit Migrationshintergrund bei gleicher Leistung schlechtere Noten erhalten und deutlich bessere schulische Vorleistungen erbringen müssen, um einen Ausbildungsplatz zu erhalten (vgl. Konsortium Bildungsberichterstattung 2006).

Auch wenn Migranten keine homogene Gruppe darstellen und ihre Lebensbedingungen komplexer sind, als hier angedeutet, so zeigen die einschlägigen Daten zur sozialen Lage, dass ökonomische, rechtliche, kulturelle und soziale Bedingungen Lebenslagen produzieren, die der besonderen Unterstützung durch Jugendhilfe und Schule bedürfen. Benachteiligungen und

Ausgrenzungen sowie Zugangsbarrieren zu gesellschaftlichen Gütern (Bildung, Arbeit) und Angeboten der sozialen Infrastruktur zeigen sich in allen Lebens- und Gesellschaftsbereichen. Auf diese Ausgangssituation kann nicht adäquat mit spezialisierten Angeboten, Konzepten und Sonderdiensten reagiert werden, wie es über viele Jahre der Fall war. Vielmehr geht es darum, die gesellschaftliche wie individuelle Lebenssituation von Migranten genau in den Blick zu nehmen und zu prüfen, welche Unterstützungen notwendig sind und wie die Leistungsangebote der Kinder- und Jugendhilfe darauf ausgerichtet werden können. „Das Handeln innerhalb der Jugendhilfe ist dann als migrationssensibel zu bezeichnen, wenn diese Fragen konsequent aufgegriffen und einer angemessenen Lösung zugeführt werden. Migrationsensibles Handeln zählt zu den Querschnittsaufgaben der Jugendhilfe, es gilt also für alle Leistungsangebote (…) und es stellt eine Anforderung an sämtliche Fachkräfte in den Arbeitsfeldern (…) dar. Querschnittsaufgaben beschreiben diejenigen Aufgaben, die im Alltag selbstverständlich, also ohne zusätzlichen Auftrag zu erledigen sind"(Teuber 2002, S. 77). Die Beschäftigung mit Fragen der Migration und Integration zieht sich also als Querschnittsaufgabe durch alle Handlungsfelder, die zielgruppenspezifisch, aufgabenbezogen sowie sozialräumlich konkretisiert werden müssen. Die Verbesserung der Lebensbedingungen sowie der gesellschaftlichen Teilhabechancen kann die Kinder- und Jugendhilfe allerdings mit ihren Mitteln nicht alleine erreichen. Vielmehr ist eine Einmischungsstrategie erforderlich, die auf die Ursachen von Benachteiligung und Ausgrenzung hinweist und im Rahmen abgestimmter kommunaler Gesamtkonzepte in allen Gesellschaftsbereichen auf mehr Teilhabe-, Befähigungs- und Realisierungsgerechtigkeit hinwirkt. Die Jugendhilfeplanung stellt dabei eine zentrale Scharnierstelle in der querschnitthaften Bearbeitung von Migrations- und Integrationsaufgaben innerhalb der unterschiedlichen Handlungsfelder der Kinder- und Jugendhilfe sowie innerhalb der Arbeitsfelder einer sozialen Kommunalpolitik dar.

4 Lebensweltorientierung als Leitlinie migrationssensibler Jugendhilfeplanung

Die Jugendhilfe als ein Handlungs- und Praxisfeld der Sozialpädagogik wendet sich mit ihren Leistungen an alle Kinder und Jugendlichen und steht für die institutionalisierte Bearbeitung „Sozialer Probleme". Sie fokussiert auf die Statuspassagen von Kindheit und Jugend, stellt Regelstrukturen für eine günstige Entwicklung junger Menschen zur Verfügung und setzt in Situationen an, wo die Bedingungen für eine altersspezifische Normalität oder für die durchschnittliche Bewältigung einer Statuspassage fehlen (vgl. Hamburger 2003, S. 158). Für die Kinder- und Jugendhilfe ist damit die Bearbeitung des Verhältnisses von Individuum und Gesellschaft konstitutiv, insbesondere auch dann, wenn es sich konflikthaft gestaltet. Durch Migration kann sich das konflikthafte Spannungsverhältnis von individuellem Wollen und gesellschaftlichen Erwartungen noch verstärken.

Eine migrationssensible Kinder- und Jugendhilfe steht zunächst einmal vor den gleichen Herausforderungen und Aufgaben wie eine „allgemein" orientierte. Zum einen weil Individuen durch Gemeinsamkeiten verbunden sind, zum anderen weil die Aufforderung, individuelle Lebensbedingungen mit ihrem jeweils subjektiven Sinn in den Blick zu nehmen, ein differenzierte Betrachtung unabdingbar werden lässt. Theoretischen Konzepten in der Sozialpädagogik ist ein differenzierter Blick auf die Heterogenität der individuellen Lebensentwürfe sowie die Analyse der Wechselbeziehungen zwischen Individuum und Gesellschaft impliziert. Sie lassen sich durch theoretische Entwürfe, die das Verhältnis von Eigenem und dem „Migrationsanderen" aufnehmen, ergänzen (vgl. Mecheril 2004).

Das theoretische Konzept der Lebensweltorientierung (vgl. BMJFFG 1990) gilt nicht nur als eine weithin in der Kinder- und Jugendhilfe geteilte paradigmatische Reflexionsfolie und Handlungsorientierung für professionelles Handeln und die Ausrichtung sozialer Dienste, es steht auch für eine vernünftige Alternative zu den Bezeichnungen „Ausländerarbeit" und „interkulturelle Sozialarbeit". Mit der Orientierung an dem Konzept der Lebensweltorientierung ist ein prinzipieller Perspektivenwechsel verbunden, weil die Arbeit mit Migranten nicht mehr aus der Position der Einheimischen wahrgenommen wird. Das Konzept der interkulturellen Sozialarbeit verführt prinzipiell dazu, die Perspektive sozialer Ungleichheit durch die der kulturellen Differenz zu ersetzen. Lebensweltorientierung dagegen lässt diese Frage offen, gerade weil sie sensibel ist für kulturelle Gehalte. Ihre Reflexivität umfasst aber ungleichheits- ebenso wie differenztheoretische Dimensionen (vgl. Hamburger 2009, S. 155). In allen Handlungsfeldern der Kinder- und Jugendhilfe ist in der Arbeit mit Migranten die praktische Kompetenz zum offenen Verstehen von Lebenswelten bedeutsam, damit ein gelingender Alltag möglich wird.

Die Jugendhilfeplanung ist das fachliche Steuerungsinstrument der Kinder- und Jugendhilfe. Sie ist nicht nur für eine empiriebasierte und bedarfsorientierte Infrastrukturentwicklung zuständig, sondern stellt auch den Rahmen für eine kommunikativ ausgerichtete Reflexion professionellen Handelns und der zugrundeliegenden Qualitätsstandards dar. Die Handlungsmaximen der Lebensweltorientierung, wie sie im Achten Kinder- und Jugendbericht (vgl. BMJFFG 1990) dargestellt werden, bilden dafür den geeigneten theoretischen wie paradigmatischen Orientierungsrahmen. Mit Blick auf die Ausgestaltung migrationssensibler Planungsprozesse bedeutet dies, Strukturen und Angebote daraufhin zu überprüfen und zu entwickeln, dass sie

- auf lebenswerte und stabile Verhältnisse zielen (primäre Prävention),
- vorbeugende Hilfe in Situationen ermöglichen, die erfahrungsgemäß belastend sind und sich zu Krisen auswachsen können,
- einen Beitrag zu einem gelingenden Alltag von Kindern und Jugendlichen und Eltern (mit Migrationshintergrund) in der jeweiligen Region leisten und in Lebenswelt- und Alltagstraditionen eingebettet sind,
- im Alltag Zugänglichkeit schaffen,
- im Kontext allgemeiner Hilfen integriert und in lokale und regionale Strukturen eingebettet und wenig spezialisierend, stigmatisierend und ausgrenzend sind,
- die Familien (mit Migrationshintergrund) an der Planung und Ausgestaltung beteiligen (vgl. BMJFFG 1990).

Notwendig ist für die Jugendhilfeplanung eine reflexive Migrationsperspektive, die die Migrationsfolgen und -anforderungen vor dem Hintergrund ihrer sozialstrukturellen Bedingungen ebenso thematisiert, wie ihre ideologiekritische Aufmerksamkeit darauf richtet, dass der kulturalistische Blick Stereotype erzeugt, indem er reale Lebensbedingungen von Menschen mit Migrationshintergrund und eigene kulturelle Abwehrdefinitionen miteinander vermischt (vgl. Böhnisch/Schröer/Thiersch 2005, S. 213). Für die Ausgestaltung von migrationsensiblen Jugendhilfeplanungsprozessen ergibt sich daraus, Benachteiligung von Menschen mit Migrationshintergrund sowie Zugangsbarrieren zur sozialen Infrastruktur zu identifizieren und darauf aufbauend bedarfsgerechte, flexible und offene Angebote zu konzipieren. Die Planungsarbeit zielt auf den Aufbau einer für alle Kinder und deren Eltern zugänglichen und nutzbaren Infrastruktur für Bildung, Betreuung und Erziehung im kommunalen Raum, getragen von Angeboten und Einrichtungen der Kinder- und Jugendhilfe, Schulen, Verbänden, Vereinen und Selbstorganisationen. Dies erfordert eine abgestimmte Gesamtkonzeption für Betreuung, Erziehung und Bildung – insbesondere vor dem Hintergrund der erheblichen Bildungsbenachteiligung von jungen Migranten – und verweist auf die Bedeutung und Notwendigkeit einer integrierten Jugendhilfe- und Bildungsplanung.

Die Orientierung an den Handlungsmaximen der Lebensweltorientierung eröffnet den Blick auf Ansatzpunkte zur Gestaltung von flexiblen und integrierten Unterstützungsangeboten – etwa durch die sozialräumliche Öffnung von Kindertagesstätten und Schulen. Dabei werden zugleich Handlungsoptionen offengelegt, um Spezialangebote zu vermeiden, die ggf. weitere Ausgrenzungen und Stigmatisierungen befördern. Durch die Umsetzung sozialräumlicher und ressourcenorientierter Arbeitsprinzipien, die Heterogenität anerkennen und einer am Individuum interessierten, nicht durch Stereotype verstellte Aufmerksamkeit zum Ausdruck verhelfen, kann die Zugangsschwelle zu Angeboten und Diensten auch für Familien mit Migrationshintergrund gesenkt werden. Für die inhaltliche Ausgestaltung der Angebote resultieren daraus Konzeptelemente, die zwischen einer kulturorientierten Situations- und Problemanalyse und kulturignorierenden Interventionsmethoden (vgl. Boos-Nünning/Otyakamaz 2000, S. 103) auf einen sensiblen Umgang mit Unterschieden ausgerichtet sind, Konfliktfähigkeit, Respekt, Toleranz und Offenheit fördern. Dazu gehören ebenso die Anerkennung der Muttersprache und die Förderung der Zweisprachigkeit in allen pädagogischen Einrichtungen. Die Einstellung von Fachkräften mit Migrationshintergrund kann ein weiterer Faktor zur Öffnung der sozialen Infrastruktur sein. Allerdings gilt auch hier, dass die Funktionalisierung von Fachkräften mit Migrationshintergrund als Merkmalsträger einer bestimmten Kultur oder als Aushängeschild für gut gemeinte Multikulturalität und Toleranz nicht gleichzusetzen ist, mit einer per se migrationssensiblen sozialen Arbeit. Oftmals gelten MitarbeiterInnen mit Migrationshintergrund als die „Spezialisten für Migration", was implizit eine Zuständigkeitstrennung innerhalb von Diensten befördert.

5 Qualitätsmerkmale migrationssensibler Jugendhilfeplanung

Die Jugendhilfeplanung kann nunmehr auf eine (mindestens) zwanzigjährige Tradition zurückblicken und dabei fachlich-selbstbewusst und erfahrungsgesättigt die zentralen Qualitätsmerkmale formulieren. Über viele Umwege hat sich in dieser Zeit ein Planungsverständnis herausgebildet, das einerseits auf einen qualifizierten Umgang mit systematisch generiertem empirischem Wissen ebenso wie auf Kommunikation, Reflexion und der Gestaltung von Aushandlungsprozessen beruht (vgl. Maykus 2006). Jugendhilfeplanung ist prozessorientiert ausgerichtet, mehrperspektivisch und auch mehrdimensional. Als zentrales fachliches Steuerungs- und Reflexionsinstrument beteiligt die Jugendhilfeplanung die zentralen Akteure in der Politik, Verwaltung, den sozialen Diensten sowie Kinder, Jugendliche und Eltern. Ihr Gegenstandsbereich umfasst dabei ein komplexes Geflecht von Angebots-, Organisations- und Konzeptentwicklungsprozessen. Sie bewegt sich in einem Bereich, der auf die fachpolitische Gestaltung von Lebensbedingungen und sozialer Infrastruktur hinwirken will.

Eine migrationssensible Jugendhilfeplanung unterscheidet sich zunächst nicht von einer „herkömmlichen", wenn sie sich auf ihre fachlichen Standards bezieht. Spezifische Herausforderungen werden dann deutlich, wenn danach gefragt wird, vor welchem Gesellschafts-, Sozialstaats- und Hilfeverständnis Leistungen der Kinder- und Jugendhilfe in einer Migrationsgesellschaft zu begründen, auszuhandeln und fachlich auszugestalten sind. Hierdurch erfolgt eine Rahmensetzung, zu der sich die Jugendhilfeplanung ideologiekritisch, reflexiv und sachkundig verhalten muss, um jenseits verkürzter kulturalisierender Erklärungsmuster und politischer Vereinnahmungsversuche angemessene Handlungsstrategien entwickeln zu können. Ausgewählte Qualitätsmerkmale einer migrationssensiblen Jugendhilfeplanung werden nachfolgend kurz skizziert:

Jugendhilfeplanung als fachpolitische Gestaltungsaufgabe
Jugendhilfeplanung hat einen (fach-)politischen Gestaltungsauftrag: Sie soll dazu beitragen, Aufmerksamkeitsstrukturen, Ressourcen und öffentliche Sensibilitäten auf die komplexen Aufgaben der Kinder- und Jugendhilfe zu richten, politische Entscheidungsfindungsprozesse zu qualifizieren und dadurch den Rahmen für die Ausgestaltung positiver Lebensbedingungen für junge Menschen und Eltern im Kampf um knappe kommunale Güter positiv zu beeinflussen (vgl. Jordan/Schone 1998, S. 60ff.). Entsprechend wird Jugendhilfeplanung im Gesetz auch als eine zentrale Aufgabe des Jugendhilfeausschusses benannt (vgl. § 71 SGB VIII). Dort werden die grundsätzlichen Richtungsentscheidungen, Aufträge, Ressourcen und Arbeitsstrukturen festgelegt, Ergebnisse diskutiert und deren fachpolitische Bewertung vorgenommen.

Für die Ausgestaltung migrationssensibler Jugendhilfeplanungsprozesse empfiehlt sich, die kontinuierliche Information und Einbindung der kommunalen Ausländer- oder Integrationsbeiräte. Auch diese speziell für Migrations- und Integrationsfragen eingerichteten und demokratisch legitimierten Gremien haben in der Kommune eine Beratungs- und Mitwirkungsfunktion in politischen Entscheidungsprozessen. Ihre Einbindung sichert einerseits „Betroffenenpartizipation" und andererseits dient sie zu dem der Multiplikation und kritischen Reflexion von Jugendhilfeplanungsthemen und -ergebnissen.

Zudem bietet sich bei der Gestaltung von Jugendhilfeplanungsprozessen prinzipiell die Einrichtung von Planungsausschüssen an – im Sinne eines Unterausschusses des Jugendhilfeausschusses -, der als zentrales Bindeglied zu den Entscheidungsträgern im Jugendhilfeausschuss fungiert und Entscheidungen inhaltlich und fachpolitisch vorbereitet (vgl. Schone 1998, S. 142 f.). Auch auf dieser Ebene können Mitglieder des Ausländer- bzw. Integrationsbeirates, kommunaler Migrations- bzw. Integrationsbüros und VertreterInnen von Migrantenorganisationen eingebunden werden, um Migrations- und Integrationsthemen querschnitthaft bzw. mit besonderem Aufmerksamkeitsfokus zu bearbeiten.

Dem fachpolitischen Gestaltungsauftrag kann in besonderer Weise Rechnung getragen werden, wenn die Jugendhilfeplanung strukturell in die Ausgestaltung von kommunalen Integrationskonzepten eingebunden ist. Dadurch erhält das Thema „Kinder, junge Menschen und Familien in der Migrationsgesellschaft" eine besondere politische Gewichtung und die erarbeiteten Ergebnisse erfahren eine Einbettung in einen kommunalen Gesamtkontext. Durch diese strukturelle Verschränkung lässt sich auch der Stellenwert von Jugendhilfeplanung besonders hervorheben. Vielfach ist es zudem so, dass die Jugendhilfeplanung mit ihren ausgearbeiteten Instrumenten, Verfahren und Kompetenzen beispielgebend für die Erarbeitung kommunaler Integrationskonzepte ist.

Jugendhilfeplanung integriert arbeitsfeld-, sozialraum- und zielgruppenbezogene Ansätze
Jugendhilfeplanungskonzepte integrieren arbeitsfeld-, sozialraum- und zielgruppenorientierte Elemente. Diese je für sich genommenen unterschiedlichen Ansatzpunkte für Jugendhilfeplanung eröffnen spezifische Perspektiven auf den Planungsgegenstand und erfordern eine abgestimmte Gesamtstrategie. Hinsichtlich der zentralen Frage integrierter Planung „Was (Arbeitsfeld) soll für wen (Zielgruppe) wo (Sozialraum) getan werden?" wechselt jeweils die Konnotation. Integrierte Jugendhilfeplanung ist demnach bereichsorientiert, zugleich sozialräumlich fundiert und zudem zielgruppenspezifisch qualifiziert. Planung wird in längeren Phasen organisiert, die durch spezifische Organisationsformen und Gremienstrukturen geprägt sind (vgl. Schone 1998, S. 139 ff.). Integrierte Jugendhilfeplanung bedeutet nicht, dass alle Blickwinkel immer mit der gleichen Intensität und Aufmerksamkeit verfolgt werden. Vielmehr können sich einzelne Phasen mit je spezifischer Blickrichtung abwechseln, wobei bedeutsam ist, dass solche Phasen konzeptionell aufeinander bezogen sind und der jeweilige Stellenwert der zu erarbeitenden Ergebnisse deutlich bleibt.

Der bislang am häufigsten praktizierte Zugang von Jugendhilfeplanung zu Migrationsfragen besteht in einem zielgruppenorientierten Planungsansatz. Die spezifische Qualität dieses Ansatzes besteht darin, dass die Belange von jungen Menschen und Familien mit Migrationshintergrund ganz dezidiert in den Blick genommen werden. Dadurch kann herausgearbeitet werden, welche Besonderheiten sich hinsichtlich der Lebenslagen und der Nutzung von Angeboten zeigen und welche Handlungsansätze erforderlich sind. Dieser Zugang verführt allerdings dazu, dass allgemeine Lebenslagenprobleme und Defizite in der sozialen Infrastruktur migrationsspezifisch umgedeutet und eher spezialisierte Handlungskonzepte ausgearbeitet werden. Auszutarieren ist bei einer migrationssensiblen Anlage eines zielgruppenorientierten Planungsprozesses immer der reflexive Umgang mit der Betonung bedeutsamer Unterschiede auf der einen Seite und einer Nicht-Überbetonung von Unterschieden auf der anderen Seite. D.h. es gilt auch innerhalb der Zielgruppe „Menschen mit Migrationshintergrund" alters-, lebenslagen- und themenspezifisch zu differenzieren sowie Gemeinsamkeiten von Menschen dieser Gruppe mit denen anderer Gruppen – etwa aufgrund ihrer Schicht- oder Geschlechtszugehörigkeit – herauszuarbeiten.

Ebenso ist es erforderlich, Migrations- und Integrationsfragen auch arbeitsfeldbezogen zu bearbeiten (z. B. Fachplanungen im Bereich Kindertagesstätten, Jugendarbeit, Hilfen zur Erziehung), da sich hier je spezifische Anforderungen stellen. Der klare Vorteil dieses Planungszugangs besteht darin, das handlungsfeldbezogen und fachlich differenziert in einer gewissen „Tiefe" geplant werden kann und zielgruppenübergreifend angesetzt wird (mit und ohne Migrationshintergrund). In diesem Modell rückt allerdings das lebensweltliche Bezugssystem von jungen Menschen und Familien etwas in den Hintergrund.

Eine bedarfsorientierte Jugendhilfeplanung ist nicht nur zielgruppen- und arbeitsfeldspezifisch ausgerichtet, sondern auch an Sozialräumen orientiert. Ein sozialräumlicher Planungsansatz ermöglicht eine Orientierung an den je konkreten Lebens- und Bedarfslagen und fördert die kleinräumige, bereichs- und ressortübergreifende Vernetzung der je zentralen Akteure. Im Zuge sozialräumlicher Planungsansätze werden flexible und integrierte Handlungsansätze aufgebaut, die eine Abstimmung der Angebote in einem Sozialraum gewährleisten und am ehesten sicherstellen, dass die Möglichkeiten regionaler Angebotsstrukturen bestmöglich ausgeschöpft werden (vgl. bspw. BMJFFG 1990, S. 86; Koch/Wolff 2005, S. 380; Thiersch 1998, S. 30 ff.).

In sozialräumlichen Planungsansätzen findet sich durchgängig der Versuch einer räumlichen Re-Kontextualisierung von sozialen und gesellschaftspolitischen Fragen. Damit wird es ganz konkret möglich, die soziale Struktur der Gesellschaft und damit die sozialen Voraussetzungen von Bildung, Betreuung, Erziehung und Hilfe in den lokalen Verhältnissen zu untersuchen. In der konkreten Gestalt dieser Räume können gesellschaftliche Strukturen und Mechanismen sowie Prozesse der Inklusion und Exklusion offengelegt werden. Der soziale Raum wird zu einer Ordnungsgröße für die Ausgestaltung von Jugendhilfepolitik und Infrastrukturplanung sowie zur Analyse von biografischen Lebenslagen/-verläufen und sozialen Verhältnissen. Darüber hinaus leitet der Raumbezug auch zu migrationsbezogenen Raumaspekten über. D.h. hier geht es aus Subjektperspektive darum, nach den Aneignungsmöglichkeiten und -prozessen zu fragen, die sich in bestimmten räumlichen und damit sozial vorstrukturierten Kontexten zeigen und entlang von Deutungen, Umnutzungen, Wünschen und Bedürfnissen transformiert werden können. Der Raumbezug öffnet den Blick für eine mehrdimensionale Analyse von Migrations- und Integrationsprozessen und darauf bezogener Planungsansätze.

Um Jugendhilfeplanung dauerhaft migrationssensibel zu gestalten, bedarf es neben einer zielgruppen-, arbeitsfeldspezifischen und sozialräumlichen Ausrichtung einer „Überführung" der gewonnenen Erkenntnisse in allgemeine planerische Strukturen, Konzepte und Handlungsansätze.

Jugendhilfeplanung als kommunikativer und umsetzungsorientierter Prozess
Mit dieser Leitformel wird eine grundlegende Skepsis gegenüber der Plan- und Steuerbarkeit sozialer Lebenszusammenhänge aufgegriffen, wie sie in den methodisch-technischen Planungsansätzen der 1970er und 1980er Jahre häufig unterstellt wurde. In Abgrenzung zu expertokratischen Planungskonzepten wird heute die prozesshafte Gestaltung von Aushandlungsvorgängen in das Zentrum des Planungsgeschehens gerückt: Prozesshaftigkeit, Kommunikationsintensität, Beteiligung und Umsetzungsorientierung werden zu zentralen Kriterien einer qualifizierten Jugendhilfeplanung (vgl. Merchel 1994, S. 37 f.; Schone 1998, S. 123 ff.).

Entsprechend ist Jugendhilfeplanung nur qualifiziert umzusetzen, wenn arbeitsfeld-, themen- oder sozialraumbezogen verlässliche Arbeitsstrukturen mit allen beteiligten Akteuren aufgebaut und kontinuierlich ausgestaltet werden. Dazu ist qualifiziertes Fachpersonal ebenso erforderlich wie auskömmliche Zeitressourcen für Kooperation und Netzwerkarbeit. Eine migrationssensible Jugendhilfeplanung achtet bei der Zusammensetzung und der inhaltlichen Ausgestaltung der Arbeitsgremien darauf, dass Migrations- und Integrationsaspekte querschnittartig und kontinuierlich Berücksichtigung finden. In diesem Zusammenhang besteht in Aushandlungsprozessen die Gefahr, dass systembedingte Interessenunterschiede und -konfikte (z.B. zwischen öffentlichen und freien Trägern, Selbsthilfegruppen, Schule) von kulturalistischen Deutungsmustern überformt werden. Bei der qualifizierten Gestaltung von Kommunikations- oder Aushandlungsprozessen wird es darum gehen müssen, Vorurteile, kulturalistische/ethnische Zuschreibungen und Erklärungsmodelle zu dekonstruieren wie in der konflikthaften Auseinandersetzung um knappe Ressourcen, gepaart mit Macht- und Dominanzansprüchen sachbezogen zu moderieren und mediativ zu intervenieren.

Empirische Fundierung des Planungsprozesses
Neben der diskursiven Gestaltung von Planungsprozessen bedarf es ebenso ihrer empirischen Fundierung. Empirie liefert sachbezogene Informationen, Erklärungshinweise und reflexive Impulse, die kommunikativ aufgegriffen, interpretiert und in Planungskonsequenzen übersetzt werden können. Sie befördert und qualifiziert den Austausch zwischen den Planungsbeteiligten sowie die kommunalpolitische Diskussion um Ziele und Aufgaben der Kinder- und Jugend-

hilfe. Systematisch aufbereitete Empirie (qualitativ/quantitativ) erhöht die öffentliche Legitimationsfähigkeit sowie die Politikfähigkeit der Kinder- und Jugendhilfe. Entsprechend ist ein spezifisches, auf die Planungsanforderungen, -bedingungen und -ziele vor Ort abgestimmtes Datenkonzept, das sowohl kontinuierliche Basisdaten als auch temporär erfasste Daten für spezielle Planungsfragen beinhaltet, notwendiger Bestandteil professionell angelegter Planungsprozesse (vgl. Maykus 2006, S. 42; Merchel 2006, S. 192).

Planungsprozesse, die auf eine verbesserte Integration von Familien mit Migrationshintergrund abzielen, benötigen empirische Daten, die Auskunft über deren Lebenssituationen geben, Differenzierungen innerhalb dieser Zielgruppe möglich machen, Aussage zur Inanspruchnahme von Jugendhilfeleistungen treffen sowie Zugangsbarrieren zu gesellschaftlicher Teilhabe und zur sozialen Infrastruktur offen legen. Dazu bedarf es eines abgestimmten Datenkonzeptes, das sowohl Aussagen zur Zielgruppe und den Leistungsdaten der Kinder- und Jugendhilfe beinhaltet wie (sozialräumliche) Daten zur Beschreibung und Analyse der Lebenssituation aller jungen Menschen und Familien mit und ohne Migrationshintergrund. Die Einführung der Sammelkategorie „Menschen mit Migrationshintergrund“ hilft hier nicht weiter, weil sie keine differenzierte Beschreibungs-, Analyse- und Interpretationskraft hat, auch wenn man vor Ort mangels Alternativen darauf zurückgreifen muss.

Hier zeigt sich eine weitere Herausforderung migrationssensibler Jugendhilfeplanung. Versteht man Jugendhilfeplanung als eine spezifische Form der Sozialberichterstattung, dann gilt es vor Ort gegenstandsangemessene Datenkonzepte zu entwickeln, die auch migrationsspezifische Gesichtspunkte berücksichtigen. Die Debatte hierüber fängt in Deutschland erst an und muss aus der Perspektive der Kinder- und Jugendhilfe weiter vorangetrieben werden. Eine datenbasierte Sozialberichterstattung stellt die Basis für eine Evaluation der vorhandenen Infrastruktur dar. Die Bewertungsperspektive beschreibt ein weiteres Kernmerkmal von Jugendhilfeplanung, damit Aussagen über Bestand, Bedarfe und Weiterentwicklungsnotwendigkeiten getroffen und begründet werden können. D.h. um migrationsspezifische Fragestellungen zu bearbeiten, sind über die vorhandenen und zugänglichen Daten hinaus weitere Evaluationsschritte notwendig, die methodisch angemessen zu nachvollziehbaren Bewertungen führen. Hierzu gibt es mitunter keine Alternative.

Die Beteiligung von Adressaten

Um Angebote der Kinder- und Jugendhilfe möglichst bedarfsgerecht auszugestalten und so ihre Akzeptanz und Qualität zu erhöhen, sind die Bedürfnisse ihrer Adressatinnen und Adressaten systematisch einzuholen (vgl. § 80 SGB VIII). Im Bereich der Kinder- und Jugendhilfe ist dieser Aspekt von besonderer Bedeutung, da die Wirksamkeit personenbezogener sozialer Dienstleistungen entscheidend von der Mitwirkungsbereitschaft ihrer Adressaten und Adressatinnen abhängt. Zur Realisierung von Beteiligung sind je nach Planungsfrage und -gegenstand unterschiedliche Zugänge und Methoden denkbar und sinnvoll – beispielsweise schriftliche Befragungen, die Durchführung von Stadtteilkonferenzen oder Workshops mit Kindern, Jugendlichen und Eltern, die Beteiligung in der Hilfeplanung, an Bauvorhaben oder an Stadtentwicklungsprozessen über Begehungen, Anhörungen oder kreativen Mal- und Basteleinheiten (vgl. Kriener 2001, S. 128ff.; Schone 1998, S. 152f.; Stork 1995, S. 62ff.; S. 91ff.). Die Umsetzung von Beteiligung ist konstitutiv für eine gute Kinder- und Jugendhilfe. Hier klafft allerdings noch eine erhebliche Lücke zwischen normativ-fachlichem Anspruch und praktischer Realisierung.

Die Umsetzung von Beteiligungsmöglichkeiten ist ebenso konstitutiv für eine migrationssensible Jugendhilfeplanung. Die Lücke zwischen Anspruch und Wirklichkeit klafft hier weit auseinander. Die Auswertung ausländerpädagogischer und interkultureller Ansätze zeigt sehr deutlich, dass hier eher über Ausländer, Migranten und Fremde geforscht und darauf basierend Konzepte entwickelt wurden, statt an den subjektiven Deutungsmustern und strukturell verursachten Benachteiligungen und Diskriminierungen anzusetzen. Die stärkere Beteiligung von jungen Menschen und Familien in Jugendhilfeplanungsprozessen ist ein wesentlicher Schlüssel zur Ausgestaltung einer bedarfsgerechteren sozialen Infrastruktur, die auch den Herausforderungen der Migrationsgesellschaft Rechnung trägt. Dazu allerdings braucht es einen qualifizierten Umgang mit Mehrsprachigkeit in Gemeinwesen und Jugendhilfeeinrichtungen als Voraussetzung für Beteiligung. Ein zweiter „Türöffner" für mehr Beteiligung stellt die stärkere Einbindung von Migrantenselbstorganisationen in Planungsprozessen dar. Migrantenselbstorganisation können als Multiplikatoren fungieren, Vertrauensaufbau zu staatlichen Einrichtungen leisten und Brücken zwischen Professionellen und Laien bilden.

6 Fazit

Die Kinder- und Jugendhilfe ist ein zentrales Handlungsfeld, um die Anforderungen, die sich aus der Zu- und Einwanderungstatsache ergeben, auf kommunaler Ebene zu gestalten. Aufwachsen in öffentlicher Verantwortung bedeutet, dass sowohl die Bedarfslagen von jungen Menschen und Familien mit und ohne Migrationshintergrund gleichermaßen in den Blick genommen werden, um günstige Bedingungen für die nachwachsende Generation und ein sozial gerechtes Zusammenleben zu schaffen.

Eine migrationssensible Jugendhilfeplanung unterscheidet sich zunächst nicht von einer nach fachlichen Standards arbeitenden „allgemeinen" Jugendhilfeplanung. Vielmehr gilt auch hier, dass sie die allgemeinen Standards besonders gut einhalten und umsetzen muss, damit sie den spezifischen Herausforderungen von Migration und Integration Rechnung tragen kann. Das Konzept der Lebensweltorientierung liefert ein theoretisches Gerüst, um einerseits einen verstehenden Zugang zu fremden Lebenswelten und Sinngebungen zu ermöglichen und anderseits diese vor dem Hintergrund sozialstruktureller Bedingungen zu interpretieren. Damit liegt hier eine Alternative zu kulturalisistischen bzw. ethnisierenden Ansätzen vor, die in den vergangenen Jahrzehnten vor allem eins erreicht haben, nämlich das Besondere als stereotype Kategorie immer wieder neu zu konzipieren, um damit Ausgrenzungsprozesse zu befördern oder zu legitimieren.

Im Kern zielt eine migrationssensible Jugendhilfeplanung auf mehr Zugangs-, Befähigungs- und Realisierungsgerechtigkeit für junge Menschen mit und ohne Migrationshintergrund. Dazu ist es allerdings erforderlich, die strukturellen Mechanismen der Benachteiligung in den Blick zu nehmen, um sie im Rahmen einer abgestimmten Gesamtstrategie und eingebettet in kommunale Integrationskonzepte zu bearbeiten. Der Jugendhilfeplanung kommt hier als fachliches Steuerungsinstrument der Kinder- und Jugendhilfe eine besondere Verantwortung zu.

Literatur

Auernheimer, G. (1999): Einführung in die interkulturelle Erziehung. Darmstadt

Bade, K. J. (2007): Leviten lesen. Migration und Integration in Deutschland. Abschiedsvorlesung in der Aula des Schlosses der Universität zu Osnabrück am 27.06.2007

Beauftragte für Migration, Flüchtlinge und Integration (2007): 7. Bericht der Beauftragten für Migration, Flüchtlinge und Integration über die Lage der Ausländerinnen und Ausländer in Deutschland. Ohne Ortsangabe

BMI/BaMF (2007): Migrationsbericht 2007. Berlin

Bade; K. J./Münz, R. (Hrsg.) (2000): Migrationsreport 2000. Frankfurt/New York

Böhnisch, L./Schröer, W./Thiersch, H. (2005): Sozialpädagogisches Denken. Weinheim und München

Boos-Nünning, U. (2009): Kinder und Jugendliche mit Migrationshintergrund im Post-Wohlfahrtsstaat. In: Kessl, F./ Otto, H.-U. (Hrsg.): Soziale Arbeit ohne Wohlfahrtsstaat? Weinheim und München 2009

Boos-Nünning, U./Otyakamaz, B.Ö. (2000): Multikultiviert oder doppelt benachteiligt? Düsseldorf

Bundesjugendkuratorium (BJK) (2005): Die Zukunft der Städte ist multiethnisch und interkulturell. Stellungnahme des Bundesjugendkuratoriums zu Migration, Integration und Jugendhilfe. Bonn.

Bundesministerium für Bildung und Forschung (2005): Migrationshintergrund von Kindern und Jugendlichen. Wege zur Weiterentwicklung der amtlichen Statistik. Bonn/Berlin

Bundesministerium für Bildung und Forschung (2008): Berufsbildungsbericht 2008. Bonn

Bundesminister für Jugend, Familie, Frauen und Gesundheit (1990) (Hrsg.): Achter Jugendbericht. Bericht über Bestrebungen und Leistungen der Jugendhilfe. Bonn.

Die Beauftragte der Bundesregierung für Migration, Flüchtlinge und Integration (2009): Integration in Deutschland. Erster Integrationsindikatorenbericht: Erprobung des Indikatorensets und Bericht zum bundesweiten Integrationsmonitoring. Berlin

Die Bundesregierung (2008): Der Nationale Integrationsplan. Berlin

Dittrich, E. J./Radtke, F.-O. (Hrsg.) (1990): Ethnizität. Opladen

Filsinger, D. (1998): Kommunale Gesamtkonzepte zur Integration ausländischer Kinder und Jugendlicher. München

Hamburger, F. (2002): Migration und Jugendhjilfe. In: Sozialpädagogisches Institut im SOS-Kinderdorf (Hrsg.): Migrantenkinder in der Jugendhilfe. München

Hamburger, F. (2003): Einführung in die Sozialpädagogik. Stuttgart

Hamburger, F. (2009): Abschied von der Interkulturellen Pädagogik. Weinheim/München

Jordan, E./Schone, R. (1998): Aufgaben, Konzepte, Ziele und Realisierungsbedingungen. In: Dies. (Hrsg.): Handbuch Jugendhilfeplanung. Grundlagen, Bausteine, Materialien. Münster, S. 57-120

Koch, J./Wolff, M. (2005): Erziehungshilfen und lokale Integration. In: Kessl, F. u.a. (Hrsg.): Handbuch Sozialraum. Wiesbaden, S. 375-392

Konsortium Bildungsberichterstattung (Hrsg.) (2006): Bildung in Deutschland. Ein indikatorengestützter Bericht mit einer Analyse zu Bildung und Migration. Berlin

Kriener, M. (2001): Beteiligung als Gestaltungsprinzip. In: Birtsch, V./Münstermann, K./Trede, W. (Hrsg.): Handbuch Erziehungshilfen. Münster, S. 128-149

Maykus, S. (2006): Hinwendung zum Empirischen bedeutet nicht Abwendung vom Kommunikativen. Anmerkungen zur Mehrdimensionalität von Planungsprozessen. In: Ders. (Hrsg.): Herausforderung Jugendhilfeplanung. Standortbestimmung, Entwicklungsoptionen und Gestaltungsperspektiven in der Praxis. Weinheim und München, S. 41-54

Merchel, J. (1994): Kooperative Jugendhilfeplanung – eine praxisbezogene Einführung. Opladen

Merchel, J. (2006): Jugendhilfeplanung als Instrument kommunaler Infrastrukturpolitik? Anmerkungen zu Spannungsfeldern und Perspektiven infrastrukturbezogenen Planungshandelns in der Jugendhilfe. In: Maykus, S. (Hrsg.): Herausforderung Jugendhilfeplanung. Standortbestimmung, Entwicklungsoptionen und Gestaltungsperspektiven in der Praxis. Weinheim/München, S. 191-208.

Mercheril, P. (2004): Migrationspädagogik. Weinheim/Basel 2004

Münder, J. u.a. (2006): Frankfurter Kommentar zum SGB VIII: Kinder- und Jugendhilfe. Weinheim und München 2006 (5)

Otto, H.-U./Schrödter, M. (2006): Soziale Arbeit in der Migrationsgesellschaft. Sonderheft 8. neue praxis. Neuwied

Schone, R. (1998): Organisation von Planungsprozessen. In: Jordan, E./Schone, R. (Hrsg.): Handbuch Jugendhilfeplanung. Grundlagen, Bausteine, Materialien. Münster, S. 121-206

Schone, R. (1998): Planung für Zielgruppen. Jordan, E./Schone, R. (Hrsg.): Handbuch Jugendhilfeplanung. Grundlagen, Bausteine, Materialien. Münster, S. 437-498

Stork, R. (1995): Jugendhilfeplanung ohne Jugend? Münster

Thiersch, H. (1998): Notizen zum Zusammenhang von Lebenswelt, Flexibilität und flexiblen Hilfen. In: Peters, F./ Trede, W./Winkler, M.: Integrierte Erziehungshilfen. Qualifizierung der Jugendhilfe durch Flexibilisierung und Integration? Frankfurt am Main

Teuber, K. (2002): Migration und Jugendhilfe. In: Sozialpädagogisches Institut im SOS-Kinderdorf e.V. (Hg.): Migrantenkinder in der Jugendhilfe. München 2002

Treibel, A. (1990): Migration in modernen Gesellschaften. Weinheim und München

Birgit Stephan

Die Rolle der Jugendhilfeplanung bei der Einführung von Sozialraumbudgets im Jugendamt

Wenn ein Jugendamt sich mit dem Thema Sozialraumorientierung auseinandersetzt, so wird dies kaum ohne die Jugendhilfeplanung geschehen. Es soll allerdings gleich vorweg gesagt werden, dass eine konsequente Umsetzung der Sozialraumorientierung mit Sozialraumbudgets ein gewaltiger Umsteuerungsprozess ist, der nicht von der Jugendhilfeplanung alleine angeregt bzw. umgesetzt werden kann. Dies ist eine Aufgabe, die vom gesamten Jugendamt bewältigt werden muss, insbesondere natürlich von der Leitung. Die Jugendhilfeplanung kann und muss bei diesem Prozess unterstützend tätig sein.

1 Warum überhaupt Sozialraumorientierung?

Die Sozialraumorientierung ist vor allem ein inhaltliches Konzept der sozialen Arbeit, das an den Zielen der Betroffenen ansetzt und (im Leistungsbereich) auch nur an diesen arbeitet. Dabei werden die Ressourcen der Betroffenen, ihres familiären Umfeldes und ihrer Lebenswelt für die Erreichung der Ziele genutzt. Hilfen sollen flexibel auf die individuellen Bedarfe der Familien zugeschnitten sein, sie sollen wohnortnah sein und Beziehungsabbrüche vermeiden. Außerdem soll in der Lebenswelt der Betroffenen (im „Sozialraum“) durch fallunspezifische Arbeit dafür gesorgt werden, dass die Lebensbedingungen für die Menschen verbessert werden, um so den individuellen Hilfebedarf zu reduzieren. All dies sind Voraussetzungen für eine effektive soziale Arbeit, zu der allerdings die bisherigen Finanzierungsformen in der Jugendhilfe nicht passen. Grundsätzlich soll sich ja der freie Träger, der die Hilfen durchführt, so schnell wie möglich überflüssig machen, aber damit wird natürlich weniger Geld verdient als mit lange Zeit unverzichtbaren Hilfen und Unterstützungsangeboten! Daher muss die Finanzierungslogik der fachlichen Logik angepasst werden. Nach meinen Erfahrungen sind Sozialraumbudgets dafür die vernünftigste Lösung.

2 Das Prinzip des Sozialraumbudgets

Wir haben den Kreis Nordfriesland in 5 Sozialräume aufgeteilt (vgl. nähere Informationen zum Sozialraumprojekt in Nordfriesland unter www.nordfriesland.de). In jedem Sozialraum gibt es einen (Schwerpunkt-) Träger und ein Sozialraumbudget. Aus dem Sozialraumbudget werden alle Kosten, die im Bereich der Hilfen zur Erziehung (HzE) in dieser Region anfallen, bezahlt, sowohl die Kosten des Jugendamtes als auch die Kosten der freien Träger (vgl. zum Folgenden die Abbildung 1). Das Jugendamt weist dem freien Träger nach, welche Ausgaben aus dem Budget getätigt worden sind (z. B. die Bezahlung der Pflegeeltern und von stationären Unterbringungen, die nicht beim Sozialraumträger sind) und überweist den Rest des Geldes an den Sozialraumträger. Die Kosten des Jugendamtes werden als Vorwegabzug bezeichnet. Der Sozialraumträger rechnet seine Ausgaben auf Ist-Kosten-Basis gegenüber dem öffentlichen Träger ab. Wenn es am Jahresende zu Einsparungen gekommen ist, kann der Sozialraumträger von diesem Geld 20 % als Bonus behalten. Sollte das Budget nicht ausreichen, werden die Kosten der Sozialraumträger erstattet, sofern bestimmte Kriterien eingehalten wurden. Einen Bonus gibt es für den Träger dann nicht, aber auch keine Verluste, da ja alle tatsächlichen Ausgaben erstattet wurden.Durch diese Budgetlogik kann der Sozialraumträger im Sinne der oben beschriebenen Fachlichkeit arbeiten, denn er ist nicht darauf angewiesen, Fälle zu haben, um sein Personal zu bezahlen. Das Personal wird ja über Ist-Kosten abgerechnet und es spielt dabei im Prinzip keine Rolle, für welche Arbeit das Personal eingesetzt wird, ob für Fallarbeit, fallunspezifische Arbeit, Vernetzung o. ä.

Die einzige kalkulierte Größe, die der Träger abrechnen kann, sind die Overheadkosten. Diese sind sehr knapp kalkuliert und sollen lediglich die Personalkosten der Geschäftsführung und der Verwaltung decken. Alle anderen Gelder, die der Träger abrechnet, sind ja tatsächlich ausgegeben worden, das Geld ist also weg. Einen „Gewinn“ macht der Träger erst, wenn es ihm gelingt, Einsparungen zu erzielen. Daher haben wir jetzt die Situation, dass öffentlicher und freier Träger auch das gleiche finanzielle Interesse haben, nämlich möglichst wenig Geld auszugeben. Der öffentliche Träger kann also davon ausgehen, dass der freie Träger z. B. kein überflüssiges Personal beschäftigt, denn das dafür ausgegebene Geld vermindert ja am Jahresende die Einsparungen und damit den Bonus des Trägers.

Wenn der freie Träger Investitionen tätigt, müssen diese bei einem Volumen über 5.000 Euro mit dem öffentlichen Träger abgestimmt werden und in die Abrechnung gehen sie nach den üblichen Abschreibungsregeln ein, d. h. auch hier ist ausgeschlossen, dass der Träger unzulässigerweise Vermögen anhäuft. Der Sozialraumträger weist dem öffentlichen Träger jeden Monat seine Kosten nach. Sollte die Hochrechnung ergeben, dass das Budget um mehr als 95 % ausgeschöpft wird, wird „Finanzalarm“ ausgelöst. Das Regionalteam setzt sich mit den Leitungen der freien und des öffentlichen Trägers zusammen und entwickelt Strategien, wie der Budgetverbrauch minimiert werden kann. Dabei können auch kritische Fragen gestellt werden, z. B. nach der Auslastung des Personals, nach der Sinnhaftigkeit von Dienstfahrzeugen usw. Der Unterschied zu früher ist aber, dass auch der freie Träger ein Interesse daran hat, dass das Budget reicht und dass es eine totale Transparenz in den Finanzen für alle Beteiligten gibt. Auch der freie Träger kann kritische Fragen stellen, z. B. ist die Unterbringung des jungen Erwachsenen in der Spezialeinrichtung weit weg von zuhause immer noch fachlich geboten? Wie können Kostenerstattungsfälle umgesteuert werden?

Die Erfahrungen in Nordfriesland zeigen, dass Fach- und Finanzverantwortung unbedingt zusammen gehört, die wirksamste Steuerung läuft über das Regionalteam. Dieses soll durch einen kritischen Blick von außen (Geschäftsführung der freien Träger und Amtsleitung und/oder Stabsstelle des Jugendamtes) in seiner Steuerungsfunktion gestärkt werden. Mit der Verlagerung der Finanzverantwortung in die Regionalteams entsteht dort ein ganz anderes Bewusstsein und ein Ehrgeiz, das Budget einzuhalten. Dieser wird in Nordfriesland noch dadurch gestärkt, dass es im Leistungsbonus 10 Punkte (von 100) für die Einhaltung des Budgets gibt (s.u.). Die Steuerungskompetenz der Teams muss weiterhin dadurch gestärkt werden, dass die Qualität der Arbeit ständig weiter entwickelt wird, Fortbildungen und Teamentwicklung sind Pflicht, genauso wie die Einhaltung von standardisierten Arbeitsabläufen. Es ist Leitungsaufgabe, darauf zu achten, dass es hier keine Ausnahmen gibt. Je besser die Teams (und die weiteren Mitarbeiter der Sozialraumträger) arbeiten, desto besser werden die Hilfen, und die besten Hilfen sind auf die Dauer auch die kostengünstigsten, da sie die wirksamsten und damit die effektivsten Hilfen sind.

Tab. 1: Schematische Beispielrechnung (Quelle: Eigene Darstellung)

Einnahmen und Ausgaben	**Summe**	**Hochrechnung bis zum 31.12.**
Budgetrate für den Monat Juli	+100.000 €	+1.200.000 €
Vorwegabzüge	-50.000 €	-600.000 €
Personalkosten Herr X	-5.000 €	-60.000 €
Personalkosten Frau Y (Frau Y hat erst am 1.3. angefangen zu arbeiten)	-4.000 €	-40.000 €
Personalkosten Frau Z.	-6.000 €	-72.000 €
Personal Kosten für Frau A, B und C (aus Platzgründen hier zusammengefasst)	-10.000 €	-120.000 €
Sachkosten (z. B.Fahrtkosten, Handy und Laptops für päd. Mitarbeiter)	-4.000 €	-48.000 €
Sachkosten für Fälle	-2.000 €	-24.000 €
Honorare (es werden nicht in jedem Monat gleich viele Honorarkräfte benötigt)	-8.000 €	-12.000 €
Overheadkosten (Personalkosten für Geschäftsführung, Verwaltung usw., 6,14 % der Kosten für päd. Personal)	-1.800 €	-21.600 €
HüTN (Hilfen über Tag und Nacht)	-10.000 €	-120.000 €
Summe der Ausgaben	**100.800 €**	**1.117.600 €**
Ergebnis	**-800 €**	**+82.400 €**
Davon für den Sozialraumträger als Bonus		16.480 €
Davon für das Regionalteam für Projekte		16.480 €
Davon für den Ausgleichstopf		49.440 €

3 Schritte hin zu einem sozialraumorientierten Jugendamt

3.1 „Weiche" Faktoren

Der Umsteuerungsprozess muss in den Köpfen der SozialarbeiterInnen und der anderen MitarbeiterInnen im Jugendamt beginnen. „An den Zielen der Betroffenen arbeiten" bedeutet in der Praxis, dass meine eigenen Vorstellungen von dem, was für diese Familie richtig ist, in meiner Arbeit keine Rolle spielen dürfen. „Ressourcenorientierung" kann ich nur realisieren, wenn ich den Betroffenen und anderen Menschen aus der Lebenswelt, also Nicht-Fachleuten, zutraue, Probleme zu bewältigen und gute Lösungen zu finden. Ich reduziere meine Unterstützung auf das unbedingt Notwendige, auf keinen Fall arbeite ich härter als die Familie!

Durch Sozialraumbudgets verändert sich die Zusammenarbeit mit dem freien (Schwerpunkt-) Träger, er ist nicht mehr davon abhängig, vom Jugendamt Fälle zu bekommen, denn er hat das Geld ja schon! Die Zusammenarbeit kann dadurch auf Augenhöhe stattfinden und es wird vorkommen, dass es vom Freien Träger kritische Fragen zu der Arbeit des ASD gibt. Das ist eine neue Situation, an die der ASD sich eventuell erst gewöhnen muss. Sozialraumbudgets setzen aber auch bei den Finanzverantwortlichen eine neue Haltung gegenüber dem freien Träger voraus. Der Kostenträger muss seinem Partner prinzipiell zutrauen, dass dieser genauso wirtschaftlich und sparsam handelt wie ein öffentlicher Träger, er muss nicht festlegen, wie viel Geld für Personal, Sachkosten, Verpflegung usw. ausgegeben wird. Für Menschen, die sich immer im Bereich der Leistungs- und Entgeltvereinbarungen bewegt haben, kann dies eine echte Herausforderung sein!

Die Hilfeplanung wird von öffentlichem und freien Trägern im jeweiligen Regionalteam gemeinsam gemacht. Der öffentliche Träger gibt nicht die Verantwortung für die Fälle an den Sozialraumträger, der ASD bleibt immer fallführend. ASD und falldurchführender Mitarbeiter des Sozialraumträgers bleiben in der gesamten Laufzeit des Falles in engem Kontakt. Um maßgeschneiderte Hilfen zu kreieren, müssen sich die Beteiligten von Paragrafen und Stundenzuteilungen verabschieden. Es geht um Ziele der Familie, die erreicht werden sollen und der öffentliche Träger muss dem freien Träger zugestehen, selber zu entscheiden, wie viele Stunden er investiert, um die Ziele zu erreichen. Leistungsbeschreibungen werden definitiv nicht mehr gebraucht, es sei denn, man wollte für jede einzelne Hilfe eine solche erstellen.

Niemand sollte den Fehler machen, die Verunsicherung der Mitarbeiter zu unterschätzen, die durch die o. g. Paradigmenwechsel entstehen. Es wird sehr viele Fragen geben, wahrscheinlich auch Widerstände und die Aussage „das geht nicht". Für die Projektsteuerung ist es wichtig, sich klarzumachen, das dies ein ganz normaler Prozess ist, der ernst genommen und in die Umsetzungsplanung einbezogen werden muss. Mindestens in den ersten zwei Jahren wird es „hoch her gehen" und die Verantwortlichen müssen Ressourcen zur Verfügung zu stellen, um diese Phase gut zu bewältigen. Mindestens braucht es eine Stelle für das Projektmanagement (und zwar nur für dieses, und nicht für hundert andere kleine Sonderaufgaben) und Geld und Zeit für Fortbildungen, Teamentwicklung und externe Beratung der Leitungskräfte. Außerdem ist es wichtig, dass das Projektmanagement, und natürlich die übrigen entscheidungsbefugten Personen, alle Prozesse flexibel, offen und pragmatisch angehen. Es soll gemeinsam etwas Neues entwickelt werden und da muss es möglich sein, bestimmte Dinge so lange immer wieder zu verändern, bis sie gut sind. Ich habe immer wieder deutlich gemacht, „alles, was wir selbst entwickeln, können wir auch selbst wieder verändern. Es steht nicht im SGB VIII oder im Grundgesetz, wie z. B. unsere Formulare auszusehen haben".

3.2 „Harte" Faktoren

Die organisatorischen Fragen sind prinzipiell einfacher zu bearbeiten als die oben genannten Themen. Zunächst sollten die Sozialräume definiert werden. Dabei muss beachtet werden, dass die Sozialräume einerseits so groß sind, dass die Budgets gewisse Spielräume ermöglichen, andererseits sollen die Sozialräume einigermaßen übersichtlich sein, da sowohl die Sozialarbeiter des öffentlichen als auch die des freien Trägers ihren Sozialraum sehr gut kennen müssen, um sozialräumlich arbeiten zu können. In einem ländlichen Gebiet wie Nordfriesland ist eher die Frage der flächenmäßigen Ausdehnung schwierig. Dies wird in dichter besiedelten Gebieten anders sein. Bei der Definition der Sozialräume haben wir uns an den politischen Gemeindegrenzen orientiert und versucht, die Sozialräume so zuzuschneiden, dass sie in etwa auch mit den Lebenswelten der Menschen im Sozialraum übereinstimmen. Also haben wir gefragt: „Wo gehen die Kinder zur Schule? Wohin fährt man zum Einkaufen?" usw. Dennoch kann die Definition des Sozialraums nie wirklich 100 %ig mit der Lebenswelt übereinstimmen. Der Sozialraum ist ein künstliches, verwaltungstechnisches Gebilde, das mit der Lebenswelt eigentlich gar nichts zu tun hat. Das macht aber nichts, wenn man in der praktischen Arbeit die Lebenswelten berücksichtigt und nicht Sozialraumgrenzen überbewertet. (Besonders schön kann man das an unserem „Sozialraum Inseln" festmachen: er besteht aus den Inseln Sylt, Föhr und Amrum, aber die Lebenswelt der Menschen ist natürlich immer nur die Insel, auf der sie leben). In Nordfriesland haben wir bei einem Gesamtbudget für HzE von 7,5 Millionen Euro, 168.000 EinwohnerInnen und einer Fläche von 2000 qkm 5 Sozialräume gebildet mit Budgets zwischen ca. 1 und 2 Millionen Euro.

4 Definition von Sozialraumbudgets

Vor Beginn des Sozialraumprojektes im Jahr 2002 haben wir beim Kreis Nordfriesland versucht, Sozialraumbudgets anhand von Belastungsindikatoren zu definieren. Unsere Indikatoren waren:

- HzE-Kosten (Gewichtung 50 %),
- Jugendeinwohner (Gewichtung 25 %),
- Sozialhilfeempfänger (Gewichtung 25 %).

Nach den ersten Berechnungen haben wir noch einen Tourismusfaktor eingeführt, der aber natürlich nur regionale Bedeutung hat und nicht allgemein verwendet werden kann. Hintergrund war, dass auf den Inseln Sylt, Föhr und Amrum es wenig Jugendeinwohner, wenig Sozialhilfeempfänger, aber relativ hohe HzE-Kosten gab. Den Tourismusfaktor haben wir definiert, indem wir die Bodenpreise zugrunde gelegt haben. Wir haben dann den Tourismusfaktor mit 10 % gewichtet, und diese hätten für den Sozialraum Inseln dann auch zu einem angemessenen Budget geführt. Den Tourismusfaktor erwähne ich, um anzuregen, regionale Besonderheiten mit besonderen Faktoren dann auch mit zu belegen. Es wäre z. B. auch denkbar, für Migranten o. ä. einen Belastungsfaktor zu definieren. Allerdings ist es uns trotz Tourismusfaktor nicht gelungen, wirklich indikatorengestützte Budgets zu definieren, weil es große Unterschiede im Bereich HzE-Kosten zwischen einzelnen Sozialräumen gab, die sich aber nicht mit den genannten oder anderen „objektiven" Faktoren erklären ließen. Daher sind wir schließlich zu Budgets gekommen, die sich nur am Faktor HzE-Kosten orientierten. Im Jahre 2002 waren wir noch der Meinung, dass sich nach einigen Jahren die HzE-Kosten so entwickeln würden, dass sie praktisch mit den o. g. Indikatoren übereinstimmen. Dies hat sich allerdings nicht so erwiesen, so dass wir auch weiterhin nur mit HzE-Kosten arbeiten.

Dies ist für Nordfriesland allerdings auch relativ unproblematisch, da sich auch die Verteilung der Sozialhilfeempfänger oder der Jugendeinwohner im Laufe von 5 oder 10 Jahren hier nicht sonderlich verändert. In Regionen, die nicht so relativ homogen sind wie ein ländlicher Flächenkreis, können aber ganz andere Ergebnisse bei dieser Frage herauskommen. Grundsätzlich würde ich immer dafür plädieren, indikatorengestützte Budgets zu definieren. Man muss aber keine Ideologie daraus machen, sondern sollte pragmatisch vorgehen. Die Budgets werden nur zu 94 % ausgezahlt. 5,5 % der einzelnen Sozialraumbudgets gehen in einen Ausgleichstopf, der am Ende des Jahres dazu verwendet wird, Defizite in einzelnen Sozialräumen nachzufinanzieren. Von den Einsparungen, die bei einzelnen Sozialräumen erzielt wurden, gehen ebenfalls 60 % in den Ausgleichstopf. (Dies war zunächst auch anders geplant, wurde aber notwendig, da wir in jedem Jahr einzelne Sozialräume mit Defiziten hatten und die 5,5 % alleine nicht für den Ausgleich reichten). 0,5 % des Budgets werden für Fortbildungen, externe Beratung, Teamentwicklungsmaßnahmen und den Leistungsbonus für die einzelnen Teams verwendet.

5 Vertrag mit den Sozialraumträgern

Der Vertag mit den Sozialraumträgern enthält Regelungen zu folgenden Punkten:

- Präambel mit Sinn und Zweck des Sozialraumprojektes,
- Rahmenbedingungen, also Zuschnitt der Sozialräume, Projektstruktur usw.,
- Höhe der Budgets und die zu erbringenden Leistungen sowie die Abrechnungsmodalitäten,
- Zusammenarbeit zwischen öffentlichen Trägern und Sozialraumträgern,
- Kooperation mit anderen Trägern, Einrichtungen und Diensten,
- und das Übliche, wie Laufzeit, Kündigungsfrist und Salvatorische Klausel.

Grundlage des Vertrages ist das Konzept für die Umsetzung der Sozialraumorientierung im Kreis Nordfriesland, wobei insbesondere wichtig ist, die Zusammenarbeit mit den freien Trägern genau zu definieren. In Nordfriesland findet jede Woche in jedem Sozialraum eine Regionalteamsitzung statt, an der alle zuständigen MitarbeiterInnen (ASD, Wirtschaftliche Jugendhilfe, MitarbeiterInnen der Sozialraumträger) teilnehmen müssen. Es gibt ein Ablaufschema, sowohl für die Regionalteamsitzung allgemein als auch für die Fallbesprechungen. Es gibt vorgeschriebene Formulare für Falleingabe und Protokoll und es hat sich insgesamt bewährt, all diese Fragen vertraglich zu regeln, damit für beide Seiten klar ist, wozu sie verpflichtet sind. Es hat sich auch als richtig herausgestellt, die Regionalteams mit Leitung zu versehen. D. h., in jedem Regionalteam gibt es eine weisungsbefugte Leitung des öffentlichen Trägers und eine Leitung des Sozialraumträgers, die eng miteinander kooperieren. Zu Beginn eines solchen Umsteuerungsprozesses die Teams ohne Leitung arbeiten zu lassen, erscheint mir gewagt. Natürlich muss die Leitung 100 %ig hinter dem Umsteuerungsprozess stehen. Da die Jugendhilfeplanerin in Nordfriesland das Projektmanagement für die Umsetzung des Sozialraumprojektes übernommen hat, war es konsequent, die ohnehin schon sozialräumlich angelegte qualitative Jugendhilfeplanung in die Regionalteams zu verlagern. Hier werden Bedarfe festgestellt und Maßnahmen entwickelt, um die Bedarfe zu befriedigen. Hier werden Planungszirkel oder Runde Tische organisiert, an der alle Personen nach § 81 SGB VIII beteiligt werden. (Die Kindergartenbedarfsplanung findet allerdings quantitativ und zentral statt.)

Jedes Jahr findet ein so genannter Controlling-Workshop statt, auf dem alle Regionalteams zusammenkommen und gemeinsam die inhaltlichen Qualitätsziele für das kommende Jahr festlegen. Für die Erreichung dieser Ziele wird dann ein Leistungsbonus ausgezahlt. Die Ziele müssen dafür natürlich mit Indikatoren (Woran merken wir, dass wir das Ziel erreichen?), Kennzahlen (Wie können wir messen, inwieweit wir das Ziel erreicht haben?) und Zielgrößen (Wie viel wollen wir erreichen?) versehen werden. Dazu wird festgelegt, für welches Ziel es wie viele Punkte gibt, so dass dann am Ende des Jahres ausgerechnet werden kann, wie viele Punkte jedes Team erreicht hat und dementsprechend der Leistungsbonus ausgezahlt werden kann. Der Leistungsbonus beträgt bei 100 Punkten 8.000 Euro pro Team. Das Geld kann für Teamentwicklungsmaßnahmen, Projekte im Sozialraum und Verbesserung der Arbeitsbedingungen verwendet werden (so wurde z. B. ein fest installierter Beamer für das Besprechungszimmer des Regionalteams gekauft, die Protokolle werden während der Sitzung am PC geschrieben und sind über den Beamer für alle Teammitglieder jederzeit sichtbar). Über die Schiene Leistungsbonus konnte nachgewiesen werden, dass soziale Arbeit sehr wohl messbar ist, und insofern werden Indikatoren, Kennzahlen und Zielgrößen auch in anderen Bereichen, z. B. bei Projekten angewendet, aber auch in der Einzelfallarbeit wird geguckt, „Was ist der Indikator für die Zielerreichung?“ bzw. „Woran merken wir, dass das Ziel erreicht wurde?“.

6 Juristische Fragen

Ein Sozialraumprojekt stellt nicht das Wunsch- und Wahlrecht der Klienten in Frage, im Gegenteil, das Wunsch- und Wahlrecht wird so stark wie nie zuvor berücksichtigt, da die Hilfen ja maßgeschneidert auf die Bedarfe der Klienten zugeschnitten werden. Wenn Klienten nicht mit dem Sozialraumträger zusammenarbeiten wollen, dann können sie natürlich mit einem anderen Träger zusammenarbeiten. Wenn es keine Schweigepflichtentbindung gegenüber dem Sozialraumträger gibt, wird der Fall anonym im Regionalteam besprochen. Auch die Trägervielfalt wird durch das Sozialraumprojekt nicht grundsätzlich in Frage gestellt. Nun ist es in Nordfriesland so gewesen, dass es keine sehr große Zahl von Trägern gegeben hat, insbesondere nicht im ambulanten Bereich. Von daher war es relativ einfach, hier die Sozialraumbudgets einzuführen. Kein Sozialraumträger hatte eine stationäre Einrichtung, d. h., alle stationären Maßnahmen mussten dann bei dritten Trägern eingekauft werden. Dies ist auch bei manchen ambulanten Leistungen so, wo Spezialanbieter Leistungen erbringen, für die der Sozialraumträger kein geeignetes Personal hat. Insgesamt gehen in Nordfriesland ca. 50 % der Sozialraumbudgets an andere Träger.

7 Fallübergreifende Arbeit und Fallunspezifische Arbeit (FuA)

Zu Inhalten und Formen der fallunspezifischen Arbeit gibt es reichlich Fachliteratur, daher möchte ich hier nur auf die Einführung der fallunspezifischen Arbeit in die Arbeit des ASD (und der „Familienhelfer" der freien Träger) eingehen. Fachkräfte, die jahrelang nur in Einzelfällen gearbeitet haben, bringen nicht per se alle Fähigkeiten und Kenntnisse für fallunspezifische Arbeit, also für die Konzipierung und Umsetzung von Projekten mit. Es ist damit zu rechnen, dass ein Team zunächst mit dem Anspruch fallunspezifisch zu arbeiten überfordert ist, da es auf diesem Bereich keine oder nur wenige Erfahrungen gibt. Auch Projektideen sind zu Anfang in den Teams wahrscheinlich nicht massenhaft vorhanden, das waren jedenfalls die Erfahrungen in Nordfriesland.

Ein weiterer Stolperstein war zunächst auch die Unsicherheit im Umgang mit dem Budget. Müssen wir erst was einsparen, damit wir ein Projekt machen können? Was ist, wenn am Ende des Jahres die Familie mit 8 untergebrachten Kindern zuzieht und wir werden Kostenträger? Die Unterstützung der Regionalteams bei der Entwicklung der fallunspezifischen Arbeit ist ein klassisches Betätigungsfeld für die Jugendhilfeplanung. Auf die Frage, „wie kommt man überhaupt zu Projektideen?" wurde in Nordfriesland ein einfaches Ablaufschema entwickelt:

1. Jedes Teammitglied hat jederzeit das Recht (und die Pflicht), einen „gefühlten Bedarf" ins Team einzubringen. Z. B. „Ich habe das Gefühl, dass wir immer mehr minderjährige und ganz junge Mütter haben, die mit ihrer Situation überfordert sind. Ich finde, wir sollten da etwas tun."
2. Im Team wird der Bedarf überprüft, z. B.: Gibt es in den anderen Bezirken auch so viele junge Mütter? Was ist dem Sozialraumträger aufgefallen? Was sagt der Amtsvormund zur Zahl der minderjährigen Mütter?
3. Kommt das Team zu dem Schluss, der Bedarf ist tatsächlich da, werden andere Fachleute im Sozialraum zu ihrer Einschätzung des Themas befragt, z. B. Hebammen, Gynäkologen, Mitarbeiter der Sozialzentren/Argen, der Mutter-Kind-Stiftung, der Mütterberatung des Gesundheitsamtes.
4. Wenn alle relevanten Fachleute der Meinung sind, der Bedarf ist da, werden die Betroffenen über unterschiedliche Zugänge gefragt, was für sie in ihrer Situation hilfreich wäre.
5. Das Regionalteam bildet eine Arbeitsgruppe, gerne auch mit externen Fachleuten (ganz toll, wenn auch Betroffene mitwirken könnten!), die eine Projektidee entwickelt und Umsetzungsmöglichkeiten aufzeigt. Dabei sollen natürlich möglichst viele Sozialraumressourcen genutzt werden (Räumlichkeiten der AWO, ehrenamtliche Mitarbeiterinnen der Kirche, Sachkompetenz von Hebammen). Die Einbeziehung der Jugendhilfeplanung könnte evtl. hilfreich sein, oder die Jugendhilfeplanung steht auf Abruf für Fragen und Unterstützung bereit.
6. Die Arbeitsgruppe legt dem Regionalteam einen Projektentwurf vor mit
   - Richtungsziel (z. B. junge benachteiligte Mütter sollen in ihrer Versorgungs- und Erziehungskompetenz gestärkt werden) und
   - Handlungszielen (z. B. es wird ein wöchentlicher Frühstückstreff angeboten, bei dem sie lernen, welche Grundbedürfnisse ihre Kinder haben, wie sie angemessen auf die Signale ihrer Säuglinge reagieren können …) und konkreten Schritten, die unternommen werden, damit diese Ziele erreicht werden. Z. B. es ist immer eine Hebamme beim Frühstückstreff, die mind. ½ Stunde mit den Müttern zu einem bestimmten Thema wie Ernährung, Hygiene, Mutter-Kind-Bindung in geeigneter Form arbeitet).

- Indikatoren der Zielerreichung könnten sein: Die Mütter fühlen sich subjektiv sicherer im Umgang mit ihrem Kind (Skalierungs-Befragung der Mütter zu Anfang und nach x Monaten). Oder: Es gibt in der Gruppe keine Fälle von Kindeswohlgefährdung, die von der Mutter ausgehen.
- Kennzahlen wären dann die unterschiedlichen Einschätzungen auf der Skala oder die Zahl der tatsächlich vorkommenden Kindeswohlgefährdungen.
- Zielgröße könnte im ersten Fall sein: Bei 80 % der Mütter hat sich das subjektive Kompetenzgefühl um mindestens 2 Punkte erhöht. Im zweiten Fall wäre die Zielgröße null. Ein Kostenplan, eine Übersicht über die Kooperationspartner und eine Darstellung der Verantwortlichkeiten gehört natürlich auch zum Projektentwurf.

7. Das Regionalteam beschließt, das Projekt so oder in modifizierter Form durchzuführen oder lehnt es begründet ab und verständigt sich über das weitere Vorgehen.

Die Unsicherheit im Umgang mit dem Budget kann verringert werden, indem extra Geld für Fallunspezifische Arbeit zur Verfügung gestellt wird. Da wir keine „Nebenbudgets" haben wollten, gaben wir den Regionalteams die „Erlaubnis", ihr Budget um bis zu 30.000 Euro zu überziehen, wenn es für Fallunspezifische Arbeit geschieht. Es gab also trotzdem die 10 Punkte beim Leistungsbonus (die 5 x 30.000 Euro konnten aus dem Ausgleichstopf nachfinanziert werden). Als Orientierung wurde noch der Hinweis gegeben, wünschenswert sei es, insgesamt 50.000 Euro für fallunspezifische Arbeit auszugeben. Danach wurde das Verhältnis der Teams zu den „FuA-Ausgaben" entspannter, was auch die Kreativität bei der Projektentwicklung beförderte. Was Inhalt von Fallunspezifischen Projekten sein kann, wird regional sehr unterschiedlich sein. In Nordfriesland war es vor sechs Jahren geradezu ein revolutionärer Akt, in einer Touristenhochburg eine „Stadtranderholung" für einheimische benachteiligte Kinder anzubieten. Darüber können die Kollegen aus Berlin Kreuzberg oder Mitte wahrscheinlich nur müde lächeln, weil es solche Angebote dort schon seit Jahrzehnten gibt. In Nordfriesland hat die Einbindung von Ehrenamtlichen und Sponsoren dagegen bewirkt, dass Mitglieder bestimmter Bevölkerungsgruppen überhaupt erst wahrgenommen haben, dass es auch auf ihrer schönen Insel Kinder gibt, die vernachlässigt werden und zu wenig zu essen bekommen (weil ihre Eltern 16 Stunden am Tag Apartments putzen oder Strandkörbe vermieten). Genauso wie die Einzelfallhilfen müssen auch fallunspezifische Projekte genau auf die regionalen Bedarfe zugeschnitten werden, also Maßanzug statt Konfektionsware.

8 Fazit

Die Einführung der konsequenten Sozialraumorientierung hat in Nordfriesland dazu geführt, dass

- die soziale Arbeit des Jugendamtes und der freien Träger besser geworden ist (durch Paradigmenwechsel, größere Gestaltungsspielräume, budgetgestützte Qualifizierung, enge Zusammenarbeit von öffentlichem und freien Trägern usw.),
- die KlientInnen zufriedener sind (weil sie sich ernster genommen fühlen, weil die Hilfen effektiver und genau auf ihre Situation zugeschnitten sind, weil sie nicht entmündigt, sondern „empowert" werden),

- die Kostensteigerungen auf „null“ zurückgegangen sind (weil Fach- und Finanzverantwortung in einer Hand liegen und dort gesteuert wird, wo auch die relevanten Entscheidungen über die Hilfen getroffen werden),
- die MitarbeiterInnen von öffentlichem und freien Trägern mehr leisten und trotzdem zufriedener sind (weil sie durch den großen Gestaltungsspielraum viel mehr Spaß an der Arbeit haben als früher und sicher auch, weil durch konsequente Qualifizierung eine früher teilweise vorhandene Jammermentalität überwunden werden konnte und durch lösungsorientiertes Denken und Handeln ersetzt wurde).

Die Konsequenz ist, dass der Kreis Nordfriesland diese Form der Arbeit in der Jugendhilfe fortsetzt und seit 1.7. 2009 auch in der Eingliederungshilfe für Kinder (SGB XII) umsetzt. Sozialraumbudgets sind nicht Voraussetzung für gute Arbeit in der Jugendhilfe, aber sie unterstützen sie sehr stark, weil fachliche und ökonomische Logik sich nicht mehr widersprechen und Fach- und Finanzverantwortung zusammengeführt wurden.

Margarete Finkel

Evaluation in Planungsprozessen

Evaluation ist ein geeignetes Mittel zur Perspektiverweiterung sowie empirischen Fundierung von Planungsprozessen und trägt damit entscheidend zu deren Qualifizierung bei. Gleichermaßen muss in Frage gestellt werden, ob Evaluation aufgrund der zunehmenden Anforderungen an die Jugendhilfeplanung in ihrer bereits bestehenden Randstellung noch weiter verfestigt wird. Diese Einschätzung wird im vorliegenden Aufsatz entlang konkreter Beispiele von (abgeschlossenen, geplanten, erwünschten) Evaluationen in Planungsprozessen begründet. Dabei fließen eigene Erfahrungen ein aus externen und praxisbegleitenden Evaluationen sowie aus der aktuellen Planungspraxis in einem Großstadtjugendamt.

Um Planung und Evaluation in ein Verhältnis bringen zu können, werden zunächst einige aktuelle Herausforderung von Jugendhilfeplanung kurz skizziert (1.). Dann wird anhand von drei Beispielen aus der Stuttgarter Jugendhilfeplanungspraxis dieses Verhältnis konkret beschrieben, sowohl in Bezug auf die wechselseitige „Stützung" bzw. Optimierung als auch in den auftretenden Schwierigkeiten (2.). Unter 3. werden die verschiedenen Erkenntnisse vor dem Hintergrund der oben genannten Einschätzung gebündelt.

1 Aktuelle Herausforderungen der Jugendhilfeplanung[1]

1.1 Komplexitätserweiterungen in den Anforderungen

Vermehrte ressortübergreifende Planungen: Jugendhilfeplanung war schon immer gedacht als eine arbeitsfeld- und ressortübergreifende Planung. Dennoch war und ist es in vielen Planungsabteilungen nach wie vor usus, Teilplanungsberichte zu einzelnen Arbeitsfeldern zu erarbeiten und damit die Entwicklungslinien für die kommenden Jahre festzulegen. Seit Jugendhilfe und Schule sich als Systeme allerdings immer mehr aufeinander zu bewegen, seit die Diskussion um Frühe Hilfen/Frühe Förderung an Bedeutung gewonnen hat etc. (vgl. den Beitrag von Wagenblass in diesem Band), ist ein ressortiertes Denken und Planen nahezu unmöglich geworden. Hortplätze bspw. in der Stadt auszubauen, ohne dies zu den Planungen zum Ausbau der Ganztagsschulen in Beziehung zu setzen oder ohne Bedarfe und Raumkapazitäten an den Grundschulen zu prüfen, würde an der aktuellen Situation völlig vorbeigehen. Damit sind Jugendhilfe- und Schulentwicklungsplanung – zumindest was den Betreuungsbereich anbelangt – eigentlich kaum mehr voneinander trennbar zu gestalten. Diese grundsätzlich wünschenswerte Entwicklung stellt beide Seiten vor die Herausforderung, trotz unterschiedlicher Planungstraditionen und -logiken zu gemeinsamen kurzfristigen Lösungen und mittelfristigen Planungen zu kommen. Darüber hinaus sind sowohl unterschiedliche Machtpotentiale als auch

1 Vgl. zu diesem Kapitel Merchel 2006.

unterschiedliche Ziele, die mit dem eigenen Handeln verbunden sind, zu bewältigen. Neben dieser sowohl inhaltlichen als auch kommunikativ/diskursiven („man spricht nicht die gleiche Sprache") Zunahme von Komplexität, bedeutet diese übergreifende Abstimmung auf einer ganz alltagspraktischen Ebene eine deutliche Zunahme von Kooperationspartnern und notwendigen Abstimmungsrunden.

Zunehmende Innovations- und Veränderungsimpulse: In vielen Arbeitsfeldern der Kinder- und Jugendhilfe haben sich in den vergangenen Jahren gravierende fachliche Neuausrichtungen vollzogen, die in der Jugendhilfeplanung bewertet und verarbeitet werden müssen. So z. B. die fachliche und organisatorische Neuausrichtung der Erziehungshilfen entsprechend der Leitziele Sozialraumorientierung und Flexibilisierung, der Paradigmenwechsel in der frühkindlichen Erziehung oder die Profilierung der Jugendarbeit als Bildungsaufgabe. Jugendhilfeplanung ist herausgefordert, sich solchen Innovationsimpulsen gegenüber sehr schnell positionieren und ggf. Planungen/Qualitätsentwicklungsprozesse auf den Weg bringen zu müssen, ohne in jedem Fall über ein fundiertes Fachwissen in diesem Arbeitsfeld verfügen bzw. sich erarbeiten zu können. Neben den fachlich/inhaltlichen Impulsen wirken sich gegenwärtig auch die Impulse der Bundesregierung im Bereich des Ausbaus von Ganztagsschulen und insbesondere der Kindertagesbetreuung stark auf die Arbeit in der Jugendhilfeplanung aus. So stellt der Ausbau der Betreuungsplätze für 0- bis 3-Jährige eine hoch komplexe Anforderung an die Jugendhilfeplanung dar. Auch hier gilt es, Planungs- und Abstimmungsprozesse mit anderen kommunalen Akteuren auf den Weg zu bringen (z. B. mit Hochbau- und Liegenschaftsamt, denn „ohne Immobilien keine Kitas") und dabei trotz unterschiedlicher Handlungslogiken und Zielsetzungen handlungsfähig zu bleiben; immer verbunden mit dem Wissen, ohne die aktive Mitwirkung der anderen auch in den eigenen Zielsetzungen nicht voranzukommen.

Zunehmende Anfragen an Qualitäts- und Wirkungsmessungen: Mit der Qualitätsdebatte ging auch die Anforderung einher, für Leistungen in der Kinder- und Jugendhilfe Qualitätskriterien zu entwickeln und diese in Bewertungs- und Steuerungsverfahren sowie in Förderinstrumente einzubinden. Die zunehmende Finanzknappheit führt darüber hinaus dazu, verstärkt die Wirkung bzw. die Effekte von Leistungen der Kinder- und Jugendhilfe in den Blick zu nehmen und daran auch die Steuerung von Maßnahmen auszurichten. Das Ziel von Jugendhilfeplanung, bestehende Praxis bedarfsgerecht weiterzuentwickeln sowie innovative Alternativen herauszuarbeiten, ist ohne eine Diskussion um Ziele und fachliche Standards sowie die Überprüfung deren Einhaltung eigentlich auch nicht einlösbar. Dennoch ist eine konsequente, an Zielen und Erfolgen orientierte Angebots- und Trägerbewertung und daran ausgerichtete Maßnahmesteuerung vielerorts noch Zukunftsmusik. Dies hat zum einen mit den grundsätzlichen Problemen der Wirkungsmessung sozialer Dienstleistungen zu tun. Zum anderen hat der in der Jugendhilfeplanung dominante Anspruch der Trägerbeteiligung eine gewisse „Scheu" zur Folge, sich zu kritisch mit der Praxis in Einrichtungen und deren durchaus unterschiedlichen Leistungen auseinanderzusetzen. Letztendlich beschränkt sich Bewertung und Qualitätsüberprüfung deshalb nach wie vor oft auf die Einhaltung administrativer Kontrollkategorien, wie z. B. die Abfrage von Besucherzahlen oder die Häufigkeit von Beratungsgesprächen.

1.2 Alte und neue Spannungsfelder in der Jugendhilfeplanung

Begrenzte Steuerungsmöglichkeiten der Jugendhilfeplanung: Planung im sozialen Bereich steht immer vor der Aufgabe, die Spannung zwischen dem Wissen um ihre nur begrenzten Steuerungsmöglichkeiten und der notwendigen Aufrechterhaltung eines gewissen Steuerungsoptimismus auszubalancieren. Begrenzte Steuerungsmöglichkeiten ergeben sich aus der Nicht-Steuerbarkeit sozialer Tatbestände und daraus resultierenden Unterstützungsbedarfen, welche z. B. zu einem Anstieg der benötigten Hilfen zur Erziehung führen. Für Jugendhilfeplanung gilt es hier eine Balance zu finden, den Wert und Nutzen der eigenen Arbeit (auch im Hinblick auf Steuerung) herauszustellen, ohne im gleichen Zuge eine übertriebene Hoffnung hinsichtlich einer „gezielten Steuerung" zu befördern. Dennoch läuft Jugendhilfeplanung mit ihrer kommunikativen und konzeptionellen Ausrichtung Gefahr, insbesondere von eher sozialtechnische Steuerungskalküle verfolgende „Steuerern" nicht ernst genommen zu werden (vgl. den Beitrag von Hopmann in diesem Band).

Spannungsfeld zwischen Fachlichkeit, Trägerinteressen und Finanzrestriktionen: Begrenzte Steuerungsmöglichkeiten im Sinne der Befriedigung fachlich legitimierter Bedarfsanforderungen ergeben sich für die Jugendhilfeplanung aber auch aufgrund ihrer Verbindungen zum Jugendhilfeausschuss und der damit verbundenen politischen Dynamik. Da die der Planung zugrunde liegende fachliche Rationalität nur bedingt handlungsleitend für die Entscheidungsprozesse von Sozialpolitiker/-innen und Sozialpolitik ohne die Thematik der knappen Finanzen nicht zu denken ist, beschränkt sich das Steuerungspotenzial der Planung schnell auf die Erstellung von Planungsberichten und Maßnahmenempfehlungen. Die damit eingeschränkte Eigenständigkeit in der Entscheidung steht oft hohen Erwartungen von Interessensgruppen, Trägern und Institutionen an die Jugendhilfeplanung gegenüber. Die von diesen meist zu Recht formulierten Bedarfe an Ausbau/Erweiterung von Angeboten vor dem Hintergrund zunehmender Unterstützungsbedarfe von Kindern und Familien müssen in der Jugendhilfeplanung in Verbindung gebracht werden mit „strategischen" Überlegungen, wie vor dem Hintergrund knapper Mittel zumindest eine kleine Verbesserung für eine bestimmte Zielgruppe oder ein Arbeitsfeld erreicht werden kann.

Planung und Träger im Widerspruch zwischen erhöhtem Konkurrenzdruck und sozialpolitischem Appell zur Vernetzung: Träger der Kinder- und Jugendhilfe sind spätestens seit der zunehmend sozialräumlichen Ausrichtung der Dienste und Planungen zur Vernetzung innerhalb des jeweiligen Stadtgebietes aufgefordert, Synergien durch Kooperation zu erreichen und Doppelstrukturen zu vermeiden. Dieser Kooperationsanspruch geht – zumindest in Stuttgart – sogar so weit, dass mehrere Träger gemeinsam eine Versorgungsvereinbarung mit dem öffentlichen Träger abschließen, in der diese sich zur Versorgung der anfallenden Bedarfe im jeweiligen Stadtteil verpflichten. Auf der anderen Seite sind gerade die Träger der Jugendarbeit/Jugendsozialarbeit einer erhöhten Konkurrenz um „Drittmittel", wie etwa Mittel aus dem Europäischen Sozialfonds oder sonstige Stiftungsmittel, ausgesetzt. Jugendhilfeplanung mit ihrer Maxime der breiten Trägerbeteiligung bewegt sich inmitten dieses Widerspruchs, hat teilweise die problematischen Auswirkungen mit zu tragen und muss über die Etablierung einer Kultur der Zusammenarbeit und Kontraktierung dazu beitragen, dass Kooperation trotz Konkurrenz möglich ist. Dazu gehört auch die Aufgabe der Thematisierung und des Öffentlichmachens dieser Widersprüche.

1.3 Fazit: Fachliche Aufwertung bei gleichzeitigem drohenden Verlust von Fachlichkeit

Im Zuge der Professionalisierung in der Kinder- und Jugendhilfe hat die Jugendhilfeplanung eine nicht mehr wegzudenkende Funktion übernommen. Sie wirkt als übergreifende Steuerungseinheit in alle wesentlichen fachlichen und fachpolitischen Themenentwicklungen hinein und ist bei allen Zukunftsthemen der Jugendhilfe angesprochen. Im 11. Kinder- und Jugendbericht wird die Jugendhilfeplanung als der zentrale Akteur in der Gestaltung moderner Jugendhilfestrukturen herausgestellt; über die Etablierung einer „Planungs- und Evaluationskultur" sollen Institutionen und Angebote der Kinder- und Jugendhilfe so dynamisch und veränderbar sein, dass sie auf die wenig kalkulierbaren Erscheinungsformen von individuellen Belastungen und Problemen adäquate Antworten darstellen können (vgl. BMFSFJ 2002, zit. in Maykus 2006, S. 43). Nimmt man die oben genannten Anforderungen an Planung in Bezug auf Qualitätsentwicklung, Wirkungsüberprüfung und Controlling hinzu, dann kann durchaus von einer – zumindest in den theoretischen oder idealtypischen Überlegungen – zunehmenden Aufwertung von Planung sowohl in Bezug auf ihre Fachlichkeit als auch in ihrer steuernden Funktion gesprochen werden. Diese Aufwertung wird allerdings – nicht nur aufgrund eines eklatanten Missverhältnisses zwischen den zur Verfügung stehenden Ressourcen für Planungsaktivitäten und den formulierten „Ansprüchen" an Planung – zunehmend zur Zumutung, verbunden mit einer latenten Überforderung der Planungsfachkräfte. Überforderung entsteht zum einen aufgrund der Anforderung, sich souverän in immer mehr spezialisierten Fachlichkeiten bewegen und trotz der oft nur oberflächlichen Kenntnis des Handlungsfeldes eine zielgerichtete Steuerungsaufgabe übernehmen zu müssen.[2] Hier laufen Planer/-innen schnell Gefahr, nicht mehr als „Experten/-innen" angesehen zu werden und in der „Allzuständigkeit" an Profil zu verlieren. Neben der geforderten hohen Fachlichkeit in den Handlungsfeldern werden erweiterte Ansprüche an Sozialberichterstattung, Evaluation und Controlling an die Jugendhilfeplanung gestellt, für die Planer/-innen fundierte Kenntnisse in sozialwissenschaftlichen Methoden und Verfahren mitbringen müssen.[3]

Zum anderen sind Planer/-innen zunehmend herausgefordert, die immer wieder erlebte Brüchigkeit des auf kommunikative Verfahren ausgerichteten Planungsverständnisses angesichts der verstärkten Mittelknappheit in den kommunalen Haushalten „auszubalancieren"[4]. Jugendhilfeplanung hat hier Druck von zwei Seiten auszuhalten. Auf der einen Seite wächst der Druck der freien Träger auf den öffentlichen Träger respektive die Jugendhilfeplanung, welche – durchaus legitim – bessere Bedingungen für die adäquate „Bearbeitung" der gestiegenen Bedarfslagen ihrer Zielgruppen einfordern. Auf der anderen Seite werden die Möglichkeiten geringer, einen weiteren qualitativen und quantitativen Ausbau sozialer Unterstützungsleistungen politisch durchsetzen zu können. Vor diesem Hintergrund wird die Realisierung des Anspruchs, gemeinsam (von öffentlichem und freien Träger(n)) getragene Lösungsvorschläge zu erarbeiten und in den politischen Aushandlungsprozess hineinzutragen, zunehmend schwieriger.

Nicht zuletzt zwingt auch die immer breitere ressortübergreifende Abstimmung der Planungsaktivitäten zum „Zurückstecken" in den eigenen fachlichen Ansprüchen. Stoßen unterschiedliche Vorstellungen von Planung und Zielsetzungen aufeinander, können Lösungen nur erreicht werden, wenn beide Seiten sich aufeinander zu bewegen, wenn Kompromisse mög-

---

2 Aufgrund des Sozialraumbezugs in der Stuttgarter Jugendhilfeplanung ist der/die einzelne Planer/-in Ansprechpartner/-in für alle Träger und deren Aufgaben im jeweiligen Sozialraum. Dies bedeutet, dass er/sie alle Handlungsfelder der Kinder- und Jugendhilfe „zu bearbeiten" hat, angefangen bei der Kindertagesbetreuung und der Schülerbetreuung über die Jugendarbeit, Jugendsozialarbeit, Jugendberufshilfe bis zu den Hilfen zur Erziehung, der Familienarbeit (Frühe Förderung, Beratungsstellen) sowie der Gemeinwesenarbeit (Stadtteil- und Familienzentren etc.).

3 Diese hohen Anforderungen an die Tätigkeit in der Jugendhilfeplanung werden bei Neubesetzungen von Stellen und der geringen Zahl an hinreichend „qualifizierten" Bewerber/-innen immer besonders deutlich.

4 Hermann beschreibt die Arbeit der Jugendhilfeplanung als ständigen Balanceakt im Umgang mit Widersprüchen, Konflikten und begrenzter Rationalität, vgl. Hermann 1998.

lich sind, mit denen wiederum aber auch Abstriche von der eigenen „Idealvorstellung" verbunden sind. Gerade in den übergreifenden Planungsprozessen geht es – neben der eigentlichen Zielsetzung – insbesondere auch darum, die eigentlichen Rahmenbedingungen für partizipative Planungsprozesse erst zu schaffen, nämlich ein auf Transparenz, Kommunikation und Ausgleich von Interessen zielendes Kooperationsklima. Inwiefern Jugendhilfeplanung sich mit dieser Ausrichtung durchsetzen wird oder ob ihr genau dies als „Schwäche" oder „Profillosigkeit" ausgelegt wird (z. B. als unnötige Ausdehnung der eh schon zahlreichen Besprechungsrunden), wird sich erst mit der weiteren Erfahrung zeigen.

2 Jugendhilfeplanung und Evaluation

2.1 Jugendhilfeplanung und Evaluation – grundsätzlich

Geht man von dem Grundsatz aus, dass auch Planung immer wieder einen Schritt von der eigenen Praxis zurücktreten und das eigene Handeln vor dem Hintergrund ständig sich wandelnder gesellschaftlicher, regionaler und institutioneller Bedingungen reflektieren muss, dann ist die Evaluation als grundständiger Bestandteil von Planungs- und Weiterentwicklungsprozessen anzusehen. Idealerweise leistet Evaluation einen wichtigen Beitrag, die planerische Herausforderung der gelingenden „Kombination von Empirie, Reflexion und Kommunikation" (Jordan/Schone 2000 zit. n. Maykus 2006, S. 41) zu bewältigen. Über Evaluation wird Wissen zur Verfügung gestellt (z. B. zur Perspektive der Adressaten/-innen), welches Kommunikation grundsätzlich anregt und zur kommunikativen Interpretation herausfordert. Evaluationsergebnisse befördern Selbstreflexion, sie „irritieren" im günstigen Fall eingespielte Handlungsroutinen und können so zur Qualitätsentwicklung beitragen. Evaluationsergebnisse erweitern die Informationsbasis und tragen damit zur Qualitätssteigerung von Planungsprozessen selbst bei. Inwieweit sich ein derart ideales Ergänzungsverhältnis zwischen Planung und Evaluation in ganz konkreten Evaluationsprojekten der Planungspraxis nachzeichnen lässt, wird an den folgenden Praxisbeispielen reflektiert.

2.2 Evaluation im gesamtstädtischen Umbauprozess der Hilfen zur Erziehung

Der Umbauprozess der Hilfen zur Erziehung: Der in den Jahren 1997-2007 realisierte Umbauprozess ist in gewisser Weise ein Vorzeigebeispiel einer auf Kommunikation, Aushandlung und Ausgleich ausgerichteten Planung. In enger Abstimmung mit den etablierten Trägern der Hilfen zur Erziehung (HzE) wurde sowohl das gesamte Hilfeplanverfahren als auch die Finanzierungsgrundlagen auf völlig „neue Füße" gestellt.[5] Dabei wurden die Prinzipien der Sozialraum- und Adressaten/-innenorientierung sowohl strukturell als auch im fachlichen Handeln möglichst konsequent umzusetzen versucht. Der Reformprozess wurde maßgeblich von der Jugendhilfeplanung initiiert und über die gesamte Zeit unterstützt und begleitet. Dafür wurden zwei zusätzliche Planerstellen für mehrere Jahre eingerichtet.

5 Auch wenn hier von einem „Vorzeigebeispiel" gesprochen wird, darf nicht übersehen werden, dass der Umbauprozess die wenigen kleineren Erziehungshilfeträger in Stuttgart in eine recht prekäre Lage versetzt hat. Und auch die etablierten Träger waren in der „Freiwilligkeit" ihrer Teilnahme am Umbauprozess aufgrund des entstandenen Reformdrucks irgendwann nur noch bedingt unabhängig.

Evaluation war im Umbauprozess von vorneherein als konstitutives Element eingebaut. Für mehrere Jahre standen zwei 75 % Stellen für die prozessbegleitende Evaluation zur Verfügung. Das Vorgehen entsprach dabei einer formativen Evaluation, d. h. Ergebnisse der Auswertungen wurden kontinuierlich in den Prozess eingespeist und darin erkennbare notwendige Anpassungen vorgenommen. Von den verschiedenen Evaluationsprojekten werden hier drei beispielhaft herausgegriffen.[6]

Evaluation zur Zusammenarbeit im Stadtteilteam: Ein Kernstück der HzE-Reform stellt die veränderte Zusammenarbeit zwischen den HzE- und ASD-Mitarbeiter/-innen dar. Nach einer ersten, ergebnisoffenen Fallrecherche im ASD werden mögliche Hilfeoptionen gemeinsam im Stadtteilteam (ASD- und HzE-MA) entwickelt. Die Zusammenarbeit im Stadtteilteam wurde in zwei „Experimentbereichen" unter breiter Mitwirkung des Evaluators entwickelt. Analog eines Qualitätsentwicklungszirkels wurde ein Verfahren entwickelt, implementiert, evaluiert, angepasst, erneut implementiert etc. bis eine „serienreife" Form der Zusammenarbeit entwickelt war. Evaluation und Jugendhilfeplanung wirkten hier in hohem Maße ineinander. Die theoretische Entwicklungsarbeit wurde in der Jugendhilfeplanung geleistet, das „Produkt" in einem kontinuierlich von dem Evaluator überprüften Prozess „ausgereift" und dann in einem von der Planung gesteuerten Prozess auf die Zusammenarbeit in der gesamten Stadt übertragen. Planung hat auf diese Weise eine empirische Fundierung erhalten, die Kommunikation zwischen den Mitarbeiter/-innen von ASD und HzE-Träger wurde durch die Rückmeldungen des Evaluators angeregt, Selbstreflexion befördert und damit Qualität erweitert. Förderliche Bedingungen für diesen Prozess waren:

- das Handlungsfeld befand sich in der Umbruch- oder Aufbruchsituation;
- der Wille der Beteiligten zur Veränderung und die Bereitschaft, sich auf „ein Experiment" einzulassen war groß;
- die Evaluation bezog sich auf eine überschaubare Adressaten/-innengruppe, die ein direktes Beobachten und zeitnahes Zurückmelden ermöglichte;
- für die Evaluation stand ein hinreichendes Zeitbudget zur Verfügung.

Gleichermaßen führte die „enge Verbindung" zwischen Planung, Praxisentwicklung und Evaluation auch zu problematischen Nebenwirkungen. Der Evaluator wurde zunehmend ein Teil des Ganzen und der für die Evaluation notwendige „fremde Blick" war nur noch eingeschränkt möglich. Ein Personalwechsel wurde dann auch dazu genutzt, die Evaluation im Umbauprozess noch einmal anders strukturell einzubinden.

Evaluation zur Adressaten/-innenbeteiligung im Hilfeplangespräch: Für diese Fragestellung wurde eine qualitative Vorgehensweise gewählt. Mädchen und Jungen sowie ihre Eltern wurden zu ihren Erfahrungen im Hilfeplangespräch in Leitfadeninterviews befragt. Des Weiteren fand eine Befragung von Fachkräften zu ihrem eigenen Erleben im Hilfeplangespräch, insbesondere in Bezug auf die Beteiligung der Adressaten/-innen statt. Die Interviews wurden ausgewertet, ein Auswertungsbericht zur Verfügung gestellt und Ergebnisse der Evaluation in einzelnen Teams vorgestellt.

Das Ergänzungsverhältnis von Evaluation und Planung stellt sich hier anders dar. Die Evaluationsergebnisse bestätigten sozusagen das Wissen der Planungsverantwortlichen, dass Be-

6 Evaluationsuntersuchungen wurden zu folgenden Fragestellungen durchgeführt: Zusammenarbeit der HzE- und ASD-Mitarbeiter/-innen im Stadtteilteam; AdressatInnenorientierung und -beteiligung im Hilfeplanverfahren; Leitungskräfte und ihre veränderte Rolle im Umbauprozess; sozialräumliches Arbeiten und fallunspezifische Arbeit; Dokumentation von Kontraktgesprächen; Wirksamkeit des Umbauprozesses.

teiligung sehr unterschiedlich gelingt und dieses Gelingen viel mit der Haltung der Fachkräfte zu tun hat. Von daher hat Evaluation einen Beitrag dazu geleistet, dass Qualifizierungserfordernisse anerkannt und dann mit Maßnahmen darauf reagiert wurde. Auch aktuell findet wieder eine von der Jugendhilfeplanung initiierte Qualifizierungsreihe zur Hilfeplanung statt. Evaluationsergebnisse wirken damit direkt auf Planungshandeln ein, haben aber nur indirekt einen Einfluss auf den nötigen Qualifizierungsfortschritt. Dafür müssen sie „übersetzt" bzw. in ein Konzept zur (Selbstreflexion anregenden) Weiterbildung eingearbeitet werden. Diese „Übersetzung" ist sowohl aufgrund der qualitativen Vorgehensweise in der Evaluation als auch aufgrund des Evaluationsgegenstandes notwendig. Um fachliche Haltungen herauszuarbeiten sind qualitative Verfahren einerseits besonders geeignet, andererseits können Haltungsveränderungen gerade nicht (allein) über die Lektüre eines Evaluationsberichtes erzielt werden.

Evaluation zur fallunspezifischen Arbeit: Fallunspezifische Arbeit (fuA) wird als Vorbereitungsarbeit für die Fallarbeit definiert. Sie zielt auf die Erschließung von sozialraumbezogenen Kenntnissen und Möglichkeiten des Gemeinwesens, z. B. durch den Aufbau von Netzwerken und Kontakten innerhalb sowie außerhalb des sozialen Sektors. Für die Evaluation wurden verschiedene fuA-Aktivitäten sowie die damit erzielten Gewinne ebenso wie die aufgetretenen Schwierigkeiten aus der Sicht beteiligter HzE-Fachkräfte, ASD-Fachkräfte sowie anderen Kooperationspartner/-innen (auch Ehrenamtlichen) beschrieben. Es wurde ein Evaluationsbericht angefertigt sowie eine Arbeitshilfe daraus entwickelt. Auf mehreren von der Jugendhilfeplanung initiierten workshops mit Mitarbeiter/-innen von HzE-Träger und ASD sowie einem Workshop für Leitungskräfte wurde mit den Ergebnissen gearbeitet. Die Evaluationsergebnisse fanden auch hier insofern einen Niederschlag im Planungshandeln, als diese in workshops den Fachkräften zur Diskussion gestellt und fachliche und (persönliche) Reflexion angeregt wurde. Trotz dieser (und weiterer) Aktivitäten ist es bis heute nicht gelungen, fuA als einen unumstrittenen Auftrag der HzE-Mitarbeiter/-innen zu etablieren. Eine aktuell beendete Evaluationsuntersuchung durch ein externes Institut bestätigt zwar, dass fuA insbesondere für die Fachkräfte selbst mittlerweile eine ganz „normale" Aufgabe darstellt, dass aber ein kleiner Rest an Skepsis insbesondere bei manchen Führungsverantwortlichen bestehen bleibt. Hier stellt sich insbesondere die Frage, inwieweit es gelingen kann, über Evaluation auch Führungskräfte zur Selbstreflexion und ggf. Haltungsveränderung anzuregen.

2.3 Evaluation des Qualitätsentwicklungsprozesses „Bildungsförderung in Kindertageseinrichtungen"

Dieser Prozess stellt ein Beispiel für den Aufgabenbereich „System- und Aufgabenqualifizierung" der Jugendhilfeplanung dar. Infolge der Implementierung des Orientierungsplans in Baden Württemberg wurde von der Jugendhilfeplanung ein gesamtstädtischer Qualifizierungsprozess für alle Stuttgarter Kindertageseinrichtungen auf den Weg gebracht. Innerhalb von 6 Jahren werden alle Einrichtungen diesen Prozess durchlaufen, dafür steht eine Fördersumme von über sieben Mio. Euro zur Verfügung. Neben der Konzipierung des Qualitätsentwicklungsprozesses übernimmt die Jugendhilfeplanung die Aufgabe, die Träger zu beraten, ihre eingereichten Konzepte zur internen Umsetzung der Qualifizierung zu prüfen sowie die Beteiligung aller Stuttgarter Einrichtungen und den trägerübergreifenden Austausch sicherzustellen.

In der Konzeption waren von Anfang an Überlegungen für eine trägerübergreifende Evaluation angestellt worden, die erst jetzt nach Klärung der vielfältigen Umsetzungsfragen in den Blick rücken.

Für eine trägerübergreifende Auswertung des Prozesses ist die Verständigung auf die Fragestellung der Evaluation zentral. Hier wird in den bisherigen Überlegungen deutlich, dass die mögliche Ausrichtung der Untersuchung stark von den Interessen der jeweiligen Beteiligtengruppen geprägt ist. Befragt man bspw. die Fachberatungen nach der möglichen Ausrichtung der Evaluation, dann stehen die Fachkräfte und deren weiterer Qualifizierungsbedarf im Vordergrund. Dies ist vor dem Hintergrund der Aufgabenstellung der Fachberatung nachvollziehbar. Natürlich will man wissen, inwieweit die Fachkräfte durch den Qualifizierungsprozess bereits in der Lage sind, nach den veränderten Zielsetzungen zu handeln und an welchen Stellen weiterer Qualifizierungsbedarf besteht. Als Gesamtverantwortliche in der Kommune können ganz andere Fragestellungen zentral sein: „Zahlt" sich die Investition im Sinne einer Erhöhung der „Schulreife" der Kinder „aus"? Gibt es weniger Zurückstellungen vom Schulbesuch, erkennen Grundschullehrer/-innen Veränderungen bei den Kindern etc.? Oder aber auch: Sind die Eltern zufrieden mit den Entwicklungen, wie bewerten sie die Arbeit in den Kitas, erleben sie sich tatsächlich breiter beteiligt im neuen Verständnis einer Erziehungspartnerschaft? Eine Einigung zwischen öffentlichem Träger und freien Trägern bzgl. der Evaluationsfrage und des -gegenstandes erfordert einen Prozess der gemeinsamen Meinungsbildung. Dieser muss in dem Bewusstsein geschehen, dass mit der Entscheidung auch eine Weichenstellung und eine Priorisierung (der unterschiedlichen Interessen) verbunden sind.

Neben den Überlegungen für eine trägerübergreifende Evaluation haben die großen Trägergruppen bereits trägerinterne Evaluationsmaßnahmen ergriffen, aus denen sie für den weiteren Umsetzungs- und Qualifizierungsprozess Erkenntnisse ziehen können (z. B. Elternbefragung, Befragung der Fachkräfte, standardisierte Qualitätsüberprüfung in den Einrichtungen). Damit ist eine grundsätzlich erwünschte Entwicklung insofern in Gang gekommen, als sich auch die Träger der Evaluationsaufgabe gestellt haben und sich idealerweise trägerübergreifende und trägerinterne Vorgehen gewinnbringend ergänzen. Diese Möglichkeiten bieten sich den Trägern in diesem Aufgabenfeld aber v.a. nur deshalb, weil sie Umschichtungen vornehmen und aus der einmaligen Pauschalförderung Mittel für Evaluation abgreifen können.

2.4 Evaluation im „Regionalen Übergangsmanagement Schule – Beruf"

Die Stuttgarter Jugendhilfeplanung hat infolge eines Bundesmodells „Perspektive Berufsabschluss – Regionales Übergangsmanagement" die Koordinierung der Aktivitäten in der Stadt im Bereich „Vorbereitung auf und Übergang in den Beruf" übernommen. Die Zusammenarbeit zwischen den relevanten Akteuren (Agentur für Arbeit, Jobcenter, städtische Arbeitsförderung, IHK, Handwerkskammer, städtischer Integrationsbeauftragter, Staatliches Schulamt, Schulverwaltungsamt, Jugendamt) findet in der „Steuerungsgruppe u25" statt. Hier werden Bedarfe reflektiert, über notwendige Entwicklungsmaßnahmen beraten und das weitere Handeln abgestimmt. Aufgrund der jeweils stark von der eigenen Systemlogik bestimmten und gleichzeitig zum Teil konkurrierenden Akteure, ist das Jugendamt/die Jugendhilfeplanung hier in besonderer Weise herausgefordert, die für ein partizipatives Vorgehen und ein auf Transparenz, Kommunikation und Ausgleich von Interessen zielendes Kooperationsklima erst (gemeinsam) zu entwickeln. Fragen der Evaluation wurden vor diesem Hintergrund in der Steuerungsgruppe noch nicht bearbeitet, obwohl die Dringlichkeit von Evaluation auf der Hand liegt. Trotz guter Vermittlungserfolge von jungen Menschen in Ausbildung oder weiterführenden Schulbesuch, gibt es doch eine hohe Anzahl an jungen Menschen, die – ohne Ausbildung – bereits mehrere Jahre arbeitslos gemeldet sowie mit den zur Verfügung stehenden Fördermaßnahmen nicht mehr zu erreichen sind und damit als „ausgefördert" gelten. Evaluationsuntersuchungen, die sich zentral an der Perspektive der jungen Menschen ausrichten, könnten einen wichtigen Beitrag leisten sowohl zur Erhöhung des allgemeinen Wissens über diese Zielgruppe als auch zur Entwicklung neuer passgenauer Angebote. Von einer Evaluationsausrichtung, die auf einer qualitativen Methodik basiert, müssen die vorwiegend auf standardisierte Verfahren und damit auf „harte Daten" setzenden Akteure allerdings erst überzeugt werden. Dies könnte vielleicht aufgrund der zunehmenden Ratlosigkeit in Bezug auf diese Zielgruppe gelingen. Dann allerdings braucht es immer noch Menschen, die zum einen in der Lage sind, mit externen Fachleuten ein geeignetes Evaluationsdesign zu entwickeln und die zum anderen über Kompetenzen im Umgang mit (qualitativen) Daten sowie über Phantasie und Kreativität zur „Übersetzung" der Aussagen der jungen Menschen in entsprechende Fördermaßnahmen verfügen. Hierin könnte ein wichtiger Beitrag der Jugendhilfeplanung liegen, kooperierende Systeme in ihren Herausforderungen zu unterstützen.

3 Zusammenfassung

Was ist nun nach der Analyse der Herausforderungen der Jugendhilfeplanung sowie der nur skizzenhaften Darstellung verschiedener Evaluationsprojekte zu der eingangs formulierten, freilich nicht gerade optimistischen These zum Verhältnis von Jugendhilfeplanung und Evaluation zusammenzufassen? Die Beschreibung der Evaluationsprojekte und das Ineinandergreifen von Planung und Evaluation stellen die Gewinne heraus, die Jugendhilfeplanung – unter bestimmten Voraussetzungen – über Evaluation erzielen kann, ebenso wie die Grenzen. Im idealen Fall wird über Evaluation die für Planungsaktivitäten notwendige Kombination von Empirie, Reflexion und Kommunikation (vgl. hierzu auch das Kap. 2.1) erreicht. Adressaten/-innen einbeziehende Evaluationen schließen darüber hinaus die Lücke der in Planungsprozessen zwar stets geforderten, aber kaum realisierten Adressaten/-innenbeteiligung und tragen damit zu einer Perspektiverweiterung im Planungsprozess bei. Damit ein solches optimales Ergänzungsverhältnis zwischen Planung und Evaluation entstehen kann, müssen mindestens folgende Voraussetzungen gegeben sein:

- eine gemeinsame Verständigung über den Gegenstand und die Ziele der Evaluation; dieser Verständigungsprozess kostet Zeit und fordert zur Prioritätensetzung heraus, fördert aber die Akzeptanz und den Nutzwert der Untersuchung erheblich;
- eine fachliche Bereitschaft und zeitliche Möglichkeit, sich in Evaluationsprojekte einzuklinken (an Befragungen, Gruppendiskussionen zur Datenerhebungen und/oder workshops zur Ergebnisinterpretation teilzunehmen) sowie eine Offenheit, Veränderungsimpulse anzunehmen;
- Zeiten und Orte sowie die Kompetenz, um mit den Evaluationsergebnissen „arbeiten" zu können, d. h. sie sowohl für Planungs- und Steuerungsprozesse nutzbar zu machen als auch in Konzepte zur weiteren Mitarbeiter/-innenqualifizierung zu „übersetzen";
- eine wechselseitige Abstimmung und Ergänzung der Evaluationsaktivitäten der Jugendhilfeplanung mit denen der freien Träger. Diese stellt zwar keine Voraussetzung, aber eine förderliche Bedingung dar für die gelingende Kombination von empirischem Wissen mit der gemeinsamen Reflexion und kommunikativen Interpretation der Daten.

Sind diese Voraussetzungen nicht gegeben, laufen Evaluationen schnell Gefahr, als teuer, (wissenschaftlich) abgehoben und nutzlos angesehen zu werden, Evaluationsberichte landen ungelesen in Bücherregalen oder Schubladen, und Praxismitarbeiter/-innen (ebenso wie Planer/-innen) fragen sich, warum sie dafür auch noch Zeit aufgebracht haben. Damit kommen nun die gegenwärtigen Herausforderungen von Planung in den Blick. Angesichts begrenzter finanzieller und personeller Ressourcen hat Evaluation in der Jugendhilfeplanung bereits jetzt mehr den Charakter einer Kür- denn einer Pflichtaufgabe. Evaluationserfordernisse zeigen sich zwar an vielen Stellen, es ist letztendlich aber doch eher zufällig, an welchen Stellen diesen nachgegangen wird oder eben nicht. An dieser Situation wird sich aufgrund der Finanzsituation sowie der gestiegenen Anforderungen an Planung vermutlich nichts grundlegend ändern. Möglicherweise wird es aber eine Zukunftsaufgabe der Jugendhilfeplanung sein, ihren Anspruch an eine kommunikative Planung mit dem Anspruch auf eine fundierte Datenbasierung neu „auszubalancieren".[7] Die zunehmende Komplexität in den Planungsprozessen sowie die zunehmenden ressortübergreifenden Planungen machen es erforderlich, die Grundlagen und Zielsetzungen der Planung noch deutlicher darstellen und transparent machen zu können. Sowohl um in der eigenen Fachlichkeit sicher sein zu können (und nicht an Profil zu verlieren) als auch um andere Akteure (insbesondere auch Politiker/-innen) überhaupt „noch mitnehmen", sie also in der Bewältigung dieser Komplexität unterstützen zu können. Für eine breitere Datenbasierung können sowohl Evaluation als auch andere Formen der Datenerhebung und Berichterstattung einen wichtigen Beitrag leisten.

Literatur

Hermann, F. (1998): Jugendhilfeplanung als Balanceakt. Umgang mit Widersprüchen, Konflikten und begrenzter Rationalität. Neuwied/Kriftel

Maykus, S. (2006): Hinwendung zum Empirischen bedeutet nicht Abwendung vom Kommunikativen, in: ders. (Hg.): Herausforderung Jugendhilfeplanung. Weinheim/München, S. 41-54

Merchel, J. (2006): Jugendhilfeplanung als Instrument kommunaler Infrastrukturpolitik? In: Maykus, Stephan (Hg.): Herausforderung Jugendhilfeplanung. Weinheim/München, S. 191-208

7 Vgl. hierzu auch die Überlegungen von Maykus (2006), der die notwendige empirische Fundierung als wichtige Ergänzung zum kommunikativen Planungsvorgehen beschreibt. Diesem kann zwar grundsätzlich zugestimmt werden. Vor dem Hintergrund der konkreten Praxis in den Planungsabteilungen sind aber Prioritätensetzungen dringend erforderlich.

IV Perspektiven

Joachim Merchel

Qualitätskriterien für Jugendhilfeplanung: Was macht eine „gute Jugendhilfeplanung" aus?

Die Anforderung zur systematischen Qualitätsbewertung und Qualitätsentwicklung, mit der Einrichtungen und Dienste in allen Arbeitsfeldern der Jugendhilfe konfrontiert sind (Merchel 2005a und 2009), sollte sich nicht nur auf die Leistungserbringung, sondern auch auf die Steuerungsmodalitäten der Jugendhilfe beziehen. Es besteht kein plausibler Grund dafür, dass die Hilfeplanung gemäß § 36 SGB VIII als einzelfallbezogener Steuerungsmodus und die Jugendhilfeplanung als infrastrukturbezogener Steuerungsmodus bei den Bemühungen um eine kontinuierliche Qualitätsbeurteilung ausgenommen werden sollten. Wenn die Definition von Qualitätsanforderungen, die Bewertung des Handelns anhand dieser Anforderungen und daraus folgende Aktivitäten zur Qualitätsverbesserung für die Leistungsfelder der Jugendhilfe gefordert werden, dann sollten sich solche Impulse auch auf die zugrunde liegenden Steuerungsmodalitäten erstrecken, in denen einige wesentliche Handlungsbedingungen für die Leistungsfelder gesetzt werden und in denen der infrastrukturelle Rahmen, die „Infrastrukturqualität" (Merchel 1998, S. 412 ff.) definiert wird, innerhalb dessen sich die qualitätsbezogenen Aktivitäten der Einrichtungen zu bewegen haben. Die Betrachtung der Jugendhilfeplanung und anderer Steuerungsmodalitäten (Hilfeplanung, Controlling, politische Steuerung im Jugendhilfeausschuss) unter der Qualitätsperspektive ist insofern etwas „Besonderes" im Vergleich zur Betrachtung der Qualitätsentwicklung bei leistungserbringenden Einrichtungen, weil hier zwei verschiedene Blickwinkel eingenommen werden können: der Steuerungsmodus als eine Handlungsform, die selbst Anstöße zur Qualitätsentwicklung in den Einrichtungen hervorbringen soll und dadurch selbst zu einer qualitätsfördernden Aktivität wird („Qualitätsentwicklung durch Jugendhilfeplanung"; Merchel 2005b), und der Steuerungsmodus als Gegenstand der Qualitätsbewertung und Qualitätsentwicklung („Bewertung und Weiterentwicklung der Planungsqualität").

Der zweitgenannte Blick soll in diesem Beitrag im Mittelpunkt stehen: Was macht eine „gute Jugendhilfeplanung" aus? Welches sind plausible und fachlich tragfähige Qualitätskriterien für Jugendhilfeplanung? Einige Vorstellungen und Kriterien zur Qualität von Jugendhilfeplanung sind in den Beiträgen dieses Handbuchs implizit – bisweilen auch explizit – benannt worden. In diesem Beitrag wird der Versuch einer – expliziten – Zusammenführung und Zuspitzung solcher Qualitätskriterien unternommen. Ferner werden einige inhaltliche und prozessuale Herausforderungen genannt, deren Bewältigung einen entscheidenden Faktor für die qualitativen Potenziale der Jugendhilfeplanung in den nächsten Jahren bildet.

1 Struktur- und prozessqualitative Kriterien für Jugendhilfeplanung

Qualitätskriterien für strukturelle Grundlagen und prozessuale Modalitäten und Vorgehensweisen, die zu einer „guten Jugendhilfeplanung" führen, sind aus den umfassenden Konzeptionsdebatten, die im Zuge der rechtlichen Verankerung von Infrastrukturplanung im SGB VIII in den 1990er Jahren erfolgten, abgeleitet worden (vgl. Merchel 1998). Diese Qualitätskriterien, denen aufgrund ihres basalen Charakters immer noch Geltung zugesprochen werden kann, seien hier kurz benannt.

Die strukturqualitativen Kriterien, durch die eine gute Jugendhilfeplanung ermöglicht werden soll, richten sich auf die personellen und sächlichen Bedingungen:

- Planungsfachkräfte im Jugendamt, die Jugendhilfeplanung entweder ausschließlich oder als bedeutsamen Anteil ihrer Stellenbeschreibung haben (mindestens zu 50 %);
- sozialwissenschaftlich ausgerichtete Qualifikation der Planungsfachkräfte (Sozialwissenschaftler oder Sozialarbeiter/Sozialpädagogen mit planungsbezogenen Zusatzqualifikationen und Fortbildungen);
- Zugang zu Fortbildungen und zur Teilnahme an Fachtagungen;
- eine für Planungsaufgaben adäquate sächliche Ausstattung: u. a. Computer mit entsprechender Software, Budget für planungsrelevante Auftragsvergaben (z. B. für Befragungen, für kleinere Gutachten, ggf. für Aufarbeitung und Auswertung von Daten) und für Fachtagungen;
- Zugangsmöglichkeiten zu planungsrelevanten Daten innerhalb des Jugendamtes und aus anderen Ämtern;
- abgesprochene Orte und Modalitäten des Einbezugs von Fachabteilungen des Jugendamtes in die durch die Planungsfachkraft zu bearbeitende Planungsaufgaben und -aktivitäten;
- Möglichkeiten zum kollegialen Austausch und zur Beratung mit anderen Planungsfachkräften (z. B. in einer überregionalen, regelmäßig tagenden Gruppe von Planungsfachkräften).

Als prozessqualitative Kriterien, die im Gefolge der im SGB VIII enthaltenen Anforderungen und der damit einhergehenden Konzeptdiskussionen zur Jugendhilfeplanung in den 1990er Jahren formuliert worden sind, sind stichwortartig zu nennen (ausführlicher s. Merchel 1998, S. 416 ff.):

- Verständnis und Ausgestaltung von Jugendhilfeplanung als einem kontinuierlichen Prozess der Bestandsbewertung, Bedarfsbeobachtung und Evaluation von Maßnahmen;
- angemessene Formen der Beteiligung von drei Akteursgruppen: Beteiligung der Mitarbeiter aus Einrichtungen und Diensten der Jugendhilfe, umfassende und frühzeitige Beteiligungsmöglichkeiten für Träger, Suche nach differenzierten und zielgruppenadäquaten Beteiligungsmöglichkeiten für Adressaten der Jugendhilfe;
- Beachtung des politischen Prozesscharakters der Aushandlung von Problemdefinitionen, Maßnahme-Entscheidungen und Prioritätensetzungen (vgl. auch Merchel 2006, S. 199 f.);
- Initiierung fachlicher Entwicklungsimpulse in die Einrichtungen und Dienste durch Bewertungsdiskurse im Hinblick auf die vorhandenen Angebote und die qualitativen Differenzen zwischen Bedarf und Angebot;
- angemessene Balancen zwischen Beteiligung und Konsensbemühungen auf der eine Seite und fachlich und strategisch notwendigen Kontroversen auf der anderen Seite;

- Bewältigung der Spannung zwischen Kommunikations- und Prozessorientierung einerseits und der notwendigen Ergebnisorientierung in der Jugendhilfeplanung andererseits;
- Herbeiführung von Planungskooperationen zu anderen Bereichen außerhalb der Jugendhilfe (Schule, Weiterbildung, Kultur, Sportvereine etc.);
- Bewältigung der Spannung zwischen einer Jugendhilfeplanung, die zu verstehen ist als eine mit dem Alltag der Einrichtung verknüpfte Reflexionsform, und einer Jugendhilfeplanung, deren Profil sich in einem Abheben vom Jugendhilfe-Alltag und mit einem eigenen methodischen Handlungsverständnis herausbildet;
- Herausbildung einer geschlechterdifferenzierenden (Bohn 2002) und „migrationssensiblen" (Handschuck/Schröer 2001) Jugendhilfeplanung, um den in § 9 SGB VIII formulierten „Querschnittsanforderungen" an eine die unterschiedlichen Lebenslagen beachtende Jugendhilfe gerecht zu werden.

Jedes dieser prozessqualitativen Kriterien muss und kann durch Indikatoren konkretisiert und dadurch genauer überprüfbar gemacht werden, und für einen Qualitätsbewertungsprozess müssen Orte und Formen gefunden werden, an und mit denen der Qualitätsdiskurs zur Jugendhilfeplanung geführt werden soll. Neben diesen bereits in den 1990er Jahren formulierten Qualitätskriterien sind aus heutiger Sicht noch weitere Aspekte hinzuzufügen, die die Qualität von Jugendhilfeplanung maßgeblich prägen und die daher in den Reflexionen zum qualitativen Stand der Jugendhilfeplanung beachtet werden sollten:

(1) Basierung von Jugendhilfeplanung durch empirisch gewonnene Daten: Die Chance, dass Jugendhilfeplanung sich in der kommunalen Infrastrukturplanung überzeugend zur Geltung bringt, steigt mit ihrer empirischen Argumentationsfähigkeit (s. dazu die Beiträge in Maykus 2006a). Der Verweis auf die Notwendigkeit empirischer Datenerhebung und die Kompetenz bei der Aufbereitung und angemessenen Interpretation der Daten ist nicht gleichzusetzen mit einer „naiven Empiriegläubigkeit" (zu starke Orientierung an der „Faszination der Zahlen", kurzschlüssiges faktisches Gleichsetzen von Planung und Datenerhebung etc.) oder mit einer ähnlich problematischen Erwartung, man könne durch den Anschein „empirischer, mathematischer Präzision" die intentionale Steuerbarkeit und die Steuerungsgenauigkeit in der Jugendhilfe merklich intensivieren. Wenn eine kompetente Datenbasierung als ein „entscheidender Qualitätshebel" für Jugendhilfeplanung genannt wird, so verbindet sich dies mit dem Erfordernis, die Daten in eine „Kombination von Empirie, Reflexion und Kommunikation" einzubringen (Maykus 2006b). Hier sind an der einen oder anderen Stelle sicherlich noch Defizite bei der Sammlung und Aufbereitung von planungsrelevanten Daten in der Planungspraxis zu beobachten: Jugendhilfeplanung arbeitet nicht immer mit einem ausreichend definierten und differenzierten Datenkonzept, Daten werden lediglich anlassbezogen und nicht kontinuierlich erhoben, Daten sind nicht ausreichend auf die Sozialräume ausgerichtet, Daten zu Sozialindikatoren sind nicht im erforderlichen Umfang und im notwendigen Differenzierungsgrad verfügbar etc. Solche Defizite sind aufzuarbeiten in Richtung einer für Planungszwecke tragfähigen empirischen Vorgehensweise, ohne wiederum in eine unangemessene Nähe zu sozialtechnischen Steuerungsillusionen zu geraten.
(2) Reflektierter Umgang mit dem Dilemma von Wissen um begrenzte Steuerungsmöglichkeiten einerseits und der notwendigerweise aufrecht zu erhaltenden Steuerungshoffnung andererseits (vgl. Merchel 2005c): Die Wahrnehmung der Komplexität von Steuerungsbedingungen in der Jugendhilfe lässt einen Optimismus nach Art der „gezielten Steuerung" als

geradezu absurd erscheinen. Andererseits werden sich Planungsakteure der Erwartung einer möglichst gezielten Steuerung nicht entziehen können und dafür die Planungsmethodik als Instrument zur Gewinnung von Rationalität in der Steuerung nutzen wollen. Jugendhilfeplanung muss mit diesem Steuerungsparadox umgehen: Es müssen Steuerungsversuche entwickelt (und evaluierend verändert) werden, und gleichzeitig müssen die Planungsakteure die Begrenzungen ihrer Steuerungsmöglichkeiten im Blick behalten und diese nach innen und außen kommunizieren, ohne dabei die eigenen Steuerungsbemühungen zu desavouieren. Im annähernd gelingenden Umgang mit diesem Steuerungsdilemma zeigt sich die Herausbildung einer reflektierten, gleichermaßen technischen Steuerungsoptimismus vermeidenden wie begründete Steuerungshoffnung erzeugenden Erwartungshaltung gegenüber Jugendhilfeplanung. Allerdings ist beim Umgang mit Dilemmata das Gewinnen und Aufrechterhalten von Balancen stets gefährdet: Durch Anforderungen von Akteuren innerhalb und außerhalb der Organisation entsteht ein Druck in Richtung präziser Steuerungseffekte, während auf der anderen Seite unzureichende Steuerungsbemühungen leicht mit dem Hinweis auf die Steuerungskomplexität entschuldigt werden können.

(3) Herstellung einer tragfähigen Verknüpfung zur Schulentwicklungsplanung: Angesichts der in allen Leistungsfeldern aktualisierten Bildungsthematik in der Jugendhilfe und angesichts der insbesondere von der Jugendhilfe ausgehenden intensivierten Kooperationsaktivitäten in Richtung Schulbereich (s. den Beitrag von Merchel in diesem Band) resultiert daraus die selbstverständliche Konsequenz, die Planungsaktivitäten in den beiden Bereiche Jugendhilfe und Schule besser miteinander zu verbinden (s. den Beitrag von Maykus in diesem Band). So unumstritten es ist, in der Umsetzung dieser Anforderung ein Qualitätskriterium für eine künftige „gute Jugendhilfeplanung“ zu sehen, so diskussionswürdig ist die genauere Konturierung eines solchen Anspruchs an Jugendhilfeplanung. Der im 12. Kinder- und Jugendbericht formulierte Anspruch in Richtung einer „kommunalen Bildungsplanung als integrierter Fachplanung“ (BMFSFJ 2005, S. 347) scheint unrealistisch und wirkt als Überforderung für die örtlichen Planungsakteure. Denn „integriert“ bedeutet nicht nur ein additives Zusammenfügen verschiedener Bereichsplanung in einen zwischen zwei Einbanddeckeln zusammengepackten „Bericht“, sondern das Schaffen einer inhaltlichen Verknüpfung, einer sach- und zielbezogenen, funktionalen Verwobenheit. Eine solche „Integration“ zwischen Jugendhilfeplanung und Schulentwicklungsplanung ist schwer zu realisieren, weil hier zwei unterschiedliche „Systeme“ mit unterschiedlichen System- und Organisationszielen (und daraus abgeleiteten Handlungsprogrammen, Strukturen, Steuerungsweisen und Organisationskulturen) aufeinander stoßen, weil Ämter und verschiedene Organisationen mit Macht- und Einflussinteressen dahinter stehen und weil beide Planungsbereiche unterschiedliche Aufgaben, tradierte Funktionen und Arbeitsmodalitäten aufweisen. Vor einem solchen Hintergrund ist der Anspruch der „Integration“ beider Planungsmodalitäten unrealistisch. Stattdessen liegt eine realistische Perspektive darin, auf miteinander abgestimmte, die Schnittstellen beachtende und bearbeitende Bereichsplanungen zu achten. In der konsequenten Ausrichtung auf diese Perspektive liegen eine wichtige Aufgabe und ein bedeutsames Qualitätskriterium einer künftigen Jugendhilfeplanung.

(4) Wahrnehmung einer inhaltlichen Gestaltungsfunktion in der Jugendhilfe vor dem Hintergrund einer fachlichen und organisatorischen Trägerautonomie: In dem Hinweis auf das prozessqualitative Kriterium, Bewertungsvorgänge in den Planungsprozess einzubringen und inhaltliche Gestaltungsimpulse an die Einrichtungen zu vermitteln, sind dieser Qualitätsaspekt und die darin enthaltene Herausforderung bereits ansatzweise skizziert worden.

Jugendhilfeplanung steht insofern in einem Spannungsfeld, als einerseits die Steuerung der Angebotsstruktur nicht allein auf quantitative Aspekte des Bedarfs beschränkt ist, sondern auch die qualitative Dimension der fachlichen Ausrichtung eines Leistungsfeldes einbezieht, während andererseits Einrichtungen freier Träger auf ihre gesetzlich zugestandene inhaltliche und organisatorische Autonomie (§ 4 Abs. 1 Satz 2 SGB VIII) verweisen können und sich auf diese Weise möglicherweise einer – auch diskursiv verfahrenden – Steuerungspolitik im Rahmen der Jugendhilfeplanung entziehen könnten. Hier in diskursiven Prozessen Balancen zu erzeugen, markiert eine schwierige Aufgabe und zugleich ein nicht unwichtiges Qualitätskriterium für eine „gute Jugendhilfeplanung". Ein Leistungsfeld, in dem sich diese Anforderung in den nächsten Jahren in besonderer Weise stellt, sind die Kindertageseinrichtungen. Im Beitrag über Jugendhilfeplanung in den Leistungsfeldern (s. Merchel im Abschnitt II in diesem Band) ist diese Anforderung inhaltlich skizziert worden. Dieses Leistungsfeld ist in besonderer Weise vor konzeptionelle Herausforderungen gestellt, was sich als inhaltlicher Gestaltungsauftrag an die Jugendhilfeplanung dadurch als besonders herausfordernd erweist, dass in diesem Leistungsfeld die freien Träger (insbesondere die konfessionellen Träger) traditionell besonders stark tätig sind (Schilling 2009) und traditionell in diesem Bereich ein besonderes eigenes Autonomiebewusstsein an den Tag legen. Gerade weil bei den Kindertageseinrichtungen der inhaltliche Gestaltungsauftrag besonders aktuell und drängend ist, geht von den Aktivitäten der Jugendhilfeplanung in diesem Leistungsfeld in den nächsten Jahren ein markantes Signal dazu aus, ob und in welcher Weise Jugendhilfeplanung ein inhaltlich-strategisches Gestaltungsprofil gewinnen kann.

2 Zum Profilproblem der Jugendhilfeplanung

Im vorangegangenen Abschnitt und insbesondere mit den letzten Bemerkungen ist bereits angedeutet worden, dass die erreichbare Qualität der Jugendhilfeplanung insbesondere zusammenhängt mit den Möglichkeiten, der Jugendhilfeplanung ein fachliches und organisationsbezogenes Profil zu verleihen und dieses Profil im Alltag zu behaupten und weiterzuentwickeln. Die Herausbildung und Aufrechterhaltung eines solchen Profils hat (a) inhaltliche Aspekte im Hinblick auf die Aufgabendefinitionen für Jugendhilfeplanung und (b) personenbezogene Aspekte bzw. Implikationen, die verbunden sind mit dem Verständnis der Jugendamtsakteure zur Jugendhilfeplanung sowie mit damit einhergehenden Erwartungen an die jeweiligen Planungsfachkräfte und deren Positionierung innerhalb der Organisationskultur des Jugendamtes.

2.1 Das Profilproblem im Spiegel der Aufgabenzuweisung an Jugendhilfeplanung

Jugendhilfeplanung ist eine Steuerungsmodalität innerhalb der Jugendhilfe, die im Grundsatz in alle Leistungsfelder und in alle anderen Steuerungsmodalitäten hineinragt. Es gibt keinen Leistungsbereich der Jugendhilfe und keinen Aufgabenbereich innerhalb des Jugendamtes, der nicht in irgendeiner Weise zur Jugendhilfeplanung in Verbindung stünde. Auch berühren alle Debatten der letzten Jahre zu inhaltlichen Innovationen und zur Installierung neuer Steuerungsformen in der Jugendhilfe die Jugendhilfeplanung: wirkungsbezogene Steuerung, Qualitätsdebatte, Controlling und stärkere betriebswirtschaftliche Profilierung der Sozialen Arbeit, Intensivierung von Trägerwettbewerb, Intensivierung von „Netzwerk-Strukturen", Steuerung der

Erziehungshilfen über „Sozialraumbudgets", Installierung sozialraumorientierter und die traditionellen „Jugendhilfe-Säulen" übergreifender Strukturen, Profilierung des Bildungsgehalts von Jugendhilfeangeboten und anderes mehr – aus keinem dieser stichwortartig aufgezählten Entwicklungsanforderungen in der Jugendhilfe kann sich die Jugendhilfeplanung heraushalten mit dem Hinweis, sie sei „nicht betroffen". Wenn ein Handlungsbereich in dieser Weise mit einer kontinuierlichen Komplexitätsausweitung konfrontiert wird und funktional in alle Entwicklungen eingebunden ist, wird es schwierig, durch Abgrenzung des Handlungsbereichs und durch Entwicklung einer fachlich-methodischen Eigenständigkeit ein eigenes, auch nach außen wahrnehmbares Profil zu entfalten.

Hinzu kommt die in vielen Jugendämtern zu beobachtende Tendenz, die für Planungsaufgaben zuständigen Fachkräfte zu funktionalisieren. Indem Planungsfachkräfte genutzt werden zu unterschiedlichen Gestaltungs- und Hilfsaufgaben im Jugendamt, für die ansonsten keine originäre „Zuständigkeit" zugeordnet werden kann, deren Charakter als „Planungsaufgabe" aber zweifelhaft ist und nicht im engeren Sinne den Kern der Jugendhilfeplanung zugeordnet werden kann, wird die Entprofilierung der Jugendhilfeplanung bestätigt und bekräftigt. Eine solche Nutzung von Planungsfachkräften im Sinne einer allgemeinen, inhaltlich wenig spezifizierten Stabs- und Hilfsfunktion für Leitung kann deswegen relativ leicht realisiert werden, weil Jugendhilfeplanung schließlich in alle Aufgaben der Jugendhilfe „irgendwie" hineinragt und selbst kaum Profil mit Abgrenzungsoptionen entwickeln kann. Verstärkend wirken noch die hierarchisch bedingten Abhängigkeiten, die an der einen oder anderen Stelle in solchen Funktionalisierungen ihren Ausdruck finden.

Die Folge solcher Komplexitätsausweitungen und Funktionalisierungen zeigt sich darin, dass Jugendhilfeplanung einem allmählichen Prozess der Profilerosion ausgesetzt wird, an dessen Ende sich die Akteure dann tatsächlich fragen, ob Jugendhilfeplanung als ein eigener Aufgabenbereich noch benötigt wird. Bei solchen Entwicklungen gerät Jugendhilfeplanung in Gefahr, dass sie das für ihre Existenz elementar notwendige methodische Handlungsinventar und das auf dieser Grundlage entstehende, Irritationen erzeugende und zur Reflexion anregende Potenzial verliert.

2.2 Erwartungen an Planungsfachkräfte und deren Positionierung innerhalb der Organisationskultur des Jugendamtes

Damit Jugendhilfeplanung ihre fachbezogene, infrastrukturell ausgerichtete Gestaltungsfunktion in quantitativer und qualitativer Hinsicht realisieren kann, muss sie ein gewisses Maß an „fachlichem Störpotential" entwickeln. Reflexionsförderung als Voraussetzung für qualitative Gestaltung bringt es mit sich, dass Daten und Informationen so aufbereitet und interpretiert werden, Bewertungen zur Infrastruktur so argumentiert werden und fachliche Positionen so aufgearbeitet werden, dass nicht nur gewohnte Meinungen und Sichtweisen bestätigt werden, sondern auch Irritationen zu den bisherigen Wahrnehmungen entstehen und dadurch qualitätsrelevante Diskussionen und Verständigungsprozesse ausgelöst werden. Damit diese elementare Gestaltungsfunktion von Jugendhilfeplanung realisiert werden kann, bedarf es

- eines entsprechend herausgebildeten Aufgaben- und Arbeitsprofils sowie
- einer Organisationskultur im Jugendamt, in der das „fachliche Störpotential" akzeptiert und sogar als fachlich produktiv und notwendig geschätzt wird.

Hinsichtlich des Aufgaben- und Arbeitsprofils wurde bereits auf die entsprechenden Schwierigkeiten des Aufbaus und der Aufrechterhaltung hingewiesen. Hinzu kommt das Problem der Positionierung und des Status der Planungsfachkräfte im Jugendamt. Planungsfachkräfte befinden sich in einer schwierigen Position, mit der sie zur Wahrnehmung der Aufgabe einer aktivierenden Impulsgebung für die regionale Jugendhilfe ausgestattet sind. Ihre Aufgaben haben ein relativ geringes Maß an Eigenständigkeit, sie sind in hohem Maße abhängig von Arbeitsaufträgen und Informationen anderer Positionsinhaber, und sie sind einem Widerspruch ausgesetzt zwischen informellem Steuerungspotenzial und mangelnder Verankerung in der Organisation (ausführlicher Merchel 2005b). Die labile Position der Planungsfachkräfte innerhalb der Kommunalverwaltungen bringt die Jugendhilfeplanung in die Situation einer immer latent vorhandenen Überforderung und, daraus folgend, in die Schwierigkeit, sich ständig legitimieren zu müssen, indem sie sich gleichermaßen als nützlich für die Praxis erweist wie ihre begrenzten Steuerungsmöglichkeiten verdeutlicht. Dies sind keine positiven Bedingungen für die Ausgestaltung einer Planungsfunktion, bei der die Erzeugung und Vermittlung produktiver Irritationen als ein wesentlicher Bestandteil der Aufgaben angesehen wird.

Im Hinblick auf die Organisationskultur (zum Konstrukt und zur Bedeutung von „Organisationskultur" im Jugendamt s. Merchel 2007) muss sich die Irritationsaktivität von Jugendhilfeplanung ebenfalls zunächst gegen Widerstände durchsetzen. Gerade Verwaltungen mit ihren bürokratischen und hierarchiegeprägten Organisationstraditionen haben eine Organisationskultur entwickelt, die sich nicht gerade durch Offenheit für Irritationen auszeichnet (vgl. Bosetzky u. a. 2002; Faust 2003, S. 89 ff.). Sie sind in der Regel kaum in der Lage, organisationsinternes Störpotenzial zu akzeptieren oder gar wertzuschätzen. Zugespitzt könnte man formulieren: Die fachlich definierte Gestaltungsanforderung an Jugendhilfeplanung und eine von der Verwaltung geprägte Organisationskultur passen nicht zusammen.

Dabei ist gerade die Verwaltung als eine Organisation, deren Bestand im Grundsatz gesichert ist und die sich zur Fortführung ihrer Existenz in weitaus geringerem Maße auf Umweltveränderungen einlassen muss als andere Organisationen, dringend auf Irritationen angewiesen. Organisationen können beschrieben werden als selbstreferentielle Systeme, die innerhalb eines selbst geschaffenen Sinnsystems agieren, durch das sie auch neue Entwicklung und Impulse von außen betrachten, bewerten und verarbeiten und in der Folge dazu neigen, sich in ihrem eigenen Sinnsystem selbst zu bestätigen (Baecker 1999; Simon 2007). Sie benötigen daher zu ihrer Weiterentwicklung Irritationen oder Störungen, die die tradierten Interpretations- und Handlungsweisen durchbrechen. Dies geschieht zum einen durch für die Organisation relevante Ereignisse in ihrer Umwelt, die sich kaum oder nur mit Mühe den gewohnten Interpretationen unterordnen lassen, und zum anderen durch das Erzeugen von Reflexionsanlässen und Irritationen innerhalb der Organisation selbst. Jugendhilfeplanung als Instrument zur systematisierten Umweltbeobachtung und zur Evaluation hat ein solches Potenzial zur Irritation, auf das gerade Organisationen, die durch Verwaltungsmechanismen und Verwaltungstraditionen geprägt sind, dringend angewiesen sind. Die Organisation „Jugendamt" muss ein Interesse daran haben, dass Jugendhilfeplanung als ein interner Reflexionsmechanismus ausgestaltet wird, der sein Irritations- und Störpotential aufrechterhält und qualifiziert. Damit wäre allerdings der Jugendhilfeplanung ein Stellenwert zugeordnet, der einer primär instrumentellen Funktionalisierung für ansonsten in der Organisation wenig zuzuordnende Stabsaufgaben entgegensteht.

Jedoch bricht sich dieses Interesse an einer reflexionsförderlichen, „störenden" Jugendhilfeplanung an der tradierten Funktionsweise und Organisationskultur einer Verwaltung, in deren Mittelpunkt eher Kalkulierbarkeit und Störungsfreiheit der Abläufe sowie relativ eindeutige

Verfahrensweisen stehen (was im übrigen durch Muster des Qualitätsmanagements, die sich – wie etwa das Normensystem der DIN ISO 9001 – von Verfahrensstandardisierungen qualitätsfördernde Wirkungen erhoffen, noch bestätigt und verstärkt wird; s. Merchel 2009). Wenn in dieser Logik eine Jugendhilfeplanung, die ihre eigentliche Funktion gut erfüllt, zunächst als ein problematischer und eben nicht produktiver Störfaktor empfunden wird, wird erklärbar, warum Jugendhilfeplanung auf die instrumentelle Funktion der „Zuarbeit" reduziert wird, was ihr jedoch ihren Stachel nimmt und ihre Entprofilierung zur Folge hat. In der Konsequenz stellt man sich am Ende einer solchen Entwicklung die Frage, ob Jugendhilfeplanung in der dann eingetretenen Form überhaupt noch brauchbar ist.

Damit Jugendhilfeplanung also ihr Qualitätspotenzial als „produktiver Störfaktor" entfalten kann, muss im Jugendamt ein Bewusstsein darüber hergestellt und immer wieder kommuniziert werden, worin der Zweck und die Aufgabe von Jugendhilfeplanung liegen und dass notwendigerweise auch „Störung" als Aufgabenfaktor eine wichtige Bedeutung einnimmt. Das Interesse an einer „störenden", fachlich und jugendhilfepolitisch herausfordernden Jugendhilfeplanung entsteht im Jugendamt nicht von selbst, sondern muss immer wieder neu herausgebildet werden. Dabei kommt insbesondere der Leitung eine Verantwortung zu: Leitung muss den Irritationswert als Profilelement der Jugendhilfeplanung annehmen und innerhalb der Organisation immer wieder kommunizieren, dass „Störungen" im Jugendamt willkommen sind. Eine solche „Profilbildung" wird nicht durch einen einmaligen Kommunikationsakt erzeugt, sondern bedarf, weil Störungen als Irritationen des routinisierten und eingespielten Handelns und Denkens im Alltag so schwer zu akzeptieren sind, des kontinuierlichen Bewusst-Haltens. Damit wird klar, dass Profilbildung als Aufgabe und Voraussetzung für eine „gute Jugendhilfeplanung" eine Anforderung an „die Organisation" – und damit insbesondere an die Leitung mit ihrer hervorgehobenen Verantwortlichkeit für Organisationsgestaltung – darstellt und nicht allein oder primär als eine Anforderung an die Planungsfachkräfte zu verstehen ist. Letzteres wäre gleichbedeutend mit einer unzulässigen Personalisierung des Problems.

3 Zusammenfassung: Perspektiven zur Profilgewinnung der Jugendhilfeplanung

Fragt man zusammenfassend nach den Perspektiven zur Profilierung der Jugendhilfeplanung, so geraten – neben den seit der „Neukonzipierung" der Jugendhilfeplanung in den 1990er Jahren immer wieder genannten und zu Beginn dieses Beitrags kurz referierten struktur- und prozessqualitativen Kriterien – insbesondere drei zentrale Anforderungen in den Blick:

- die Herausbildung und Stabilisierung eines kompetenten Umgangs mit Daten bzw. mit den empirischen Grundlagen für Infrastrukturplanung: Die praktische Beantwortung der Frage, ob und in welcher Weise die Planungsakteure zur kompetenten Erhebung, Aufbereitung und Nutzung von Daten für eine Qualifizierung des Planungsprozesses in der Lage sind, hat eine strategische Bedeutung zur Verbesserung der Effektivität und der fachlichen Glaubwürdigkeit der Jugendhilfeplanung in der Zukunft. Auch kommunikative Aushandlungsprozesse sind zu ihrem Gelingen angewiesen auf eine methodisch kompetent erhobene und aufbereitete Datenlage. Diese methodische Basis einer guten Jugendhilfeplanung muss stabilisiert werden.

- die inhaltliche Profilierung in den Bereichen „Verbindung zur Schulentwicklungsplanung" und „Verknüpfung des quantitativen Ausbaus der Kindertagesbetreuung mit dem Anstoßen, Begleiten und Evaluieren der qualitativen Weiterentwicklung bzw. Reform dieses Handlungsfeldes der Jugendhilfe": Insbesondere in diesen beiden fachlichen bzw. fachpolitischen Bereichen wird die Jugendhilfeplanung herausgefordert und muss ihre Kompetenz in der reflexiven (Mit-) Steuerung fachpolitischer Prozesse verdeutlichen.
- die innerorganisatorische Verankerung der Planungsfachkraft (oder – in selteneren Fällen – der Planungsfachkräfte) und des Funktionsbereichs „Planung" innerhalb der Struktur und der Organisationskultur des Jugendamtes – in der Ambivalenz zwischen funktionaler Eingebundenheit und fachlicher Eigenständigkeit sowie im Hinblick auf die qualifizierte Herausbildung und Wertschätzung des mit Planung einhergehenden „fachlichen Irritations- oder Störpotentials".

Daneben darf sicherlich auch das Ressourcenproblem der Jugendhilfeplanung nicht unerwähnt bleiben: Mit der schon jetzt unzureichenden Ressourcenausstattung, deren Mangelhaftigkeit u. a. im 11. Kinder- und Jugendbericht deutlich vermerkt wird (BMFSFJ 2002, S. 255), lassen sich die Strukturkonflikte und die Zumutungen der Komplexitätserweiterung wohl nicht Erfolg versprechend bewältigen. In den Jugendämtern darf das Dilemma zwischen der Notwendigkeit, die inhaltlichen Gestaltungsfunktionen der Jugendhilfeplanung herauszubilden, und den Tendenzen zur Entprofilierung der Jugendhilfeplanung durch Komplexitätserweiterung ihrer Aufgaben und durch Funktionalisierung (für ihr äußerliche Zwecke) nicht personalisiert und als persönlich zu bewältigendes Problem bei den Planungsfachkräften abgeladen werden (nach dem Motto: „mit dem Dilemma müsst und werdet ihr Planungsfachkräfte schon irgendwie klarkommen"). Vielmehr wird ohne eine angemessene Positionierung der Planungsfachkräfte, also ohne organisationale Aktivitäten eine effektive Profilierung des Aufgabenfeldes „Jugendhilfeplanung" nicht möglich sein. Eine solche Positionierung der Planungsfachkräfte erfolgt zum einen durch strukturbezogene Maßnahmen: durch Verankerung der Planungsaufgaben in einer Planstelle sowie durch Verdeutlichung der Aufgaben in einer innerhalb des Jugendamtes abzusprechenden Aufgaben- und Stellenbeschreibung, so dass die Hürden für eine Instrumentalisierung der Planungsfachkräfte zu anderen Zwecken erhöht werden. Zum anderen sollte im Sinne einer „organisationskulturellen Öffnung gegenüber Jugendhilfeplanung" der produktive Gehalt von deren „Störfunktion" innerhalb des Jugendamtes offensiv vertreten und für eine Akzeptanz zu dieser Störfunktion geworben werden. Die kompetente Ausübung dieser Störfunktionen hat zwar für die Organisationsentwicklung im Jugendamt und für die Infrastrukturentwicklung in der kommunalen Jugendhilfe eine hohe Bedeutung, jedoch sind damit für die Personen, die diese Funktion realisieren sollen, schwierige Anforderungen und Belastungen verbunden: im Hinblick auf strategisch reflektiertes Handeln, im Hinblick auf damit möglicherweise einhergehende Konflikte und entsprechende soziale Belastungen, im Hinblick auf die relative Einsamkeit in dieser Aufgabenübernahme. Um diese Anforderungen und Belastungen tragen zu können, ist das Angebot eines Coaching oder zumindest einer kollegialen Beratung in einer überregionalen Gruppe von Planungsfachkräften angebracht.

Letztlich wird sich in der Handhabung der genannten Herausforderungen zeigen, ob und in welcher Weise sich eine qualitativ profilierte Jugendhilfeplanung (weiter-) entwickelt, die zu einem maßgeblichen strategischen Faktor für eine innovationsfähige Infrastrukturgestaltung in der Jugendhilfe wird. Das „objektive Interesse" des Jugendamtes an einer qualifizierten, aktiv gestaltenden, also auch „produktiv störenden" Jugendhilfeplanung muss sich in entsprechenden subjektiven Handlungen der maßgeblichen Jugendamtsakteure in Richtung strukturreller Verankerung und in Richtung organisationskultureller Verankerung niederschlagen. Die Qualität der Jugendhilfeplanung wird sich zu einem guten Teil daran bemessen, wie die zentralen Personen (Planungsfachkräfte, Leitungspersonen und Mitarbeiter in Jugendämtern, Politiker in Jugendhilfeausschüssen) mit dem – zugespitzt formulierten – Paradox der Jugendhilfeplanung umgehen: Jugendhilfeplanung ist eine eigentlich fast unmöglich zu bewältigende Aufgabe, deren Ermöglichung jedoch für die fachliche und infrastrukturelle Entwicklung der Jugendhilfe dringend benötigt wird!

Literatur

Baecker, D. (1999): Organisation als System. Frankfurt/Main

BMFSFJ (Bundesministerium für Familie, Senioren, Frauen und Jugend) (Hrsg.) (2002): Elfter Kinder- und Jugendbericht. Bericht über die Lebenssituation junger Menschen und Leistungen der Kinder- und Jugendhilfe in Deutschland. Berlin

BMFSFJ (Bundesministerium für Familie, Senioren, Frauen und Jugend) (Hrsg.) (2005): Zwölfter Kinder- und Jugendbericht. Bericht über die Lebenssituation junger Menschen und die Leistungen der Kinder- und Jugendhilfe in Deutschland. Berlin

Bohn, I. (2002): Geschlechterdifferenzierende Jugendhilfeplanung und Gender Mainstreaming-Prozesse – So geht's. (Schriftenreihe des Bundesministeriums für Familie, Senioren, Frauen und Jugend, Band 216). Stuttgart

Bosetzky, H./Heinrich, P./Schulz zur Wiesch, J. (2002): Mensch und Organisation. Aspekte bürokratischer Sozialisation. 6. Auflage. Stuttgart

Faust, T. (2003): Organisationskultur und Ethik: Perspektiven für öffentliche Verwaltungen. Berlin

Handschuck, S./Schröer, H. (2001): Interkulturelle Kinder- und Jugendhilfeplanung. In: Migration und Soziale Arbeit 2001 (H. 2), S. 10-15

Maykus, S. (Hrsg.) (2006a): Herausforderung Jugendhilfeplanung. Standortbestimmung, Entwicklungsoptionen und Gestaltungsperspektiven in der Praxis. Weinheim/München

Maykus, S. (2006b): Hinwendung zum Empirischen bedeutet nicht Abwendung vom Kommunikativen. Anmerkungen zur Mehrdimensionalität von Planungsprozessen. In: Maykus, S. (Hrsg.), 2006a, S. 41-54

Merchel, J. (1998): Qualitätsentwicklung durch Jugendhilfeplanung. In: ders. (Hrsg.), Qualität in der Jugendhilfe – Kriterien und Bewertungsmöglichkeiten. Münster, S. 411-431

Merchel, J. (2005a): Was hat die Qualitätsdebatte in der Jugendhilfe gebracht? Versuch einer Zwischenbilanz. In: Archiv für Wissenschaft und Praxis der sozialen Arbeit 2005 (H. 2), S. 38-59

Merchel, J. (2005b): Jugendhilfeplanung als Modus der Qualitätsentwicklung in der örtlichen Jugendhilfe. In: Jugendhilfe 2005 (H. 2), S. 61-72

Merchel, J. (2005c): Planung. In: Otto, H.-U./Thiersch, H. (Hrsg.): Handbuch Sozialarbeit/Sozialpädagogik. 3. Aufl. München/Basel, S. 1364-1374

Merchel, J. (2006): Jugendhilfeplanung als Instrument kommunaler Infrastrukturpolitik? Anmerkungen zu Spannungsfeldern und Perspektiven infrastrukturbezogenen Planungshandelns in der Jugendhilfe. In: Maykus, S. (Hrsg.) (2006a), S. 191-208

Merchel, J. (2007): Jugendamt und Organisationskultur: Gegen eine Vernachlässigung des Organisationskulturellen in der öffentlichen Jugendhilfe. In: Das Jugendamt 2007 (H. 11), S. 509-515

Merchel, J. (2009): Qualitätsmanagement in der Sozialen Arbeit. 3. neu bearbeitete Auflage. Weinheim/München

Schilling, M. (2009): Zwischen konfessionellen Trägern und Wirtschaftsunternehmen – stabile Trägerlandschaften. In: KOMDat 2009 (H. 1), S. 16/17

Simon, F.B. (2007): Einführung in die systemische Organisationstheorie. Heidelberg

Stephan Maykus | Reinhold Schone

Gestaltung und Innovation der Kinder- und Jugendhilfe – ohne Jugendhilfeplanung undenkbar?!

1 Tendenzen der Organisationsformen und -bedingungen der Kinder- und Jugendhilfe

Kinder- und Jugendhilfe ist nicht nur mit den Lebenslagen ihrer AdressatInnen als sozialpädagogische Herausforderung im konkreten Praxishandeln konfrontiert, sie muss auf diese auch mit bedarfsgerechten Formen der Organisation ihrer Angebote reagieren. Denn Kinder- und Jugendhilfe steht gegenwärtig, so Christian Schrapper in seinem Beitrag in diesem Band, einer Reihe neu akzentuierter Themen gegenüber, die einerseits strategische Konzeptentwicklungen verlangen und andererseits die Notwendigkeit einer fachlichen Planung und Steuerung unterstreichen: Dies vergegenwärtigen z.B. die Anforderungen im Kontext von Kinderschutzaufgaben, des von Schrapper pointierten „Migrations-Integrations-Dilemmas" oder der Folgen andauernder und sich verschärfender Folgen von Kinderarmut – genauso wie die bedrängenden Forderungen nach einer Wirkungsorientierung, die Erfahrung von Um- und Abbaudynamiken der Angebotsstrukturen sowie die abverlangte Legitimation von Leistungen und ihre Überprüfung entlang von Zielformulierungen. Kinder- und Jugendhilfe (re-)agiert in diesen Verhältnissen, vollzieht aber durchaus auch eine aktive Veränderung und Anpassung an veränderte Anforderungen bzw. neu akzentuierte Themen. Dies ist in der Jugendhilfepraxis bereits deutlich erkennbar und wird in der Fachdebatte facettenreich erörtert. Die Veränderungen sollen hier als fünf Tendenzen der Organisationsformen und -bedingungen der Kinder- und Jugendhilfe verdichtet beschrieben werden, um vor diesem Hintergrund die Funktion und die Entwicklungsanforderungen von Jugendhilfeplanung reflektieren zu können (vgl. auch die Abbildung 1 und Maykus 2009):

1. Tendenz der Schnittstellenorganisation: In der Kinder- und Jugendhilfe spielen Kooperation und Vernetzung seit jeher eine wichtige Rolle und sind Teil ihres professionellen Selbstverständnisses. Und diese Rolle wird umso mehr betont, je häufiger die Erfahrungen mit Grenzen einer Spezialisierung von sozialen Dienstleistungen gemacht werden. Die Einsicht wächst, dass den beschriebenen komplexen Lebens- und Problemlagen der AdressatInnen auch vielfältige und koordinierte Hilfenetzwerke – als Praxis der Schnittstellenbildung – entsprechen sollten. Beispiele hierfür gibt es bereits vielerorts, teilweise auch langjährig etabliert: z.B. Soziale Frühwarnsysteme, Familienzentren oder Jugendhilfestationen. Zu nennen sind natürlich auch die wachsenden Bemühungen der Kooperation von Kinder- und Jugendhilfe mit dem Bereich der Gesundheitshilfe und -förderung (z.B. bezüglich Strategien der Gesundheitsförderung in Kindertagesstätten und einer darauf abgestimmten Elternarbeit; vgl. grundlegend BMFSFJ

2009) und die bereits seit einigen Jahren zunehmend intensivierte Kooperation mit oft ganztägig organisierten Schulen, die die Einbindung sozialpädagogischer Kompetenzen dort wesentlich befördert hat (vgl. Holtappels u. a. 2007; exemplarisch für NRW Beher u. a. 2005, 2007).

2. Räumliche Vernetzungstendenz: Mit der erkennbaren Orientierung an kooperativ auszugestaltenden Arbeitsfeldern geht auch die wieder verstärkt betrachtete Ebene des Räumlichen einher. Zwei Bezüge stehen dabei im Mittelpunkt: Der Sozialraum als Horizont für die konzeptionelle und organisatorische Gestaltung von Jugendhilfeangeboten (vgl. den Beitrag von Stephan in diesem Band) und gleichzeitig die Betonung des kommunalen Raums als öffentlich verantworteter Lebensraum der Adressaten. Vor allem im Zuge der Bildungsdebatte gewinnt die Betonung der Kommune als zentraler Akteur beim Aufbau eines kommunal zu etablierenden und sich als abgestimmt zeigenden Systems von Bildung, Betreuung und Erziehung an Gewicht. Die Forderung nach einer kommunalen Steuerung und Planung einer sozialen und Bildungsinfrastruktur hat auch Einfluss auf die Kinder- und Jugendhilfe. Als kommunale Selbstgestaltungsaufgabe ist ihr dieser Horizont vertraut, nicht aber die (An-)Forderung auf dieser strukturell-strategischen (politisch und administrativ geprägten) Ebene mit dem Bildungssektor neue Formen der Kooperation und Vernetzung einzugehen (vgl. den Beitrag von Maykus in diesem Band). Denn: Kooperation in der Schule zu gestalten ist die klassische Kooperationsfrage, sie auf die Strukturentwicklung in einer Kommune zu beziehen und gar zum Schlüssel für die Entstehung lokaler Bildungslandschaften zu erklären ist die neue Qualität einer Kooperationsdebatte, die die (sozial-) pädagogischen Akteure genauso fordert wie die aus den Bereichen Planung und Steuerung der kommunalen Schul- und Jugendhilfeverwaltung. Letztlich sind diese Bezüge unerlässlich für den Aufbau auch weiterer Strukturentwicklungen, z. B. Früher Hilfen und sozialer Frühwarnsysteme zur Etablierung eines lebensweltorientierten Kinderschutzes (vgl. die Beiträge von Wagenblass sowie Hensen/Schone in diesem Band).

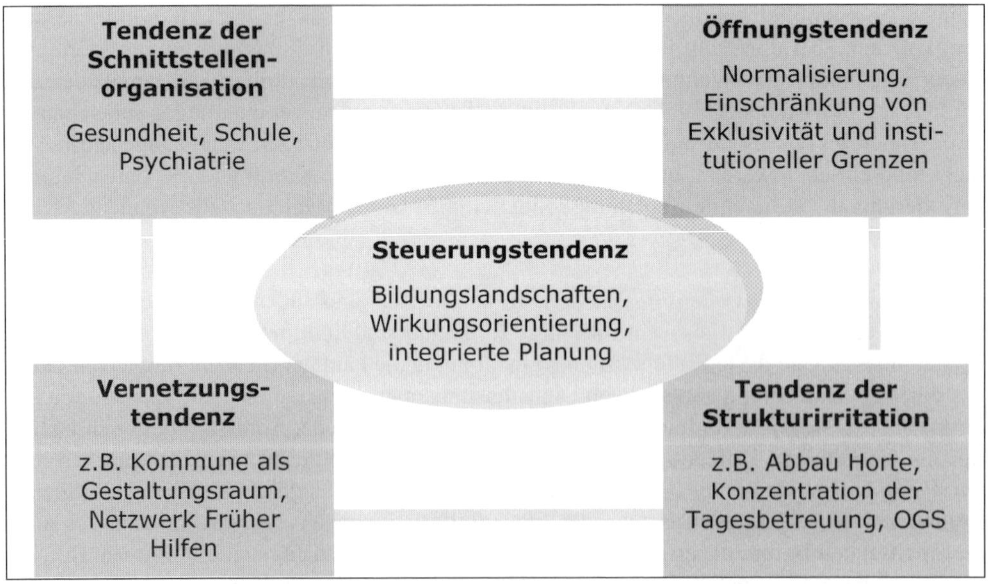

Abb. 1: Organisationsformen der Kinder- und Jugendhilfe in ihren Tendenzen (Quelle: Maykus 2009)

3. Öffnungstendenz: Kooperation und Vernetzung bleibt Fassade, wenn sie nur oberflächlich, ohne Initiative und Offenheit für Veränderungen seitens der Kooperationspartner eingegangen wird. Die Kinder- und Jugendhilfe bildet nicht nur Schnittstellen zu angrenzenden sozialen Feldern, sie geht nicht nur eine neue Qualität der Vernetzung auf der strategischen Ebene ein – nein, sie sieht sich auch mit Einflüssen auf die je eigenen Programme, die Konzepte und Angebotsprofile ihrer Leistungsbereiche konfrontiert. Und sie setzt diese Einflüsse durchaus als eine Innovationsstrategie um, zwischen Anpassung, Optimierung und Handlungsdruck, vor allem ausgelöst durch den Ausbau von ganztägig organisierten Schulen. Aktuelle Entwicklungen – wie z. B. die Annäherung des spezialisierten und exklusiven Leistungsfeldes der Erziehungshilfen an Regelkontexte (vgl. Maykus 2008), wie die Erweiterung von Konzepten der Kindertagesstätten hin zu sozialräumlich verankerten Zentren der Kinder- und Familienförderung oder wie die Integration von Jugendhilfeleistungen in die Ganztagsorganisation von Schulen – zeigen eine Kinder- und Jugendhilfe, die ihre traditionellen Strukturen öffnet, hinterfragt und nachhaltig modifiziert (vgl. den Beitrag von Merchel im Abschnitt II in diesem Band). Sie öffnet institutionell geprägte Grenzen und Konzepte, entwickelt neue Formen und Orte der Angebotserbringung und geht damit eine Balance zwischen der Stabilisierung des Bewährten und von Innovationsprozessen gleichermaßen ein. Dieser Sachstand führt unmittelbar zur nächsten Entwicklungstendenz:

4. Tendenz der Strukturirritation: Kooperation und Vernetzung, die erkennbare Ausdifferenzierung und Innovation von Angeboten kumulieren zu einer umfassenden Dynamik der Kinder- und Jugendhilfe. Diese Dynamik erfasst die Kinder- und Jugendhilfe nicht partiell, sondern in ihren Grundfesten. Der Ausbau von Ganztagsangeboten an Schulen, die Bildungsdebatte mit der Neuformatierung von Bildungsqualitäten in ihrem sozialräumlichen Zusammenspiel, der wachsende Anspruch an den Schutzauftrag und seine Professionalisierung sowie die gesellschaftlichen Rahmenbedingungen irritieren die Strukturen und das Selbstverständnis der Kinder- und Jugendhilfe in einer grundsätzlichen Weise. Die zunehmend zu beobachtende Konzentration der Tagesbetreuung von Kindern im Schulalter in der (offenen) Ganztagsschule, der damit einhergehende Einfluss auf Funktionen und Inhalte angrenzender Jugendhilfeleistungen lassen Fragen mit dem Charakter der Selbstvergewisserung aufkommen: Droht ein Funktionsverlust (auch Bedeutungsverlust?) der offenen Kinder- und Jugendarbeit? Kann sie ein Profil entwickeln, das gleichermaßen schul- und bildungsbezogene Akzente setzt sowie sozialräumlich verankerte, schulunabhängige Angebote der Jugendbildung etabliert? Welche Entwicklungen nimmt das Feld der Hilfen zur Erziehung? Worauf deutet die erkennbare Ambulantisierung der Hilfen langfristig hin? Welche Auswirkungen haben die Tendenzen der Familienorientierung und Normalisierung dieses Feldes – auf ihre Konzepte, Organisation, Planung und Finanzierung?

Um eine qualitiative und strukturelle Entwicklung der Kinder- und Jugendhilfe im Kontext der Kooperation, Vernetzung und Öffnung zu initiieren, müssen geeignete Steuerungs- und Planungsformen gefunden werden, die aus der Irritation Innovation werden lassen und sie stabilisiert. In diesem Prozess wird sich die Kinder- und Jugendhilfe Einflüssen ausgesetzt sehen, die zu einem partiellen Wandel ihre Angebote und deren struktureller Organisation führen werden (vgl. Maykus 2006b). Wie sich dieser Wandel äußern wird ist erst in Ansätzen erahnbar, jedoch keineswegs verlässlich zu prognostizieren. Es stellt sich in jedem Fall die Frage: Wie können entsprechende Praxisentwicklungen die Innovation von Kinder- und Jugendhilfe befördern, statt eine schiere Reaktion auf Entwicklungen zu sein, die auf anderer Ebene (politisch und fiskalisch) entschieden werden und einen nachhaltigen Strukturaufbruch der Kinder- und Jugendhilfe bedeuten könnten? Dies zeigt sich im Abbau der offenen Kinder- und Jugendarbeit auf der einen Seite sowie dem Ausbau der Tagesbetreuung auf der anderen Seite. Dies zeigt sich auch darin, die Prävention zum Kernbereich zu erklären und Intervention als unvermeidbares Geschäft erscheinen zu lassen. Geht die Einheit der Kinder- und Jugendhilfe verloren, wie Rauschenbach/Schilling (2008) vor diesem Hintergrund kritisch fragen? Die alarmierenden, zeitdiagnostisch wertvollen, Zahlen zur Personalentwicklung in den Hilfen zur Erziehung sowie zum Sozialen Dienst in Jugendämtern (vgl. Fendrich 2008; Pothmann 2008) zeigen in diesem exemplarischen Feld der Jugendhilfe, wie die auf Innovation zielenden Überlegungen und das darin behauptete Innovationspotenzial konterkariert, gar ad absurdum geführt werden könnte. Die Anforderung einer kritischen fachöffentlichen Begleitung aktueller Jugendhilfeentwicklungen und ihrer Rahmenbedingungen stellt sich mehr denn je. Diese begleitend-analysierende Funktion sollte Jugendhilfeplanung in der Kombination von empirischen Fakten als Grundlage von Reflexion sowie Kommunikation in Planungsgruppen und Gremien erfüllen (vgl. den Beitrag von Schone in diesem Band sowie Maykus 2006a).

5. Steuerungstendenz: Kinder- und Jugendhilfe muss in diesem Kontext nicht nur geeignete Formen der Steuerung und Planung finden, sondern ist bereits in ihrer strategischen Gestaltung von dieser Situation und auch von fachlichen Debatten beeinflusst. So sind die Gestaltung kommunaler Bildungslandschaften und die Forderung nach bereichsübergreifenden, integrierten Planungsprozessen (z. B. in Form einer kommunalen Bildungsplanung, die Schulentwicklungs- und Jugendhilfeplanung miteinander verzahnen will; vgl. den Beitrag von Maykus in diesem Band) bereits Ausdruck einer durch diese (z.T. erst mittelbar zu jugendhilferelevanten Leitsätzen werdenden) Maximen geprägten Organisation von Kinder- und Jugendhilfe geworden. Hinzu kommen aktuelle fachliche Diskurse, die dazu beitragen, modellhafte Qualifizierungsvorhaben zu erproben, allen voran die Orientierung an „Wirkungen" des sozialpädagogischen Handelns, die zum Beispiel die Qualitätsentwicklung, Engeltvereinbarungen und Hilfeplanungen im Feld der Hilfen zur Erziehung neu justieren soll (vgl. den Beitrag von Nüsken in diesem Band).

Die vorstehend skizzierten Praxisentwicklungen der Kinder- und Jugendhilfe – sowie auch die gesellschaftlichen, fachlichen und rechtlichen Entwicklungsimpulse (vgl. dazu die Beiträge im Abschnitt I dieses Bandes) – symbolisieren eine besondere Anforderung an ihre institutionelle Verfasstheit, ihre Fachlichkeit und Professionalität, Handlungskompetenz, partnerschaftliche Zusammenarbeit mit den freien Trägern, Kooperations- und interdisziplinäre Netzwerkbildung sowie an die fachliche Steuerung und Planung. Strukturelle Fragen der Gestaltung und Organisation von Kinder- und Jugendhilfe – die Frage nach der Notwendigkeit einer strukturellen Einheit der Kinder- und Jugendhilfe – sind vor diesem Hintergrund und im Kontext von Planungsprozessen zu betrachten (vgl. zum Folgenden Maykus 2009).

2 Strukturfragen – Jugendhilfeplanung als Beitrag zur Wahrung der Einheit von Kinder- und Jugendhilfe

Lebensbewältigung und soziale Integration verlangen jedem Gesellschaftsmitglied erhöhte Anforderungen in der Gestaltung der eigenen Biografie ab, was bei fehlenden individuellen und sozialen Ressourcen hierfür in Problemkonstellationen münden kann. Soziale Lebenslagen zu gestalten, wieder herzustellen und zu erhalten, Integrationsprobleme vielfältiger Art zu lösen – dieser sozialpädagogische Aufforderungscharakter entgrenzter gesellschaftlicher Verhältnisse löst Aktivitäten der Kinder- und Jugendhilfe aus. Und er stellt sie vor ebenso erhöhte Anforderungen, die eine unmittelbare Relevanz für die Frage nach ihrer Organisation und Struktur haben. Kinder- und Jugendhilfe will mit ihren Angeboten einen Beitrag zur sozialen Gerechtigkeit leisten und Bedingungen des Aufwachsens junger Menschen effektiv mitgestalten. Voraussetzung hierfür, so Rauschenbach/Schilling (2008), ist eine in sich geschlossene Jugendhilfe, die nicht nur gerechtes Aufwachsen mit ermöglichen will, sondern auch ein wesentlicher Motor für die entsprechenden Entwicklungen sozialer Infrastrukturen sein kann. Aktuelle Befunde der Kinder- und Jugendhilfestatistik (Bundesebene) geben Hinweise auf ein anderes Bild (vgl. ebd): Die Daten zeigen, dass Kinder- und Jugendhilfe auf diese aktuellen Anforderungen mit einer „internen Ungleichzeitigkeit und Niveauverschiebung" reagiert: Sie erfährt nicht im Ganzen, sondern leistungsfeldspezifisch deutliche Veränderungen. Der erkennbar gesenkte Personaleinsatz in der Kinder- und Jugendhilfe zeigt sich vor allem in den Feldern der Hilfen zur Erziehung und der offenen Kinder- und Jugendarbeit (zuvörderst dort mit dem vergleichsweise stärksten Stellenabbau), während der Bereich der Kindertagesbetreuung deutlich expandiert ist: Profitiert die frühe Förderung und Bildung von Abwehrversuchen des Bildungssystems? Steht die offene Kinder- und Jugendarbeit nur noch im Schatten von frühkindlicher Bildung und der vermehrten Einführung von Ganztagsbetreuungsangeboten an Schulen? Während diese Entwicklungen durchaus auch auf Fakten wie dem demografischen Wandel und der Einschränkung von Mitteln der Kinder- und Jugendhilfe zurückzuführen sind, so stellt sich doch die Frage, ob infolge einer (gegebenenfalls einseitig integrierten) Bildungsdebatte Kernfelder der Kinder- und Jugendhilfe marginalisiert werden. Vergegenwärtigt man sich zudem Aufgaben wie Kinderschutz, Hilfe in prekären Lebenslagen, Tagesbetreuung, Kooperation mit Schulen und sozialräumliche Vernetzung, wäre eine Stabilisierung von Personal und Leistungen in allen Feldern der Kinder- und Jugendhilfe erwartbar. Der im vorstehenden Abschnitt skizzierte Entwicklungskontext der Kinder- und Jugendhilfe ist dabei eindeutig und drückt gleichzeitig ihr zentrales Systemmerkmal aus: Denn eine Anforderung wie z. B. die Integration und Förderung junger Menschen mit Migrationshintergrund ist nicht von einem Angebotsbereich der Kinder- und Jugendhilfe allein, sondern im Zusammenspiel aller Bereiche – im Sinne einer einheitlichen Entwicklungsstrategie – zu lösen.

Der § 1 SGB VIII umschreibt diese Einheit der Kinder- und Jugendhilfe vor allem hinsichtlich ihrer konzeptionellen Koordinaten, die gleichermaßen Bildung, Betreuung, Erziehung und Förderung von jungen Menschen umfasst. Kinder- und Jugendhilfe vermittelt in einem solch breiten Verständnis ihres sozialpädagogischen Leistungsprofils Kompetenzen und ihr wird daher unter anderem auch eine zentrale Bedeutung beim Aufbau kommunaler Bildungslandschaften, in der Kooperation mit Schule, zugeschrieben (vgl. BMFSFJ 2005). Damit dies nicht nur Programmatik ist, sondern erfahrene und qualifizierte Praxis bleibt, ist die Sicherung moderner fachlicher Standards in der Kinder- und Jugendhilfe wichtiger denn je. Die im vorstehenden Punkt skizzierten zukünftigen Entwicklungsthemen der Kinder- und Jugendhilfe umspannen den hierbei geforderten Gestaltungsrahmen zwischen Aufbauorganisation, Konzeptentwicklung und Qualifizierung, der im Zuge der Föderalismusreform einer grundsätzlichen Diskussion unterzogen wird, wie z. B. im Rahmen eines Enqueteberichtes zur Förder- und Betreuungssituation von Kindern im Land Nordrhein-Westfalen: „Das deutsche Kinder- und Jugendhilferecht hat Grundprinzipien, die die Struktur der Kinder- und Jugendhilfe garantieren. Dazu zählen: Kinder- und Jugendämter auf der örtlichen und überörtlichen Ebene, Jugendhilfeausschüsse und die Mitwirkung der freien Träger. Diese Strukturen gewährleisten die Verwirklichung der Leistungsrechte des SGB VIII. Sie sichern auch die Umsetzung des quantitativen und qualitativen Ausbaus der Kindertagesbetreuung. Im Zuge der Föderalismusreform erhalten die Länder nun die Möglichkeit, den Behördenaufbau und das Verwaltungsverfahren abweichend vom Bundesrecht zu gestalten. Damit stellt sich auch für Nordrhein-Westfalen die Frage, ob es an den genannten Strukturen der Kinder- und Jugendhilfe festhalten will" (Enquetekommission 2008, S. 43).

Die aktuellen Anforderungen an Kinder- und Jugendhilfe führen dazu, dass sie ihre Konzepte und Angebotsstrukturen gegenwärtig einer Prüfung unterzieht, um erfolgreich zu sein und um den Herausforderungen gerecht zu werden. Die Ziele und Maximen der Kinder- und Jugendhilfe werden in diesem Zuge durchaus neu justiert (z. B. im Kontext der Bildungsdebatte oder der stärkeren Betonung des Schutzauftrages), ihre Methoden und Handlungsroutinen daraufhin verortet sowie die Organisation ihrer Angebote bedacht (z. B. mit Blick auf neue Intensitäten der Kooperation mit Schulen, dem strukturellen Umbau von Leistungselementen der Erziehungshilfe oder der konzeptionellen Erweiterung von Kindertagesstätten zu Familienzentren).

„Vieles spricht dafür, dass es zur Erfüllung der vorstehenden Anforderungen zwar keiner Einheitsstruktur wohl aber einer Struktureinheit in der öffentlichen Jugendhilfe bedarf. Das SGB VIII basiert auf einer solchen Struktureinheit. Wenn sie aufgegeben werden sollte, müsste die gesamte Statik der Jugendhilfe als ein Element der öffentlichen Fürsorge neu überdacht werden" (AGJ 2007, S. 8). Die Rede von der Einheit der Kinder- und Jugendhilfe ist dabei in einem erweiterten Sinne zu verstehen, als Wechselwirkung von sieben Ebenen, die es zu gestalten gilt:

1. Strukturelle Ebene von Einheit: Hierbei ist das strukturell verankerte Zusammenspiel der Angebotsbereiche, ihrer organisatorischen Grundlagen sowie der Blick auf eine sozialräumliche Verzahnung der Leistungen von Kinder- und Jugendhilfe von Belang.
2. Konzeptionelle Ebene von Einheit: Hier sind die Konzeptbezüge der Angebote zwischen eher präventiven, lebenslagengestaltenden und interventiven, problembearbeitenden Ansätzen in ihrem Wechselverhältnis und Zusammenwirken gemeint.
3. Steuerungsbezogene Ebene von Einheit: Das Jugendamt als öffentlicher Träger ist als Zentrum einer Gestaltung kommunal einheitlicher, in sich geschlossener und jugendhilfepolitisch verankerter Kinder- und Jugendhilfepraxis anzuerkennen. Die Zweigliedrigkeit des Jugendamtes ist dabei als konstitutiv anzusehen.
4. Trägerbezogene Ebene von Einheit: Die partizipative, zwischen öffentlichen und freien Trägern partnerschaftlich zu gestaltende, plural geprägte Trägerlandschaft der Kinder- und Jugendhilfe ist ebenso ein zentrales Merkmal einheitlicher Kinder- und Jugendhilfe.
5. Gesetzlich-normative Ebene von Einheit: Die im SGB VIII dokumentierte einheitliche Struktur der Kinder- und Jugendhilfe und der dort normierten Leistungssicherung und -gewährung ist Ausdruck ihrer Geschlossenheit.

6. Adressatenbezogene Ebene von Einheit: Kinder- und Jugendhilfe ist im umfassenden Sinne der Bildung, Betreuung und Erziehung an allen jungen Menschen und Familien orientiert, bildet gleichsam ein adressatenbezogenes einheitliches, auf den Lebenslauf der Adressaten bezogenes (die problemzentrierte Sichtweise überwindendes und normalisierendes) Leitbild.

Die Einheit der Kinder- und Jugendhilfe vor diesem Hintergrund als unverändert wichtiges Merkmal einer öffentlichen Infrastruktur sozialer Unterstützung junger Menschen und Familien zu verstehen bedeutet nicht, unreflektiert den Erhalt des Bestehenden zu fordern. Vielmehr soll für eine sachgerechte Struktur und Rahmung plädiert werden, die die beschriebenen anspruchsvollen Aufgaben der Kinder- und Jugendhilfe realisieren hilft. Zukünftig ist kein Strukturwandel der Kinder- und Jugendhilfe im Sinne der Aufgabe ihrer Einheit und der zunehmenden Zersplitterung ihrer Leistungsfelder gefragt, sondern eine Innovation ihrer strukturellen Koppelungen mit angrenzenden Feldern des Sozial- und Bildungswesens. Hierfür ist eine weitere Verfachlichung und Qualifizierung der sozialpädagogischen Aktivitäten in den Leistungsfeldern der Kinder- und Jugendhilfe unerlässlich, die zu einem Wandel ihres Handlungs- und Angebotsniveaus führen kann. Kinder- und Jugendhilfe kann den hohen Anforderungen der interdisziplinären Kooperation sowie der gemeinsamen Gestaltung von positiven Lebensbedingungen junger Menschen und Familien nur in ihrer Gesamtheit gerecht werden.

„Jugendhilfe wirkt nur im Ganzen gut" hat Christian Schrapper (vgl. 2003 und den Beitrag in diesem Band) es ausgedrückt und mit dem Bild einer Angebots- und Leistungspyramide verdeutlicht, dass die präventiven, regelhaften und normalisierten (potenziell für alle jungen Menschen und Familien gedachten) Angebote der Kinder- und Jugendhilfe gleichsam einen (breiten) Sockel darstellen, der den interventiven und z.T. stärker eingreifenden, auch hoheitlichen, Tätigkeitsbereich der Kinder- und Jugendhilfe nicht nur trägt, sondern ebenso wesentlich beeinflusst (siehe Abb. 2, verändert nach Schrapper 2003): Je ausgebauter der Sockel an präventiven Angebotsstrukturen – so die These –, in desto geringerem Maße entstehen Lebens- und Fallkonstellationen, die eine interventive Kinder- und Jugendhilfe auslösen. Und je ausgebauter der zwischen diesen beiden Facetten vermittelnde, eine Brückenfunktion übernehmende Bereich der Kinder- und Jugendförderung, desto stabiler wird die Gestaltung von Zu- und Übergängen zu den Angeboten sowie die Konstitution des Gesamtnetzwerkes sozialräumlicher Kinder- und Jugendhilfe (die sich auf alle Altersstufen des Kinder- und Jugendalters und den dabei entstehenden Förderbedarf bezieht) sein. Wird dieses Zusammenspiel missachtet und strukturell eingeschränkt, drohen Schieflagen auf allen der oben benannten Ebenen der Einheit der Kinder- und Jugendhilfe. Vor allem entstünde eine Kinder- und Jugendhilfe, die lediglich zwischen zwei miteinander unverbundenen Polen agiert: zwischen der frühen Förderung und Erziehung von Kindern auf der einen und der Intervention bei problematischen Erziehungs- und Lebenssituationen auf der anderen Seite. Die Gefahr, auf letzteres reduziert zu werden ist nicht nur groß, sondern würde eine Entwicklung markieren, die den Maximen einer modernen Kinder- und Jugendhilfe grundlegend widerspricht und einem Rückschritt in frühe Zeiten des Jugendwohlfahrtsgesetzes (JWG) gleichkäme.

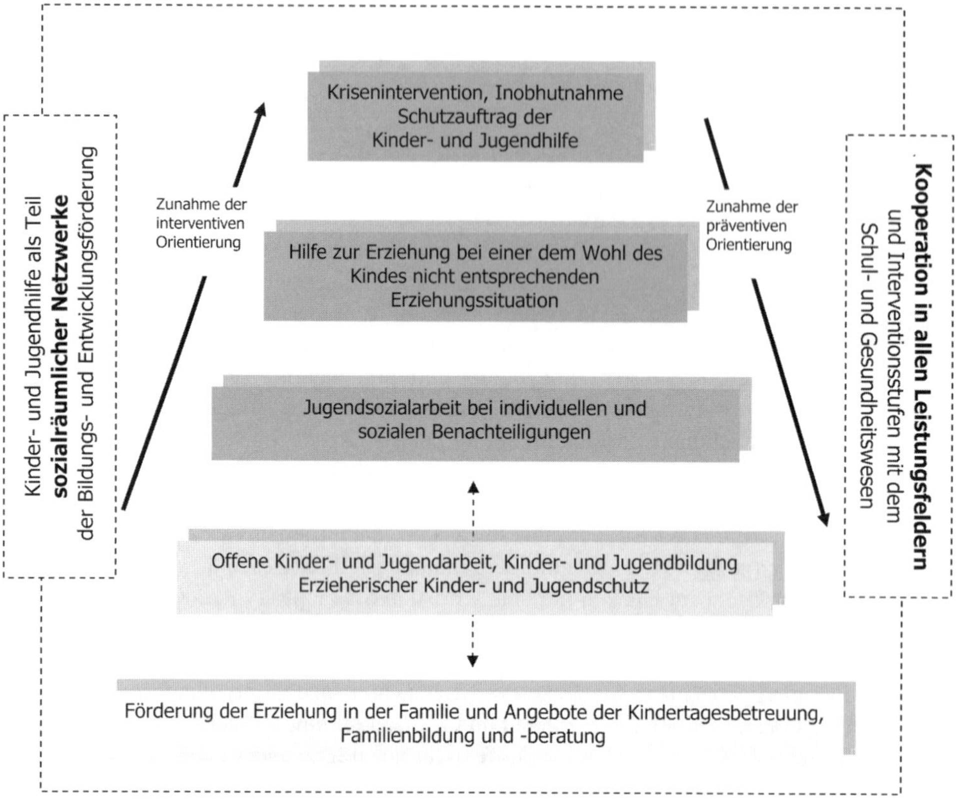

Abb. 2: Leistungspyramide und Interventionsniveaus der Kinder- und Jugendhilfe (Quelle: Eigene Darstellung, verändert nach Schrapper 2003)

Eine wirkungsvolle Kinder- und Jugendhilfe, die demgegenüber „im Ganzen" ihr Potenzial einbringt und junge Menschen und Familien als verlässlicher öffentlicher Partner unterstützt, benötigt eine deutliche Profilierung und Professionalisierung ihrer Steuerungsgrundlagen und -modalitäten in den Kommunen. Dabei ist es bedeutsam, dass eine solche Profilierung wesentlich befördert wird

- durch die Weiterentwicklung von Verfahren der fachlichen Steuerung in kommunalen Jugendämtern (Planung, Kooperation, Vernetzung, Qualitätsmanagement),
- durch eine sukzessive Etablierung eines kooperativen und fachlich reflektierten Controllings zur Sicherung sozialpädagogischer Standards (Wirkungsorientierungen und darauf abgestimmte Konzeptentwicklungen in den Leistungsfeldern),
- durch die konsequente Orientierung an der Gestaltung sozialräumlicher Infrastrukturen der Familien- und Jugendförderung sowie
- durch ihr Engagement für eine gemeinsame – von allen relevanten Akteuren des Sozial-, Gesundheits- und Bildungswesens getragene – Verantwortung in den Kommunen.

3 Anforderungen an die Kinder- und Jugendhilfe – Planung ist gefragt

Hält man sich die Anforderungen an die Kinder- und Jugendhilfe mit den aktuellen Entwicklungen vor Augen, so kann man einerseits eine Kontinuität von Themen wahrnehmen, andererseits aber auch deren deutliche Verschiebung, neue Anforderungen, verstärkte Schnittstellen mit angrenzenden Feldern des Sozial- und Bildungswesens und die deutliche Intensivierung fachlicher Maximen. Unverändert aktuell sind die Auswirkungen des demografischen Wandels auf die Kinder- und Jugendhilfe (vgl. den Beitrag von Bürger/Schone in diesem Band), die Positionierung der Kinder- und Jugendhilfe in der Bildungsdebatte, die angespannten finanziellen kommunalen Ressourcen für Leistungen der Kinder- und Jugendhilfe sowie die Herausforderungen sozialer Integration von jungen Menschen und Familien mit Migrationshintergrund. Aufgrund zwischenzeitlicher gesetzlicher Änderungen und Erweiterungen, der Einführung von Landesprogrammen und dem fortgeschrittenen Fachdiskurs auf der Grundlage von empirischen Forschungsbefunden haben diese Themen nicht nur eine kontinuierlich gleiche Bedeutung, sondern sie gewinnen an Relevanz, erhalten neue Schwerpunktsetzungen und Verschiebungen hinsichtlich fachlicher und fachpolitischer und letzlich kommunalpolitischer Konsequenzen. Aus den vorstehenden Darstellungen lassen sich vor diesem Hintergrund – als resümierende und daher skizzenhafte Betrachtung – die folgenden Aspekte ableiten, die durchaus eine neue Qualität von Anforderungen an die Kinder- und Jugendhilfe bedeuten (werden) und im unmittelbaren Zusammenhang mit Jugendhilfeplanung als Instrument der fachlichen, fach- und kommunalpolitischen Willensbildung stehen (vgl. zum Folgenden Maykus 2009):

1. Planungsorganisation in der Kinder- und Jugendhilfe neu justieren! Die gesellschaftlichen Entwicklungen und daraus resultierende Konsequenzen für die Lebenslagen junger Menschen und Familien – respektive für ihren Unterstützungs- und Hilfebedarf – verändern und prägen das Profil der Kinder- und Jugendhilfe zukünftig. Diese Entwicklungen, ihre Dynamiken und Einflussfaktoren sowie sozialen Folgen müssen von der örtlichen Jugendhilfeplanung systematisch beobachtet, dargestellt, erklärt und auf die Kinder- und Jugendhilfe bezogen werden. Dies sichert den Blick auf Lebenslagen in den Kommunen und die planerische Grundlage für eine darauf abgestimmte Weiterentwicklung der Jugendhilfeangebotsstrukturen. Jugendhilfeplanung kann diesem Auftrag besser gerecht werden, wenn sie noch stärker als bisher Teil einer als integriert konzipierten kommunalen Sozialplanung wird. Integrierte Sozialplanung, die die Lebenslagen und Teilhabechancen junger Menschen und Familien dokumentiert, eröffnet Planungschancen für die Bereiche Bildung, Jugendhilfe, Gesundheit und Integration, die allesamt ihre je spezifischen Planungsaufträge erfüllen, jedoch auch bewusst (und personell abgesichert) Planungsschnittstellen bilden und gemeinsame Planungsberichte verfassen. Kommunale Bildungsplanung, verstanden als Facette der Sozialplanung, die Bildungsteilhabe empirisch erfasst und in ihren Einflüssen beobachtet, ist ein aktuelles Beispiel für eine Schnittstellenplanung mit einem gemeinsamen Produkt aus der Hand mehrerer Planungsressorts: dem kommunalen Bildungsbericht. Jugendhilfeplanung sollte sich hierbei intensiv einbringen; sie kann für diese Etablierung integrierter Sozialplanungsprozesse in den Kommunen aufgrund ihrer Planungserfahrungen und -verständnisse gar Motor und Mentor zugleich sein, denn ihr ist ein derart komplexes Planungsvorgehen durchaus vertraut. Dabei ist unbedingt darauf zu achten, dass die Komplexitätssteigerung in den Planungsgegenständen und -aufgaben nicht zu einer Profilunschärfe oder sogar einem Profilverlust der Jugendhilfeplanung führt. Dieser hätte zur Folge, dass der Anteil von Jugendhilfeplanung an integrierten Planungsprozessen unkenntlich und qualitativ an Bedeutung verlieren würde (vgl. den Beitrag von Merchel in diesem Abschnitt).

2. Rolle kommunaler Jugendämter im Gestaltungsprozess aktivieren und profilieren! Der öffentliche Träger der Kinder- und Jugendhilfe hat eine hervorgehobene Bedeutung für die Gestaltung der beschriebenen Entwicklungserfordernisse in der Kinder- und Jugendhilfe. Jugendämter sind die gestaltenden und verantwortlichen Fachbehörden im Kontext der vielfältigen Anforderungen der Jugendhilfepraxis in den Kommunen. Die kommunale Steuerung und Planung in der Kinder- und Jugendhilfe ist besonders herausgefordert. Gerade die örtlichen Jugendämter müssen eine Gesamtstrategie ausdifferenzieren, integrierte Planungsgrundlagen schaffen (siehe oben) und organisatorische wie auch personelle Voraussetzungen dafür schaffen, die sozialen Dienste qualifizieren, ihre offizielle Moderationsrolle in Gremien und Arbeitsgruppen ausfüllen, notwendige Ressourcen planen und sichern, Budgets und neue Formen der Finanzierung entwerfen und die Zusammenarbeit mit anderen Ressorts (v.a. Schule und Gesundheit) intensivieren. Der Jugendhilfeausschuss hat als regelmäßiges Gremium des Fachaustausches eine hervorgehobene strategische Bedeutung bei der Diskussion jugendhilfepolitischer Entwicklungslinien. Im Zuge der Öffnung der Kinder- und Jugendhilfe hin zu angrenzenden Regelkontexten wie der Schule müssen Bedarfsentwicklungen gezielt beobachtet und geplant werden. Zusätzlich zeigt sich nicht nur jugendhilfegenuin ein Bedarf an Steuerung und Planung durch die Jugendämter, sondern sie sind auch bereits einbezogen in kommunale Strategien, die nicht allein auf sie bezogen sind. Hier ist allen voran der Aufbau kommunaler Bildungslandschaften zu nennen, in denen die Kinder- und Jugendhilfe ihren Ort finden muss und bei deren Entwicklung der öffentliche Träger sich verantwortlich (genauso wie die freien Träger partizipierend) einbringen sollte. Jugendämter müssen kommunale Systeme von Bildung, Betreuung und Erziehung aktiv – planend, administrativ und operativ – mitgestalten.

3. Leitmaximen der Kinder- und Jugendhilfe prüfen, konkretisieren und untermauern! Als Hauptherausforderung für die Kinder- und Jugendhilfe besteht vor dem Hintergrund aktueller Anforderungen, eine konzeptionelle Gesamtstrategie der Gestaltung des sozialen Lebens zu entwerfen, der Teilhabe und Integration, die sie als Leitrahmen für ihre Konzepte, Methoden, Organisation und fachliche Steuerung in den Kommunen versteht. Das Thema Bildung und die Frage nach der Rolle, dem Bildungsprofil der Jugendhilfe sind unverändert relevant für konzeptionelle Überlegungen und Orientierungen. Und in diesem Zuge auch die Frage, wie Kinder- und Jugendhilfe zur Förderung von Bildung (damit zu sozialer Integration) in einer Gesellschaft beitragen kann, in der die Lebenswelten der jungen Menschen und Familien zunehmend internationalisiert werden. In allen Leistungsfeldern der Kinder- und Jugendhilfe sind daher Aspekte der Internationalisierung und Integration von Menschen mit Migrationshintergrund in den Konzepten produktiv und querschnittartig zu berücksichtigen, und zwar nicht in Form einer Defizit- oder Problemgruppenorientierung. Vielmehr ist die Interkulturalität als vielfältige und anregende Basis für sozialpädagogische Prozesse zu nutzen und in diesem Verständnis auch in den Konzepten der Jugendhilfepraxis zu verankern. Ebenso ist in allen Leistungsfeldern der Kinder- und Jugendhilfe zu prüfen, inwiefern Kontrolle und interventive Verfahren qualifiziert in das sozialpädagogische Handeln aufgenommen werden und Teil eines professionellen Selbstverständnisses werden können (das Schutz und Prävention gleichermaßen berücksichtigt). Ferner muss Kinder- und Jugendhilfe im Kontext wachsender Armutsphänomene ihren

Anteil an der Eindämmung sozialer Ausgrenzung der Betroffenen bestimmen. Vor allem mit Blick auf junge Menschen in Armutssituationen muss sie ihre Praxisangebote und -konzepte auf die Lebenslage Armut hin konkretisieren, Chancen, aber auch die Grenzen ihrer Wirksamkeit hierbei erkennen und ihre Funktion im Kontext veränderter sozialer Ungleichheit und sozialstaatlicher Bedingungen klären. Damit sind langfristige und querschnittartig zu berücksichtigende Themen der Jugendhilfeplanung abgesteckt.

4. Qualifizierung des Personals in der Kinder- und Jugendhilfe fördern! Mit den bewährten, weiterentwickelten oder auch neuen konzeptionellen Anforderungen an die Praxis der Kinder- und Jugendhilfe ist auch ein Bedarf an Qualifikation für die sozialpädagogisch Tätigen verbunden. Dem Personal in den unterschiedlichen Feldern der Kinder- und Jugendhilfe ist abverlangt, Haltungen (z.B. zu Bildung – Bildungsverständnis – und zu kultureller Vielfalt – i.S.v. Integrationsvorstellungen, Zuschreibungen, Toleranz) zu reflektieren, neue Intensitäten der Kooperation, Konzeptentwicklung und des Qualitätsmanagements einzugehen, um den gestellten Anforderungen gerecht zu werden. Und sie müssen neues Wissen erwerben, bestehendes vertiefen und erweitern, sowie Methoden und Techniken erwerben, die ihnen die Umsetzung dieses Anspruches in den beruflichen Alltag ermöglichen. Der Grad der Qualifizierung für die hohen Ansprüche muss durch Möglichkeiten der kontinuierlichen Weiterbildung erhöht werden. Kommunale Fortbildungsangebote, auch unter Berücksichtigung multiprofessionell zu bearbeitender Themen, Qualitätszirkel und -dialoge sowie kollegiale Beratungen müssen als Teil beruflicher Tätigkeit nicht nur verstanden, sondern auch intensiviert werden. Hierfür müssen in den Aufgabenbeschreibungen Zeit vorgesehen und entsprechende Ressourcen sichergestellt sein. Die Schere zwischen den steigenden professionellen und sich rasant verändernden Anforderungen und der Qualifikation des Personals in der Jugendhilfe darf nicht auseinanderdriften und ist in Planungskontexten zu problematisieren. Schließlich füllen die MitarbeiterInnen die Organisationen und Aufgaben der Kinder- und Jugendhilfe mit Leben und tragen zu ihrer Entwicklungsfähigkeit bei.

5. Infrastrukturgestaltung und Sozialraumorientierung als strategisches Prinzip intensivieren! Kinder- und Jugendhilfe muss ihre Konzepte und ihre Praxis weiter an Sozialräumen ausrichten, diese Orientierung intensivieren und zum zentralen Leitprinzip ihres Handelns machen. Prekäre Lebenslagen äußern sich kleinräumig und in lokal unterschiedlicher Intensität. Auf die stadtteilbezogen und kleinräumig variierenden sozialen Belastungskonstellationen und -intensitäten muss die Unterstützungsstruktur der Kinder- und Jugendhilfe abgestimmt sein. Sozialräumliche Konzepte sind daher unverändert von hoher Bedeutung für die Kinder- und Jugendhilfe, denn sie verkörpern ihren Anspruch, Lebenslagen mitzugestalten, präventiv, begleitend, fördernd und schützend zu agieren, alltagsnah und an den Lebenswelten der jungen Menschen und Familien orientiert. Kommunal abgestimmte Systeme von Bildung, Betreuung und Erziehung betonen die strategische und gestalterische Ebene (Abgestimmtheit im Verantwortungsbereich der Kommune). Ihre Umsetzung kann letztlich nur in sozialräumlichen Praxisformen und Vernetzung der Akteure erfolgen, die den Blick auf die Lebenslagen der Adressaten hervorheben und die durch entsprechend konzipierte Planungsprozesse untermauert werden.

6. Vernetzung und Kooperation als Ausdruck einer neuen Qualität gemeinsamer Verantwortung nachhaltig gestalten! Die betonten Vernetzungstendenzen und -anforderungen in der Kinder- und Jugendhilfe dürfen nicht zu einer Netzwerkrhetorik verkommen, sondern müssen in der Praxis erkennbare Schritte auf dem Weg zu einer neuen Qualität der Kooperation führen.

Kinder- und Jugendhilfe ist zentraler Partner in z. B. kommunalen Bildungslandschaften, in lokal verankerten, multiprofessionellen Netzwerken der Gesundheits- und Entwicklungsförderung, in den Systemen Früher Hilfen für Familien, in kommunalen Netzwerken des Kinderschutzes oder in lokalen Bündnissen für Erziehung. All diesen – und andere Netzwerkaktivitäten – eröffnet sich gegenwärtig die Chance, eine neue Qualität zu erfahren, die durch mehr Kontinuität, strategisch und planerisch abgesicherte Ressourcen, durch eine Annäherung der unterschiedlichen Verwaltungsressorts und durch ein aufgabenbezogenes Zusammenwirken von Land und Kommunen zustande kommt. Diese erkennbaren Tendenzen der „Öffnung in den Köpfen, den Strukturen und den Konzepten" der relevanten Akteure aus dem Sozial-, Bildungs- und Gesundheitswesen müssen auch von der Kinder- und Jugendhilfe erhalten, forciert und immer wieder erneuert werden. Jugendhilfeplanung kann hierfür kommunikative und partizipatorisch geprägte Orte bieten.

7. Verfahrens- und Handlungsprozesse im Zusammenwirken der Akteure etablieren! Nicht nur die vorstehend genannte Netzwerkentwicklung ist von Bedeutung, sondern auch die darin klar geregelten, qualifizierten und transparenten Formen und Ziele des Zusammenwirkens der Akteure. Administrative, rechtliche und sozialpädagogische Handlungsanteile sind z. B. im kooperativ gestalteten Kinderschutz zu integrieren. Kinder- und Jugendhilfe muss dabei ihre Fachlichkeit einbringen und das Angebotsprofil vor Ort transparent machen. Erkennbarkeit und Information gilt auch in der Kooperation mit Schulen oder dem Gesundheitswesen. Nur eine transparente und fachlich klar konturierte Kinder- und Jugendhilfe kann zum verlässlichen Partner für andere werden; nur in diesem Zuge können auch kooperative Handlungsprozesse gelingen, die den unterschiedlichen Anforderungen zwischen Prävention, Förderung, Kontrolle und Schutz gerecht werden.

8. Balance zwischen Innovation und Stabilisierung der Jugendhilfestrukturen herstellen! In der Praxis der Kinder- und Jugendhilfe darf es keine einseitigen Entwicklungsschübe geben, die z. B. den Ressourcenfluss in Richtung Bildungsförderung oder Schule begründen und andere Leistungsziele vernachlässigen. Sicher muss es immer neue Gewichtungen, Schwerpunkte und die Veränderungen bestehender Strukturen zugunsten neuer Entwicklungen geben. Jedoch sollte der Gestaltungsprozess der Kinder- und Jugendhilfe eine Balance wahren zwischen der Stabilisierung bewährter und sozialpädagogisch genuiner, fachlicher unverzichtbarer Angebote sowie der Erprobung von Neuem, von innovativen Organisationsformen und Angeboten, die dem erweiterten Handlungsrahmen der Kinder- und Jugendhilfe dienlich sind. Die Öffnung institutionell geprägter Grenzen und Konzepte darf jedoch nicht zu Lasten der bewährten Leistungen führen, sondern sollte sie aufwerten. Im ausgewogenen Verhältnis von Innovationsorientierung und Optimierung bestehender Strukturen zeigt sich eine leistungsfähige und fachpolitisch – im Zuge von Jugendhilfeplanung konturierte – klar positionierte Kinder- und Jugendhilfe.

9. Fachlich motivierte Steuerungsformen in der Kinder- und Jugendhilfe ausdifferenzieren! Die Kinder- und Jugendhilfe muss sich den in Punkt 1 beschriebenen Organisationstendenzen (Schnittstellen, Vernetzung, Öffnung, Strukturirritation) mit angemessenen und wirksamen Instrumenten der Steuerung widmen. Dabei ist Steuerung als eine fachlich fundierte Gestaltung von Angebotsstrukturen zu verstehen, die die Kinder- und Jugendhilfe in die Lage versetzt, auf die vielfältigen Anforderungen in der Praxis nicht nur zu reagieren, sondern damit auch geplant, konzeptionell und strategisch umzugehen. In diesem Prozess wird sich die Kinder- und Jugendhilfe Einflüssen ausgesetzt sehen, die zu einem Wandel ihrer Angebote und deren strukturellen Organisation führen werden. Wie sich dieser Wandel äußern wird, ist erst in Ansätzen erahnbar, jedoch keineswegs verlässlich zu prognostizieren. Jugendhilfeplanung sollte als Instrument der fachlichen und fachpolitischen Willensbildung sowie Gestaltung von Jugendhilfestrukturen zu dieser Frage Entscheidungsgrundlagen liefern und Sinnbild eines fachlich regulierten Steuerungsverständnisses sein.

4 Zwischen Profil-Erosion und Funktionsverschiebung – Reflexionen zur Identität von Jugendhilfeplanung

Das vorliegende Handbuch unterstützt in seinen grundlegenden Beiträgen und in der Erörterung neuer Anforderungen an Planungsprozesse in der Kinder- und Jugendhilfe einerseits ein Plädoyer für die anerkannte Funktion von Jugendhilfeplanung als fachlichem, fach- und kommunalpolitischem Willensbildungsprozess mit Gestaltungs- bzw. Steuerungsabsicht, andererseits ist vor dem Hintergrund dieses Szenarios aktueller und zukünftiger Planungsanforderungen genau diese Funktion in ihrer Reichweite kritisch zu reflektieren: (Inwiefern) Lässt sich diese Funktionsbestimmung aufrechterhalten? Legitimieren die neuen Anforderungen genau diese Funktion oder lösen sie eine Verschiebung innerhalb der Planungsfunktion aus? Unter welchen Bedingungen und Voraussetzungen ist Planung als Instrument zur Willensbildung und Steuerung der Kinder- und Jugendhilfe (noch) möglich? Führt eine mögliche Profil-Erosion von Planung aufgrund wachsender Aufgaben und Vernetzungen auch zu einem Funktionswandel? Im folgenden Abschnitt werden sieben Fragen aufgeworfen, die die grundlegenden Positionen der Abhandlungen in diesem Band auf die Funktions- und Profilfrage hin pointieren und die den LeserInne als analytische Kategorien zur Reflexion der ggf. eigenen Planungspraxis und -bedingungen vor Ort dienen können.

Geht der Jugendhilfeplanung das Profil verloren? (Frage nach den Kernaufgaben und Prioritätensetzungen) Diese Frage ist die wohl bedeutsamste im aktuellen Diskurs um Jugendhilfeplanung. Während die grundlegenden Leitorientierungen von Planung in der Kinder- und Jugendhilfe kaum hinterfragt werden (Bestätigung der internen Prozesshaftigkeit von Jugendhilfeplanung), hat sich ihr Umfeld gravierend verändert und reicht vermehrt in die internen Planungslogiken hinein (Erweiterung und Integration der sozialplanerischen Gegenstände). Allen voran geht die Forderung nach einer verstärkten Verzahnung mit der Schulentwicklungsplanung, die zu einer kommunalen Bildungsplanung führen soll. Die empirische Standortbestimmung der Jugendhilfeplanung in Deutschland bestätigt dies: Schulen sind zu den wichtigsten Kooperationspartnern in Planungsprozessen geworden, genauso wie eine Abstimmung von Jugendhilfeplanung mit der Schulentwicklungsplanung von mehr als der Hälfte der Befragten angegeben wird (vgl. den Beitrag von Adam/Kemmerling/Schon in diesem Band). Zudem werden fast alle, auch in diesem Handbuch erörterten aktuellen Anforderungen an Jugendhilfeplanung von den befragten Planungsfachkräften als relevant für ihre Praxis erachtet und zum großen Teil auch entsprechend bearbeitet. Die damit verbundene Aufgabenerweiterung von Jugendhilfeplanung, die erkennbare Komplexitätssteigerung ihres Gegenstandes führt laut Merchel zu einem Profilproblem, Konsequenzen für die Profilschärfe ließen sich nicht verhindern, gar von der Gefahr einer Profil-Erosion kann seiner Meinung nach die Rede sein (vgl. den Beitrag von Merchel in diesem Abschnitt des Bandes). Damit einer Profil-Erosion entgegengewirkt werden kann, muss Jugendhilfeplanung präsent und verlässlich in der Kommunalverwaltung verankert werden, denn eine labile Position der Planungsfachkräfte unterstützt das Profilproblem nur. Ferner sind einer Überforderungstendenz der Planungsfachkräfte durch neue und erweiterte Planungsaufgaben und der vielerorts als starr empfundenen Organisationskultur der Jugendhilfeadministration am wirkungsvollsten mit einer planungsbezogenen Selbstvergewisserung und einem Bewusstseinsbildungsprozess entgegenzuwirken: Denn nur ein klares Bewusstsein im Jugendamt über die Ziele und die Funktion der Jugendhilfeplanung, eine daraus erwachsene Organisationsstruktur, die Planung offensiv einbindet, sowie eine gelebte Planungskultur als Querschnittsanforderung in der Kinder- und Jugendhilfe lassen sie als „produktiven Störfaktor" wirken (vgl. ebd.). Das führt unmittelbar zur nächsten Frage:

Inwiefern führt Jugendhilfeplanung zu einer produktiven Irritation der Jugendhilfeadministration und -praxis? (Frage nach der Innovationskraft von Planung in Abhängigkeit von den Innovationsbedingungen ihrer organisatorischen Umgebung) Nicht nur die expertengeprägte Organisationsstruktur und -kultur von Planung ist wichtig, auch ein methodisches Element macht explizit auf die Wirkungen von Jugendhilfeplanung aufmerksam: Adressatenbezogene Beteiligungsprozesse sind in der Jugendhilfeplanung grundsätzlich akzeptiert und anerkannt, dennoch sind sie nicht Standard in der Planungspraxis. Fehlende Zeit und Personalkapazitäten sowie empfundene Störungen bzw. unliebsame Bedarfserörterungen mit Kostenrelevanz hat Stork in seinem Beitrag in diesem Band als Einflussfaktoren auf den Grad der Beteiligungsprozesse in der Jugendhilfeplanung herausgearbeitet. Auf Beteiligung kann nicht verzichtet werden, so seine Einschätzung, sie steht gar für eine dialogische, die expertenbasierte Planung durch das Wissen der Adressaten ergänzte Klärung von Entwicklungsbedarfen der Kinder- und Jugendhilfe – die dadurch mehr Innovationskraft erhält, wenn sie auf innovationsoffene Bedingungen stößt. Man kann vor diesem Hintergrund zugespitzt formulieren, dass Jugendhilfeplanung vor einem doppelten Irritationsgefüge im Sinne eines Kontextes der produktiven Störung steht: Einerseits vollzieht sich eine Störung des eigenen Planungsprozesses durch die Öffnung von Jugendhilfeplanung hin zu den Methoden, Zielen und Organisationen angrenzender Planungsbereiche (Beteiligung, Vernetzung, Einmischung), andererseits führt Planung zu einer Störung der Jugendhilfeadministration und -praxis im Sinne der Anregung von Innovation, der Bedarfsklärung und der Lieferung von Impulsen für Konzept- und Organisationsentwicklungsprozesse. Kinder- und Jugendhilfe ist eine personenbezogene Dienstleistung, die unter besonderen Bedingungen umgesetzt wird und sachgerechter Formen der Steuerung bedarf. Daher organisiert Jugendhilfeplanung als Teil von Sozialplanung offene Planungsprozesse, die Katalysator für lokale Entwicklungen und Innovation sein können, wie Brülle/Hock es in ihrem Beitrag in diesem Band ausdrücken. Dies ist eine ihrer grundlegenden Funktionen.

Inwiefern ist eine Funktionsbestimmung der Jugendhilfeplanung unter Rückbezug auf sozialplanerische Grundsätze im Kontext der neuen Anforderungen an sie möglich? (Frage nach der Funktion von Planung und ihrer Veränderungstendenz) Sozialplanung hat vor allem drei Funktionen, wie Brülle/Hock es in ihrem Beitrag in diesem Band beschreiben: Sie soll eine konstruktive (Instrument zur politischen und strategischen Entwicklung), eine reflexive (sozialpolitische und gesellschaftliche Rahmungen thematisierende) und diskursive (analytische und bewertende) Funktion haben. Findet Jugendhilfeplanung als Teil von Sozialplanung unter Bedingungen statt, die diese Funktionen unterstreichen und wirksam werden lassen? Wie verhalten sich diese Funktionsbestimmung und der damit ausgedrückte hohe Anspruch an Planung mit den neuen Anforderungen an Jugendhilfeplanung, mit dem drohenden Profilverlust im Zuge erweiterter Aufgaben? Schleicht sich gar eine Funktionsverschiebung ein, hin zu einer legitimierend-steuernden Funktion von Jugendhilfeplanung? Ist Jugendhilfeplanung auf dem Weg vom Instrument der Willensbildung, über die Verkörperung eines Mittels zur Empirie- und Reflexivitätssteigerung hin zum Instrument der Standardsetzung, der Wirkungsprüfung und Evaluation (Jugendhilfeplanung als Fachcontrolling)? Wie diese Fragen auch immer in der je konkreten Praxis von Planung beantwortet werden, Jugendhilfeplanung verkörpert unablässig den Anspruch der fachpolitischen Gestaltung von Kinder- und Jugendhilfe, wie Brülle/Hock in ihrem Beitrag unterstreichen: Jugendhilfeplanung hat im komplexen Geschäft der Kinder- und Jugendhilfepraxis vielfältige Aufgaben, von der empirischen Fundierung von Bedarfsklärungen und Entscheidungsprozessen über Ressourcenverteilungen bis hin zur Rückkoppelung von Planungsergebnissen an die AdressatInnen. Jugendhilfeplanung soll dazu beitragen das Verhältnis von Lebenswelt und Systemwelt, von den Bedürfnissen und Unterstützungsbedarfen der AdressatInnen mit der politischen und professionellen Organisation der Jugendhilfe zu vermitteln. Dabei hat Jugendhilfeplanung die wichtige Bedeutung, die sozialökologischen Entwicklungen zu beobachten und zu beschreiben und sich in kommunale Planungsprozesse einzumischen (soziale Benachteiligungskonstellationen verdeutlichen und in den Konsequenzen für die Stadtentwicklung aufzeigen, Bedarfsentwicklungen darstellen und Budgetplanungen beeinflussen). Schrapper sieht vor diesem Hintergrund in der Jugendhilfeplanung ein Instrument, um die Infrastrukturperspektive zu betonen und um gute Arbeitsprozesse in der Kinder- und Jugendhilfe zu unterstützen. Denn Kinder- und Jugendhilfe, zu diesem Schluss kommt er in seinem Beitrag in diesem Band, ist in ihrer Gesamtheit zu fördern, die Planung als Gestaltungsziel untermauern sollte. Planung sollte „Transporteur einer zusammenführenden Idee“ sein, die Lebenslagen der jungen Menschen und Familien beobachten sowie die Veränderungen von Organisationen der Kinder- und Jugendhilfe beschreiben und initiieren: „Kinder- und Jugendhilfe muss auch rational geplant und politisch erstritten werden“, so seine Einschätzung (vgl. ebd.). Für die Unterstützung dieses (häufig einhelligen) Ziels, für die praktische Umsetzung der sozialplanerisch verankerten Funktion von Jugendhilfeplanung gibt es offenkundig keine eindeutigen, standardisierbaren Planungsabläufe und -konzepte, stattdessen vollzieht sich Planung situativ, stark abhängig von den lokalen administrativen, fach- und kommunalpolitischen Bedingungen.

Ist die Vielfalt der Planungspraxis und -bedingungen ein Merkmal oder ein Zeichen der Bedrohtheit von Qualität? (Frage nach den organisatorisch-konzeptionellen Standardisierungsmöglichkeiten und methodischen Standards von Planung) Jugendhilfeplanung ist Teil der kommunalen Jugendhilfeadministration, die in ihrer Struktur stark variieren kann. Diese Variationen haben auch Konsequenzen für die Einbindung, organisatorische Verankerung und hierarchische Absicherung der Jugendhilfeplanung, ihr Ort in der Verwaltungsstruktur ist kaum eindeutig darstellbar (vgl. den Beitrag von Schnurr/Jordan/Schone in diesem Band). Diese Situation lässt den Eindruck von Beliebigkeit aufkommen, als könnte frei über den Stellenwert von Planung und ihre daraus erwachsene Platzierung entschieden werden. Organisatorisch ist dieser Ermessensspielraum vorhanden. Der Stellenwert von Planung – daher auch die Pflicht, sie durchzuführen – jedoch lässt keine Spielräume zu. Das Jugendhilferecht formuliert einen klaren Auftrag und schafft einen Planungsakt mit vor allem interner, verwaltungsbezogener Wirkung als Grundlage für kommunale Gestaltungsprozesse (vgl. den Beitrag von Smessaert/Münder in diesem Band). Daher ist Jugendhilfeplanung praktisch nicht beliebig, aber durchaus in ihren je spezifischen Vorgehensweisen offen. Sieht man von der Planungssystematik im Sinne einer Reihenfolge von Bestandsaufnahme, Bedarfsklärung und Maßnahmenplanung ab, so ist deren Konkretisierung in der kommunalen Jugendhilfeplanung weitgehend von den Bedingungen, Aufträgen, Erwartungen und ihrer Organisation abhängig. Die erkennbare Vielfalt von Planungsaktivitäten in der Kinder- und Jugendhilfe ist daher vor allem Ergebnis ihrer Bedingtheit, nicht aber ihrer fachlichen Orientierungslosigkeit, die durch situative Lösungen kompensiert wird. Fachliche Standards der Jugendhilfeplanung sind durchaus gegeben und in praktische Methoden bzw. Anwendungsbezüge übersetzt worden, sie sind seit vielen Jahren Gegenstand von Hochschullehre und Fort- und Weiterbildung (vgl. bereits Jordan/Schone 2000 und die Themenspanne des vorliegenden Bandes). Diese Standards verändern sich nicht im Zuge der erweiterten Planungsthemen und -vernetzungen, sie müssen lediglich mit ihnen in Beziehung gesetzt und ggf. in einer erweiterten, integriert gestalteten Planungsstruktur vor Ort neu justiert werden. Das Risiko eines Qualitätsverlustes von Planung liegt daher nicht in ihrer Offenheit als Ausgangssituation (die anhand fachlicher Standards ausgefüllt und zu den vor Ort sinnvoll zu gestaltenden Planungsaktivitäten überführt werden kann, im Sinne einer situationsgerechten Varianz von Planungsmethodiken, die durch eine verbindliche Planungsstruktur gestützt wird), sondern in der Folgenlosigkeit überfordernder und überkomplexer Planungsstrukturen als Ergebnissituation (die in der Überbetonung des Vernetzenden liegt und dabei die fachlichen Standards und ihre Wirkung in diesen Strukturen missachtet). Die qualitativen Folgen einer Vielfalt von Planung müssen daher differenziert werden: Eindeutig, und praktisch nicht variierbar, allenfalls unterschiedlich gewichtbar, ist die sozialplanerische Grundfunktion der Jugendhilfeplanung (ihr identitärer Kern), das Verhältnis von Lebenswelt und Systemwelt, von den Bedürfnissen und Unterstützungsbedarfen der AdressatInnen mit der politischen und professionellen Organisation der Kinder- und Jugendhilfe zu vermitteln. Spielräume in der Planungspraxis ergeben sich in der konzeptionellen und organisatorischen Gestaltung von Planung zur Erreichung dieser Grundfunktion. Dienen sie im Ergebnis dieser Funktion, ist die Tatsache von kaum standardisierbaren Planungsabläufen und -strukturen nicht das Qualitätsrisiko von Jugendhilfeplanung. Das Qualitätsrisiko entsteht erst, wenn gegen basale Merkmale gelingender Planungsprozesse verstoßen wird, wie sie in den Beiträgen von Jordan/Schone sowie Merchel benannt werden. Ein solches Qualitätsmerkmal von Jugendhilfeplanung, ganz unabhängig von konkreten Bedingungen und ihrer Organisationsformen vor Ort, ist die Vermittlung von Empirie, Reflexion und Kommunikation (vgl. Maykus 2006c). Jugendhilfeplanung ist als kommunikativer Prozess zu verstehen, der Orte für Aushandlung, für Interessensausgleich und Entscheidungen bietet.

Jugendhilfeplanung ist ein kommunikativer Prozess – inwiefern stützen oder modifizieren die veränderten Planungsanforderungen diesen Anspruch? (Frage nach dem prozessualen Grundverständnis von Planung in der Kinder- und Jugendhilfe) In der Praxis der Jugendhilfeplanung hat sich das Verständnis von Planung als kommunikativer Prozess als Leitbild durchgesetzt und stößt auf breite Akzeptanz. Die Umsetzung dieser Leitlinie erweist sich jedoch als komplex und schwierig, als keineswegs eindeutig (vgl. Schone 2000, S. 121 und den Beitrag in diesem Band). Es gibt kein standardisiertes Bild, kein klares Konzept von „kommunikativer Jugendhilfeplanung", vielmehr ermöglicht es Vielfalt und Prozesshaftigkeit im Umgang mit dem Gegenstand der Jugendhilfe, die in ihren Strukturen und Erscheinungsformen nicht eindeutig determiniert ist. Die Kommunalisierung der Jugendhilfe geht mit dem Charakter ihrer diskursiven Entscheidbarkeit über Fragen der Gestaltung von Praxisstrukturen einher, so dass Jugendhilfeplanung nicht einem Verständnis von Planung in einem technologischen Sinne folgt (meint: anhand klar beschreibbarer Schritte wird in einem festgelegten Zeitraum ein vorher definiertes Ziel erreicht), sondern sich als ein Planungsprozess darstellt, der gestaltet und gesteuert werden muss, der Entscheidungen über Fragestellungen, Schwerpunkte, Ressourcen, beteiligte Personen sowie Arbeits- und Organisationsformen – z. B. in Form von Planungsgruppen, Arbeitsgemeinschaften, (Unter-) Ausschüssen – erfordert. Entscheidend für die Gestaltungswirkung von Jugendhilfeplanung ist ihre Anbindung an die Jugendhilfeverwaltung und kommunalpolitische Diskussion sowie eine durchgängig verfolgte sozialpädagogische Perspektive, d. h. die sozialpädagogischen Maximen und Fachstandards der Jugendhilfe bilden die Basis für Erklärungs- und Deutungsprozesse von Jugendhilfeentwicklungen. Zentrale Elemente der Jugendhilfeplanung sind laut Merchel (1994) vor diesem Hintergrund ihre Prozesshaftigkeit, ihre Kommunikationsorientierung und Umsetzungsorientierung. Jugendhilfeplanung will mit ihren Schritten der Bestandsaufnahme, Bedarfsklärung, Maßnahmenempfehlung und Evaluation eine Brücke vom Planungsentwurf (der Vorstellbarkeit veränderter Konzepte und Strukturen einer regionalen Jugendhilfe) zur konkreten Realisierung des Weges dorthin in der Praxis bilden. Jugendhilfeplanung hat mit der Orientierung an Kommunikation ihr grundlegendes Leitbild erhalten – verändert sich dieses Leitbild im Zuge neuer Planungsanforderungen? Jugendhilfeplanung ist auf Kommunikation und Konsens ausgerichtet und angewiesen, wobei dieses Grundverständnis mit neuen Inhalten des Steuerungsdiskurses konfrontiert wird, die sich ausdrücken in Fragen wie: Kann Jugendhilfeplanung die Wirksamkeit steigern? Wie kann die behördliche Planungskompetenz gesteigert, den neuen Anforderungen angepasst werden? Was ist das Profil von Jugendhilfeplanung im Vergleich zu anderen Planungen (siehe oben)? Kann Jugendhilfeplanung die Evaluation und fortschreitende Kontrolle von Zielen der Maßnahmenplanungen angesichts komplexer werdender Planungsaufgaben vornehmen? Diese Fragen werden in Zukunft beantwortet werden können und müssen, und die Antworten werden sich auch auf die Akzeptanz von Kommunikation als Kernmerkmal von Jugendhilfeplanung auswirken, denn: Jugendhilfeplanung steht vor einer doppelten Perspektive auf Komplexitätssteigerung – die einerseits durch Kommunikation gefördert wird (Perspektivenerweiterung), andererseits bereits durch die erweiterten Gegenstände und die Vernetzung mit anderen Planungsperspektiven zustande kommt. Ist Kommunikation als planerischer Kern die richtige Antwort auf die (neuen) Planungsanforderungen? Inwiefern muss dieser Anspruch gegebenenfalls phasen- und themenspezifisch in Planungsprozessen neu gewichtet werden?

Die Antwort auf diese Frage ist: Grundsätzlich darf der planerische Kern von Jugendhilfeplanung nicht verloren gehen, wenn sie ihr Profil behaupten und dem Gegenstand der Kinder- und Jugendhilfe (samt auch der neuen Steuerungsdiskurse) gerecht werden, ihnen gar ein Korrektiv entgegensetzen will. Denn: Kommunikation bedeutet, miteinander zu sprechen, sich in Verbindung zu setzen, in Verbindung zu stehen, einen Zusammenhang zu bilden. Kommunikation als Verständigungsprozess hatte und hat in der Jugendhilfeplanung verschiedene Orte und Funktionen: Ausgehend von einem typologisierten Ablaufmodell der Jugendhilfeplanung (vgl. Schone 2000, S. 162) lässt sich der Stellenwert von Kommunikation bereits in der Konzipierungsphase von Planung bestimmen. Änderungswille und -druck, Erfahrungen mit der regionalen Jugendhilfeinfrastruktur und in ihren Leistungsfeldern sind wesentliche Träger von Impulsen für Jugendhilfeplanung. Eine solche Orientierung am Veränderungsziel, die Vorstellung einer anderen, optimierten Angebotsstruktur kommt in Austausch- und Aushandlungsprozessen verschiedener Akteure und Kontexte zum Tragen: vor allem in regionalen Planungsgremien, dem Jugendhilfeausschuss, in den Fachdiensten der Jugendhilfeverwaltung sowie in der Abstimmung mit den Trägern der freien Jugendhilfe. Das Setzen von Prioritäten, die Formulierung von Grundsätzen und Aufgaben der Planung im Jugendhilfeausschuss stellt einen zentralen kommunikativen Prozess dar, der in den unterschiedlichen Planungsinstanzen konkretisiert und in einzelne Praxisschritte übersetzt wird. Die Bestandsaufnahme und Konfrontation mit dem Ist-Stand, Kritik (das analytische Auseinanderdenken) und Interpretation von Planungsfakten machen den Kern kommunikativer Prozesse der Planung aus, die in der Formulierung von Handlungsbedarfen münden und gerade in dieser Planungsphase einerseits bedeutsame Grundmaximen berücksichtigen – wie Partizipation und Beteiligung (auch von AdressatInnen), das Einholen verschiedener Blickwinkel –, andererseits aber auch die Wirksamkeit von Machtrelationen und politische Überformungen von Planungsbefunden austarieren müssen, mithin Jugendhilfeplanung in deren kommunikativen Bündelung zum Balanceakt werden lassen (vgl. bereits Herrmann 1995, Gläss/Herrmann 1994). In diesen Kontexten sind die Charakteristika der Kommunikation vor allem eine strukturelle Offenheit. Die vielfältigen Perspektiven, Erwartungen und Einstellungen der Beteiligten (Aushandlungen, Interpretationen, Bewertungen, Selektionsprozesse, Konflikte, Machtrelationen) lösen einen erhöhten Organisations- und Strukturierungsaufwand aus. Das Prozessgebot von Kommunikation muss vor allem durch „organisatorische Leitplanken" händelbar werden und in eine Ergebnisorientierung münden, gerade angesichts integrierter und vernetzter Planungsanforderungen. Durch die Bildung von Planungsnetzwerken mit klaren Fragestellungen sowie Leitungen mit Machtausstattung wird Kommunikation erst zum Fundament von Anregungsräumen planerischer Kontexte (vgl. den Beitrag von Jordan/Schone in diesem Band). Die Chance von Kommunikation liegt dann in der Gestaltung von Reflexions- und Entwicklungsprozessen, einer strategisch nutzbaren Kreativität – ihre Gefahr ist die prozessverhaftete Ergebnislosigkeit und der geradezu paradigmatisch (den Leitbildcharakter missverstehende) aufgebaute Schutz vor dem Konkreten. Beide Aspekte resultieren aus dem Kerncharakteristikum von Kommunikation: die Erzeugung von Komplexität.

Inwiefern können die neuen Steuerungsdiskurse in Planungsprozesse integriert werden – das Paradox zwischen Komplexitätssteigerungen und Zielkontrollen vermittelnd? (Frage nach der Steuerungserwartung an und -wirkung von Jugendhilfeplanung) An vielen Stellen in diesem Handbuch ist von einer stärkeren Orientierung der Kinder- und Jugendhilfe an ihren Wirkungen die Rede (vgl. u. a. die Beiträge von Schrapper, Jordan/Schone, Hopmann oder Nüsken in diesem Band), die auch von der Jugendhilfeplanung zu forcieren sei. Dies ist der gegenwärtig dominanteste Aspekt im Steuerungsdiskurs der Kinder- und Jugendhilfe. Offen ist dabei die Frage, in welchem Verhältnis Jugendhilfeplanung und Wirkungsorientierung zukünftig genau stehen, mithin zum Beispiel, ob Jugendhilfeplanung Wirkungen von Jugendhilfeangeboten messen oder ob sie die Auseinandersetzung mit wirkungsorientierten Konzepten durch Planungsbefunde anregen sollte. Von was genau sollen Wirkungen in den Blick genommen werden? Auf welcher Ebene des Jugendhilfesystems? Sind die Wirkungen auf Seiten der AdressatInnen gemeint? Bezogen auf die Arbeit des Jugendamtes, etwa des Allgemeinen Sozialdienstes? Sind Wirkungen im Sinne von Auswirkungen einzelner Maßnahmen auf die Jugendhilfeinfrastruktur oder (auch) auf das Ausmaß der Entstehung von Jugendhilfebedarf in einem bestimmten Leistungsfeld angesprochen? Die Debatte der Wirkungsorientierung kann nicht unmittelbar auf Jugendhilfeplanung übertragen werden, es ist vielmehr zu definieren, inwiefern Jugendhilfeplanung die Orientierung an oder auch die Überprüfung von Wirkungen zu ihrem Gegenstand machen sollte – und vor allem auf welche Ebene sich ihre Aufmerksamkeit beziehen sollte. Angesichts der generellen Aufgabenerweiterung bei gleichzeitiger kritischer Ressourcenausstattung von Jugendhilfeplanung scheint eine Begrenzung dieser Perspektive auf das Kerngeschäft der Planung sinnvoll: Sie kann sich auf Wirkungen konzipierter Maßnahmen auf infrastruktureller, bedarfsbezogener und in Ansätzen organisationsbezogener Ebene der Kinder- und Jugendhilfe beziehen, jedoch kaum (Sozialforschung gleichkommend) Wirkungen sozialpädagogischen Handelns in konkreten Leistungsfeldern und in Einzelfällen, auf Adressaten gerichtet, ermitteln. Um dieser, auch methodisch schwierig einzuholenden Erkenntnisebene näher zu kommen, braucht es abgestimmte Konzepte der Evaluation, Organisationsentwicklung und des Qualitätsmanagements durch Wirksamkeitsdialoge, die Jugendhilfeplanung initiieren und moderieren, nicht aber in ganzem Umfang verantwortlich gestalten und begleiten kann. Ziele der Maßnahmenplanung und struktureller Innovationen der Kinder- und Jugendhilfe sind in ihrer Erreichung von Jugendhilfeplanung zu prüfen (angesichts komplexer werdender Themen eine bereits ausreichend anspruchsvolle Aufgabe), Wirkungen sozialpädagogischen Handelns in ihnen bedürfen hingegen organisationsinterner Methoden der Evaluation und Praxisentwicklung (vgl. den Beitrag von Finkel in diesem Band). Dieser eingeschränkte Blick auf das Verhältnis von Wirkungsorientierung und Zielüberprüfungen ist keine ernüchternde, sondern realistische, auf den sozialplanerischen Funktionskern rekurrierende Bestimmung des Anteils von Jugendhilfeplanung an den praktischen Konsequenzen dieses Steuerungsdiskurses – dessen Spielräume auch durch das Maß der für Planung verfügbaren Ressourcen mitbestimmt werden.

Stimmen Ressourcen und Anforderungen der Jugendhilfeplanung (noch) überein? (Frage nach dem Widerspruch zwischen fachlicher Aufwertung und ressourcenbezogener Marginalisierung von Jugendhilfeplanung) Zeit sowie ausreichende Personalressourcen sind unabdingbare Voraussetzungen, um die in diesem Band erörterten Planungsanforderungen in der alltäglichen Praxis zu ermöglichen. Jugendämter ohne Planungsstellen, die in Vollzeitanstellung auf Planungsaufgaben konzentriert sind, können dem gestiegenen Anspruch kaum gerecht werden. Dem Bedeutungszuwachs von Planung müssen auch personelle Kapazitäten vor Ort und die Einbindung von Planung in eine innovationsoffene Organisationsstruktur des Jugendamtes entsprechen, was vielerorts nur eingeschränkt gegeben ist – dies zeigen auch die empirischen Daten zur bundesweiten Standortbestimmung im Beitrag von Adam/Kemmerling/Schone in diesem Band. Jugendhilfeplanung bewegt sich gegenwärtig in einer widersprüchlichen Situation zwischen einer ressourcenbezogenen Marginalisierung und einer fachlichen Aufwertung, die langfristig nicht akzeptabel ist und die praktischen Grenzen einer Aufgaben- und Profilerweiterung der Jugendhilfeplanung schnell aufzeigen dürfte. Des Weiteren sind Kompetenzen zu fördern, die in regelmäßigen Fortbildungen für Fachkräfte der Jugendhilfeplanung erworben werden können. Letztlich ist eine Planungsorganisation und -struktur, sowohl (und hauptsächlich) in der Jugendhilfeverwaltung als auch in der regionalen Jugendhilfestruktur unerlässlich, um den komplexer werdenden Planungsanforderungen durch eine gezielte Wechselwirkung von Empirie, Reflexion und Kommunikation gerecht zu werden. Den Annahmen eines integrierten sozialplanerischen Geschehens, an dem Jugendhilfeplanung einen wertvollen Anteil hat, muss eine organisatorische Verankerung entsprechen, die dieses Ziel stützt und mit Leben füllt (vgl. dazu die im Beitrag von Merchel formulierten struktur- und prozessqualitativen Standards von Jugendhilfeplanung in diesem Abschnitt des Bandes).

5 Zusammenfassung: Die Themen der Zukunft von Jugendhilfeplanung

Kinder- und Jugendhilfe ist mit einer Reihe von fachlichen und organisatorischen Anforderungen konfrontiert, die die Überprüfung und Weiterentwicklung ihrer Konzepte initiiert haben, z. B. Fragen der Kooperation mit Schule, Bildungsdebatte, demografischer Wandel, Migration oder Qualitäts- und Wirkungsorientierung. Um vor diesem Hintergrund bedarfsgerechte Jugendhilfeleistungen für junge Menschen und ihre Familien vorhalten zu können, sind Informationen über die Entstehung von Jugendhilfebedarf und Vorstellungen über die Entwicklung und Gestaltung von Jugendhilfeangeboten wichtig. Die Herausforderungen der Kinder- und Jugendhilfe sind daher immer auch Herausforderungen für kommunale Jugendhilfeplanung als zentrales Instrument zur Planung, Strukturentwicklung und Ressourcensteuerung. In den Beiträgen dieses Handbuches werden diese Herausforderungen an Jugendhilfeplanung in facettenreicher Weise erörtert. Dabei lassen sich aus den Darstellungen vor allem die folgenden sechs Aspekte als die zentralen Themen der Zukunft von Jugendhilfeplanung ableiten:

1. Kinder- und Jugendhilfe ist in ihrem gesamten Angebotsspektrum weiterzuentwickeln und bedarfsgerecht zu planen. Dabei hat Jugendhilfeplanung die Aufgabe, die fachliche Begründung sowie empirische Fundierung einer umfassenden Jugendhilfestruktur zu bieten und vergessene (an den Rand gedrängte Themen; siehe die Übersicht zu aktuellen Planungsbeschlüssen als Indikator für Themenkonjunkturen im Beitrag von Adam/Kemmerling/Schone in diesem Band) des kommunalen Jugendhilfediskurses anzumahnen: Kinder- und Jugendhilfe, die Teil eines kommunalen Systems von Bildung, Betreuung, Erziehung sowie Förderung junger Menschen und Familien sein soll, wirkt nur im Ganzen gut.
2. Die wachsenden Planungsaufgaben im Zuge zunehmend vernetzter Planungsstrukturen verlangen der Jugendhilfeplanung eine klare Profil- und Funktionsbestimmung ab, die im Rekurs auf sozialplanerische Grundsätze und als fachplanerische Einmischung in Kommunalentwicklungen zu definieren ist.
3. Die Vergewisserung über den Funktionskern von Jugendhilfeplanung ist unerlässlich, um die zukunftsweisenden methodischen, ressourcen- und organisationsbezogenen Anforderungen von Planung zu realisieren, das sind vor allem: die Ergänzung der expertenorientierten Planung durch Adressatenbeteiligung, eine strukturell verankerte Schnittstellenbildung mit angrenzenden Planungsfeldern bei Beibehaltung der genuinen Funktion von Jugendhilfeplanung, die konzeptionelle Verschränkung von Empirie, Reflexion und Kommunikation in Planungsprozessen, die verlässliche Verankerung der Planungsposition in der Jugendhilfeadministration sowie die Förderung eines planungs- und entwicklungsbezogenen Bewusstseins, einer entsprechenden Organisationskultur darin.
4. Die beiden vorgenannten Aspekte können dazu dienen, dass Jugendhilfeplanung ein an sie gestelltes und in dieser Form neues Komplexitätsparadox bewältigt: Jugendhilfeplanung muss einmal den komplexer werdenden sozialen Planungsthemen gerecht werden, indem sie ihre Planungsstruktur und -organisation darauf abstimmt (z. B. in Form integrierter und vernetzter Planungen), also selbst an Komplexität gewinnt, gleichzeitig wird sie aber nur dann wirksam sein (praxiswirksame Planungsgrundlagen erarbeiten), wenn sie diese Komplexität wieder zu reduzieren, Prioritätensetzungen, ergebnisorientierte Planungsorganisationen und eindeutige Zuständigkeiten sowie Maßnahmenpläne zu produzieren imstande ist.

5. Jugendhilfeplanung sollte ihre fachliche Aufwertung durch ein offensives Gestaltungsverständnis untermauern und in den Kommunen erkennbar werden lassen. Denn die Reichweite von Kinder- und Jugendhilfe und ihrer verantwortlichen Gestaltung ist deutlich größer geworden, sie reicht hinein in die grundsätzliche Frage der gesellschaftlichen Rahmung von Bedingungen des Aufwachsens junger Menschen, verlangt der Jugendhilfe ein Bekenntnis zur Bestimmung ihres Anteils daran ab und vor allem politisch versierte Entscheidungen, die durch eine Koppelung mit fachpolitischen und fachlichen Diskursen zustande kommen.
6. Diesen Rahmen gestaltet Jugendhilfeplanung explizit mit und sollte dabei verdeutlichen, dass die Praxis der Kinder- und Jugendhilfe sowie das gemeinsame Nachdenken über ihre Innovation unter den Bedingungen schnellen Wandels und vielfältiger Einflüsse auf ihre Arbeit „gestalterische Leitplanken" benötigt, die Konzepte, Strukturen und Organisation von Jugendhilfeangeboten transparent und der fachlich orientierten Steuerung zugänglich macht. Die „gestalterischen Leitplanken" sind von der Jugendhilfeplanung zu verkörpern und können Praxis mit Blick auf ihr Umsetzung, Entwicklung sowie Optimierung kritisch begleiten, Entscheidungen forcieren und fachöffentlich transferieren.

Eine Kinder- und Jugendhilfe der Zukunft wird den gesetzten Anforderungen, aber auch aktiv eröffneten Entwicklungschancen nur mit einer fundierten Planungsstruktur und -kultur gerecht werden können, sie ist darin ohne Jugendhilfeplanung undenkbar.

Literatur

Arbeitsgemeinschaft für Kinder- und Jugendhilfe – AGJ (2007): Sicherung einer zukunftsfähigen Kinder- und Jugendhilfe nach Verabschiedung der Föderalismusreform. Position der Arbeitsgemeinschaft für Kinder- und Jugendhilfe – AGJ. Berlin

Beher, K. u. a. (2007): Die offene Ganztagsschule in der Entwicklung. Weinheim/München

Beher, K. u. a. (Hrsg.) (2005): Offene Ganztagsschule im Primarbereich. Begleitstudie zu Einführung, Zielsetzungen und Umsetzungsprozessen in Nordrhein-Westfalen. Weinheim/München

BMFSFJ (Hrsg.) (2005): Zwölfter Kinder- und Jugendbericht. Berlin

BMFSFJ (Hrsg.) (2009): 13. Kinder- und Jugendbericht. Berlin

Enquetekommission (2008): „Chancen für Kinder. Rahmenbedingungen und Steuerungsmöglichkeiten für ein optimales Betreuungs- und Bildungsangebot in Nordrhein-Westfalen". Düsseldorf

Fendrich, S. (2008): Hilfen zur Erziehung – eine Trendwende bei der Personalentwicklung. Rückbau und Umstrukturierung der Beschäftigten in einem expandierenden Leistungsbereich. In: Kom Dat 2008 (H. 1/2), S. 9-11

Herrmann, F. (1995): Jugendhilfeplanung – Instrument „Outputorientierter Steuerung" oder politischer Prozess? In: Bolay, E./Herrmann, F. (Hg.): Jugendhilfeplanung als politischer Prozess. Neuwied, S. 309-330

Holtappels, H. G./Klieme, E./Rauschenbach, T./Stecher, L. (Hrsg.) (2007): Ganztagsschule in Deutschland. Weinheim/München

Jordan, E./Schone, R. (Hrsg.) (2000): Handbuch Jugendhilfeplanung. 2. Auflage. Münster

Maykus, S. (2006a): Bildung und Kooperation konsequent gedacht: Kinder- und Jugendhilfe steht vor einem tiefgreifenden Wandel. In: Bundesverband der Arbeiterwohlfahrt (Hrsg.): Sozialbericht 2006. Bonn 2006, S. 160-178

Maykus, S. (2006b): Kooperation von Jugendhilfe und Schule – Kernstück eines Systems von Bildung, Betreuung und Erziehung? Jugendhilfefachpolitische Anforderungen im Kontext der Bildungs- und schulbezogenen Kooperationsdebatte. In: Evangelische Jugendhilfe 2006 (H. 2), S. 107-124

Maykus, S. (2006c): Hinwendung zum Empirischen bedeutet nicht Abwendung vom Kommunikativen. Anmerkungen zur Mehrdimensionalität von Planungsprozessen. In: Maykus, S. (Hrsg.). Herausforderung Jugendhilfeplanung. Standortbestimmung, Entwicklungsoptionen und Gestaltungsperspektiven in der Praxis. Weinheim/München 2006, S. 41-54

Maykus, S. (2008): Hilfe zur Erziehung – in Bewegung?! Überlegungen zu Normalisierungstendenzen in den Hilfen zur Erziehung. In: Unsere Jugend 2008 (H. 5), S. 194-207

Maykus, S. (2009): Rahmenbedingungen und Anforderungen der Kinder- und Jugendhilfe. In: Institut für soziale Arbeit e.V.: Neue Entwicklungen und Orientierungen in der Kinder- und Jugendhilfe in Nordrhein-Westfalen. Expertise zum 9. Kinder- und Jugendbericht des Landes Nordrhein-Westfalen. Münster, S. 6-26

Merchel, J. (1994): Kooperative Jugendhilfeplanung. Opladen

Pothmann, J. (2008): Jugendämter und der Allgemeine Soziale Dienst. Befunde zur Personalstruktur in den kommunalen Kinder- und Jugendhilfebehörden. In: Kom Dat 2008 (H. 1/2), S. 11-13

Rauschenbach, T./Schilling, M. (2008): Spaltet sich die Kinder- und Jugendhilfe? Analyse zu Gewinnen und Verlusten in der Personalstruktur. In: Kom Dat 2008 (H. 1/2), S. 2-4

Schone, R. (2000): Organisation von Planungsprozessen. In: Jordan, E./Schone, R. (Hg.): Handbuch Jugendhilfeplanung. Münster

Schrapper, C. (2003): Jugendhilfe wirkt nur als Ganzes (gut)? Traditionen, Anforderungen und Konzepte flexibler, integrierter und regionalisierter Erziehungs- und Jugendhilfen oder: Warum sind Sozialraumbezug und Integration erzieherisch Hilfen so schwer? In: Zentralblatt für Jugendrecht, Heft 5/2003, S. 175-184

Verzeichnis der Autorinnen und Autoren

Adam, Thomas, Diplom-Heilpädagoge, Mitarbeiter des Psychologischen Beratungsdienstes des Jugendamtes der Stadt Dortmund

Brülle, Heiner, Diplom-Soziologe, ist Abteilungsleiter für Grundsatz und Planung und Sozialplaner im Amt für Soziale Arbeit in Wiesbaden. Arbeitsschwerpunkte: Berichterstattung, Planung und Organisationsentwicklung in den Feldern Arbeitsmarkt- und Berufsbildungspolitik, materielle Sicherung und soziale Stadt(teil)entwicklung, Strategieentwicklung in den Bereichen Case Management, Controlling und Evaluation sozialer Arbeit. Freiberufliche Tätigkeiten als Berater und in der wissenschaftlichen Begleitung von Projekten zum Case Management, zur Organisation sozialer Arbeit und zur kommunalen Sozialberichterstattung

Bürger, Ulrich, Dr. phil., Diplom-Pädagoge, wissenschaftlicher Mitarbeiter beim Kommunalverband für Jugend und Soziales Baden-Württemberg (KVJS)/Landesjugendamt Stuttgart. Arbeitsschwerpunkte: Analyse- und Berichtskonzepte zur Inanspruchnahme von Jugendhilfeleistungen im Kontext des gesellschaftlichen Wandels; Hilfen zur Erziehung; Kinder- und Jugendhilfe im Demografischen Wandel

Finkel, Margarete, Dr., Leiterin der Abteilung Jugendhilfeplanung im Jugendamt der Stadt Stuttgart

Hensen, Gregor, Dipl.-Päd., Dr. phil, Professor an der Ostfalia Hochschule für angewandte Wissenschaften, Fakultät Sozialwesen (Campus Braunschweig). Arbeitsschwerpunkte: Soziale Arbeit und Familien, Frühe Kindheit, Struktur des Gesundheitswesens und Gesundheitsförderung

Hock, Beate, Diplom-Soziologin, Mitarbeiterin des Amtes für Soziale Arbeit der Stadt Wiesbaden mit dem Schwerpunkt Sozialberichterstattung und Planung für Kinder und Jugendliche. Inhaltliche Schwerpunkte u.a. Tagesbetreuung, Bildung, Kinderarmut

Hopmann, Andreas, Trainer und Organisationsberater in Köln, im Hauptberuf leitet er das Sachgebiet „Jugendhilfeplanung und Fortbildung“ im Landesjugendamt Rheinland. Arbeitsschwerpunkte: Entwicklungsprozesse in Organisationen, Planung und Steuerung sozialer Dienstleistungen, Jugendhilfeplanung, Controlling, strategische Planung, Demografie, Szenario-Technik

Jordan, Erwin, Dr. phil., Geschäftführer der „Planung und Beratung GmbH“ des ISA Institut für soziale Arbeit e.V. Münster, 1. Vorsitzender des ISA

Kemmerling, Stefanie, Dipl. Sozialarbeiterin/Dipl. Sozialpädagogin, Mitarbeiterin des Jugendamtes des Rhein-Erft-Kreises

Maykus, Stephan, Dipl.-Sozialpäd., Dr. phil, Professor für Methoden und Konzepte der Sozialen Arbeit an der Fachhochschule Osnabrück. Arbeitsschwerpunkte: Methodisches Handeln und Professionalität, Sozialmanagement und -planung, Theorie und Praxis der Kinder- und Jugendhilfe

Merchel, Joachim, Dr. phil., Dipl.-Päd., Professor für den Bereich „Organisation und Management in der sozialen Arbeit" im Fachbereich Sozialwesen der Fachhochschule Münster

Müller, Heinz, Dipl.-Päd., Geschäftsführer des Instituts für Sozialpädagogische Forschung Mainz e.V. (ism). Arbeitsschwerpunkte: Praxisorientierte Forschung und Beratung in der Kinder- und Jugendhilfe, interkulturelle Arbeit, Organisations- und Qualitätsentwicklung

Münder, Johannes, Dr. jur, Professor für Sozialrecht und Zivilrecht an der Technischen Universität Berlin

Nüsken, Dirk, Dr. phil., Professor für Theorie und Praxis der Sozialen Arbeit an der Evangelischen Fachhochschule Rheinland-Westfalen Lippe, Bochum. Arbeitsschwerpunkte: Kinder-, Jugend- und Familienhilfe, Kinderschutz und Frühe Hilfen, Evaluation und Praxisforschung

Schnurr, Johannes, wissenschaftlicher Mitarbeiter in der „Planung und Beratung GmbH" des ISA Institut für soziale Arbeit e.V. Münster

Schone, Reinhold, Dr. phil., Dipl.-Päd., Professor für den Bereich „Organisation und Management in der sozialen Arbeit" im Fachbereich Sozialwesen der Fachhochschule Münster

Schrapper, Christian, Dr., Professor für Pädagogik mit dem Schwerpunkt Sozialpädagogik an der Universität Koblenz-Landau. Arbeitsschwerpunkte: Geschichte, Theorie, Methoden der Sozialen Arbeit

Smessaert, Angela, wissenschaftliche Mitarbeitern am Lehrstuhl für Sozialrecht und Zivilrecht an der Technischen Universität Berlin

Stauf, Eva, Dr. phil, Dipl.-Päd., wissenschaftliche Mitarbeiterin im Instituts für Sozialpädagogische Forschung Mainz e.V. (ism) und am Pädagogischen Institut der Universität Mainz. Arbeitsschwerpunkte: Internationalität, Migration und Sozialpädagogik

Stephan, Birgit, Dipl.-Sozialwirtin, seit 1998 Jugendhilfeplanerin im Kreis Nordfriesland, hat seit 1999 als verantwortliche Projektmanagerin maßgeblich an der Entwicklung und Umsetzung des Sozialraumprojektes im Jugendamt des Kreises Nordfriesland mitgewirkt

Stork, Remi, Dipl.-Päd., Dr. phil, Referent für Familienpolitik und Grundsatzfragen der Jugendhilfe in der Diakonie Rheinland-Westfalen-Lippe, Geschäftsführer der Evangelischen Aktionsgemeinschaft für Familienfragen Westfalen-Lippe

Teupe, Ursula, Dipl.-Päd., wissenschaftliche Mitarbeiterin im Institut für Sozialpädagogische Forschung Mainz e.V. (ism). Arbeitsschwerpunkte: Praxisorientierte Forschung und Beratung in der Kinder- und Jugendhilfe, Organisations- und Qualitätsentwicklung

Wagenblass, Sabine, Dipl.-Päd., Dr. phil., Professorin an der Hochschule Bremen, Fakultät 3 Studiengang Soziale Arbeit. Arbeitsschwerpunkte: Geschichte und Theorien Sozialer Arbeit, Kinder- und Jugendhilfe, Frühe Hilfen für Familien, Kindesschutz, Kooperation und Kinder psychisch kranker Eltern

Wunderlich, Holger, Diplom-Sozialwissenschaftler, Wissenschaftlicher Mitarbeiter an der Ruhr-Universität Bochum, Fakultät für Sozialwissenschaft, Zentrum für interdisziplinäre Regionalforschung (ZEFIR). Arbeitsschwerpunkte: Sozial- und Familienberichterstattung, insbesondere auf kommunaler Ebene, kommunale Familien- und Sozialpolitik, Familiensoziologie, regional vergleichende Familienforschung, Lebenslauf und Familienplanung von Männern und Frauen